BAEDEKER

I

IRLAND

»

Natürlich gibt es kein Getränk, das sich mit einer Flasche Stout messen könnte. Stout ist *sui guinnessis*.

«

Flann O'Brien (Myles na gCopaleen)

baedeker.com

DAS IST IRLAND

TOUREN

LEGENDE

Baedeker Wissen
● Textspecial, Infografik & 3D

Baedeker-Sterneziele
★★ Top-Reiseziele
★ Herausragende Reiseziele

ZIELE VON A BIS Z

HINTERGRUND

ERLEBEN & GENIESSEN

PREISKATEGORIEN

Restaurants
Preiskategorien
für ein Hauptgericht

€€€€	über £ 25 (über 30 €)
€€€	£ 20–25 (25–30 €)
€€	£ 10–20 (12–25 €)
€	unter £ 10 (unter 12 €)

Hotels
Preiskategorien
für ein Doppelzimmer

€€€€	über £ 130 (über 155 €)
€€€	£ 100–130 (120–155 €)
€€	£ 80–100 (95–120 €)
€	unter £ 80 (unter 95 €)

PRAKTISCHE INFORMATIONEN

ANHANG

MAGISCHE MOMENTE

ÜBERRASCHENDES

D

DAS IST ...

Irland

Die großen Themen
rund um die Grüne Insel.
Lassen Sie sich inspirieren!

Wild, sanft und wunderschön ist Irlands Küste – hier Ballymastocker Bay am magischen Wild Atlantic Way. ►

»ALIVE, ALIVE, OH!«

Der Mitsingrefrain in »Molly Mallone«, dem berühmtesten Irish Folk-Ohrwurm, offenbart den Grundton irischen Lebensgefühls: überschäumende Freude, Gemeinsinn und starker Überlebenswille überwinden Tragik und Tod.

Denkmal für die im Volkslied besungene Fischhändlerin Molly Malone in Dublin ►

Beoga (oben) und Songwriter Ed Sheeran (rechts) sind aktuelle Protagonisten des Irish Folk.

NICHT erst seit Dublins 1000-Jahrfeier 1988 ist »**Molly Malone**« Dublins inoffizielle Stadthymne. Stanley Kubrick ließ es in »A Clockwork Orange« von einem Landstreicher singen, zig Pubs rund um den Erdball sind nach dieser Fischverkäuferin benannt, deren Existenz aber kaum nachzuweisen ist. Weltbekannt machte »Molly« auch Irlands beste Folk-Band, die **»Dubliners«**. Videos des Megahits werden millionenfach im Internet angeklickt. Nur Dubliner-Hits wie »Wild Rover«, (deutsche Version der Schunkelschlager »An der Nordseeküste«), oder »Fields of Athenry«, das singende irische Fans bei der Fußball-EM 2012 zu Sympathieträgern machte, halten mit.

Ehre für Molly Malone!

Dabei bezieht sich der Refrain nur auf die Frische der »Herz- und Miesmuscheln« (»Cockles and Mussels«), die Molly »In Dublin's fair city, Where the girls are so pretty« täglich vom Handkarren anbot. Tatsächlich ist die Phrase historisch für Dublins Austern- und Muschelverkäufer verbürgt, nicht aber Molly Malone, deren Leben in der dritten Strophe abrupt durch unheilbares Fieber endet. Seither rollt ihr Geisterkarren weiter am Liffey. Die Millenium-Kommission rief 1988 den 13. Juni zum jährlichen Molly Malone Day aus, weil eine Molly am 13. Juni 1699 an Dublins Fishamble Street beigesetzt wurde. Tausende pilgern seither zur Molly-Malone-Statue, die Jeanne Rynhart (1946 – 2020) schuf. Ihre Bronze-Molly trägt freizügige Barockkleider: schulterfrei, mit enormem Ausschnitt. Nicht Mollys traurige Augen, ihre Oberweite fasziniert daher die für Selfies Posierenden. Die Dubliner bombardieren derweil das aus 30 Teilen zusammengeschweißte Puzzle wie auch im Irish Folk üblich mit Wortwitz und (Selbst-)

Ironie. Denn Dublins Kirchenbücher verzeichnen zig Molly Malones, das Lied stammt aus prüder viktorianischer Zeit und Molly führte legendär ein Doppelleben: tags Fischverkäuferin, nachts Prostituierte, um ihr Überleben zu sichern. Doch dafür lieben die Iren ihre »Tart with the cart« (Flittchen mit dem Wagen), ihren »Dish with the fish« (scharfe Braut mit dem Fisch), ihre »Dolly with the trolley« (Püppchen mit der Karre): Molly steht für Armut, Hunger, Auswanderung wie für Alltagsnot und Selbstbehauptung – klassische Themen auch im Irish Folk! Alle erheben sich in Pubs und auf Irlands Folk Festivals zu »Molly Malone« und erweisen ihr wie sich selbst mit Gesang und Klatschen die Ehre!

»Danny Boy« und »Galway Girl«

Nordirlands Evergreen, die rührende Ballade »**Danny Boy**«, wurde durch die Vertonung nach der alten irischen Volksweise »A Londonderry Air« berühmt, die als Nordirlands heimliche Hymne gilt. Im modernen Irish Folk begeisterten Ed Sheeran und die Band Beoga 2016 mit »Galway Girl« und 2017 mit »Nancy Mulligan«. Die aus Nordirland und Limerick stammende Band mischt mit Knopfakkordeon, Gitarre, Piano, Fiddle, Rahmentrommel Bodhrán und Gesang Irish Folk zum neuen New Wave Trad. Zwar gilt Galway nun als heimliche Kapitale des Irish Folk. Doch das fiddelnde »Galway-Mädchen« oder »Nancy Mulligan« werden die zeitlos fidele Molly nie toppen.

BAEDEKER DAS IST ...

MOLLY MALONE-STATUE

Dublins Sinnbild an der St Andrew's Church in der Suffolk Street ist nun als Teil der von Fáilte Ireland gesponsorten Initiative »Talking Statues Dublin« (http://talkingstatuesdublin.ie) auch eine »sprechende Statue«. Einfach mit dem Smartphone den QR-Code einscannen!

PRÄCHTIGE PARKS…

… und blühende Gärten verdankt die grüne Insel dem Golfstrom. Die gepflegte Natur ist Heimat rarer tropischer Pflanzen und Zeitkapsel vergangener Epochen.

◄ Eines der schönsten Gartenparadiese der Welt am Herrensitz Mount Stewart in Nordirland

DER weit überwiegende Teil der Herrensitze ist anglo-normannischen und britischen Ursprungs ist. Doch viele Ländereien sind nun staatlich oder öffnen als Hotelanlagen. Die Iren teilen mit den Briten die Leidenschaft fürs Gärtnern. Sie sind begeisterte, fachkundige Parkbesucher und beteiligen sich als Volunteers, freiwillige Helfer, tatkräftig am Erhalt englischer Landschaftsparks und viktorianischer Walled Gardens. Natürlich schätzen Iren auch die eigenen Gärten – nicht wenige Anlagen sind fürs Publikum zugänglich. So lernt man an Donegals **Garden Trail** viel über karge Böden, typische Gartenbeete und vertracktes Düngen im Fünfjahresrhythmus.

Irisches und Außeririsches

Öko-Puristen schützen vor allem im Südwesten Irlands endemische Pflanzen, die z. B. von der invasiven Lorbeerkirsche (Prunus laurocerasus) und dem Pontischen Rhododendron (Rhododendron ponticum), der einzigen bedrohlichen unter den zig herrlich in Irland blühenden Rhododendren-Arten, verdrängt werden. Doch die Begeisterung für die Vielfalt von allen Kontinenten überwiegt wie schon im 19. Jahrhundert. Auf Einkaufstouren klappern Iren die Gewächshäuser von Parks ab, um kurioses Außeririsches auch daheim zu pflanzen. Solche Fahrten unternimmt auch Lisa Risse-Robertson, die Liebe und Heirat vom westfälischen Möhnesee ins nordrische **Mount Stewart House and Gardens** verschlugen. Hier pflegt sie als eine von sechs hauptamtlichen Gärtnern mit 400 Freiwilligen einen der zehn schönsten Parks der Welt. Lisas Mammutaufgabe konzentriert sich auf den Italian Garden direkt am Manor House, das noch Nachfahren jener Lady Edith Vane-Tempest-Stewart, 7. Marchioness of Londonderry (1878 bis 1959) bewohnen, die den Garten ab 1921 anlegte. Die Autodidaktin verschlang hunderte Gartenbücher und fertigte – Goethe wäre neidisch – grandiose Farbzeichnungen, Paradiespläne, nach denen Lisa Risse-Robinson heute auch mit deutschen Lehrlingen arbeitet. Lady Edith schuf mit Gärtner Thomas Bolas, Baumeister Thomas Beattie, Steinmetz Joe Girvan und 21 Kriegsveteranen landschaftsarchitektonische Schätze wie den »versunkenen Garten«, pflanzte Rhododendron und Riesen-Himalaya-Lilie, legte den Irlands Mythologie preisenden Shamrock (Kleeblatt) Garden mit einer Harfe aus Buschwerk und Ulsters »roter Hand« als Beet an. Jeder Gärtner ist auch Philosoph. Frau Risse-Robertson betont: »Man muss auch mal was stehenlassen!« Pflücken ist in irischen Parks sowieso verpönt – und gilt als Vandalismus!

BAEDEKER DAS IST …

MOUNT STEWART HOUSE AND GARDENS

Nach den Führungen durch die mit Millionen hergerichteten Gärten mit **Tempel der Winde** und Manor House genießt man den Afternoon Tea mit selbstgebackenen Scones und Clotted Cream im Tea Room des Gutshauses.

3EN: Im Shamrock Garden von Mount
ewart
\TEN: Im Garten »The Ewe Experience«
i Glengariff sind Skulpturen versteckt.

Zauberin, Hexe und Gepard auf der Arche Noah

Dass Gärtner auch Humor und einen Spleen haben, zeigt Lady Ediths **Dodo Terrace**. Hier schuf die Society Queen ein Refugium für ihren kleinen, feinen Orden »The Ark« (Arche). Als »Circe the Sorceress« (Zirce, die Zauberin) ließ sie mit Dodo-Skulpturen Vater Lord Chaplin parodieren, der 1895 so verspottet worden war. Mit weiteren Statuen machte Edith sich über Winston Churchill als »Winnie the Warlock« (Winnie, der schwarze Hexer), Neville Chamberlain als »Neville the Devil«, den Gatten Charles als »Charlie the Cheetah« (Karlchen, der Gepard) lustig. Über allem thront die Arche Noah – das perfekte Synonym für Irlands Gärten, die großartige Überraschungen bereithalten.

»WOMAN'S QUILT« STATT TOP GUN!

Murals (Wandmalereien) gehören seit einem Jahrhundert zur politischen Kultur Nordirlands. Doch die Ikonen aus der Zeit der »troubles« wichen neuen Bildern der Versöhnung.

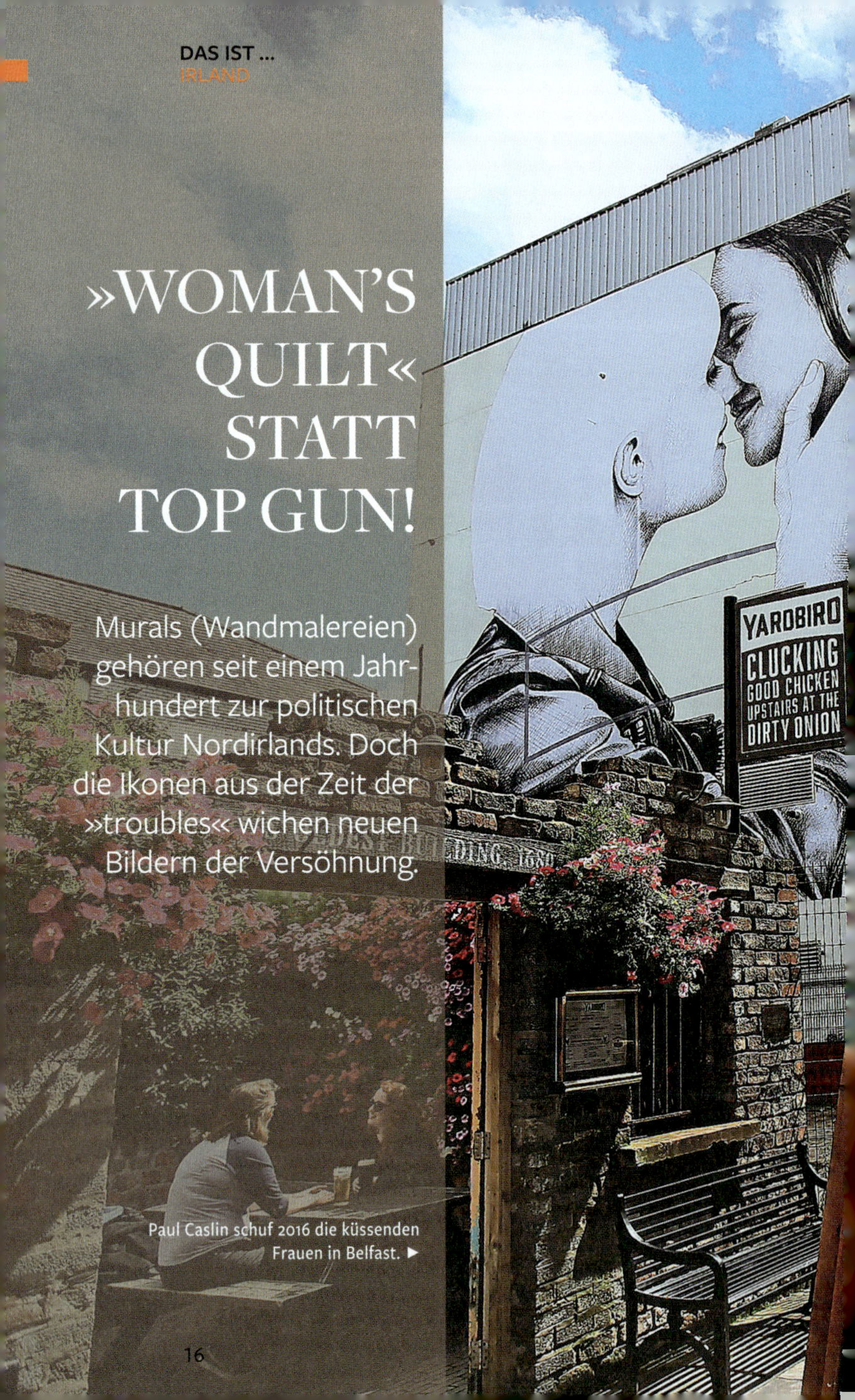

Paul Caslin schuf 2016 die küssenden Frauen in Belfast. ▶

TO LET
Third Floor
Office
Accommodation
OKT
JAMESON
IRISH WHISKEY
LIVE
ENTERTAINMENT
7 DAYS A WEEK
TONIGHT:
THE DIRTY
ONION

BILLY Scotts Black Cab Tour präsentiert nicht nur das Titanic Centre, die von Krupp gebauten gelben Riesenkräne »Samson & Goliath« auf der Werft Harland & Wolff oder Belfasts prächtiges Rathaus. Schon am Uhrenturm in der Altstadt tauchen erste Wandmalereien auf: Am alten Gewerkschaftshaus ist die Geschichte der Arbeiterbewegung Belfasts portraitiert. Einst galt Belfast wie Dublin als Armenhaus Europas, mit höchster Kindersterblichkeit, aber gut organisierten Hafenarbeitern. Billy erklärt auch poetisch reimend jene Vergangenheit, von der ein Großteil der über 2000 Murals in Nordirland erzählt. Doch es existieren auch Malereien zum Fußball-Enfant terrible **George Best**, zu Boxchampions oder zur großen Hungersnot. Manche Malereien sind keine: So begnügt sich in Belfast Konzeptkünstler Liam Gillick (geb. 1964) mit der Buchstabenfolge »Howcanquantumgravitiyexplaintheoriginoftheuniverse?«, die 1969 entstandene Free Derry Mural in Derry-Londonderry zeigt nur die Schrift »You are entering now Free Derry«.

Kult und Frieden

Die Murals im **Cathedral Quarter**, Belfasts quirligem Szeneviertel, zeigen dann im Hof der Duke of York Bar Retro-Kult, Rock- und Pop-Größen, Alltag der 1970er Jahre. Viele Malereien ringsum sind – oft über Nacht – verschwun-

Einst Abgrenzung zwischen Protestanten und Katholiken, heute touristische Sehenswürdigkeit: eine der Peace Walls in Belfast

MURAL-TOUREN

Billy Scotts zertifizierte **Black Cab Political Tour** und weitere Anbieter führen in Taxis durch Belfast (▶ S. 85). In Derry (Londonderry) sind die **Free Derry Tour** ab **Museum of Free Derry** (▶ S. 174) und Paul Dohertys **Bogside History Tours** (http://bogsidehistorytours.com) angesagt.

den: Der Ausbau der Universität fordert Tribut. Die noch 300 Belfaster Murals schützen nun Bürgerinitiativen. Belfasts Protestantenviertel an der **Shankill Road** präsentiert Irland-Eroberer King William III auf einem Schimmel. Mit diesem oft persiflierten Reiterbildmotiv startete 1908 der Reigen politischer Wandbilder. Lesley Cherry und ringsum wohnende Frauen schufen das Wandgemälde »Women's Quilt« – Patchwork für den Frieden! Da wirkt das einen schießwütigen Top Gun des Bürgerkriegs glorifizierende Nachbarwandbild wie aus der Zeit gefallen. Natürlich fährt Billy auch zur die Protestanten von der katholischen **Falls Road** trennenden Peace Wall (Friedensmauer). Sie ist eine von 97 insgesamt 34 km langen, teils durchlässigen Mauern, an denen im April 2021 erneut Auseinandersetzungen stattfanden. Der beschlossene Mauerabbau bis 2023 ist gefährdet. 2019 sprachen sich in einer Umfrage 76 Prozent der Belfaster gegen den Abbau aus. Hier beeindrucken die Friedenswünsche des Dalai Lama und von Bill Clinton, der sich um das Ende des Nordirlandkonfliktes verdient machte. Billy Scott amüsiert, dass nur Deutsche nicht zum Filzstift greifen, um sich auf der Mauer zu verewigen. Dann, an der Falls Road, das katholische Pendant mit dem berühmtesten Mural: Bobby Sands am IRA-Hauptquartier.

Perfekt restauriert sind die Murals der People's Gallery an der Rossville Street in Derry-Londonderry. Urheber waren ab 1994 die schon im Weißen Haus in Washington empfangenen Bogside Artists Tom Kelly, Bruder William Kelly und Kevin Hasson. Die drei Künstler schufen 2004 ihr weltweit bewundertes Peace Mural (Friedensmauerbild): Das stilisierte weiße Eichenblatt für Derry und die weiße Friedenstaube auf regenbogenfarbenem Grund bilden die neue Friedensikone. Ihr letztes Mural (2008) ehrt folgerichtig Friedensnobelpreisträger: John Hume aus Derrys Bogside, Mandela, Mutter Theresa und Martin Luther King Jr.

Portraits kennzeichnen die Peace Wall an der Falls Road.

SO RICHTIG DURCHPUSTEN…

… lassen kann man sich auf Irlands grandiosen, zu den höchsten Europas zählenden Klippen am Wild Atlantic Way und an Nordirlands Causeway Coastal Route. Neuerschlossene Klippenwanderwege ermöglichen einmalige Naturerlebnisse.

Das Juwel an der Causeway Coastal Route: Giant's Causeway ►

ERST nach Jahren wurde der Traum von **Pat Sweeeney** aus dem Hafendörfchen Doolin (Co. Clare) wahr. Ab 2007 bekniete der passionierte Wanderer 39 Farmer, Anrainer an den von Doolin bis 214 m ansteigenden **Klippen von Moher,** das Wegerecht für einen Klippenwanderpfad zu erteilen. Dabei hätte es für ihn einfach sein müssen. In fünfter Generation lebt Pat im Vorort Doonagore mit seiner Gattin Mary und den Söhnen Declan, Alan und Niall als Farmer, hält Kühe und Schafe und bewirtschaftet das **B&B Doonagore Farmhouse** (5 Zimmer; www.doolin-accommodation.com). Pat ist mit der Dorf- und Regionalgeschichte, mit Geologie, Fauna und Flora bestens vertraut. Als Guide ist er ideal auf dem 8 km langen **Doolin Cliff Walk**, der Doolin mit Irlands bedeutendster Naturattraktion, den steil ins Meer abfallenden **Cliffs of Moher** verbindet (2019: 1,6 Mio. Besucher). Mit dem dortigen **Visitor Centre** (www.cliffsofmoher.ie) nahm das verträumte Doolin am **Wild Atlantic Way** einen ungeheuren Aufschwung: Mit EU-Geldern entstand der neue Hafenpier für Fähren zu den **Aran-Inseln**. Am **Hotel Doolin**, Irlands Öko-Hotel des Jahres 2015, 2019 und 2021, regelt gar eine Ampel den lebhaften Verkehr.

Bislang war Pat Sweeneys Klippenwanderführung, die 10 Uhr ab Doolins Traditionspub Gus O`Connors oder 14 Uhr talwärts ab dem **Cliffs of Moher Visitor Centre** startet, die Attraktion. Doch dieser auch **Coastal Path North** genannte Klippenpfad wurde 2022 aus Sicherheitsgründen gesperrt. So sind momentan die an den Klippen nistenden Papageientaucher, Dreizehenmöwen und Trottellummen ebenso wenig zu genießen wie die Panoramablicke bis zur Dingle-Halbinsel oder zu den Aran-Inseln. Nach der geplanten Wiedereröffnung ist der dreistündige Wanderweg dann mit Pat oder **Ollie's Walking Tours** bis zum **O`Brien`s Tower** am Besucherzentrum begehbar. Dort lernt man auch, dass der Klippenname vom uralten Häuptlingssteinfort Hags Head herrührt. Dorthin führt ein sicherer Alternativpfad, der **Coastal Path South** (5,8 km; 2 Std.). Diese Wanderung kann an manchen Tagen auch mit dem Open air-Yoga-Angebot samt Picknick von Caroline O'Connor verbunden werden. Derzeit suspendiert ist auch **Pats Cliffs of Moher 360 Tour** mit den Doolin2AranFerries, die ab Doolin Pier die Bootsfahrt mit Klippenblick von der Seeseite (1 Std.) mit einschließt. Nun bietet **Doolin2AranFerries** ein Kombiticket mit dem Cliffs of Moher Visitor Centre an.

Auf die Klippen!

Natürlich locken auch andernorts wunderbare neue Klippenwege. Gute Kondition und Schuhwerk, Regenschutz und Guide verlangt etwa Nordirlands dramatischster Klippenweg, der wiederbelebte **Gobbins Cliff Path**. Täglich geführte Klippentouren auf vier markierten Wegen bietet **Giant's Causeway**. Auch in Donegal begeht man die Pfade zu den 601 m hohen Klippen von **Slieve League** besser nur mit Guide! Nachtaktive zieht es an die **Cliffs of Kerry**. Mit dem **Ballicroy Nationalpark** (Co. Mayo) gelten sie als am wenigsten lichtverschmutzt und ziehen Sternenfreunde magisch an. Und auf den Aran-Inseln konkurriert Inishmore: Ab Heritage Centre gelangt man in rund 40 Minuten hoch über dem Atlantik zum gewaltigen bronzezeitlichen Steinfort **Dun Aenghus**. Unvergesslich, Irland pur!

Atemberaubend: die Cliffs of Moher

CLIFFS OF MOHER COASTAL WALKS & CLIFFS OF MOHER CRUISE

Pat Sweeney (https://doolin.ie/doolin-cliff-walk/) verlangt nach Wiedereröffnung des Klippenpfads für die Wanderung 10 €, Ollie`s Walking Tours 18 € (https://olliestours.com). 40 € kostet die **Cliffs of Moher 360 Tour** mit **Doolin2Aran Ferries** (www.doolin2aran ferries.com), die Klippenbootstour mit Besuch des Cliffs of Moher Visitor Centre 27 € (plus Parkplatzgebühr: 2 St. 1 €, 2 – 30 Std. 5 €), das Yoga-Retreat mit vegetarischem Picknick 60 € (www.wellfest.ie).

GOLD UND SILBER …

… faszinieren Irinnen und Iren seit frühester Bronzezeit. Das Nationalmuseum bewahrt eine der berühmtesten Schmucksammlungen Europas mit dem Höhepunkt irischer Kunstfertigkeit, der Tara Brooch. Gerade erlebt die Insel einen neuen Goldrausch, vor allem in Nordirland.

◄ Keltische Metallarbeit aus dem 1. Jh. v. Chr.

BESUCH IN DER SCHATZKAMMER

Die Tara Brooch ist das herausragende Objekt in der ersten der zwei Galerien der Museumsschatzkammer (Treasury) im National Museum of Ireland (▶ S. 217).

NAHE Omagh (Co. Tyrone, Nordirland) erleben die Sperrin Mountains, das beliebte Wanderziel, den nach 1795 (damals in den Wicklow Mountains) zweiten Goldrauch auf der grünen Insel. Klondike-Fieber grassiert in zwei Hotspots: In Cavanacaw schürft die Galantas Gold Corporation, in Curraghinalt die Tournigan Gold Corporation. Hoffnungsvoll ist das gut 189 km^2 große **Omagh Gold Project** auch dank des Fermanagh-Monaghan-Gold-Belt (Goldgürtel) an der inneririschen Grenze: Um Clontibert (Co. Monaghan) schlummern 13 Mrd. € im Gestein! Im Dorf, zuvor nur für die Schlacht von 1595 bekannt, als irische Rebellen Englands Armee besiegten, bohrt nun die Firma Conroy Gold and Natual Ressources. Auf der Insel sind **300 Goldorte** lokalisiert, doch nicht jeder Schatz wird gehoben: 1984 wurde am Croagh Patrick Gold im Wert 360 Mio. € entdeckt. Doch ein Aufschrei der Iren für den heiligen Berg sorgte für das Ende aller Schürferträume.

Sicheln, Kelche, Schmuck …

Die Grüne Insel kennt sich aus mit Gold: Zur ersten Blütezeit (2200 v. Chr. – 500 n. Chr.) zeigt das Nationalmuseum goldene Sonnenscheiben und hauchdünne Mondsicheln aus Blattgold: Goldlunulae! 80 von 100 in Westeuropa entdeckten Exemplaren dieses Halsschmucks stammen aus Irland, z. B. aus Blessington (Co. Wicklow). Gold wurde aus Flüssen gewaschen, Schmel-

Spektakulär: die Tara-Brosche

Zum so genannten Hort von Ardagh zählen neben diesem Abendmahlskelch ein Bronzekelch und drei große Fibeln.

zen und Formen wurden im Moor von Cullen (Co. Tipperary) entdeckt, das **Buch der Vier Meister** vermerkt Goldfunde und Schmelzen für 1600 v. Chr. im Co. Wicklow. Bessere Schmiedekunst führte ab 900 v. Chr. zu Goldfibeln für Umhänge, zu Ohrringen, Armreifen und Halsketten. Eigens eine Schatzkammer verdienen der ursprünglich über 200-teilige, um 1820 beim Torfstechen entdeckte Bronzehort von Dowris (Co. Offaly; 9. – 6. Jh. v. Chr.) und der 1896 beim Pflügen am Lough Foyle (Co. Londonderry, Nordirland) entdeckte siebenteilige Broighter Goldhort (1. Jh. v. Chr. bis 3. Jh.). Er begeistert mit einem 18,4 cm langen goldenen Segelboot und dem keltischen Meisterwerk des Broighter Halsrings, wohl Meergott Manannan geweiht. Auch der 1868 zur Kartoffelernte entdeckte silberne Abendmahlskelch von Ardagh (Co. Limerick; 8. Jh.) mit filigranen Gold- und Bronzearbeiten zählt in diesem Kunsttresor zu Irlands größten frühchristlichen Schätzen. Das Ende der Blüte markieren eine liturgisch genutzte Silberpatene (Schale; 8. Jh.) und der goldverzierte Silberkelch von Derrynaflan (Co. Tipperary; 8./9. Jh.), beide 1980 nordöstlich Cashel entdeckt. Den Höhepunkt irischen Kunsthandwerks bildet die **Tara-Brosche** (650 – 750), die 1850 mysteriös von einer Bäuerin oder ihren zwei Söhnen am Strand von Bettystown (Co. Meath) entdeckt wurde. Ihr Name spielt – ohne sachlichen Bezug – auf den Hill of Tara an. Silber, Gold, Glas, Bernstein und Emaille wurden am 32 x 6,7 cm großen Kunstwerk mit Tier- und Menschenköpfen meisterlich verarbeitet. Ähnliche Broschen und Celtic Revival-Schmuck werden im Vestibül des Nationalmuseums verkauft: unvergessliche Irland-Souvenirs ab 60 bis 750 €.

T

TOUREN

Durchdacht, inspirierend, entspannt

Mit unseren Tourenvorschlägen lernen Sie Irlands beste Seiten kennen.

Wiesen, Hügel, historische Gemäuer, dazu die Küste und das Meer – das ist Emerald Island, die Grüne Insel. ►

UNTERWEGS IN IRLAND

Die Qual der Wahl

Irland ist per Auto, Caravan oder Motorrad, auf dem Rad oder E-Bike, hoch zu Ross, im Pferdewagen, im Kajak oder im Hausboot erfahrbar. Auch zu Fuß durchstreifen Fernwanderer das Land, Boote umsegeln Irlands Kaps. Motorisiert ist man am besten unterwegs, um dann abgelegenere Höhepunkte am Wild Atlantic Way und in Ireland's Ancient East auf kurzen Rad- oder Wanderexkursionen zu erreichen oder durch Irlands Städte zu bummeln.

Motorisiert unterwegs

Keine Angst vor dem **Linksverkehr**! Rasch ist man daran gewöhnt. Viele Straßen sind erneuertt, das Straßennetz ist perfekt ausgeschildert. Auf Nummer sicher geht man mit einem Navigationsgerät oder guten Karten. Straßenwellen und Hügelkuppen verlangen Aufmerksamkeit. Straßenschilder wie »blind summit« (Gegenverkehr an Kuppe nicht einsehbar) oder »hidden dips« (nicht erkennbare Senke nach Kuppe) warnen frühzeitg. Höflich wird auch auf kommende Stoppschilder hingewiesen (»Prepare for Stop«). Tauchen Schafe oder Kühe an oder auf der Straße auf, heißt es: Runter vom Gas, anhalten!

Öffentliche Verkehrsmittel

Dublin, Belfast, Cork und Galway bieten günstige öffentliche **Nahverkehrssysteme** (Busse, in Dublin auch Straßenbahn und S-Bahn). Touristenpässe machen das Angebot noch attraktiver. Ab Dublin und Belfast erschließen **Überlandbusse** die Insel. Auch Fahrräder werden transportiert. Die internationalen Flughäfen sind mit Airport-Bussen erreichbar. Die **irische Bahn** ist eine gute Alternative. Die **Covid-19-Regeln** sind einzuhalten, Tickets gibt es online und am Automaten.

SPUR DER STEINE

Start: Dublin | **Ziel:** Derry/Londonderry
Strecke: ca. 320 km | **Dauer:** mind. 4 Tage

Tour 1

Ob die mit Spiralmustern verzierten Blendsteine der Megalithgräber von Newgrange, Rundturm und einzigartige mittelalterliche Hochkreuze in Monasterboice, Belfasts Titanic-Bauten, die wilde Felsküste der Antrim Coast & Glens oder die 38 000 Basaltsäulen am Giant's Causeway: Diese Tour folgt der Spur der Steine. Für Farbe sorgen die überall blühende Natur und das Wechselspiel des Blaus von Himmel, Irischer See und Atlantik.

ATLANTISCHER OZEAN
Dunfanaghy
Inishowen Peninsula
★★ Giant's Causeway
Fair Head
★ Glenveagh National Park
★ Grianán of Aileach
★ Derry/ Londonderry
★ Glens of Antrim
Larne
Donegal Town
★★ Belfast
Enniskillen
★ Armagh
TOUR 1
Banbridge
Céide Fields
★ Sligo
TOUR 5
Ballina
★ Boyle
Carrick-on-Shannon
★★ Monasterboice
★ Newgrange
Kells
Irish Sea
Lough Corrib
Clifden
★ Hill of Tara
Athlone
★ Galway
TOUR 4
★★ Dublin
Naas
★ Aran Islands
Ballyvaughan
★★ Clonmacnoise
Bray
Loughrea
★ Powerscourt Estate
Lisdoonvarna
TOUR 2
★★ Cliffs of Moher
Gort
Portlaoise
★ Glendalough
Roscrea
Wicklow
Ennistymon
Ennis
Carlow
Avoca Village
Macreddin
Limerick
Kilkenny
Arklow
Cashel
Saint George's Channel
Adare
Enniscorthy
Tipperary
Wexford
Dingle Peninsula
Rosslare
Waterford
★ Killarney
Youghal
TOUR 3
★ Ring of Kerry
★ Kenmare
★★ Cork
Celtic Sea
★ Glengariff
★ Bantry
Kinsale
50 km
31 mi
© BAEDEKER
Drombeg Stone Circle

Pulsierende Metropole

Für Irlands Hauptstadt ❶ ★★ **Dublin** mit ihren zig Attraktionen und fast südländischem Flair sollte man zumindest einen Tag reservieren!

Prähistorisches und frühchristliches Erbe

Über Dublins neues Wahrzeichen, die Beckett Bridge, geht es auf der M 1 Richtung Belfast ins kulinarische Paradies des Boyne Valley. Zig Gourmet-Stopps präsentiert **Boyne Valley Flavours** (https://boynevalleyflavours.ie). Älter als Ägyptens Pyramiden und UNESCO-Welterbe ist die Hügelgrabanlage von ❷ ★ **Newgrange**. Schlachtenlärm von 1690 imaginiert das Battle of the Boyne Visitor Centre in Oldbridge. Himmlische Ruhe umgibt die frühchristlichen ❸ ★★ **Hochkreuze von Monasterboice** ein (ausgeschildert), ehe die gute Küche im Monasterboice Inn (www.monasterboice-inn.ie) verwöhnt.

Religiöses Zentrum Irlands

In ❹ ★ **Armagh** in Nordirland ist das historische Planetarium mit Astropark sehenswert. Die Pause lohnt im populären **Basement Café** (Market Street 2, Tel. 028 37 52 43 11). Die anglikanische St Patrick's Cathedral präsentiert Armagh auch als religiöses Inselzentrum.

»Titanic« und mehr

Bei viel Zeit lohnt ab Armagh der St Patrick Trail über Downpatrick nach Bangor. Durch sattgrüne Ulster-Landschaft geht es nach ❺ **Banbridge**, wo die neue **Game of Thrones Studio Tour** und die F. E. McWilliam Gallery (200 Newry Rd) mit Café und Studio des Bildhauers Frederick Edward McWilliam (1909 – 1992) locken. Im Garten beeindrucken die Skulptur »Legs Static« (1978) und die Bronze »Woman in a Bomb Blast No. 1« (1974). 30 Minuten später steht in ❻ ★★ **Belfast** das Queen's Quarter auf dem Programm, ehe die Titanic ruft. Gäste im Titanic Hotel, dem Ex-Stammsitz der Titanic-Werft Harland & Wolff (6 Queens Road, www.titanichotelbelfast.com), sind begeistert vom hauseigenen Art & Heritage Trail (ca. 500 Kunstwerke und Artefakte der Titanic-Zeit). Das Hotel nahe der Krangiganten David & Goliath und direkt am ★ **Titanic Belfast** erwachte im Mai 2021 wieder aus dem Corona-Lockdown.

Schroffe Felsen, liebliche Täler

Vor den Toren von Belfast beginnt das Ferienvergnügen am mächtigen Cerrickfergus Castle (großer Parkplatz) mit der Bronzestatue King William III, der hier landete. Unbedingt einen Schlenker verdienen das alte Urlauberstädtchen **Whitehead** und die Halbinsel **Islandmagee**, wo sich Swift Inspiration für »Gullivers Reisen« holte. In Whitehead muss man die Phalanx der buntbemalten Häuser am Strand sehen. Zu den 60 m in die irische See abfallenden Klippen der Gobbins pilgerten Urlauber schon 1902, als der Traum des Ingenieurs Wise wahr wurde. Seine stillgelegte Ausflugsbahn wurde nun mit Millionenaufwand wieder hergerichtet und ist als Klippenpfad nur auf geführten Touren ab dem Gobbins Visitor Centre (Middle Road, Islandmagee) die Topattraktion (https://thegobbinscliffpath.com). Ab ❼ **Larne** ist der Causeway Coastal Drive frei von Lkws und Bussen.

Die gut ausgebaute Strecke mit vielen zu Picknick und Aussicht auf die Irische See einladenden Parkbuchten nutzen daher Radler intensiv! Prächtige Palmen wachsen an der Bucht von Ballygally. Panoramarouten locken in neun liebliche Seitentäler der 8 ★ **Glens of Antrim**, die wie die Küste zahlreiche Schauplätze der TV-Kultserie »Game of

Thrones« beherbergen. Zur berühmten Weidenallee »Dark Hedges« gelangt man südwestlich Ballycastle über Armoy und Stranocum und folgt der Ausschilderung zum Gracehill Golf Club. Zuvor ist in Carnlough das Harbour Lights Café, 11 Harbour Rd, ideal für das Lunch. Auch für Wohnmobile gesperrt ist die schmale, atemberaubende Küstenstraße nach 9 **Fair Head:** Irland von der schönsten Seite, ehe Hafen und Strand im schmucken Ballycastle rufen. Die Hängebrücke Carrick-a-Rede und der Hafen von Ballintoy sind nächste Stationen. Gut versorgt wird man im Red Door Tearoom & Bistro (14a Harbour Road). Nach dem Spaziergang zu den Basaltformationen am 10 ★★ **Giant's Causeway** verwöhnt die Bushmills Distillery alle Whiskey-Freunde. Das luxuriöse Bushmills Inn (www.bushmillsinn.com) war 2019 Nordirlands Hotel des Jahres.
Nach den herrlich romantischen Ruinen von ★ **Dunluce Castle** locken die Strände von Portrush und Portstewart, wo das Team von Harry's Shack kulinarische Träume in der Strandhütte zaubert. Nur 5 Gehminuten sind es dann ins B&B At the Beach (Strand Road; www.at-beach.com). Tratsch und Tragik umwehen am nächsten Morgen den ★ **Mussenden Temple** und Downhill Demesne. Auf der Bishop's Road geht es zum Gortmore Viewing Point mit der Statue des keltischen Meergottes Manannnan Mac Lir.

Stadt am River Foyle

Auch 11 ★ **Derry/Londonderry** verlangt mindestens einen Tag Aufenthalt. Altstadt und Bogside, Peace Bridge und Ebrington Square mit der Kunstinstallation Mute Meadow wollen besichtigt sein. Vor der Walled City Brewery (70 Ebrington Square) genießt man Küche, Bier und wärmende Abendsonne, ehe im Bishop's Gate Hotel (24 Bishop Street) das perfekte Nachtlager bereitet ist.

Surreal wirkende Laune der Natur: die Basaltsäulen des Giant's Causeway

WÄLDER, MÖNCHE, LANGE STRÄNDE

Start: Dublin | **Ziel:** Rosslare | **Strecke:**241 km | **Dauer:** mind. 2 Tage

Geheimnisvoll wabernde Nebelschwaden in üppiger Waldlandschaft, dazu endlose Sandstrände, Idylle und Ruhe locken in Irlands Südosten. Direkt vor Dublins Haustür beginnt auch kulinarisch ein Garten Eden, dessen Reize Hollywoods Filmindustrie schon länger für sich entdeckt hat.

Tour 2

Hinaus in die Natur

1 ★★ **Dublins** Küstenstraße führt aus dem Gedränge der Großstadt über Dun Laoghaire zum Martello Tower in Sandycove mit dem Joyce Museum, der auch mit Dublins DART erreichbar ist. Wenn das Wetter es zulässt, sind einige Schwimmzüge an der Badestelle Forty Foot in der Irischen See möglich. Das National Sealife Centre lockt nach 2 **Bray**, ein altes Seebad, das gemütlich auch per Leihrad erkundet werden kann. Nahebei finden Führungen durch Killruddery House und Gärten statt, Tee, Kaffee und Süßes gibt es auf dem Farm Market Market (Gärten, Haustouren und Tea Room Mai – Sept. Di. – So. 9.30 – 18, April, Okt. bis 17, Rest./Farm Shop tgl. 9 – 17, Markt Sa. 10 – 16 Uhr; https://killruddery.com). Unbedingt muss man in Enniskerry zum herrlichen 3 ★ **Powerscourt Estate,** um Haus, Park, Wasserfall und Picknick im Japanischen Garten zu genießen und im Gartencenter rare Pflanzen zu erwerben.

In den Hügeln der Wicklow Mountains

Herrliche Bergstraßen führen zu den stimmungsvollen Klosterruinen von 4 ★ **Glendalough**. Das Glendalough Hotel verkauft im Craft Shop Whiskey, Gin und Poitín der neuen Glendalough Distillery, Seidenschals und Kaschmir-Produkte von Patrick Francis. Honig, Kerzen und Edelsouvenirs auch aus Silber. Man kann auf dem Wicklow Way (insgesamt 127 km) nach Roundwood (12 km) wandern (www.wicklowway.com) oder die Natur im Wicklow Mountains National Park (www.wicklowmountainsnationalpark.ie) genießen. Über das Dörfchen Hollywood, wo Filmhits wie »Michael Collins« und »Excalibur« gedreht wurden, könnten sich die Blessington Lakes anschließen. Über Rathnew geht es nach 5 **Wicklow**, wo auch die Celtic Coast Route verläuft. Topziele sind die **Mount Usher Gardens** in Ashford, die Aussicht an Wicklows Black Castle und das **Wicklow Historic Gaol** mit spektakulärem Virtual Reality Experience und schönem Jailer`s Rest Café.

Dörfliche Idylle

Nahe Rathdrum lockt der Avondale Forest Park mit dem entzückenden Meeting of the Waters mit Muße und Entspannung. Ein Paradies

Irish Sea
★★ Dublin
1
2 Bray
3 ★ Powerscourt Estate
4 ★ Glendalough
5 Wicklow
6 Avoca Village
7 Macreddin
8 Arklow
9 Enniscorthy
10 Wexford
11 Rosslare
Maynooth
Leixlip
Blanchardstown
Celbridge
Clondalkin
Kingstown/ Dun Laoghaire
Dundrum
Tallaght
Kilteel
Robertstown
Newbridge
Naas
Kilbridge
Killiney
Kilcullen
Blessington
Blessington Lakes
Wicklow Mountains
Enniskerry
Hollywood
Greystones
Athy
Dunlavin
Crookstown
Newtown Mount Kennedy
Castledermot
Baltinglass
Laragh
Ashford
Rathnew
Carlow
Rathdrum
Agnavannagh
Tullow
Aughrim
Ballon
Shillelagh
Carnew
Inch
Bunclody
Gorey
Camolin
Courtown
Riverchapel
Kiltealy
Marshalstown
Oulart
Ford
Clonroche
Oilgate
Blackwater
Castlebridge
Piercetown
Kilnick
Bridgetown
Rosslare Harbour
Saint George's Canal
407
M4
M50
M7
N7
N81
M9
N78
M11
N9
747
N80
N11
746
N30
N25
25
6
29
24
27
15
18
46
22
38 Entfernungsangaben in km

für Wollfans ist das 6 **Avoca Village**, wo außrdem irische Parfums und Seifen von Fragrance of Ireland aus Kilmacanogue (Co. Wicklow) verkauft werden (www.fragranceofireland.com). Zudem wurde hier der TV-Hit »Ballykissangel« gedreht. Originalschauplatz ist Killorglin, Co. Kerry. Melodramatischer war Avoca für »Baile Coisc Aingeal« (»Stadt des gefallenen Engels«). Ab Aughrim ist der Weg zum im 19. Jh. aufgegebenen Dörfchen 7 **Macreddin** ausgeschildert. Macreddin Village bietet heute hübsche, moderne Häuschen, die vermietet werden. Auch mit Luxus verwöhnt Irlands Top-BioHotel, die BrookLodge & Wells Spa. Im Scheunenladen stapeln sich Gourmetprodukte, es locken Reiten, Golfen und Radtouren.

Kunst und Kuchen

Das Maritime & Heritage Museum in 8 **Arklow** wartet mit kuriosen Bojen aus Schweinshäuten und raren Schnitzereien von der »Bounty«-Meutererinsel Pitcairn auf. In Gorey sind Joanne's Café mit Bäckerei (16 Main St) und das Book Café & Bistro (85 Main St) erste Adressen. Dann könnten Spaziergänge an den sich südlich ausdehnenden Stränden anstehen, ehe in 9 **Enniscorthy** im Enniscorthy Castle mittelalterliche Wandmalereien im Kerker oder der Minimalismus der Möbeldesignerin Eileen Gray (1878 – 1976) Themen sind. Die Töpfereien hier haben einen guten Ruf, z. B. Derek O'Rourke und seine Hillview Pottery in Carley`s Bridge (Mo. – Sa. 9 – 17, So. 14 bis 17 Uhr), 1,5 km westlich von Enniscorthy (Ross Road).

Maritimes Leben

Gute Ziele nahe 10 **Wexford** sind Tintern Abbey (https://heritageireland.ie/places-to-visit/tintern-abbey) und die Ruine von Dunbrody Abbey mit Heckenlabyrinth auf der Halbinsel Hook Head samt dem ★ **Hook Head Lighthouse** (117 Stufen hinauf; https://hookheritage.ie) mit Visitor Centre, Laden, Café, Bäckerei, Wal- und Delphinbeobachtung. Auch das renovierte Duncannon Fort öffnet (Juni – Aug. tgl. vier Führungen; https://duncannonfort.ie).

Die Topadresse für Kulinarik und Übernachtung ist Dunbrody House, wo man im Garten-Pub auch gesellig ein Bier trinkt. Die Wildgänse im Wexford Wildfowl Reserve (www.wexfordwildfowlreserve.ie) ziehen Naturfreunde an. Bootstrips aufs Meer unternimmt Harbour Thrills ab Wexfords Quay zu Irlands größter Seehundkolonie. Ein neues Ziel ist das Burghaus Ballyhack Castle in Ballyhack mit Kreuzfahrer- und Normannenausstellung (7.5. – 24.8. Sa. – Mi. 9.30 – 17 Uhr; Eintritt frei). Das Seebad 11 **Rosslare** liegt an einer weiten Bucht mit 8 km langem Sandstrand, an dem ein Juwel der irischen Tourismuswirtschaft, Kelly's Resort Hotel & Spa, seit 1895 Gäste verwöhnt (www.kellys.ie). Ganz nebenbei wurde im südlichen County Wexford von 1169 bis ins 19. Jh. »Yola« gesprochen. Kennzeichen dieser auch Forth and Bargy-Dialekt genannten Sprache sind die stimmhaften Startkonsonauten (z. B. »zebbem« statt engl. »seven«, »zitch« statt engl. »such«). Probieren Sie es aus!

KÖSTLICHKEITEN, KLIPPEN, STOLZES ERBE

Start/Ziel: Cork | **Strecke:** 289 km | **Dauer:** mind. 2 Tage |

Tour 3

Traumstraßen erschließen im Süden des Wild Atlantic Way die dank des Golfstroms einzigartige Natur. West-Cork ist ein Garten Eden – über ein Dutzend Gärten und Parks zeigen ihre Pracht, die Küche ist ein Tischleindeckdich irischer Delikatessen. Die Rundtour durch die stolze »Real Republic«, das »wahre Irland« im »Rebel«-County Cork startet und endet in »Apple-City« (Cork).

Die »zweite Hauptstadt« Irlands

Los geht es mit einem opulenten Frühstück im Farmgate Café des ★ **English Market** in 1 ★★ **Cork.** Europas Kulturhauptstadt 2005 ist heute auch Sitz der Europazentrale des IT-Giganten Apple. Beißen Sie also ruhig auch in einen Apfel und entdecken Sie zig weitere Leckereien eine Etage tiefer in der hübschen viktorianischen Architektur. Danach locken Museen, Lifetime Lab und Glucksman Gallery auf Corks Uni-Campus und der Ausflug zum Kreuzfahrthafen Cobh mit der St Coleman's Cathedral. Als Cobh noch Queenstown hieß, legte hier die »Titanic« an, zum letzten Mal vor ihrem Untergang. Das Titanic Experience erinnert daran. Ab Kennedy Pier setzen Fähren nach Spike Island über, wo geführte Touren (Feb. – Nov.) das als Militärfort und Gefängnis genutzte Eiland erschließen und auch zu Little Nellie's House führen. Die TB-kranke katholische Ellen »Nellie« Organ erhielt die hl. Kommunion mit nur 5 Jahren, bevor sie 1908 starb. Damals durfte die Kommunion erst mit 12 Jahren erfolgen. Nach diesem Präzedenzfall senkte Papst Pius X. das Alter auf 7! Nellies Seligsprechungsprozess in Rom läuft (www.spikeislandcork.ie)!

Gaumenschmaus und Gärten

Die kleine Hafenstadt 2 **Kinsale** ist das Mekka für Foodies und südlicher Start- wie Endpunkt des Wild Atlantic Way. Lassen Sie sich z. B. im Rest. »Fishy Fishy« verwöhnen oder probieren Sie frische Austern aus dem nahen Oysterhaven. Oberhalb des Trident Hotels öffnet der Garden of Rememberance für New Yorks Feuerwehrmänner vom 11.9.2001. Und immer ein Selfie zum Schmunzeln wert sind die zwei Segelohren-Büsten der Antarktis-Pioniere Timothy und Mortimer McCarthy (Pier Road). Haus und herrliche Gärten des **Lisselan Estate** erwarb 2018 die als »Blackpudding-Queen« berühmte Eignerin der Clonakilty Food Company, Colette Twomey. Der 9-Loch-Golfplatz firmiert nun als Clonakilty Golf Club. Fest einplanen sollte man den Nachmittagsspaziergang an den von Surfern geschätzten wunderbaren Sandstränden der Inchydoney Island Lodge & Spa, die ideal für eine Übernachtung ist und großartige Küche bietet.

Ein Highlight am südlichen Wild Atlantic Way ist der Megalith-Steinkreis 3 **Drombeg Stone Circle.** Im einstigen »Aussteiger«-Dörfchen Ballydehop öffnen schöne Cafés. Nicht zuletzt dem Golfstrom sind die Grünanlagen von Skibberren und die fruchtbaren Wiesen von Schull zu danken, die die Basis für den wunderbaren Gubbeen Farmhouse Cheese bilden. Käserei, Räucherei und Kräutergarten sind zu besichtigen. Bantry House & Gardens in 4 ★ **Bantry** präsentieren dann die verblüffend schönen Folgen des milden Klimas. Nehmen Sie sich Zeit auch für die Pause im Tea Room, im B&B kann übernachtet werden (www.bantryhouse.com). 5 ★ **Glengarriff** ist ein Höhepunkt an Irlands Südwestküste. Am Hafen werden frische Muscheln verkauft. Oberhalb ist der Blick ins Eccles Hotel ein Muss. George Bernard Shaw und William Butler Yeats waren hier Gäste. Im Juli 2017 stieg auch Pippa Middleton, Schwester der Duchess of Cambridge (Kate, Gattin Prince Williams) hier ab. Im von Claudine und Serge de Thibault 1999 gegründeten Bamboo Park Glengarriff wachsen und gedeihen 38 Bambusarten, Farne, Palmen, Orchideen ... Die Reize der Bantry Bay offenbart der Bootsausflug ins Naturparadies Ilnacullin (Garinish Island), auch Seehunde lassen sich blicken.

Küstenlandschaften

Das anschließende Wassersport- und Radlerparadies des ★ **Ring of Beara** punktet im Dorf Tuosist mit der Klosterruine des Hl. Kilian und Helen's Bar & B&B mit Muschelhausmuseum am Kilmackillogue Pier.

Auf der Küstenstraße

Weiter geht es nach 6 ★ **Kenmare**, das mit dem Steinkreis des Druid's Circle und wunderbaren Folk Music Pubs an Main Street und Henry Street aufwartet. Ein Muss an der Henry Street ist der Laden des Lothringers Benoit Lorge: Die Trüffel und Nougatbarren von Lorge Chocolatier sollten Sie probieren (https://lorge.ie).

Irischer Garten Eden

Über den legendären Pass Moll's Gap, wo der Avoca-Laden schöne Souvenirs bietet, geht es im ★ **Killarney National Park** zum Aussichtspunkt Ladies View, zum Mucross House und zur Abteiruine. In 7 ★ **Kilarney**, Start und Ziel am **Ring of Kerry**, öffnen zig Hotels. Nach Besuch des Parks von Killarney House und Ross Castle sollte man im Bricin Restaurant (26 High Street) das Traditions-Kartoffelpfannkuchengericht »Boxty« ordern, ehe es zurück nach Cork geht.

WHISKEY, LACHSE, WILDER WESTEN

Start: Dublin | **Ziel:** Clifden (Connemara, Co. Galway)
Strecke: 479 km | **Dauer:** mind. 3 Tage

Tour 4

Die Tour ins irische Herzland mit dem Shannon, dem Natur- und Kulturschatz des Burren, trifft im quirligen Galway, Europas Kulturhauptstadt 2020, auf den mittleren Abschnitt des Wild Atlantic Way. Das wildromantische Connemara schließt sich an, ein besonderes »Sahnehäubchen« ist der Besuch der Aran Islands.

Richtung Shannon

Die erste Autostunde ab 1 ★★ **Dublin** (Tour 1) kann perfekt mit der Visite der Kilbeggan Distillery Experience (Locke's Destillery) in Kilbeggan abgerundet werden. Die älteste lizensierte Whiskey-Destille der Welt (1757) steht am Irish Whiskey Trail (https://whiskeytrail.ie). Auch Tullamore mit dem neuen **Tullomore Distillery Experience** ist eine gute Option (www.tullamoredew.com). In 2 **Athlone**, am Austritt des Shannon aus dem Lough Ree, thront Athlone Castle mit Visitor Centre und acht neuen Ausstellungsräumen zu 5000 Jahren Orts- und Landesgeschichte. Ein Fest für die Augen ist die für 3,4 Mio. € ausgebaute Luan Gallery, Elliott Road, mit moderner irischer und internationaler Kunst. Nicht nur Gartenfreunde müssen ins nahe charmante »Rosendorf« Glasson. Hier liegen gleich drei exzellente Restaurants: Grogan`s of Glasson Pub and Restaurant, das spektakuläre Lakeside Restaurant des Golfhotels Glasson Lakehouse und das dank TV-Shows in ganz Irland berühmte Restaurant der Wineport Lodge.

Christliches Erbe, irisches Kleinstadtflair

Idyllisch steht die Klosterruine 3 ★★ **Clonmacnoise** inmitten Kuhweiden direkt an einer Biegung von Irlands mystischem Wasserweg, dem Shannon. Nach Besichtigung des Gesamtkunstwerks inklusive des Museums mit den Original-Hochkreuzen lohnen ein kurzer Stopp im Café (Plätze auch vor der Tür) und Souvenirs im Craft Shop. In Shannonbridge lohnt ein Ausflug zur Shannoninsel »Swim-to-Birds« (auch: Devenish Island). Einen Abstecher wert ist Clonfert mit der bedeutenden Kathedrale. In 4 **Loughrea** verdienen die Glasfenster der St Brendan's Cathedral Beachtung. Erste Station auf der folgenden »Südschleife« ist das Dörfchen 5 **Gort** mit dem Coole Park, in dessen zerstörtem Herrenhaus einst Schriftstellerin Lady Gregory wohnte und Irlands Dichterelite empfing. Heute ist Gort »multikulti«: Ein Sechstel der Bewohner sind lebensfrohe Brasilianer!
Die typisch irische Kleinstadt 6 **Ennis** besticht durch ihren gelassenen Alltagsrhythmus, hohe Lebensqualität, erstklassige Gourmetlä-

Blick in den Abgrund an den Cliffs of Moher – schwindelfrei sollte man sein ...

den, liebevolle Musikförderung und Attraktionen wie die restaurierte Old Ennis Friary. Seit 2009 hat Ennis sogar ein Denkmal für den größten Boxer aller Zeiten, Muhammad Ali (Cassius Clay). Für ein Guinness bei Livemusik (Mai – Sept. Mi., Do. 20.30, Fr. – So. auch im Winter 21.30 Uhr) ist die Poet`s Corner Bar im Old Ground Hotel perfekt.

Die Karstlandschaft des Burren

Mindestens einen Tag verlangt das Naturwunder des Burren, der über den Marktflecken 7 **Ennistymon** rasch erreicht ist. In der Courthouse Gallery stellen nationale und internationale Künstler, im Red Coach Space (1. Etage) junge Künstler aus den vier angeschlossenen Courthouse Studios aus. Hier verläuft zudem der preisgekrönte Burren Food Trail (https://burren.ie/taste-the-burren/burren-food-traill). Toll ist der Besuch der St Tola Goat Cheese Farm im nahen Dörfchen Inagh (Gortbofearna, Ausschilderung: Maurices Mills) mit Ökomuseum, Laden und Hofbesichtigung (www.st-tola.ie). Irlands Top-Ziegenkäse errang 2021 Gold bei den Irish Cheese Awards. Der UNESCO-Geopark Burren ist Thema in Kilfenoras Burren Center und beim Besuchermagnet der ★★ **Cliffs of Moher**. Im für Irish Folk berühmten Küstendörfchen Doolin mit Fährverkehr zu den Aran Islands öffnet das Bio-Hotel Doolin mit Shop und sehr gutem Glas Restaurant. Europas größter Stalaktit ist Attraktion der Doolin Cave (mit Töpferwerkstatt und Café »Wild at the Cave«). Nur einen Katzensprung ist es von hier zu Irlands einzigem, von Deutschen hochgeschätzten Heilbad 8 **Lisdoonvarna.** Heiratslustige müssen auf Stippvisite in die Matchmaker Bar oder probieren das Bier der Burren Brewery in der Roadside Tavern. Nebenan produziert das Burren Smokehouse preisgekrönten Lachs und Räuchermakrelen und verkauft hochwertige Bioprodukte der Region. In Carron betören die Düfte im Wildblumen- und Kräutergarten der Burren Perfumery, die – konserviert in aromatischen Seifen, Ölen, Balsam und Cremes – schöne Mitbringsel sind. Die Tea Rooms (tgl. 10.30 – 17 Uhr, im Winter nur Tee, Kaffee und Snacks) locken mit Süßem, Räuchermakrele mit Rhabarber-Salat oder Vegetarischem mit St Tola-Ziegenkäse (https://burrenperfumery.com/pages/the-tea-rooms).

Ausflüge in die »Unterwelt«

9 **Ballyvaughan** an der Galway Bay punktet mit der Aillwee Cave und dem Bird of Prey Centre mit Falknervorführungen (Mai – Aug.) und Farmshop (Burren Gold Cheese). Irlands längste Höhle, die 16 km lange Pollnagollum Cave (»Taubenhöhle«) im nahen Townland Caherbullog, inspirierte »Herr der Ringe«-Autor Tolkien zum Ex-Hobbit Gollum.

Größte Stadt Westirlands

Ringe spielen auch im zentralen Gateway zum Wild Atlantic Way, dem pulsierenden Unistädtchen 10 ★ **Galway,** eine wichtige Rolle. Dies beweisen die Claddagh-Liebesringe im Ladenmuseum Thomas Dillon's Claddagh Gold (1 Quay St) und das »Legend of the Claddagh Ring« Visitor Centre (26 Shop Street). Europas Kulturhauptstadt 2020 besuchte schon Kolumbus (1477), an den ein Denkmal erinnert. Europäisch sind die Studentenkneipen im vibrierenden Latin Quarter und das Bronzedenkmal Wilde & Vilde (43 William St). Es zeigt Oscar Wilde und den estnischen Dichter Eduard Vilde. Ein Pendant steht im estnischen Tartu (einst Dorpat). Wunderbar sind die Galway Food Tour ab Delikatessenladen McCambridge`s (38 Shop Street) und die Spitzenküche im Kai Restaurant (22 Sea Rd; www.kairestaurant.ie), ehe das Harbour Hotel (New Dock Rd; www.harbour.ie) zur Nacht ruft.

Irlands rauer Westen

37 km westlich ist Rossaveal Hauptfährhafen zu den drei 11 ★ **Aran Islands**. Auf der Hauptinsel Inishmore ist die Sonnenterrasse von Joe Watty`s Bar & Restaurant oberhalb des Hafens von Kilronan die beste Adresse. Hier sollten Sie unbedingt Fischgerichte oder besser noch Steinkrebse zum Pint genießen. Zur Hauptattraktion, dem herrlich gelegenen Bronzezeitfort ★ **Dún Aengus**, gelangt man per Bus, Rad oder Pferdekutsche.

Irlands äußerster Westen lockt passionierte Angler von Galway an den Lough Corrib. In Brigit's Garden in Rosscahill wird keltische Magie lebendig, ehe das wildromantische Connemara in den Bann zieht. Nahe Roundstone, das auch mit Kunsthandwerk punktet, gibt es herrliche Atlantikstrände. Die Milleniumsäule am Marktplatz von 12 **Clifden** markiert das Tourende. Ein Pint in der Abendsonne vor dem Pub E.J. Kings, dann lockt die beste Seafood-Küche weit und breit in Mitchells Restaurant, nur wenige Schritte entfernt. Clifden bietet alles was das Herz begehrt, sogar Pilates-Kurse. Hauptattraktion ist aber die sich über 15 km am Meer hinziehende Sky Road. Sie ist sehr eng, wird etwas überschätzt, lohnt aber von Clifden bis zu dem zum Signature Point am Wild Atlantic Way ausgebauten Aussichtspunkt hoch über der Küste. Schließlich verwöhnen Nacht und Gourmetfrühstück im B&B The Quay House, von wo man auch in gut 20 Min an den Strand (mit Café und Rettungsstation) spaziert.

VON MEER ZU MEER

Start: Dublin | **Ziel:** Derry / Londonderry
Strecke: 440 km | **Dauer:** mind. 3 Tage

Tour 5

Mit dem Hill of Tara und Kells führt die Tour zu Irlands keltischem und frühchristlichem Erbe, ehe es vorbei an Mooren und Tafelbergen nach Sligo geht. Donegal und der atemberaubende Nordsten des Wild Atlantic Way locken mit wetiläufigen Sandstränden und sogar einer Sonennburg. Dann elektrisiert Derry/ Londonderry mit seinem großartigen Kulturangebot.

Kultort und Kultbuch

Nur eine halbe Autostunde ist es von ❶ ★★ **Dublin** (Tour 1) zum einstigen Sitz der irischen Hochkönige, dem ❷ ★ **Hill of Tara**. Vom Nabel der irisch-keltischen Welt blieb der Nachwelt einiges erhalten, die mystische Aura ist spürbar. Auch die größte Normannenburg Trim Castle ruft. In Navan backt Bakealicious (Old Cornmarket; mit Café; https://shop.bakealicious.ie) sagenhafte Torten und zu Halloween besten Barmbrack (Früchtebrot). Big Red Kitchen (https://bigredkitchen.ie) trumpft an Navans Simonstown Lane mit Marmeladen und Chutneys auf! In ❸ **Kells** geht es zu den berühmten Hochkreuzen und zum Mühlenmuseum Martry Mill (www.martrymill.ie) mit Mehlverkauf für leckere Pizza und Brown Bread sowie Blick auf jenen Hügel, auf dem einst Irlands Olympische Spiele, die Tailteann Games, stattfanden. Nach dem Lunch in der Lounge des Headfort Arms Hotel widmet sich das St Kilian`s Heritage Centre (https://stkiliansheritagecentre.ie/) in Mullagh dem Apostel der Franken. 10 km westlich Mullingar locken an der R390 bei Loughanavally Führungen über Irlands einst heiliges Zentrum, die fabelhafte Kultstätte Hill of Uisneach (https://uisneach.ie).

Kultur und Sport

Über Mullingar, wo die Cathedral of Christ the King zwei wunderbare Mosaiken des Russen Boris Anrep besitzt, geht es nach ❹ **Carrick-**

on-Shannon. Der Ort ist ideal für Ausflüge ins alte Bardenland des Turlough O`Carolan und für Bootstouren auf Shannon und Shannon-Erne-Waterway. Romantische Stimmung erzeugt die Ruine der Zisterzienserabtei bei 5 ★ **Boyle**. Spaziergänge und Freizeitangebot lohnen im Lough Key Forest Park.

Vielfältige Stadt am Atlantik

Vor der Ulster Bank ehrt 6 ★ **Sligo** den größten Sohn der Stadt, W. B. Yeats, per Bronzestatue. Ein Muss ist das Kunst- und Kulturzentrum The Model mit der Niland Collection. Vegetarisch Leckeres bietet das Ósta Café & Wine Bar (https://osta.ie) am Garavogue River. Surfer und Strandläufer tummeln sich in Strandhill, wo die Strandhill Lodge and Suites eine gute Adresse ist. Für das leibliche Wohl sorgen zwei Restaurants der Strand Bar (www.thestrandbar.ie). Verehrer von W. B. Yeats pilgern zum Dichtergrab auf dem Friedhof in Drumcliff, wo auch ein schönes Café mit Kunsthandwerksladen öffnet.

Tweed und Küstenimpressionen

Entlang der sturmzerzausten Küste geht es in die Tweedhochburg 7 **Donegal Town**. Ausflügler erkunden per Donegal Bay Waterbus die Donegal Bay, Wanderer schätzen den 65 km langen Bluestack Way querfeldein nach Ardara. Sehr reizvoll ist die Küstenstraße zu den Klippen von Slieve League (kostenlos). Am Weg bietet das von Windflüchtern umstandene Castlemurray House Hotel auf der Halbinsel St John's Point (Dunkineely) nur Hotelgästen erstklassige warme Küche aus rein lokalen Zutaten. Unterhalb der Klippen speist man bestens im Tí Linn Café des Slieve League Cliffs Centre: z. B. leckere Makrelen-Räucherfilets und Schokotorte » to die for«. Am Parkplatz Carrigan Head darf man sogar den Schlagbaum öffnen, um mit dem Pkw weiter hinauf auf 300 m über dem Meeresspiegel zu fahren. Folk Village und Pilgerstätten des hl. Kolumban locken nach Glencolumbkille. In Ardara erzählt das Ardara Heritage Centre die Geschichte des Donegal-Tweed. Für Eilige führt hier eine Abkürzung quer durch Nord-Donegal nach Letterkenny, wo nahebei Teens, zwei Brüder, mit ihren hölzernen, handgedrechselten Donegal Pens (www.donegalpens.com) aus der Garagenwerkstatt ein kleines Wirtschaftswunder in Irlands Souvenirindustrie ausgelöst haben.

Berge, Moore und Seen

Imposante, abwechslungsreiche Landschaft schützt der 8 ★ **Glenveagh National Park**, der größte der sechs irischen Nationalparks, rund um den Mount Errigal. Noch beeindruckender sind die Pflanzenpracht im Park von Glenveagh Castle, die wärmenden Bettpfannen und ausladenden Frühstückstabletts, die z. B. Greta Garbo auf Schlossbesuch nutzte. Dorthin gelangt man mit dem Nationalparkbus, zu Fuß oder per Fahrad, das auf dem Parkplatz geliehen werden kann. Wunderbar ist auch der Schlosshof mit Café.

Durch die karg-herbe Landschaft der Bloody Forelands geht es bis Horn Head und in den herrlichen Ferienort 9 **Dunfanaghy**, wo man ab Arnolds Hotel (gutes Restaurant; Bistro nebenan) wunderbare Sandstrand-Spaziergänge oder Pony-Ausflüge unternehmen kann. Großartig ist die Küche im gediegenen Restaurant The Mill, wo Gastgeberin Susan Alcorn auch 7 Zimmer anbietet. Auf dem Weg zur Fanad-Halbinsel muss man am Doe Castle (Eintritt frei) an der Sheephaven Bay nahe Creeslough stoppen. Hier ereignete sich Irlands

Romeo-&-Julia-Spektakel um Aileen Sweeney, die vergeblich ihren geliebten Turlough ehelichen wollte. Die Sweeneys waren auch sonst irisch stur und lebten ab 1690 lieber auf der Straße, als sich mit neuen Herren zu arrangieren. Die Harry Blaney Bridge schließt die Lücke zur Fanad-Halbinsel, wo man in Cottages am imposant errichteten Fanad Lighthouse nun auch übernachten kann. Noch vor der Grenze nach Nordirland wartet dann in Burt die zu Irlands Bauwerk des 20. Jh. gekürte neue Kirche. Es lockt oberhalb auch der von Mysterien umwitterte Sonnenpalast ⑩ ★ **Grianán of Aileach**. Von dem aus frühchristlicher Zeit stammenden runden Steinfort genießt man eine herrliche Aussicht über die grüne Landschaft und den Lough-Swilly-Fjord. An der alten Dorfkirche von Burt öffnet das Visitor Centre nicht immer. Dafür lädt gleich nebenan das An Grianan Hotel zur Pause ein (www.angriananhotel.com). Der **100 Scenic Drive** (160 km) erschließt die Halbinsel Inishowen. Nahe Irlands nördlichstem Festlandpunkt Malin Head laden die McGonagles zu Ausflügen mit den Alpacas Bounce, Mojo, Chestnut und Badger auf dem Wild Alpaca Way (https://wildalpacaway.com). Dann schließlich ist ⑪ ★ **Derry / Londonderry** (Tour 1) in Nordirland erreicht.

Auf Derrys Stadtmauer erinnern gut erhaltene Kanonen aus dem 17. Jh. an die Auseinandersetzungen zwischen Katholiken und Protestanten.

Z
ZIELE

Magisch, aufregend, einfach schön

Alle Reiseziele sind alphabetisch geordnet. Sie haben die Freiheit der Reiseplanung.

Die Gewalt des Ozeans hat die Westküste Irlands spektakulär geformt. Durch die Küstenstraße »Wild Atlantic Way« ist sie sehr gut erschlossen. ►

★ ARAN ISLANDS · OILEÁIN ÁRANN

Republik Irland, Provinz: Connacht | **Grafschaft:** Galway
Einwohner (insg.): ca. 1250 | **Auskunft: www.aranislands.ie**

Windumtoste karge Natur: Eisern bewahren die Bewohner der drei Aran-Inseln Gälisch und irische Kultur. Ihrem Rebellengeist und unbändigen Überlebenswillen, von John Millington Synge glänzend überliefert, spüren jährlich 160000 Besucher nach. Bedeutsamstes Keltenerbe ist das bronzezeitliche Fort Dún Aengus auf Inishmore.

Ceàd Milé Failté!

»Ceád Milé Failté«, »hunderttausendfach willkommen«! Die Wirtin in **Joe Watty`s Bar & Seafood Restaurant** auf Inishmore an der Kreuzung zur Seehundkolonie und Dún Aengus begrüßt Gäste inseltypisch. Hier halten alle an: Die nach dem Andocken im Hafen Kilronan Zweiräder bei Aran Islands Bike Hire (http://aranislandsbikehire.com) mieten oder bei Aran Islands Camping & Glamping (www.irelandglamping.ie) übernachten, auch die von scharrenden Connemara-Pferden gezogenen Kutschen. Bier, herrliche Steinkrebsgerichte, Hummer, Atlantikscholle auf der Sonnenterrasse ... Was könnte man mehr wollen? Dann

Die felsige, terrassenförmige Küste fällt zum Atlantik hin steil ab – ein Spaziergang hier verspricht ein unvergessliches Erlebnis.

bittet Joe Flaherty zur Bustour ab Pub. Den Nachnamen trägt hier fast jeder. Ist auch noch der Vorname gleich, hängt man den Namen der Mutter an: Joe-Mary, Joe-Sarah, Joe-Anne.

Wohin auf den Aran Islands?

Uraltes Fort

★ Dun Aengus (Dún Aonghasa)

Das **»Steinfort des Aengus«**, eine gewaltige, ca. 1100 v. Chr. erbaute, 800–700 v. Chr. erweiterte Befestigungsanlage aus drei halbkreisförmigen Steinwällen und einer vierten, fast zerstörten Außenmauer über steil abfallenden Klippen, ist Weltkulturerbe-Kandidat – und ein einzigartiges Erlebnis! Das für 600 000 € renovierte Besucherzentrum bietet Speis und Trank im Café und im Handwerkerhof klassische Aran-Pullover. Am Aufstiegsweg (30 Min.) flechtet ein älterer Herr Brigittenkreuze.

April–Okt. tgl. 9.30–18, sonst bis 16 Uhr | Eintritt: 5 €
www.heritageireland.ie

Kirchen, Steinforts und Seehunde

Kilmurvey

Nahe dem Weiler Kilmurvey stehen die Kirchen St Brecan (9. Jh.) und Temple Mac Duagh. Hochinteressant ist das außen ovale, innen rechteckig ausgebaute, im Bienenkorbstil errichtete **Clochán na Caraige** (ca. 6. Jh. n. Chr.), wohl eine alte Einsiedelei (ausgeschildert). Nordwestlich erhebt sich das Steinfort Dún Eoghanachta. Richtung Kilronan sind in der geschützten Bucht von Port Chorrúch Seehunde zu beobachten. Weiter östlich stehen Dún Eochla (Oghil Fort), ein Steinfort mit zwei Ringmauern sowie die frühchristliche Kirche Teampall Chiaráin mit Hochkreuz.

Die »große Insel«

Inishmore

Wie zu allen Aran-Inseln legen tgl. Fähren (Arran Island Ferries; www.aranislandferries.com) von Rossaveal (Shuttle-Bus ab Galway, Queen St) nach Kilronan auf Inishmore ab,. Als Clou legt seit 2021 auch von Galway (City Docks, Queen Street) eine Tagestour mit Bootsfahrt zu den Cliffs of Moher ab (Ticket: 49 €). Ab Doolin (Co. Clare) fahren von März bis Okt. tgl. Fähren, z. B. die »Happy Hooker« (Doolin Ferries; www.doolinferries.com) oder Doolin2Aran Ferries (www.doolin2aranferries.com). Vom Connemara Airport in Inverin (Shuttle-Bus ab Galway, The Victoria Hotel, Victoria Place) fliegt Aer Arann zu den Inseln (https://aerarannislands.ie). Im Kilronan Harbour dümpeln Kutter (Hummerfang), die traditionellen Holzplankenboote (»curraghs«) sind verschwunden. Auch sportliche Aktivitäten sind im Angebot, Meditationskurse ebenso (Earth Sea Sky Yoga; April–Nov.; www.earthseaskyyoga.com). Südlich von Kilronan liegen bei Killeany zahlreiche alte Heiligtümer, u. a. **Tighlagh Eany**: In der Ex-Klosterkir-

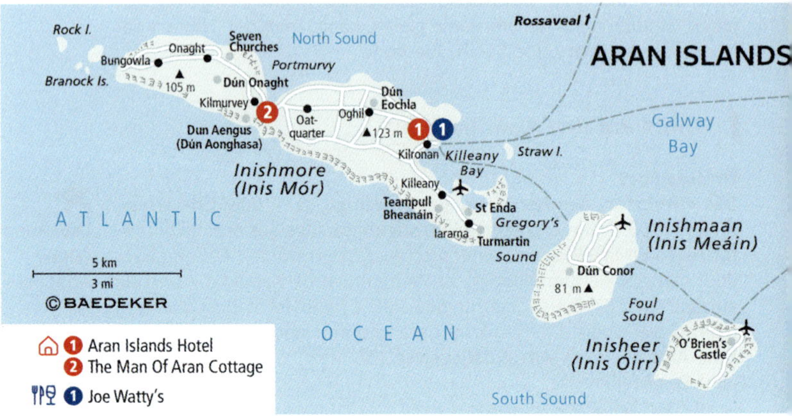

che sind ein schöner Kreuzschaft mit Flechtwerk und ein Reiter im Relief zu sehen. Die **St Benen's Church** (Teampull Bheanáin) gilt als eine der kleinsten Kirchen der Welt (3,2 x 2,1 m).

Steinforts und ein Dichter-Erbe

Inishmaan

Der von Wracks gesäumte Inselrundweg (3 Std.) erschließt dieses Eldorado für Einsamkeitsfans. Das ovale Steinfort **Doonconor** (Dún Chonchúir) mit Steinhütten im Inneren erhebt sich über Inismaan

ARAN ISLANDS ERLEBEN

1 JOE WATTY'S €€€–€€

Der Insel-Pub schlechthin, unter den zehn besten Irlands! Steinkrebse, Hummer und Fischgerichte auf der Sonnenterrasse genießen!
Tgl. 12 – 23.30 Uhr; Live Music Fr. 21, Sa. 19 Uhr, Juni bis Aug. auch Tanz!
Kilronan, Inishmore, Aran Islands
Tel. 086 049 45 09
www.joewattys.ie

1 ARAN ISLANDS HOTEL €€€–€€

Komforthotel mit Madigan's Bar & Restaurant und tollem Frühstück
Kilronan, Inishmore, Aran Islands
Tel. 099 611 04, http://aranislandshotel.com, 22 DZ, Sea View Chalets

2 THE MAN OF ARAN COTTAGE €€

Authentisches Insel-Cottage, nur Komplettmiete, 3 DZ, Self-Catering
Kilmurvey, Inishmore, Aran Islands, Tel. 099 613 01
www.manofarancottage.ie

(160 Einw.). Die Kirche Cill Cheannannach und das D-förmige Fort Dún Fearbhaigh (4. Jh.) sind zu beachten. Im 300 Jahre alten, liebevoll gepflegten **Synge's Cottage** wohnte John Millington Synge, der die Insulaner mit der Essay-Sammlung »Die Aran-Inseln« verewigte, in den Sommern 1898 bis 1902. Häufig ging er zu einer Inselklippe, dem **Synge's Chair** (ausgeschildert). Pampooties heißen die historischen selbstgefertigten Schuhe der Inseln. Gourmets rühmen Küchenchef Ruairí de Blacam im edlen, im minimalistischen Stil erbauten **Inis Meáin Restaurant**. Gattin Marie-Thérèse kümmert sich auch um die fünf (teuren) Suiten (https://inismeain.com).

Synge's Cottage & Museum: Juni–Sept. tgl. variabel | Eintritt: Spende

Kleinste Aran-Insel

Inisheer

Inisheer, seit 2004 offiziell Inish Oírr, wird von Doolin bei Bootsausflügen zu den Cliffs of Moher bis 30 mal täglich angelaufen. Die kleinste Aran-Insel wartet mit dem mittelalterlichen O'Brien's Castle, früher irischer Baukunst in der St Gobnet's Church (Cill Gobnet) und der jährlich am 14. Juni aus dem Sand geschaufelten Kirche St Cavan auf.

ARMAGH · ARD MHACHA

Nordirland, Provinz: Ulster | **Distrikt:** Armagh, City, Banbridge and Craigavon | **Einwohner:** 14 800 | **Auskunft:** **https://visitarmagh.com**

Das Städtchen im Garden of Ulster beeindruckt nicht nur zur Apfelblüte im Mai. Armagh ist religiöses Zentrum, Hauptort des St Patrick's Trail und Standort der Wissenschaften. Herausragend ist ein mythenumwobenes Fort: Irlands Camelot! Nicht weit Richtung Küste warten mit den Mourne Mountains die bekanntesten Berge Irlands – nicht zuletzt dank des populären Liedes »Where the Mountains o' Mourne sweep down to the sea«. In Downpatrick startete der hl. Patrick 432 die Missionierung der Iren.

Religion und Mythen

Armagh, irisch Ard Mhacha (Machas Hügel), geht auf die sagenhafte Königin Macha zurück, die im 3. Jh. v. Chr. 3 km westlich auf einer Anhöhe eine Palastfestung aus Holz errichtete. Sechs Jahrhunderte war dieses »Navan Fort« Sitz der Könige von Ulster – ein irisches Camelot und erste Hauptstadt Ulsters, die Ptolemäus um 150 als »Isamnium« lokalisierte. Es heißt, Königin Macha habe hier nach einem Pferderennen Zwillinge geboren; daher der irische Fortname »Emain Macha« (Zwillinge der Macha). Das Fort diente den Red Branch Knights als Hauptquartier. »Rotzweig« (red branch) hieß auch ihr Treff, die Festhalle auf dem Hügel. Deren Zentralpfosten wird auf 94 v. Chr. datiert. Die Königshalle, es wäre das eigentliche »Camelot« z. B. des Regenten Conchobar McNessa, wurde nie gefunden. Doch liefern frühkeltische Legenden des Ulster-Zyklus' Anschauliches: Um 332 n. Chr. zerstörten Plünderer aus Connacht Palast und Siedlung. Die Audio-Video-Show im preisgekrönten Visitor Centre erweckt Mythen wie archäologische Funde zu neuem Leben. Der Eco Trail erschließt die Natur. Im Ancient Grounds Coffee Shop gibt es auch Lunch.

Navan Centre and Fort: : 81 Killylea Rd | Di. – So. 10 – 17 Uhr | https://visitarmagh.com/places-to-explore/navan-centre-fort | Eintritt: 10 £

Wohin in Armagh?

Uralter Missionssitz

Religiöses Zentrum Irlands

Zwar ist das **Market Place Theatre & Arts Centre** mit Café an der Market Street Armaghs vielgerühmtes »Home of Entertainment« (www.marketplacearmagh.com). Doch bedeutender sind der protestantische und katholische Erzbischof. Der hl. Patrick baute hier um 445 Kirche und Kloster, wo 807 das »**Book of Armagh**« entstand. Am Startpunkt des St Patrick`s Trail (149 km) öffnet das Armagh Visitor Information Centre mit Kunsthandwerksladen »Craftswirl«.

Armagh Visitor Information Centre | 40 Upper English Street
Tel. 028 37 52 18 00 | https://visitarmagh.com

Anglikanisches Gotteshaus

St Patrick's Cathedral

Die protestantische St Patrick's Cathedral, Vicar's Hill, steht am Ort der Kirche des hl. Patrick. Sie wurde im 19. Jh. von Lewis Cottingham umgestaltet. Im Inneren beeindrucken Krypta und Denkmäler u. a. für Sir Thomas Molyneux, dazu die Büste des Erzbischofs Richard Robinson. An der Außenmauer verweist eine Tafel auf Irlands Nationalhelden **Brian Ború**, der 1014 nach der für ihn tödlichen Schlacht bei Clontarf wie erwünscht an der Kathedrale beigesetzt wurde. Seit 2014 verbindet der Brian Ború National Trail seinen Geburtsort Killaloe (Co. Clare), Ballina, Cashel und Clontarf mit Armagh (Verlauf: www.tipperarycoco.ie/file/3842). Der Zugang zum Kräuergarten ist an der Market Street.

Besichtigung April – Okt. Mi. – Sa. 9 – 17, sonst Mi. – Sa. 9 – 16 Uhr
www.stpatricks-cathedral.org | Eintritt: 3,50 £

Historische Bibliothek

Armagh Robinson Library

Diese erste öffentliche Bibliothek außerhalb Dublins wurde 1771 gegründet. Die Inschrift über dem Haupteingang nennt sie »The medicine shop of the mind« (**Apotheke des Geistes**). Zur Bibliothek gehören wertvolle Bücher (Theologie, Naturwissenschaft, Archäologie) und die »Claims of the Innocents«: Bittschriften an Oliver Cromwell!

Heute beschauliche Hügellandschaft, einst königliches Fort: Im »irischen Camelot« werden Mythen lebendig.

Hinzukommen Holzstiche des englischen Malers und Grafikers William Hogarth (1697 – 1764) und Swifts »Gullivers Reisen« mit handschriftlichen Anmerkungen des Autors. Zur Bibliothek gehört auch das herrliche Diözesanhaus mit Kirchenregister: No 5 Vicar's Hill.
43 Abbey St | Mo. - Fr. 10 - 13, 14 - 16 Uhr | Vicar`s Hill: April -Sept. Di. - Sa., sonst Do. - Sa. 10 - 13, 14 - 16 Uhr https://armaghrobinson library.co.uk | Eintritt frei, Gruppenführung: je 2,50 £ (mit Vicar`s Hill und Kathedrale 7,50 £)

Römisch-katholisches Gotteshaus

St Patrick's Roman Catholic Cathedral

Die neugotische kath. Kathedrale (1840 – 1904) besitzt von italienischen Künstlern geschaffene Mosaiken, Buntglasfenster und Marmorverkleidung. Liam McCormick modernisierte 1981 den Altarraum: Tabernakel und Kruzifix sind aus poliertem Stein.
41 Cathedral Rd Mo. - Sa. 10.30 - 17.30, So. 12 - 17 Uhr | https://armaghparish.net/cathedral-tours-private-masses | Eintritt frei.

Marmorpracht und altes Schulhaus

The Mall

In Armagh wurde viel mit rosafarbenem, gelbem und rötlichem Armagh-Marmor gebaut. Auch der hier geborene Architekt Francis Johnston (1760 – 1829) nutzte ihn für öffentliche Gebäude und georgianische Stadthäuser an der Mall. Im gepflegten **Park der Mall** fanden früher Pferderennen und Hahnenkämpfe statt. Heute bewachen Kriegerdenkmale die Blumenbeete. Das 1805 –1809 nach Plänen

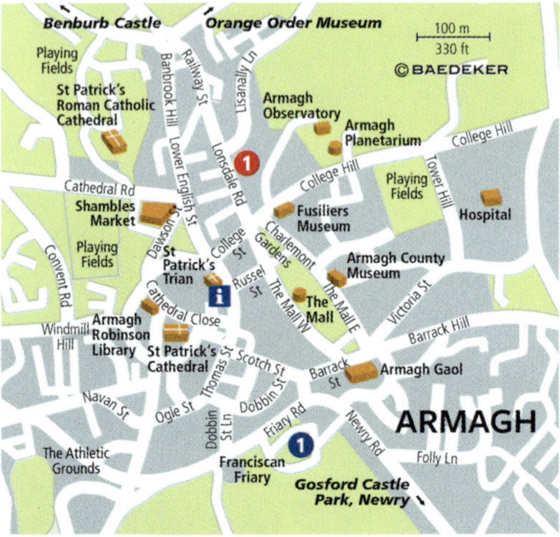

1 Charlemont Arms Hotel 1 Friary Restaurant

Johnstons erbaute Gericht (Court House) am Ende der Mall ist rekonstruiert, das Original zerstörte im Jahr 1993 ein Bombenanschlag. Im alten Schulhaus an der Mall warten Exponate zur Archäologie, Natur- und Heimatgeschichte sowie eine beachtliche Bibliothek. Gruselig ist ein gusseiserner Schädel, der einst Armaghs Galgen zierte. In Irlands wohl ältestem **County Museum** beeindrucken Uniformen, Hochzeitskleider Gemälde von George Russell (1867 bis 1935) und James Sleator (1889 – 1950) mit Porträts von Armaghs bekannten Persönlichkeiten.

County Museum: The Mall East | Mo. – Sa. 10 – 17 Uhr | Eintritt frei

Reichtum, Fußball und Sozialreformen

Milford House Collection

Einst galt das 1864 bis 1915 erbaute Milford House im Leinenweber-Modelldorf (19. Jh.) 2 km südlich von Armagh als technisch modernstes Haus in Nordirland, heute wird die Bausubstanz dank Neubesitzern und Fundraising restauriert. Hier lebte der sozialreformerische Leinen-Unternehmerfamilie McCrum, deren Firma **Watson & Mercer** Weltruhm erlangte und 1912 auch Linnen für die »Titanic« lieferte. William Mc Crum (1865 bis 1932), der mit Stalin korrespondierte, verkaufte alles in der Weltwirtschaftskrise 1929. Doch 1890 war er auch **Erfinder des »Penalty«** im Fußballspiel und löste so die Angst des Torwarts beim Elfmeter aus. Die Milford House Collection wurde aus dem zuletzt als Schule genutzten Anwesen ausquartiert und wird nun in Armagh in jenem viktorianishen Stadthaus gezeigt, in dem William McCrum seine letzten Tage verbrachte.

3 Victoria St | April – Sept. Sa., So. 14 – 18 Uhr | Eintritt: 4 £
www.milfordhouse.org

Blicke ins All

Armagh Observatory & Planetarium

Ab Court House führt die Straße College Hill vorbei an der von Jakob I. 1608 gegründeten Royal School zum heimlichen Hit der Stadt, dem Armagh Observatory. Im Planetarium mit der **Hall of Astrono-**

my dürfen astronomische Geräte auch berührt werden. Attraktionen sind eine Nachbildung der Gemini-Rakete, Raumanzüge und Modelle von Voyager und Space Shuttle. »Very british« ist das Observatorium von 1793 (Führungen). Der Astropark (Eintritt frei) zeigt die Dimensionen von Sonnensystem und Universum, einen Steinkalender und den Infinity Hill (Hügel des Unendlichen).

College Hill: Tel. 028 37 52 36 89 | Mo. - Sa. 10 - 17
Planetarium: Juli/Aug. auch So. 10 - 17 Uhr | www.armagh.space
Eintritt (stündl. Dome Shows): 9 £

Ruinenidyll

Im Park des Erzbischofspalasts (Friary Road) der Church of Ireland locken die **Reste des Franziskanerklosters** von 1266.

Franciscan Friary

Mini-Bronzen

Der preisgekrönte **Kunstpfad** »Gargoyles and Angels« (Wasserspeier und Engel) führt auf spannende Entdeckungstour zu 22 gut versteckten, humorig gestalteten Miniatur-Bronzen, die 2010 Holger Lönze schuf (www.gargoylesandangels.info).

Gargoyles and Angels

ARMAGH UND UMGEBUNG ERLEBEN

1 FRIARY RESTAURANT €€€

Das Restaurant im Armagh City Hotel bietet traditionelle und moderne Genüsse aus lokalen Produkten.
2 Friary Rd, Armagh, Tel. 028 37 51 88 88, Dinner nur Fr., Sa., So. ab 18.30, Lunch ab 12.30 Uhr, Lunch (12.30 - 14.30 Uhr); sonst Lunch/Dinner/ Live Music in der Callan Grill Bar des Hotels
www.armaghcityhotel.com

CUNNINGHAM'S KITCHEN €€€-€€

Lassen Sie sich nicht von den Kühen vor dem burgunderroten Bistro mit hervorragender Küche irritieren! Steaks, Scampi oder panierten Fisch ordern! Die preisgekrönte Metzgerei Cunnignham nebenan ist eine der besten in ganz Großbritannien.
13–15 Newcastle St, Kilkeel (Mourne Mountains)
Tel. 028 4176 2385
www.cunninghamsfoodhall.co.uk

1 CHARLEMONT ARMS HOTEL €€€

Dreisterne-Haus mit Dining Room, Bistro und zwei Bars. Auch Afternoon Tea 14–17 Uhr
57–65 Upper English Street, Armagh, Tel. 028 3752 2028, http://charlemontarmshotel.com; 30 DZ

DUNLEATH HOUSE €€€

Zentrales, freundliches B&B! Cahill und seine Tochter servieren erstklassiges Frühstück. Patio-Garten mit Blick auf die Mourne Mountains.
33 St Patricks Drive, Downpatrick; Tel. 028 4461 3321, 3 DZ
www.dunleathhousebb.com

Rund um Armagh

In der Schlucht des Blackwater River

Benburb Valley Park

Der Benburb Valley Park nordwestlich von Armagh liegt am bei Wanderern, Anglern (Lachs) und Kanufahrern beliebten Blackwater. **Benburb Castle** nutzten US-Truppen im Zweiten Weltkrieg als Krankenhaus. Mit ca. 6 km langem Rundweg am Fluss und im Wald.

89 Milltown Road, Benburb Park tgl., Schloss nur n. V. geöffnet
https://benburbpriory.com/what-we-offer/valley-park

Gründungsort des Oranier-Ordens

Loughgall

Loughgall (285 Einw.) besitzt einen Country Park (188 ha) mit Golfplatz. Bekannt wurde das Dorf, weil hier 1795 nach Scharmützeln zwischen Protestanten und Katholiken in **Dan Winter's House** der **Orange Order** (Oranier-Orden) gegründet wurde. Im für 3,6 Mio. £ ausgebauten Sloan`s House Museum & Interpretive Centre wohnte der erste Sekretär, James Sloan.

Dan Winter's House: 9 Derryloughan Road | Mo.–Sa. 10.30–17.30, So. 14–17.30, im Sommer bis 20.30 Uhr | Eintritt frei
Sloan's House: 84–86 Main Street | Di.–Sa. 10–17 Uhr | Eintritt: 3 £

Georgianisches Farmhouse

Ardress House

Im **Herrenhaus** von 1760 sind der klassizistische Stuck im Salon und die kostbaren Möbel (18. Jh.) beachtenswert. Der prächtige Rosengarten wurde neu gepflanzt, auf dem Lady's Mile Walk flaniert man ganzjährig kostenlos.

64 Ardress Rd, Annaghmore | Gelände tgl. bis Dämmerung, Hausführung Mitte April – Mitte Okt. So. 12 – 16, Farm So. 11 – 17, Lady`s Mile Walk tgl. 11 – 17 Uhr | www.nationaltrust.org.uk | Eintritt 6 £

Malerisch gelegenes Landhaus

The Argory

Über dem Blackwater steht das hübsche **Landhaus** The Argory. Es besitzt originale Wandmalereien und eine Orgel (1824). Herrlich ist der Rosengarten. Mit Café und Buchladen.

144 Derrycaw Road, Dungannon | Gelände tgl. 11 – 17, Haus Jan. So. 12 – 15, Feb. – Mai, Sept. – Mitte Dez. Sa./So. 12 – 16, Juni Fr. – Mo. u. Juli/Aug. tgl. 12 – 16 Uhr | www.nationaltrust.org.uk | Eintritt: 6,50 £

Ausflug ins »Banditenland«

Camlough

Das Gebiet um Camlough (1080 Einw.) südlich von Armagh verdankt seinen Namen (crooked lake; gekrümmter See) dem örtlichen See. Es heißt auch **Bandit Country**. Hier waren die Kämpfe zwischen IRA und britischer Armee besonders heftig. Der See gelangte 2009 ins Guinnesbuch: 200 Schwimmer legten insgesamt 680 km zurück – Weltrekord! Seither trainieren hier Triathleten, zum Water Festival (Aug.) kommen Tausende. Nahebei sind die zwei Killevy Churches. Im 5. Jh.

gründete St Monnine, eine der ersten weiblichen Heiligen, hier ein Nonnenkloster, das Wikinger 923 zerstörten. Augustinernonnen bauten im Mittelalter ein neues Kloster. Die östliche Kirche (15. Jh.) ist jünger, der massive Türsturz der westlichen (11. Jh.) wohl von 900. Der prähistorische Ballykeel Dolmen am Fuß des Slieve Gullion (573 m) steht im Zentrum des **Ring of Gullion**: In der Hügellandschaft gebot legendär Ulster-Held Cú Chulainn den Truppen der Königin Maeve aus Connacht Einhalt. **Zahlreiche Sagen** sind mit dem Berggipfel verknüpft: Dort heißt es vom südlichen Cairn, dies sei das Haus der Caillech Bhérri, der riesigen alten Hexe, die den Winter- und Todesaspekt der irischen Muttergöttin verkörpert. Der 2,8 m hohe Kilnasaggart Stone (um 700) gilt als älteste datierbare Steinsäule Irlands. Zu zahlreichen Wanderwegen gesellen sich zwei PKW-Touren durch den **Slieve Gullion Forest Park**, die auch Radler schätzen. Audio Files zu den Touren stehen auf der Webseite als Downloads bereit.
Park: April - Okt. 8 - 21, sonst bis 17 Uhr | Eintritt frei
www.ringofgullion.org

Music at its best

Mullach Ban, Crossmaglen

Mit Folkmusic-Sessions locken das Tí Chulainn Cultural Activity Centre & Slieve Gullion Lodge ins Dorf Mullaghbane, bieten günstige Übernachtungen sowie Touren am **Ring of Gullion**. Musik ist auch in Crossmaglen Trumpf, wo ein Pferdemarkt stattfindet (Anfang Sept.). Im Nordirlandkonflikt tötete die Provisorische IRA hier 58 britische Offiziere und 124 Soldaten. Heckenschützen sorgten in den 1990ern für weitere Opfer, daher die große Polizeistation. Berühmt ist das Gaelic Football-Team Crossmaglen Rangers (6-mal irischer Meister).

Mourne Mountains

Vom Meer in die Berge

Newcastle

Bester Startpunkt für einen Trip in die zwischen Newry und Newcastle gelegene, von der Mournes Coast Road (B 27) durchquerte Bergkette ist Newcastle (7670 Einw.), schon seit dem 19. Jh. ein beliebter Ferienort mit Stränden und Promenaden, heute auch mit dem berühmten Golfplatz **Royal County Down Club**. Treff der Wasserratten ist im Juli und August der beheizte Tropicana Outdoor Fun Pool. Vom Donard Park am südlichen Stadtrand ist der **Slieve Donard**, mit 849 m höchster Berg der Mournes, auf einem durchaus anspruchsvollen Wanderpfad zu besteigen.
www.visitmournemountains.co.uk

Outdoor-Erlebnisse

Forest Parks

Etwa 3 km nordöstlich erstreckt sich an den Nordhängen der Mournes der **Tollymore Forest Park** (650 ha). Auffallend ist das gotische

Tor des ehemaligen Landsitzes (18. Jh.). Vier markierte Wanderwege erschließen den Park, auch Reitausflüge werden angeboten. An Sommerwochenenden finden Führungen statt. Das **Tollymore Outdoor Centre** bietet Kurse (Bergwandern, Klettern, Kanufahren) an. Im **Castlewellan Forest Park** (450 ha) kann man Boote mieten, reiten, angeln und wandern. Labyrinthgänger, die das Zentrum des jährlich angelegten Friedens-Maisfelds (Peace Maze) erreichen, dürfen eine Glocke läuten. Im Arboretum von 1740 wächst eine Vielzahl seltener Sträucher und Bäume.

Reittouren: Mount Pleasant Horse Trekking Centre | 15 Bannonstown Road, Castlewellan | www.mountpleasantcentre.com
Tollymore Forest Park: tgl. 10 Uhr bis Dämmerung | Eintritt frei, Auto 5 £/ Tag | Camping 20 £/Nacht, mit Elektrizität 23 £
www.nidirect.gov.uk/articles/tollymore-forest-park
Castlewellan Forest Park: tgl. 10 Uhr bis Dämmerung | Eintritt frei, Auto 5 £/Tag | Camping Mitte März – Anf. Nov. 20 £/Nacht, mit Elektrizität 23 £ | www.nidirect.gov.uk/articles/castlewellan-forest-park

★ Unterwegs

Wilde Landschaft, verträumte Dörfer

Von Newcastle führt die Küstenstraße gen Süden und gibt den Blick auf die ständig wechselnde Kulisse der Mourne Mountains frei. An der Strecke liegen verträumt wirkende Dörfer. Annalong und vor allem Kilkeel, auch Rostrevor und Warrenpoint sind ideal für Zwischenstopps. Nebenstraßen führen zu den Stauseen des Silent Valley und der wilden Landschaft um den Spelga Dam. In **Kilkeel** zeigt Jessica

Die Mourne Mountains sind ein Paradies für Wanderer, Biker, Reiter ... Clive Staples Lewis setzte ihnen in »Die Chroniken von Narnia« ein literarisches Denkmal.

Clews im Seascope Lobster Hatchery and Marine Research Centre Hummer (Lobster) und Austern (Oysters). Kilkeels Nautilus Centre vereint Touristeninformation, maritime Kochschule und Mourne Maritime Visitor Centre zur Geschichte der Fischerei, besonders des Heringfangs. Die Küste von Newcastle zum Dörfchen Greencastle war im 18. Jh. als Schmugglernest berüchtigt, alte Ausguckplätze der Küstenwache künden davon. Hoch über der Einfahrt zum Carlingford Lough ragt auf einem Fels Green Castle (13. Jh.) auf. Rostrevor, der schönste Ort der Mourne Mountains, schmiegt sich an den Carlingford Lough. Der viktorianische Ferienort verdankt seinen Ruhm farbenfrohen Häusern, mediterraner Vegetation und höchst angenehmer Atmosphäre. Von der Hafenstadt Warrenpoint führt eine bezaubernde, von burgähnlichen Turmhäusern und Ruinen gesäumte Straße nach Newry. Großartig ist die Kanalmündung ins Meer mit dem mittelalterlichen Narrow Water Castle am einen und dem Rundturm des Klosters Clonallan am anderen Ufer.

Seascope Lobster Hatchery and Marine Research Centre: 14/15 Binnian Enterprise Park | Mo.-Sa. 10-17 Uhr | Eintritt: 2,40 £ http://seascopehatchery.com

Nautilus Centre /Mourne Maritime Visitor Centre: Rooney Road Mo. - Fr. Ostern - Okt. auch Sa. 9 - 17 Uhr | www.mourneseafood-cookeryschool.com, www.visitmournemountains.co.uk | Eintritt frei

Tor zum Norden

Newry

Die alte Handels- und Grenzstadt Newry (29 950 Einw.), zwischen Dublin und Belfast gelegen, war stets strategisch wichtig und ist dies durch den Brexit nun auch wirtschaftlich. Merklich herausgeputzt besitzt sie seit 2002 Stadtrechte, Anlass war das 50. Thronjubiläum von Königin Elisabeth II. Kurios ist Baganals Castle an der Castle Street: Es wurde erst 1996 »wiederentdeckt«, weil es in eine Bäckerei, die frühere McCann's Bakery »verpackt« war. Heute ist es Sitz des **Newry & Mourne Museum**, das in drei Galerien eine bemerkenswerte Sammlung von der Prähistorie bis ins 21. Jh. zeigt. Darunter sind Skulpturenschmuck des 11./12. Jh.s und die Gelston Clock (um 1780), die Uhrmacher John Gelston aus Newry baute. In der zeitgenössischen Abteilung beeindrucken sechs Gemälde von Jasper McKinney und eine Fotomontage von Sean Hillen zum Nordirlandkonflikt. Die Kirche **St Patrick** gilt als erstes anglikanisches Gotteshaus auf irischem Boden. 3 km außerhalb wurde im Treaty Room des Derrymore House der Act of Union zwischen Großbritannien und Irland unterzeichnet. Die Anlage eignet sich wunderbar für Spaziergänge.

Newry & Mourne Museum (mit Newry Info. Centre): Di. - Sa. 10 bis 16.30 Uhr | www.visitmournemountains.co.uk/museums | Eintritt frei

Derrymore House: Camlough Rd Bessbrook | Anlage ganztägig, Treaty Room : Touren n. V. (derrymore@nationaltrust.org.uk) | www.nationaltrust.org.uk | Eintritt: Gelände frei, Treaty Room 2 £ (Spende)

Downpatrick und Umgebung

St Parick's Trail

Auf den Spuren des hl. Patrick

Geht es um Irlands Nationalheiligen, den hl. Patrick, nimmt man in der Hauptstadt des Distrikts Newry, Mourne and Down (10 800 Einwohner) gern auch mal viel Geld in die Hand. 2001 flossen 6,3 Mio. £ in das **St Patrick's Centre** unterhalb der Down Cathedral. Mit Touristeninformation und Kunstgalerie informiert es multimedial mit IMAX-Kino auch über den **St Patrick's Trail**, der 15 Erinnerungsstätten von Armagh über Newry, Downpatrick und Newtownards bis Bangor verbindet (https://visitarmagh.com/trails/drive-st-patricks-trail). Die Christianiserung der Insel startete der hl. Patrick nach dem Studium der christlichen Lehre in Frankreich. 432 segelte er nach Irland, wo der Heilige 3 km nördlich Downpatrick die erste Kirche in Saul gründete. Die **Saul Church** von 1932 erinnert daran. Nahebei auf dem Slieve Patrick erzählen Bronzetafeln an einer Großstatue Heiligenepisoden. In Downpatrick führt zudem eine Straße hinter dem Hospital nach 2 km zur einst heidnischen Opferstätte **Struell Wells**, wo er Psalmen intonierte und die ersten christlichen Quellen Irlands einrichtete. Das Wasser der vier Quellen soll Leiden lindern. Populär war der Ort vom 16. Jh. bis ca. 1840, als die zwei Badehäuser für Männer und Frauen und eine Kirche (Ruine) entstanden (ganzjährig zugänglich; Eintritt frei).

St Patrick's Centre: 53a Market Street | Mo. – Sa. 9 – 17 Uhr
www.saintpatrickcentre.com | Eintritt: 5,75 £; nur IMAX: 3,50 £

Stadtgeschichte

Heilige Gebeine

Ursprünglich hieß Downpatrick Rath Celtair, benannt nach dem hier residierenden mythischen Krieger Celtchar, der mit Ulster-König Conor Mac Nessa in den Kampf zog. Der Normanne John de Courcy eroberte den Ort 1177 und förderte den Kult um den hl. Patrick. Als bei Grabungen die mutmaßlichen Gebeine der drei größten irischen Schutzheiligen Patrick, Brigid und Columban entdeckt wurden, veranlasste de Courcy die Verlegung des Sitzes der Diözese von Bangor hierher. Doch misstraute er den 1136 durch den hl. Malachias hier angesiedelten Augustinern und ersetzte sie durch englische Benediktiner. Diese errichteten eine erste Abteikirche auf dem heutigen Kathedralenhügel. Die Pilgerscharen strömten ab Anfang des 13. Jh., als die Ortsumbenennung zu Downpatrick, irisch Dún Pádraig (Patricks Burg), beste Werbung machte.

Down Cathedral

Pilgerstätte

Die heutige städtische Kathedrale (Down Cathedral) der Church of Ireland entstand ab 1790 auf Ruinen eines Vorgängerbaus, von dem Kapitelle und das Taufbecken erhalten sind. Es ist zweifelhaft, ob die Gebeine der drei Heiligen tatsächlich hier ruhen. Doch der auf dem

Friedhof 1900 aufgestellte Granitstein mit der Aufschrift »Patric« wird als **Grab des hl. Patrick** jährlich am Todestag des Heiligen (17. März 461) zur Pilgerstätte. Die Annalen der vier Meister, Irlands Mittelalter-Chronik, nennen aber 493 als Todesjahr, berichten von einem gewonnenen Zwist um seine sterblichen Überreste mit den O'Neills aus Armagh, aber auch von der späteren Umbettung der Gebeine. Downpatricks neugotische kath. St Patrick's Church auf dem Hügel zwischen St Patricks Avenue und Stream Street erhielt 1993 den **St Patrick's Shrine** mit Mosaiken zum Leben des Heiligen (tgl. ab 9 Uhr geöffnet).

Down Cathedral: Mo.–Sa. 13 – 16 Uhr | www.downcathedral.org
Eintritt frei | Führung (nur nach Voranmeldung): Spende

Lokalgeschichte und örtliche Natur

Museen in Downpatrick

Das um drei Galerien und den Tea Room erweiterte **Down County Museum** im einstigen Gefängnis (18. Jh.) präsentiert die Grafschafts- und Gefängnisgeschichte. Das **Quoile Countryside Centre** informiert über Flora und Fauna im County und wird von Vogelfreunden geschätzt. Idyllisch auf einer alten Marschinsel am Quoile steht die Ruine **Inch Abbey**, die Etappenort für Filmfans auf »Game of Thrones«-Tour ist. Die 1127 gegründete Benediktinerabtei gab John de Courcy 1180 an die Zisterzienser (Eintritt frei).

Down County Museum: The Mall | Mi. – Fr. 10 – 16 Uhr | www.visitmournemountains.co.uk/museums/ Eintritt frei, Führung 4 £
Quoile Countryside Centre: 5 Quay Road | nur Juli/Aug. Mo. – Sa. 10 bis 16 Uhr, Toiletten ganzjährig Mo. – Fr. 10 – 16, Vogelbeobachtungsversteck ganzjährig 10 – 16 Uhr | Eintritt frei

»Burg Winterfell« in Game of Thrones

Strangford

Die alte Wikingersiedlung Strangford (16 km nordöstlich von Downpatrick) mit dem Turmhaus **Strangford Castle** (16. Jh.) entstand am reizvollen Südende des Strangford Lough. Westlich von Strangford zeigt die Fassade des **Castle Ward House** (1760) klassische wie gotische Züge – die Erbauer Lord und Lady Bangor konnten sich nicht auf einen Stil einigen. Hier sind wissenschaftliche Arbeiten und Illustrationen von Mary Ward ausgestellt (▶ Birr, S. 382). Berühmter ist Castle Ward aber als Burg »Winterfell« der Kultserie Game of Thrones. Der **Westeros Cycle Trail** (www.gameofthrones-winterfelltours.com; Tour: 38,50 £) führt Radler zu 20 Drehorten, u. a. zu Robb's Camp (Ashley's Castle). Zu Castle Ward gehören Park (6 Rundwege), Turmhaus, Wäscherei, Theater, Mühle, Restaurant und Laden. Im Sommer finden Veranstaltungen wie das Ulster Summer Festival of Opera statt.

Park /Garten tgl. 10 – 18, Winter bis 16, Haus März bis Okt. Do. – So. 11 bis 16, Laden, Second-hand-Bookshop und Tea Room tgl. 11 – 17, Winter bis 16 Uhr; www.nationaltrust.org.uk/castle-ward | Eintritt: 10 £

Auf dem Weg nach Dundrum

Burgen, Panoramen – und Schmetterlinge!
13 km östlich von Downpatrick ragt Kilclief Castle (15. Jh.) über der Meerenge auf. Sieben Burgen schützten den früher bedeutenden Fischerort **Ardglass** weiter im Süden. Nur teils erhalten ist Jordan's Castle. Westlich Killough lockt ein schöner Strand. Nahe St John's Point beginnt **Nordirlands schönste Küstenpanoramastraße**, die bis Newry führt (62,5 km). Bei Clough, 13 km westlich von Downpatrick, flattern im Glashaus des **Seaforde Tropical Butterfly House** (mit Garden House Café) Hunderte tropische Schmetterlinge, dazu sind exotische Insekten und Reptilien zu bestaunen (Ostern – Sept. Mo.–Sa. 10 – 17, So. 12 – 17 Uhr, www.seafordegardens.com, Eintritt: 11,50 £, nur Garten oder Butterfly House 6,70 £).
Dundrum (13 km südwestlich von Downpatrick) ist ein malerischer Fischerort mit schönen Sandbuchten und einem von einem Wassergraben umgebenen alten Burgturm. De Courcy startete 1177 den Festungsbau, um die Straße zwischen Drogheda und Downpatrick zu kontrollieren. König John I. ließ die Burg 1210 konfiszieren und den Turm anfügen. 1652 machten Cromwells Truppen der Burg den Garaus.

★ Legananny Dolmen

»Tripod«-Dolmen
Etwa 20 km westlich von Downpatrick steht unweit des Slieve Croob das bekannteste Steinzeitmonument in Ulster: Der 2,5 m hohe, wie ein Stativ auf drei »Füßen« ruhende **Legananny Dolmen** wirkt vor der Kulisse der Mourne Mountains eleganter als andere Dolmen.

★★ ATHLONE · BAILE ÁTHA LUAIN

Republik Irland, Provinz: Leinster| **Grafschaft:** Westmeath
Einwohner: 21 350

»At the heart of it!« wirbt Athlone mit seiner zentralen Lage fast genau im geografischen Mittelpunkt Irlands – knapp 9 km nordwestlich auf dem Hill of Uisneach, der schon in vorgeschichtlicher Zeit als Versammlungsort diente. Wer in diese Region kommt, kann sich tatsächlich mittendrin fühlen, in der Kultur und Geschichte des Landes, aber auch mitten in einem Naturparadies – mit Segel-, Kanu-, Reit- und Golfmöglichkeiten in großer Fülle. Das Radlerparadies ist in Sicht: Schon in naher Zukunft werden Radler auf dem EuroVelo 2 (Dublin-Galway Greenway) am mit Millionen Euro restaurierten Athlone Castle stoppen.

In den 1970er-Jahren sollte Athlone Hauptstadt eines wiedervereinten Irlands werden. Bis heute verfolgt die Partei Sinn Féin dieses Ziel – allerdings mit wenig Aussicht auf Erfolg. Die Bürger Athlones genießen derweil ihre attraktive Stadt, die wunderschöne Umgebung und die mittige Lage – nach Dublin sind es auf der M6 124 km, nach Galway am Atlantik nur 86 km. Kein schlechter Standort, auch für Irland-Besucher!

Zentraler Standort

Mittendrin ist ein Begriff, der in vielerlei Hinsicht für Athlone gilt: geografisch, historisch, kulturell …

Wohin in Athlone?

Modernes Museum in historischen Gemäuern

Die Hauptstadt-Ambitionen sind nur eine der Episoden der Stadtgeschichte, die um 900 mit der Gründung an der alten Shannonfurt, irisch Baile Átha Luain, durch einen Wirt begann (die Bar gibt's übrigens immer noch – siehe Athlone erleben, Sean's Bar). Die Stadtgeschichte wird heute in **Athlone Castle**, ab 1210 im Auftrag von King John of England, Bruder von Richard Löwenherz, errichtet und im frühen 19. Jh. umgebaut, ganz auf der Höhe der Zeit multimedial präsentiert, u.a. mit Touchscreen-Animationen. Ein großes Thema sind die Belagerungen der Jahre 1690 und 1691. Eine Museumsabteilung zeigt das Leid der Bürger nach den Desastern. Auch der irische, in Athlone geborene Operntenor John Count McCormack (1884–1945) ist auf der Burg präsent; in der Stadt wird er mit Denkmal auf dem nach ihm benannten Platz geehrt. Die Stadt erschließt der Welcome Trail (1,5 km). Beim Athlone River Festival (Wochenende Ende Aug./Anf. Sept.) werden auch Foodies bestens verwöhnt.

Athlone Castle: St Peter's Square | März–Mai, Sept./Okt. Di.–Sa. Di. – Sa. 10 – 17.30, So. 11 – 17.30, Juni – Aug. Di. – Sa. 9.30 – 18, So. 10.30 – 18, Nov. – Feb. Mi. – Sa. 10.30 – 17, So. 11.30 – 17 Uhr
www.athlonecastle.ie | Eintritt: 10 €

Athlones neuer Kunsttempel

Luan Gallery

Die nahe der Burg spektakulär am Shannon gelegene Galerie für moderne Kunst, eine Erweiterung der zuvor als Kino, Stadthalle, Bücherei und Konzertsaal genutzen **Father Matthew Hall** von 1897, verschlang 3,4 Mio. € Baukosten, wurde aber 2014 für internationale Visual Arts-Projekte ausgezeichnet. Sie dient Präsentationen aufstrebender (Paul Quast, Sèan Guinan) wie etablierter (Catherina Hearne, Sinèad Ní Mhaonaigh, James Hanley) Künstler.

Grace Rd | Di. – Sa. 11 – 17, So. 12 – 17 Uhr | Eintritt frei
www.athloneartsandtourism.ie/luan-gallery

Auf, am und über dem Wasser

Aktiv an Shannon und Lough Ree

Kein Athlone-Besuch ohne **Bootsausflug** auf dem Shannon oder dem schilfgesäumten Lough Ree, dem zweitgrößten See im Lauf des Shannon! Forellenangler finden hier ihr Dorado, Birdwatcher entdecken Schwäne, Stockenten und Zugvögel. **Wassersportvergnügen** und Bootsverleih bieten Bay Sports (www.baysports.ie) oder Barracuda Boat Trips (https://barracudaboattrips.com). Die Viking Tours im nachgebauten Wikinger-Langschiff ab Athlone sind ein populärer Spaß (www.vikingtoursireland.com). Radler schätzen den Lough Ree Trail und den Old Rail Trail zwischen Athlone und Mullingar entlang der Ex-Eisenbahnstrecke. Whiskey-Fans zieht es 35 km entfernt in die **Kilbeggan Distillery** (www.kilbegganwhiskey.com; Tour ab 30 €).

ATHLONE ERLEBEN

TOURIST INFORMATION
Athlone Castle, Tel. 090 649 46 30
https://athlone.ie

SEAN'S BAR €
Laut Guinnessbuch ältester Pub Europas! Der Lehmbau des einstigen Luain's Inn datiert auf 900, der erste Innkeeper Luain geleitete Menschen wie St Christophorus durch die Furt und verlieh der Stadt ihren Namen. 1987 war Boy George der Besitzer. Tgl. Livemusik.
13 Main Street, Tel. 090 649 23 58
www.seansbar.ie

SHAMROCK LODGE HOTEL €€€€
Fürst Rainier und Fürstin Gracia von Monaco logierten hier 1961. Mit Spa, Light Lunchs, Iona Bar und herrlichen Dinners im The Lodge Bistro.
Clonown Road, Tel. 090 649 26 01
www.shamrocklodgehotel.ie
51 DZ, 11 Suiten

HODSON BAY HOTEL €€€
Familiär am Lough Ree! Schnörkellos modernes, angenehmes Ambiente, dazu exquisite Küche von Gavin O'Rourke im ReSt L'Escale. Mit Gym, Pool und Luxus-Spa.
Roscommon Road (N 61), Tel. 090 644 20 04, www.hodsonbay-hotel.com; 136 DZ, 40 EZ

Rund um Athlone

Dichterland

Goldsmith County

Das »County« des Naturkundlers (»irischer Brehm«) und Literaten (u.a. »Der Pfarrer von Wakefield«) Oliver Goldsmith (1728–1774) beginnt nordöstlich von Athlone in Lissoy, wo Goldsmith aufwuchs. **Glasson**, als Dorf der Rosen berühmt, punktet mit drei Top-Restaurants und dem Goldsmith Literary Festival (https://olivergoldsmith festival.com). Weiter südlich führt der Goldsmith Trail auch nach Ballinahown mit Kunsthandwerk im Eco Craft Village. Im **Celtic Roots Studio** (www.celtic-roots.com) in der alten Schule stellt Helen Conneely 5000 Jahre Geschichte evozierenden Schmuck her und gestaltet kunstvolle Mooreichen-Skulpturen. In den Tea Rooms werden beste Quiches serviert.

Ausflug in Natur und Geschichte

Moate

Bei Moate (16 km östlich von Athlone) bringt der **Dún na Sí Amenity & Heritage Park** mit 18 Attraktionen das Farmleben im 19. Jh. näher. Die Scéal Exhibition erzählt die Geschichte der irischen Sprache, Musik, des Gesangs und Tanzes und vom »Storytelling«. Auch der Radweg Old Rail Trail Athlone–Mullingar (40 km) führt hierher.

hierher (https://athlone.ie/visit/old-rail-trail-athlone-mullingar-green way). Räder verleiht in Athlone Buckley Cycles (Kenna Centre, Dublin Road, Tel. 090 6 47 89 89, www.buckleycycles.ie).

Lake Road | April – Okt. tgl. 10 – 17 Uhr | https://dunnasi.ie
Eintritt: 8 €, Parkplatzgebühr: 2 €

★★ Clonmacnoise

Gräber, Kreuze, Türme, Mauern …

Klostergelände

Als der hl. Ciarán 548 n. Chr. mit sieben Getreuen das Kloster Clonmacnoise gründete, ahnte er nichts von dessen später bedeutenden Rolle. Er starb 552 mit 33 Jahren an der Pest. Heute wirkt die **»Wiese der Söhne des Nóise«** am Ostufer des Shannon 25 km südlich von Athlone wie ein einsamer Friedhof, eine Zeitkapsel aus Kunstschätzen, Legenden und Geschichten.

»Noise«, Lärm, gar Heidenlärm, verursachen in Clonmacnoise nur Besucher, die das »Silentium«, Ruhe und Klosterfrieden. der 1552 niedergebrannten Abtei nicht kennen. Da sind sie nicht allein. Mitte des 19. Jh. feierte hier ein Adliger zwischen Temple Connor (11. Jh.) und dem auch Temple Finian genannten Temple Finghin (12. Jh.) und musste sich dafür verantworten. Rechterhand steht eine offene Feldkapelle, in der 1979 Papst Johannes Paul II. betete. Máirtín Ó Cadhain (1906–1970) befand in seinem köstlichen Roman »Cré na Cille« (Grabgeflüster), dass sogar Steine und Klostermauern sprechen, Hochkreuze seufzen, Grabsteine aufstöhnen, brodelndes Stim-

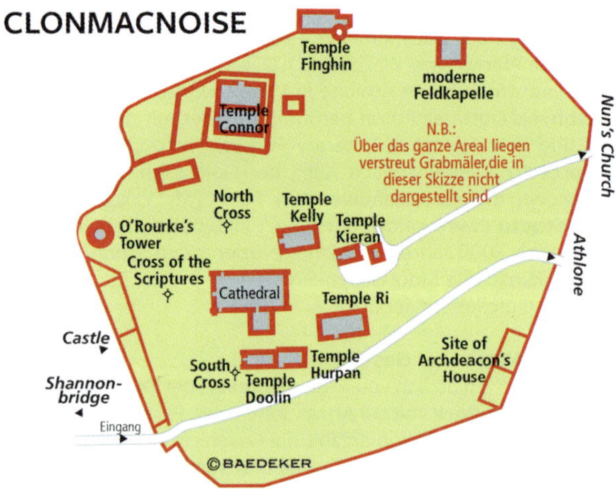

mengewirr aus den Gräbern ertönt. Ó Cadhains Friedhofsleichen tratschen und klatschen, brillieren mit polterndem Witz, beschimpfen sich als »Einohrbrut«, gar »Moderarsch«! Doch sie kommunizieren nie mit Lebenden.

Die herrlichen **zwei Rundtürme**, 17 und 18 m hoch, sieben später teils zu Mausoleen umgewandelte frühe **Kleinkirchen** (10.–13. Jh.), die Kopien der drei einzigartigen **Hochkreuze**, das **Grab des hl. Ciarán**: »Ruhe« kehrt bei begeisterten Besuchern erst am Whispering Arch (Flüsterbogen), dem Tor zur **gotischen Kathedrale** ein. Hier kann zwar nicht Toten, wohl aber dem Echo der eigenen Stimme gelauscht werden. Das auch Temple McDermot genannte Gotteshaus von 909 besitzt Bauteile bis ins 15. Jh. Am Altar erhielt Irlands letzter Hochkönig Rory O'Connor 1198 neben dem Grab seines Vaters Turlough die letzte Ruhestätte. Und dann sind da auch noch jene 200 **Grabsteine** gleich links vom Eingang, an denen frühe Christen begraben sein wollten. Einige tragen Ogham-Inschriften. Die eingemeißelte Formel »OR DO…« mit folgendem irischem Namen bedeutet »ein Gebet für …«.

Drama um Derbforgaill

Nun's Church und Besucherzentrum

Zu Clonmacnoise gehört auch die Geschichte von **»Irlands schöner Helena«**. Ging sie freiwillig mit? Wurde sie gezwungen? Auch in 100 Jahren wird man noch über das Schicksal von Derbforgaill streiten. Ihre Entführung und Rückkehr, schließlich ihr Wirken als Äbtissin der Augustinerinnen in Clonmacnoise (12. Jh.), sind Wegmarken der Inselgeschichte. Von Derbforgaill blieb die 1167 gebaute **Nun's Church**: Die Kirche der Nonnen erreicht man nur jenseits des eingefassten Mönchsareals über den neuen Friedhof. Erst einmal sollte man aber ins Besucherzentrum mit dem in wunderbares Licht getauchten **Museum**. Das präsentiert die Klostergeschichte und aus nächster Nähe die drei berühmten originalen **Hochkreuze von Clonmacnosie**. Auf dem Klosterrasen stehen »nur« Kopien.

Einzigartig ist das auch »Bibelkreuz« genannte **Cross of the Scriptures**, das 4 m hohe »Kreuz der Inschriften«. Auf dem Sandstein-Trumm ist zu entziffern, dass Hochkönig Flann (877–915) es errichten und mit biblischen Darstellungen, auch Reitern, Streitwagen, Jägern und Tieren schmücken ließ. Das 3,7 m hohe Südkreuz beeindruckt mit Ornamenten. Das fragmentarisch erhaltene Nordkreuz (um 800) zeigt sogar die Darstellung des keltischen Jagd- und Fruchtbarkeitsgottes Cernunnos – im »Yogasitz« und mit Hirschgeweih.

Schön sitzt man draußen vor dem kleinen Café, oberhalb des Parkplatzes lockt der Souvenirshop. Gegenüber auf dem Feld sind die **Ruinen jener Normannenburg**, die nach Derbforgaills Tod erbaut, aber rasch aufgegeben wurde und verfiel.

Feb. – Okt. tgl. 10 – 17.30, Nov. – Jan. tgl. 10 – 17 Uhr | https://heritageireland.ie/places-to-visit/clonmacnoise/ Eintritt: 8 €

Ballinasloe und Umgebung

Endhafen des Grand Canal

Ballinasloe

Einst war Ballinasloe (irisch: »Furt der Menschenmengen«) militärisch bedeutsam, dann als westlicher Endhafen des Grand Canal (▶ Grand Canal, S. 300), der auf dem letzten Teilstück aber nicht mehr befahrbar ist. Heute punktet die **betriebsame Handelsstadt** 30 km südwestlich von Athlone mit ihren Pferde-, Vieh- und Schafsmärkten (der Oktobermarkt ist Irlands größter) sowie mit Wander- und Radwegen. Zudem setzt man auf Ruhe Suchende. 8 km südlich der Stadt steht die Augustinerklosterruine **Clontuskert Abbey**. Am prächtigen Westportal (1471) der Kirche sind Heilige, ein Pelikan und wie in Clonfert eine Meerjungfrau mit Spiegel zu bewundern.

www.ballinasloe.ie

Prachtvolle Kathedrale

Clonfert

Dass das keltische Erbe nicht ganz verschwunden ist, beweist St Brendan's Rag bzw. Wish Tree, der »Wunschbaum« an der **Kathedrale von Clonfert** (21 km südostlich von Ballinasloe). Die Rosskastanie am alten Nonnenweg ist mit zig Devotionalien behängt. Nahebei ist auch eine **Cloutie Well** (Lumpenquelle), eine hl. Quelle, in die man Lappen oder Kleider tauchte, um diese dann an Baumästen aufzuhängen. Alle Aufmerksamkeit erheischt aber der Höhepunkt irisch-romanischer Baukunst und Bildhauerei, das prachtvoll mit Menschenköpfen und Dreiecken verzierte sechsbogige Portal (12. Jh.) zur Kathedrale. Die Kirche von Clonfert (»kleines Fort«) hatte einen frühen Vorläufer: 577 soll St Brendan, der vermeintliche Amerika-Entdecker, hier eine Kirche erbaut haben. Ein Kloster schloss sich an, Clonfert wurde ab 1111 Bischofssitz. In seiner Hochzeit bildete die Abtei 3000 Schüler gleichzeitig zu Mönchen aus, ehe das von Königin Elisabeth I. gegründete Trinity College in Dublin diese führende Rolle übernahm. Noch im 15. Jh. war für die Abtei eine Sheela-na-Gig verbürgt, die verloren ging. Die ab 1167 erbaute Kathedrale wartet aber im Inneren mit einer Meerjungfrau (15. Jh.) an einem Pfeiler rechts vom Altar auf. Heute gehört die Kathedrale zur Church of Ireland. Falls verschlossen, erhält man die Schlüssel im Haus rechterhand der Kathedrale.

Loughrea und Umgebung

Kleinstadt mit wachsendem Tourismus

Loughrea

Das als Galways »Schlafstadt« stetig wachsende Loughrea (55 km südwestlich von Athlone) erhielt seinen Namen vom See: Loch Riach (grauer See) leitet sich von Loch Riabhach (gesprenkelter See) ab und besitzt sogar einen Blaue-Flagge-Strand.

www.galwayeast.com, www.galwaytourism.ie/towns/loughrea/

Eine Prise Irland-Essenz vermittelt die Ballinasloe International Horse Fair.

Gotteshaus mit Stilmix

St Brendan's Cathedral

Größte Attraktion der Stadt ist St Brendan's Cathedral, wo ein katholischer Bischof residiert. Der Dubliner Architekt William Byrne baute die Kathedrale ab 1897 in nur fünf Jahren und versah sie mit gotischen Elementen im französischen und britisch-irischen Stil. Die prächtig ausgestattete Kathedrale erhielt kunstvolle Fenster, an denen die Entwicklung der irischen **Glasmalerei** im 20. Jh. ablesbar ist. Höhepunkte sind die Fenster »Auferstehung« (resurrection) und »Jüngstes Gericht« (last judgement) von Healey (1957). Bemerkenswert ist der moderne **Kreuzweg-Zyklus**. Audio Guides (30 Min.; Engl., Franz., Deutsch) sind im Pfarrbüro erhältlich. Das **Clonfert Diocesan Museum**, Barrack Street, öffnet Juli/Aug. tgl. 15–18 Uhr und n. V. Es besitzt die älteste Holzstatue Irlands, die Kilcorban Madonna (1180).

Pfarrbüro: Barrack Street | Mo., Mi. und Fr. 9.30 - 13, 14 - 17.30 Uhr
Tel. 091 84 12 12 | https://loughreacathedral.ie, www.clonfertdiocese.ie

Mittelalterfestival und Pferdemuseum

Weiterhin Sehenswertes

Während der National Heritage Week (Mitte Aug.) findet in Loughrea Irlands größtes Mittelalterfestival (www.facebook.com/loughreamedievalfestival) statt. Die Stadt besitzt auch ein Court House (Gericht) von 1821. Ecke Abbey Street/The Walk steht die Ruine des Karmelitenklosters St Mary's Priory (13. Jh.), das neue Kloster ist von 1785. An der Ecke The Walk/Station Road, steht an der 1975 geschlossenen Bahnlinie das alte Bahnhofshotel, nun O'Dea's Hotel. Am Ende der Moore Street ragt das letzte **Stadttor** (15. Jh.) auf. An der Main Street mit dem alten Rathaus war einst auch das 1226 vom Normannen Richard de Burgh erbaute Loughrea Castle. Pferdefreunde müssen ins **Dartfield Horse Museum & Heritage Centre** mit großem Park. Es ist nicht nur das weltweit einzige »Pferdemuseum« mit Bildergalerie (natürlich Pferdemotive) für Connemara-Ponys: Hier werden auch die berühmten, sechstägigen Reiturlaube in Connemara von Willie Leahy mit der größten Zuchtstation der Welt für Connemara-Ponys veranstaltet. Im farbenfrohen **Woodville Walled Garden & Museum** (mit Tea Room) präsentiert Margarita Donohue Rosengarten, Obstbäume, weiße Tauben und das Museum mit Objekten der Familie Persse und der Yeats-Freundin Lady Augusta Gregory.

Dartfield Horse Museum: Kilrickle, tgl. 9.30 – 18 Uhr (auch das Café) | www.galwaytourism.ie/dartfield-horse-museum-and-park/ Eintritt: 8 € | Reitausflug: 1 Std. 30 €, ganzer Tag mit Lunch 130 €
Woodville Walled Garden: Kilchreest, Loughrea | Fr. – Mo. 12 – 16 Uhr | http://woodvillewalledgarden.com | Eintritt: 8

Erholung im Park

Portumna

Portumna liegt 58 km südwestlich von Athlone am Lough Derg an der Einmündung des Shannon. Neben Golfen, Angeln, Segeln und Rudern bietet der herrliche **Portumna Forest Park** Erholung. Portumna Castle, ein mit Ecktürmen befestigter Bau, entstand vor 1618. Hier residerte die de-Burgh-Familie über 200 Jahre; großartig sind die Gärten. Das Irish Workhouse Centre zeigt die Geschichte der verhassten, 1840–1920 existierenden Arbeitshäuser.

Portumna Castle: 24.3. – 6.11. tgl. 10 – 18 Uhr | Eintritt: 5 €
Workhouse Centre: St Brigid's St | Führung (1 Std.) März – Okt. Di. bis So. 10, 12, 14 und 16 Uhr | https://irishworkhousecentre.ie | Eintritt: 7 €

Mittelalter-Tour

Athenry

Das durch das Lied »Fields of Athenry« weltberühmte, 66 km von Athlone entfernt liegende Städtchen (4840 Einw.), irisch Átha an Rí, »Stadt an der Königsfurt«, besitzt viel mittelalterliche Bausubstanz. Das preisgekrönte **Athenry Heritage Centre** in der mittelalterlichen Kirche St Mary's, The Square, ist idealer Startpunkt für Stadterkundungen mit hier ausleihbaren Audio Guides. Im Centre sind Amtsstab und Siegel (Mace & Seal; 14. Jh.) Athenrys ausgestellt, die ältesten in Irland erhaltenen. Das **»Mittelaltererlebnis«** (Medieval Experience) führt mit Kostümen, mittelalterlichem Stadtmodell, Bogenschießen und vielem mehr mit Spaß und Spiel ins Thema ein. Am Platz ist das **Market Cross** (15. Jh.), das letzte seiner Art in Irland, zu bewundern. Auch das restaurierte **Athenry Castle** (1235 – 1250) ist Teil der Mittelalter-Audio-Tour. Das Turmhaus mit Giebeln, Resten von Außenmauern und zwei Ecktürmen ist zu besichtigen, ebenso das Dominikanerpriorat (Ruine) von 1241 (Schlüssel gegen 10 € Pfand im Castle). Die urige Arch Bar am berühmten North Gate bietet gute Küche.

Athenry Heritage Centre: Mo. – Fr. 9.30 – 16.30 Uhr | www.athenryheritagecentre.com | Eintritt: 5 €, Medieval Experience 8 €
Athenry Castle: 24.3. – 2.11. tgl. 9.30 – 18 Uhr | https://heritageireland.ie/places-to-visit/athenry-castle | Eintritt: 5 €

BALLINA · BÉAL AN ÁTHA

Republik Irland, Provinz: Connacht, Grafschaft: Mayo
Einwohner: 10 170 | **Auskunft: www.northmayo.ie**

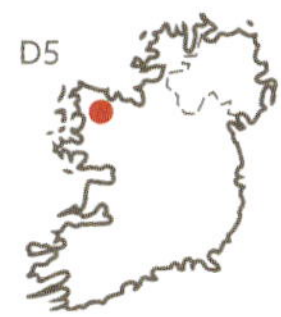

Sehr, sehr alt, aber noch gar nicht lange bekannt ist die größte kulturelle Attraktion der Gegend um Ballina: Es war in den 1930er-Jahren, als Patrick Caulfield, Lehrer in einem Torfstecherdorf, 30 km nördlich von Ballina im Moor ungewöhnlich drapierte Steinhaufen auffielen. Die Information schickte er an das Nationalmuseum in Dublin, doch sie versandete dort. 40 Jahre später wandte sich Caulfields Sohn Seamas, ein Archäologe, mit modernen Mitteln dem Thema zu – und entdeckte eine vom Moor bedeckte und deshalb sehr gut erhaltene, riesige steinzeitliche Anlage: die Céide Fields.

Der Klang der Steine

In den Folgejahren wurden Fundamente von Wohnhütten und runde Schutzverschläge für Vieh freigelegt – mit einer Uralt-Methode: Lange Eisenstangen wurden per Hand ins Moor gerammt, um dann nach Stochern in zwei, drei Metern Tiefe auf den Klang der Steine zu treffen. Nach und nach wurden so 84 km (!) Mauerwerk sichtbar – ein

Jahrtausende lag sie im Moor verborgen: Ceide Fields, die größte jungsteinzeitliche Ausgrabungsstätte der Welt.

Netz von Linien weit ins Umland, das Menschen 3800–3300 v. Chr. angelegt hatten. Tip: Sohn Seamas und Enkel Declan Caulfield führen nun zu weiteren Fundstellen im nahen Belderrig.
Belderrig Valley Experience: Belderrig | Tel. 087 2 51 52 92 www.belderrigvalley.com | Tour (2 Std.) mit Guide Book 25 €, Halbtages-/Tagestour mit Lunch und Guide Book 60/110 €

Wohin in Ballina?

Lachs und mehr

Anglerparadies Ballina

Ballina, irisch »Mündung an der Furt«, zweitgrößte Stadt im County Mayo, ist ein Dorado für Lachs- und Forellenangler sowie Versorgungs- und Zugangsort zur **Cliff Coast** des Wild Atlantic Way mit den Céide Fields. Am lachsreichen River Moy und an den Seen Lough Conn und Clough Cullin ziehen Petrijünger jährlich im Schnitt 7362 Fische aus dem Wasser. Die Stadt feiert den **Lachs** mit dem Salmon Festival (Juli) und dem Heritage Day. Dann füllen sich alle Straßen mit Kunsthandwerkständen. Ende August verausgaben sich Laufsportler beim Wild Atlantic 10-Miler, parallel lockt das dreitägige Gourmetfest **Food Fleadh Ballina** Tausende an.

Kunst, Geschichte und ein »Alien«-Schiff

Attraktionen in Ballina

In Ballina schätzt man rote Eichhörnchen in den Belleek Woods und fotografiert nahebei einen »Alien«: Das auf einer Sandbank im River Moy gestrandete Betonschiff **»SS Crete Boom«** lief 1919 in England vom Stapel und kam 1937 hierher, um den River Moy zu zähmen, was jedoch nicht gelang. 1974 wurde es an den jetzigen Ort geschleppt.

BALLINA ERLEBEN

BALLINA COMMUNITY TOURIST OFFICE
44 Lower Pearse Street
Tel. 096 7 28 00

DOWNHILL INN €€
Leckere Küche und Sauna! Das familiengeführte Haus am Stadtrand bietet günstige Menüs (18–21 Uhr) und diverse Akktivitäten für Golfer, Angler, Reiter und Wanderer.
Sligo Road, Tel. 09 67 34 44, 45 DZ
www.downhillinn.ie

DIAMOND COAST HOTEL €€€
Golf, Dünen, Golden Beach (Blaue Flagge)! Ideal für Wild Atlantic Way-Fahrer und Surfer an der Diamond Coast. Golfer schätzen den Enniscrone Golfkurs (18 Löcher).
Enniscrone, Co. Sligo,
Tel. 09 62 60 00, 92 DZ
www.diamondcoast.ie

Staunenswert sind die Glasmalereien in der kath. Kathedrale (20. Jh.). Das **Ballina Arts Centre** bietet Kunst und Kultur (Barrett Street; www.ballinaartscentre.com). Die in der ehem. Provincial Bank an der Pearse Street untergebrachte **Jackie Clarke Collection** zählt mit über 100000 Objekten aus 400 Jahren irischer Geschichte und dem Walled Garden zu den neuen »sieben Wundern« in Nord-Mayo. Unter dem **Dolmen of the four Maols** auf dem Primrose Hill (2000 v. Chr.) sind der Legende nach jene vier Brüder Maol begraben, die im 7. Jh. ihren Pflegevater, Bischof Ceallach von Kilmoremoy, ermordeten und hingerichtet wurden. Das **Mary Robinson Centre** öffnete im Sommer 2022 nach zweijährigem Ausbau mit einem biografischem Museum und Archiv zur ersten Präsidentin Irlands (1990 – 1997). Robinson wurde hier als Mary Bourke geboren, ihre Eltern waren angesehene Mediziner.

Jackie Clarke Collection: Eingang Walsh Street | Di. – Sa. 10 – 17 Uhr https://clarkecollection.ie | Eintritt frei | **Mary Robinson Centre:** Victoria House | Emmet Street | www.maryrobinsoncentre.ie

Museum im Hotel

Belleek Castle

Am Nordrand von Ballina bittet in Garrankeel das luxuriöse Belleek Castle Hotel mit Top-Library Restaurant zur Schlosstour. In dem historischen Juwel von 1831 wartet das Museum mit der Sammlung des exzentrischen Marshall Doran auf: Antiquitäten, Rüstungen, Dinosaurierknochen gar.

Schloss und Museum: nur Führungen Di. und Do. n. V. (online oder Tel. 096 2 24 00) | www.belleekcastle.com | Eintritt: 10 €

Rund um Ballina

Ein flacher Hügel hat es in sich

★ Céide Fields

Schon die Aussicht an der Zufahrt zur Pyramide des **Céide Fields Interpretive Centre** ist eine Wucht: Über den 110 m hohen Klippen ist das Panorama grandios. Innen wurde alles um einen senkrecht stehenden, 4000 Jahre alten, im Moor geborgenen Kiefernstamm arrangiert. Auf den Céide Fields (irisch Achaidh Chéide (»flacher bedeckter Hügel«) lebten vor 200 Generationen auf rund 1000 ha wenige 100 Menschen, die Wald rodeten und Ackerbau und Viehzucht betrieben. Als Milchtrinker waren sie im Vorteil: Kinder hatten größere Überlebenschancen, die Kinderzahl (ca. 6) war im Vergleich zu lactosefreien Vorzeitmenschen doppelt so hoch. 500 Jahre währte ihre Kultur, der man heute auf Holzpfaden nachspürt und dabei die bezaubernde **Hochmoorflora** (Moose, Blaues Pfeifengras, Schmalblättriges Wollgras, Orchideen) **und -fauna** (Feldlerchen, Goldregenpfeiffer) genießt. Ab dem Centre verbindet die **Route Millenia Mayo** (60 km) sechs Orte mit 6000 Jahren Geschichte: Nach Ballycastle und Ballina sind Foxford, Straide und Castlebar Stationen. An der Küste verläuft der **North**

Mayo Sculpture Trail (Tír Sáile) von Ballina bis Belmullet (www.northmayoarttrail.com, www.spiritofplacemayo.com, ausgeschildert. Die Skulpturen spiegeln die wilde Schönheit Nord-Mayos wider. Grandios ist die Aussicht am Downpatrick Head, wo sich Atlantikwellen bis 30 m hoch auftürmen.

Apr., Mai, Okt. tgl. 10 – 16.30, Juni – Sept. bis 18 Uhr
https://ceidefields.com | Eintritt: 5 €

Klöstertour mit Whiskey-Pause

Monasteries of the Moy

Der Radwanderweg Ballina–Kilalla (15 km) erschließt mehrere **Klöster am River Moy**. Nahe Ballinas Kathedrale sind die Reste der Augustinerabtei von 1410 zu sehen. Vorbei an der **Connacht Whiskey Distillery** am River Moy geht es zur Rosserk Abbey mit einschiffiger Franziskanerkirche, deren Westportal reich skulptiert ist. Das folgende Franziskanerkloster Moyne Abbey (15. Jh.) liegt in Ruinen. Wahrzeichen von **Kilalla** (570 Einw.) nordwestlich von Ballina ist ein Rundturm (26 m). Die Klöster sind auch über den **Sacred Landscape Trail** zu christlichen Orten in Mayo (www.sacredlandscapes.ie) erschlossen.

Connacht Whiskey Distillery: Laden Mo. – Fr. 10.30 – 17 Uhr
https://connachtwhiskey.com | Führungen Di. – Sa. 13, 14.30, 16 Uhr für 10 €, mit Whiskey- oder Gin/Poitin/Wodka- Tasting ab 20 €

Enniscrone

Seealgenbad in Jugendstil-Ambiente

In Enniscrone, 15 km nordöstlich von Ballina, lädt seit 1912 das renovierte **Kilcullen's Seaweed Bath** zu Seealgenbädern, die auch Rheumatikern helfen. Das »Hot Sea Water Bath and Seaweed Bath« ist eine Reise in die Vergangenheit: Porzellanbadewannen, Jugendstilkacheln und ein altmodischer Schwitzkasten.

Juli u. Aug. tgl. 10 – 21, sonst Mo. – Fr. 12 – 20, Sa., So. 10 – 20 Uhr, Nov. – April Di. und Mi. geschl. | Eintritt: Bad 25 €, mit Massage (30 Min.) 55 € | www.kilcullenseaweedbaths.net

Wollspinnerei mit Outlet

Foxford

16 km südlich von Ballina verdankt Foxford der Wasserkraft des River Moy seine Wollspinnereien. Das **Foxford Woollen Mills Visitor Centre** (mit Café) bewahrt das Erbe, zeigt die Wollherstellung und verkauft im Online Outlet Store edle Schals.

Laden und Café Mo. – Sa. 10 – 17, So. 12 – 17 Uhr | https://foxford.com | Führung »Foxford Experience« (20 Min.) Mo. – Fr. 10.30 und 11.30 Uhr | Eintritt (Führung) frei

Irisches Landleben in Perfektion

North Mayo Heritage Centre

Wechselausstellungen im Centre, der Bio-Garten im viktorianischen Walled Garden, der perfekt hergerichtete, 1840 bis 1950 angelegte Ornamental Garden, die Pleasure Grounds sowie das georgianische

Enniscoe House locken 16 km südwestlich Ballina an den Lough Conn. Im Museum öffnet der Tea Room, Enniscoe House ist nun ein schickes B & B (6 Zimmer sowie Self-Catering-Apartments)..
Castlehill, Enniscoe | April – Okt. Mo. – Fr. 11 – 17, Sa./So. 13.30 bis 17.30 Uhr | www.enniscoe.com | Eintritt: Museum frei, Gärten 8 €

Mullet- und Doohoma Peninsula

Buchten, Strände, Moore …

Mullet Peninsula

Dank des **Wild Atlantic Way** erlebt die einsame, moorige Halbinsel Mullet den lang ersehnten Aufschwung. Den wohl ursprünglichsten Eindruck verschafft eine Fahrt mit dem von Ballina kommenden Bus 446, der die 33 km lange und max. 12 km, an der engen Elly Bay nur 200 m breite Halbinsel täglich umfährt. Besucher schätzen die langen weißen Sandstände, ökologisch Interessierte das im Nordwesten der Insel zwischen Frenchport Pier, Annagh Head und Cross angesiedelte Testprojekt, aus Atlantikwellen Energie zu gewinnen. An der Ostküste wirkt die buchtenreiche **Blacksod Bay** wie ein Binnensee.
Vom Hauptort **Belmullet** (1020 Einw.; http://visitbelmullet.ie) können Schnorchler Meereshöhlen, Kelpwälder und maritimes Leben entdecken (www.thewesternstrands.com/wavesweepers-adventures). Belmullet ist zudem idealer Ausgangspunkt für eine Halbinselrundtour (25 km) mit vier Leuchttürmen (Ballyglass, Eagle Island, Rock, Blacksod) und 225 m hohe Klippen. Seit 2021 ist der 1864 erbaute Granitklotz des **Blacksod Lighthouse** zu besichtigen. Von hier gab Leuchtturmwärter Ted Sweeney jene Wettermeldung ab, die US-General Eisenhower bewog, die Landung in der Normandie vom 5. auf den 6. Juni 1944 zu verschieben. Ted und später auch Gattin Maureen wurden vom US-Repräsentantenhaus geehrt. Hier, an der Südspitze der Halbinsel, erinnert im Blacksod Memorial Garden eine Granitskulpt. Folklore, Mythen und Legenden hält etwas weiter nördlich das **Ionad Deirbhile Eichléim Heritage Centre** wach. Ausgestellt sind u.a. handgefertigte Quilts, Strohhüte, Kochutensilien, Körbe und Schuhe von 1900. Ein Glasfenster erzählt vom Leben des hl. Deirbhile. Sieben Felstürme, die **Stags of Broadhaven**, ragen nördlich Portacloy aus dem Wasser.
Blacksod Lighthouse: R 313, Fallmore, Blacksod | Führung 19.3. bis 30.4. Sa., So. 11 – 16, Mai und Sept. Mi. – So. 11 – 17, Juni – Aug. tgl. 11 – 17 Uhr, sonst nur Privatführung n. V. | www.visitblacksodlighthouse.ie | Führung 10 €, in der Gruppe (max. 6 Pers.) 7 €, Privatführung 50 € | **Ionad Deirbhile Heritage Centre:** Aughleam; Mo. – Sa. 10 – 18, So. 12 – 18 Uhr | Eintritt. 3 € | www.ionaddeirbhile.ie

Storyteller im Postamt

Doohoma Peninsula

Südlich der Mullet-Halbinsel schließt sich auf der Ostseite der Blacksod Bay die Doohoma-Halbinsel (4,46 km²) an, ein fast vergessener Flecken Erde, der über Generationen von Abwanderung gebeutelt war. Doch Doohoma (irisch Dú Thuama, »klingende Sandbänke«) blieben Tausende in aller Welt treu, manifestieren ihre Heimatverbundenheit mit regelmäßig in Doohoma eintreffenden Briefen. Zwar hat es auch zwei Pubs (Sea Rod Inn und Tra Bui), Kirche und Schule, doch alle Kommunikation läuft im wohl kleinsten Postamt Europas zusammen. Die Münchner Künstlerin Anja Uhlig und die seit 30 Jahren vor Ort lebende Doris Affeldt initiierten 2016 die **Seedbank of Love & Stories** (Saatgutbank der Liebe & Geschichten): Jeder kann auf einem Zettel in einem von 144 beleuchteten Schraubgläsern eine verfasste Geschichte hinterlegen und im Gegenzug eine Geschichte aus einem anderen Glas mitnehmen – eine Hommage an die Iren als Volk der »Storyteller«. Die Post nimmt auch eingeschickte Alltagsgeschichten an.

Seedbank: Doohoma Post Office, Ballina, Co. Mayo | Mo.-Fr. 9-13, 15-17, Sa. 9-13 Uhr | www.seedbank.world

★ BEARA PENINSULA

Republik Irland | **Provinz:** Munster, Grafschaft: Cork | **Auskunft:** **www.bearatourism.com**

B/C 10

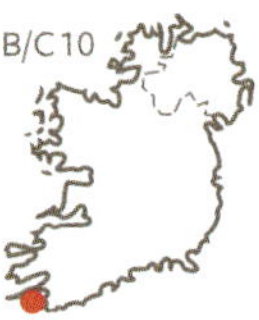

Fürst Pücklers »Lost Paradise«

Die faszinierend wilde, schöne, 60 km ins Meer ragende Beara-Halbinsel zwischen Bantry Bay und Kenmare River ist übersät mit wunderbaren Attraktionen. Wie kein anderer Ort steht Glengarriff für den Zauber der blühenden »Irischen Riviera«.

Fürst Hermann von Pückler-Muskau tauchte im Sept. 1828 in Glengarriff auf und fand hier, frei nach John Milton, sein »lost paradise«. Der Grafschaft Kerry hatte er höflich Respekt gezollt, dann war er von Kenmare zu Fuß und auf dem Pony »Knight of the Gap« aufgebrochen, hatte zwölf Regenbogen bewundert und auf dem »Ritter der Schlucht« wie Don Quijote auf Rosinante den »Madman's Rock« (Narrenfels) bezwungen. Sodann querte er die Beara-Halbinsel, passierte »Teufelsberge« und parierte am Hungry Hill die Versuchung in Gestalt eines barfüßigen, schwarzgekleideten Mädchens. Allerdings ging dabei sein edler Regenschirm aus Fischbein und Taft zu Bruch. Im Trab erreichte er die »Irische Riviera« und war entzückt:

»
Eine Stunde vor Glengarriff wird die Landschaft üppig und parkähnlich, als sie voher kahl und wild war.
«

BEARA PENINSULA ERLEBEN

BEARA TOURISM AND DEVELOPMENT ASSOCIATION
Beara Tourism and Development Association, St Peter's Church, Castletownbere, Beara, County Cork, Tel./Fax 0277 00 54

ECCLES HOTEL GLENGARRIFF €€€€
Zeitreise im Hotelklassiker von 1890! W. B. Yeats, Shaw und 2017 Pippa Middleton logierten hier. Mit Garinish Restaurant, Harbour Bar und Voya-Seealgen-Behandlung ist es jede Visite wert, der zelebrierte Afternoon Tea (25 €) ein Ereignis!
Glengarriff Harbour, Tel. 027 63 003, 64 DZ, www.eccleshotel.com

FOLEY'S SHAMROCK €€
Preisgekrönter Pub! Livemusik und gutes Restaurant in familiärer Atmosphäre!
Henry Street, Kenmare, Tel. 064 66 42 162, 10 DZ, 3 Häuser, www.foleyskenmare.com

ISLAND VIEW HOUSE B & B €
Beste Lage, schöne Aussicht! Oberhalb der Harbour Bay und Glengarriffs Kirche bereitet Eileen O'Sullivan exzellentes Frühstück. Im Ort locken Pubs zu Irish Stew und Folk Music.
Glengariff, Tel. 027 63 081, self catering, 6 DZ, www.islandviewhouse.net

Wohin auf Beara Peninsula?

»Irlands Eden«

★ Glengarriff

Heute bietet Glengarriff (140 Einw.; https://visitglengarriff.ie) perfekte Hotels, Pubs, Restaurants und ideales Klima: Nie zu warm, zu kalt, zu feucht oder zu trocken. Schon der deutsche Dandy – der sich übrigens vergeblich um die 17-jährige Tochter des Grafen von Bantry bemüht hatte – liebte den Blumengarten voller »Azaleen, Rhododendron und alle Sorten Immergrün«, mit Kamelien, Magnolien, Efeu, wildem Wein und Rosen. Heute versprüht Glengarriffs **Bamboo Park** mit Bambus und subtropischen Gewächsen die Glückseligkeit des poetischen Preußen. Pückler war vielleicht auch im **Glengarriff Woods Nature Reserve**, einem riesigen Eichen- und Pinienwald. An der Kenamre Road (N 71) liegt Irlands einziger interaktiver Skulpturengarten **The Ewe Experience**. »Irlands Eden« machten Sheena Wood und Kurt Lyndorff auf Science- und Poetry Trail begehbar.
Abends herrscht in Glengarriff herrliche Pub-Atmosphäre. Fürst Pückler erlebte hier noch Massenprügeleien, bei denen hunderte Shileilas (irisch Sail-Eille), Knüppel und Keulen mit bleiernen Verdickungen, auf irische Dickschädel niedersausten. Der begeisterte Fürst erstand am 26. 9. 1828 ein Exemplar, »noch warm vom Gefecht«, und verfasste den Bestseller »Reisebriefe aus Irland«. Heute pilgert man in Glengarriff für Sandwiches ins Blue Loo, für Livemusik

in die auch Bernard Harringtons genannte Maple Leaf Bar (beide Main Street).

Bamboo Park: tgl. 9 – 19 Uhr | Eintritt: 6 € | www.bamboo-park.com
The Ewe Experience: Juli/Aug. tgl. 10 – 18 Uhr | Eintritt: 7,50 €
www.theewe.com

★ Garinish Island

Insel der Stechpalme

Von den vielen kleinen Inseln in der Bucht lohnt vor allem Garinish Island (Ilnacullin, dt. »Insel der Stechpalme«) einen Besuch. Die Bootsfahrt (10 Min.) zu **Irlands schönster Garteninsel** (15 ha) führt vorbei an sich auf Felsen räkelnden Seehunden! Der Park samt Bauten im italienischen Stil wurde erst 1910 bis 1920 angelegt. Der inspirierte George Bernard Shaw verfasste hier 1923 den Großteil des Dramas »Die Heilige Johanna«. Planen Sie für den Trip auf die 1953 in Staatsbesitz übergegangene Insel zwei Stunden ein!

April/Mai, Sept./Okt. tgl. 10 – 17.30, Juni Mo. – Fr. u. So. 10 – 17.30, Sa. bis 18, Juli/Aug. Mo. – Fr. u. So. 9.30 – 17.30, Sa. bis 18 Uhr
www.garnishisland.com | Eintritt: 5 € plus Fähre 14 € (Retourticket) | **Fähre**: Vorabbuchung online oder Tel. 027 6 31 16; April – Okt. tgl. alle 30 Min. 9.45 – 15.45, letzte Fahrt ab Insel 16.30 Uhr
https://harbourqueenferry.com

Ring of Beara

Fahrten um die Halbinsel

Die für Fahrzeuge über 2,8 t gesperrte spektakuläre **Rundtour** (148 km) wird rege von Radlern auf der **Beara Cycle Route** (138 km) genutzt. Wanderer schwören auf den **Beara Way** (196 km). Nahe dem winzigen Nest **Tuosist** stach 640 der hl. Kilian zur Bekehrung der Franken in See. Die Klosterkirchenruine steht noch am Dorffriedhof, der kleine Hafen ist nun Aussichtspunkt am Wild Atlantic Way. Am Kilmackillogue Pier stoppen auch Oldtimer-Rallyes, um Helen`s Bar kulinarisch die Aufwartung zu machen. Nebenan zeigt das Mussel House herrlich gemalte Bilder der jährlichen Dorfprozession (8. Juli) und alles zur Miesmuschelzucht. Angela und Carl Daly bauten diese auf und bieten Bootstouren zur Muschelfarm. Der Ladies Way führt zum nahen Gut Derreen mit dem Derreen Garden, einem wahren Paradies (▶ S. 82). Pflicht ist der Kunsthandwerksladen **Adrigole Arts** (mit Café; www.pure-ireland.ie). Bei Castletownbere bittet Pianist David Syme zu **Wild-Atlantic-Konzerten** in sein Haus am Meer (So. 15 Uhr; http://symepiano.com; Eintritt: 25 €). Insgesamt 27 Gärten und Parks verbindet der **West Cork Garden Trail** (https://westcorkgardentrail.com). Auf der vorgelagerten **Bere Island** ist eine Segelschule.

Kenmare Bay Seafoods (Carl und Angela Daly): Drombohily, Tuosist
Tel. 087 6 59 83 67 | www.kenmarebayseafoods.ie | Besichtigung/Vortrag im Mussel House und Besuch der Muschelfarm nach Voranmeldung

Garinish Island: subtropische Pflanzen, mystische Stimmung.

Mit der Seilbahn auf die Insel!

Dunboy Castle und Dursey Island

Die malerischen Ruinen des 1602 ausgebrannten **Dunboy Castle** bewohnten die O'Sullivans. Nahebei sind Reste des **Schlosses der Puxleys**, die im 19. Jh. dank Kupfer reich wurden. Daphne du Maurier nahm im sozialkritischen Roman »Hungry Hill« Familienmitglieder als Vorbild für ihre Figuren. Die Halbinsel ist durch den Dursey Sound (230 m) von Dursey Island getrennt. Zu den zwölf Insulanern geht es mit dem **Dursey Cable Car**, Irlands einziger **Seilbahn**. Zwei Masten, eine Gondel – von diesem Trip erzählt jeder (26.4. - 31.10. tgl. 9.30 bis 13, 13.30 - 19.30, 1.11. - 25.4. tgl. 9.30 - 13, 13.30 - 16.30 Uhr; www.durseyisland.ie; Retourticket: 10 €, nur Barzahlung).

Bergbau am Meer

Allihies

Im Dörfchen Allihies lockt das Dzogchen Beara Buddhist Meditation Centre mit fantastischem Meerblick. Wirt Philip lädt in den Buchladen und im Café zu vegetarischem Lunch (www.dzogchenbeara.org, Eintritt frei). Bis 1962 lebte man hier vom Kupfer. Der **Copper Mine Trail** erschließt Schornsteine und Steinhütten, in denen einst 1300 Menschen lebten. Das **Allihies Copper Mine Museum** mit Café und Galerie in der Minenkapelle von 1845 zeigt 3500 Jahre Bergbaugeschichte. Für den Rundwanderweg nach Ballydonahan (18 km) sind 5 Std. zu veranschlagen.

Ostern – Okt. tgl. 10.30 – 17 Uhr | Eintritt: 6 € | https://acmm.ie

Moospfade, Baumfarne und ein Steinkreis

Eyeries und Lauragh

In Inches (Eyeries) pflegt und verkauft Connie Torpey im Garra Fado Garden Pflanzen (11 – 17 Uhr; www.gardensofireland.org/directory/11/). Ein Schild in Eyeries führt zum hübsch gelegenen **Ardgroom Stone Circle** (Bronzezeit). In Lauragh (Co. Kerry) ist der **Derreen Garden** mit 100 Jahre altem Dschungel aus Baumfarnen ein Muss! 12 km Moospfade führen zu hoch gewachsenen Rhododendren, Eukalyptus- und Bambushainen und bieten prächtige Sicht aufs Meer.

Derreen Garden: tgl. 10 – 18, Café April – Sept. tgl., Okt. nur Sa./So. 11 – 17 Uhr | www.derreengarden.com | Eintritt: 8 €

Bantry

Zeuge einer Invasion

★ Bantry House and Garden

1750 übernahm Richard White dieses ab 1740 erbaute georgianische Anwesen und wurde 1797 Baron. 1816 rückten die Whites sogar zu Earls (Grafen) von Bantry auf. Die Titel verdankten sie militärischer Unterstützung der englischen Krone: Am 15.12.1796 legte eine französische Flotte (43 Schiffe, 15 000 Mann) ab, um einen Aufstand irischer Revolutionäre – der United Irishmen um Wolf Tone – zu unterstützen. Wegen Sturms schafften es nur 16 Schiffe in die Bantry Bay; sie entkamen nur mit Mühe. Am 27.1.1797 war die »Invasion« gescheitert.

Das Bantry House mit prächtigem Park, das 1840 harmonisch um zwei Seitenflügel erweitert wurde, ist steingewordener Zeuge dieser Ereignisse. Die **wertvolle Kunstsammlung** umfasst Ikonen, Gobelins und französische Möbel; Mosaiken aus Pompeji schmücken die Halle. Wunderbar sind der Tea Room und das edle B & B (6 Zi.) mit Blick auf den italienischen Garten.

1.4. – 31.10. tgl. 10 – 17 Uhr | B&B nur April – Okt., sonst Self-Catering | www.bantryhouse.com | Eintritt: 14 € (Garten u. Hausführung)

Hübsches Invasorenziel

Lebhafter Ferienort

Für die Schönheit des vom Golfstrom verwöhnten Fischerdörfchens Bantry auf der Südseite der Bantry Bay sorgen herrliche Fuchsienhecken, Tropenflora, gar Bambus und Palmen am West Cork Garden Trail. Auf dem **Wochenmarkt** (Fr. 9.30 – 13 Uhr) pulsiert das Leben am schön modernisierten Wolf Tone Square mit der Statue des hl. Brendan. In der Bucht erlebte Whiddy Island 1979 eine Katastrophe, als der Öltanker Betelgeuse explodierte (49 Tote). Heute wird in den Inseltanks wieder Erdöl gelagert.

Die geschützte Bantry Bay lockt seit je Eindringlinge an: 1689 kamen die Franzosen, um Jakob II. zu unterstützen, danach die Engländer, 1697 die Oranier. Laut »Book of the four Masters« landete hier nach der Sintflut legendär auch Cesaire, die Nichte Noahs, mit

150 Mägden und drei Männern. Ihr folgten die frühen mythischen Eroberer Irlands: die gewalttätigen Formorier, die Manen des Nemed (»der Heilige«) aus Skythien, die Firbolg und die Milesier, vermutlich aus Nordspanien. Bantry bietet **Festivals** zur Kammermusik (Juni), Literatur (Juli) und Irlands erster Botanikerin Ellen Hutchins (Aug.). Das **Bantry Museum** am Wolf Tone Square zeigt die Ortsgeschichte (Juni – Sept. Mo. – Fr. 10 – 16.30 Uhr; www.bantryhistorical.com/museum; Eintritt frei). Die Bantry Historical Society betreut auch die zwei **Bantry Heritage Trails**.

Rund um Bantry

Brendans Boot

Kilnaruane Pillar Stone

Knapp 3 km außerhalb der Stadt, unweit vom Westlodge Hotel, führt ein 3 km langer Weg durch herrliche Natur zum Kilnaruane Pillar Stone, auf dem das Boot dargestellt ist, mit dem der hl. Brendan gen Amerika gesegelt sein soll.

Üppige Blütenpracht, fantastischer Blick auf die Bantry Bay – Bantry House bietet beinahe italienisches Flair.

BANTRY ERLEBEN

BANTRY TOURIST INFORMATION
Wolfe Tone Square
Tel. 02750229, www.bantry.ie

WESTLODGE HOTEL €€€
Familienfreundliches Hotel (100 Zi., 9 Cottages) mit Gym, Pool, Sauna, Jacuzzi, Hannie`s Bistro (Service auch draußen) und edlem Sugarloaf Restaurant.
Clashduff, Bantry
Tel. 02750360
www.westlodgehotel.ie

Küstenwanderungen am Wild Atlantic Way ab/bis Bantry mit Gepäcktransport auf dem Sheep`s Head Way veranstaltet u. a. AbenteuerWege Reisen.
www.abenteuerwege.de

Wasserfall und mehr

Donemare Waterfalls

Richtung Glengarriff beeindrucken die Donemare Waterfalls des Mealagh River, der mit Drombrow Lough und Lough Bofinna ein gutes Angelrevier ist. In **Ballylickey** bietet das Café/Restaurant Manning's Emporium gute Spezialitäten aus Cork (www.manningsemporium.ie).

Wandern, radeln, einkaufen

Sheep's Head Peninsula

Bantry ist Start und Ziel des bei Wanderern populären **Sheep's Head Way** (93 km; http://thesheepsheadway.ie) mit 20 Rundwegen. Ostwärts führt er bis Kealkill zum Future Forests Garden Centre mit Irlands größter Topfpflanzenauswahl (mit Versand; auch online). Radler befahren den **Sheep's Head Way Cycle Trail** von Ballylickey nach Ballydehob. Die höchst reizvolle, vom Wild Atlantic Way erschlossene Halbinsel Sheep's Head steht für nachhaltigen Tourismus. Attraktive Strände gibt es bei Kilcrohane und Ahakista, wo Steinmetz Victor Daily Skulpturen und Kurse anbietet (www.thestonecarver.com). Vom Parkplatz (mit Cafè) führt der stellenweise steile **Lighthouse Loop Trail** (2 Std., 4 km) zum weißen Leuchtturm Sheep's Head an atemberaubenden Klippen. In Durrus (330 Einw.), stellen Jeffa Gill, Tochter Sarah Hennessy und Ann McGrath ihren Durrus-Biokäse von Hand her (Coomkeen; Online-Shop sowie vor Ort nach Ende der Covid-19-Beschränkungen, Mo. – Fr. 9 – 14 Uhr; www.durrus cheese.com).

Einsiedelei

Gougane Barra Lake

Im einsam dunklen Bergsee baute der hl. Finbarr (6. Jh.) eine Insel-Einsiedelei (tgl. 10 – 18 Uhr; Eintritt frei), die im Herbst Wallfahrer besuchen. Den **Gougane Barra Forest Park** (137 ha) erschließen sechs Wanderwege (Eintritt frei; Parken: 5 €, nur Münzen; www.coillte.ie/site/gougane-barra-forest-park).

★★ BELFAST · BEÁL FEIRSTE

Nordirland | **Provinz:** Ulster | **Distrikt:** Belfast
Einwohner Stadt: 341 880, Einwohner Großraum: 671 560

Belfast, seit 1920 Hauptstadt Nordirlands und vor gar nicht allzu langer Zeit wegen politischer Unruhen berüchtigt, boomt: In der Hafenstadt steigt die Zahl der Hotelbetten rasant, die Zahl der Übernachtungen stieg 2019 auf 1,8 Mio. – 34 % aller Übernachtungen in Nordirland! Mehr noch als die historischen Wandmalereien (Murals) zu den Troubles (Nordirlandkonflikt) interessieren die neuen Murals zu Kunst und Musik! Belfast, wo einst die »Titanic« vom Stapel lief, gilt als »Party Town«. Allein das Titanic Belfast zog 2019 über 800 000 Besucher an.

Dominierende Wahrzeichen der von der Architektengruppe Civic Arts völlig neu gestalteten einst größten Werft der Welt, Harland & Wolff, sind zwei **gelbe Riesenkräne** an der Musgrave Channel Road: Samson und Goliath – von Krupp in den 1960er-Jahren gebaut – zählen zu den weltweit größten und bewegen je 840 t. Am Victoria Yard erinnern drei einst mit Dampfkraft betriebene Kräne noch an die Zeit des Titanic-Baus. Bei H&W drehten sich mal 50 dieser Steam Cranes.

Hand in Hand: Samson und Goliath

Wohin in Belfast?

Versunkene Schwestern

★★ Titanic Belfast

Ziel der jährlich 3,5 Mio. Besucher des Industriedenkmals Titanic Quarter (https://titanicquarter.com) ist das Titanic Belfast: Es erinnert an den Bau der »Titanic« und ihrer Schwesterschiffe »Britannic« und »Olympic«: allesamt untergegangen! Noch vor dem Selfie-Foto am »Titanic«-Schriftzug des Museumseingangs ist 100 m entfernt im denkmalgeschützten **Hamilton Gravin Dock** (1863–1867) die Miniaturversion zu sehen: Die 1911 bei H&W gebaute, restaurierte SS »Nomadic« war ein Pendelschiff (Tender) und beförderte Passagiere zur Titanic. 1970–1999 diente sie als Restaurantschiff in Paris.
Zur 100. Wiederkehr der Titanic-Katastrophe öffnete 2012 das äußerlich die Buge der drei Schwesternschiffe zitierende **Titanic Belfast**. Auf vier Etagen (acht Galerien) zelebriert die »Titanic Experience« mit Raffinesse – z. B. per Gondel durch die imaginierte Werft – das Werden jenes Dampfers, dessen vierter Schornstein nur Attrappe war. Auch Werftindustrie, Passagiere und Hollywoods Filme sind Thema, allen voran James Camerons melodramatische Titanic-Verfilmung

1997 mit **Leonardo di Caprio** und **Kate Winslet**, der über 2 Mrd. € einspielte und 11 Oscars erhielt. Das **Ocean Exploration Centre** lässt interaktiv Robert Ballards Tauchgang zum Wrack mit dem U-Boot »Nautilus« miterleben. Tickets sollten online vorbestellt werden, sie gelten für feste Zeiten (Time Slots; letzter Einlass 1 Std. 40 Min. vor Schließung). Preisgekrönt ist die am Titanic Sign vor dem Bau startende **Discovery Tour** (60 Min.; 13 £) zu allen Highlights, auch den **Slipways** am Queen`s Yard, wo »Titanic« und »Olympic« zu Wasser gelassen wurden..

Queen's Road tgl. April, Mai, Sept. 9 – 18, Juni – Aug. bis 19, Okt. bis März 10 – 17 Uhr außer 12.2. – 20.2. 10 – 18 Uhr | www.titanicbelfast.com | Eintritt: 21,50 £ inkl. SS Nomadic

SS Nomadic: April, Mai, Sept. tgl. 10 – 17, Juni – Aug. bis 18, Okt. bis März 11 – 16 außer 12.2. – 20.2. 11.30 – 16.30 Uhr | www.titanicbelfast.com/explore/ss-nomadic | Eintritt: im Ticket für Titanic Belfast

★ H&W Headquarters, Titanic Hotel Belfast

Schiffe und Filme

Im Ziegelbau rechterhand des Titanic Belfast wurden in den 1880–1919 erbauten Zeichenbüros (Drawing Offices) Schiffe konstruiert. 1861 hatten James Harland (1831–1895) und der gebürtige Hamburger Gustav Wilhelm Wolff (1834–1913) die Werft gegründet, hier war bis 1989 ihr Hauptquartier. Nun lebt im Titanic Hotel Belfast die goldene Zeit wieder auf. Die restaurierten Zeichensäle und Büros dienen für Events. Lord Pirrie's Office, »Corridor of Power«, Presentation Room, Thomas Andrews' Office und 500 Kunstwerke zu Harland & Wolff sind mit der hauseigenen **Art & Heritage map** zu besichtigen. Zigtausende arbeiteten um 1910 bei H&W, 30 000 allein in Belfast. Heute beschäftigen sich 500 Angestellte vorwiegend mit Off-Shore-Windanlagen (www.harland-wolff.com). Hinter dem Hotel schließen sich die **Titanic Film Studios** in der einstigen Paint Hall an, in der die Schiffe ihren Anstrich erhielten. Hier wird die Kultserie **»Game of Thrones«** produziert.

★ Titanic Quarter

Tragik – trotz historischer Distanz

20 000 Arbeitsplätze, drei Hotels in Planung und Aufbau und der Indoor-Fallschirmsprung-Simulator Vertigo (Queens Road; https://wearevertigo.com) beeindrucken im Titanic-Viertel, das der Titanic Trail ab Rathaus (City Hall) zum Titanic Belfast zu Fuß oder per Rad (Belfast Bikes) erschließt. Eindrucksvoll ist die individuelle **Tour mit Susie Millar**, Urenkelin des Titanic-Schiffsingenieurs Thomas Millar. Die tragische Familiengeschichte begann im Januar 1912 mit dem Tod seiner Frau Jeannie. Im April 1912 schiffte er sich mit seinen zwei Söhnen an Bord der Titanic ein und gab ihnen zwei Pennies, die sie niemals ausgeben sollten. Nur Sohn Ruddick überlebte die Jungfernfahrt. Susie ist im Besitz der Münzen und hat dazu ein Buch verfasst (»The Two Pennies«, 9,95 £).

Im Abendlicht schimmern und glänzen die 3000 Aluminium-Paneele des mächtigen Museumsflaggschiffs der nordirischen Hauptstadt, des Titanic Belfast.

Treff der Titanic-Fans ist auch das Dock Café an der SS »Nomadic« im Komplex **The ARC**. Auf Sofas im »Shabby chick«-Look amüsiert man sich über die Titanic-Goldfische (!) Kate und Leo, blättert in Lektüre und erfährt alles zum legendären WM-Boxkampf im Bantamgewicht 2014, den der Nordire Carl Frampton hier open air vor 16 000 Zuschauern gewann! Regelmäßig findet hier der **Dock Market** (20 Stände) statt, wo der seit 1805 berühmte Lebensretter, der »Belfast Bap«–ein Sandwich aus rundem Krustenbrot–, angeboten wird.

Titanic Tours Belfast Belfast (Susie Millar): Tel. 028 90 65 99 71 Ticket: 30 £ | www.titanictours-belfast.co.uk | **Belfast Bikes:** 350 Bikes an 45 Stationen | www.belfastbikes.co.uk | 30 Min. 1 £, 3 Tage 6 £
Dock Café: 2k Queens Road | Di. – Sa. 11 – 16 Uhr | www.the-dock.org

Arena, Shopping- und Science Center

Odyssey-Complex

Jenseits der Fußgängerbrücke ins Titanic Quarter erinnern am Uferweg (Titanic Trail) runde Bodenplatten an die »Titanic« und einen Schnellsegler, die 1874 in Belfast gebaute Dreimastbark »Star of Russia«. Am Fluss öffnet der 2021 renovierte **Odyssee-Pavillon** samt Kinos und Bowling, nebenan Nordirlands größter Bau für Konzerte und Sportevents, die **SSE Arena** (10 000 Plätze). Hier spielt Großbritanniens bestes Eishockeyteam, die Belfast Giants. Im dazugehörenden **Science Centre W 5** kann man sich Lügendetektortests unterziehen.

2 Queens Quay | Juni Mi. – So. 10 – 18, Juli/Aug. tgl. 10 – 18 Uhr, sonst variabel | https://w5online.co.uk | Eintritt: 9,50 £ (Online-Vorabbuchung obligatorisch)

HMS Caroline

National Museum of the Royal Navy

Die Queens Road führt zum 1885–1889 erbauten, 253 m langen Alexandra Graving Dock, wo die **HMS Caroline** vertäut ist. Das sechstälteste Schiff der Royal Navy, ein Flaggschiff leichter Kreuzer, bestand 1916 in der Seeschlacht vor Jütland die Feuertaufe. 1924 kam es nach Belfast. 2017 öffnete an Bord die HMS Caroline Experience, ein Museum der Royal Navy. Das **Pumpenhaus** entstand 1911 zwischen dem Alexandra Graving Dock und dem größten Trockendock der Welt, dem Thompson Graving Dock. **Titanic Walking Tours** bietet Führungen mit Abstieg ins Dock. Im Pumpenhaus stellt seit 2022 **Titanic Destillers** echten Titanic Premium Irish Whiskey her (www.titanicdistillers.com).

HMS Caroline: Führung: tgl. 10–17 Uhr | Eintritt: 9 £ | www.nmrn.org.uk | **Titanic Walking Tours**: Queens Road | Tel. 079 04 35 03 39 www.titanicwalk.com | Führung (90 Min.): 10 £

Radeln auf Künstler- und Arbeiter-Spuren

Community Greenways, Trails

40 Mio. £ investiert Belfast in Radwanderwege (greenways), die das Titanic Quarter mit East Belfast und den Castlereagh Hills verbinden. Rundtouren führen auf die Spuren von Fußballstar George Best oder Schriftsteller C. S. Lewis (1898–1963; »Die Chroniken von Narnia«) aus East Belfast. Der Van Morrison Trail (3,5 km) thematisiert »Van the Man«, die Rocklegende. Der Yardmen Trail führt in den Victoria Park und die frühere Lebenswelt der Titanic-Werftarbeiter.

www.connswatergreenway.co.uk/trails

Innenstadt

Athen des Nordens

Stadtgeschichte

Belfast am Lagan River – irisch »Flussmündung an der Sandbank oder -furt« – prosperiert. Vorbei die Zeiten der durch den Nordirlandkon-

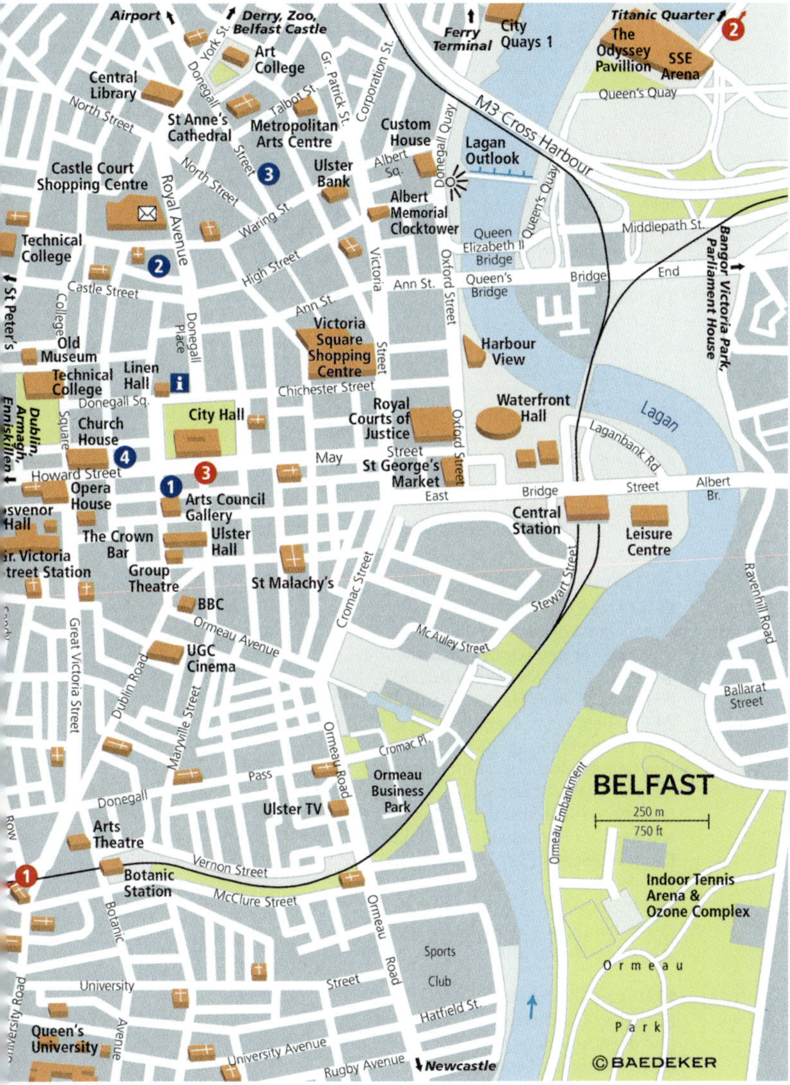

1 The Malone Hotel
2 Titanic Hotel Belfast
3 Ten Square Hotel

1 Deanes Epic
2 Mourne Seafood
3 Hadskis
4 Howard Street

BELFAST ERLEBEN

VISIT BELFAST WELCOME CENTRE

Hier gibt es den Belfast Visitor Pass für 1 – 3 Tage (6 £/11/14,50 £) mit Ermäßigungen und kostenloser Nutzung des öffentlichen Nahverkehrs.
9 Donegall Square North
Tel. 028 90 24 66 09
https://visitbelfast.com

BELFAST BLACK CAB TOUR

Billy Scott, Tel. 077 98 60 24 01
https://touringaroundbelfast.com
Tour (2 Std.) 50 £ (1 - 2 Pers.), ab 3 Pers. je 20 £

1 DEANES EIPIC €€€€

Neben dem »Ox« und »The Muddlers Club« drittes Sternerestaurant in Belfast. Chef Alex Greene lädt Do. bis Sa. zum Lunch-Menü (2 Gänge 24 £), abends zum vegetarischen und zum Tasting-Menü (je 85 £). Im Haus sind Deanes Meat Locker und Deanes Love Fish, dazu öffnen Deane`s Deli & Vin Café (44 Bedford St.), Deane`s at Queen`s (1 College Gardens) und Deane & Decano (537 Lisburn Rd).
28 – 40 Howard Street
Tel. 028 90 33 11 34, www.michaeldeane.co.uk; www.deaneseipic.com, So. – Di. Ruhetage

2 MOURNE SEAFOOD €€€

Für Belfasts Kochpapst Paul Rankin sind die Austern und Muscheln die besten der Stadt. Filiale in Dundrum (Main Street).
34 – 36 Bank Street, Tel. 028 90 24 85 44, www.mournseafood.com, kein Ruhetag

3 HADSKIS €€€

In Niall McKennas Trendlokal im Cathedral Quarter speist man elegant, ehe die Pubs rufen.
33 Donegall Street
Commercial Court
Tel. 028 90 32 54 44, www.hadskis.co.uk, kein Ruhetag

4 HOWARD STREET €€€ – €€

Marty Murphy zaubert irisch-italienische Köstlichkeiten. Zu Linguine mit weißen Krabben, Chili und Parmesankruste (9 £) passt frischgezapftes Peroni-Bier. Auch geräucherter Kabeljau mit Dill auf Kartoffel-Fond mit Broccoli (19 £) oder Lamm mit Süß-Kroketten und Erbsen-Bohnen-Frikassee (24 £) finden Liebhaber.
56 Howard Street
Tel. 028 90 24 83 62
https://howardstbelfast.com
So. bis Di. geschl.

1 THE MALONE HOTEL €€€€

Nummer Eins im Queen's Quarter! Das viktorianische Town House im Univiertel überzeugt auch mit Gerichten aus lokalen Zutaten im Gallery Restaurant.
60 Eglantine Avenue
Tel. 028 90 38 88 00
www.themalonehotel.com

2 TITANIC HOTEL BELFAST €€€€

Titanic pur! Im beeindruckenden Hotel dürfen auch Nicht-Hotelgäste an Führungen teilnehmen oder auf eigene Faust mit der hauseigenen Art & Heritage map auf Erkundung gehen.
6 Queens Road, Titanic Quarter
Tel. 028 95 08 20 00

www.titanic hotelbelfast.com
119 DZ und Suiten

3 TEN SQUARE HOTEL €€€
Location, Location! Idealer als hier kann man nicht nächtigen. Mit Weinbar »The Loft«, Steak-Restaurant »Jospers», Café und Radverleih »Belfast Bikes« vor der Tür. Gäste zahlen im Value Car Park, Grosvenor Road, pro Nacht 17 – 10 Uhr 8 £ für ihren PKW.
10 Donegall Square South
Tel. 028 90 24 10 01
www.tensquare.co.uk

---

flikt geteilten Stadt. Die 43 protestantische von katholischen Stadtteilen trennenden **Peace Lines**, hohe Mauern, stehen vor dem Abriss, sollen bis 2023 verschwinden. Belfast, dessen erstes Fort 1177 zerstört wurde und um dessen folgendes Kastell hart gerungen wurde, wird seinem Beinamen »Athen des Nordens« wieder Ehre machen. Den Ruf verdankt man auch im 17. Jh. zugezogenen Hugenotten, die die Industrialisierung anschoben und **»Linenopolis«** kulturell mit französischem Flair bereicherten. Nach dem Anschluss an England (1800) entstanden viktorianische Prunkbauten. Geld wurde mit der Leinenweberei, mit Seilherstellung, Schiffbau und Tabak verdient!

Zentraler Platz und gute Adresse

Donegall Square

Belfasts Herz schlägt am **Donegall Square**, an dessen Nordende die Einkaufszone Donegall Place mit dem **Visit Belfast Welcome Centre** einmündet. Wahrzeichen des Donegall Place sind acht große **Kupferstelen** von Dennis Gilloway, die an Großschiffe aus Belfasts Werften wie die »Titanic« erinnern. Am Donegall Square residieren Finanzinstitute. Die Northern Bank erlebte 2004 den größten Bankraub der irischen Geschichte: 26,5 Mio. £ waren perdu, die Täter wurden nie gefasst. In fünf Minuten geht es von hier ins alte **Händlerviertel** Entries mit schmucken Straßen und viel Atmosphäre. Auch die Royal Avenue ist Fußgängern vorbehalten und führt nördlich zur größten Shopping Mall Belfasts, dem **Castle Court Centre**. Östlich des Donegall Square führt die Chichester Street zum **Victoria Square** mit Jaffe Fountain zu Ehren des Bürgermeisters Otto Jaffe von 1870 und dem **Victoria Square Shopping Centre** (https://victoriasquare.com). Die Glaskuppel über dem Atrium ermöglicht einen schönen Rundblick. Beliebt ist hier auch der Weihnachtsmarkt **Christmas Fayre** (Ende Nov. bis 24.12.) mit handgefertigten Produkten lokaler Händler.

Kuppel, Türme und die Stadtgeschichte

★ City Hall

Größte Attraktion am Platz ist die 1898 – 1906 nach Plänen von Sir Brumwell Thomas im Neorenaissance-Stil mit vier Türmen und gewaltiger Kuppel errichtete City Hall. Ein 1:1-Pendant steht in Durban (Südafrika). Großartig sind der prächtige, 50 m lange **Bankettsaal**, die marmorverkleidete Eingangshalle und das Wandgemälde von

LITTER

Monumental: Belfasts City Hall, ein Rathaus im Stil der Neo-Renaissance

John Luke (1951) mit Belfasts Handwerkszweigen. Die **Visitor Exhibition** (16 Säle; nur mit Online-Voranmeldung) präsentiert Belfast in sechs Themen. **Bobbin Coffee Shop** öffnet Mo. – Fr. 8 – 16.30 Uhr.
Gebäude Mo. – Fr. 8.30 bis 17, Exhibition Mo. – Fr. 9.30 – 17 Uhr
www.belfastcity.gov.uk/visitcity hall | Eintritt/Führung: frei

»Titanic«-Gedenken

»Titanic«-Denkmal

Vor dem Rathaus beeindruckt die Queen-Victoria-Statue. Linkerhand schließt sich der **Titanic Memorial Garden** mit Titanic-Denkmal (1920) an, das Sir Thomas Brock aus Carrara-Marmor schuf. Dahinter führt der Gedenkstein die Namen der 1512 Opfer auf. An der City Hall startet der **Titanic Trail** zur **Sinclair Seamen's Church** (1858) und über die Fußgängerbrücke über den Logan ins Titanic Quarter. Die Kanzel in der Kirche entstand aus einem Schiffsbug, die Glocke ist von der HMS »Hood« (aus dem 1., nicht 2. Weltkrieg!), Maritimes und Schiffsleuchten wirken wie ein Kuriositätenkabinett.
Sinclair Seamen's Church: 5 – 7 Corporation Square | Mi. 14 – 16.30 Uhr | Messe So. 11, 18.30 Uhr | www.sinclairschurch.co.uk

Bibliothek und Wikinger-Legende

Linen Hall Library

Am Donegall Square prangt über der Linen Hall Library (1788), **Belfasts ältester Bibliothek**, das Symbol von Ulster, die Rote Hand. Es entsprang legendär dem Ruder- und Segelwettkampf zweier Wikinger. Wer zuerst an Land ging, sollte dieses haben. Der Zurückliegende schlug seine Hand ab, warf sie an Land, »siegte« so und bekam das Land. Im ersten Stock dominiert irische Literatur. Außergewöhnlich ist die **Political Collection** (100 000 Werke ab 1966).
17 Donegall Square North | Mo. – Fr. 9.30 – 17.30 Uhr | https://linenhall.com | Eintritt frei (Spende) | Outdoor-Führung »Linenopolos« (1. Mi. im Monat 11 Uhr): 10 £

Enge Gassen, Galerien, Pubs ...

The Entries und High Street

Belfasts ältester Stadtteil wurde während des »Belfast Blitz« der deutschen Luftwaffe stark beschädigt. Fußgängerzonen erschließen das Viertel zwischen College Street und Castle Street, wo viele Kunstgalerien öffnen. Die engen Gassen der Entries zweigen zwischen High und Ann Street zu alten Pubs ab, etwa dem Morning Star von 1810 (17–19 Pottinger's Entry, www.whitestavernbelfast.com), wo man gut isst. **Belfasts ältester Pub** ist die White's Tavern von 1630 (2–4 Winecellar Entry; www.whitesbelfast.com). Am Queen's Square steht Belfasts schiefer Turm, der 34,4 m hohe, 1869 zum Gedächtnis an Victorias Gemahl Albert von Sachsen-Coburg-Gotha errichtete **Albert Memorial Clock Tower**. Der »Big Ben of Belfast« neigt sich 1,20 m seitwärts. Gegenüber zeigen Wandmalereien am alten Gewerkschaftshaus Episoden aus der Geschichte der Arbeiterbewegung. Belfast war 1900 wie Dublin das Armenhaus Europas mit hoher Kindersterblichkeit.

Cathedral Quarter und Laganside

Kultur- und Vergnügungsviertel

Neuer Mittelpunkt der Kunstszene

Das Cathedral Quarter bietet künstlerisch ansprechende Murals (Wandmalereien), Ergebnisse des jährlichen Cathedral Quarter Art Festivals. An der Talbot Street realisierte Dan »Dank« Kitchener 2016 das Wandbild »Blurry Eyed«. Das ikonische »Duel of Belfast, Dance by Candlelight« (2012 von Conor Harrington) ziert die Hill Street (https://visitbelfast.com/article/virtual-street-art-tour).

Kathedrale ohne Bischof

Rund um die St Anne's Cathedral

Wahrzeichen der neoromanischen **St Anne`s Cathedral** ist die hochaufragende Nadel »Spire of Hope«. Die ab 1898 nach Plänen von Sir Thomas Drew erbaute Hauptkirche der Church of England besitzt drei Westportale mit schönen Torbögen und Skulpturen, ist aber kein Bischofssitz, wie der Begriff »Cathedral« eigentlich nahelegt. Die Mosaikdecke in der Taufkapelle bilden 150 000 Glasteilchen. Das **Titanic Pall** (Titanic-Sargtuch) für die 1517 Opfer der Schiffskatastrophe schufen 2012 die Textilkünstlerinnen Helen O'Hare and Wilma Kirkpatrick. Berühmt sind der St Anne`s Chor und die Konzerte. Den **Writers' Square** (auch St Anne's Square) vor der Kathedrale zieren Bodenplatten mit Zitaten von 27 nordirischen Schriftstellern. Das **War Memorial Museum** gedenkt der Opfer des »Belfast Blitz« 1941 und der Arbeit von 4000 Belfaster Frauen in Munitionsfabriken. Das Bleiglasfenster für die Opfer beider Weltkriege schuf Stanley Scott.

St Anne's: Mo.–Sa. 10.30 – 16 Uhr; So. 11 Uhr Chormesse, 15.30 Uhr Choralgesang | www.belfastcathedral.org | Eintritt: 2 £, Führung 5 £
War Museum: Mo. – Fr. 10 – 16 ohne, Sa. 12 – 16 Uhr nur mit Buchung | www.niwarmemorial.org | Eintritt frei

Zentrum des Nachtlebens

Commercial Court

Hier schlägt das Herz der quirligen Szene mit Lofts und vielen Arbeitsplätzen in der Gastronomie. In den engen Gassen haben sich Pubs eingenistet, das Pflaster des Commercial Court mit der **Duke of York Bar** gilt als Auge des Hurrikans in Belfasts vibrierendem Nachtleben. Stimmung, Livemusik, Irish Whiskey und cremig schäumendes Guinness sind aber nur ein Aspekt im Duke. Hofdurchgang und Hinterhof sind komplett mit Wandmalereien dekoriert und zeigen historische Größen aus Pop und Politik ab den 1960ern. Besitzer Willie Jack führt auch Harp Bar und Dark Horse – er ist Belfasts Bar-König. Um die Ecke eröffnete er den Whiskey-Laden The Friend at Hand (35-43 Hill Street) mit **Irish-Whiskey-Museum**. Im gediegenen Interieur sind über 500 rare irische Whiskeys zu haben: Die teuerste Flasche kostet 11 000 £. Im Umkreis einer Viertelmeile hatten renommierte Erzeuger wie R&D McAllister, Frederick Hoey oder J&J McConnell Niederlassungen, zehn Whiskey-Hersteller waren im Cathedral Quarter, direkt an der Straße auch die ursprüngliche Bushmills Distillery (5–23 Hill Street). Willie Jack stellt 13 Whiskeys unter dem Label »Friend at Hand« her.

Duke of York Bar: 7 - 11 Commercial Court | Mo. 11.30 - 23, Di. - Sa. 11 - 1, So. 15 - 20 Uhr | https://dukeofyorkbelfast.com

The Metropolitain Arts Centre

The MAC

Mit innovativen Konzepten werden hier in einem Tanzstudio, zwei Theatern und drei Galerien für moderne Kunst Belfasts neue Kulturimpulse gesetzt und Talente für **Visual Arts, Performances** und **experimentelles Theater** gefördert. Im Haus öffnet das Restaurant »Native« für seine Gäste.

Mi. - So. ab 9, Galerien 11 - 17 Uhr | https://themaclive.com
Eintritt frei

Ein Hauch von New York

Merchant Hotel

Aus der **Ulster Bank** von 1860 mit kannelierten Säulen und Statuen von Kriegerinnen auf der Brüstung wurde das hyperelegante Merchant Hotel. Die vergoldeten Straßenzäune ziert die rote Hand von Ulster, im Inneren wandelte sich die tempelartige Lobby dank Chefkoch John Paul Leake zum auch beim Afternoon Tea extrem beliebten Great Room Restaurant. In Bert's Jazz Bar (Art-Déco-Stil) lebt ab 21 Uhr bei gutem Essen und Live-Jazz ein Hauch New York auf.
Direkt gegenüber erinnert der **Belfast Print Workshop** mit Kunstdruckerei und Galerie an die Zeitungstradition.

www.themerchanthotel.com
Belfast Print Workshop: 30–42 Waring Street (3. Stock) | Mo.–Do. 9.30–17.30, Fr. bis 17 Uhr | https://bpw.org.uk

Kunst, Kultur und Bootstouren

★ Belfast Waterfront

Jenseits der Oxford Street und des Royal Court of Justice steht seit 1997 die 2016 erweiterte **Belfast Waterfront Hall**. Vorbild für den Konzert- und Kongressbau war Hans Scharouns Berliner Philharmonie. Vor der Hall steht auf dem Lanyon Place Deborah Browns Kunstwerk Sheep on the Road: sieben Bronzeschafe mit Schäfer. Am **Riverside Walk** an der Rückseite der Hall und gegenüber am Ostufer stehen 30 moderne Kunstwerke. Vor der von Sir Charles Lanyon erbauten **Queen's Bridge** mit verzierten Lampen und der femininen, keltisch inspirierten Großfigur **Harmony** von Andy Scott (2005) am Thanksgiving Square ankert die Bark »MV Confiance«. Familie Holohan betrieb hier bis Mai 2021 The Belfast Barge und das romantische Restaurant Holohan's at the Barge. Die Bark mit der Ausstellung der »greatest story never told« zur maritimen Vergangenheit ist jetzt in Händen die gemeinnützigen Lagan Legacy.
Am Pier hinter der 2012 zum Diamant-Jubiläum aufgehübschten Queen Elizabeth Bridge starten **Bootstouren**. Gegenüber steht am belebten

Custom House Square – er gilt als Belfasts Speaker's Corner – das von Sir Lanyon im korinthischen Stil erbaute Custom House (Zollhaus). Gegenüber ist der **Obel Tower** (Obel für Obelisk) am Donegall Quay das höchste Gebäude Belfasts (85 m). Am 10 m langen, blau schimmernden und mit Texten aus der Stadtgeschichte bedruckten Keramikmosaik der Lachs-Skulptur **Big Fish** von John Kindness (1999) führt der schneckenförmige Aufgang zur Fußgängerbrücke und entlang dem Stauwerk Lagan Weir auf den Titanic Trail zum Titanic Quarter.

Belfast Waterfront Hall: www.waterfront.co.uk
Belfast Barge: 1 Lanyon Quay | Di. – Sa. 10 – 16 Uhr
www.belfastbarge.org | Eintritt frei (Spende)

Queen's Quarter und South Belfast

Vergnügungsviertel und Kultur

★ Golden Mile

Die »Goldene Meile« ist Belfasts »magisches Dreieck« zwischen Great Victoria Street, Dublin Road und Bradbury Place. Im **Grand Opera House**, 2 – 4 Great Victoria St, waren schon Charlie Chaplin und Luciano Pavarotti Gäste. Die Oper lädt zu Führungen (12 £) und in die Ausstellung zur Hausgeschichte ab 1895 (www.goh.co.uk). Einziger Pub im Besitz des National Trust ist der **Crown Liquor Saloon** (46 Great Victoria St) ist außen ein mit Kacheln verzierter viktorianischer »Gin-Palast« von 1885. Innen verleihen ihm Gaslampen, Marmortheke und Mahagoni Flair. Gereicht werden Ulster-Gerichte und auch Austern. Um die Ecke geht es treppauf ins ruhige Crown Liquor Restaurant. Titanic-Fans pilgern nebenan auf einen titanischen Whiskey in **Robinsons Saloon** (seit 1895; 38 – 42 Great Victoria Street). Man fachsimpelt über schlechte Nieten und Beulen statt Rissen im »Titanic«-Rumpf. In Glasvitrinen sind Artefakte ausgestellt, z. B. die Puppe Philomena: Sie gelangte aus dem Wrack zurück an die Wasseroberfläche und wurde lange in einer Belfaster Kapelle aufbewahrt. Einen traurigen Weltrekord hält gegenüber das **Europa Hotel**. Während der »Troubles« war es 36-mal Ziel von Bombenanschlägen. 1995 logierten die Clintons hier. Aushängeschild der »Goldenen Meile« ist die **Ulster Hall** (Bedford Street). Die Heimstatt des renommierten Ulster Orchestra besitzt eine der größten Orgeln weltweit. Enrico Caruso, die Rolling Stones, der Dalai Lama: In der Ulster Hall, im Zweiten Weltkrieg Ort wilder Tanzpartys, gastierten zig Berühmtheiten. 1902 erhielt sie 13 Ölgemälde des Malers Joseph W. Carey zur Stadtgeschichte, die in der Galerie ausgestellt sind (www.ulsterhall.co.uk). An Russel Street Ecke Alfred Street steht die 1841 – 1844 im Tudor-Revival-Stil erbaute katholische **St Malachy's Church** – einmalig in Irland.

Robinsons Saloon: Mo. – Mi. 11.30 – 24, Do. – Sa. 11.30 – 1, So. 12.30 bis 24 Uhr | https://robinsonsbar.co.uk | **Crown Bar:** Mo. 12 – 22, Di. – Sa. 12 – 24, So. 12 – 23 Uhr | www.nationaltrust.org.uk

Royal Mile

Sandy Row

Westlich der Golden Mile war der **protestantische Arbeiterbezirk** (4000 Einw.) Herzland der Ulster Defense Association (UDA) und des Orange Order (Oranierorden). Im auch »Royal Mile« oder »Carr's Row« genannten Bezirk verweisen **Wandgemälde** (Murals) darauf. Den berühmtesten Sohn des Bezirks, Snooker-Weltmeister Alex »Hurricane« Higgins (1949 – 2010), ehrt an der Ecke Abingdon Drive/Donegall Road ein Wandporträt. Rockstar Van Morrison machte die Sandy Row im Album »Astral Weeks« (1968) berühmt.

Attraktives Univiertel

★ University Area

Ab Bradbury Place führt die University Road zur Namenspatronin des Viertels, der Queen's University. Zunächst imponiert die **Crescent Church** (spätes 19 Jh.) mit ihrem skelettierten Glockenturm. Das Crescent Arts Centre im Victoria College von 1873 (2–4 University Road) fördert Tanz, Sprache (Poetry Jukebox), visuelle Kunst und Musik, bietet Kurse und Events. Zig Kunstorganisationen waren seit 1979 im Crescent Hub präsent (https://crescentarts.org). In der Ex-Presbyterianerkirche **Elmwood Hall** findet am letzten So. im Monat der **Fine & Dandy Market** mit Werken unabhängiger Künstler statt (www.fineanddandymarket.co.uk). Das Queen's Welcome Centre ist im Hauptgebäude der 1845–1894 erbauten Universität, dem von Sir Charles Lanyon entworfenen roten Tudor-Backsteinbau des **Lanyon Building**, untergebracht. Die erste Etage über dem Welcome Centre

Standesgemäß altehrwürdig präsentiert sich das Lanyon Building: Drinnen gibt es große Kunst, drumherum pulst das Studentenleben.

beherbergt Belfasts aufregendsten Kunstort, die **Naughton Gallery**. Sie zeigt hochkarätige Ausstellungen und permanent Porträts in der **Great Hall**. Ringsum gibt es Cafés und Bars, das Deanes@Queens ist in den College Gardens.

Crescent Church: 6 University Rd | Mo. - Do. 10 - 16, Fr. 10 - 18, So. 10.30 - 12.30 Uhr | www.crescent.church | **Queens Welcome Center**: University Rd (Lanyon Building), Mo. - Fr. 9.30 - 16.30 Uhr Campustour (max. 2 Pers.) Mo. und Fr. (90 Min.; mit Library) www.qub.ac.uk | Eintritt frei | www.queenseventus.com | **Naughton Gallery:** Di. - So. 11 - 16 Uhr | Eintritt frei | www.naughtongallery.org

Glaspalast und Tropenschlucht

Botanic Gardens

Am Eingang der Botanischen Gärten am College Park, Botanic Avenue, erinnert die Statue des in Belfast geborenen Lord Kelvin an seine Kelvin-Temperaturskala. Sir Charles Lanyon entwarf den Glaspalast des **Palmenhauses** (1840) mit Kuppel von 1852. Die **Tropical Ravine** (Tropenschlucht) mit Exotenpflanzen, Orchideen und Bananenstauden schuf Chefgärtner Charles McKimm 1889. 2017 wurde sie für 3,8 Mio. £ restauriert.

Park: tgl. 7.30 Uhr - Sonnenuntergang (Mai - Aug. bis 21.30 Uhr)
Palmenhaus: Mai - Sept. 10 - 16.45, sonst bis 15.45 Uhr
Tropical Ravine: Mo. 13 - 16, Di. - So. 10 - 16 Uhr | Eintritt frei

Nordirlands bedeutendstes Museum

★ Ulster Museum

Im Park präsentiert Nordirlands bedeutendstes Museum Exponate aus keltischer und frühchristlicher Zeit, Dinosaurier und ägyptische Mumien. Herausragend sind die 1968 geborgenen, 1971 angekauften **Gold- und Silberschätze** der Galeasse »Girona«, die 1588 wie 19 weitere Armada-Schiffe vor Irland sank. 2017 kam die im Stil des Wandteppichs von Bayeux gehaltene, 77 m lange **Game-of-Thrones Tapestry** hinzu. Die Gemäldesammlung präsentiert europäische Meister (16. – 18. Jh.) und irische Künstler. Auch Kunst aus Afrika, Asien und Ozeanien ist vertreten. Francis Pyms Erweiterungsbau von 1972 gilt als bedeutendes Bauwerk des Brutalismus, den Le Corbusier mit dem Begriff »béton brut« (franz. für Sichtbeton) begründete.

Di. -So. 10 - 17 Uhr | Eintritt frei, gratis Führungen | www.nmni.com/um

Kultur und Natur

Südliche Peripherie

Am Stranmillis Embankment (Lagan-Westufer) ist das **Lyric Theatre** mit Lyric Café (tgl. 10 – 15 Uhr) Nordirlands einziges Vollprogramm-Theater (https://lyrictheatre.co.uk/). Der 17 km lange **Lagan Towpath** führt durch den Lagan Valley Regional Park bis Lisburn (https://walkni.com). Die Terrasse des Cutter's Wharf ist ein beliebter Lunch-Treff (Lockview Road; www.cutterswharf.co.uk). An der Milltown Road, Höhe Shaw's Bridge, ist der Eingang zum **Barnett Demesne** (Metrolinien 8 A–C; Halt: Dub Lane). Im Park verbinden Wege und Mountainbike-Pfade mit dem von Belfast nach Lisburn führenden Lagan Towpath. Das Arboretum beherbergt 70 Wildblumenarten. Im spätgeorgianischen **Malone House** finden Hochzeiten statt. Die **Higgin Gallery** zeigt lokale Kunst (tgl. 9 – 17 Uhr; www.malonehouse.co.uk).

Die Sichtweise der Loyalisten

Museum of Orange Heritage

Das neue, mit EU-Mitteln (Peace III-Programm) und Millionenaufwand finanzierte Museum zur Geschichte der **Oranierbewegung** im Schomberg House (mit Café) zeigt in der Orange Experience (1.Etage) die Sicht der Loyalisten auf Nordirland.

368 Cregagh Road | Mo. – Sa. 10 – 17 Uhr | Eintritt frei
www.orangeheritage.co.uk

North Belfast

Europas Alcatraz

Crumlin Road Gaol and Courthouse

Im 1996 geschlossenen viktorianischen Gefängnis, Spitzname **»The Crum«**, wurden 17 Menschen exekutiert. Das nun sehr populäre Museum besuchte 2014 Queen Elizabeth II. Gute Küche bietet hier Cuffs Bar & Grill (tgl. 12–21 Uhr). Historische, aber auch makabre Geister- und »Horror«-Touren führen durch die fünfseitig ummauerte Vierflügelanlage aus martialischem schwarzem Basalt von Sir Charles Lanyon (1843 – 1845). Gegenüber steht die Ruine des zur selben Zeit erbauten Gerichts. Ein Belfaster Investor erwarb das seit 1998 leerstehende Court House 2003 für 1 £, doch brannte es 2009 zweimal aus. Man munkelte von »warmem Abriss«. 2017 erneut veräußert, brannte der Bau am 1. Juni 2020 wieder. Ein Tunnel verbindet die Gebäude, durch den einst Angeklagte geführt wurden. Insgesamt saßen im Crum 25 000 Gefangene ein, anfangs auch viele Frauen und Kinder, meist wegen Lebensmitteldiebstahls. Die letzten Frauen wurden 1901 entlassen, nicht aber Belfasts gefürchtete Suffragetten Dorothy Evans und Madge Muir, die wegen Sprengstoffbesitzes noch 1914 »schmorten«. Viele Prominente saßen hier–teils in Einzelhaft–ein, so Ian Paisley (gest. 2014), der drei Monate brummte, zweimal (1924 und 1929) Eamon de Valera wegen illegalen Grenzübertritts nach Nordirland, auch der 2017 verstorbene Martin Mc Guinness. Die Führung führt zum Hof »The Circle«, zum C-Flügel, zur Exekutionszelle und zum Gefängnisfriedhof. Sechs der 17 Exekutionen vollzog Thomas William Pierrepoint (1870–1954), der bis 1946 in verschiedenen Ländern insgesamt rund 300 Todesurteile vollstreckte. Nur Britanniens effizientester Henker, Neffe Albert Pierrepoint (1905–1992; über 400 Hinrichtungen) übertraf ihn. Der oft überfüllte Bau galt als Europas Alcatraz. Die erste Flucht gelang aber schon 1866.

53–55 Crumlin Rd | April – Sept. So. – Do. 10.30 – 16.30, Fr./Sa. bis 18, sonst Sa., So. 10.30 – 16.30 Uhr | www.crumlinroadgaol.com | Eintritt: 12 £

Napoleon, Gulliver und weiße Katzen

Cave Hill (360 m) wird aufgrund einer gewissen Ähnlichkeit mit dem Franzosenkaiser auch Napoleon's Profile genannt. Swift ließ sich von »Napoleons Nase« für Gullivers Reisen inspirieren. 1795 verbündeten sich hier Wolfe Tone und die United Irishmen zur Rebellion gegen England. Auf halber Höhe erhebt sich **Belfast Castle** (1870), einst Sitz des Earl of Shaftesbury, mit Cave Hill Visitor Centre und Kellerrestaurant. Der Legende nach bleibt das Glück Belfast Castle gewogen, wenn hier eine weiße Katze lebt. Dies erklärt die vielen Katzen im Garten – als Mosaik, Gemälde, Skulptur. Der nahe gelegene Zoo versammelt 150 Arten (1000 Tiere), u. a. Seelöwen und Sumatra-Tiger.

Cave Hill Country Park

Park: tgl. 7.30 Uhr - Sonnenuntergang (Sommer bis 22 Uhr)
Castle: So./ Mo. 9 - 18, Di. - Sa. bis 22, So. bis 17.30 Uhr | Eintritt frei
www.belfastcastle.co.uk
Belfast Zoo: Antrim Road | April - Sept. tgl. 10 - 18, sonst bis 16 Uhr
www.belfastcity.gov.uk/zoo/home | Eintritt: 14 £

West Belfast

Auf den Spuren des Nordirlandkonflikts

Wandbilder

Die katholisch geprägte Falls Road und ihr protestantisches Pendant Shankill Road sind Hotspots für politische Wandbilder (Murals), die regelmäßig restauriert werden (▶ Das ist Irland. S. 16ff). Bordsteine, Pfähle und Schranken sind oft in den Farben Irlands (Grün, Weiß, Orange) oder des Union Jack (Rot, Weiß, Blau) getüncht. Wohnviertel sind durch bis 7,6 m hohe, 34 km lange **»Peace Lines«** bzw. **»Peace Walls«** getrennt, die bis 2023 abgebaut sein sollen. Führungen durch Shankill und Falls Road veranstaltet **Coiste Political Tours**. Die Guides kennen den Konflikt als Zeitzeugen aus erster Hand. Billy Scotts Taxitouren sollten des Verkehrs wegen nach 18 Uhr starten.

Coiste Political Tours: www.coiste.ie | www.visitwestbelfast.com
Falls Road Mural Tour: 3 Std. | Di., Do. Sa. So. 10 Uhr ab Divis Tower, 5 Divis Street Ecke Falls Road | 12 £ | **United Irishmen Tour:** 3 Std. | n. V. | Start Havana Restaurant, Berry Street | 12 £
Milltown Cemetery Tour: 2 Std. | n. V. | ab 546 Falls Road (Eingang zum Friedhof) 12 £ | **Billy Scott:** Belfast Black Cab Tour | http://touringaroundbelfast.com

Protestantisches Viertel

★ Shankill Road, The Shankill

Die 2,4 km lange Shankill Road hieß irisch »Seanchill« (Alte Kirchstraße). Wandbilder protestantischer Gruppen bezeugen, dass »The Shankill« Hochburg der Unionisten ist. Nicht alle Murals beziehen sich auf die »Troubles«. Interessant ist ein Bild, das Belfasts ärmliche Verhätltnisse im von Kalifornien geprägten »Summer of Love« 1967 zeigt. Frieden und Versöhnung statt Kampf wie auf einem martialischen Bild der UFF mit Totenköpfen, fordert das **Patchwork-Wandbild Women's Quilt**, das Künstlerin Lesley Cherry mit hier ringsum wohnenden Frauen schuf. An der die Shankill- von der Falls Road trennenden **Peace Wall** sind oft Mauermaler aktiv. Friedenswünsche hinterließen der Dalai Lama und Bill Clinton.

Katholisches Viertel

Falls Road

Auch Tafeln informieren Fußgänger an der Falls Road. Im oberen Abschnitt steht die **International Wall**, deren Bildmotive sich einem breiten Spektrum irischer und internationaler Politik widmen. So ist auch Fidel Castro verewigt. Eine Bildfolge zeigt den Osteraufstand 1916: 60 der 90 beteiligten Frauen kamen aus Belfast. In der Ex-Fabrik **Conway Mill**, 1842 als Flachsspinnerei erbaut, sind 20 Künstlerstudios und das nach der 2007 verstorbenen Gründerin neubenannte Eileen Hickey Irish Republican History Museum untergebracht. Beeidruckend ist auch der geschwungene, blaugold lackierte Zaun vor dem **Royal Hospital**, das während der »Troubles« eine zentrale Rolle spielte. Raffinierte Gitterraster in den Zugangstoren zeigen Porträts

älterer Menschen. Weitere Wandbilder erinnern an den Hungerstreik 1981, das bekannteste an Bobby Sands, der als erster starb. Ecke Rock Street erinnert ein Mural an jenen »Blanket Man«, der das Anlegen von Gefängniskleidung ablehnte und sich in Decken hüllte.
Das in einer ehemaligen Presbyterianerkirche eingerichtete **Cultúrlann McAdam O'Fiaich** (216 Falls Road) bietet Buchhandlung, irische Musik und Café, die Dillon Gallery moderne Kunst. Ins **Clonard Monastery**, Clonard Gardens, mit der katholischen Church of the Most Holy Redeemer von 1911, pilgern im Juni Tausende zum Muttergottesschrein (www.clonard.com). Weiter südlich steht als Wahrzeichen des Viertels die Großskulptur **Aisling an Phobail** (»Der Traum des Volkes«). Hinter Lower Falls ruhen auf dem **Milltown Cemetery** (546 Falls Road) bekannte Republikaner. Zur Beerdigung von Bobby Sands kamen 100 000 Trauernde. Auch die über 1000 Opfer des »Belfast Blitz« (1941) und 80 000 Opfer der Spanischen Grippe 1918/1919 sind hier bestattet.
Eileen Hickey Museum: 5 Conway Place | Di. – Sa. 10 – 14 Uhr
https://eileenhickeymuseum.com | Eintritt frei (Spende)
Cultúrlann: Mo. – Fr. 9 – 18, Fr./Sa. bis 21, So. 11 – 16 Uhr
www.culturlann.ie | Eintritt frei

Ards Peninsula

Nordirlands Parlamentsgebäude

★ Stormont

Auf die ruhige Halbinsel im Osten Belfasts, südlich des Belfast Lough, locken herrliche Strände an der windzerzausten Irischen See und am geschützten Strangford Lough eines der artenreichsten maritimen Gebiete Europas. In Belfasts Vorort Stormont ist das den Klasszismus zitierende nordirische Parlamentsgebäude (1932) die erste Attraktion. Von 1972 bis 1998, als hier das Karfreitagsabkommen geschlossen wurde, waren die Sitzungen ausgesetzt. Seit 2007 tagt die **Northern Ireland Assembly** an diesem Ort. 2017 waren die 90 Abgeordneten ohne Exekutive, die Geschäfte führt der britische Northern Ireland Secretary. In der Great Hall fand 2005 die Beerdigungsfeier für Fußballstar George Best statt. Eine angenehme Atmosphäre verströmt der gepflegte Park.
Upper Newtownards Road | **Parlament** Mo. – Fr. 9 – 16, Führung 11 und 14 Uhr, Members` Dining Room (Parlamentsrestaurant; Tel. 028 90 52 10 41) Mo. – Fr. 12 – 15 Uhr | **Park Stormont Estate**: Okt.–März Mo. bis Fr. 7.30 – 18, Sa., So. 9 – 17, Apr./Mai bis 19, Juni – Aug. bis 21, Sept. bis 20 Uhr www.niassembly.gov.uk Eintritt frei

Heiliger Wald und Seehundstrände

Helen's Bay

Über Holywood mit Resten des Franziskanerklosters Sanctus Boscus (12. Jh.) ist Crawfordsburn mit dem beliebten **Crawfordsburn**

Country Park an der Helen's Bay rasch erreicht. Vier Wanderwege erschließen den Wald und die zwei von Seehunden bevölkerten Strände. Das von Freiwilligen betreute **Greypoint Fort** (1907) spielte eine wichtige Rolle beim »Belfast Blitz« 1941. Mit Woodlands Café.

Country Park: 32 Bridge Rd | Mai – Sept. tgl. 9 – 21, März/April, Okt. bis 19, sonst bis 16.30, Visitor Centre, Toiletten tgl. 10 – 16 Uhr | Eintritt frei | **Greypoint Fort:** Fort Rd | Mi. u. Fr.–Mo. 10–16 Uhr | Eintritt frei

Traditionen, Dorfleben – und die »Titanic«

Ulster Folk & Transport Museum

Die auch **Cultra Museum** genannte Doppeleinrichtung nordöstlich von Stormont hat im Folk Museum mit der Ballycultra Town einen Freiluftbereich: Im irischen Dorf mit Läden, Werkstätten, Kirche und Schule wird Traditionshandwerk gezeigt. In zwei Galerien wird die viktorianische Zeit lebendig und die Geschichte von Ackerbau und Ernährung illustriert. Ein Shuttle-Bus (tgl. 10.20 – 17.20 Uhr) fährt zum **Transport Museum**, das die Entwicklung von Eisenbahn, Fahrrad, Motorrad und Auto zeigt. Die Luftfahrtsammlung hat einen Flug-

Kein irischer Ort ist Schottland näher als Donaghadee mit seinem idyllischen Hafen von 1821 – meist kann man die schottische Küste mit bloßem Auge erkennen.

simulator. Die Titanic-Ausstellung mit 3D-Animation zeigt Schiffspläne von Harland & Wolff Wolff, neu ist die Ausstellung »The Museum of Innovation«.
Bangor Road; März - Sept. Di. - So. 10 - 17, Okt. - Feb. Mo. - Fr. 10 - 16, Sa./So. 11 - 16 Uhr | Eintritt: je 9 £, Kombiticket 11 £ | www.nmni.com

Seebad mit langer Geschichte

Bangor

Im beliebtesten Seebad Nordirlands lockt das 1852 erbaute, als Rathaus genutzte Bangor Castle (Besichtigung zu Bürozeiten) mit Castle Park und **North Down Museum**. Das kleine Museum präsentiert die Geschichte des Landstrichs auch mit Mönchszelle und Wikinger-Langhaus. **Bangor Abbey** (19. Jh.) mit Turm (15. Jh.) steht am Ort eines mit St Columban verbundenen Klosters von 555. Beschaulich sind die 300 Jahre alten **Cockle Row Cottages** in Groomsport Harbour.
North Down Museum: Di. - Sa. 10 - 16., So. 12 - 16 Uhr | https://andculture.org.uk/visit-us/north-down-museum | Eintritt frei | **Cockle Row Cottages:** April/Mai Sa./So., Juni - Aug. tgl. 11 - 17 Uhr | Eintritt frei

Hübscher Hafen, alter Pub

Donaghadee

Im hübschen Hafen Donaghadee im Nordosten der Halbinsel legen im Sommer Schiffe zu den drei **Copeland Islands** ab, auf denen nur Seevögel leben. In Irlands ältestem Pub Grace Neill's (1611) zechte Zar Peter der Große 1697 auf seiner Europareise (33 High Street; http://graceneills.com).

Kurzname: »Ards«

Newtownards

Wahrzeichen im **Scrabo Hill Country Park** des Marktstädtchens (28 050 Einw.) am St Patrick's Trail ist der Scrabo Tower (41 m), der 1857 zu Ehren des dritten Marquis von Londonderry, Charles Stewart, errichtet wurde. Auf zwei Etagen zeigen Ausstellungen die Turmgeschichte, Neues zu »Warring Charlie« (General Wellington in den Napoleonischen Kriegen) und zu den Dreharbeiten des Hollywoodfilms »Dracula Untold« (2014) an diesem Schauplatz. Das Häuschen des Market Cross von 1666, High Street, diente Nachtwächtern als Unterschlupf. Im **Ards Arts Centre** am Conway Square mit kleinem Theater zeigen zwei Galerien Wechselausstellungen. Im Ards and North Down Visitor Information Centre finden Ausstellungen im »Space« statt (31 Regent St., www.visitardsandnorthdown.com; Eintritt frei).
Am nördlichen Stadtrand erinnert das **Somme-Museum** an die blutige Weltkriegs-Schlacht (1916) und an Soldatenschicksale (mit Café).
Scrabo Park: 203 a Scrabo Road | Park tgl. geöffnet| Tower gschlossen
Ards Art Centre: Mo. - Do. 9 - 17, Fr. bis 16.30, Sa. 10 - 16 Uhr
Eintritt frei | www.visitardsandnorthdown.com
Somme-Museum: 233 Bangor Rd | April - Juni u. Sept. Mo. - Do. 10 - 16, Sa. 11 - 16, Juli/Aug. Mo. - Sa. 10 - 17, Okt. - März Mo. - Do. 10 - 16 u. 1. Sa. im Monat 11 - 16 Uhr | Eintritt: 6,50 £ | www.visitardsandnorthdown.com

Herrenhaus mit Gartenparadies

★★ Mount Stewart House and Gardens

Als der reiche Leinen- und Textilhändler Alexander Stewart (1699 bis 1781) im Jahr 1744 das Anwesen erwarb und es »Mount Pleasant« taufte, spielte die einmalige Ökologie des Strangford Lough keine Rolle. Eher ging es um Titel: Sohn Robert wurde Marquess of Londonderry. Alexanders Enkel, erneut ein Robert, wurde als Viscount Castlereagh Außenminister des British Empire. Mount Pleasant fiel an Halbbruder Charles Vane (1778–1854), der mit Lady Frances Anne Vane-Tempest die reichste Erbin jener Zeit heiratete. Während der irischen Hungersnot wurde das Anwesen für 150000 £ zum heutigen UNESCO-Weltkulturerbe-Kandidaten **Mount Stewart House** ausgebaut. Besucher bewundern am Strangford Lough Lookout (am Parkplatz) kostenlos per Teleskop Seehunde, brütende Seevogelkolonien, Wale, Haie und das Meerespanorama (April–Juni, Sept./Okt. Sa. u. So. 12–17, Juli/Aug. tgl. 12–17 Uhr). Ab Strangford Lough Wildlife Scheme in Portaferry starten Bootstouren, ornithologische Exkursionen und Wanderwege (www.strangfordlough.org). Den **Gartentraum** verwirklichte ab 1921 Lady Edith »Circe« Vane-Tempest-Stewart. Haus und Blütenpracht in »Circes« Reich lohnen sehr, das Café bietet leckere selbst gebackene Scones. Nur sonntags ist das achteckige Banketthaus Temple of the Winds geöffnet.

Portaferry Rd | 14.3. – 31.10. tgl. 10 – 16.30, sonst bis 16 Uhr; Haus 11 bis 15.45, Winter bis 15.15 Uhr | Führung alle 30 Min. Mo. – Mi. 11 bis 15.30, Do., Fr. nur 15.30 Uhr | www.nationaltrust.org.uk | Eintritt: 11 £

Gotische Ruinen

Grey Abbey

Im Park von Greyabbey (940 Einw.) wurde die Grey Abbey 1193 von John de Courcey gegründet. Gattin Affreca, Tochter des Königs der Isle of Man, stiftete sie dem walisischen Zisterzienserkloster Holm Cultram. Die Kirche der 1572 zerstörten Abtei wurde bis 1778 genutzt.

Ruine zugänglich, Visitor Centre nur Sa. 13 – 16, So. 14 – 16.30 Uhr
Eintritt frei

Aquarium »Exploris«

Portaferry

Vom ruhigen Portaferry (2510 Einw.) setzt die Fähre in fünf Minuten zum Westufer nach Strangford über. Die Fauna in Strangford Lough und Irischer See sowie den Regenwald thematisiert Nordirlands einziges, 2016 für 2 Mio. £ erneuertes Aquarium **»Exploris«** mit Bassins mit Seeigeln, pulsierenden Quallen und Seeanemonen. Mit Restaurant/Café »The Craken«.

Exploris: Castle St | April – Okt. tgl. 10 – 17, sonst tgl. nur 16 – 17 Uhr
www.explorisni.com | Eintritt: 11,35 £ (nur Online-Vorabbuchung)

Gepflegtes Gartenerlebnis

Rowallane Garden

Eine Fülle seltener Pflanzen und heimischer Wildblumen pflegt der herrliche Rowallane Garden in Ballinahynch (südlich von Belfast an

der A7) mit Visitor Centre, Töpferei und einem Café für den Afternoon Tea und Picknick Area.
Feb., Nov. u. Dez. tgl. 10–16, März, April, Sept. u. Okt. bis 18, Mai–Aug. bis 20 Uhr | Eintritt: 8 £ | www.nationaltrust.org.uk

Lough Neagh

Natur erleben an Großbritanniens größtem See

Oxford Island Nature Reserve

Im Westen Belfasts liegt der größte Binnensee der Britischen Inseln, der jährlich über 40 % des Frischwasserbedarfs in Nordirland liefert. Er berührt die Counties Antrim, Down, Armagh, Tyrone und Londonderry/Derry. Den Naturreichtum im und um den See erschließt das **Oxford Island Nature Reserve** im Südwesten des Lough. Hier, 30 km westlich von Belfast, bietet das **Lough Neagh Discovery Centre** mit Loughside Café (100 Plätze) die beste, auch audiovisuelle Einführung zum fischreichen See, der auch für seine vielfältige Vogelwelt gerühmt wird. Wander- (6 km) und Radwege erschließen das mit Waldland, Teichen, Wildblumenwiesen, Picknick- und Spielplätzen aufwartende Natureservat, fünf Vogelbeobachtungsverstecke (bird hides) laden ein. Bootstouren auf dem Lough Neagh starten ab der nahen **Kinnego Marina** (April – Okt. Sa./So. 13.30 – 17 Uhr alle 30 Min., Mai – Aug. Do./Fr. 10, 14 Uhr 3 Std. nach Coney Island). Das **Craigavon Museum** im Waterside House zwischen Centre und Marina beherbergt die Wilson Library mit 6000 Bänden zur Ortsgeschichte und zahlreichen Quäker- und Methodisten-Büchern. Am Haus liegt die um 1900 erbaute Bark »Enterprize«. Craigavons Historische Gesellschaft betreut auch das Scheunenmuseum zu historischer Landwirtschaft und Leben neben dem Fairview House at Tannaghmore Gardens in Lurgan (April–Sept. So. 14–17 Uhr; Eintritt frei) und das nach dem letzten Schleusenwärter benannte Moneypenny's Lockhouse am Treidelpfad des Newry Canal (April–Sept. Sa./So. 14–17 Uhr; Eintritt frei).

Der Sage nach wurde der durchschnittlich 9 m, maximal 25 m tiefe Lough Neagh vom Riesen Finn MacCool erschaffen. Bei der Verfolgung eines schottischen Konkurrenten ergriff er einen Erdklumpen und warf nach ihm, traf ihn aber nicht. So entstand aus dem Klumpen die Isle of Man, das zurückgebliebene Loch aber füllte sich mit Wasser und wurde zum Lough Neagh. Seinen Namen verdankt der See allerdings Echaid, der auch für den mystischen höchsten guten Gott Dagda (»Reiter«, »Allvater«) steht. Erste Siedlungsspuren sind für 7900–7600 v. Chr. bekannt, Landwirtschaft wurde hier ab 4000 v. Chr. betrieben. Der See, heute im Besitz des 12. Earl of Shaftesbury, war auch im Zweiten Weltkrieg wichtig. Vor den Ufern von Antrim im Nordwesten gab es eine Torpedoversuchsanlage, auf dem See landeten US-Wasserflugzeuge, um den See lag ein Großteil der damals 25 Militärflugplätze Nordirlands.
www.loughneaghpartnership.org/discoverloughneagh.com

Lough Neagh Discovery Centre: Lurgan, Craigavon; Mo.–Fr. 9–17, Sa./So. 10–17, April–Sept. So. bis 18 Uhr | Eintritt frei
www.oxfordisland.com
Craigavon Museum: April – Sept. So. 14 – 17, Library ganzjährig Mo. – Fr. 10 – 16.30 Uhr | www.craigavonhistoricalsociety.org.uk/museum_services.html | Eintritt frei

Nordöstlicher Zugang zum See

Antrim

Antrim (23 380 Einw.), das dem County den Namen gab, liegt an der Mündung des Six Mile Water. 1649 niedergebrannt, wehrte sich Antrim 1798 erfolgreich gegen die United Irishmen. Von Antrim Castle (1622) blieb nach Brand und Abriss wenig. Hingegen sind die **Schlossgärten**, die Le Nôtre, Schöpfer der Gärten von Versailles, anlegte, mit dem **Clotworthy House** (mit Gartencafé) und der Oriel Gallery für moderne Kunst in der langen Scheune die Attraktion. Im Clotworthy House erzählt die Garden Heritage Exhibition auch die Geschichte der Besitzerfamlie Massereene. Der mit 2,3 Mio. £ aufgehübschte Lough Shore Park ist Antrims Tor zum Lough Neagh. Hier sind das Manns Café@The Lough Shore und das neue **Gateway Visitor Centre** erste Anlaufstellen. Vom gut erhaltenen, 28 m hohen Rundturm (10. Jh.), Steeple Road, sprang einst eine Hexe. Am Round Tower landete sie auf dem Witch's Stone (Hexenstein), auf dem »Abdrücke« ihrer Knie und Ellbogen zu sehen sind. Am Market Square ist das **Market House** (1726), früher auch Gericht, heute Sitz der Touristeninformation (mit Café; https://visitantrimandnewtownabbey.com). Am Platz war die Barbican Gate Lodge ab 1818 Hauptzugang zu Antrim Castle. **Ram's Island**, die größte Insel im Lough Neagh, ist ab Sandy Bay Marina, Glenavy, mit der Fähre Island Warrior erreichbar (Juli, Aug. jeden So.). Auf der naturgeschützten Insel stehen ein Rundturm und ein Sommerhaus (19. Jh.) der O'Neills (www.ramsisland.org).

Antrim Castle Gardens & Clotworthy House: Gärten tgl. ab 9, Haus Mo., Mi., Fr. 9.30 – 17, Di., Do. bis 21.30, Sa., So. 10 – 17 Uhr | Eintritt frei

Großer Poet am kleinen See

★ Bellaghy, Lough Beg

2016 wurde dem Literaturnobelpreisträger von 1995 in Bellaghy (1060 Einw.) am Lough Beg, 30 km nordwestlich von Antrim, mit dem **Seamus Heaney Home Place Visitor Centre** eine adäquate Ehrung zuteil. Leben und Werk des Poeten (1939–2013) werden auch im Helicon, das einem griechischen Theater nachempfunden ist (190 Sitze), lebendig. Das für 5,2 Mio. £ errichtete Zentrum ist ein wahres Fenster zum Verständnis des großen Dichters, der nahe Bellaghy in Mossbawn als ältestes von neun Kindern geboren wurde. Der **Lough Beg** (»Kleiner See«) ist mit dem Lough Neagh durch den River Bann verbunden und als Zugvogelquartier geschützt.

Seamus Heaney Home Place: 45 Main Street, Bellaghy | Mo.–Sa. 10–17, So. 13–17 Uhr | https://seamusheaneyhome.com | Eintritt: 10 £

BAEDEKER ÜBERRASCHENDES

6X UNTERSCHÄTZT

Genau hinsehen, nicht dran vorbeigehen, einfach probieren!

1. KÜSTENFELSEN

In **Ballintoy** an der Causeway Coastal Route locken die Carrig-a-Reed-Hängebrücke und bizarre Küstenfelsen, die in »Game of Thrones« auftauchen. Dazu eine der 10 »Doors of Thrones«.
(▶ **S. 152**)

2. BUTTER!

Hier entdecken Sie 1000 (!) Jahre alte, aus dem Moor geborgene Butter – und lernen alles über irische Butter und **Cork** als Europas einstigen Hauptbörsen- und Exportmarkt für Butter.
(▶ **S. 156**)

3. SIGNALE!

Der Leuchtturm am Ende der **Hook-Halbinsel** gilt als ältester operierender weltweit. Schon im 6. Jh. sorgten hier Mönche für Leuchtsignale. Die Leuchtturm-Touren führen über 115 Stufen!
(▶ **S. 134**)

4. SEENLANDSCHAFT

Flüsse, Inseln, Kanäle, Buchten und Ufer im Überfluss – die **Fermanagh Lakelands** sind ein Paradies für Paddel- und Motorbootsfreunde! Dazu (fast) alles, was Irland ausmacht.
(▶ **S. 276**)

5. POESIE

Camilla und Prinz Charles waren schon im neuen Seamus Heaney Home-Place in **Bellaghy**, um alles zur Poesie des Literaturnobelpreisträgers zu erfahren. Auf halbem Weg zwischen Derry und Belfast.
(▶ **S. 108**)

6. SKULPTUREN

Im Skulpturenpark im Dörfchen **Sneem** stehen Göttin Isis (Geschenk Ägyptens) und ein Panda (Geschenk Chinas). Am »Feenweg» ragen Pyramiden auf und am Sneem River erfreut der Garten der Sinne.
(▶ **S. 323**)

Herz des »Bible Belt«

Ballymena

Die vorwiegend protestantische Kleinstadt Ballymena (29 550 Einw.) gilt als Herz des nordirischen »Bible Belt«. Seit 2012 verbindet der Komplex **The Braid** Rathaus, Tourist Office, Mid Antrim Museum und Kunstzentrum miteinander. Das Mid Antrim Museum illustriert die County-Geschichte und bietet hervorragende Sonderausstellungen. Im Ort erblickte der Schauspieler Liam Neeson (geb. 1952) das Licht der Welt, der durch die Titelrolle in »Schindlers Liste« (1992) berühmt wurde. Auch die heute in Lisburn lebende Dame Mary Peters (geb. 1939) stammt aus Ballymena. Sie gewann bei Olympia 1972 in München den Fünfkampf hauchdünn vor Heide Rosendahl mit Weltrekord und 10 Punkten Vorsprung.

Kunstzentrum: 1 – 29 Bridge Street | Mo. – Fr. 10 – 17, Juli/Aug. auch Sa. 10 – 16, Events bis 22 Uhr | www.thebraid.com
Mid Antrim Museum: Mo. – Fr. 10 – 15 Uhr | Eintritt frei

Livemusik am Torffeuer

Gracehill

In Ballymenas Vorort Gracehill (680 Einw.) wanderten Mitte des 18. Jh.s verfolgte mährische Protestanten ein, die strikt ihren Glauben lebten. In ihre Kirche führen zwei Eingänge, je einer für Männer und Frauen. Nach Geschlechtern getrennt ist auch ihr Friedhof. Bei Cullybackey wurde **Arthur Cottage**, Heim der Vorfahren von Chester Alan Arthur, dem 21. Präsidenten der USA, im Mai 2011 ein Raub der Flammen. Neu aufgebaut backen hier nun Damen in historischen Kostümen Soda Bread und Pancakes. Ganzjährig finden Live-Musikabende am offenen Torffeuer statt.

Museumsdorf und Museum Mo. – Sa. 9 – 21, So. 12 – 20 Uhr | https://gracehillvillage.org | Eintritt frei, Führung Mo. – Sa. n. V. 3 £

Königsresidenz

★ Hillsborough Castle

In Hillsborough (3950 Einw.) fällt am Ende der Main Street das beeindruckende **Hillsborough Castle** ins Auge, das 1923 – 1973 Residenz des Gouverneurs von Nordirland war. Seither residiert hier der Staatssekretär für Nordirland, auch Queen Elizabeth II. residiert hier offiziell. Seit 2014 wird es von den Historic Royal Palaces gemanagt und wurde für 16 Mio. £ restauriert. Hier locken Walled Garden, Granville Garden, Yew Tree und Moss Walk sowie Lady Alice`s Temple, ein Hochzeitsgeschenk ihres Bruders an Lady Alice Hill von 1867.

The Square | Gärten 6.4. – 2.10. tgl. 10 – 18, Schloss bis 16 Uhr
www.hrp.org.uk/hillsborough-castle | Eintritt: 10 £

Kunst und Leinen, Outlet und Game of Thrones Tour

★ Banbridge

Das Visitor Information Centre im alten Rathaus informiert über die sehenswerte Kleinstadt, ebenso die tolle Kunstgalerie **F. E. McWilliam** am südlichen Ortseingang mit preisgekröntem Café/Rest. »**Quails at the Gallery**«. In Banbridge drehte sich einst alles um Leinen. Die Galerie bewahrt die Geschichte des faszinierenden Stoffs mit ihrem Projekt **Linen Lab**. Im Besuchermagneten **Outlet Village »The Boulevard«** werden Markenartikel mit Rabatt angeboten. Seit Februar 2022 lockt Banbridge mit der weltweit einzigen **Game of Thrones Studio Tour**. Auf 110 000 m² wird in den einstigen Linen Mill Studios, in denen Teile des Blockbusters gedreht wurden, die Geschichte dieser TV-Serie und ihrer »Seven Kingdoms« vorgestellt.

Visitor Information Centre: 1 Scarva St | https://visitarmagh.com
Game of Thrones Studio Tour: 245 Castlewellan Rd | www.gameofthronesstudiotour.com/de/; mit Studio Café und Lobby Café | Tourstart: Shuttle Bus ab Parkplatz »The Boulevard«; Juli/Aug. tgl. erster Shuttle 8.30, letzter Shuttle 21.30, Touren 9 – 18, April – Juni u. Sept. tgl. Shuttle 9 – 21, Touren 9.30 – 17.30, Okt. – März tgl. Shuttle 9.30 bis 19, Touren 10 – 15.30 Uhr; Eintritt: 39,50 £ Onlinebuchung), mit Bustransfer von/nach Belfast (45 Min.) 55 £, von/nach Dublin (90 Min.) 65 £ | **The Boulevard**: Banbridge | Mo. – Mi. 10 – 18, Do., Fr. bis 21, Sa. 9 – 18, So. 13 – 18 Uhr | https://the-boulevard.co.ukk
F. E. McWilliam Gallery and Studio: 200 Newry Road | Mo. – Sa. 10 – 17, Juni – Aug. auch So. 13 – 17 Uhr | https://visitarmagh.com/places-to-explore/f-e-mcwilliam-gallery | Eintritt frei

Vorbild für die »Wuthering Heights«?

Brontë Homeland Interpretative Centre

Attraktiv ist auch der **Brontë Homeland Drive** im Tal des River Bann; bester Startpunkt ist das Brontë Homeland Interpretative Centre in der Church Hill Road. Patrick Brontë, Vater der berühmten Autorinnen, unterrichtete in der Schule, in der das Zentrum heute untergebracht ist. Einheimische meinen, die düstere Atmosphäre, die Emily Brontës »Wuthering Heights« (»Sturmhöhe«) schildert, sei von den Erzählungen ihres Vaters inspiriert. In der benachbarten Kirche predigte er. Am ausgeschilderten Weg beweisen Feldsteinsockel die Schlichtheit der Brontë-Behausung (Brontë Birthplace).

Auf den Spuren der Schiffszieher

Newry Canal Towpath

Das **Scarva Visitor Centre** widmet sich dem über 200 Jahre alten Newry Canal. Der alte Treidelpfad von Newry bis Portadown (32 km) ist nun ein von Skulpturen gesäumter Radwanderweg, der als Newry Canal Towpath Teil des nordirischen Radwegs 9 (www.nationalcyclenetwork.org.uk) ist. In Portadown stellt die Apfelfarm **Long Meadow Farm** den preisgekrönten **Long Meadow Cider her** (87 Loughgall Road; www.longmeadowcider.com; Farmtour: Tel. 078 76 68 49 93)..

Scarva Visitor Centre: 8 Main Street, Scarva | April – Okt. Di. – So. 9.30 – 17, sonst 10 – 16 Uhr | Eintritt frei (mit schönem Café)

Torf und Moor

Peatlands Park

Der Peatlands Park ist vor allem bei Jüngeren beliebt. Im Moorgarten wird alles zum Thema Torf und zur typischen Flora erklärt, z. B. zum

Sonnentau. Die kleine Bahn fährt nur saisonal an Wochenenden und Feiertagen. Früher diente sie dem Torftransport. Ende Juli findet der enthusiastisch gefeierte Bog Day (Sumpftag) mit den berühmten Bog Snorkelling (Sumpfschnorchel-) Championships statt.
33 Derryhubbert Rd, Dungannon | tgl. März, Okt. 9 – 19, April, Sept. bis 20, Mai – Aug. bis 21, sonst bis 16.30 Uhr | Eintritt frei | Bahn 2 £

Polizeistation mit Erinnerungswert

Dungannon und Umgebung

Im Markt- und Industriestädtchen Dungannon (11 140 Einw.) residierten vom 13. bis ins frühe 17. Jh. die O'Neills. Kurios ist das verblüffende Design der **Polizeistation** am Markt mit ihren architektonischen Anspielungen an vornehme Landsitze. Der See im Dungannon Park (www.midulstercouncil.org) ist ein Paradies für Angler. Auf dem Areal der alten Leinenweberei werden nun im **Linen Green Designer Village** Kreationen von Topdesignern verkauft.

Markierte Wege und ein Eco Trail führen durch den **Parkanaur Forest Park** bei Castlecaulfied im Westen von Dungannon (tgl. 8 Uhr bis Sonnenuntergang; Eintritt frei). Das Damwild soll die älteste irische Herde sein – wohl ein Geschenk von Königin Elisabeth I.

Das Dorf **Dunaghmore** (Co. Tyrone) ist berühmt für das ursprünglich zweiteilige, 4,8 m hohe Hochkreuz (10. Jh.) und das Bardic Theatre (www.bardictheatre.com).

Linen Green Designer Village: Main Road, Moygashel | Mo. – Sa. 10 – 17.30 Uhr | www.thelinengreen.co.uk

Krönungsort von Ulsters Königen

Cookstown und Umgebung

In Cookstown waren noch vor wenigen Jahren die Wohngebiete von Katholiken und Protestanten getrennt und streng bewacht. Vor Cookstown war das **Tullaghoge Fort** einst Grabstätte der O'Hagans und Krönungsort der Könige von Ulster (11. Jh.).

Östlich von Cookstown steht am Ufer des Lough Neagh am Ort eines Klosters (6. Jh.) das 4 m hohe **Ardboe Cross**. Trotz seines schlechten Zustandes gilt es als eines der schönsten in Ulster. Seine 22 Platten zeigen auf der Ostseite Szenen aus dem Alten Testament (u. a. Adam und Eva, Abrahams Opfer), auf der Nordseite Szenen des Neuen Testaments (u. a. Anbetung der Könige). Ganz in der Nähe steht **Coyles Cottage**, eine 300 Jahre alte Fischerhütte.

In der **Wellbrook Beetling Mill** im bewaldeten Flusstal des Ballinderry wird der letzte Arbeitsschritt bei der Leinenherstellung, das Kalandern (»beetling«), erläutert. Der harte Stoff erhält seinen gleichmäßigen Glanz, weil er gehämmert und durch Walzen gezogen wird. Die **Leinenfabrikation** war in Ulster bis ins 20. Jh. das wichtigste Gewerbe. Allein in Wellbrook gab es sechs Mühlen, Wasserkraft bewegte die Holzhämmer.

Im **Springhill House** (1795), 8 km von Cookstown, faszinieren alte Eichenmöbel, die Bibliothek, der alte Waffenraum und das große

Kostümmuseum. Übrigens: Im Haus sollen zwei Gespenster ihr Unwesen treiben – nur nachts!
Wellbrook Beetling Mill: Areal frei zugänglich, Wassermühle nur Juli./Aug. So. 13 - 17 Uhr | www.nationaltrust.org.uk | Eintritt: 5 £
Springhill House: Park tgl. 11 - 17, Nov. - Feb. 10 - 16 Uhr | Haus März - Juni, Sept./Okt. So. 12 - 16, Juli/Aug. Fr. - Mo. 12 - 16 Uhr Visitor Centre März - Juni, Sept./Okt. So. 11 - 17, Juli/Aug. Fr. - Mo. 11 - 17 Uhr | www.nationaltrust.org.uk/springhill | Eintritt: 6 £

★ BOYLE · MAINISTIR NA BÚILLE

Republik Irland | **Provinz:** Connacht | **Grafschaft:** Roscommon | **Einwohner:** 2570 | **Auskunft: https://unabhan.ie**

In Mainistir na Búille (»Kloster vom Weide-Fluss«) sind die Ruinen der Zisterzienserabtei die Top-Sehenswürdigkeit. Einen Exkurs wert sind aber auch zwei Damen aus Boyle, die ganz anders Geschichte machten: Hollywood-Schauspielerin Maureen O'Sullivan (1911–1998) wurde hier geboren, berühmt als Jane in der Tarzan-Verfilmung mit Jonny Weissmüller. Eine ihrer Töchter ist Mia Farrow.

Starke Frauen

Die zweite Berühmtheit aus diesem Städtchen ist Margaret »Gretta« Cousins (1878–1954), die als Suffragette und Frauenrechtlerin bekannt wurde. 1910 gehörte sie zu 119 beim Marsch auf das House of Commons verhafteten Frauen. 1913 landete sie erneut hinter Gittern, als beim Protest gegen das zweite Home-Rule-Gesetz die Fenster von Dublin Castle barsten. 1915 zog sie nach Indien, gründete 1917 die erste indische Frauenvereinigung, soll 1919 an der Komposition der indischen Nationalhymne »Jana Gama Mana« mitgewirkt haben und war schließlich 1936 Präsidentin der All India Women's Conference.

Wohin in Boyle und Umgebung?

Eindrucksvolle Klosterruine

★ Boyle Abbey

Am Nordende von Boyle stehen die Ruinen der 1161 von Mellifont aus gegründeten ehemaligen Zisterzienserabtei Boyle Abbey. Im Torhaus (17. Jh.) gibt es eine kleine Ausstellung. Von der kreuzförmigen Kirche ohne Dach sind Hauptschiff, Chor und Querschiffe gut erhal-

Die Ruinen von Boyle Abbey lassen mit etwas Fantasie die Welt der frühen Zisterzienser vor dem inneren Auge wiederauferstehen.

ten, von den Klostergebäuden Gästehaus und Küche. Schön sind die Kapitelle mit Figuren- und Blattwerkschmuck. Sie zeigen u. a. einen Hahnenkampf und zwei einen Baum haltende Männer.

24.3. – 21.9. tgl. 10 – 18 Uhr | Eintritt: 5 € | www.heritageireland.ie

Restaurierter Herrensitz

King House

Im Hof des King House, Military Road, mit Tourismusbüro und Kunsthandwerksladen findet der **Courtyard Market** statt (Sa. 10 – 14 Uhr; Bio-Lebensmittel). 1730 erbaut, war esLandsitz der Kings, protestantischer Grundherren, die sich durch Strenge bei den Iren unbeliebt machten und 1768 von Georg III. zu Earls von Kingston erhoben wurden. Ab 1810 nutzte die Armee das Gebäude. Auf drei Etagen werden nun Wechselausstellungen und permanent die Geschichte des Königreichs Connacht gezeigt. Auch die Familiengeschichte der Kings hier und auf dem nahen **Rockingham Estate** (heute der Lough Key Forest Park) ist präsent. Letzteres Gut umfasste einmal 120 km²!

15.4. – 30.9. Mo. – Sa. 11 – 17, Juni – Aug. auch So. 11 – 16 Uhr
www.visitkinghouse.ie, https://unabhan.ie/the-courtyard-market-boyle
Eintritt (Führung): 7 €

Kunst und Natur

Das Dorf an dem Lough Gara und Lough Key verbindenden Boyle River bietet weitere Attraktionen. Nördlich von Boyle ragt die imposante Metallskulptur **»Gaelic Chieftain«** von Maurice Harron (1999) auf. Sie erinnert an die Schlacht am Curlow Pass (15. Aug. 1599), in der 500 Engländer im Kampf gegen die Iren starben. Den buchtenreichen Lough Key erschließt der **Lough Key Forest & Activity Park** mit Visitor Centre. Mit 3,2 km² hat er nur einen Bruchteil der Größe des legendären Rockingham Estate. Rockingham House ging 1957 in Flammen auf und wurde 1970 abgerissen. Die einst für die Diener angelegten zwei Tunnel sind auf der Tour **Lough Key Experience** zu bewundern. Der Aussichtsturm wurde 1973 gebaut. Nach schwedischem Vorbild gibt es einen 300 m langen Baumwipfelpfad in 9 m Höhe, Naturpfade, Bog Garden (Moorgarten) und Boda Borg Adventure House. Der **Zipit Forest Adventure Aerial Trail** ist ein Kletterparcours mit vier Strecken und 88 tarzan-würdigen Herausforderungen.

Lough Key Forest & Activity Park: Nov.-April Mi. - So. 10 - 17, Mai/Juni u. Sept./Okt. Mi. - So. 10 - 18, Juli/Aug. tgl. 10 - 19 Uhr
https://loughkey.ie | Eintritt (Lough Key Experience): 10 €
Parkplatz: 4 € (ab 20 € für Eintritt oder Restaurant frei)
Zipit Forest Adventure Lough Key: tgl. 9 - 19, Sommer bis 20 Uhr
www.zipit.ie | Eintritt Erw. 40 € (max. 3 Std.)

Herrensitz und Höllenküche

Clonalis House

Etwa 30 km südwestlich von Boyle war das Clonalis House (mit Luxus-B&B und Restaurant) **Stammsitz der O'Connor**, Nachfahren des letzten Hochkönigs und der Könige von Connacht. Dokumente im Herrenhaus (1878), wie die Abschrift des Brehon Law, erinnern daran. Ein Schmuckstück in Irlands Country House des Jahres 2012 ist die Harfe des blinden Barden Turlough O'Carolan (1670 - 1738). In der kuriosen Hells Kitchen Bar, Main Street, steht eine Diesellok von 1955. Sean Browne betreibt hier das **»Höllenküchenmuseum«**, Irlands größtes privates Eisenbahnmuseum, neu u. a. mit einer Draisine (n. V.; www.hellskitchenmuseum.com; Eintritt: 5 €).

Clonalis House: Haustouren 21.6. - 31.8. Mo. - Sa. 11 - 15.30 Uhr
https://clonalishouse.com | Eintritt: 10 €

Alter Königssitz von Connacht

★ Tulsk

25 km südlich von Boyle präsentiert im mittelalterlichen Tulsk das preisgekrönte **Rathcroghan Visitor Centre** mit Café und Laden den alten Königssitz (Táin) von Connacht, Heimat der Kriegerkönigin Meave, und ist UNESCO-Welterbe-Kandidat. Auf 6 km² wurden bisher 240 archäologische Fundorte mit 60 Monumenten identifziert. Zen-tral sind der königliche Rathcroghan Mount, Ringforts und die Cave of the Cats (Katzenhöhle), Sitz der Kriegsgöttin aus der Anderwelt.

Rathcroghan Visitor Centre: Mo.–Sa. 9–17, Archäologische Führungen Mo.–Fr. 12, Mai–Aug. auch 14 Uhr | www.rathcroghan.ie | Eintritt: Museum 6 €, Führung: 2,5 Std. mit Oweynagat Cave und Museum 17 €

★ Strokestown

Die Welt der Landlords – und die Hungersnot
Strokestown, 11 km östlich von Tulsk, ist ein um 1800 axial angelegtes Städtchen mit Werkstätten, in denen altes irisches Handwerk gepflegt wird. Im **Strokestown Park** steht das wunderbare Herrenhaus von Lord Hartland (Strokestown Park House). Die Haustour gibt interessante Einblicke in die Welt der Landlords. Einzigartig ist die Gutsküche. Das **Irish National Famine Museum** arbeitet die gravierenden Folgen der Kartoffelpest auf: Fotos, Dokumente und Einrichtungsgegenstände erinnern an die große Hungersnot (1845–1849). Der am Park startende Radwanderweg **National**

BOYLE UND UMGEBUNG ERLEBEN

TOURIST INFORMATION
www.mycarrick.ie
www.visitroscommon.ie
https://unabhan.ie
https://longford.ie/en/visit

AUBERGINE NUA €€€–€€
Die Number One in Longford! Moderne irische und europäische Küche vom Feinsten, dazu freundlicher Service.
17 Ballymahon Street, Longford, Tel. 043 3 34 66 58, www.aubergineua.ie, Mo. und Di. Ruhetage

HONESTLY FARM KITCHEN €€
Justina und Liam Garvin bieten in Irlands erstem Bio-Drive-Through Restaurant mit Farm Shop exzellente Bioprodukte von ihrer 15 km entfernten Drumanilra Farm in Boyle. Tolles Frühstück, Leckeres vom Grill!
Rosebank Retail Park, Dublin Road, Carrick-on-Shannon Tel. 083 1 48 44 69 (Drumanilra Farm), https://honestlykitchen.ie tgl. 9.30–19, Drive-through bis 21 Uhr

ABBEY HOTEL €€€€
Elegant in warmen Farbtönen gehaltenes, klassisches Hotel im Manor House (18 Jh.) mit Leisure Centre und 20-m-Pool.
Galway Road, Ballypheasan, Roscommon, Co. Roscommon, Tel. 090 6 62 62 40, www.abbeyhotel.ie, 50 DZ, 1 Abbey Suite

LOUGH RYNN CASTLE ESTATE & GARDENS €€€€
Herrliches luxuriöses Anwesen von 1833, das 1889 erweitert und restauriert wurde. Heute ist es ein Traum! Auch das Toprestaurant zählt zu Irlands feinsten Adressen. Mit Walled Gardens und John McGahern Library.
Lough Rinn, Mohill, Co. Leitrim Tel. 071 9 63 27 00, www.loughrynn.ie, 58 DZ und Suiten

Famine Way nach Dublin (165 km) erinnert an jene 1490 Unglücklichen, die 1847 gezwungen wurden, auf dem nun mit 30 bronzenen Schuhskulpturen markierten Weg auszuwandern.
Strokestown Park & Famine Museum: 17.3. – Okt. tgl. 10.30 – 17.30, sonst bis 16 Uhr | www.strokestownpark.ie | Eintritt: 12,50 €

Carrick-on-Shannon und Umgebung

Ausgangsbasis für Bootstouren

Carrick-on-Shannon

15 km östlich von Boyle liegt mit knapp 4000 Einwohnern der historische Hauptort der Grafschaft Leitrim, die Kapitale für »Kreuzfahrten« auf Shannon und Shannon-Erne Waterway. Außer der herrlichen Marina lockt Irlands »Taj Mahal«.
Edward Costello, ein reicher Kaufmann, errichtete 1877 gegenüber dem Uhrenturm, Main Ecke Bridge Street, die **Costello Memorial Chapel** als Begräbnis- und Erinnerungsstätte für seine geliebte, zwei Jahre zuvor verstorbenen Gattin Josephine. Der Bau (ca. 5 x 3,6 x 10 m) gilt als zweitkleinste der Welt. Am Altar werden gern Ehegelöbnisse erneuert. Auch im St George's Heritage & Historical Centre, Church Lane, steht Irlands Monument unverbrüchlicher Liebe im Fokus der präsentierten 400 Jahre Stadt- und Countygeschichte. Top ist zudem **Leitrim Crystal**, ein Kristallschliff-Familienbetrieb mit Schalen, Uhren und unvergesslichen High Heels aus Kristall. Pflicht in Carrick ist eine romantische Bootstour mit dem Moon River Pleasure Cruiser (Feb.–Dez.; www.moonriver.ie; Ticket: 17 €). Im alten Gericht ist **The Dock Arts Centre**, St George's Terrace, mit futuristischem Eingang Carricks Hotspot für moderne Kunst. Das **Leitrim Design House** bietet Innovatives von 250 Kunsthandwerkern und Werkstätten z. B. von Eddie Shanahan.
www.mycarrick.ie
Costello Memorial Chapel: tgl. 9 – 18 Uhr (falls geschl.: Schlüssel im Heritage and Visitor Centre) | https://costellomemorialchapel.com, www.carrickonshannonparish.com/costello.htm | Eintritt frei
Leitrim Crystal: Bridge Street | Mo.–Sa. 9.30 – 18 Uhr
www.leitrimcrystal.ie
The Dock: Di.–Sa. 11 – 17 Uhr | www.thedock.ie
Design House: Mo. – Fr. 10 – 18, Sa. bis 17 Uhr
https://leitrimdesignhouse.ie | Eintritt frei

Paradies für Freizeitkapitäne

Shannon-Erne Waterway

Nördlich Carrick-on-Shannon zweigt seit dem Jahr 1860 der Shannon-Erne Waterway ab. Die Wasserstraße verbindet zwei der **beliebtesten Bootsreviere Europas**: Shannon und Erne-Seen. Freizeitkapitäne schaffen es bis Belturbet (78 km) im Hausboot in rund 16 Stunden.

Im Verlauf des Shannon

Lough Allen

Das hübsche Dorf **Leitrim** verlieh der Grafschaft den Namen. Drumshanbo am Lough Allen schätzen Angler. Am Westufer wird das Bergmannsleben in der **Arigna Mining Experience** lebendig (tgl. 10 – 18 Uhr; www.arignaminingexperience.ie; Eintritt: 13 €).

Ein Barde, ein Erzähler

Turlough O'Carolan Country

Der **letzte irische Barde** Turlough O'Carolan (1670 – 1738) lebte in Mohill und ist in der Kilronan Church begraben. In Keadue findet das O'Carolan-Harfen-Festival mit Summer School statt (Anfang Aug.). In Mohill am Lough Rynn können Park und Walled Garden des **Lough Rynn Castle** (19. Jh.) kostenlos besucht werden. Im **Luxushotel** mit Toprestaurant (www.loughrynn.ie) erinnert die **John McGahern Library** an den laut Guardian größten Erzähler Irlands (1934–2006) seit Beckett. Kritiken, die ihn zu pessimistisch fanden, parierte **McGahern** so: »My favourite optimist was the American who jumped off the Empire State Building and, as he passed the 42nd floor, was heard by the window washers to say 'So far, so good'.«

Longford und Umgebung

Outdoor und ein »Phoenix«

Longford

Longford ist für den bunten **Farmers' Market** (Fr. 9 – 14 Uhr) am Market Square berühmt. In der **Outdoor-Metropole** locken am Royal Canal Way Wassersport, Radfahren und Wandern, Golf, Tennis, Angeln, Jagen, Pferde- und Windhundrennen. Größte Attraktion ist aber der »Longford Phoenix«. Wie Phoenix aus der Asche erstand Longfords 1840–1856 erbaute, erweiterte und 1893 zum zweiten Mal eingeweihte katholische **St Mél's Cathedral** zu neuer Pracht. Die Bischofskirche des Bistums Ardagh and Clonmacnoise wurde am 1. Weihnachtstag 2009 um 17 Uhr von einem verheerenden Feuer heimgesucht: Am Ende standen nur noch Außenmauern, Portikus und Campanile, die 28 Kalksteinsäulen im Inneren waren nicht mehr belastbar. Das durchgebrannte Dach war auf die Krypta gestürzt, das Diözesanmuseum mit allen Schätzen ausgebrannt. Ursache war ein Defekt im Heizungssystem, zudem war es kalt: Der Feuerwehr gefror das Wasser in den Schläuchen. Dann aber geschah das Unglaubliche: 30 Mio. € mussten her, was in den 41 Bistumspfarreien trotz Irland-Wirtschaftskrise umgehend gelang. Der Wiederaufbau startete 2011, im März 2014 wurde Tom Glendons neuer Altar aus Carrara-Marmor geweiht, an Heiligabend 2014 die neue Kathedrale feierlich eröffnet. Verdienter Lohn für die neue Architektur des Gotteshauses war **Irlands Architekturpreis 2015**. Neu sind der Silber-Tabernakel von Imogen Stuart und Vicky Donavan, die neue Orgel (2307 Pfeifen) der Gebrüder Ruffatti ersetzt die alte aus Aachen, neue Bleiglasfenster

Ausgangspunkt für Freizeitkapitäne: der Bootshafen von Carrick-on-Shannon

schuf Kim en Joong, ein Dominikaner. Beinahe wäre der hl. Mél (gest. 488), Neffe des hl. Patrick, nicht erster Bischof der Diözese geblieben. Der Sohn von Patricks Schwester, der hl. Darerca, der »Mutter der Heiligen« (15 Söhne, 2 Töchter, mehrheitlich heiliggesprochen), wohnte eine Zeitlang nahebei auf dem Hof seiner Tante Lupait, was heftigen Tratsch auslöste. Der hl. Patrick eilte herbei, um den möglichen Skandal zu untersuchen. Doch beide bewiesen ihre »Unschuld« mit Wundern: Mél zog aus der Mitte des Ackers einen zappelnden Fisch, Lupait balancierte heiße Kohlen, ohne sich zu verbrennen.

St Mél's Cathedral: tgl. geöffnet, Führungen organisiert das Tourismusbüro: Market Square | Tel. 043 3 34 35 09
https://longford.ie/en/visit, www.longfordparish.com

Am »Wall des schwarzen Schweins«

Granard

Ins östlich von Longford gelegene Anglerzentrum Granard lockt der Country Market (Fr. 8.30 – 11 Uhr; Main St). 2021 öffnete zudem der für 640 000 € renovierte, 1870 errichtete Traditionsbau des **Granard Buttermarket** (Market Street; Sa. 10.30 – 13.30 Uhr). Nahe dem Städtchen steht Irlands größte **Erdhügelfestung** (12. Jh.). Vom Lough Kinale bis zum Lough Gowna verläuft über 10 km ein Teil des Black Pig's Dyke (Wall des schwarzen Schweins). Die Verteidigungsanlage aus Erdwällen zum Schutz der Verbindungswege zieht sich quer durchs nördliche Irland. Die einzelnen Abschnitte wurden 300 v. Chr. bis 300 n. Chr. errichtet.

Bohlenpfad aus der Eisenzeit

Corlea Trackway

Das **Corlea Trackway Visitor Centre** widmet sich dem größten Eichenbohlenpfad Europas, einem von vier hier errichteten eisenzeitlichen **Bog Roads** (Bohlenwegen). Er wurde 148 v. Chr. ins Moor nahe des Shannon gebaut. Legendär errichtete den Pfad Elfenprinz Midir nach einer verlorenen Partie »Fidchell« (Schach) gegen Irlands Hochkönig Eochaid. Im Centre ist ein 18 m langer Abschnitt freigelegt. Die Ausstellung erläutert auch die Arbeit der Archäologen.

2 Cartron Road, Kenagh | 31.3. – 4.10. tgl. 10 – 18 Uhr | Eintritt frei

Herrenhaus und Heritage

Edgeworthstown

Südöstlich von Longford liegt Edgeworthstown. Im gleichnamigen **Herrenhaus** wurde die Dichterin Maria Edgeworth (1767 – 1849) geboren, berühmte Kollegen wie Scott und Wordsworth verkehrten hier. Am Weg nach Ballymahon lohnt das **Ardagh Heritage Village**, das schönste Dorf im County. Zum Ardagh Heritage & Creativity Centre im Schulhaus von 1898 gehören Ausstellung, Café und Kunsthandwerksladen (http://creativeardagh.blogspot.com). Im **Ballinamuck Battle Heritage Centre** in den Royal Irish Constabulary Barracks von 1846 wird die historische Schlacht von Ballinamuck 1798 illustriert. Sie markierte das Ende des irischen Aufstandes gegen die Engländer.

Heritage Centre: Shanmullagh, Ballinamuck | Besuch nur n. V. Tel. 087 9 61 33 12 oder Email ballinamuck1798@gmail.com | Eintritt frei

Roscommon und Umgebung

Museum, Gefängnis und die »Frau aus der Hölle«

County Museum

Die Stadt Roscommon, das administrative Zentrum des von Weiden und Viehzucht geprägten County, wird von ihrem Wahrzeichen, der Ruine der Normannenburg Roscommon Castle (13. Jh.), überragt. Das interessantere Besucherziel ist aber das neben der John Harrison Memorial Hall, Market Square, in der kleinen Presbyterianerkirche von 1863 eingerichtete **County Museum**. Es bietet vor allem eine große Fotodokumentation zum County, präsentiert aber auch Glanzstücke wie eine Sheela-na-Gig aus Rahara und eine Replik des Cross of Cong. Hinter dem Museum ist historisches landwirtschaftliches Gerät zu sehen. Die bemerkenswerte **John Harrison Memorial Hall** war früher Gericht und Markthaus (1762), ab 1863 kath. Kirche und wurde 1903 zu Ehren von John Harrison, einem Arzt, während der Großen Hungersnot um 1850 umbenannt. Später Tanzsaal, Kino und Theater, ist es seit 1972 im Besitz der Bank of Ireland, Main Street. Rückwärtig war das heutige Shopping Centre ein **Gefängnis**, das Richard Cassels 1736 erbaut haben soll. Hier schritt, einmalig in Irland, eine **Henkerin** zur Tat: »**Lady Betty**«! Es war die in äußerster Armut lebende Farmerwitwe Liz Sugrue aus dem Co. Kerry (1750–1807), die 1775 nach Roscommon kam. Auf dem Weg starb eines ihr beiden Kinder an Hunger. 1789 tötete sie versehentlich ihren Sohn, entging aber ihrer Hinrichtung, als sie nach drei Ablehnungen anderer Delinquenten als Vierte bejahte, den kranken Henker zu ersetzen. Dann ging es zurück ins Gefängnis. Als aufbrausende, gnadenlose »Woman from the hell« (Frau aus der Hölle) richtete sie dann weitere Gefangene hin, 1802 wurde ihr selbst das Todesurteil erlassen. Sir William Wilde, Vater Oscar Wildes, besuchte ihr Heim in Roscommon und berichtete, sie habe all »ihre« Hingerichteten mit einem Aschestock an den Wänden porträtiert. Ab 1833 diente das Gefängnis als Lazarett für Pockenkranke. Auf dem Market Square findet der Farmers' Market statt (Fr. 10–14 Uhr).

County Museum: (mit Tourismusbüro) Mo – Fr. 10 – 17, Sa. bis 14 Uhr
www.visitroscommon.ie/roscommon-county-museum | Eintritt: 2 €

Christliches Erbe

Roscommon Abbey

Vom Parkplatz des Abbey Hotels hat man Zugang zur Dominikanerabtei **Roscommon Abbey**, die vor ca. 750 Jahren Felim O'Conor, König von Connacht, gründete. Erhalten in der im 15. Jh. umgebauten Kirchenruine ist das Grabmal des Gründers (gest. 1265) samt acht bewaffneter Gefolgsleute in einer Nische der Nordwand. Seinen Namen (irische Ros Comáin, »Comans Wald«) erhielt Roscommon aber vom hl. Coman (6. Jh.), der vor Ort weit früher ein Kloster gründete. Die katholische **Sacred Heart Church** (1903–1925 erbaut) mit hohem Turm und bunten Fenstern bewahrt schöne Wandmosaiken: Für die Engel war Botticelli, für die Evangelisten Michelangelo Vorbild.

Irische Raucherpfeifen

Knockcroghery

Pfeifenraucher interessiert das **Claypipe Visitor Centre** in Knockcroghery südöstlich von Roscommon. Es dokumentiert die Produktionsgeschichte der irischen Tabakpfeife, der **Duidin**. Pfeifenköpfe von 1800 bis 1921 sind ausgestellt. Im Gift Shop kann man sich seinen Namen in Ogham-Schrift kalligraphieren lassen.

Claypipe Centre: Mo.–Fr. 10 – 17, Sa. 11 – 13 Uhr | www.oghamwish.com

Afternoon Tea und Evergreens

Castlecoote House

Das elegante georgianische Castlecoote House (mit exklusiver Übernachtung) westlich von Roscommon und die bis zum River Suck angelegten Gärten sind eine gute Gelgenheit, hier den Afternoon Tea einzunehmen. Das Areal ist in der 2. Juliwoche Heimstatt des **Percy French Festivals**, das dem Multitalent William Percy French (1854–1920), der Bauingenieur, Journalist, Romancier und vor allem Verfasser witziger Evergreens wie »Mourne Mountain« oder »Come back Paddy Reilly to Ballyjamesduff« war, mit Literatur, Theater und Musik huldigt (http://percyfrench.ie).

Gärten tgl. 14 – 18 Uhr; Haus Juni – Aug. n. V. | Tel. 090 6 66 37 94
www.castlecootehouse.com (auch Übernachtung) Hausführung 10 €

★★ BOYNE VALLEY

Republik Irland, Provinz: Leinster | **Grafschaft:** Meath | **Auskunft:** **www.discoverboynevalley.ie**

Das Tal der Flussgöttin Bóann gilt als Wiege der irischen Zivilisation. Rund 5000 Jahre alt sind die 40 Megalithgräber, darunter das weltberühmte Newgrange, um das sich zig Legenden ranken. So lebte hier im vorkeltischen Zeitalter der Tuatha Dé Danaan die Flussgöttin Bóann, Gattin des Elcmar. Als der mal weg war, ließ sie sich mit Obergott Dagda ein. Ergebnis des Techtelmechtels war der bezaubernde junge Liebesgott Oengus, der nach einigen Wirren hier wohnhaft wurde. Newgrange wurde so zum »Liebestempel«.

Die Ruhestätten waren ab 2800 v. Chr. ungenutzt, Kulthandlungen gab es hier bis 2200 v. Chr. und wieder bis ins frühe Christentum. Erste Grabungen fanden hier schon 1699 statt. Archäologisch untersucht wurde das UNESCO-Welterbe 1962 – 1975. 2018 wurden anhand Luftbildern weitere spektakuläre Strukturen im Untergrund in Richtung Boyne-Fluss entdeckt. Die Archäologie verknüpft die Anlagen von Newgrange, Knowth, Dowth und Slane inhaltlich. Brú na Bóinne, so der irische Name, wird mit Palast der Göttin, eigentlich »Palast der weißen Kuh« übersetzt. Der Boyne, Herrschaftsbereich der Göttin Bóann, umfließt Newgrange. Der Legende nach wurde in ihm der »Lachs der Weisheit« (Salmon of Wisdom) gefangen.

Newgrange und Umgebung

★★ Newgrange

Herzförmiger Grabhügel

Angesichts ihrer Geschichte wirkt das »Neu« im Namen der Stadt irgendwie deplatziert. Er stammt vom nahen Zisterzienserkloster Mellifont, das hier Neubesitz (»grange«) erwarb. Die jungsteinzeitliche Grabanlage von Newgrange wurde ca. 3200 – 3100 v. Chr. in Form eines herzförmigen **Stein- und Erdhügels** (80 m Durchmesser, 11 m hoch) erbaut. Im Freibereich rechterhand des Grabeingangs mit dem spiralverzierten Steinblock K 1 brachten Neusiedler um 2000 v. Chr. Tieropfer in einem aus einer Doppelreihe hoher Holzpfähle erbauten Woodhenge (100 m Durchmesser) dar. Die Pfostenlöcher dieser auch **Pit Circle** (Grubenkreis) genannten Anlage sind entdeckt, Newgrange ist somit eine Doppelanlage. Die Einfassung von Newgrange (97 Blöcke) ist jünger, etwa 1800 v. Chr. angelegt. Im Inneren führt der Pfad zur Hauptkammer mit 6 m hohem Gewölbe und drei Seitenkammern, wo in flachen Steinschalen

MYSTISCH!

Ruinen und uralte Monumente gehören zu Irland einfach dazu! Ein ganz besonderes Ziel ist das astronomisch ausgerichtete Riesen-Hügelgrab Newgrange am Nordufer des Boyne River – älter als Stonehenge! Wer diese Anlage betritt, taucht wirklich ein in uralte Zeiten. Nicht nur zu Sonnenwenden.

Asche und Knochenreste entdeckt wurden. Mindestens fünf Personen wurden hier bestattet. Die Anlage schmücken Spiralen, Rauten, Schlangenlinien und Zickzackornamente; schön ist Stein K 52 auf der Rückseite. Newgrange wurde auch in der Bronze- und in keltisch-römischer Zeit besucht (Münzfunde). Nur vom **Visitor Centre** (Ausstellung, Café) sind Newgrange und Knowth per Shuttle-Bus erreichbar. Pflicht ist die Ticketvorabbuchung (https://brunaboinne.admit-one.eu).

Brú na Bóinne Visitor Centre: tgl. Okt. – April 9.30 – 17.30, Mai 9 bis 18.30, Juni – Sept. 9 – 19 Uhr | www.worldheritageireland.ie/bru-na-boinne | Eintritt: Centre 5 €, mit Newgrange oder Knowth 10 €, mit Newgrange & Knowth 15 €, mit Knowth, Newgrange & Newgrange-Grabkammer (2 Std. 45 Min.) 18 €

Trostpflaster Haselnuss?

Knowth

Der Haupthügel des Komplexes mit 18 Tumuli und 124 Kerbsteinen gab Knowth den Namen: »Cnoc Bua« bzw. »Cnoc Bui« meint »Hügel der Riesenhexe Bui«, der »Hag of Beare« (»Nonne, Verhüllte, Alte Frau von Beare«), einer wichtigen keltischen Erdgöttin. Amüsante Alternative: Als Liebesgott Oenghus eine Liebhaberin von einer Pa-

BOYNE VALLEY ERLEBEN

JULES RESTAURANT €€€
Sean McDonald' kreiert Irisch-französische Küche vom Feinsten im Trim Castle Hotel mit herrlichem Blick auf die Burg vom Roof Top Garden! Man kann auch zum Bar Food in die Bailey's Bar des Hotels wechseln!
Castle Street, Trim, Co. Meath
Tel. 046 948 30 00, www.trimcastlehotel.com/jules-restaurant.html
nur Fr.–So.

ZUCCHINI'S €€€
Preisgekrönte irisch-europäische Küche, dazu guter Wein und guter Service. Service. Tipp: Early Bird Menu 25,50 € (2 Gänge) bzw. 29,50 € (3 Gänge)!
18 – 20 Blackcastle Shopping Centre, Church View, Navan, Tel. 046 9 06 04 59, https://zucchinisnavan.ie; kein Ruhetag

THE HEADFORT ARMS HOTEL €€€€
Das Vanilla Pod Restaurant ist preisgekrönt! Günstig speist man in der Headfort Lounge und im Café Therese (je tgl. 7.30 – 22 Uhr), mit Cocktails lockt die Kelltic Bar. 2022 feierte Familie Duffs ihr 50-jähriges Hoteljubiläum! Wellness und Spa Mo. – Sa. 10 – 18 Uhr.
Headfort Place, Kells, Co. Meath
Tel. 046 924 00 63, www.headfort-arms.ie/de/, 45 DZ und Suiten

THE MILLHOUSE HOTEL €€€
Georgianische Architektur samt edlem Interieur am River Boyne! Das Restaurant bietet auch BBQ und Viergänge-Menüs. 10 Min. von Newgrange!
The Old Mill, Slane, Co. Meath
Tel. 041 982 08 78, www.themillhouse.ie, 15 DZ u. Suiten im Haupthaus, dazu Coach House und Glamping

lastparty in Newgrange verwies, flüchtete sie mit Freunden hierher, wo man sich schluchzend von »Cnobga« (Hasselnuss) ernährte. Im Haupthügel wurden Anführer einer Sippe beigesetzt. Um 450 wurde Knowth stark befestigt: Rundgräben am Fuß und knapp unter der Hügelkuppe wurden identifiziert. Um 800 bauten die Sláine, ein Zweig der O'Neills, ihre Residenz auf dem Hügel. Einer, Congalach, war 944–956 Hochkönig in Tara.
Zugang nur per Shuttle-Bus ab Brú na Bóinne Visitor Centre

Das irische Babel

Dowth

Der Name des nicht zugänglichen Dowth wird von »Dubad« (»Dunkelheit«) abgeleitet. Der Sage nach fand hier Irlands Turmbau zu Babel statt. Hochkönig Bressal Bodibad wollte einen Hügel oder Turm bis zum Himmel, der aber in einem Tag errichtet werden musste. Seine Schwester hielt dafür mit magischen Kräften den Sonnenlauf an. Doch es kam zum Inzest der zwei, alle Arbeiter gingen aus Protest heim, Nacht und Finsternis beendeten das Projekt.

Irlands erstes Osterfeuer

Slane

Im Dörfchen Slane (1370 Einw.) nahe Newgrange entzündete legendär der Hl. Patrick auf dem geschichtsträchtigen **Hill of Slane** (158 m) im Jahr 433 das erste Osterfeuer als Sieg des Christentums in Irland. Auf dem Hügel erhalten blieben die Ruinen des Franziskanerklosters (12. Jh.). An Slanes oktagonaler Kreuzung **The Square** gehörten vier fast gleiche georgianische Häuser vier Schwestern, die sich nicht grün waren, aber auch nicht ohne einan-
Seit 1703 ist **Slane Castle** mit 602 ha Land im Besitz der Familie Conyngham, die hier seit 1981 Rockkonzerte vor bis zu 80 000 Fans veranstaltet. Die Rolling Stones, U2 oder Madonna traten schon auf. Die Conynghams laden in Browne's Bar mit Bistro, Food Truck, Schlossvisite und zur Führung mit Verkostung in die **Slane Distillery**, wo man das Werden des biologisch hergestellten Slane Whiskey von »grain to glass« bestaunt. Clou ist oberhalb des Schlosses die biologisch geführte **Slane Rock Farm** mit romantischen Cottages, Glamping in der Luxus-Jurte, Schäferwohnwagen oder Strohballen-Öko-Lodge. Carina verkauft ihr selbstgebackenes Bio-Brot auch auf dem **Rock Farm Farmers's Market** Do. 11 – 16 Uhr.
In Slanes **Arty Quarter** bietet das Slane Craft Collective, Newgrange Mall, Werke lokaler Künstler an (Mo.–Sa. 10–18, So. 11–17 Uhr). Pat's Art Studio verkauft Gemälde.

Slane Hub & Tourism Centre: 2 Main Street | www.visitslane.ie
Slane Castle: Touren (45 Min.) tgl. 10 – 18 Uhr | www.slanecastle.ie
Eintritt: 14 € | Afternoon Tea im Schloss (Sa. 15.30 Uhr): 50 €
Slane Distillery: tgl. 12 – 18 Uhr | www.slaneirishwhiskey.com
Irish Coffee Class (30 Min.) 12 €, Made in Slane Cocktail Class (1 Std.) 25 €, Flavour of Slane Tour (1 Std.) 15 €, VIP-Tour (2 Std.) 75 €
Slane Rock Farm: Tel. 041 9 88 48 61, www.rockfarmslane.ie

Foodie-Paradies

Aktivitäten im Boyne Valley

Der National Geographic Traveller kürte das Boyne Valley 2019 zur weltbesten Food-Destination. **Boyne Valley Flavours** (https://boynevalleyflavours.ie) bietet Foodies mit den Boyne Valley Food Series jährlich bis zu 40 Events zur irischen Küche und im Online-Shop lokale Delikatessen an.

Navan und Umgebung

Halloween-Zentrale

Navan

In der am Zusammenfluss von Boyne und Blackwater gelegenen größten Ortschaft des County Meath, seit den 1960er-Jahren Standort der Tar Mine, der größten Blei- und Zinkmine Europas, erblickte Admiral Sir Francis Beaufort (1774 – 1857), Begründer der Windstärke-Skala, das Licht der Welt.

IM REICH DER TOTEN

BAEDEKER WISSEN

Rund 150 prähistorische Ganggräber sind in Irland derzeit bekannt. Das berühmteste ist das 5000 Jahre alte Mausoleum von Newgrange im Boyne Valley. Die bis 1975 umfassend restaurierte Anlage zeigt, wie einst der Grabhügel (»cairn«) ausgesehen hat. Er ist 11 m hoch und wird an der Front von weißen, schimmernden Quarzsteinen eingefasst.

❶ Eingang

Im Südosten führt der Eingang in einen nur 1 m breiten, 19 m langen Gang. Er wird gebildet von 43 zwischen 1,50 und 2,40 m hohen, aufrechten Steinen und darüber liegenden Decksteinen. Ein Geheimnis von Newgrange wurde 1969 entdeckt: Durch den Schlitz in der rechteckigen »Box« über dem Eingangsportal gelangt zur Wintersonnwende Licht in die Grabkammer.

❷ Grabkammer

Newgrange, einst »An Brug« (Wohnung) genannt, gilt in der frühesten irischen Literatur als Heimstatt der ältesten Götter. Wenn zur Wintersonnwende 17 Minuten lang Licht in die Kammer scheint, dann flammen die Verzierungen der Steine auf, das Licht wird vom Boden reflektiert und dringt bis in den hintersten Winkel. Das beeindruckende Schauspiel wird bei Führungen mithilfe einer künstlichen Lichtquelle nachgestellt.

❸ Gewölbe

Die großartige Hauptkammer hat ein Gewölbe von etwa 6 m Höhe. Diese um 3200 v. Chr. konstruierte Kragkuppel wurde mit solcher Präzision errichtet, dass sie bis heute überdauerte und selbst nach langen Schlechtwetterperioden kein Wasser durchlässt.

❹ Seitenkammern

Von der Hauptkammer gehen drei Seitenkammern so ab, dass sich ein kreuzförmiger Grundriss ergibt. In den flachen Steinschalen der Seitenkammern entdeckte man Spuren von Asche- und Knochenresten – Spuren von insgesamt fünf Menschen. Welche Position sie innehatten – Könige, Priesterinnen? – ist unbekannt. Viele der Steine sind mit eindrucksvollen Spiralen, Rauten und Schlangenlinien oder Zickzackornamenten verziert.

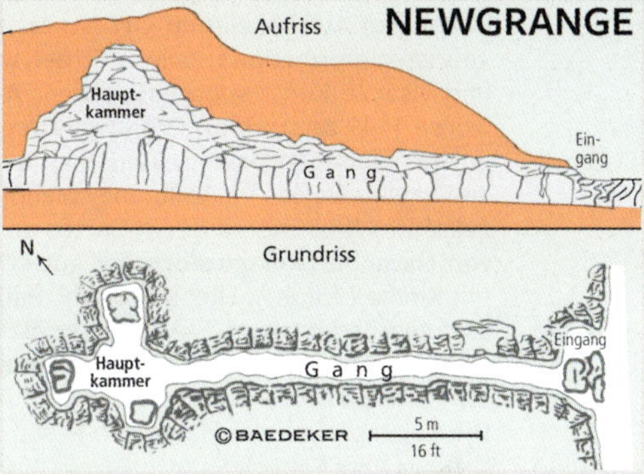
NEWGRANGE
Aufriss
Haupt-
kammer
G a n g
Ein-
gang
N
Grundriss
Haupt-
kammer
G a n g
Eingang
©BAEDEKER
5 m
16 ft

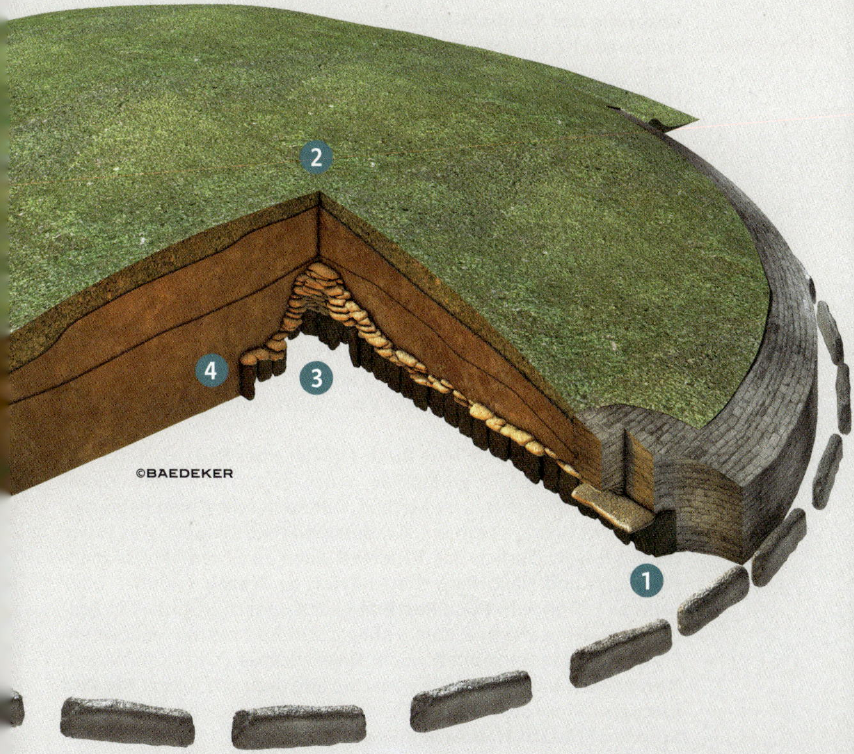
2
4
3
1
©BAEDEKER

Wichtigste Anlaufstelle im Ort ist das **Solstice Arts Centre** (mit Touristeninformation), Railway Street, wo Musik, Theater, Kino, Tanz und visuelle Kunst geboten werden. **Athlumney Castle** (15. Jh.) wurde 1649 zerstört, als Cromwell Drogehda belagerte und die Maguieres hier Feuer legten, um ihn zu düpieren. Nebenan bieten Pat and Pauline Boylan im Athlumney Manor, Kentstown Road, ihr preisgekröntes B&B mit schönem Garten an. Sehenswert ist nordöstlich von Navan in **Donaghmore** der gut erhaltene Rundturm (10. Jh.) mit Kirche (15. Jh.). Hier soll der hl. Patrick sein erstes Kloster in Irland gegründet haben. Etwas weiter östlich Richtung Slane steht auf einer Anhöhe die imposante Ruine **Dunmoe Castle**, in dem im 15. Jh. die Familie D'Arcy lebte. Navans größte Attraktion aber liegt nahebei: Die Geburtsstätte des Halloween-Fests!

Solstice Arts Centre: Railway Street Tickets (Tel. 046 9 09 23 00) Mo. – Sa. 10 – 16, Galerie Di. – Sa. 11 – 16, Café Mo. – Sa. 9 – 16 Uhr, Solstice Bar abends zu Events | https://solsticeartscentre.ie

Ursprung des Samhain-Fests

Hill of Ward

Halloween ist ein seit 1745 gebräuchlicher christlicher Name. Das Fest (31. Oktober) entstand aus dem seit 1556 bekannten »All Hallows'Eve«, dem »Abend vor Allerheiligen«. Allerheiligen feiern die Kirchen seit Papst Gregor III. (731 – 741) am 1. November. Der Papst hatte den von Papst Bonifaz IV. 609 mit der Weihe des römischen Pantheons zur Kirche der Jungfrau Maria und aller Märtyrer begründeten Feiertag vom 13. Mai auf dieses Datum verlegt.

Halloween ist aber älter und geht auf das keltische **Samhain-Fest** zurück. Historischer Schauplatz dieses Festes, das den Winteranfang wie das keltische Neujahr markierte, gilt – durch neueste archäologische Grabungen gestützt – westlich von Navan und nahe Athboy der 90 m hohe **Hill of Ward**. Hier gebar der Legende nach die Druidin Tlachtga Drillinge und verstarb, hier hielt 1168 Hochkönig Ruaidhrí Ua Conchobair (Rory O'Connor; gest. 1198 in Cong) seine Versammlung ab. Über Jahrhunderte loderten hier Samhain-Feuer.

Dass der blinde Druide Mug Ruith (»Sklave des Rads«), Vater der Tlachtga, mit der Flugmaschine »roth rámach« (»Ruderrad«) über den Hügel »ritt«, ist Mythos. Dennoch feiert man heute auf dem Hill of Ward, einem um 200 entstandenen Erdwerk von 150 m Durchmesser, jährlich das Feuerfest auch zu Ehren von Sonnengott Lugh und Halloween samt **»Trick or Treat«** (»Süßes oder Saures«). Den zum **Púca Festival** (Púca = irisch »Geist«) in Athboy (www.pucafestival.com) obligatorischen besten Halloween-Früchtekuchen Barmbrack backt **Bakealicious** (Old Cornmarket, Navan, www.bakealicious.ie), Marmelade dazu produziert **Big Red Kitchen** (Simonstown Lane, Navan, https://bigredkitchen.ie).. Das **Spirits of Meath Halloween Festival** (3.10. – 7.11.) feiert Hallo-

ween gar einen Monat. Historische Halloween-Masken zeigt Irlands National Museum of Country Life in Castlebar (Co. Mayo).
http://spiritsofmeath.ie www.discoverboynevalley.ie

Klosterruinen

Südlich Navan war die Zisterzienserabtei Bective (ab 1147) eine bedeutende Tochtergründung von Mellifont. Die burgähnlichen Klosterruinen (Kapitelhaus, Kreuzgang, Wohnturm) waren 1995 Drehort für den Blockbuster »Braveheart« (http://monastic.ie/history/bective-cistercian-abbey; Eintritt frei). Bective Abbey

★★ Tara und Umgebung

Hill of Tara – Nabel der irisch-keltischen Welt

Schon in neolithischer Zeit besaß die Stätte hohe religiöse Bedeutung, als Kultort der Göttin Maeve war sie das Zentrum der irisch-keltischen Welt. Der ganzjährig besuchbare berühmte Berg (155 m) beim Dorf Tara zwischen Newgrange und Dublin war im 3. Jh. zunächst Sitz untergeordneter Priesterkönige, später wurden hier 142 Hochkönige von Irland, meist aus dem O'Neill-Clan, gekrönt. Alle drei Jahre hielten sie Volksversammlungen ab, erließen Gesetze und sprachen Recht, doch wirkliche Hochkönige waren sie nicht – der Titel war eher symbolisch. Mit St Patrick und dem Christentum verlor Tara seine Rolle als Kultstätte, blieb aber bis 1022 politischer Königssitz. Erst 1843 fand wieder eine Massenversammlung (750 000 Men-

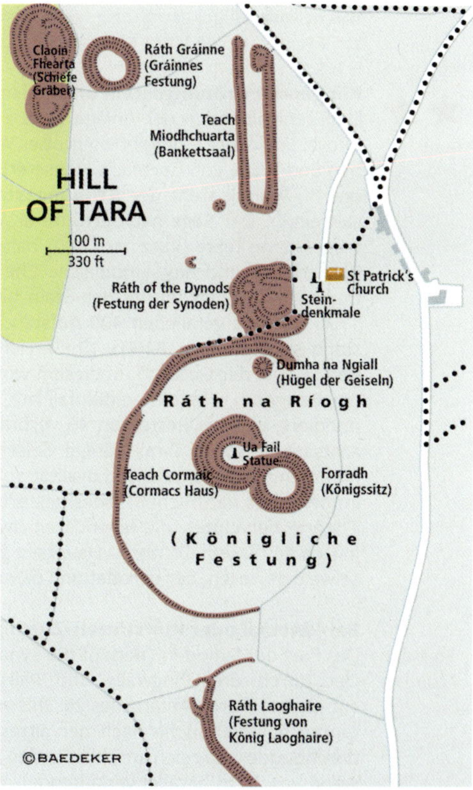

schen) mit einer Rede von Daniel O'Connell zur Emanzipation der irischen Katholiken statt. Taras immense Bedeutung vermittelt das **Tara Visitor Centre** mit dem Film »Tara. A Royal Sanctuary« (20 Min.; auch Deutsch). Hier starten in Mythologie und Geschichte Taras einführende Touren (40 Min.). Zu empfehlen ist auch der im Centre erhältliche Führer (Mairéad Carew: »Tara – The Guidebook«; 10 €). Er entstand zum 25. Geburtstag des 1992 gestarteten archäologischen Hill of Tara Research Project (https://discoveryprogramme.ie/), das noch längst nicht beendet ist: Neue Magnetometer-Untersuchungen identifzierten weitere Siedlungen, Gräben und ringförmige Wälle am und um den Hügel. Bis 2025 will man eruieren, wie der Hügel mit den prähistorischen Anlagen im Boyne Valley verknüpft war. Die Marmorstatue des Hl. Patrick erinnert an sein Osterfeuer auf dem Hill of Slane 433. Die größere der zwei Stelen auf dem Kirchhof gegenüber dem Visitor Centre zeigt ein Sheela-na-Gig-Motiv..

Hill of Tara: Hügel ganzjährig offen, Visitor Centre/Führungen 19.5. bis 7.9. tgl. 10 – 17 Uhr | Eintritt frei | Café/Rest. am Parkplatz

★★ Königshof

Klingender Krönungsstein und Geiselhügel

Den Zentralbereich der Anlage (318 x 264 m), den sog. Königshof (Royal Enclosure), umgibt ein großer Wall. In der Hofmitte sind Gräben und Wälle von Cormac's House erkennbar. Neben der Bildsäule des hl. Patrick steht der **Krönungsstein** (irisch Lia Fáil; »Schicksalstein«). Der Sage nach ertönte er, wenn er den richtigen König trug. Älteste Texte (kurz nach 600) halten fest, dass der zu Krönende Bier trinken und die symbolische Ehe mit Göttin Maeve eingehen musste. Allerdings wurde der Stein hierher zum Gedenken an die 1798 auf Tara gefallenen 400 Aufständischen versetzt. Urspünglich stand er vor dem ca. 3400 v. Chr. errichteten **Mound of the Hostages** (Hügel der Geiseln). In diesem wohl astronomisch ausgerichteten Ganggrab, dessen Lichteinfall mit keltischen Festtagen korrespondiert, wurden Reste von 40 verbrannten Toten entdeckt. Beim Amtsantritt sollen Taras Könige Geiseln hochrangiger Familien genommen haben, um deren Loyalität abzusichern. Hier wurden nicht immer eines natürlichen Todes gestorbene Geiseln beigesetzt. Eine Theorie behauptet, die legendären mythischen Tuatha Dé Danann hätten an diesem Ort ihren Hauptsitz gehabt. Zuvor sei hier ein Haselwald gewesen, der gerodet und dann bebaut wurde.

Fort der Synoden

Bankettsaal oder Kultstätten-Zugang?

Das Fort der Synoden (Ráth of the Synods) grenzt an den Königshof. Der durch drei Ringwälle und Palisaden befestigte Wohnplatz (1.–3. Jh.) wurde Anfang des 20. Jh.s von britischen Israeliten, Amateuren auf der Suche nach der alttestamentarischen Bundeslade, durchbuddelt. Die sich anschließenden zwei ca. 180 m langen, im Abstand von 30 m parallel verlaufenden Wälle werden **Banquett Hall**

(Bankettsaal) genannt. Eine alte Darstellung zeigt die Sitzordnung der Gäste nach Rang und Beruf. Archäologen halten es auch für möglich, dass die Wälle den feierlichen Zugang zu einer Kultstätte bildeten. In der Nordwestecke gibt es weitere Erdwälle, vermutlich Kultorte. Dazu zählt das nach der Tochter von König Cormac, Heldin der tragischen Liebe mit Sagenheld Diarmuid benannte Gráinne's Fort.

Trim

Irlands größte Normannenburg

Trim Castle

Im hübschen, ruhigen Trim, irisch »Furt am Holunder«, erbauten ab 1174 in 30 Jahren Hugh de Lacy, Vasall Heinrichs II., und Sohn Walter mit Trim Castle (1,2 ha) am Ort eines hölzernen Vorgängerbaus Irlands größte Normannenburg. Gegenüber hatte im 5. Jh. der hl. Patrick ein Kloster gegründet, es aber rasch dem hl. Lommán, bis heute Trims Stadtpatron, überlassen. Auf dem höchsten Punkt der Burg steht auf kreuzförmigem Grund der nur auf Burgführungen besteigbare **Keep** (Wehrturm) – überragt von vier Türmchen an den Ecken des Hauptbaus und verstärkt durch vier vorspringende Türme, von denen drei erhalten sind. Ein Wassergraben umschloss den Bezirk. Im Trim Visitor Centre in der Town Hall am Trim Castle vermittelt der Film »The Power & the Glory« (20 Min.) einen guten historischen

Wer den Keep erklimmt, taucht erst in uralte Zeiten ein und kommt dann in den Genuss eines fantastischen Rundblicks.

Überblick. Die Medieval Armoury Exhibition zeigt originale Waffen und Rüstungen und informiert über die Dreharbeiten zum Filmklassiker »Braveheart«, der 1994 in Teilen auf Trim Castle gedreht wurde. Der schöne **Boyne River Walk** verbindet Trim Castle mit den flussabwärts an einer alten Brücke stehenden Ruinen von **Newtown Abbey**, einem Kloster der Heiligen Peter und Paul.

Trim Castle: Castle Street | 12.2. - 2.11. tgl. 10 - 17, im Sommer bis 18 Uhr | Eintritt frei, Führung auf den Turm (Keep) 5 €

Trim Visitor Centre: Castle Street | Mo. - Do. 10 - 17, Fr. bis 16.30 Uhr | www.discoverboynevalley.ie | Eintritt frei | Medieval Trim Tour (40 Min.; Mo. - Fr. 11 Uhr) 3 €

Trims Wahrzeichen

Yellow Steeple

Der 40 m hohe gelbe Turm (14. Jh.) auf einer Anhöhe über dem Boyne River ist letzter Rest des Augustinerklosters **St Mary's Abbey**. 1415 wandelte man einen Teil des Klosters in einen Herrensitz um, später war hier eine Schule, in der Arthur Wellesley (1769 - 1852), der spätere Herzog von Wellington, unterrichtet wurde. Etwas weiter steht Trims letztes Stadttor, die Ruine des **Sheep Gate**. Fast wäre Trim, im 14. Jh. stark befestigt und z. B. 1542 auch Ort von Parlamentsversammlungen, Sitz der von Elizabeth I. gewünschten protestantischen Universität geworden. Doch Sir Francis Drake verhinderte dies und bevorzugte Dublin als Standort des Trinity College.

Kells und Umgebung

Heimat des »Book of Kells«

Kells

Das Denkmal der in Kells geborenen Hollywood-Schauspielerin **Maureen O'Hara** (1920 - 2015) steht an der Farrel Street. Die Kleinstadt war Hort des berühmtesten irischen Evangeliars, des **Book of Kells**. Faksimiles liegen im Headfort Arms Hotel (Lobby) und im neuen Visitor Centre im Court House von 1801 aus. Vor diesem Gerichtsbau steht das Market Cross, an dem nach der Rebellion von 1798 irische aus der Landwirtschaft stammende Rebellen, die Croppie Boys bzw. »Croppies«, gehängt worden sein sollen. Um Getreide und Mehl geht es auch in der **Martry Mill** der Familie Tallon von 1641. Das Mehl ist ideal für Pizza und Brown Bread. An der Mühle erhebt sich hinter dem Blackwater River jener Hügel auf dem einst **Irlands »Olympische Spiele**«, die »Aonach Tailteann« (Tailteann Games) stattfanden. Legendär gründete sie Gott Lugh als Begräbnisspiele für seine Pflegemutter Tailtiu. Sie fanden bis ins späte 12. Jh. statt, ehe sie Hochkönig Ruaidri Ua Conchobair verbot. Heute finden moderne Tailteann Games in Irland statt.

Kells Courthouse Tourism and Cultural Hub: Headfort Road Di. - Fr. 9 - 17, Sa. bis 16 Uhr www.discoverboynevalley.ie Eintritt frei

Ein Ort zum Besinnen und Abschalten: Kells Abbey. An der Mühle gibt es ein Café.

Martry Mill House: am Abzweig der R 147, Martry, Tel. 086 8 17 32 05, www.martrymill.ie; »Open days« sowie Touren n. V.

Rundturm und Hochkreuze

Kells Abbey

Schon um 554 soll Kolumban d. Ä. in Kells gewirkt haben. Kells Abbey errichteten jedoch ab 804 vor den Wikingern aus dem schottischen Iona geflohene Mönche. 1007 wurde das Book of Kells gestohlen, doch bald wiedergefunden. Seit 1661 ist es in Dublins Trinity College. Vom 1551 aufgelösten Kloster blieben nur ein 30 m hoher **Rundturm mit fünf Fenstern** (10. Jh.) und einige Hochkreuze. Daneben ist das reich geschmückte **South Cross** (ca. 9. Jh.) den Heiligen Patrick und Kolumban geweiht: An der Basis sind eine Kampfwagenreihe, Tierwesen und Flechtwerk zu erkennen. Die Südseite zeigt den Sündenfall, Kain und Abel, die drei Jünglinge im Feuerofen, darüber Daniel in der Löwengrube, Abrahams Opfer (links), Paulus und Antonius in der Wüste (rechts) sowie David mit der Harfe und die wundersame Brotvermehrung (oben). Auf der Westseite sieht man die Kreuzigung und Christus als Weltenrichter, David, wie er den Löwen und den Bären tötet, sowie eine Anzahl von Feldern mit Bandwerk und Fabelwesen. Zwei weitere Kreuze im Kirchhof der St Columba's Church von 1778 zeigen Bibelszenen. Das vierte Kreuz stand einst am Osttor – es ist das Market Cross am Court House. An der Church Lane steht das fälschlich St. Colmcilles House (St. Kolumbans Haus) genannte einstige Bethaus mit steil gewölbtem Dach. Es stammt aus dem 10. Jh. (Besichtigung n. V. im Court House; Eintritt frei). Das historische Erbe erschließt auch der **Kells Historical Trail** (60 Min.; 16 Stopps) ab Court House.

Tour zum Hexenthron

Loughcrew Megalithic Centre

Die wenig bekannte Attraktion am Loughcrew House westlich von Kells mit wunderbaren Gärten, etwa dem Enchanted Garden zum Thema »Alice im Wunderland«, erschließen Niall Short und Fechin Heery mit ihrer Tour zum Loughcrew Megalithic Centre, die auch Nelly's Kitchen Café zum Aufwärmen, das Museum im Maggie Heaney's Cottage (18. Jh.), Benny's Workshop mit Ausstellung und Yoga-Kursen und dann den Besuch der Megalithbauten des Loughcrew-Komplexes beinhaltet. Schon Swift war fasziniert von der Megalithgrabkammer **Cairn T** im Komplex Carnbane East, wo die aus Knwoth bekannte »Hag of Beare« ruht. Nördlich der Kammer steht ihr Hag's Chair (Hexenthron). Die zwei bieten auch Übernachtungen in Jurten und führen zum Frühjahrs- und Herbstäquinoktium an den Cairn, eine spektakuläre Ergänzung zu Newgrange. Zudem: Der Hill of Ward (▶ Navan, S. 125) östlich Athboy ist als Ort der keltischen Samhain-Feste (Winteranfang, keltisches Neujahr) identifiziert.

www.loughcrewmegalithiccentre.com | **Louhgcrew Gardens:** Oldcastle tgl. 10.30 – 17 Uhr | https://loughcrew.com | Eintritt: 7 € **Megalithic Centre:** Summerbank, Oldcastle | Maggie's Cottage Tour: 7 € | Loughcrew-Tour: 12 € | Celtic Boyne Valley-Tour: 45 €

Inland-Leuchtturm

Hill of Lloyd

Außerhalb Kells, an der Straße nach Oldcastle, garantiert der Hill of Lloyd einen Blick über fünf Grafschaften. Irlands einziger, 1791 vom Sohn des 1. Earl of Bective erbauter Inland-Leuchtturm, der **Spire of Lloyd** im frei zugänglichen **People's Park**, entstand in Form einer dorischen Säule. Im Park ist auch ein Paupers Grave (Massengrab für Arme) aus der Zeit der Großen Hungersnot. In **Castlekieran** wird des hl. Ciaran gedacht. Im 8. Jh. zog der Eremit aus Kells an den Blackwater River. Hochkreuze, Ogham-Stein und heilige Quellen blieben.

Geburtsort des »Apostels des bayerischen Frankenlandes«

Mullagh

Nordwestlich von Kells widmet sich in Mullagh das **St Kilian's Heritage Centre** dem Leben und Märtyrertum des 640 hier geborenen und 689 (?) in Würzburg verstorbenen hl. Kilian. Die Würzburger Glossen von 750 gelten als älteste irische Handschrift. Die Entwicklung der Ogham-Schrift wird gezeigt, die Audio-Video-Show ist auf Deutsch.

Ostern – Okt. Di. – Fr. 10 – 18, Sa./So. 14 – 18, sonst Mo. – Fr. 10 – 17.30 Uhr | Eintritt: 3 € | http://stkiliansheritagecentre.ie

Mullingar und Umgebung

Freizeit- und Erholungsgebiet

Mullingar

Mullingar ist für Wanderer und Radler dank des mit ▶ Athlone verbindenden **Old Rail Way** (42 km) und des **Royal Canal Greenway** (130 km) entlang des Grand Canal (S. 300) inbeliebtes Erholungsziel. Hinzukommen die Seen **Lough Owel** und **Lough Ennell**. Dominierend im Landstädtchen sind die Doppeltürme der **Cathedral of Christ the King**. Das katholische Gotteshaus des Bischofs von Meath (1933 – 1936; Einweihung 1939) wartet mit zwei herrlichen, 1954 entstandenen Kapellenmosaiken des Russen Boris Anrep (1883 – 1969) auf, der auch in Londons Westminster Abbey arbeitete. Das Bildnis der hl. Anna trägt die Gesichtszüge seiner Muse, der russischen Schriftstellerin **Anna Achmatowa**, mit der Anrep im 1. Weltkrieg eine Affäre hatte. Im Gegenzug verfasste Anna Achmatowa, obschon man sich danach 48 Jahre nicht traf, 34 Gedichte über ihn. Kunst und Theater bietet auch das städtische **Kunstzentrum**. Erlesene Antiquitäten und Kunsthandwerk hat die Genesis Fine Arts. Liebhaber von Windhundrennen zieht es ins Greyhound Stadium. Ab Market House (Touristeninformation) starten Führungen sowie der Belvedere Trail (2,8 km) und Touren zur **Fore Abbey** und den sieben Wundern von Fore.

Mullingar Arts Centre: Lower Mount Street | Mo. – Fr. 10 – 21.30, Sa. 9.30 – 18 Uhr | www.mullingarartscentre.ie

Genesis Fine Arts: Zone A, Mullingar Business Park | Laden Mo. bis Sa. 10 - 17.30 Uhr und Online-Verkauf https://genesisireland.com

Denkmal der Eifersucht

Belvedere House and Gardens

Bei Mullingar verdanken Belvedere House and Gardens ihren Namen der attraktiven Aussicht auf den **Lough Ennell**. Das Haus wurde um 1740 für den frisch verheirateten Lord Belfield, den ersten Earl of Belvedere, erbaut. Doch bald bezichtigte er seine junge Frau des Ehebruchs mit seinem Bruder Arthur und ließ sie lebenslang einsperren. Seither gilt er als übelster Ehemann der irischen Geschichte. Der streitlustige Lord ließ die berühmte **Scheinruine** (Folly) »Jealous Wall« erbauen, um den Nachbarn, seinen zweiten Bruder George, zu ärgern.

Tgl. März u. Okt. 9.30 – 18, April u. Sept. bis 19, Mai – Aug. bis 20, Nov. – Feb. bis 16.30 Uhr | www.belvedere-house.ie | Eintritt: 6,40 € (Online-Buchung Pflicht)

Kultstätte und mystisches Zentrum

★ Hill of Uisneach

Auf dem 182 m hohen **Hill of Uisneach** (Berg des Stolzes) stand der **Cat Stone**, irisch »Carraig Choithrigi« (Fels der Teilung), an dem einst alle fünf alten irischen Provinzen aufeinandertrafen. Hier soll im 2. Jh. n. Chr. König Tuathal Teachmars seinen Palast errichtet haben, der dann 200 Jahre Sitz der irischen Hochkönige blieb. Reste eines Ringforts mit Behausungen wurden in den 1920er-Jahren ausgegraben. Vor allem galt und gilt der Ort als **mystisches Zentrum** u. a. der Verehrung von Allvater Dagda, Sonnengott Lugh und Erdgöttin Ériu, die hier begraben sein soll und Namensgeberin Irlands wurde. Hier betrieben Druiden ihre wichtigste **Feuerkultstätte** und soll der Platz des Beltaine-Festes (Sommeranfang) gewesen sein. Nach der Einführung im Visitor Centre führen Guides auf dem Hügel zu den Resten des »Königspalastes«, zum Lough Lugh und zum Megalithgrab von Erdgöttin Érin, dem **Cat Stone** (irisch Carraig Choithrigi, »Fels der Teilung«). Hier trafen einst Irlands fünf Provinzen aufeinander, hier verlief die Weltachse, hier war das politische und spirituelle Zentrum der Insel.

Öffentliche Führung: Tel. 087 718 95 50 | ab Zugangstor an der R 390 14 km westl. Mullingar Touren (3 km; 2 Std.; Mai – Sept. Mi. – So. 13, Okt. Sa./So. 13, sonst So. 13 Uhr | https://uisneach.ie
Eintritt: 15 € | Bealtaine-Fest (Anf. Mai) 40 €

Hier fließt Kilbeggans Lebenswasser, destilliert auf traditionell irische Weise. Wer will, probiert an der Bar.

Sieben Wunder und ein Kloster

Fore Abbey

Bei Castlepollard gründete der hl. Fechin (ca. 585–664) im Jahr 630 ein **Kloster** (ganzjährig zugänglich; Eintritt frei). Beim Tod des Heiligen, er starb an Gelbfieber, lebten hier 300 Mönche, die 2000 Schüler unterrichtet haben sollen. Bis 1169 brannte das Kloster nach Überfällen zwölfmal ab, 1539 wurde es geschlossen. Es blieben die Kirche (spätes 9. Jh.) und 18 Abteikreuze im Umkreis von 10 km, auch ein Hochkreuz auf dem Friedhof. Inmitten der Hügel wartet das Dorf Fore mit **»sieben Wundern«** auf: Neben dem 400 m weiter im 13. Jh. im Sumpf erbauten Benediktinerpriorat sind dies die »Mühle ohne Bach«, die der hl. Fechin dennoch errichtete, um sodann mit dem Kreuz aufzustampfen, was den Wasserzufluß vom Loug Lene bewirkte, das an der St Féichín's Spring (Quelle des hl. Fechin) scheinbar »bergauf fließende Wasser«, der »Baum, der nie brennt«, der Tobernacogany Rag tree (Lappenbaum), an den die Gläubigen ihre Votivgaben hängen, die »Anchorite's Cell«, die Zelle des letzten irischen Einsiedlers Patrick Beglin im Mausoleum (19. Jh.) der Familie Grenville-Nugent, und schließlich »Lintel's Stone«, ein 1,83 m hoher Trumm am Ort der ersten Kirche des hl. Fechin, der die Spitznamen »kleiner Rabe« (»Fiach«) und »Rückwärtsgeher« (»Moéca«) trug.

Romantisches Schloss

Tullnally Castle

Zu Castlepollard gehört auch **Tullynally Castle**, das die Familie Palenham seit 1655 besitzt. Im neogotischen Riesenbau beeindrucken Lobby und Library, Küche und urtümliche Klingelanlage für die Bediensteten. In den herrlichen Gärten am Lough Derravaragh wurden legendär »Lirs Kinder« von der bösen Stiefmutter in Schwäne verwandelt. Auch das bemerkenswerte Denkmal von Bildhauerin Dolores Nally von 1999 am Square im nahen Dorf Castlepollard erinnert an sie.

Tullynally Castle: Gärten und Tea Rooms (mit Ticket Office) April bis Sept. Do. - So. 11 - 17, Hausführung nur Do. - Sa. 11, 12.30, 14 Uhr | www.tullynallycastle.com | Eintritt: Gärten 8 €, Haustour 16 €

»Wasser des Lebens«

Kilbeggan Distillery Experience

»Sip and shop!« Whiskey-Fans müssen zur Kilbeggan Distillery Experience! Locke's Distillery in Kilbeggan erhielt 1757 ihre Lizenz und schloss 1954. Seit 1987 reift hier der Whiskey der Cooley Distillery traditionell in Fässern. Hier lernt man alles zur Herstellung des Pot-Still-Whiskeys.

Lower Main St, Aghamore, Kilbeggan, Tel. 057 933 21 34
Apprentice Tour (45 Min., 3 Whiskeys): April - Okt. stündl. 10 - 16, Nov. - März tgl. 10, 12, teils auch 15 Uhr
www.kilbeggandistillery.com | Eintritt: 15 €
Distiller's Tour (90 Min.; inkl. 4 Whiskeys): April - Okt. tgl. 14 Uhr, sonst n. V. | Eintritt: 30 €

★ CASHEL · CAISEAL MUMHAN

Republik Irland | **Provinz:** Munster | **Grafschaft:** Tipperary
Einwohner: 4420

Dieser kleine, aber vielleicht geschichtsträchtigste Ort Irlands wird ganz und gar vom weithin sichtbaren Rock of Cashel dominiert. Gut 60 m erhebt sich Tipperary's berühmtester Hügel über der Ebene. Der Sage nach hatte der Teufel bei dessen Entstehung die Hände bzw. den Mund im Spiel: Beim Anblick des eine Kirche errichtenden hl. Patricks spie er angewidert einen großen Felsen aus – den der unerschrockene Heilige flugs zum Bischofssitz machte. Später taufte Patrick hier König Aengus, wobei er diesem – auch das sagt die Legende – versehentlich seinen Bischofsstab auf den Fuß rammte.

»Irische Akropolis«

Der Rock of Cashel im »Golden Vale« steht für christlichen Glauben und keltisches Erbe. Der »irischen Akropolis« erwies Queen Elizabeth II. 2011 die Reverenz. Indes adelte Sohn Charles 2021 den lokalen Biokäse **Cashel Blue Organic** mit dem Patron's Award des Prince of Wales als »Best Artisan Cheese« (Cashel Farmhouse Cheesemakers, Beechmount Farm, Fethard, Tel. 052 6 13 11 51, www.cashelblue.com; Visitor Centre/Laden Mo. – Mi. 10 – 16 Uhr; Tour 7 €, mit Verkostung 14 €).

★ Rock of Cashel

Legenden, Mythen, Landschaft und Atmosphäre
Den ummauerten Rock of Cashel betritt man durch die Hall of the Vicars' Choral, das einstige Haus der Bediensteten (15. Jh.). Heute Museum mit zeitgenössischem Mobiliar (obere Etage), bewahrt es das **St Patrick's Cross** auf, auf dem die Kreuzigung Jesu und der hl. Patrick abgebildet sind. Der mit geometrischen Mustern verzierte Sockel war vielleicht der alte Krönungsstein der Könige von Cashel und Munster. In den Winkeln zwischen Haupt- und Querschiffen der Kathedrale führen die Wendeltreppen der Rundtürme zum gewaltigen Turmwürfel. Das Grabmal des Erzbischofs Myler McGrath, er starb 1622 mit 100 Jahren, befindet sich im Chor. Von Rom nie abberufen, war der zum protestantischen Glauben gewechselte Geistliche jahrelang zugleich katholischer wie auch Erzbischof von Englands Gnaden. An der Kathedrale steht der massige Erzbischöfliche Palast (15. Jh.).
Das nördliche Querschiff der Kathedrale ist an einen fast 28 m hohen **Rundturm** mit Eingang 3,6 m über der Erde angebaut. Architek-

tur und Bildwerk von **Cormac's Chapel**, Irlands prächtigster romanischer Kirche, wurde von deutschen (wohl Regensburger) und englischen Baumeistern beeinflusst, ohne dass ihr irischer Charakter ter verlorenging. Brian Ború wurde 1002 in Cashel gekrönt.

Rock of Cashel: tgl. Mitte März bis Mitte Okt. 9 – 17.30, sonst bis 16.30 Uhr Eintritt: 8 €

Ringsum

Cashel Folk Village

350 m vom Felsen stehen die Ruinen des Ex-Benediktinerklosters **Hore Abbey**. An der Dominic Street das Cashel Folk Village (www.cashelfolkvillage.com, Eintritt: 7 €). Nebenan öffnet der beliebteste Pub Mikey Ryan's Bar & Kitchen (76 Main St; www.mikeyryans.ie).

BAEDEKER MAGISCHE MOMENTE

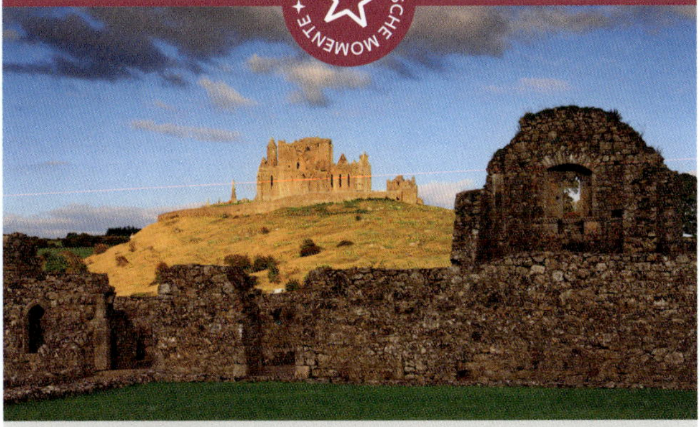

ZEITREISE

Langsam hebt sich der morgendliche Dunst und mit ihm der Schleier, der eben noch die alte, ehrwürdige Festungsanlage auf dem grünen Hügel bedeckte. Ohne den alltäglichen Trubel, der bald erwachen wird, fällt es leicht sich auszumalen, wie das Leben hier, zur Zeit der Hochkönige von Munster wohl war. Dann bricht die Sonne durch und lässt die irische Akropolis hell in ihrem Licht erstrahlen. Fantastische Ausblicke auf die weite Landschaft von Tipperary sind Extra-Lohn für den Frühaufsteher.

WIE HIMMELWÄRTS GEHOBEN …

… wirkt die mächtige Kathedrale aus dem 13. Jh. auf dem Rock of Cashel. Noch immer vermittelt sie Würde und Macht einer mittelalterlichen Bistumskirche. Schon im 5. Jh. stand an dieser Stelle ein Steinfort, Hochkönig Brian Ború wurde 977 hier gekrönt. In den Schatten der Kathedrale duckt sich die 1127 – 1134 erbaute Cormac's Chapel, die vielen als die interessanteste romanische Kirche Irlands gilt.

1 Vorhalle
Durch die Vorhalle gelangt der Besucher in die Kathedrale.

2 Erzbischöfliches Palais
Eher wie eine Burg wirkt der massige, zinnengekrönte Querbau, der im 15. Jh. als Bischofswohnung errichtet wurde.

3 Wendeltreppe
Durch beide Quertürme, die Haupt- und Seitenschiffe trennen, führen im Inneren Treppen.

4 Vierungsturm
Im 14. Jh. entstand als einer der letzten Teile der Kathedrale der Vierungsturm; der Chor (um 1230) ist der älteste Teil, es folgten Querschiffe, Hauptschiff und Vierung.

5 Rundturm
Knapp 28 m hoch erhebt sich der Rundturm, der zur Zeit der Cormac's Chapel erbaut wurde.

6 Cormac's Chapel
Ein Meisterwerk der romanischen Kirchenbaukunst. Beachtung verdienen die beiden ungleichen Türme, für die angeblich die Jakobskirche in Regensburg Modell stand. Seitenschiffe fehlen der Kapelle, das Dach ist auffallend steil.

7 Hall of the Vicars' Choral
Hier betritt der Besucher den ummauerten Bezirk. Das ehemalige Wohngebäude (15. Jh.) ist heute zu einem Museum umgestaltet. Hier wird auch das St Patrick's Cross aufbewahrt. Die Holzdecke ist bemalt.

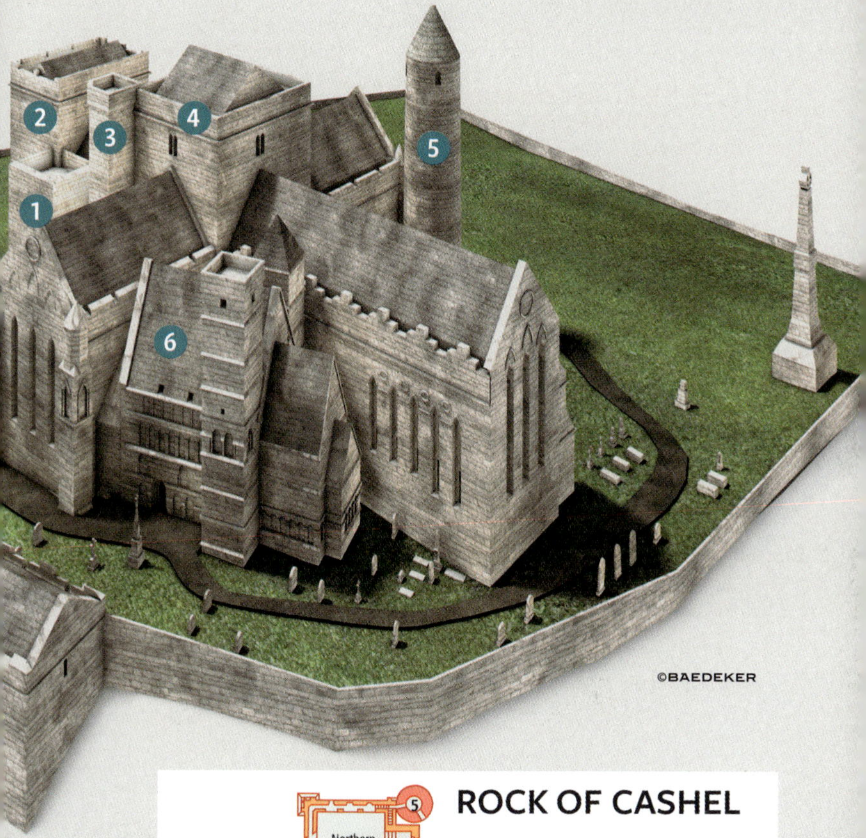

ROCK OF CASHEL

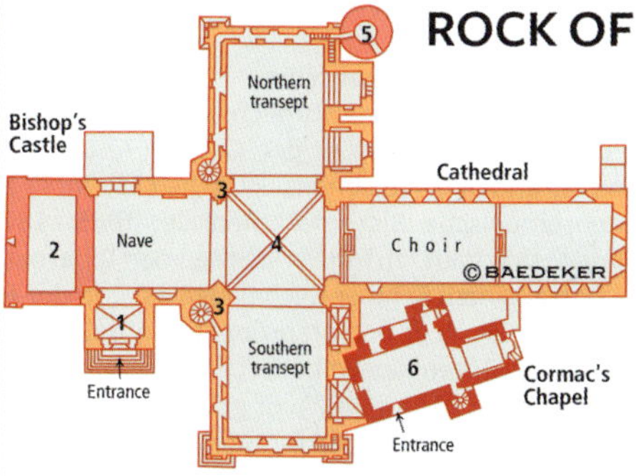

1 Entrance Hall
2 Tower House
3 Spiral Staircases
4 Crossing Tower
5 Round Tower
6 Cormac's Chapel

CASHEL ERLEBEN

HERITAGE CENTRE & TOURIST INFORMATION OFFICE

Main Street, Tel. 06 26 13 33,
www.cashel.ie

CHEZ HANS €€€€

Gourmettempel in Synodenhalle von 1861! Jason Peter Matthiae und Julia Marie Quirke sind berühmt für ihre Seafood-Kreationen. Menü (2 Gänge) 36 €, drei Gänge 45 €. Das Café Hans öffnet nur Fr./Sa. 17.30 – 21.30, So. 12.30 – 15.30, 17.30 – 20 Uhr.

Moor Lane, Tel. 06 26 11 77
www.chezhans.net
nur Di. – Sa. 18 – 22 Uhr

BAILEYS OF CASHEL €€

Das 1709 erbaute Stadthaus bietet Kellerbar mit Küche (tgl. 12 – 21.30 Uhr) und auch Vegetarisches im preisgekrönten Restaurant 42 (tgl. ,18 – 21.30 Uhr).
42 Main Street, Tel. 062 619 37
www.baileyshotelcashel.com,
19 Z., 1 Penthouse-Suite

Kultur im Namen des Königs

Kulturzentrum BrúBorú

Am Rock-of-Cashel-Parkplatz fördert das Kulturzentrum BrúBorú traditionellen irischen Tanz, Gesang, Geschichtenerzählen und Theater. Die Ausstellung **»Sounds of History«** führt packend in Irlands Geschichte ein. Spektakulär sind im Sommer die Tanz-Shows.

Ausstellung Mo. – Fr. 9 – 17, Sa. 10 – 16, Mitte Juni – Aug. tgl. 9 bis 23.30 Uhr | www.bruboru.ie | Eintritt: Ausstellung 5 €, Stepptanzshow 20 €, Dinner 24 € (3 Gänge) bzw. 28 € (4 Gänge), Afternoon Tea (Di. – Sa. 15 u. 18 Uhr) 12 €, Konzerte 20 – 30 €

Thurles und Umgebung

Bischofsstadt und Sportzentrum

Thurles

Die alte Bischofsstadt 22 km nördlich von Cashel wartet mit Wehrhaftem, dem Turmhaus von Bridge Castle (12. Jh.) an der Brücke über den Suir und dem kleinen Black Castle (15. Jh. ?) auf. Großartig ist die neoromanische Bischofskathedrale, 1865 – 1879 nach dem Vorbild von Pisa erbaut. Im Innern stechen der Tabernakel von Giacomo della Porta, einem Schüler Michelangelos, und der Hochaltar von Andrea Pozzo (17. Jh.), der ursprünglich in Il Gesù in Rom stand, noch hervor. Die Totenkapelle beherbergt das Grab des engagierten Erzbischofs Croke (1824 – 1902). Er gründete im Hayes Hotel, Liberty Square, am 1. 11. 1884 die **GAA** (Gaelic Athletic Association), heute einer der größten Amateursportverbände der Welt. Für einen geistigen Gegenpol sorgt das der Uni Limerick angeschlossene St Patrick's College (Lehrerseminar). Das oft ausverkaufte Semple Stadium fasst 53 500 Besucher. Sportfans müssen ins **Lár na Páirce GAA Museum** zur Geschichte und Legenden von Hurling oder Gaelic Football (mit Tourismusinformation). An der protestantischen St Mary's Church wird im Garden of Remembrance der Gefallenen im 1. Weltkrieg, im irischen Bürgerkrieg und im Kongo 1960 gedacht. Top ist das **Source Arts Centre** mit exzellenter Bar @ The Source. In Thurles fand 1990 bis 1997 das **Féile Musik-Festival** statt, das als »**The Trip to Tipp**«(erary) berühmt war. 2019 wurde es mit Sinead O'Connor wiederbelebt..

Auskunft: www.tipperary.com/thurles

Lár na Páirce GAA Museum: Slievenamon Road | Mo.-Sa. 10-17.30 Uhr | Eintritt: 5 € | http://larnapairce.ie

St Mary's Garden of Remembrance: St Mary's Lane | tgl. 10-17 Uhr Eintritt frei

The Source Arts Centre: Ticket Office (Tel. 0504 9 02 04) | Di. - Fr. 10 - 17, Sa. 14 - 17 Uhr | www.thesourceartscentre.ie

Wallfahrtsort mit Kreuzsplitter

★ Holy Cross Abbey

Die berühmteste Sehenswürdigkeit der Gegend bietet aber nicht die Stadt, sondern 6 km von Thurles entfernt die ehemalige Zisterzienserabtei Holy Cross Abbey (13.-5. Jh.) am Ufer des Suir mit einem 1979 von St. Peter in Rom authentifizierten Splitter vom Kreuz Christi auf. Seit dieser 1233 dank der Witwe King Johns (König Ohneland), einer Plantagenet, hierher gelangte, ist das 1180 gegründete, 1650 aufgegebene, 1975 wiedereröffnete **renovierte Kloster** ein Wallfahrtsort. Ende 2011 hielt der Diebstahl zweier Kreuze, darunter das mit dem Splitter des Heiligen Kreuzes, die Abtei in Atem. Nach zwei Monaten spürte die Gardaí (Polizei) alles unversehrt in den Midlands auf. In der dreischiffigen Kirche mit zwei Querschiffen und Vierungsturm wirkt der Chor (15. h.) mit wappengeschmückten Sitzen besonders schön. Im nördlichen Querschiff zeigt eine Wandmalerei eine Jagd mit drei Jägern, Hund und Hirsch in Braun, Rot und Grün.

Holy Cross Abbey: Mo. - Sa. 11 - 18, So. 10.30 - 18 | Führung nur n. V. (Tel. 086 1 66 58 69) März - Sept. Mi. u. So. 14.30 Uhr www.holycrossabbey.ie | Eintritt frei, Führung 5 € (Spende)

Harfenklänge, Wolle und Porzellan auf der Burg

Farney Castle

Die jetzige Gestalt von Farney Castle in Holycross (zwischen Thurles und Cashel), wo der Pub Old Abbey Inn einen Besuch lohnt, geht auf 1495 und den 7. Butler of Ormond zurück. Die Butlers regierten hier über 500 Jahre. Theobald Walter »le Boteler«, Sohn des Chefmundschenks des englischen Königs, landete mit King John 1185 in Waterford, bewährte sich, stieg prompt zum Chefmundschenk von Irland auf, änderte den Namen und wurde 1. Baron Butler. Heute ist die Burg im Besitz der **Cullen-Familie**. Designer Cyril Cullen ist für seine Woll- und Porzellanwaren international berühmt. Unschlagbar sind die Sweater aus Wolle des Jacob-Schafs. Das feine Porzellan entsteht auch dank Tochter Margot im Studio (Burghof). Gattin Margie trat früher für Cyril als Modell auf und kümmert sich um Laden und Café im Rundturm. Die Töchter Emily, Benita, Tara & Margot sind als Cullen Harpers weltweit aufgetreten. Harfen-Rezitale können gebucht werden.

Farney Castle Visitor Centre: Mo. – Sa. 10 – 17.30 Uhr, Führung n. V. (Tel. 050 44 32 81) | https://cyrilcullen.wordpress.com/farney-castle | Eintritt frei, Führung 6 €

Tipperary

It's a long way ...

Tipperary

20 km westlich vom Rock of Cashel liegt die Hauptstadt des County im Golden Vale, wo die Weiden fett und die Ernten üppig sind. Für die Tourismusgewaltigen ist der Weg hierher keineswegs weit. Ihr »Problem« ist ihre größte Stadtwerbung: der ewige Gassenhauer »It's a Long Way to Tipperary«.

Seit 2016 weist in Tipperary ein glänzendes Strahlenkranzdenkmal in alle Himmelsrichtungen: Die **»Long Way to Tipperary«-Kompassrose** erinnert an den 1912 von Jack Judge und Henry James »Harry« Williams bierselig und nach einer Fünf-Schilling-Wette komponierten Welthit. Williams' erste Textfassung war sogar ein »Long, long way« und führte – nach Connemara. Doch Jack Judges Großeltern stammten aus Tipperary. So kam das Marktstädtchen in den Genuss der ursprünglich als Humorekse gedachten Liebe eines typischen Iren, »Paddy«, zu seiner »Molly«, die aber schon von einem »Mike Maloney« verehrt wird und Paddy zurückweist. Am 13.8.1914 vom irischen Regiment der Connaught Rangers beim Marsch durch Boulogne erstmals angestimmt, avancierte der Song zum **beliebtesten Marschlied im 1. Weltkrieg**. Irlands Startenor John McCormack machte ihn im November 1914 salonfähig, 1916 wurde er in alle Commonwealth-Sprachen übersetzt, seither in zig Filmen gesungen und von Snoopy und Schröder in der Comicserie »Peanuts« veralbert. Soldaten sangen oft eine Variante des Schlussrefrains, nach der sie in Frankreich gelernt hätten, wie man Mary »kitzle, schmeichle« (to tickle): »We didn'know how to tickle Mary, but we learnt how over there.«. Da Tipperary jahrzehntelang mit Krieg assoziiert war, wurde hier schon 1983 ein Friedenskongress mit dem seit 1984 verliehenen Tipperary-Friedenspreis ins Leben gerufen. Preisträger waren u.a. Präsidentin Mary McAleese und Gatte Martin McAleese, Bill Clinton, Nelson Mandela, Michail Gorbatschow, Edward Kennedy, John Kerry und 2019 Irlands frühere Präsidentin Mary Robinson (www.tipperarypeace.ie).

Ab Tourismusbüro im **Excel Heritage Centre** für Kunst, Theater, Kino und Kultur startet der rotmarkierte Heritage Trail zu historischen Punkten der Innenstadt, u. a. zum Denkmal des Dichters und Journalisten Charles Kickham (1828–1882), Kickham Place, und zur imposanten Maid of Erin-Frauenstatue von 1907 für die patriotischen Manchester Martyrs Allen, Larkin und O'Brien, seit 2003 an der Main Street. Sie hatten bei der Befreiung von zwei Mitgliedern der Irish Republican Brotherhood einen Polizisten getötet und wurden vor 10000 Zuschauern hingerichtet. Weitere drei Wege führen u. a. zum Portikus des Remembrance Arch der Military Barracks, Station Road, die die britische Armee 1874 bis 1922 nutzte.

Excel Heritage Centre: Mitchell Street | Di. – Fr. 10 – 17, 19 – 22.30, Sa. 14 – 17, 19 – 22.30, So. 14 – 17, Mo. 19 – 22.30 Uhr
www.tipperaryexcel.com, www.tipperarytown.ie

Cahir und Umgebung

Zu Besuch bei den Butlers

Marktort Cahir

Die Geschicke dieses lebhaften, verkehrsgünstig 20 km südlich von Cashel am Fluss Suir gelegenen Marktorts mit hübschen Pubs (Castle Street) bestimmte jahrhundertelang die Butler-Familie im Cahir Castle. Die **Barone von Cahir**, eine Seitenlinie der Butler-Familie, besaßen Cahir Castle von 1375 bis 1961. Ein deutscher Familienzweig entstand im Dreißigjährigen Krieg. Ein Jacob Butler führte die Irische Legion, deren Söldner als »Wildgeese« (Wildgänse) bekannt wurden. Richard Walter Butler (1600–1634), verarmter Sohn des Peter Butler aus Roscrea, wurde nach Beteiligung am Tod Wallensteins 1634 Graf und erhielt Ländereien.

Gut erhaltene Burg

★ Cahir Castle

Cahir Castle entstand aus dem hölzernen Dun Iascaigh (Fort mit großem Fischreichtum), das ein Steinfort (Cathair) ersetzte, ehe die Burg gebaut wurde. Renoviert diente es oft als **Filmkulisse**, so für **»Excalibur«** und **»Tristan und Isolde«** mit Richard Burton. Das Geräusch des Burgfallgitters erklang in **»Braveheart«**. Der Wohntrakt ist im Stil des 16. Jh.s. ausgestattet. Figuren stellen die Belagerung von 1599 nach – Iren rebellierten gegen englische Truppen.

Tgl. 16.10. – 28.2. 9.30 – 16.30, 1.3. – 15.6. u. 1.9. – 15.10. bis 17.30, 16.6. – 31.8. 9 – 18.30 Uhr | Eintritt: 5 €

Entfernte Ähnlichkeit mit schweizer Chalet

Swiss Cottage

Vom Burgplatz mit Tourismusbüro führt der auch Coronation Walk genannte **Swiss Cottage Walk** (4 km) entlang River Suir und Golfplatz zum Kilcommon Demesne mit reetgedecktem Swiss Cottage von 1810. John Nash baute das Wunderwerk des **»Cottage ornee«**

(ornamentierter Cottage) im Regency-Stil für Richard Butler und Gattin Emily, die von Blarney Castle stammte. Exquisite Möbel und die damals teuersten Tapeten der Welt (Dufour in Paris) gelangten hierher.

Cottage 2022 bis auf weiteres geschl. | Areal 12.3. – 6.11. tgl. 10 – 18 Uhr | Eintritt frei; bei Wiedereröffnung Cottage-Führungen 5 €

Krönungsplatz

Motte von Knockgraffon

7 km nördlich Cahir diente der rund 20 m hohe künstliche Hügel der **Motte von Knockgraffon** (12. Jh.) legendär der Krönung der Könige von Munster.

Höhlen und Konzerte

Mitchelstown Caves

Bei Burncourt (20 km südwestlich von Cahir) finden in den **Mitchelstown Caves**, drei 1833 entdeckten Kalksteinhöhlen, im Juli auch Konzerte statt. Die Desmond's Cave ist nach einem Grafen von Desmond benannt, der sich im 16. Jh. in der Höhle versteckte, da auf ihn ein hohes Kopfgeld ausgesetzt war. Erst 1833 wurde die 120 m lange, 12 m hohe New Cave entdeckt, die größte Höhle der britischen Inseln.

Burncourt, Cahir nur Führungen n. V. (Tel. 052 7 46 72 46) tgl. 10 – 16.30, Nov. – Jan. nur Sa./So. 10.30 – 16 Uhr | www.mitchelstowncave.com | Eintritt: 10 €

Wer sich vor Cahir Castle als Artus versuchen will, ergreife das Schwert ...

Clonmel und Umgebung

Apfelwein und Mittelalter

Clonmel

Berühmt ist die Hauptstadt Süd-Tipperarys (17140 Einwohner), irisch »Honigwiese« oder »Honigtal«, für ihren Cider (Apfelwein) von Bulmers, lebt aber von Medizintechnologie (Implantate). Ihre Vorzüge als eine der schönsten Inselstädte beweist sie im Viertel um die protestantische **Old St Mary's Church**. Dort stehen Reste der einstigen Befestigungsmauern mit drei Türmen, die Cromwell bei der Belagerung 1650 nicht standhielten. Die Bevölkerung entging nur knapp einem Massaker. Der durch die heimliche nächtliche Flucht der Verteidiger düpierte Cromwell verschonte dennoch die Bürger. Die ab 1204 erbaute, 1228 ersterwähnte Kirche mit achteckigem Turm wurde 1805 komplett umgebaut. 1832 fand man im Südflügel die Gebeine eines Ritters in Rüstung. Wenig weiter schließt das West Gate, einst Stadttor, die O'Connell Street ab. An der Sarsfield Street steht die restaurierte **Hauptwache** (Main Guard) mit Tourismusbüro. James Butler ließ das Gebäude als Gerichtshaus 1675 nach einem Entwurf von Christopher Wren errichten. Das **South Tipperary Arts Centre** zeigt jährlich zwölf Ausstellungen und veranstaltet in Frühjahr und Herbst Konzertreihen.

Das **Tipperary Museum of Hidden History** präsentiert den irischen Unabhängigkeitskrieg, die rebellische County-Geschichte , die erste Olympiamedaille eines Iren (St Louis, 1904) und Spannendes zu Irlands größtem Olympioniken Pat O'Callaghan (1906–1991). »Dr. Pat«, Arzt in Clonmels Hospital, gewann 1928 (Amsterdam) und 1932 (Los Angeles) Gold im Hammerwerfen. Clonmels größte Persönlichkeit war aber der 1713 hier geborene Satiriker und Humanist **Laurence Sterne** (1713 - 1768), der mit »Leben und Ansichten von Tristram Shandy, Gentleman« Weltliteratur schrieb. Als Vorbilder dienten ihm sein Vater und das Kasernenleben in Clonmel. Bedeutend war der italienische Einwanderer **Charles Bianconi**. Erst Bilderrahmer, dann Bürgermeister, richtete er 1815 zwischen Clonmel und Cahir den ersten regelmäßigen Personenverkehr ein. Die Pferdewagen verkehrten in Südirland als »Bianconi Cars«.

Clonmel Tourist Office: Sarsfield Street | Tel. 052 6 12 29 60
https://tipperary.com/de

South Tipperary Arts Centre: 1 Nelson Street | Mo. - Sa. 10 - 17 Uhr | www.southtippartscentre.ie | Eintritt frei

Museum of Hidden History: Mick Delahunty Square | Di. - Sa. 10 - 13, 14 - 15.45 Uhr | www.hiddenhistory.ie | Eintritt frei

Pferde, Reitsport, Mittelalter

Fethard

Das Leben im von Mauern (13. Jh.) umgürteten Dörfchen (15 km nördlich von Clonmel, 1540 Einw.) steht im Zeichen des **Reitsports**. Viele Jockeys und Züchter stammen von hier. Das **Farm Coolmore**

Stud ist einer der erfolgreichsten Rennpferdzuchtbetriebe weltweit (https://coolmore.com). Kein Wunder, dass Weltstar und Musical-Produzent Lord Andrew Lloyd Webber, mit Vorfahren aus Fethard, tief in die Tasche griff. Dank 1,6 Mio. € wurde 2017 das **Fethard Horse Country Experience** zur Geschichte der irischen Pferdezucht im 400 Jahre alten Rathaus eröffnet. Mit seinem Mittelalterspektakel (August) mausert sich Fethard zum zentralen Touristenziel in Ireland's Ancient East.

Fethard Horse Experience: Tholsel Building | Di. – Sa. 10 – 16 Uhr
https://fhcexperience.ie | Eintritt: 12,50 €

★★ CAUSEWAY COAST & GLENS

Nordirland, Provinz: Ulster | **Grafschaften:** Antrim, Londonderry | **Einwohner:** 144 100 | **Auskunft: www.visitcausewaycoastandglens.com**

J/K3

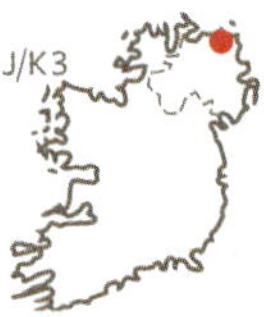

Die Causeway Coastal Route verbindet im 2015 neugeschaffenen Distrikt zwei Dutzend Höhepunkte und erstreckt sich von Belfast bis Derry. Fünf Panoramastrecken erschließen ihr Herz, die neun Schluchten (Glens) von Antrim, Klippen, Strände, mythische Riesen und Zwerge sowie »Game of Thrones«-Drehorte locken. Die Saga des »Spiels der Throne«, ein epischer Kampf um Krieg und Frieden, entstand in Belfasts Titanic Studios. Die Drehorte, faszinierende Locations an der 300 km langen Causeway Coastal Route, sind nun durch informative Schilder erschlossen.

Wohin an Causeway Coast & Glens?

★ Carrickfergus Castle

Trutzburg am Lough Belfast

Vor der Normannenburg am Hafen von Carrickfergus (28 000 Einw.) glänzt die Bronzestatue von King William III., der hier landete. Seit je war der einst fast ganz von Wasser umgebene Trumm auf dem Felssporn militärisch bedeutsam. John de Courcy begann den Bau zwischen 1180 und 1204, König Johann Ohneland nahm ihn 1210 nach einjähriger Belagerung ein. 1316 fiel das Castle an die Schotten, 1760 an die Franzosen, war dann Gefängnis und Arsenal (bis 1928). Heute stechen Stand-up-Paddler ins ruhige Hafenwasser, Cafés locken zum Sonnenbad vor der Tür. Prächtig ist die Aussicht vom massigen Burg-

fried (Keep) mit militärgeschichtlichem Museum und prächtiger Normannenhalle (3. Stock). Seit 2011 trägt Queen-Enkel Prinz William den Titel Baron Carrickfergus!
Visitor Centre: tgl. 9 – 16.30, Castle Grounds bis 20 Uhr
Eintritt frei | Burg Di. – So. 9.30 – 16 Uhr | Eintritt (Führung): 6 £

Klippenfahrt per Eisenbahn

Islandmagee

Die einige Kilometer nordöstlich von Carrickfergus gelegene Halbinsel Islandmagee war um 1900 Ziel von Gästen aus ganz Europa. Auch in Berlin wurde für Whitehead geworben, wo Swift Material für Riesen und Zwerge in »Gullivers Reisen« sammelte. Die Phalanx buntbemalter Häuser am Strand und Fotos im Old Tea House Café & Deli, 36 Cable Road, erinnern an die gute alte Zeit. Ab 1909 pilgerten Urlauber auch in die nahen **Gobbins**. An den 60 m zur Irischen See abfallenden Klippen erfüllte sich der Traum des Ingenieurs Wise: Er baute in 7 Jahren eine touristische Eisenbahn entlang der Klippen. Kürzlich wurden mit Millionen ein **Visitor Centre** gebaut und die zum Wanderweg mit gläsernen Tunneln umgebaute alte Strecke wiederbelebt. Ausschließlich in geführten Wanderungen geht es auf und ab! Schon der Blick oberhalb des Einstiegs Wise's Eye, dem »Auge des weisen Wise«, ist großartig.

Gobbins Visitor Centre:
Middle Road, Islandmagee
tgl. 8.30 – 17 Uhr
https://thegobbinscliffpath.com | Eintritt frei | reguläre Tour (2,5 Std.) 20 £, Tour »Brave the Element«
(3 Std.) 25 £

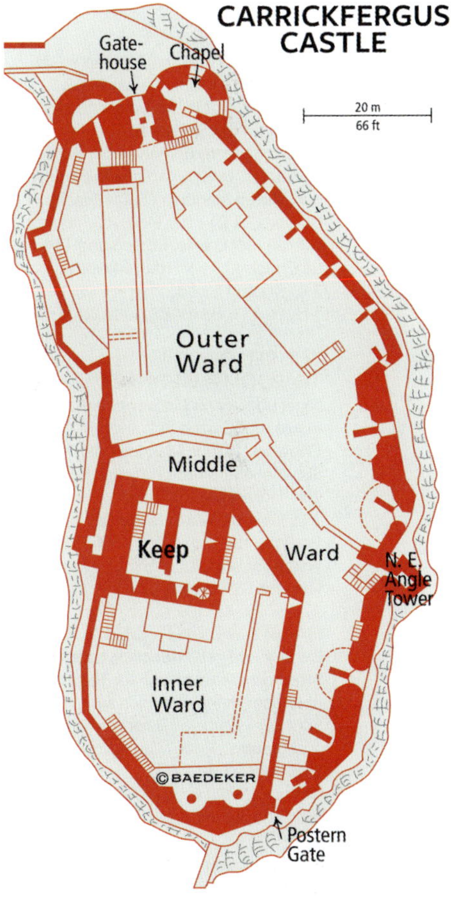

Idyll mit historischer »Bettenburg«

Larne, Ballygalley, Carnlough

Ab Larne, dessen Hafen vom Brexit profitieren könnte, wird die **Küstenstraße** romantisch. Am Ballygalley Head werden große Basaltfelsen umrundet. Im Seebad Ballygalley wurde das Castle zum Hotel. Parknischen ermöglichen herrliche Fotomotive. In Carnlough quert

CAUSEWAY COAST & GLENS ERLEBEN

HARRY'S SHACK €€

Conner Ryan und Team erobern Gäste im Sturm. Kellner Takunda aus Simbabwe gibt in der Strandhütte Tipps von der Speisekarte. Die Qualität der Saucen rühmen selbst Belfasts Taxifahrer. Linsen-Kartoffelsuppe mit gerösteten Mandeln (5 £), Beach Burger (12 £) oder Heilbutt-Filet mit Buttermilchcreme, Erbsen und Tartar-Sauce (13 £) ordern. Lecker!
118 Strand Road, Portstewart
Tel. 028 70 83 17 83, kein Ruhetag

THE RED DOOR TEAROOM & BISTRO €€

Nigel und Joann McGarrity bieten in Bistro und Garten Bukolisches. Ob Chowder, frische Makrele oder Irish Stew: Alle Zutaten sind lokal. Bei Regen flackert das Torffeuer.
14a Harbor Road, Ballintoy
Ballycastle, Tel. 078 13 90 31 99
www.facebook.com/thereddoor-tearoom, gl. ab 11 Uhr

HARBOUR LIGHTS CAFÉ €

Günstig und gut! Frühstück, Lunch und Afternoon Tea auch auf der Terrasse über dem Hafen–natürlich auch ein Spot der »Game of Thrones«-Saga.
11 Harbour Road, Carnlough
Tel. 075 92 90 17 21
www.facebook.com/carnloughharbour/, kein Ruhetag

AT THE BEACH B & B €€€

Rundum glücklich! Parkplätze auf dem Hof, Zimmer mit Meerblick und Hausdame Glenda, die sich aufmerksam um ihre Gäste kümmert und mit perfektem Frühstück aufwartet.
80A Strand Road, Portstewart, Tel. 028 70 83 65 10, www.at-beach.com, 5 DZ

BUSHMILLS INN €€€

Schon im 17. Jh. Gasthof, heute Wohlfühloase par excellence! Torffeuer und nostalgisches Gaslicht sorgen für Atmosphäre. Lassen Sie sich im 2019 besten Boutique Hotel Nordirlands verwöhnen!
9 Dunluce Road, Bushmills, Tel. 028 20 73 30 00, www.bushmillsinn.com, 8 Z., 1 Suite

LONDONDERRY ARMS HOTEL €€€–€€

Schlafen wie Sir Winston! Das 1847 erbaute Haus gehörte mal Churchill. Relaxed geht es im urigen Coach House Bistro zu (Lunch u. Dinner, oft Livemusik). Den Absacker gibt es umgeben von Holzschnitzarbeiten des lokalen Künstlers John Henshaw in der Arkle Whiskey Bar.
20 Harbour Road, Carnlough
Tel. 028 28 88 52 55, https://londonderryarmshotel.com
35 Zi., davon 4 Suiten und 7 EZ

ein altes Viadukt die Straße am Harbour Café. Der **pittoreske Hafen** war Szenerie in »Game of Thrones«.

Neun enge Täler

★ Glens of Antrim

Rundtouren erschließen die schmalen Schluchten der Glens of Antrim: **wildromantisches Sagengebiet** mit plätschernden Flüssen und Wasserfällen, Bergwald und winzigen Dörfern. Den schönsten Sandstrand hat Glenariff. Hier und in den Blue Hills of Antrim begeistert das Sommermusikfest Feis Na NGleann auch mit Tanz (http://feisnangleann.com). Der **Glenariff Forest Park** war Drehort des TV-Dramas mit drohender Klimakatastrophe: Am Runestone trafen sich Protagonisten zum Kampf. Nach der Wanderung auf dem **Waterfall Trail** (3 km) lockt das Larah Lodge Restaurant (120 Glen Rd, Glenariff, tgl. 11 – 20.30 Uhr, www.laraghlodge.co.uk). PKW-Gebühr für den Park: 5 £ (www.nidirect.gov.uk/articles/glenariff-forest-park).

Ruine, Grab, Höhle …

Cushendall und Cushendun

In Cushendall mit der **Layde Old Church** (Ruine) führt die zweite Straße links zu **Ossian's Grave** am Tievebulliagh Mountain. Hier soll Kriegerbarde Ossian, Sohn des Finn MacCool, ruhen. Ein Cairn erinnert an den Dichter der Glens, John Hewitt (1907 – 1987).
Cushenduns hübsche Häuser inmitten Fuchsien- und Geißblatthecken entwarf Clough Williams Ellis (1883 – 1977) für Lord Cushendun. Dank des Ulster Way (www.walkni.com) kommen gern Wanderer hierher. In den **Cushendun Caves** gebar »GoT«-Star Melisandre ihr monströses »Shadow Baby«.

Bucht mit Aussicht

★ Murlough Bay

Der herrliche **Tor Head Scenic Drive** (22 km; keine Wohnmobile) führt zu wunderbaren Panoramen über der lieblichen Murlough Bay, der Slaver's Bay (Versklavungsbucht) in »GoT«. An klaren Tagen blickt man bis zum schottischen Mull of Kintyre. **Sir Roger Casement** wollte hier beerdigt sein.

Ausgangspunkt zur Insel Rathlin

Ballycastle

Auf Höhe des malerischen Hafenstädtchens (5100 Einw.) **treffen Atlantik und Irische See zusammen**. Von Ballycastle, Nordirlands beliebtestem Wohnort 2016, kann man die **Dark Hedges**, den »King's Way« aus »GoT«, erreichen. Diese grüne Tunnelallee steht nahe Stranocum (Bregagh Road, Ausschilderung Gracehill Golf Club). Hier hüpft ein Geist, die »Grey Lady«, von Ast zu Ast. Doch es war Sturm »Gertrude«, der 2016 immense Schäden anrichete. Baumreste wurden zu zehn geschnitzten »Game of Thrones«-Türen, die nun über Nordirland verteilt Pubs schmücken. Ballycastles Park zwischen Jachthafen und Blaue Flagge-Sandstrand dominiert Malcolm Robertsons Großskulptur **Children of Lir** (vier fliegende

Schwäne). Das **Visitor Centre** (14 Bayview Road) gibt Auskunft über Oul' Lammas Fair und das Naturparadies Rathlin.

Flora, Fauna, Food ...

Insel Rathlin

Die Fähre (25 Min.) landet im Hafen Church Bay der Insel **Rathlin** (100 Einw.). Seit 2017 empfängt das **Rathlin Manor House** (12 DZ), wo Brian und Genevieve McLernon auch das Lighthouse Cafe (Mo. –Sa. 12 – 15 Uhr) betreiben und im Island Restaurant (tgl. 18.30 – 21 Uhr) auch Hummer auftischen (www.manorhouserathlin.com), seine Gäste. Hier startet die **Rathlin Food Tour** zu frischem Soda- und Kartoffelbrot, Ziegenschinken, Wachteleiern, weiteren Gourmet-Highlights und Picknick (www.irishfeast.com; 49 £). Im **Boathouse Visitor Centre** erinnern Fotos und Artefakte an Inselgeschichte, Flora und Fauna. Robert the Bruce versteckte sich 1306 nach verlorener Schlacht in Bruce's Cave, ehe er zum Gegenschlag ausholte. 1987 landete US-Milliardär Richard Branson nach der Ballonfahrt über den Atlantik auf Rathlin. Bootstouren (2 Std.) führen um die Insel. Wanderer und Radler gelangen auf Naturpfaden ins **Kebble Nature Reserve** und zum **Seabird Centre** am West-Leuchtturm (Aussichtspunkt 89 Stufen treppab). Zur Brutzeit (Mai – Juli) nisten hier zig Seevögel. Wanderausflüge bietet Paul Quinn (www.rathlinwalkingtours.com).

Boathouse Visitor Centre: Church Bay; April – Juni tgl. 10 – 16.30, Juli/Aug. bis 17, Anf. bis Mitte Sept. bis 16 Uhr | www.rathlincommunity.org | Eintritt frei | **Seabird Centre:** Ende Mai – Mitte Sept. tgl. 10–17 Uhr | www.rathlincommunity.org | Eintritt: 5 £

Schaukelnde Hängebrücke

Carrick-a-Rede Rope Bridge

Westlich von Ballycastle schufen Fischer vor 350 Jahren eine Seilbrücke über die 18 m breite **Schlucht vor Ballintoy**, um rasch an ihre Lachsnetze zu gelangen. Nun pilgern Tausende zur Carrick-a-Rede Rope Bridge, um das Spektakel 30 m über Meeresniveau zu erleben.

April – Okt. tgl. 10 – 18, sonst bis 16.30 Uhr | www.nationaltrust.org.uk/carrick-a-rede | Eintritt: 9 £ (Online-Vorabbestellung) | Parkplatzgebühr: 5 £

Fischerhafen und Burgruine

Ballintoy, Dunseverick Castle

Die Ballintoys **malerischem Hafen** vorgelagerten Felsen sind die »Eiseninseln« in »GoT«. Auf Sheep Island leben Kormorane. Großartig ist die hübsche Kirche über dem Hafen. Das Fullerton Arms Inn erhielt eine »GoT«-Tür mit Szenen der 6. Staffel. Auch im Red Door Inn ist man gut versorgt. Dank der Parkbucht lässt sich die Ruine von **Dunseverick Castle** ungestört genießen. Wanderer nutzen den Causeway Coast Way (Ballycastle – Portstewart; 50 km). Die Burg des Reichs Dalriada war Endpunkt des Königswegs von Tara.

Der »Damm des Riesen«

★★ Giant's Causeway

1 Mio. Besucher jährlich zählt das UNESCO-Welterbe Giant's Causeway (Parkplatz Giant's Causeway Station tgl. 9 – 18 Uhr; mit Visitor Centre 13 £; Parkplatz Causeway Coast Way 5 £). Täglich fahren Busse von Belfast hierher, die Bahn fährt bis Coleraine, wo Bus 172 zum »Damm des Riesen« übernimmt. Park & Ride ist März–Okt. ab Bushmills eingerichtet: Zwischen Bushmills und Giant's Causeway Station pendelt die Schmalspurbahn **Bushmills Railway** (tgl. ab Bushmills 11.30, 13.30, 15.30, ab Giant`s Causeway 11, 13, 15 Uhr; https://giantscausewayrailway.webs.com; Ticket (Tel. 028 20 73 28 44): 6 £).

Ein Vulkanausbruch schuf die 38 000 Basaltsäulen des geologischen Wunders Giant's Causeway, die meisten davon in fünf- oder sechseckiger Form.

Das spektakuläre **Visitor Centre** mit Grasdach wartet mit Ausstellungen, Souvenirshop und Restaurant auf. Vier Rundwege erschließen die Formation aus 38 000 vulkanischen **Basaltsäulen**, die erkaltete Lava schuf. Einige Säulen tragen fantasievolle Namen: Camel Hump, Wishing Chair, Chimnney Tops oder Organ. Der Legende nach verliebte sich Riese Finn McCool, Anführer des Ulster-Königs, in eine Riesin von Staffa (Hebriden) und baute diesen Weg, um die Geliebte zu holen. Allerdings musste er den Rivalen Benandonner besiegen – so wurde der Causeway Kriegspfad. Spektakulär ist die **Cliff Walk Experience**. Die Klippenwanderung (8 km, 3,5 Std.; März – Okt. tgl. 12.15, sonst 10.15 Uhr) sollte man vorab buchen (Tel. 028 20 73 34 19); Ticket inkl. Parkgebühr und Visitor Centre: 39 £.

Visitor Centre: 44 Causeway Road | April – Okt. tgl. 10 – 17, sonst bis 16 Uhr (Vorabbuchung empfohlen) | https://giantscausewaytickets.com | Eintritt: 13 £ inkl. Parkgebühr

★ Dunluce Castle

Riesige Burgruine an zerklüfteter Küste

Die romantisch auf einem Felssporn erbaute Burg (14. Jh.), irisch »Dún Libhse« (starke Festung), eroberten die Macdonnels 1584. Die Herren von Antrim renovierten die Feste sechs Jahre später mit dem Schatz aus der spanischen Galeone »Girona«. 1693 blies ein Sturm die Burgküche ins Meer. Im »GoT« ist es das Castle Greyjoy.

87 Dunluce Rd | Feb. – Nov. tgl. 9.30 – 17, sonst bis 16 Uhr | Eintritt: 6 £

Bushmills Distillery

»Lebenswasser« von der Küste

Besucher der Bushmills Distillery erfahren alles zur Herstellung dieses besonderen Whiskeys mit mildem, honigartigem Gout. Bushmills ist eine der ältesten lizensierten **Whiskeybrennereien** der Welt. Schon im 13. Jh. stellten hier Mönche ein »Lebenswasser« her, 1608 erhielt die Destille von Jakob I. ihre Lizenz.

2 Distillery Road | Touren März – Okt. Mo. – Sa. 9.15 – 16.45, 15.7. bis 31.8. Mo. – Do. bis 17.45, So. 12 – 16.45, sonst Mo. – Sa. 9.30 bis 16.45, So. 12 – 16.45 Uhr | www.bushmills.eu | Infos/Tickets: Tel. 028 20 73 32 18, visitors.bushmills@bushmills.com | Eintritt: 9 £

Coleraine

Die »Hauptstadt der Causeway Coast«

Das gepflegte, lebhafte Städtchen (24650 Einw.) am River Bann, das sich selbst »Capital of the Causeway Coast« nennt, steht für Lachse, Brennereien und Leinenfabrikation, aber auch für das River Side Theatre (www.riversidetheatre.org.uk). Grabungen am **Mountsandel Fort** (12. Jh.) legten die früheste irische Siedlung frei (sieben Rundhütten; 7900 – 7600 v. Chr.; Eintritt frei).

Portrush, Portstewart

Beliebte Urlaubsorte

White Rocks Beach und Curran Strand in Portrush sowie der 3,6 km lange Sandstrand von Portstewart machen die beiden Badeorte zu

BAEDEKER MAGISCHE MOMENTE

DIE WELT DER FISCHER

Tipp für Frühaufsteher: »Causeway Boats« legt Sa., So. 10 und 14 Uhr im Hafen von Portrush zum Makrelenfischen (3 Std.; 35 £) ab. Es gibt auch Sightseeing-Touren (ab 25 £) und die Foodie-Tour (Sa., So. 7 Uhr; 3,5 Std.; 40 £), deren »Beute« dann in der Chef's Kitchen als Frühstück zubereitet wird (https://causewayboats.com).

Nordirlands beliebtesten Ferienzielen. Portstewarts Immobilienpreise sind höher als die Belfasts. Die verschlafene **Strand Street** mauserte sich zur mit wundersamen Neubauten gepflasterten Meile – mal experimentell, mal konventionell, mal postmodern, mal schnörkellos rechtwinklig. Der National Trust verwaltet den **Blaue-Flagge-Strand** – selbstverständlich Drehort von »GoT« – bis zum River Bann. Tagsüber ist der Strand auch für Pkw und Sulkyfahrer geöffnet, die lächelnd zum Training traben. Das Dünenareal steht unter Naturschutz. Ein **Holzbohlen-Rundweg** (1,5 km) führt durchs Paradies (180 ha) mit raren Arten wie der Bee Orchid (Bienen-Ragwurz). Im fragilen Habitat fand man neolithische Keramik, Bronzestifte und tiken Römerschmuck. Kulinarisch ist Harry`s Shack im Strandhaus top, der angrenzende Golf Club (drei 18-Loch-Kurse) einer der besten der Insel. In Portstewart zieht das **Flowerfield Arts Centre** 40 000 Kunstinteressierte pro Jahr an.

Flowerfields Arts Centre: 185 Coleraine Rd | Mo., Di. 10 – 16, Mi./Do. 10 – 16, 19 – 21, Fr. 10 -15, Sa. 10 – 13 Uhr | www.flowerfield.org

Ruine, Tempel, Klatsch und Gram

★ Downhill & Mussenden Temple

Hat er? Hat er nicht? Die Antwort auf diese Frage nahm der **exzentrische Bischof von Derry**, Frederick Augustus Hervey, mit ins Grab. 1774 baute er bei Downhill ein mächtiges Schloss, heute Ruine. Hoch auf den Klippen über **Downhill Strand** entstand zudem nach Vorbild des Vesta-Tempels in Rom der **Mussenden Temple**. Hervey ließ ihn 1783 für seine Nichte Mrs. Mussenden als Bibliothek errichten – er hatte sich wohl in sie verguckt. Die belesene Dame nächtigte auch an diesem herrlichen Ort, was Tratsch und Klatsch auslöste. Die Gerüchte um das angebliche Techtelmechtel machten dem Bischof nichts, doch die Nichte starb nur zwei Jahre nach dem Tempelbau aus Gram. Großartig ist der herrliche Park ringsum (Gatter schließen!), im Sommer finden Konzerte und Lesungen statt. Im **Hezlett House** rückt der Alltag des 18. Jh. näher. Und auch »GoT« war vor Ort: Melisandre op-

Hoch auf den Klippen über Downhill Strand erhebt sich der Mussenden Tempel – heute eine beliebte Location für Trauungen.

fert hier die sieben Götteridole von Westeros. Die gestohlene **Statue des keltischen Meergottes** Mannahan McLir am Gortmore Viewpoint nahe Limavady wurde 2016 durch eine Replik ersetzt.
107 Sea Road, Castlerock | Park tgl. Sonnenauf- bis -untergang, Hezlett House tgl. 10 – 17 Uhr | Park frei, Museum 6,50 £; Parkplatz 5 £

★★ CORK · CORCAIGH

Republik Irland, Provinz: Munster | **Grafschaft:** Cork | **Einwohner (City):** 210 000 | **Einwohner (Großraum):** 305 220

Fischhändler Pat O'Connell hat keinen Grund zur Klage – in Corks Markthalle sind die Meeresfrüchtestände gut besucht. Zum einen liegt das selbstverständlich an seinem Angebot, ein klein wenig aber auch an einer Episode aus dem Jahr 2011: Am 20. Mai flanierte Queen Elizabeth II. durch die Halle, enthüllte den restaurierten Springbrunnen und besuchte Stände. Mit Pat O'Connell kam sie ins vertrauliche Gespräch – was ihm eine gewisse lokale Berühmtheit einbrachte. Und seinem Stand ein Zusatzplus.

Cork, das »Paris Irlands«, wurde im 19. Jh. mit der weltgrößten Butterbörse reich. Die quicklebendige Universitätsstadt setzt heute auf IT-Unternehmen. Größter Arbeitgeber ist Apple. Die 2019 eröffnete 66 m lange Fußgängerbrücke über den River Lee vom St. Patrick's Quay zum Merchant's Quay wurde nach der aus Cork gebürtigen Mary Elmes (1908 – 2002) benannt, die als »Irlands Oskar Schindler« im Holocaust über 200 jüdische Kinder rettete.

Butter, Apple und ein Markt

Wohin in Cork?

Shoppingmeile mit Markthalle und Poetry Wall

★★ Grand Parade und English Market

Corks Herz schlägt an der 2016 aufgehübschten **Grand Parade** mit Designläden, Banken und Shopping Malls, die mit der nach Ladenmiete teureren St Patrick's Street souverän konkurrieren. Am Süd-ende erinnert das National Monument an Patrioten, die 1798 – 1867 für Irland starben. Am Bishop Lucey Park stehen Reste der Stadtmauer und das Portal zum alten Kornmarkt. Hauptattraktion der Grand Parade ist der **English Market**, wo Händler seit 1788 ihre Geschäfte betreiben. Der Name ergab sich als Abgrenzung zum einstigen Irish Market an der Cornmarket Street. Das jetzige Gebäude mit ornamentiertem Eingang an der Princess Street baute 1862 Sir John Benson. Trotz Feuersbrünsten (1980 und 1986) konnte die viktorianische Architektur erhalten werden. Berühmt ist der English Market für Frischfleisch, Backwaren, Obst und Biogemüse, sämtlich Regioprodukte aus dem grünen Paradies West-Cork. Moynihans Poultry hat Corks Spezialität »Buttered eggs«. Eine Rarität aus der Zeit riesiger Schlachthöfe sind »tripes« (Kutteln) und »drisheen« (Kuhmagen), die O'Reilly am Eingang Grand Parade anbietet. Geradezu Pflicht ist das günstige **Farmgate Café** (1. Etage; Mo. 11 – 15, Di. – Sa. 8.30 – 16 Uhr; www.farmgatecork.ie). Hier werden vor der **Poetry Wall** Traditionsgerichte serviert. Nobelpreisträger Seamus Heaney verewigte sich neben vielen anderen mit einem handgeschriebenen Gedicht. Längst gilt der Literatentreff als »Great Wall of Cork«, Corks »Große Mauer«. Superfood bietet Irlands heimliche Metropole auch im **Marina Market** (Centre Park Road; tgl. 8 – 20 Uhr; www.marinamarket.ie) und am preisgekrönten **Cork Tasting Trail** mit Guides von Fab Food Trails (Sa. 10.30 – 13 Uhr, www.fabfoodtrails.ie; Ticket: 65 €). Dass Cork Dublin und sogar Guinness Paroli bietet, beweisen die **Brauereien** Murphy's und Franciscan Well. Der Brew Pub der »Franziskanerquelle« kann besichtigt werden, Brauer Paudie Scully erhielt wiederholt den World Beer Award (14 b North Mall; Mo. – Do. 16 – 23.30, Fr. 15 – 24, Sa. 13 – 24, So. 13 – 23 Uhr; https://franwellbar.com Tour , 1 Std.; So. – Fr. 15 Uhr, 15 €).

Nicht Braumeistern, sondern dem Begründer der Abstinenzbewegung, **Father Mathew** (1790 – 1861), errichtete die Stadt eine **Sta-**

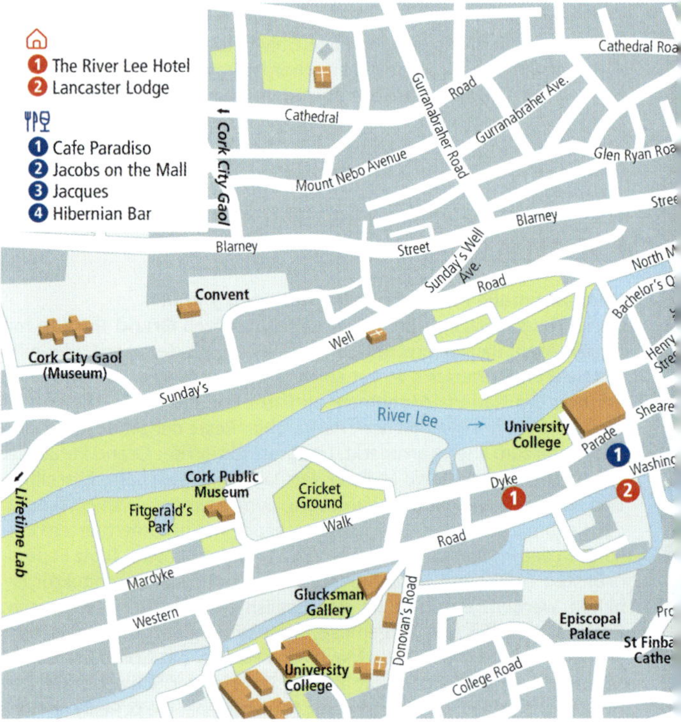

tue an der Patrick Bridge. Er predigte in der Holy Trinity Church von 1726, die auch Christchurch genannt wird. Im Kirchenkomplex (Zugang Tobin Street) lädt das **Triskel Christchurch Arts Centre** zu Ausstellungen und Konzerten.

Englisch Market: Mo. - Sa. 8 - 18 Uhr | www.corkcity.ie/en/english-market | **Triskel Christchurch Arts Centre:** Mo.-Do. 16-21, Fr. - So. 11 - 18, Café Do. u So. 11 - 18, Fr./Sa. 11 - 19.30 Uhr Kino/Livemusik auch abends | http://triskelartscentre.ie
Eintritt frei

Stadt der Brücken

Auf der Flussinsel

Die Grand Parade liegt im Zentrum der ab 650 auf einer Flussinsel am River Lee (heute North Channel und South Channel) erbauten Stadt, weitere Attraktionen sind daher nicht weit entfernt. Einst war dieses Gebiet von Kanälen durchzogen, an denen Kaufleute Lager- und Wohnhäuser errichteten. Die **31 malerischen Brücken und Kais** verbreiten fast holländisches Flair. Frühere Wasserwege sind

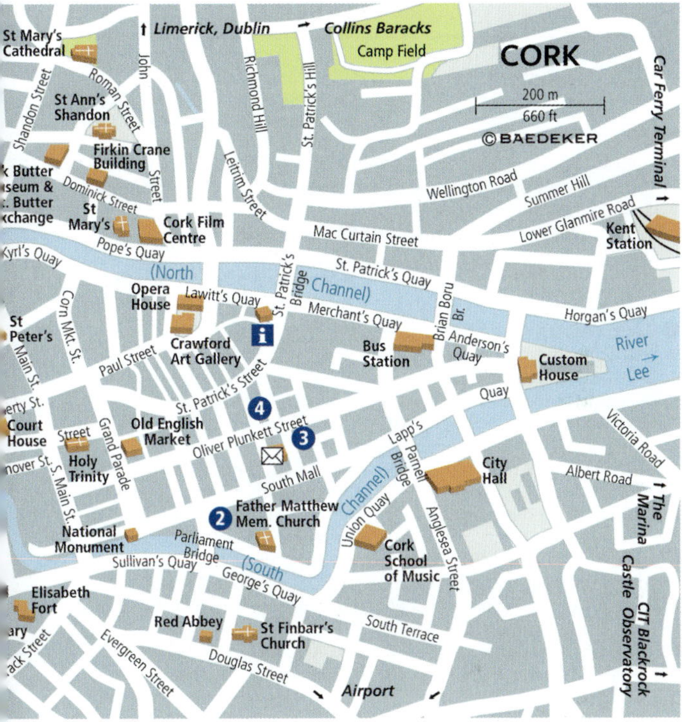

nun Altstadtmagistralen, die Querstraßen zwischen Paul, St Patrick's und Oliver Plunkett Street Fußgängerzonen. Wichtig ist das **Cork City Arts and Heritage Centre** in der Ex-Kirche St Peter's, deren Geschichte von 1270 bis zur Profanisierung 1949 reicht. Ins Centre locken Wechselausstellungen, 2022 z. B. zum großen Stadtbrand in Cork am 11.12.1920. Im Café werden auch Tapas serviert.

Arts and Heritage Centre: North Main Street | Mo. – Sa. 10 – 16.30 Uhr | https://stpeterscork.ie | Eintritt frei

Rocklegende im Ausgehviertel

Corn Market Street & Paul Street

Auch die Fortsetzungen der Grand Parade, Corn Market Street und Paul Street, sind zum Bummeln da. Hier locken Märkte, nette Bars, gute, auch exotische Restaurants und Boutiquen. Im Huguenot Quarter am **Rory Gallagher Square** (Ecke Paul Street/Careys Lane) erinnert eine Skulptur an den Rockmusiker (1948 – 1995). Er wohnte einige Häuser weiter. Die verbogene elektrische Gitarre umfließen Musiknoten und Liedzeilen.

CORK ERLEBEN

CORK CITY TOURIST INFORMATION OFFICE

125 St. Patrick's Street, Tel. 021 4 25 51 00, https://purecork.ie www.discoverireland.ie/cork-city

❶ CAFE PARADISO €€€€

Vegetarisches Spitzenrestaurant! Rote-Bete-Törtchen und Bluebell-Falls-Ziegenkäse mit Salsa Verde probieren. Menü für zwei (9 Gänge) 80 €
16 Lancaster Quay
Tel. 02 14 27 79 39
So. Ruhetag
https://paradiso.restaurant

❷ JACOBS ON THE MALL €€€

Prämierte originelle Küche! Im ehemaligen türkischen Bad hängt moderne Kunst. Early Bird Menu (Di. – Fr. bis 18.30 Uhr; drei Gänge) 35 €
30a South Mall, Tel. 02 14 25 15 30
So., Mo. Ruhetage
www.jacobsonthemall.com

❸ JACQUES €€€

Die Gerichte zum Lunch ab 12 Uhr kosten bis 25 €, zum Dinner bis 23 Uhr bis 28 €. Empfehlung: Lammrücken mit grünen Biobohnen, Tomate und Ardsallagh-Ziegenkäse (28 €).
23 Oliver Plunkett Street, Tel. 02 14 27 73 87, So. bis Di. Ruhetage, www.jacquesrestaurant.ie

❹ PUB HIBERNIAN BAR (THE HI-B BAR) €

Hipper Traditionspub über einer Apotheke. Auf ein Bier geht es rein, vor dreien nicht hinaus.
108 Oliver Plunkett Street
Tel. 02 14 27 27 58

❶ THE RIVER LEE HOTEL €€€€

Designerhotel mit Blick auf den Lee, Fitness & Health-Center und ausgezeichnetem Essen in den Weir Rooms.
Western Road, Tel. 02 14 25 27 00, 182 DZ, www.doylecollection.com/de/hotels/the-river-lee-hotel

❷ LANCASTER LODGE €€€

Moderner Stil mit persönlichem Touch! Renoviertes populäres Hotel 5 Min. vom Zentrum. SB-Frühstücksbuffet und opulente warme Frühstücksküche.
Lancaster Quay, Western Road, Tel. 02 14 25 11 25, 48 DZ u. Suiten, www.lancasterlodge.com

Größte Galerie der Stadt

Crawford Art Gallery

Das rote Ziegelgebäude von 1724 am Emmet Place zeigt über 2000 Werke: eine außergewöhnliche Sammlung **irischer Malerei**, Werke von Jack Yeats (1871 – 1957), dazu **europäische Kunst**, z. B. Miró oder Rouault. Herausragend sind drei Fenster von Glasmaler Harry Clarke (1889 – 1931). Der Dubliner Künstler war auch Buchillustrator (u. a. Märchen Hans Christian Andersens, Erzählungen von Edgar Allan Poe). Das Crawford Café (Di. – Sa. 10 – 16 Uhr) lädt zur Pause.
Mo. – Sa. 10 – 17, Do. bis 20, So. 11 – 16 Uhr
https://crawfordartgallery.ie | Eintritt frei

Im Zeichen der Butter

Shandon

Nördlich des Lee dominiert im Stadtteil Shandon Corks Wahrzeichen, der Turm der **St Anne's Church**. Erst einmal steht am O'Connell Square Corks historische **Internationale Butterbörse** (International Butter Exchange), die bis 1900 die größte weltweit war. Nach 1925 war hier eine Hutfabrik untergebracht. Gegenüber errichtete Sir John Benson 1855 das kreisrunde **Firkin Crane Building**, wo Fassböttcher die berühmten **Firkins** (Butterfässer) schufen. Den Namen verdankt der beeindruckende Bau mit Schwarz-Weiß-Darstellungen der Gewerke an der Außenmauer seiner Waage, mit der geteerte Fässer gewogen wurden. Sie wurde **Crane** (Kran) genannt. 1925 bis in die 1970er-Jahre wurde hier Margarine hergestellt. Nun ist hier Corks Tanztheater- und Performance-Zentrum (www.firkincrane.ie). Linkerhand der Butterbörse zeigt das **Cork Butter Museum** 1000 Jahre alte »Bog Butter« (Moorbutter).

Oberhalb der Butterbörse läuten die berühmten **Shandon Bells** im Turm der St Anne's Church (1722). Der Volksmund verspottet den aus farbigem Naturstein erbauten, wie ein dreifaches Teleskop wirkenden Turm als »Pepperpot« (Pfefferbüchse). Mönche wählten einst für die 3 m lange Wetterfahne die Form eines Lachses, da sie das Angelrecht im Fluss besaßen. In Cork nennt man sie »Goldfish«. Jeder möchte gern die Glocken läuten (1. Etage) und den Panoramablick (132 Stufen!) genießen. Die Glocken sind über Seilzüge zu diversen Melodien, etwa »Ave Maria« oder »Danny Boy« zu bewegen.

Das **Cork Film Centre** im restaurierten Civic Trust House kümmert sich um Experimentalfilm und visuelle Kunst. Die Cork Film Centre (CFC) Gallery, Irlands erste Videofilm-Galerie, öffnet im Gunpowdermills Centre, Ballincollig (Mi.–Sa. 10–17.30 Uhr).

Cork Butter Museum Mi. – Sa. 10 – 16, So. 11 – 16 Uhr
http://thebuttermuseum.com | Eintritt: 5 €
Shandon Bells: März – Mai, Okt. Mo. – Sa. 10 – 16.30, So. 11.30 – 16, Nov. – Feb. Mo. – Sa. 11 – 15, So. 11.30 – 15 Uhr | www.shandonbells.ie | Eintritt: Kirche frei, Turm mit Glockenspiel 5 €
Cork Film Centre: 50 Pope's Quay | Mo. – Fr. 10 – 17.30 Uhr
www.corkfilmcentre.com

Markante Türme

St Fin Barre's Cathedral

Die Kathedrale der anglikanischen Kirche (1862–1879) am Ort eines früheren Klosters ist nach Corks Schutzheiligem benannt. Von fern stechen die Türme ins Auge, außergewöhnlich sind das mit Blattgold geschmückte Gewölbe mit dem von Engeln umgebenen Christus, Mosaiken und Glasfenster.

Eingänge Proby's Quay, Bishop Street | Mo. – Sa. 10 – 13, 14 – 17.30, So. geschl., feiertags 10 – 17 Uhr | https://corkcathedral.webs.com
Eintritt: 6 €

Talente und Konzerte

Cork School of Music

60 Mio. € Baukosen–tolle Akustik! Im 2007 fertiggestellten Bau der Cork School of Music arbeiten 120 Lehrer, Steinway-Flügel erklingen. Im Curtis Auditorium und Stack Theatre finden **Konzerte** statt. Kostenlos sind Lunchkonzerte der schuleigenen CSM Jazz Big Band.

Union Quay | Mo.–Fr. 8–22, Sa. 8.30–17.30, So. 9.30–17 Uhr https://csm.cit.ie

Handarbeiten, Silberwaren–plus Gefängnis

Cork Public Museum

Jenseits der Western Road öffnet das Cork Public Museum im schönen Fitzgerald Park. Die Ausstellung im prachtvollen georgianischen Haus bietet eine Übersicht über die **Regionalgeschichte** seit dem Frühchristentum. Imposant sind Silberwaren, Kristalle, Häkel- und Spitzenarbeiten. Die Ausstellung im Ex-Stadtgefängnis **City Gaol** zeigt u.a. die Kopie eines viktorianischen Wiegestuhls für Strafgefangene (Original auf Spike Island, s. Cobh).

Cork Public Museum: Di. – Fr. 10 – 16, Sa. 11 – 16 Uhr | www.corkcity.ie/en/cork-public-museum | Eintritt frei | **City Gaol:** Convent Ave März – Sept. tgl. 10 – 17, sonst Do. – Mo. bis 16 Uhr | https://corkcitygaol.com | Eintritt: 10 € (mit Guide Book), Führung (14 Uhr) 12 €

Kunst und Campus

★ University College

Aushängeschild des 1845 gegründeten University College ist die **Lewis Glucksman Gallery** (mit Restaurant) mit moderner Kunst auf drei Etagen. Die Dauerausstellung zeitgenössischer irischer Kunst umfasst Werke u.a. von Brian Maguire, Alice Maher, Maud Cotter und Paul Seawright. Campustouren starten ab UCC Visitors's Centre. Auf der Tour sieht man u. a. die große Aula, Ogham-Steine der Universitätsammlung und manchmal auch die **Honan Chapel** mit Glasmalereien von Sarah Purser und Harry Clarke.

Glucksman Gallery: Lower Grounds | Di.–Sa. 10–17, So. 14–17 Uhr Eintritt frei (5 € Spende erbeten) | www.glucksman.org

UCC Visitors'Centre: Main Quadrangle | Mo. – Fr. 9 – 17, Sa. 12- 17 Uhr, Campus ganzjährig offen | www.ucc.ie

Öko-Ausstellung

Die Schau in den alten Wasserwerken (seit 1760) am River Lee ist ein Fest der Sinne. Die Öko-Themen Wasser, Abfall, Energie und Natur werden interaktiv erklärt. Bus 8 hält an der Lee Road.

Lee Rd | Mo. – Fr. 9 – 17, März – Aug. auch Sa., So. 10 – 17 Uhr | www.corkcity.ie/en/old-cork-waterworks-experience/education | Eintritt: 5 €

Sonntags ins Fort!

Elizabeth Fort

Zum ab 1601 erbauten Verteidigungsfort geht es von der South Gate Bridge auf der Barrack Street. Seit 2014 in Stadtbesitz, wurde es für über 2 Mio. € restauriert. Nun wird hier (Barrack Street) Corks

Blackrock Castle: Einblicke in die Geschichte, Ausblicke ins All

Stadtgeschichte vom 17. bis ins 19. Jahrhundert mit Audio Guides und auf Führungen (tgl. 13 Uhr) präsentiert.
Mai – Sept. Mo.– Sa. 10–17, So. 12–17, sonst Di.–Sa. 10 17, So. 12 – 17 Uhr | www.corkcity.ie/en/elizabeth-fort | Eintritt frei, Führung: 3 €

E-Mail ins Universum

CIT Blackrock Castle Observatory

»Journeys of Exploration« heißt die Ausstellung zu Corks 400 Jahren **maritimer Vergangenheit** in der aufwendig erneuerten Burg (16. Jh.) am Lee. Bus 202 fährt ab Parnell Place hierher (Halt: St Lukes). Die Ausstellung **»Cosmos at the Castle«** thematisiert das Universum. Alle spielen mit dem Kometenjäger (Comet Chaser). Von der Galactic Email Station gelangen E-Mails in die Unendlichkeit.
Führung tgl., Winter Do. – So. 10 – 16 Uhr | www.bco.ie | Eintritt: 7 €

Wohin rund um Cork?

Insel mit Zoo und Kunst

★ Fota Island

Eine Brücke führt auf die vorgelagerte Fota Island. Den **Fota Wildlife Park** bevölkern u. a. Wasservögel, Giraffen, Zebras, Antilopen, Affen. **Fota House, Gardens and Arboretum** sind ein Schatzkästchen der Kunst. Das Haus entstand um 1820 aus einer Jagdlodge. Galerie und Billardzimmer schuf Sir John Benson 1872. Preisgekrönt ist der viktorianische Walled Garden. Mit Bakehouse Café.

Fota Wildlife Park: tgl. 9.30– 18 Uhr | www.fotawildlife.ie | Eintritt: 18 €
Fota House: Gärten tgl. 9 – 18 Uhr, Führungen 17.3. – 31.10. tgl. 12 und 14 Uhr | https://fotahouse.com | Gärten: Eintritt frei, Hausführung: 10 €, Gartenführung: 10 €, Kombiticket 15 €; nur Arboretum 3 €

Hafen für Titanic und Coffin-Ships

Cobh

Corks alter Hafen Cobh (12 800 Einw.; www.visitcobh.com), ausgesprochen wie engl. »cove«, hieß zu Ehren Queen Victorias von 1849 bis 1920 Queenstown. Auch Cobh hat Anlass, der **Titanic** zu gedenken: Hier dockte der Luxusdampfer letztmals vor seiner tragischen Eisbergfahrt an. Die gläserne Memorial Wall im **Titanic Memorial Garden** oberhalb des Titanic-Ankerplatzes nennt die 123 zugestiegenen Passagiere. Führungen auf dem **Titanic Trail** (tgl. 11 u. 14 Uhr ab Cobh Heritage Centre; https://titanic.ie; Ticket: 16 €) zeigen die Hafengeschichte. Die **Titanic Experience** im historischen Gebäude der Titanic-Reederei White Star Line am **Lousitania-Denkmal** präsentiert u.a. ein Modell des Luxusdampfer und eine Erste-Klasse-Kabine. Nebenan zeigt im **Kennedy Park** das kuriose Bronzedenkmal »The Navigator« von Mary Gregoriy (2000) den hl. Brendan mit einem Papierschiffchen in Händen.

Im **Cobh Heritage Centre** im viktorianischen Bahnhof werden das Hafenleben der Queenstown-Ära und die Emigration in die Kolonien lebendig, besonders das Schicksal deportierter weiblicher Gefangener auf den »coffin ships« (Seelenverkäufern) nach Australien. Spektakulär sind die Exponate zum Titanic-Bau und Titanic-Fotos von Father Brown, der – zur kostenfreien Atlantiküberquerung eingeladen – auf Befehl seines Kirchenvorgesetzten in Cobh von Bord ging. Sie sind die authentischsten Quellen der letzten Titanic-Tage. Am Centre steht die von Jeanne Rynhart geschaffene **Bronzeskulptur der Irin Anna »Annie« Moore** (1874 – 1924) mit zwei Brüdern, die am 1. Januar 1892 als erste Emigrantin via Ellis Island in die USA gelangte. Das **Cobh Museum** in der früheren schottischen Presbyterianerkirche zeigte 2022 Fotos aus dem Cobh der 1950er- und 1960er und Artefakte vom Schiff »Aud«, das sich am 22.4.1916 versenkte.

Cobhs sakrales Zentrum, die katholische, reich verzierte neogotische **St Colman's Cathedral** (tgl. 8.30 – 18 Uhr; Eintritt frei), besitzt seit 1916 das größte Carillon (Glockenspiel) der britischen Inseln mit 49 Glocken (größte Glocke: 3,6 t). Organist Adrian Patrick Gebruers und Kollegen laden regelmäßig zu Rezitalen (www.carilloncobh.com). Schon der Stundenschlag der Turmglocken ist ein Ereignis.

Cobhs zweitgrößten Naturhafen Europas erschließen Hafenrundfahrten (Cork Harbour Cruises; https://corkharbourcruises.com). Top in Cobh ist das Watersedge Hotel (»Waterkant-Hotel«) mit Terrassenrestaurant Jacobs Ladder und Hafenblick (Yacht Club Quay, www.watersedgehotel.ie).

Titanic Experience: 20 Casement Square | Touren tgl. April – Sept. 9.30 – 18, sonst 10 – 17.30 Uhr | www.titanicexperiencecobh.ie Eintritt: 11 €
Cobh Heritage Centre: Deepwater Quay | April – Okt. tgl. 9.30 – 18, sonst bis 17 Uhr | www.cobhheritage.com |Eintritt: 12 € | Cobh Cultural Tour (Titanic Trail plus Heritage Centre) 24 €
Cobh Museum: 1 High Road | Mo. – Sa. 11 – 13, 14 – 17, So. 14.30 – 17 Uhr | www.cobhmuseum.com | Eintritt: 4 €

Gefängnisinsel

★ Spike Island

Spike Island – vor Corks Hafen Cobh gelegen – ist seit dem 6. Jh., da kamen erste Mönche, bewohnt. Das riesige, sternförmige **Fort Mitchel** war um 1850 das militärisch höchstentwickelte Fort und in viktorianischer Zeit das größte Gefängnis der Welt mit zig »Australienfahrern« (Tour 3,5 Std.). Am schlimmsten war es im Strafblock (28 Zellen), wo nun Gemälde von Inhaftierten gezeigt werden. Im Okt. 1985 rebellierten 120 Gefangene, die bessere Haftbedingungen erreichten. 2004 wurde alles geschlossen. Kurios war der clevere Eisenbahn-Kofferdieb **James »Jack in the Box« Grey**, der ab 1856 für 4 Jahre einsaß (weitere Ausstellungen, Visitor Centre mit Café).
In **Little Nellie's House** lebte die 1903 in Waterford geborene Ellen Organ mit ihrem Vater, einem Soldaten, nachdem ihre Mutter an Tuberkulose gestorben war. Auch Ellen erkrankte an TB und starb 1908. Doch ihr letzter Wille, die Erstkommunion, wurde erfüllt. Damals durften diese nur Kinder ab 12 Jahren empfangen. Papst Pius X. setzte nach diesem Präzedenzfall das Kommunionsalter auf 7 Jahre herab. Nellies Leichnam wurde zwei Jahre später exhumiert und unbeschädigt aufgefunden. Fähren setzen ab Cobhs Kennedy Pier über.
Spike Island Tours: Kennedy Pier | www.spikeislandcork.ie reguläre Tour (tgl. mehrmals; nur Online-Ticketkauf) Ticket inkl. Fähre: 23 € | Spezial- und Thementouren bis 39 €

Gedenkstätte für Michael Collins

Macroom

Rund 40 km westlich von Cork wurde am 22. 8. 1922 bei Beal-na-Blath nahe Macroom **Michael Collins** erschossen. Den Ort des Hinterhalts (Michael Collins Ambush Site) markiert ein Gedenkstein.

Whiskey-Tradition und Top-Kochschule

Midleton

Rund 25 km östlich von Cork punktet Midleton Midleton mit dem hübschem Market House (18. Jh.) und im Bailick Park mit Alex Penteks 2017 enthüllter Adlerfeder-Skulptur **Kindred Spirits** (»Verwandte Seelen«). 1847 hatte das nordamerikanische indigene Volk der Choktaw 170 Dollars (heute 5000 Dollar) gegen den Hunger in Irland gespendet. Top ist das **Sage Restaurant** von Kevin Ahern (8 Main St, www.sage restaurant.ie) mit Bio-Food-Laden. Nahebei ver-

dient die berühmte Kochschule Ballymaloe Cookery Schoo Aufmerksamkeit (Shanagarry; www.cookingisfun.ie). Hauptattraktion ist aber das **Jameson Heritage Centre**, wo von 1825 bis 1975 Whiskey gebrannt wurde. 8 km östlich von Midleton wartet **Castlemartyr** mit den Resten von Seneshal's Castle (15. Jh.) auf, weitere 10 km Richtung Osten steht der runde Keep von **Inchiquin Castle** (13. Jh.).
Jameson Heritage Centre/Midleton Experience: : tgl. 10 – 18 Uhr
www.jamesonwhiskey.com | Distillery Experience Tour (tgl. 4 x; 75 Min.) 23 €, Premium Tasting Tour (tgl. 4 x; 80 Min.) 48 €, Behind the Scenes Tour (Do. – So. 15 Uhr; 2 Std.) 60 €

Blarney · An Bhlarna

★ Blarney Castle

Ein Stein zum Knutschen!

Ins hübsche **Blarney** (irisch »kleines Feld«) mit der romantischen Burg Blarney Castle (15. Jh.) kommen jährlich 460000 Besucher, also fast alle Irland-Reisenden. Jeder möchte den berühmten Stein auf der Burg küssen. Denn es heißt: Wer den **Blarney Stone** küsst, erhält die Gabe der Beredsamkeit! Tatsächlich steht man hier Schlange, um den in eine Zinne eingelassenen Stein zu küssen. Dazu legt man sich mit Unterstützung eines Wärters auf den Rücken, biegt den Oberkörper über dem (vergitterten) Abgrund abwärts und versucht die Unterseite des Steines mit den Lippen zu berühren. Aber Vorsicht: Die Redewendung »Blarney reden« bedeutet »gefällig reden« – eben »Blabla«! Kreiert hat den Ausdruck Königin Elisabeth I. Sie verlangte vom Lord of Blarney, er solle die Wahl durch Sippenoberhäupter aufgeben und sich besser von der Krone, also ihr, mit den Ländereien belehnen lassen. Lord Cormac McCarthy ging nur zum Schein auf die Forderung ein und fand stets neue Ausflüchte. Schließlich zürnte die Königin: »This is all Blarney; what he says, he never means!« (»Das ist alles Blarney; er meint nie, was er sagt!«).
Vom »Knutschstein« abgesehen hat die Burg mit 5,5 m dicken Mauern, 25 m hohem Turm und ausgedehntem Park viel zu bieten. Im **»Rock Close«** sind interessant geformte Steinquader und Felsblöcke sowie der im 18. Jh. aufgestellte Steinkreis zu bestaunen.
tgl. April – Okt. 9 – 17.30, sonst bis 17 Uhr | https://blarneycastle.ie
Eintritt: 18 €

Blarney Woollen Mills

Geschenke und Souvenirs shoppen

Früher war hier Wolle Trumpf! Im **Visitor Centre** mit Touristeninformation im Fabrikkomplex von 1823 locken 40 000 m² Verkaufsfläche (Aran-Pullover, Kristall aus Waterford, Schmuck und Kunsthandwerk). Filialen gibt's in Bunratty und Tipperary.
Mo. – Sa. 9.30 – 18, So. 10 – 18 Uhr | www.blarney.com

BLARNEY ERLEBEN

www.blarneytourism.com
https://purecork.ie/plan-your-trip/about-cork/destinations/blarney

BLARNEY WOOLLEN MILLS HOTEL €€€
Wahr gewordener Traum von Christie Kelleher! Alles begann 1978 mit einer Bar. Nun wird Gründer Kelleher mit gediegenem Interieur, Mill Restaurant und Christie's Bar geehrt. Angesagt ist der Afternoon Tea (39,95 €).
Tel. 02 14 38 50 11
www.blarneywoollenmillshotel.com
48 DZ u. Suiten

BLARNEY CASTLE HOTEL €€
Seit 1837! Das familiengeführte Hotel überzeugt mit Livemusik in Johnny's Bar und Lunch auch für Nicht-Hotelgäste im Lemon Tree Restaurant.
Tel. 0214 38 51 16, www.blarneycastlehotel.com, 13 DZ

Fermoy und Umgebung

Am irischen Rhein

Fermoy

Angler schätzen Lachs, Forellen und Rotaugen aus Irlands viertlängstem Fluss (168 km), dem **Blackwater River**. Nun hat Fermoy (36 km nördlich von Cork) den schon im 19. Jh. zum **»irischen Rhein«** erkorenen Fluss für den Tourismus entdeckt.
Sein heutiges Stadtbild verdankt Fermoy (Mainistir Fhear Muighe) einem Schotten: 1791 ließ der Unternehmer John Anderson, Begründer des irischen **Postkutschensystems**, neue Straßen anlegen, aus denen sich dann die Garnisonsstadt entwickelte. Schon 1170 war die Zisterzienserabtei gegründet worden, die dem Ort seinen gälischen Namen verlieh (»Kloster der Männer aus der Ebene«). An das nach vielen Wirren 1541 aufgelöste Kloster erinnern nur noch die moderne Statuengruppe von Mick Davis und die seit 2015 so genannte **Thomas Kent Bridge** von 1865 über den Blackwater. Die siebenbogige Kalksteinbrücke überspannt jene Furt, die die Mönche bis ins 16. Jh. für ihren Fährbetrieb nutzten. Ein erster Brückenbau von 1626 wurde schon 1628 weggespült, ein weiterer von 1687 hielt bis 1810. Am von Ruderern zu zwei Regatten (Mai und Sept.) und von Petrijüngern genutzten Fluss lädt Fermoys Tourismusbüro, Ashe Quay, zu ausgedehnten Spaziergängen auf den Uferwegen. Der Blackwater River wird als »Blueway« zur touristischen Wasserstraße ausgebaut, Radwege entlang der Ufer sind in Planung. Zahlreiche Anbieter bieten Kajak- und Kanutouren auf dem Fluss an, z. B. **Blackwater Boating** (https://blackwaterboating.ie) oder **Blackwater Kayaks & Canoes**.
https://purecork.ie/plan-your-trip/about-cork/destinations/fermoy

Hennessy-Stammsitz und ein historisches Modebad

Killavullen und Mallow

Bei **Killavullen** steht über dem Blackwater das Stammhaus der irischen Familie Hennessy, deren in Frankreich destillierter Cognac Weltruf genießt. In **Mallow** im bewaldeten Flusstal des Blackwater ist die Zuckerindustrie heimisch. Im 18./19. Jh. wurde es nach Entdeckung der natürlichen Radonquelle 1724 ein **Modebad**. Bemerkenswert sind neben Mallow Castle (16. Jh.), Markthaus und Glockenturm die Zeugen dieser Blütezeit: altes Badehaus, Rennbahn und »Spa Glen«, drei sprudelnde Brunnen an der Fermoy Road. Durch Mallow führt der **Rebel Trail** zu Schauplätzen des Unabhängigkeits- und Bürgerkriegs.

★ DERRY / LONDONDERRY · DOIRE

Nordirland, Provinz: Ulster | **Distrikt:** Derry City and Strabane
Einwohner: 110 730

An der Uferpromenade des Foyle River entlangschlendern, im Abendlicht den Blick auf die malerische Altstadt genießen oder doch lieber bei Nacht neue Seiten der Stadt erkunden? Egal wie Sie sich entscheiden, es gibt in Derry, offiziell Londonderry genannt, immer etwas zu sehen. Zum Beispiel die farbenfroh illuminierte Kunstinstallation »Mute Meadow« und die beleuchteten Stadtmauern. Viele »Lichtblicke« also. Bekanntermaßen hat Derry aber auch düstere Zeiten hinter sich. Und gerade die Überwindung des Nordirlandkonflikts macht die Stadt so spannend.

»Troubles« und »Peace Process«

Seit dem Bloody Sunday 1972 war Nordirlands zweitgrößte Stadt bis fast zur Jahrtausendwende Hauptschauplatz der **»Troubles«**. Nun steht sie für den **»Peace Process«** (Friedensprozess) und wächst zusammen. Dafür steht seit mehr als einer Dekade das Wahrzeichen, die Peace Bridge über den Foyle River.

Wohin in Derry?

Symbol eines Handschlags über den trennenden Fluss

Peace Bridge

Seit 2011 überspannt die famose **Friedensbrücke** (235 m) den Foyle River, dem das alte irische Daire bzw. Doire, die »Eichenhain-Insel«, die Existenz verdankt. Die 14 Mio. £ Baukosten trug maßgeblich das EU-Friedensprogramm! EU-Kommissar Hahn kam zur Eröffnung, mit ihm Nordirlands damals wichtigste Politiker: Peter Robinson und der 2017 verstorbene Martin McGuinness. Auch dabei war Leo Varadkar, 2017 – 2020 und erneut seit Ende 2022 Irlands Taoiseach (»Oberhäuptling«). Auf der von den Architekten Wilkinson Eyre für Fußgänger und Radfahrer konzipierten Friedensbrücke kommen die Bewohner wieder zusammen – von beiden Enden!

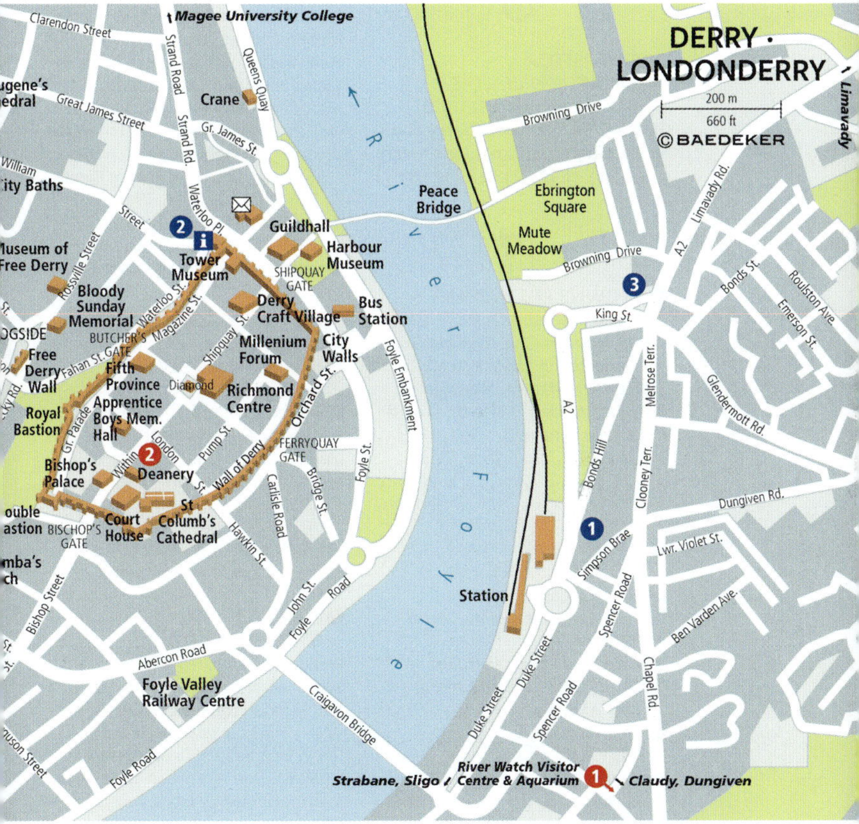

1 Beach Hill Country House
2 Bishop's Gate Hotel

1 Browns Restaurant & Champagne Lodge
2 Peadar O'Donnells
3 Walled City Brewery

Ca. 15 000 protestantische Unionisten und ihre Familien verließen in der bleiernen Zeit der Troubles die mauerumgürtete Altstadt und zogen hinter den Sicherheit bietenden, weil trennenden Foyle River. Derry war fortan nicht nur zwei-, sondern dreigeteilt: **protestantische Altstadt** und **katholische Bogside** im Westen, dazu das Ost-

DERRY ERLEBEN

DERRY VISITOR INFORMATION CENTRE

1 – 3 Waterloo Place, Tel. 028 71 26 72 84, www.visitderry.com
Visit Derry Pass: https://visitderrypass.com (1 Tag 25 £, 2 Tage 30 £)

❶ BROWNS RESTAURANT & CHAMPAGNE LOUNGE €€€€

Derrys Number One! Chef Ian Orr ist auf Gerichte mit saisonalen lokalen Zutaten spezialisiert. Günstiger ist Browne's in Town (Altstadt, Strand Road, kein Ruhetag).
1 Bonds Hill, Waterside, Tel. 028 71 34 51 80, https://brownsrestaurant.com, So., Mo. Ruhetage

❷ PUB PEADAR O'DONNELLS €€

Der Pub für das perfekte Pint! Drei Bars, tgl. Livemusik – Derrys Epizentrum.
59 – 63 Waterloo Street, Tel. 028 71 26 72 95, kein Ruhetag

❸ WALLED CITY BREWERY €€

Zum Lunch überzeugt der »WCB« (Walled City Burger, 12 £), abends und So. werden zwei Gänge für 25 £, drei für 30 £ serviert. Erste Wahl sind der Smoked Potatoe Fish Cake oder für 5 £ Aufpreis die Lammschulter mit Rosmarin-Knoblauch-Kruste, Broccoli und Karottenpüree. Beim Bier-Probierset (drei oder sechs vom Fass) empfehlen Meisterbrauer James Huey und Gattin Louise »Boom« (Derry Pale Ale mit Tropen- und Zitronenaromen), »Stitch« (mit bayerischem Hopfen) oder »Kicks« (Hommage an Derrys größte Band).
70 Ebrington Square, Waterside Tel. 028 71 34 33 36, So. nur 11 bis 17 Uhr (Brunch), Mo. Ruhetag, www.walledcitybrewery.com

❶ BEECH HILL COUNTRY HOUSE €€€€

Eleganter georgianischer Country House-Stil! Das charmante Hotel bietet exzellente, auch vegetarisch-vegane Küche. Den Afternoon Tea (23,95 £) gibt es bis 16 Uhr.
32 Ardmore Road (Waterside) Tel. 028 71 34 92 79, 27 Z. und Suiten, www.beech-hill.com

❷ BISHOP'S GATE HOTEL €€€€

Preisgekrönte Nobelherberge mit Wig Champagne Bar (ab 19, So. ab 18 Uhr), Livemusik (»Gigs at the Wig«; Wig Lounge) und schickem Gown Restaurant (Dreigänge-Menü 31,50 £). Den Afternoon Tea nimmt man in der Hervey Library (tgl. bis 16 Uhr).
24 Bishop Street
Tel. 028 71 14 03 00,
28 DZ, 2 Suiten
www.bishopsgatehotelderry.com

ufer mit der **Waterside** unter dem Schutz britischer Kasernen. Nun strömen sie wieder zurück in die Stadt.

»Legenderry«

Ebrington Square

Und die Katholiken der Bogside pilgern zum Ebrington Square, dem **Paradeplatz der Militärs**, größer als Londons Trafalgar Square. 1689 belagerte von hier aus die Armee Jakobs II. vergeblich Derry. Seit 2013, als Derrry-Londonderry erste Kulturhauptstadt Großbritanniens war und hier der Turner Prize verliehen wurde, ist der Exerzierplatz Kulturzentrum jener Stadt, in der 1945 die deutsche U-Boot-Flotte kapitulierte. Das einsam stehende **Denkmal des Matrosen mit Seesack** erinnert an die Marinetradition wie auch an Derry als Auswandererhafen. Besonders die **Kunstinstallation »Mute Meadow«** zieht in den Bann. Nachts wirken die 40 parallel aufgestellten Stäbe, eine Installation von Vong Phaophanit und Calire Oboussier, mit farbenfroher Lichtpalette besonders intensiv. Im zentralen **Uhrenturmgebäude** entsteht bis 2023 für 15 Mio. £ das Ebrington Hotel (152 Betten). Im Ex-Hospital zur Linken soll 2024 das neue Maritime Museum eröffnen. Auf der rechten Platzseite bietet im alten Kommandantenhaus die Walled City Brewery Pub auch eine gute Küche. Auf den Bänken vorder Tür sitzt man herrlich in der Abendsonne mit Blick auf die Altstadt. Die Bevölkerung ist stolz auf die Überwindung der Stagnation. Kunst, Kreativität und 100 Mio. £ haben Derry zu **»Legenderry«** gemacht. Radler nutzen beide Uferpromenaden, Jogger bevorzugen das schönere Waterside-Ostufer. Lohnend sind Waterside Theatre, 23 Glendermott Road, mit Kunstgalerie (Cascade Gallery) und Bravo Café Bar. Flussaufwärts zeigt das **River Watch Visitor Centre & Aquarium** heimische Fischarten.

Workhouse Museum: Mo. – Do. u. Sa. 10 bis 17 Uhr | Eintritt frei
River Watch Visitor Centre & Aquarium: 22 Victoria Road | Mo. – Fr. 10 – 17 Uhr, Juli/Aug. Fütterung Mo., Mi., Fr. 15 Uhr | Eintritt frei
www.loughs-agency.org

Namensstreit und Stadtgeschichte

Guildhall

Derry oder Londonderry? Der auf Zufahrtsstraßen durch Graffiti erlebbare **Namensstreit** zeigt die alte Spaltung. Per Königserlass entstand 1662 Londonderry als Referenz an die Zweitgründung durch Londoner Kaufleute (1613). 1984 änderte der Stadtrat seinen Namen in Derry City Council. Der populäre Beschluss hat aber seit 2007 keine Auswirkung. Nur die Queen könnte den Stadtnamen ändern. Es existieren Spitznamen, z. B. »Maiden City« (jungfräuliche Stadt) als Anspielung auf die nie eroberten Stadtmauern. Lokaljournalist Gerry Anderson amüsierte sich über »Stroke City«, die »Schrägstrich-Stadt«. Seither wird Derry/Londonderry auch offiziell gern benutzt. Dies erklärt die **stadthistorische Ausstellung** (Erdgeschoss) in der neogotischen **Guildhall** von 1890 am Guildhall Square, die mit herrlichen Buntglasfenstern aufwartet. Im mit 9,5 Mio. £ renovierten Haus fanden 1998–2004 die Befragungen von Lord Saville zum Bloody Sunday statt. Auf dem Guildhall Square sollte man auf im Minutentakt aufsteigende Wasserfontänen achten. Das gute Guildhall Café öffnet auf der Rückseite. Die Guildhall ist auch Zentrum des jährlichen Halloween-Festivals (www.derryhalloween.com). Mit dabei sind die witzige »Grimeena, the witch« (Grimeena, die Hexe), dargestellt von Gemma Walker vom In Your Space Circus (www.inyourspaceni.org), und ihr fröhlicher Kompagnon »Walter, the Sceleton« (»Walter, das Skelett«).

Guildhall Street | tgl. 9 – 17.30, Winter 11 – 16 Uhr | Eintritt frei

»Singing Bobby« und Mondscheintouren

Harbour Square und Westufer

Am Harbour Square steht die Bronzestatue für **Joseph Locke** (1917–1999). Der Metzgersohn sang mit sieben Jahren in Kirchen der Bogside und wurde als »Singing Bobby« berühmt. Im Visitor Centre kann man die **Foodie Cycle Tour** (ab 40 £) und Kanutouren bei Mondschein auf dem Foyle buchen. Vor der Craigavan-Doppelbrücke symbolisiert die Statue **»Hands Across the Divide«** (1992) den Annäherungsprozess.

Geführter Spaziergang

★ Entlang der Stadtmauer

Martin McCrossan und Kollegen führen kongenial die **Walled City Tour** (60 Min.) – gern auch in kurzen Hosen! Los geht's an der an 11 Carlisle Road, außerhalb der 1613–1618 erbauten **Stadtmauer**, rechterhand vom Foyleside Shopping Centre. Gut gelaunt und mit Witzen zur Stadtgeschichte gespickt geht es dann zu Britanniens besterhaltener Stadtmauer.

Die Artillery Street führt zum **New Gate**. Unterhalb liegt das Fountain Quarter mit Wandbildern, die protestantischen Bewohner hissen hier den Union Jack. In Richtung Altstadt blickt man auf das Gerichtsgebäude (Court House), London Street, einst Ziel von Bombenanschlägen. Die 1618–1633 erbaute protestantische **St Columb's Cathedral** wurde im 19. Jh. neugotisch umgestaltet und 2011 restauriert. Köpfe von 16 Bischöfen tragen als Kragsteine die Decke, in den Bischofsthron ist der Sessel des Bischofs Bramhall eingearbeitet, der die Kirche weihte. Der Kapitelsaal bewahrt Exponate zur Belagerung, auch eine Kanonenkugel, die Jakob II. als Aufforderung zur Kapitulation abfeuern ließ. Unterhalb des **Bishop's Gate** wurde die katholische **St Columba Church** Longtower 1783 von Katholiken und Protestanten gemeinsam finanziert. Ihr Heritage Centre hat eine Kopie des Book of Kells! An der Bishop Street Without war der **Heritage Tower**, letzter Gefängnisturm von 1824, auch Ausführungsort von Exekutionen. An 16 Bishop Street wartet die Galerie **Garden of Reflection**, ein Projekt des EU-Peace-Programme, mit Events wie der Beleuchtung der Stadtmauern auf (Mo. – Mi. 10 – 18,

Do., Fr. bis 16 Uhr, http://gardenofreflection.org). Gut 200 m vom Bishop's Gate entfernt öffnet innerhalb der Mauern das **Bishop's Gate Hotel**. Das Boutique Hotel, heute im Stadtbesitz, geht auf 1832 zurück, als hier zwei Privathäuser erbaut wurden. 1902 zog der exklusive Northern Counties Club ein. Hervey Library und Ballsaal (2. Etage) erinnern hier an Gäste wie Churchill oder die Feldmarschalle Montgomery und Alexander.

Auf der Mauer geht es weiter zur **Double Bastion** mit zwei historischen Kanonen. Hier beginnt die **Grand Parade**, die zum **Walker's Plinth** führt. Auf dem Monumentalsockel stand ab 1828 eine 24 m hohe Säule. Dieser Walker's Pillar wurde im August 1973 unter den Augen der Briten von der IRA mit einer 100-kg-Bombe gesprengt. Schönstes Gebäude an der Grand Parade ist die neogotische **St Augustine's Church** von 1872. Hier stand ab 546 das Kloster des hl. Columba. Hinter der **Memorial Hall** von 1873 im schottischen Baronialstil zeigt das **Siege Museum**, 13 Society Street, die Belagerung von Derry (Siege of Derry) 1689, die längste Belagerung in der britischen Geschichte. Den Slogan der Verteidiger, »No Surrender« (Keine Kapitulation) übernahmen im Nordirlandkonflikt die Unionisten.

Martin Mc Crossan City Tours: tgl. 10, 12, 14 u. 16 Uhr ab 11 Carlisle Road | http://derrycitytours.com | Ticket: 6 £ | **St Columb's Cathedral:** Mo. - Sa. 9 - 17 Uhr | Eintritt: Spende | www.stcolumbscathedral.org | **St Columba Church:** 59 - 61 Longtower Street | tgl. 8 - 20, Centre Mo. - Do. 9 - 17, Fr. 9 - 14.30 Uhr | http://longtowerchurch.org Eintritt frei (Spende) | **Siege Museum:** Mo. - Sa. 10 - 17 Uhr | www.thesiegemuseum.org Eintritt: 5 £, Führung 5 £

Rund um die Altstadt zieht sich die Stadtmauer, bis zu 8 m hoch und 9 m breit. Promenieren kann man drauf und drunter.

Tower, Diamond und Crafts

★ Altstadt

50 m vom Magazine Gate zeigt das ausgezeichnete **Tower Museum** zwei Dauerausstellungen zur Stadtgeschichte und zur 1588 vor Donegal gesunkenen »La Trinidad Valencera«, dem größten Schiff der spanischen Armada. Von der 5. Etage hat man einen herrlichen Panoramablick. Zum **Diamond-Areal** im Zentrum der Altstadt sind es drei Gehminuten. Hier flanierte einst Derrys Society und kaufte im **Austins**. Doch das frühviktorianische, älteste Kaufhaus der Welt (1830) schloss im März 2016. Dass Derrys Zukunft im Tourismus liegt, beweist das **Craft Village**, Shipquay Street 1: In drei Höfen öffnen das Café Gate, die Boutiquen Edel McBride und Number 19, Souvenirläden, eine Bäckerei für Hochzeitstorten und das angesagte Restaurant Harry's Derry.

Tower Museum: tgl. 10 – 17.30 Uhr | Eintritt: 4 £ | https://towermuseumcollections.com | **Craft Village**: www.derrycraftvillage.com

Rund um den Nordirlandkonflikt

Bogside (Foyleside), Rossville Street

Die Bogside beginnt an der Rossville Street, deren säuberlich renovierte Hauswände ein Dutzend fast museale **Murals zum berüchtigten Bloody Sunday** zieren. Das Bloody Sunday-Denkmal erinnert an die Toten der Demonstration vom 30.1.1972, als hier 15 000 Menschen gegen soziale Ungerechtigkeit und Diskriminierung demonstrierten. 13 Menschen starben, 16 wurden verletzt. Das **Museum of Free Derry** öffnete 2006 als Provisorium. Seit Feb. 2017 steht am gleichen Ort und dank 2,4 Mio. £ das neue Museum, in dem sämtliche Details fair dokumentiert sind. Hier starten Führungen (Free Derry Tours) zu den Wandmalereien. Hinter dem Steinblock in H-Form zur Erinnerung an den Hungerstreik 1981 steht die **Free Derry Wall**. John »Caker« Casey (gest. 2000), der den berühmten Schriftzug darauf entwarf, erhielt hier ebenso einen Gedenkstein wie Barney McFadden (gest. 2001), ein »Great Defender«. Die anderen Murals schufen die schon im Weißen Haus in Washington empfangenen Bogside Artists (www.bogsideartists.com): Tom und William Kelly sowie Kevin Hasson, alle aus der Bogside. Ihre **People's Gallery** entstand 1994–2008. Höhepunkt ist die **Peace Mural** (2004). Dieses Mauerbild (weißes Eichenblatt für Derry, stilisierte weiße Taube auf regenbogenfarbenem Untergrund) steht für den Friedensprozess. Das Bild von 2008 ehrt John Hume aus der Bogside, Mandela, Mutter Theresa und Martin Luther King Jr., sämtlich Friedensnobelpreisträger.
Stadtauswärts zeigt das **Gasyard Heritage Centre**, 128 Lecki Road, eine Austellung zu Gefängnissen und Hungerstreiks 1980/81 (Mo.–Fr. 9.30–17 Uhr; Eintritt frei).

Museum of Free Derry: 55 Glenfada Park | Di. – Sa. 10 – 16 Uhr https://museumoffreederry.org | Eintritt: 8 £, Rabatt bei Buchung von Free Derry Tour oder Bogside History Tour

Alt-Derry zeigt sich bunt – beispielsweise in der Waterloo Street mit ihren Pubs und Bars, wo das Leben vor allem abends pulsiert.

Free Derry Tour: Mo. – Fr. 10, 12, 14, Sa. 11 und 14, So. 14 Uhr | Buchung Tel. 077 93 28 59 72 oder freederrytours@gmail.com | Ticket: 7 £ | **Bogside History Tour**: tgl. 11, 13, April – Sept. auch Mo. – Fr. 15 Uhr | http://bogsidehistorytours.com | Ticket: 10 £

Mural zum Evergreen

Limavady

Limavady, 32 km östlich von Derry, ist Heimat des **Evergreens »Danny Boy«**. Linda Ross hörte hier die Melodie »Londonderry Air« von einem Fiddler und veröffentlichte den Song 1913. Die Melodie komponierte der Barde Rory Dall O'Cahan als Totenklage auf das letzte Oberhaupt der O'Cahans, Cooey-na-Gall. **Wandgemälde** und Tafel (51 Main Street) erinnern daran.

Sperrin Mountains · Na Speiríní

Gourmet-, Wander- und Angelparadies

Sperrin Mountains

Südöstlich in den Sperrin Mountains produziert **Dart Mountain Cheese** den Sperrin Blue Cheese und den von Hand in Bier »gebadeten« Banagher Bold (http://tamnaghfoods.com). 10 km 10 km

von Dungannon (ausgeschildert) befinden sich die **Beaghmore Stone Circles**, sieben Steinkreise und Hügelgräber der Bronzezeit. Zum Komplex gehörten auch zehn beim Torfstechen entdeckte Steinreihen. Wanderer schätzen den Ort. Obschon der »Goldrausch« das Gebiet bekannter machte, kann man hier stundenlang in glückseliger Einsamkeit spazieren. Autofahrern erschließt der **North Sperrins Heritage Trail** zahlreiche Sehens-würdigkeiten, etwa den **Mount Sawel** (678 m ü. d. M.), die **Megalithanlage** von Carnanbane, die **Steinkreise** von Aughlish, **King's Fort** und **Tandragee Fort**, das im 7. Jh. vom hl. Adamnan gegründete Kirchlein Errigal und die Kirchen in Banagher. Ein Höhepunkt sind die Relikte der **Dungiven Priory** mit Resten des Totenhauses (Mortual House). Am **Sperrins Sculpture Trail** wurden 2021 erste Skulpturen am Sperrins Heritage Centre (274 Glenelly Road, Plumridge), im Davagh Forest und am Mullaghacarn Mountain aufgestellt. Informationen zu den Sperrin Mountains hat das An Creagán Visitor Centre mit Cottages und White Hare Restaurant, 186 Barony Road, nahe Cookstown (Omagh, s. unten).
https://ancreagan.com

Omagh (An Omaigh) und Umgebung

Aufschwung nach den Troubles

Omagh

Die 50 km südlich von Derry gelegene größte Stadt im Co. Tyrone, irisch die »jungfräuliche Ebene«, war schwer von den Troubles betroffen: 1998 tötete eine Autobombe 29 Menschen, darunter 14 Frauen und 9 Kinder. 2011 starb ein Polizist. Heute entwickelt sich Omagh auch dank EU-Hilfe prächtig. Größte Attraktion ist ein Freilichtmuseum, der Ulster-American Folk Park.
Dank des OASIS-Projekts (4,5 Mio. £ von der EU) baute Omagh bis 2015 die städtischen Ufer aus. . Nicht alle Bürger sind mit den 2017 erteilten Schürflizenzen für weitere Sondierungen nach Gold im Umland einverstanden. Sie fürchten um traditionelle Angelgründe an Drumragh River und Camowen River und das Wanderparadies **Sperrin Mountains**. Omaghs **Strule Arts Centre** bietet zwei Theatersäle (400 bzw. 125 Plätze), Kunstgalerie, Tanzstudio, Café und Tourismusbüro (Parterre). Das neue **Roof Top Museum** baut eine Sammlung zum Co. Tyrone auf. 3 km außerhalb bietet Kathleen Ward im **Tattykeel House Design Studio** mit B&B Designerhandtaschen und Seidenschals. Vor Cookstown ist das **An Creaghán Visitor Centre** mit Restaurant, Cottage-Vermietung, Kunsthandwerksladen und Galerie ideal für Wanderer und Radler, die es zu den Trails der Sperrin Mountains zieht. Die museale Ausstellung zu Natur und Biodiversität zeigt auch archäologische Funde.
https://exploreomaghsperrins.com

Roof Top Museum: Townhall Square | Mo. – Sa. 9.30 – 17 Uhr
https://struleartscentre.co.uk | Eintritt frei
Tattykeel House Design Studio: 115 Doogary Road
https://tattykeeldesignstudio.com, https://tattykeelhouse.com
An Creaghán Visitor Centre: Farm Shop Mi. – Sa. 10 – 16, So. 13 – 16 Uhr | https://ancreagan.com | Cottages ab 50 £ pro Nacht

Trip in die Alte und die Neue Welt

★ Ulster-American Folk Park

6 km von Omagh ist im **Ulster-American Folk Park** die Geschichte der Emigration aus Ulster in die USA Thema. Geschildert werden Ursachen und Verlauf der **Auswanderungswellen** (18./19. Jh.), die mühsamen Reisen über den Atlantik und der Neubeginn. Unter den 30 Gebäuden (Schmiede, Hütten, presbyterianisches Versammlungshaus) sind in der Old World (Alte Welt) die rekonstruierten Straßen eines typischen Ulster-Dorfs, in der New World (Neuen Welt) der Nachbau des Schiffs »Brig Union« besonders eindrucksvoll. Der Park ist zu Events an Ostern und Halloween sowie für das Sommerfestival bekannt.
März – Okt. Di. – So. 10 – 17, Winter bis 16 Uhr
www.nmni.com | Eintritt: 9,90 £

Waldidyll

Gortin Glen Forest Park

10 km nördlich von Omagh lässt sich dieser Waldpark mit Sika-Hirschen und anderen Wildtieren auf fünf Wanderwegen (1 – 12 km) etwa zum Ladies' View (4 km) oder den Gortin Lakes (1 km) erleben. Eine längere Wanderung (16 km) führt zum Ulster-American Folk Park und ist Teil des **Ulster Way** (Karte/Wegbeschreibung: Tourismusbüro Omagh oder online).
Gortin Glen Forest Park: rund um die Uhr geöffnet | www.fermanaghomagh.com/residential-services/leisure/gortin-glen-forest-park

Literaturgeschichte, Skulpturen …

Strabane

In den Grenzort Strabane pilgern Literarturfans auf den Spuren von **Brian O'Nolan** (alias Flann O'Brien bzw. Myles na gCopaleen). Er wurde im Haus am Bowling Green geboren. Interessant ist der neue **Skulpturenweg**: So steht am Alley Theatre **»Ambrose the Pig«** von Martin Heron, Strabanes Antwort auf den riesigen Erfolg des Blarney Stone. Das Schwein erinnert an den örtlichen Schweinemarkt, an den keltischen Fruchtbarkeitsglauben und an Flann O'Brian, der »Ambrose The Pig« als Kunstfigur in sein Werk aufnahm. Das Schwein soll Wünsche erfüllen, das Berühren beschert Glück. Am Kreisverkehr nach Lisburn steht **»The Tinnyes«** von Maurice Harron: Die fünf 6,1 m hohen Stahlskulpturen zeigen zwei Tänzer, einen Fiddler, einen Trommler und einen Flötenspieler. Gray's Print Press & Tea Room ist in jener alten Druckerei, in der John Dunlap in die Lehre ging. Er druckte als Erster die **amerikanische Unabhängigkeitserklärung** (49 Main Street).

★ DINGLE PENINSULA

Republik Irland | **Provinz:** Munster | **Grafschaft:** Kerry

Die Halbinsel am Ende der Welt, irisch »Corcu Duibne« (Sitz der Göttin Duibne), fasziniert Künstler wie Urlauber. Auf die vorgelagerten Blasket Islands locken intensive Farb- und Stimmungswechsel. Die größten Attraktionen heißen »Dingle-Dingle«, wie der Slea Head Drive, eben »Dingle pur«!

Delfin Fungie

Größte Attraktion war bis zur letzten Sichtung im Oktober 2020 der 4 m lange, 250 kg schwere Tümmler »Fungie« (»Fun Gay«)! Als **Dingle-Delfin** machte der Einzelgänger seit 1983 die Dingle-Halbinsel weit über Irland hinaus bekannt. Am 17.10.2021 gab ihm Dingle Town mit einer Bootsparade ein letztes Farewell! EineBronzeskulptur am Pier beim Tourist Office erinnert an ihn, ebenso die **Dingle Dolphin Boat Tours**, die nun statt zu ihm zu Walen und Delfinschulen an den Blasket Islands starten (www.dingledolphin.com; 3 Std.; 55 €).

Trip über Dingle Peninsula

Kultur an der Küste

Auf gen Westen

Schätze der Halbinsel sind ihre Landschaft, ihre lebendigen Überlieferungen und Bräuche und 1500 **Steinmonumente**, etwa Bienenkorb-Bauten, Ogham-Steine oder Forts der Eisenzeit, die man im

Die Küstenstraße bietet eine Art Irland-Konzentrat: wilde Küste, fantastische Aussichten, viel Grün – und dazu Historisches.

DINGLE PENINSULA ERLEBEN

DINGLE TOURIST OFFICE
The Quay, Dingle Town
Tel. 066 9 15 24 48
https://dingle-peninsula.ie

O'FLAHERTY'S
Der Pub in Dingle mit regelmäßigen Sessions bester traditionell irischer Musik.
Bridge Street, Tel. 066 9 15 19 83
www.oflahertysbardingle.com

DINGLE BENNER'S HOTEL €€€€
Exquisiter Charme der alten Zeit! Im 300 Jahre alten, modernisierten Hotel ist Mrs. Benners Bar der Treff.
Main Street, Dingle Town
Tel. 066 9 15 16 38, 52 DZ
www.dinglebenners.com

äußersten Westen am **Slea Head Drive** erlebt. Kein Wunder, dass hier **Filmwelterfolge** wie »Ryan`s Tochter« (1970), »In einem fernen Land« (1992; mit Tom Cruise, Nicole Kidman) und 2016 »Star Wars Episode VIII – Die letzten Jedi« gedreht wurden.

Die Antarktis-Legende

Annascaul

In Inch erreicht man den 5,5 km langen, auch für PKW geöffneten Sand und Dünenstrand **Inch Beach** mit B&B und Cottages (www.inchbeach.com). In Annascaul, Geburtsort von Tom Crean (1877 bis 1938) steht im Tom Crean Memorial Garden die lebensgroße Statue des Antarktis-Helden. Crean war 1912 auf Scotts Südpolexpedition dabei und rettete die Kameraden, als er 800 Seemeilen von Elephant Island bis Süd-Georgien ruderte. Das **South Pole Inn** (www.southpoleinn.com) am Memorial Garden betrieb er ab 1920 mit Gattin Ellen als Milch- und Biergeschäft. Heute trinkt man hier an der Antarctic Bar. In der Galerie des South Pole Inn ist die Skulpturensammlung des Bildhauers **Jerome Connor** (1874 – 1943) zu bewundern.

Zentrum der Halbinsel

★ Dingle

Von Nordosten erreicht man auf der Halbinsel zuerst die herrlichen Sandstrände von **Castlegregory**, ehe die schmale Straße zum **Conor Pass** führt. Von Irlands höchsten Pass ist die Aussicht »Dingle-Dingle«, wunderschön! Unterhalb bietet das Dingle Town (2050 Einw.), das Oceanworld Aquarium mit Unterwasser-Glastunnel und Haibecken. Das **An Díseart Centre** für irische Spiritualität zeigt fantastische Bleiglasfenster von Harry Clarke (1922), dazu ein Wandbild zum Leben der Ordensgründerin Nano Nagle (1718 – 1784) im Nano Nagle Room, das die US-Amerikanerin Eleanor Yates ebenso schuf wie 2011 das Fresko »Letztes Abendmahl« im Nonnen-Speisesaal.

Großartig sind die Gärten mit Labyrinth und dem 2020 neu eröffneten **Garten der Sinne und Biodiversität**. Kulinarisch top sind das Dingle Food Festival (Ende Sept.), der Wochenmarkt (Fr. 9 – 15 Uhr) und das Eis von Murphy's Ice Cream (Strand St; https://murphy sicecream.ie), darunter Sorten mit Meersalz, Whiskey oder Gin aus der Dingle Distillery im nahen Milltown (https://dingledistillery.ie). Kunsthandwerk bieten Kathleen McAuliffe (Hüte), John Welden (Keltenschmuck) und Hedi O`Neill (Töpferware), Kunst die Dillon Gallery und Dingle Artworks (beide Green Street).

Dingle Oceanworld: The Wood tgl. 10 – 17 Uhr | www.dingle-oceanworld.ie| Eintritt: 16,50 € (nur n. V online) | **An Díseart Centre:** Green St | Mo. – Do. 11 – 13, 14 – 16, Fr. 11 – 13 Uhr | https://diseart.ie Eintritt: 3 €, Konzerte 25 – 30 € | **Kunsthandwerk:** https://kathleenmcauliffe.com | https://johnweldon jewellers.com | https://dinglepottery.net | www.thedillongallery.com https://dingleartworks.com

Grandiose Küstenstraße

Slea Head Drive

In Dingle startet die spektakuläre 46 km lange Küstenstraße Slea Head Drive. 10 km von Dingle Town warten in **Kilvicadownig** (»Kirche des Königs der Welt«) an der Ventry Bay mit dem **Fairy Fort** samt **Pet Farm** (Schafe, Ziegen, Pferde Esel) die Reste eines von Mythen umrankten Ringforts aus der Bronzezeit. In **Fahan** ist aufgrund Sturmschäden das am Meer aufragende Promontory Fort Dunbeg (800 n. Chr.) geschlossen. Doch nur wenig weiter lohnt am Südhang des Mount Eagle (516 m) die bis ins 12. Jh. bei der Normanneninvasion bewohnte Festung **Caher Conor**! Die fünf ca. 500 n. Chr. aus Trockenmauerwerk errichteten Bienenkorbhütten (bee hive huts) sind auch begehbar. Am **Sybil Head** (Ceann Sibéal) wurden Szenen des Star Wars-Films »Die letzten Jedi« gedreht (ausgeschildert).

Fairy Fort: tgl. 9 – 17 Uhr | www.fairyfortdingle.com | Eintritt: 5 €
Caher Conor: Fahan, April – Okt. tgl. 9 – 18 Uhr | Eintritt: 3 €

Urviecher

Kilvicadownig

Einzigartige Zeugnisse der tierischen Vergangenheit stellt das **Celtic & Prehistoric Museum** in Kilvicadownig an der Ventry Bay aus: Irlands einziges Wollmammut-Skelett, »Smokey«, das Skelett eines Höhlenbären, einen Baby-Dinosaurier und ein Dinosauriernest mit Eiern.

März – Okt. tgl. 10 – 17.30 Uhr | Eintritt: 4 €

Einst die glücklichsten Menschen der Welt

Great Blasket Island

Die zum **National Historic Park** erklärte Hauptinsel Great Blasket war bis 1953 bewohnt. Es heißt, die Insulaner waren in ihrem festgefügten Kulturkreis »die glücklichsten der Welt«. In der Mitte steht eine Kirchenruine. Vom 285 m hohen Kamm blickt man über den Blasket Sound auf die Klippen von Kerry. Wer sich für die Geschichte interessiert, geht ins Blasket Centre im Hafen Dunquin auf dem Festland.

Blasket Centre: 12.3. – 31.10. tgl. 10 – 18 Uhr | Eintritt: 5 €
http://blasket.ie/en

Töpfern, Kunst und Historisches

Dún an Óir Fort & West Kerry Museum

IIn Clogher lädt die Mulcahy Pottery mit hübschem Café im Juli/Aug. bei der Pottery Experience zum **Töpfern**. Im Ortsteil Riask von Ballyferiter sind die Reste der Mönchssiedlung (6. Jh.; Eintritt frei) erstes Ziel, ehe Adrienne Heslin in der **West Kerry Brewery** (mit Brick`s Pub und B&B) zur Führung mit Bierdegustation bittet (25 €; https://westkerrybrewery.ie). Im Hof mit tollem Blick auf den Mount Brandon zeigt die Künstlerin ihre Skulpturen. Im Schulhaus von 1875 präsentiert das **West Kerry Museum** mit Café und Buchladen Maritimes und Archäologisches.

Pottery: tgl. 10 – 18 Uhr | https://louismulcahy.com
Führung: 7,50 € Experience 9,90/19,90 €
West Kerry Regional Museum: Juni – Sept. tgl. 10 – 17 Uhr
https://westkerrymuseum.com | Eintritt frei (Spende)

Bootsförmiges Gebetshaus

★ Gallarus Oratory

8 km von Dingle liegt das Gallarus Oratory (Gallarus = fremdes Haus), ein Steinhaus, das aussieht wie ein kieloben gelegtes Boot. Die über 1 m dicken, fast ohne Mörtel errichteten Mauern wölben sich über die 3 x 4,5 m Grundfläche. Die Steine sind sorgfältig ausgesucht und geschichtet. So ist der Bau trotz seinen 1200 Jahren vollkommen trocken. Westlich davon steht die Ruine von **Gallarus Castle** (15. Jh.).

Eine Konstruktion (fast) für die Ewigkeit: das Gallarus Oratory.
Innen wird die Schwere der Steine spürbar.

Areal tgl. geöffnet | Visitor Centre Ostern – Okt. tgl. 10 – 18 Uhr | www.gallarusoratory.ie | Eintritt frei, mit Café und AV-Show (15 Min.)

Hinauf auf den Berg

Mount Brandon

Auf dem Mount Brandon (952 m) ind **Reste von St Brendans Bethaus** und Steinhütten erhalten. Die Aufstiegswege sind markiert, die alten Pilgerwege hinauf führt Linda Woods, die auch Radtouren anbietet ((https://irelandwalkhikebike.com).

Tralee und Umgebung

Im Zeichen der Rose

Rose of Tralee

Ballyseede Castle (www.ballyseedecastle.com), einziges Schlosshotel im Co. Kerry mit Park, sehr gutem O'Connoll Restaurant und gutmütigem Hausgespenst »Miss Hilda«, ist vor den Toren von Tralee (23 690 Einw.) ideal, um die Stadt des jährlichen Rose of Tralee Festivals (www.theroseoftralee.com) kennenzulernen. Ende August wird hier das schönste irischstämmige Mädchen zur »Rose of Tralee« gewählt. Ursprung ist die tragische Liebesgeschichte zwischen der schönen Schustertochter Mary O`Conor (1820 – 1849) und dem reichen Kaufmannssohn William Pembroke Mulchinock, der die Rosenballade »Rose of Tralee« komponierte. 2009 wurden die zwei im Rosengarten (5000 Rosen, 35 Arten) des Stadtparks an der Denny Street als lebensgroße Bronzestatuen von Bildhauerin Jeanne Rynhart vereint. Hier ehrt zudem die Rose Wall of Honor die Siegerinnen des Festivals. Nebenan sind im preisgekrönten Garten der Sinne (Garden of Senses) herrliche Skulpturen wie der von Kamelien umrahmte riesige Kupferkessel »Cauldron of the Dagda« (Dagda war oberste keltische Gottheit) oder der Nachbau zweier altirischer Kriegshörner, der »Horns of Cloghercleain«, die 1875 in einem Bronzehortfund entdeckt wurden. Eine kulinarische Rose ist gegenüber Mary Ann`s Tearoom (17 Denny Street, www.maryannstearoom.com) mit B&B Finegan's Guest House und »Finegan`s Wine Cellar«.

Museum mit vielen Highlights

★ Kerry County Museum

Das bedeutende Museum in Tralees Ashe Memorial Hall (mit Tourismusinformation; www.tralee.ie) präsentiert **Irlands Geschichte** von den Anfängen bis ins 21. Jh., u.a. mit dem Bronzehorn von Lissore (ca. 3000 v. Chr.) oder im Torfmoor entdeckten Hurlingbällen aus Kuhhaar, die auf 1157 und 1227 datieren. Sonderschauen sind dem Antarktis-Entdecker **Tom Crean** (1877 – 1937), Roger Casement und dem Osteraufstand 1916 gewidmet, auch Kostüme der Siegerinnen des Rose of Tralee-Wettbewerbs sind zu bestaunen. In der **Medieval Experience** wird das Tralee im Jahr 1450 samt originalgetreuer Straßen und Plätze lebendig – auch Geräusche und Gerüche werden imitiert.

County Museum: 18 Denny Street| Juni – Aug. tgl. 9.30 – 17.30, sonst Di. – Sa. 9.30 – 17 Uhr | http://kerrymuseum.ie | Eintritt: 5 €

Erste Adresse für Musikfans

Siamsa Tíre

Irlands **nationales Folktheater** Siamsa Tíre (»Unterhaltung des Landes«) im Stadtpark (»The Green«) steigt jährlich Mai bis Sept. das **Festival of Folk** – seit 2022 auch mit der Ausstellung **Folk Homecoming Exhibition**, mit Führungen durch das 1991 inspiriert vom Staigue Fort am Ring of Kerry erbauten Hauses, Backstage-Besuchen und Workshops (irischer Gesang, Irish Dance). **Irish Folk Music live** bieten auch die Pubs Seán Óg`s mit B&B (41 Bridge Street; tgl. Livemusik; www.sean-ogs.com), An Teach Beag (27 The Mall; tgl. 21.30 Uhr; www.facebook.com/anteachbeag27/) und Kirby`s Brogue Inn (Rock Street; fast tgl. Livemusik; https://thebrogue.ie).

Buchung: boxoffice@siamsatire.com | https://siamsatire.com
Ausstellung Eintritt frei, Hausführung mit Ausst. 12 €, plus Backstage-Besuch 16 €; Show (Beginn 20.30 Uhr) 45 €, mit Führung, Backstage und Souvenir (Beginn 20 Uhr) 90 €; Workshop 56 €, mit Führung und Backstage 80 €

Kulinarik und Sport

Wandern, Radfahren & Baden

Tralee ist Sitz des Buttergiganten Kerry Group (»Kerry Gold«), aber auch der Gourmetvereinigung **Taste Kerry** (https://tastekerry.ie), in der Melanie Harty mit **Original Savoury Jellies** (Geleepralinen; 2 Canal Place, http://hartysjellies.ie) aktiv ist. Top ist auch The Cheese Shop Café (Strand Street). Ab Tralee startet der Fernwanderweg **Dingle Way** (179 km; www.dingleway.com). Der **Great Southern Trail Greenway** nach ►Limerick (96 km) ist auf 36 km von Rathkeale bis Abbeyfeale und von Tralee bis Fenit auch für Radler ausgebaut (www.southerntrail.net). Tralees Aqua Dome ist Top-Hallenfreizeitbad mit Wellenbad, Sauna und Aqua Golf (Outdoor-Minigolf).

Aqua Dome: Mo. – Fr. 10 – 22, Sa., So. bis 19 Uhr | Eintritt: 17 €, Aqua Golf 7 € | https://aquadome.ie

Irlands höchste Windmühle

Blennerville

Wie Don Quichotte ragt die 21,3 m hohe, restaurierte Windmühle Blennerville mit ihren 18,29 m langen Flügeln aus der Landschaft, ist aber auf allen fünf Etagen voll funktionstüchtig! Dabei war sie nur von 1800 bis 1846 in Betrieb. Die Dachplattform ist perfekt zur Vogelbeobachtung. Eine Attraktion für Kinder ist das Modell der einst Tralee mit Dingle verbindenden **Schmalspureisenbahn**. Blennerville Quay als wichtigem Emigrationshafen in der Großen Hungersnot widmet sich eine weitere **Ausstellung**.

Visitor Centre: Juni – Aug. tgl., April, Mai, Sept., Okt. Di. – Sa. 9.30 – 17 Uhr | www.blennerville-windmill.ie | Eintritt: 8 €

Wander- und Meeresfreuden

Tralee Bay Wetland Centre & Nature Reserve

Neben dem durch 4 km Wanderwege erschlossenen Ballyseedy Wood (32 ha) ist das Tralee Bay Wetlands and Nature Reserve mit seinen 2500 ha das wichtigste Naherholungsgebiet in der Gegend. Es locken Bootstouren auf der Tralee Bay, herrliche Sandstrände, Dünen und Lagunen. Das Visitor Centre mit Lakeside Café bietet Atlantikküche, Verleih von Tretbooten (30 Min.; 15 €) und eine Kletterwand (30 Min.; 15 €).

Tgl. April – Aug. 10 – 17, sonst bis 16 Uhr | Eintritt: 3 €
Führung: 10 € | https://traleebaywetlands.org

Auf den Spuren des Heiligen Brendan

Ardfert

Wer sich für den hl. Brendan (484–577) interessiert, fährt ins 8 km nordwestlich gelegene Ardfert. Hier gründete der Heilige, der im nahe gelegenen Hafen Fenit geboren wurde, ein Kloster. Für die dazugehörige festungsartige Cathedral (um 1250) am Friedhof verwendete man das Westportal und die Blendarkaden eines hibernoromanischen Vorgängerbaus (12. Jh.). Schön sind das gotische Chorfenster und die Lanzettfenster. Es folgen die kleine romanische Kirche Temple na Hoe und Reste des Temple na Griffin (15. Jh.). Einige Hundert Meter weiter stehen Ruinen eines Franziskanerklosters (13. – 15. Jh.), mit Rundsäulen und mit Ziegeln gedecktem Kreuzgang.
Weiter nördlich liegt der Urlaubsort Ballyheige, der vor allem wegen des sich südlich erstreckenden Banna Beach beliebt ist. Hier ließ sich 1916 Sir Roger Casement von einem deutschen U-Boot an Land setzen. Von dort erreichen Sie das in den Atlanktik vorspringende Kerry Head. Wanderer fanden hier schon sechsseitig geformte Quarzkristalle – vielleicht haben Sie Glück?

Dorado für Höhlenfans

Crag Cave

Erst 1983 erforschten Höhlenexperten die imposante Tropfsteinhöhle Crag Cave – und stießen auf eines der größten Höhlensysteme Irlands mit fast 4 km Länge.

Jan. – März Fr. – So. 10 – 18, April – Okt. tgl. 10 – 18, Nov./Dez. Mi. – So. 10- 18 Uhr | https://cragcave.com/website2 | Eintritt: 15 €

Ballybunion und Umgebung

Die Perle von Nord-Kerry

Ballybunion

Sieht man aufs Meer, breitet sich linkerhand der Ruine des auf einer Klippe thronenden Ballybunion Castle der **Men's Beach**, zur Rechten der **Ladies Beach** aus. Die Namen der beiden Blaue-Flagge-Strände stammen aus den Anfängen des Badetourismus, als noch Geschlechtertrennung galt. Am Ladies Beach bezieht die Seenot- und Klippenrettung Posten, dazu locken hier ein Café, ein Eisladen und seit 1932

Auf dem Klippenpfad zur Nonnenbucht mit Virgins Rock nördlich von Ballybunion

Ballybunions Seealgenbad. Sommertags wird am Strand eine Spezialität in Papiertütchen verkauft: Periwinkles, gekochte und gesalzene essbare Sandschnecken (*Littorina littorea*). Im sich anschließenden nördlichen Klippenbereich sind vom Atlantik ausgewaschene **Höhlen** per Boot oder bei Ebbe zu Fuß zu entdecken. Am schönsten ist der **Klippenpfad** zur Nonnenbucht, dem unzugänglichen Nun's Beach, über dem ein alter Konvent steht. Am Weg liegt ein Blowhole, das Nine Daughters Hole (Neuntöchterloch), vor dem Nonnenstrand steht ein natürlicher Triumphbogen, Virgins Rock im Meer. Wer auch baden möchte wenn es kühl ist, begibt sich ins Ballybunion Health & Leisure Centre mit einem 20-m-Pool und einer Sauna an der Strandhill Road. **Wander- und Radtouren** können Sie mit Danny Houlihan unternehmen, der auch Aussichtspunkte für die heimischen Tümmler (Bottlenose dolphins) kennt (www.ballybunion.ie).

Fundort eines berühmten Kreuzes

Ballylongford

Bei Ballylongford genießt man die Aussicht von den Ruinen des um 1490 erbauten, 1580 belagerten **Carrigafoyle Castle** an der Shannon-Mündung. Aus dem Franziskanerkloster **Lisloughtin Abbey** (15. Jh.) stammt das Ballylongford Cross, das sich nun im National Museum Dublin befindet.

Über den Shannon

Tarbert

In Tarbert (50 Einw.) quert eine Autofähre den Shannon. Der harsche Strafvollzug im 19. Jh. ist Thema im **Tarbert Bridewell Courthouse & Jail** von 1831.

April – Sept. Mo. – Fr. 10 – 17, Sa., So. 10 – 16, sonst tgl. 10 – 16 Uhr
www.tarbertbridewell.com | Eintritt: 5 €

Städtchen der unzähligen Pubs

Listowel

Böse Zungen behaupten, Listowel (4820 Einw.) habe mehr Pubs als Wohnhäuser. Überzeugen Sie sich im besten Haus, dem John B. Kearne's Pub, 37 William Street – benannt nach dem hier geborenen Schriftsteller und Dramatiker. International bekannt ist Listowel durch die **Writers' Week** (Juni; www.writersweek.ie) und das Kerry Writers' Museum mit Literaturcafé ist auf jeden Fall einen Besuch wert. Listowels Burg (15. Jh.) geht auf die »Lords of Kerry«, die Fitzmorris-Familie zurück. Zwei Rundwege, der River Walk (4 km) und der Sive Walk (11 km) erschließen den Ort, der seit 1858 eine Septemberwoche lang Kopf steht – bei Pferderennen, Erntedankfest und Heiratsmarkt. Lohnend sind die **Listowel Food Fair** (Nov.) und der wöchentliche **Farmers Market** (The Square; Fr. 9 – 14 Uhr).

Writers' Museum: 24 The Square | Mai, Juni Di. – Sa. 10 – 17, Juli, Aug. Mo. – Sa. 10 – 17, Sept. – April Mo. – Fr. 10 – 17 Uhr | www.kerrywritersmuseum.com Eintritt: 8 €, nur Writers Exhibition 6 €
Listowel Castle: The Square | 26.5. – 28.9. geöffnet | Eintritt frei

★★ DONEGAL · DÚN NA NGALL

Republik Irland | **Provinz:** Ulster | **Grafschaft:** Donegal
Einwohner: 2620 | Auskunft **www.govisitdonegal.com**

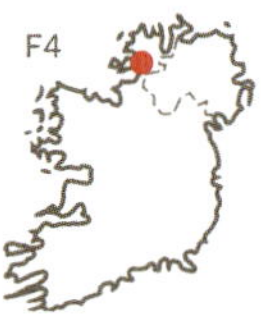

Handarbeits- und Modefans denken beim County Donegal vielleicht zunächst einmal an den Donegal Tweed. Typisch ist die Optik des Garns mit den kleinen Farb-Einsprengseln, die verarbeitet einmalige Farbnuancen ergeben. Echtes Donegal besteht dabei aus 100 % Schurwolle. Besonders der Marktort Ardara ist historisch für hochwertigen Tweed und andere spezielle Strickwaren berühmt.

Starke Burg

Das lebhafte Hafenstädtchen Donegal, das Tor zu den Northern Headlands des Wild Atlantic Way und zu dessen größter Attraktion: Den Klippen von Sliabh Liag (englisch: Slieve League). Das Städtchen ist auch dank des eindrucksvollen Donegal Castle touristisch attraktiv. Schon seit der Prähistorie besiedelt, weist der irische Stadtname Dún na nGall, zu deutsch »Burg der Fremden« auf die dänischen Wikinger hin, die hier im 9. Jh. eine Festung hielten. Doch sie hatten die Rechnung ohne Irlands Hochkönig MacLochlainn gemacht, der 1159 die Festung zerstörte.

Wohin in Dongegal Town?

Die prächtigste und stärkste Burg des Landes

Donegal Castle

Der superreiche Red Hugh O'Donnell (Red Hug I.) aus dem mächtigen O'Donnell-Clan, der das regionale Königreich Tir Chonaill regierte, baute 1474 Donegal Castle. Noch heute ist die imposante Burg auf dem Fels am Fluss Eske zu besichtigen. Gleichzeitig baute Red Hug mit seiner Gattin Nuala ein Franziskanerkloster. Angeblich verband ein Tunnel die beiden Bauwerke, der aber nie entdeckt wurde. Die Ruinen von **Donegal Abbey** mit ihrem wunderbaren Friedhof liegen malerisch an der Mündung des Fluss Eske.
1607 musste ein Nachfahre des Erbauers, Rory O'Donnell nach Flandern und weiter nach Rom fliehen, wo er starb. Die Burg und das dazugehörige Reich fielen an den englischen Captain Basil Brooke. Dieser ließ in den großen viereckigen Turm von 1505 Fenster und im Hauptgeschoss einen prächtigen Kamin mit Wappenschilden einbauen. Dazu wurde ab 1611 das Herrenhaus angebaut. Donegal Castle, die schönste und mächtigste Burg Irlands, wurde 1670 an die Gore-Dynastie verkauft, die 1898 alles an Irland abtraten.
Ostern – Mitte Sept. tgl. 10 – 18, sonst Do. – Mo. 9.30 – 16.30 Uhr
Eintritt: 5 €

Lebendiger Platz

Diamond

Auf dem Stadtplatz, dem Diamond, steht ein hoch aufragender **Obelisk** als Wahrzeichen und Denkmal für Michael O'Clery und seine drei Gehilfen: Diese vier Mönche, genannt »Four Masters«, schrieben hier 1632 – 1636 Irlands Geschichte und verschiedene keltische Über-

DONEGAL TOWN UND KILLYBEGS ERLEBEN

DONEGAL TOWN TOURIST INFORMATION CENTRE

The Quay, Tel. 01 6 05 77 00
www.govisitdonegal.com

HARVEY'S POINT COUNTRY HOTEL €€€€

Schwanensee-Atmosphäre, preisgekrönte Küche und jedweder Komfort.
Lough Eske, Tel. 074 9 72 22 08, 74 DZ, www.harveyspoint.com

CASTLE MURRAY HOUSE €€€

2021 renoviertes hübsches Boutique Guest House (B&B) mit Fahrradverleih (Hybridräder 20 €/Tag, E-Bikes 30 €/Tag), Gratis-WiFi, Bar, Parkplätzen und schönem Garten direkt am Denkmal für die 1813 in der Bruckless Bay ertrunkenen 42 Fischer, die 30 Witwen und 102 Kinder hinterließen.
Dunkineely, St John's Point
Tel. 07 49 73 70 22, 10 DZ
www.castle murray.com

Mitten in den Bluestack Mountains liegt idyllisch der Lough Eske. 1998 ließ man hier das »Lough Eske Monster« auferstehen – ohne nachhaltigen Erfolg.

lieferungen auf, da sie Angst hatten, die Engländer könnten die keltische Kultur auslöschen. Edelausgaben der monumentalen Annalen (»Annals of the Four Masters«) kosten ohne Probleme 600 €!
An den Seiten laden Pubs und Restaurants zu einem Stopp ein. Der Laden Magee bietet seit 1866 handgewebten Tweed an. Zwei Minuten hinauf sind es zur mit Granit aus den Bluestack Mountains erbauten **St Patrick's Church** (1935) und weiter zum ehemaligen, 500 Menschen Unterschlupf bietenden **Armenhaus** (1841/1842) mit Paupers Cemetery (Armenfriedhof).

Magee: New Row | Mo.–Fr. 8.15–17.15 Uhr | www.magee1866.com

Buntes Treiben am Hafen

Hafen & Bootstrips

Im stark von Ebbe und Flut bestimmten Hafen mit dem Tourismusbüro startet Donegal Bay Waterbus zu den Exkursionen: Die »Tipperary« tuckert zu den Seehund-Kolonien auf den vorgelagerten Inseln und zeigt auch den Begräbnisplatz von Nualu und Red Hag I., dem am Kai ein 4 m hohes Bronzedenkmal gewidmet ist. Ende Juni/Anfang Juli findet das dreitägige **Town Summer Festival** statt.

https://donegalbaywaterbus.com | Ticket: 20 €

Kunsthandwerkliches shoppen

Donegal Craft Village

Das Donegal Craft Village, eines der besten in Irland, ist für Tweed, Filz, Schmuck, Steinskulpturen und Glas berühmt.

Ostern – Sept. Mo. – Fr. 10 – 17, sonst Di. – Fr. 10 – 17 Uhr
Eintritt frei | https://donegalcraftvillage.com

Rund um Donegal Town

Paradies für Angler und Wanderer

Lough Eske und die Blue Stack Mountains

Rund 8 km nordöstlich der Stadt liegt das geruhsame Anglerparadies Lough Eske. Von dort aus kann man einen Abstecher machen zu einem Wasserfall und weiter in die Blue Stack Mountains mit dem hübschen, von Felswänden eingeschlossenen **Lough Belshade**. Wer diese attraktive Gegend erwandern möchte, begibt sich auf den **Blue Stack Way**, der über 65 km in drei Tagen von Donegal Town nach Ardara führt.

Pilgern auf der »Büßerinsel«

Lough Derg

Auf der winzigen Insel Station Island im Lough Derg liegt eine Höhle, die in heidnischer Zeit als **Eingang zur Unterwelt** angesehen wurde. Dies änderte sich auch mit der Christianisierung nicht, denn im Mittelalter war der Ort als St Patrick's Purgatory, das Fegefeuer des hl. Patrick, berühmt: Fahrende Ritter wollten in der Höhle das Fegefeuer erblickt haben. Und so finden sich noch heute zwischen Juni und August zahlreiche Pilger ein, die hier eine dreitägige Wallfahrt unternehmen, die »härteste« der Christenheit.

Lough Derg Pilgrimage Island Visitor Centre: Pettigo | Bootsverkehr (min. 10 Pers.) März, April, Okt. Mo. - Fr., Mai - Sept außer 1.6. - 15.8. tgl. 9.15 - 16.45 Uhr | Eintritt: Fähre mit Inselpilgerweg (8 bzw. 12 km) 25 €, Tagesticket 35 € , One Day Retreat 45 € Drei-Tage-Wallfahrt (nur 1.6. - 15.8.) 80 € | www.loughderg.org

Badeort am Atlantik

Rossnowlagh

Der Ort Rossnowlagh lockt mit seinem schönem Sandstrand und der FinMcCool-Surfschule (www.finmccoolsurfschool.com). Im Franziskanerkloster zeigt das **Donegal Historical Society Museum** Objekte aus der Stein- und Bronzezeit, darunter ein kunstvoll gearbeitetes Schwert, das in Ballyshannon gefunden wurde.

Museum: Mi. - Mo. 11 - 17.30, Di. 14 - 20.30 Uhr | Eintritt frei http://donegalhistory.com/museum.html

Killybegs und Umgebung

Ort der Fischer und Teppichweber/-knüpfer

Killybegs

In Irlands wichtigstem Fischereiort an der Donegal Bay, mit seinem für 50 Mio. € ausgebautem Naturhafen, ist immer etwas zu sehen, wenn die unterschiedlichen Boote ein- und auslaufen. Wer sich für Teppiche begeistert, besucht die alte Teppichmanufaktur in der Fintra Road. Im heutigen **Carpet Making & Fishing Centre** können Sie den größten Handwebstuhl der Welt bestaunen und Teppichknüpfern bei der Arbeit zuschauen. Die exklusiven, handgeknüpften Teppiche in der Tradition der einstigen Donegal Carpet Factory können bei Auktionen schon mal bis zu 100 000 € erzielen. Exemplare finden sich z. B. in Dublin Castle, im Buckingham Palace, im Vatikan und im Oval Office des Weißen Haus in Washington. Ab Killybegs startet auch der neue **Donegal Maritime Trail** zu Donegals Inseln und Leuchttürmen.

Carpet Making & Fishing Centre: Mo. – Fr. 9.45 – 17 Uhr
www.discoverkillybegs.com | Eintritt: 5 €
Trail: www.killybegs.ie/donegal-tourism/donegal-maritime-trail

★★ Klippen von Sliabh Liag (Slieve League)

Majestätische Klippen

Sliabh Liag, auf Deutsch »Steinberg«, nennen die Iren ihre fotogenen, steinigen Klippen, die hoch über die Brandung aufragen und kostenlos zugänglich sind. Am Ende der ausgebauten Straße (4,5 km) von Teelin zum Parkplatz Carrigan Head darf man den Schlagbaum öffnen und per Pkw hinauf zum zweiten Parkplatz Bunglass Point (300 m ü. d. M.) kurven – die Alternative ist ein 40-minütiger Spaziergang. Ab Bunglass Point sind es nur 200 m zur Aussichtsplattform mit einem atemberaubendem Blick auf die Küste und den gurgelnden Klippengrund mit le-

BAEDEKER MAGISCHE MOMENTE

FARBENSPIEL AUF DEN KLIPPEN

An den grandiosen Klippen von Sliabh Liag zeigt sich Irland ungestüm und voller Magie: Beim Sonnenuntergang verfärben sich die Felsen und erstrahlen in Rot, Ocker und Orange. Und unten tost – blau, grau und schließlich beinahe schwarz – der Atlantik, in den die Sonne versinkt.

gendenumwobenen Grotten. Von hier aus bietet sich noch einen Abstecher über die alpine Wiese zum Schafs- und Ziegenpferch an. Wer will, kann noch bis auf spektakuläre 601 m Höhe weiter hinaufsteigen. Nur wer schwindelfrei ist, erkundet Sliabh Liag auf den Wanderwegen **One Man's Pass** oder den bis 1909 genutzten **Pilgrim Pass**. Beide sind schmal, gelten bei Starkwind als gefährlich und sollten nur geführt begangen werden, z. B. mit Teresa. Sie startet täglich ab dem Sleave League Cliff Centre (www.slieveleague.com), Bunglas Road, mit dem sehr guten Tí Linn Café wo günstige, wunderbare Küche, z. B. Makrelen-Räucherfilets oder Schokotorte »to die for« angeboten wird. Hier erfährt man auch das aktuelle Wetter oder kauft Karten. Einzelwanderer können sich hier auch abmelden. Nach der Rückkehr ist dann ein Blackface-Schaf-Kuscheltier das richtige Souvenir. Perfekt sind auch Bootsausflüge ab Teelin: Paddy tuckert im Sommer mit der »Nuala Star« und der »Caoimhe Star« zu den Klippen.

Guide: Tel. 086 3 61 53 33 | https://slieveleaguetours.com | Führung: 25 € | **Bootstrips**: Tel. 087 6 28 46 88 | Abfahrt tgl. alle 2 Std. 10 – 18 Uhr https://sliabhleagueboattrips.com | Ticket 25 €

Donegal: County der Gärten

Mountcharles

Ein schillerndes Beispiel dafür ist Elizabeth Tempel mit ihren **Salthill Gardens**. Auf 0,5 ha Land rund um das bis 1820 erbaute Herrenhaus erfüllte sich Elizabeth ab 1984 ihren Lebenstraum. Nur 52 Fuß über Meereshöhe gelang ihr die Anpflanzung von 65 Baum- und Straucharten, von Rosen, Hibiskus und Jasmin. Freund Sean zeigt mit dem Spaten die klassische Methode der Beetanlage in einer Gegend, die nie mit guten Böden gesegnet war. Gedüngt wird alle fünf Jahre mit untergehobenem, getrocknetem Kuhdung und Pferdemist.

Mai, Juni Do. – Sa. 14 – 18, Juli, Aug. Mo. – Sa. 14 – 18, Sept. Mo. – Fr. 14 – 18 Uhr www.donegalgardens.com | Eintritt: 6 €

Irlands Alaska

Glencolumbkille

So tauften Schwärmer die herrliche Landschaft um den malerischen Urlaubsort im äußersten Westen Donegals. Als in der Mitte des 20. Jh.s das seit 5000 Jahren besiedelte Glencolumbkille auszusterben drohte, geschah prompt ein Wunder: 1951 erhielt Father James McDyer die katholische Pfarrei des rückständigen, als Schmugglerparadies bekannten gälischsprachigen Dorfes. Er sorgte für Elektrizität und gründete eine Kooperative zur besseren Entwicklung der Landwirtschaft, zudem bündelte McDyer auch die kunsthandwerklichen Fähigkeiten der Dörfler. Über dem sandigen Glen Bay Beach schuf er das **Folk Village Museum**. Im Schulhaus und in den strohgedeckten Cottages sind Alltagsutensilien (1700 – 1900) zum Schuhmacher- und Fischerhandwerk und ein alter irischer Laden mit Pub zu sehen. Im Museumsshop lassen sich heimische Waren erwerben, die Teestube serviert leckeres Hausgemachtes. Der Blick über die Sandbucht

und die prächtigen Klippen, das moorige, baumlose Hochtal und den braunen Owenwee River ist gratis. Das **Kulturerbe** wahrt auch Oideas Gael, die von März bis Oktober diverse Kurse anbietet, wie Gälisch, Donegal-Tänze, Flöte, Fiedel, Bodhrán spielen, Wandertrips und archäologische Sommercamps (www.oideas-gael.com/de).
Zur **Jahreswallfahrt** am 9. Juni, dem Gedenktag des hl. Columban, umrunden Pilger 15 Stationen im Tal je drei- oder siebenmal–vor Sonnenaufgang! Im hübschen **Malinmore** lässt es sich an der Bucht und den Klippen tauchen, schnorcheln und fischen. Bei **Cloghanmore** steht ein Court Cairn, ein ca. 3500 Jahre altes Hügelgrab. Angler schwören auf die Gewässer um die Insel **Rathlin O'Birne** mit ihrem Leuchtturm.
Folk Village: Ostern – Sept. Mo. – Sa., Juli/Aug. auch So. 10 – 18, Okt. tgl. 11 – 16.30 Uhr www.glenfolkvillage.com | Eintritt: 6 €

Ardara und Umgebung

Design und Kunsthandwerk

Donegal Design Makers

Der Marktort in den Northern Headlands des Wild Atlantic Way ist berühmt für seinen Tweed und die Donegal Design Makers. 2017 eröffneten 25 Kunsthandwerker ihren Laden an Ardaras Main Street. Die Donegal Design Makers sind aber auch in ihren Studios am **Donegal Craft Trail** zu besuchen: Hier gibt es Filzhüte von Anastasia Caples, Wollumhänge von Margaret Gillespie, Handtaschen, Schals und Lampenschirme aus handbemalter Seide von Karen O'Kane, Keramik – hochwertige von Brain McGee und Emer O'Sullivan, witzige von Anna Kee – , Textilkunst von der Designerin Bernie Murphy und farbenfrohe Batik von Fiona Higgins (https://donegaldesignermakers.com).

Alles über Tweed

Ardara Heritage Centre

Ardaras Läden bieten eine große Auswahl an zertifizierten, edlen Donegal Tweeds aus dem Umland. Die Geschichte des Tweeds präsentiert das um Tourismusbüro und Café erweiterte **Ardara Heritage Centre** im Gerichtshaus (Mo.–Fr. 10–18, Sa. 10–16 Uhr). Bei Eddie Doherty können Sie sehen, wie Tweed von Hand gewebt wird.
Weben: Front Street; Tel. 087 6 99 63 60 | https://handwoventweed.com

Kunst, Musik, Wandern

Studio Gallery und mehr

Die Stephen Bennett Studio Gallery für zeitgenössische **Kunst** offeriert limitierte Drucke mit Motiven wie Slieve League oder Musiksessions. **Partytime** herrscht in der legendären **Nancy's Bar** (Front Street; www.nancysbarardara.com) mit April bis Okt. Livemusik . Im März strömen Outdoor-Fans zum **Wanderfestival**: Ab Ardara starten Bluestack Trail und Colmcille Way (je 65 km).
Galerie: Mo.–Sa. 9.30–18 Uhr
https://stephenbennett.net

Wanderparadies und coole Straßen

Glenties

Wanderer lieben den Ort Glenties, zu Deutsch **die Bergschluchten**, mit herrlichen Wäldern und Seen. Bei Radlern und Autofahrern beliebt ist die kurvenreiche Straße zum nahen Glengesh Pass.

Unvergleichliche (Natur-)Erlebnisse

Loughros Peninsula

Westlich von Ardara lädt die Halbinsel zu Radtouren ein, etwa zum **Loughros Point** oder zum feinsandigen weißen Maghera-Strand. Großartig sind **Narin** und **Portnoo** mit Sandstrand und Golfplatz. Nahe Narin beschert das **Dolmen Eco Centre** seinen Besuchern mit Klippenwanderungen, Reiten, Angeln sowie der Wal- und Delfinbeobachtung einzigartige Erfahrungen und Erlebnisse. **Archäologie-Touren** führen zu Dolmen und dem Mehrkammergrab in Kilclooney (3000 – 2000 v. Chr.), zum Doon Fort (100 v. Chr.) auf Doon Lough, zum Steinfort Drumboghill (1600 v. Chr.) und zu zwei Kapellen (6. Jh.) auf Inishkeel. **Rosbeg** lockt mit Sandstrand und Forellenangeln.

★★ DUBLIN · BAILE ATHA CLIATH · DUBHLINN

Republik Irland, Provinz: Leinster | **Grafschaft:** Dublin
Einwohnerzahl: 1 256 000 | **Einwohner Großraum:** 2 100 000

Die UNESCO-Weltstadt der Literatur brilliert mit fast südländischer Atmosphäre. Als der Motor des »keltischen Tigers« noch nicht stotterte, war Dublin nach Kaufkraft viertreichste Stadt weltweit, nach Jahreseinkommen auf Rang 10. Dublin überstand die Bankenkrise glänzend: Die Immobilienpreise sind wieder auf Topniveau, die Firmen in den »Silicon Docks« machen Irlands politische und kulturelle Hauptstadt auch zu Europas Kapitale der Internetwirtschaft. Dies alles verdankt die Metropole nicht zuletzt einer Flussgöttin, die beide Stadthälften seit je ernährt: Anna Livia Plurabelle!

Irlands Hauptsatdt

2001 wich eine Bronzeskulptur dem neuen Wahrzeichen Dublins, dem »Spire«, der Endlosnadel an Dublins O'Connell Street. 1988 war Anna Livia, eine junge Dame, die den gemächlichen Flusslauf der **Liffey** symbolisiert, privat finanziert worden. Scharfzüngige gaben der Flussgöttin mit Zustimmung des Künstlers Eamonn O'Doherty

(1938–2011) den Spitznamen **»Floozie in the Jacuzzi«** (»Flittchen im Whirlpool«). Erst 2011 fand sie restauriert ein neues Zuhause: Sie steht in Croppies Memorial Park am Wolf Tone Quay, am Nordufer des Liffey. Ihren echten Namen verdankt die Statue keinem Geringeren als **James Joyce**, der ihr im Spätwerk »Finnegans Wake« (1939) ein Kapitel widmete und sie weltberühmt machte. Im Werk ist sie Gattin des Dubliner Kneipenwirts Humphrey Chimpden Earwicker, dessen Initialen HCE (Here Comes Everybody) für »Jedermann« stehen. Er verkörpert Dublins männlich geprägtes Kulturerbe seit der Wikingergründung. Mit ihm zieht Anna Livia Plurabelle die Söhne Shem und Shaun und Tocher Issy (Isabel? Isolde?) groß. Doch ist sie Antipodin ihres sturen Gemahls, die ewig lebende »All-Frau« (Arno Schmidt), die als »mehrfach Schöne« (Plurabelle) den Menschen am Liffey auch im **Joyce-Jahr 2022** (100-Jahrfeier des »Ulysses«) neue Chancen brachte.

Am Südufer Richtung Mündung

An der Liffey entlang

Brücken

24 Brücken überspannen »ihren« Fluss in Dublin, und natürlich gibt es eine Anna-Livia-Brücke, allerdings weit draußen im Westen. Die erste Innenstadtbrücke, die **Frank Shervin Bridge**, verbindet das Anna-Livia-Denkmal und den nördlichen Stadtteil Smithfield mit dem Bahnhof Heuston Station und dem weltgrößtem »Durstmuseum«, dem Storehouse der Guinness-Brauerei am Südufer. Nur zwei Brücken weiter ehrt die Stadt den Schöpfer des »Ulysses« selbst mit der **James-Joyce-Brücke**: Stararchitekt Santiago Calatrava baute sie 2003. Sie hätte auch Nora Barnacle Bridge heißen können. Denn der »Ulysses« spielt in Dublin an jenem Tag, an dem Joyce seine spätere Gattin Nora erstmals traf: Molly Bloom ist die junge Nora, wie die ältere Nora in Anna Livia Plurabelle steckt! Am Brückensüdende ist der berühmte Schauplatz von James Joyces letzter Kurzgeschichte »The Dead« (Die Toten) in seinen »Dubliners«. Im James Joyce House of »The Dead«, 15 Usher's Island, lebten seine Tanten Mrs. Lyons und Mrs. Callanan, John Huston verfilmte hier die Kurzgeschichte. 2017 für 650 000 € verkauft, wird es seit 2021 zum Hostel umgebaut.

Den Usher Quay weiter flußabwärts geht es zur **Father Matthew Bridge** und den Ursprüngen Dublins. Lange glaubte man, Dublin sei mit der bei Ptolemäus (um 150) erwähnten Keltensiedlung Eblana identisch. Doch die verorten Forscher nun weiter nördlich, im Dorf Loughshinnyn. Am Beginn der Church Street fanden Archäologen aber die Keimzelle jener keltisch-frühchristlichen Siedlung **Baile Átha Cliath** (Stadt an der Hürdenfurt) – so auch heute Dublins irischer Name. Sie existierte schon vor Ankunft der Wikinger (841)

BAEDEKER ÜBERRASCHENDES

6X ERSTAUNLICHES

Überraschen Sie Ihre Reisebegleitung: Hätten Sie das gewusst?

1. METALLMÄNNER

1821 initiierte eine Kapitänswitwe bei **Rosses Point** die Errichtung des ersten »Metal Man«. Auf der Klippe Perch Rock zeigt das Leuchtfeuer »Metal Man Beacon« die Fahrrinne an. »Metal Men« gibt's auch in Tramore.
(▶ **S. 373**)

2. HALLOWEEN!

Enthusiasten versammeln sich in der »Nacht der Geister« (31.10./1.11.) am **Hill of Ward**, dem Geburtsort von Halloween und seines Vorläufers Samhain.
(▶ **S. 128**)

3. WAHRZEICHEN

Lange war Éamonn O'Dohertys »Statue der Anna Livia«, eine Reverenz an James Joyces Anna Livia Plurabelle, Wahrzeichen **Dublins**. 2001 musste sie dem »Spire« weichen.
(▶ **S. 193**)

4. FLUSSGEBURT

Als sich eine Göttin am Shannon Pot, der »Quelle der Weisheit«, in den **Marble Arch Caves** in den Cuilcagh Mountains vergriff und dort den »Lachs des Wissens« fing, zerbarst die Quelle, die Frevlerin ertrank und der Shannon war geboren. So jedenfalls sahen das die Kelten.
(▶ **S. 281**)

5. SHEELA-NA-GIG

In Irland existierten an Kirchen, Brücken und Palästen 99 dieser Steinreliefs – weibliche Figuren mit übertrieben dargestellter Vulva. Heute zeigt das **Dublin, National Museum** sie.
(▶ **S. 217**)

6. WIKINGER

Irlands älteste Stadt ist **Waterford**, gegründet von den – Wikingern. Das »Wikinger-Dreieck« mit dem 12 m langen Nachbau eines Wikinger-Langschiffs am Reginald's Tower erinnert daran.
(▶ **S. 386**)

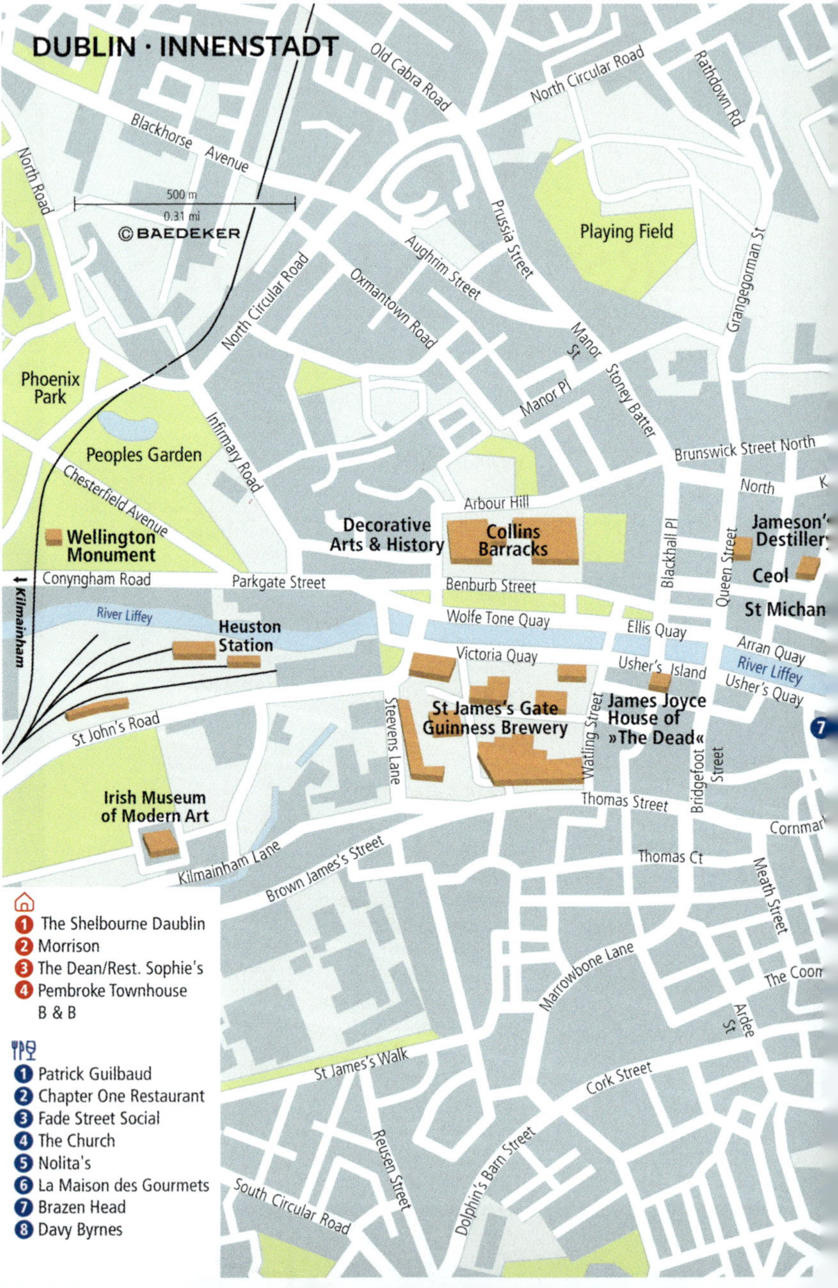
DUBLIN · INNENSTADT
500 m
0.31 mi
© BAEDEKER
Old Cabra Road
North Circular Road
Rathdown Rd
Blackhorse Avenue
North Road
Prussia Street
Playing Field
Aughrim Street
Oxmantown Road
North Circular Road
Grangegorman St
Manor St
Stoney Batter
Manor Pl
Phoenix Park
Peoples Garden
Infirmary Road
Chesterfield Avenue
Brunswick Street North
North
Arbour Hill
Decorative Arts & History
Collins Barracks
Jameson's Destillery
Wellington Monument
Blackhall Pl
Queen Street
Ceol
Conyngham Road
Parkgate Street
Benburb Street
St Michan
Kilmainham
River Liffey
Heuston Station
Wolfe Tone Quay
Ellis Quay
Arran Quay
River Liffey
Victoria Quay
Usher's Island
Usher's Quay
Steevens Lane
St James's Gate Guinness Brewery
Watling Street
James Joyce House of »The Dead«
7
St John's Road
Bridgefoot Street
Thomas Street
Irish Museum of Modern Art
Cornmar
Thomas Ct
Kilmainham Lane
Brown James's Street
Meath Street
Marrowbone Lane
The Coom
Ardee St
St James's Walk
Cork Street
Reussen Street
Dolphin's Barn Street
South Circular Road
1 The Shelbourne Daublin
2 Morrison
3 The Dean/Rest. Sophie's
4 Pembroke Townhouse B & B
1 Patrick Guilbaud
2 Chapter One Restaurant
3 Fade Street Social
4 The Church
5 Nolita's
6 La Maison des Gourmets
7 Brazen Head
8 Davy Byrnes

Croke Park
Berkeley Rd
Eccles Street
Dorset Street
Temple St
Gardiner St Upper
North Circular Road
Parade
Tolka River
Montjoy Sq. Park
Portland Row
Summer Hil
Dublin Writers' Museum
Dublin City Gallery
Western Way
Black Church
Hill Street
James Joyce Centre
Gardiner St Middle
Par. Sq. N
Parnell Sq
Garden of Remembrance
King's Inns
Parnell Street
Marlborough
Street
Rotunda Hospital
Bolton St
Gardiner St. Lower
St Mary's Pro-Cathedral
Connolly Station
O'Connell
Street
Talbot
Street
Amiens
Convention Centre Dublin, O2 Theatre
Parnell Street
Joyce Statue
The Spire
Abbey Theatre
Custom House
Famine Memorial
Jervis
Henry Street
GPO
Street
Capel Street
Mary Street
Street
Custom
House Quay
Mary's
Lane
Abbey St Middle
Eden Quay
Georges Quay
River Liffey
Abbey St Upper
Bachelors Walk
Burgh Qy
Tara St
Tara St Station
City Quay
City Arts Centre
Samuel Beckett Bridge
Halfpenny Bridge
Aston Qy
Townsend
Street
Millennium Bridge
Ormond Quay
Wellington Qy
Bank of Ireland
Pearse Street
Lombard St
Temple Bar Gallery + Studios
Wood Qy
Essex Qy
Irish Film Centre
College Grn
Dame Street
Trinity College
Christchurch Cathedral
Molly Malone
Dublinia
City Hall
Nassau St
Westland Row
Pearse Street Station
Grand Canal Docks
Nicholas St
St Werburgh's
South Great Georges St
Grafton Street
Leinster St
Lincoln Pl
Dublin Castle
Civic Museum
Dawson St
Nat. Library
Nat. Gallery
Clare St
St Anne's
Kildare St
Nat. Mus. of Archaeo-logy
Oscar Wilde Mem.
Holles St
North
Mansion House
Leinster House
Merrion Sq Park
Patrick St
St Patrick's Cathedral
Aungier St
Royal College of Surgeons
Little Museum
Natural History Mus.
Merrion Square
Huguenot Cemetary
Merrion St
No. 29
Kevin St
St Stephen's Green
Baggot
Fitzwilliam Street
Kevin St
Cuffe St
Newman House & MoLI
Royal Hibernian Academy
Pembroke Street
Bank of Ireland
New Street
New Bridge St
Wexford Camden Street
Marsh's Library
Harcourt Street
Earlsfort Terrace
Iveagh Gardens
Leeson Street
Fitzwilliam Pl
Street
National Concert Hall

DUBLIN ERLEBEN

VISIT DUBLIN CENTRE
Visit Dublin Centre, 25 Suffolk Street, Tel. 1800 23 03 30
www.visitdublin.com

DUBLIN DISCOVER IRELAND INFORMATON OFFICE
14 Upper O'Connell Street, Tel. 1850 23 03 30, www.ireland.com
Filiale: Dublin Airport, Terminal 2, Tel. 1800 23 03 30

DUBLIN PASS
Schnäppchen macht man mit dem Dublin Pass (1 – 5 Tage gültig), der Eintrittsgelder spart und Schlangestehen vermeiden hilft. Er deckt 30 Attraktionen ab, u. a. Museen, Zoo und Guinness Storehouse. Dazu bietet er 20 weitere Rabatte. Der öffentliche Nahverkehr wird günstiger, Hop-on-Hop-off-Bustour und ein Flughafenbustransfer sind kostenlos.
Preise: 69 – 115 €
https://dublinpass.com/en-us

Das **S-Bahnnetz DART** (Dublin Area Rapid Transit; www.irishrail.ie/en-ie/about-us/iarnrod-eireann-services/dart-commuter), die **Straßenbahnlinien der LUAS** (https:luas.ie; Tickets; 2,10 – 3,20 €, Retourtickets: 3,70 – 5,50 €) und zig **Buslinien** (www.dublinbus.ie) garantieren den guten öffentlichem Nahverkehr. Vielfahrer können online, am Flughafen und in Dublin die überall gültige **Leap Visitor Card** erwerben (https://about.leapcard.ie/leap-visitor-card/gastekarte-leap-visitor-card-deutsch; 1 Tag 10 €, 3 Tage 19,50 €, 7 Tage 40 €). Taxis gibt es z. B. bei Lynk, Tel. 01 8 72 72 72, bzw. per Taxi-App (www.lynk.ie). **Dublin Bikes** unterhält zig Leihradstationen (www.dublinbikes.ie; 1 Tag 3,50 €, 3 Tage 5 €).

STADTRUNDFAHRTEN
Die Übersicht zu allen Angeboten hat das Visit Dublin Centre. Kurios sind City- und Liffey-Touren in den knallgelben Amphibenfahrzeugen von Viking Splash Tours (Tel. 01 2 24 38 52, Juni – Aug. tgl., sonst Sa., So. 10 – 18 Uhr ab St Stephens Green North; https://vikingsplashdublin.ie
Ticket: 25 €).

STADTFÜHRUNGEN
Top-**Thementouren** z. B. zu Michael Collins oder den Originalschauplätzen des Osteraufstands 1916 bietet der Historiker Lorcan Collins ab International Bar, 23 Wicklow Street (Start Mo.–Sa. 11.30, So. 13 Uhr; Tel. 086 8 58 38 47; www.1916rising.com; Ticket: 15 €). Es gibt **»LiteraTouren«** wie den Literary Pub Crawl (www.dublinpubcrawl.com), auf den Spuren von Joyce (ab James Joyce Centre; https://jamesjoyce.ie/visit-us/tours) oder zu Bram Stokers »Dracula« (Dracula Nights of Terror Walking Tour) und andere **Geistertouren** wie die Dublin Grave Digger Ghost Tour und die manchmal auf geisterhafter Leerfahrt befindliche Dublin Ghost Bus Tour. **»Funky Tours«** zu Kuriosem, Musik oder Kunst bietet Le Cool Dublin Experience (https://lecoolwalkdublin.tumblr.com), Fans der irischen Küche schätzen den Dublin Tasting Trail der Damen von Fab Food Trails (www.fabfoodtrails.ie/dublin-tasting-trail; Ticket: 65 €), die auch Nachbarschafts- und Abendspaziergänge durch Dublin anbieten. Kostenfrei auf eigene Faust spaziert man auf Fáilte Irelands Entdeckerwegen durch Dublin mit der **Discovery Trails App** (z. B. im

Apple Store oder bei Google Play), z. B. die 12 Stationen des Dubline Trail (www.visitdublin.com/the-dubline-trail) besuchen.

Dublin ist ein Paradies zum Stöbern: Shopping Centres, Malls und Läden entlang der **Grafton Street** und der **Earl Street** am Dublin Spire oder die Märkte in **Temple Bar** lassen keine Wünsche offen. Alternativ geht es in der viktorianischen Markthalle der **Georges Street Arcades** zu. Bücher gibt es an der Dawson Street, Antiquitäten rund um die Christchurch. Der berühmte Straßenmarkt (Mo. – Sa. 10 – 16 Uhr) an der **Moore Street** samt vieler Lädchen mit Krimskrams soll zum Abendmarkt (Do. – Sa. bis 22 Uhr) erweitert werden.

❶ PATRICK GUILBAUD €€€€

Die doppelt gekrönte innovative Küche ist international die Nummer Eins der 2022 gekürten Zwei-Sterne-Restaurants in Dublin. Regelmäßig finden auch Kunstausstellungen statt. Das Lunch-Menü kostet 90 €, das abendliche Degustationsmenü (8 Gänge) 225 €. Dresscode: Smart casual (keine Shorts, keine Sportkleidung).
21 Upper Merrion Street, Dublin 2, Tel. 016 76 41 92, https://restaurantpatrickguilbaud.ie, So. und Mo. Ruhetage

❷ CHAPTER ONE RESTAURANT €€€€

Der finnische Starkoch Mickael Viljanen ist seit Juli 2021 Head Chef und an der Seite von Sternekoch Ross Lewis Co-Eigner des eleganten Basement-Restaurants im einstigen Heim des Whiskey-Magnaten Jameson. Dublins Foodies schwören auf das neue Duo (Lunch-Menü 65 €, Dinner-Menü 135 €, Tasting Menu 170 €) – allererste Adresse!
18/19 Parnell Square North Rotunda, Dublin 1, Tel. 018732266 https://chapteronerestaurant.com So. u. Mo. Ruhetage

❸ FADE STREET SOCIAL €€€

Dublin um 1900! Im neuen Streich von Starkoch Dylan McGrath direkt an der alten Markthalle gilt Irishness, kombiniert mit Trends der modernen irischen Küche! Managerin Mary Wedick empfiehlt die nach Gewicht (220 g bis 1,5 kg) auf Schiefertafeln angebotenen Steaks – wer zuerst bestellt, hat die Auswahl. Delikatessen sind Whiskey-Dill-Forelle mit Roter Bete und braunem Soda Bread (15,50 €), Pilz-Mandel-Parfait mit Trüffel-Gnocchi und Kürbis (24 €) oder Austern mit Tabasco (je 3,50 €). Großartig ist der Cocktail »Lord Dudley« mit Gin und Lavendelsirup (13,50 €), schwer angesagt Gin und Bier. Ruhiger ist es in McGraths Flaggschiff Taste at Rustic (17 South Great George's St; www.tasteatrustic.com).
6 Fade Street, Dublin 2, Tel. 016040066, www.fadestreetsocial.com, www.dylanmcgrath.com, kein Ruhetag, Res. erforderlich!

❹ THE CHURCH €€€

Fünf Bars und Restaurants auf vier Etagen der Ex-Kirche. 700 000 Gäste jährlich genießen das feine Gallery Restaurant oder die Church Bar. Austern aus Carlingford – ein Dutzend 21,95 € –, Ziegenkäse-Kürbis-Salat mit Mandeln und Radicchio 13,45 €, Irish Angus Steak 37,95 €.
Jervis Street (Ecke Mary Street) Tel. 018280102, www.thechurch.ie, kein Ruhetag

❺ NOLITA'S €€€–€€

Nolità steht für North of Little Italy, das New Yorker Viertel. Die italienische Crew um Chef Paul Quinn begeistert mit italo-irischer Fusion-Küche. Ob Ob »Gangs-of-New-York«-

Cocktail (12,50 €), Bier und Whiskey an den Bars, Rib Eye Steaks, Pizza oder knuspriger Kabeljau aus dem Holzkohleofen: alles vom Feinsten.
64 South Great Georges Street Dublin 2, Tel. 014781590 www.nolita.ie, kein Ruhetag

6 LA MAISON DES GOURMETS €€

Schmuckkästchen des Bretonen Olivier Qenet mit französischer Patisserie und Feinkostladen. Tipp: Lunch-Menü 2 Gänge 28 €, 3 Gänge 34 €. Die Alternative: Linguine mit Meeresfrüchten (24,95 €) in der Gastro Bar des Schoolhouse Hotel (Northumberland Road 2 – 8), Dublin 4, www.schoolhouse.ie/dine.
15 Castlemarket Street, Dublin 2 Tel. 016727258, http://lamaison dublin.com, Mo. Ruhetag

7 BRAZEN HEAD €€–€

Urgemütliches ältestes Pub Dublins (seit 1198), auch mit guten Weinen; Bar Food 9,50 – 17 €, abends und So. 15.30 – 18.30 Uhr Livemusik.
20 Lower Bridge Street, Dublin 8 Tel. 01 6 79 51 86 www.brazen head.com

8 DAVY BYRNES €€–€

Berühmt für das Sandwich mit Senf und grünem Käse, das Mr. Bloom im »Ulysses« in diesem »moral Pub« zum Wein verspeiste. Black Pudding aus Sneem (12,50 €) oder wie Joyce Sandwiches (9,50 – 17,50 €) ordern! Große Gin-Karte und eine Joyce-Büste.
Duke Street, Dublin 2 Tel.087 7 12 14 05, https://davy byrnes.com, kein Ruhetag

1 THE SHELBOURNE DUBLIN €€€€

Dublins erste Adresse! In der Constitution Suite wurde 1922 die irische Verfassung unterzeichnet. Sie ist Teil des Hausmuseums in der Hotellobby. Angesagt sind der Afternoon Tea (55 €, mit Champagner 73 €) in der Lord Mayor's Lounge, das Rest. »Saddle Room«, No. 27 Bar, Horseshoe Bar, 1824 Bar und The Terrace.
27 St Stephen's Green, Dublin 2 Tel. 01 6 63 45 00, www.theshel bourne.com, 243 DZ, 19 Suiten

2 MORRISON €€€€

Modernes Design mit Vier-Sterne-Komfort! Direkt gegenüber Temple Bar bietet das Haus auch Grill Restaurant und Bar Quay 14 sowie ein Fitness Centre.
Ormond Quay, Dublin 1, Tel. 018 87 24 00, www.morrisonhotel.ie 138 DZ u. Suiten

3 THE DEAN/REST. SOPHIE'S €€€€–€€€

Paradies der Generation Google! Beim Club-Tycoon Paddy McKillen Jr. gibt sich die internationale IT-Elite die Klinke in die Hand. Ruhige Zimmer gibt es nicht, ruhigere schon! Chic, Fun und »Zeitgeist« regieren im preisgekrönten Newcomer-Hotel. Clou ist das verglaste Dachrestaurant Sophie's (5. Etage, Lift) auch für Nicht-Hotelgäste mit Bar und grandiosem Panoramablick. Lecker sind Käse-Kroketten mit Apfel-Remoulade (13 €), Perl-CousCous mit Koriander (21,95 €), Cocktails, Wein und Craft-Biere (»Wicklow Wolf«).
33 Harcourt Street, Dublin 2, Tel. 01 6 07 81 10, https://thedean.ie/ dublin, https://sophies.ie, 49 DZ, 2 Suiten, 1 Penthouse

4 PEMBROKE TOWNHOUSE B&B €€€€–€€€

Georgian Style in Ballsbridge! Dublins Diplomatenviertel bietet die nötige Ruhe, das exzellente Haus tolles Frühstück. Mit Fahrstuhl!
90 Pembroke Road, Dublin 4 Tel. 016600277, www.pembroke townhouse.ie, 41 DZ, 7 Suiten

und dann parallel bis ins 10. Jh. mit deren Siedlung Duibhlinn, jenem »dunklen, schwarzen Teich«, aus dem der River Poddle einst in den Liffey mündete. Im 18. Jh. wurde alles zugeschüttet und bebaut. Dies geschah nur eine Brücke weiter, zwischen **O'Donavan Rossa Bridge** und **Grattan Bridge** am Wood Quay. Aus Duibhlinn wurden Dyflinn, Dublinn und Dublin. Die Skulptur vor dem Dublin City Council am Wood Quay erinnert so zurecht an den Bug eines Wikingerschiffs. Dahinter erhebt sich der älteste Stadtteil Cathedrals, auch Viking Quarter (Wikingerviertel) genannt.

Kneipen- und Künstlerviertel

Temple Bar

Am Südufer folgt bis zur Dame Street Dublins beliebtestes Kneipen- und Künstlerviertel **Temple Bar**. Im 19. Jh. Dublins sündige Meile, hätte die **Pubszene** in den schmalen Gassen (Fußgängerzone) des seit 1673 bekannten alten Handwerker- und Kaufmannsviertels mit bis zu 200 Jahre alten Gebäuden Joyce gefallen. Den Titel »Finnegans Wake« entlehnte er einem uralten irischen Trinklied: Die rührende Ballade »Finnegan's Wake« erzählt vom Baumeister Tim Finnegan, der betrunken von der Leiter fällt und stirbt, dann aber beim feuchtfröhlichen Begräbnis (englisch »wake«), als eine Flasche Whiskey auf dem Sarg zerdeppert, wieder ins Leben zurückkehrt. Joyce ließ einfach den Apostroph des Trinkliedtitels weg: So wurde aus dem Leichengang die »Wiederauferstehung«, sein Werk zur Menschheitsparabel. Gefreut hätte Joyce auch, dass in der **Old City**, der westlichen Temple Bar, an der Fishamble Street das **Handel's Hotel** (https://handelshotel.ie) an Georg Friedrich Händel erinnert: Der sorgte hier in der nicht mehr existierenden »Mr Neals Musick Hall« am 13. April 1742 für die Welturaufführung des »Messias«. Am jährlichen Gedenktag treffen sich am Hotel Tausende, um Auszügen aus dem Oratorium zu lauschen.

An der Lower Exchange Street ist das 1993 freigelegte Fundament des Rundturms (13. Jh.) **Isolde's Tower** als ältestes Artefakt der Stadtbefestigung zu bestaunen. Ein guter Treff ist das Chorus Café (7 Scarlet Row). Rund um die **Parliament Street** öffnen Läden, Galerien und Pubs gar mit tschechischen Bieren. Irlands zweitälteste Kleinbrauerei Porterhouse (16 – 18 Parliament St.; https://porterhousebrewco.ie) bietet zig Biersorten, auch süßes Austernbier. Wichtigstes Fest im Viertel ist das **Temple Bar TradFest** (Ende Jan., https://tradfesttemplebar.com), zu dem man gern dem Temple Bar Pub (47–48 Temple Bar) seine Reverenz erweist. Joyce hätte das Oliver St John Gogarty (18–21 Anglesea St.; www.gogartys.ie) bevorzugt. Gogarty (1878 bis 1957), geistreicher Dichter, Chirurg und HNO-Arzt, hatte im August 1904 den **Martello Tower** in Sandycove für 8 £ pro Jahr bis 1925 gemietet! Im September 1904 lud er den 22-jährigen Joyce, wie später viele andere Berühmtheiten, in den Turm, für ihn ein neuer »Omphalos Mundi« (Nabel der Welt). Joyce schrieb dort eifrig am Gedicht

»Holy Office« (Heiliges Offizium), in dem Gogarty aber als *snobbish* weg kam. So entzweiten sie sich, bis Gogarty Schüsse in den Kamin abfeuerte und Joyce floh. Später fand Gogarty sich als Buck Mulligan im »Ulysses« (1. Kap. »Telemachos«) wieder. Die **Temple Bar Company** (www.lovetemplebar.com) organisiert alle Aktivitäten im Viertel. Top für Kunst und Kultur ist das **Project Arts Centre** mit Bar (39 East Essex St.; Mo.–Sa. 11–18 Uhr; www.projectartscentre.ie). Treffs sind **Temple Bar Food Market** (Meeting House Square; Sa. 10.30 – 16 Uhr), **Temple Bar Designer Mart** (Cows Lane; Sa. 10.30 bis 17 Uhr) und der **Book** Market (Barnardo Square; Sa. 11 – 18 Uhr; www.templebarmarkets.com).
Eine Attraktion ist das **Irish Rock & Roll Museum** mit der »Wall of Fame« und Allem zu irischen Rockstars wie Tin Lizzy, Van Morrisson, Rory Galagher und U2. Dazu sind historische E-Gitarren ausgestellt. Ausstellungen bietet die Graphic Studio Gallery (Cope Street; Di. bis Sa. 11 – 17 Uhr; https://graphicstudiodublin.com). Das **National Wax Museum Plus** mit Wachsfiguren und Horrorzimmer öffnet an neuem Standort im Lafayette Building, 22–25 Westmoreland Street.

Rock & Roll Museum: Curved St | tgl. 9 – 17.30 Uhr
https://irishrocknrollmuseum.com | Eintritt: 16,50 €
National Wax Museum Plus: tgl. 10 –19 Uhr
https://waxmuseumplus.ie | Eintritt: 16,50 €

★★ O'Connell Bridge bis Grand Canal Docks

Sensationell: die Samuel Beckett Bridge

Als wichtigste Nord-Süd-Achse Dublins verbindet die O'Connell Street mit der O'Connell Bridge Nord- und Südufer der Liffey. Am Brückennordende Ecke Bachelors Walk illustriert eine von 13 verlegten Bronzeplatten **Leopold Blooms Weg im »Ulysses«** durch Dublin. Ihr Joyce-Text »As he set foot on O'Connell bridge a puffball of smoke plumed up from the parapet« (»Ulysses«, S. 125) erinnert an die Schifffahrt: »Puffballs of smoke« (stinkende Rauchpilze) verursachten ab 1913 Schornsteine jener Barken der Guinness-Brauerei, die bis 1977 als »Biertanker« in alle Welt ausliefen. Sie waren während des **Dublin Lockouts** (26.8.1913–18.1.1914), Irlands größter Aussperrungs- (300 Unternehmen) und Streikperiode (20 000 Streikende), weltweit erstmals entwickelten worden. Letzte »Stout barge« war die M.V. Miranda Guinness. Das passt: Nur wenig weiter ziert Dublins größte Guinness-Reklame die **DART Bridge**. Auf der **O'Connell Bridge** hätte auch Nora Banacle eine Plakette verdient. Denn die junge Nora ermöglichte dem Dichter mit Waschen und Putzen erst Existenz und Aufstieg, die Brücke war ihr Arbeitsweg. Joyce erinnert daran in Finnegans Wake, wo zwei Wäscherinnen oft Ansichten Anna Livia Plurabelles äußern.
Am Südufer folgt mit der 2014 eröffneten **Rosie Hackett Bridge** Dublins erst zweite nach einer Frau benannte Liffey-Brücke. Rosanna »Rosie« Hackett (1892–1976), Gründerin der irischen Frauengewerk-

OBEN: Im Szeneviertel Temple Bar mit seinen Galerien, Kinos, Shops und Pubs pulsiert das Nachtleben.

UNTEN: Früh am Abend an der O'Connell Bridge. Hier ging James Joyces Lebensgefährtin Nora Barnacle, das Vorbild der Molly Bloom, zur Arbeit.

Die hypermoderne Samuel Beckett Bridge in Dublin hat die Form einer Harfe – das uralte Wahrzeichens Irlands.

schaft und von der Geburt bis zum Tod durch und durch Dublinerin, setzte sich bei der Namensgebung gegen Irlands Top-Sportidol, die Camogie-Spielerin und 15-fache irische Meisterin Kathleen »Kay« Mills-Hill (1923–1996) und Dracula-Autor Bram Stoker durch. Nach Butt Bridge, DART Bridge und Talbot Memorial Bridge verschönert am City Quay der bronzene **Linesman** (1999) von Dony MacManus die Uferpromenade. Fußgänger queren die Liffey über die Sean O'Casey Foot Bridge. Seit 2009 überspannt auch die sensationelle **Samuel Beckett Bridge** die Liffey. Die Drehbrücke mit Pylon – eine Schrägseilbrücke als liegende Harfe – entwarf erneut Santiago Calatrava. Am Sir John Rogerson's Quay steht seit 2012 die lebensgroße **Bronzestatue von Admiral William Brown** (1777–1857), Begründer der argentinischen Marine und gebürtig aus Foxford (Co. Mayo), ein Geschenk Argentiniens. Seit 2015 ist auch die **Diving Bell** von 1866 eine Attraktion (frei zugänglich). Sie diente einst für Unterwasserarbeiten zur Anlage von Brückenfundamenten und Kaimauern.
Dublins Wandel zu einem **Zentrum der Informationstechnologie** zeigen die **Docklands** südlich der Liffey (www.dublindocklands.ie). Am Grand Canal Square, 200 m von der Liffey, beeindruckt die markante Fassade des **Luxushotels The Marker (**www.anantara.com/en/the-marker-dublin), ringsum locken Bioläden, Cafés und Restaurants. Sehr gut isst man im MacKenzies (6 Hanover Quay; Mo.–Fr. 12 – 15.30, 16.30 – 21.30, Sa. u. So. 10 – 15.30, 16.30 – 21 Uhr; https://mackenzies dublin.ie). Vor dem Milano Grand Canal (Unit L1, Longboat Quay; tgl. 11.30 – 22 Uhr; www.milano.ie) genießt man die Sonne. Am Hanover Quay steht seit 2017der **5Cube** von Declan Scullion. Der schwarzschimmernde Glas-Kubus veranschaulicht die Menge Öl, die Irland in fünf Minuten verbraucht. 2010 öffnete das von Daniel Libeskind errichtete **Bord Gáis Energy Theatre** (www.bordgaisenergytheatre.ie). Den Platz am von Kajakfahrern, SUP-Paddlern und Ruderern geschätzten Kanal dominieren die **roten Leuchtstelen** von Martha Schwarz. Radler nutzen sie als Treff, denn allein in den Docklands hat Dublin Bikes 13 Radverleihstationen eingerichtet. Auch die historische **Scherzer Bridge** (1912) am Royal Canal ist ein Hingucker.
Am Grand Canal Quay führt ein Steg zur »**Box on the Docks**«, dem früheren **Waterways Visitor Centre**. Die wichtigste Adresse der Insel für Angler, Hausbootfahrer, Surfer und Wassersportler (Hauptquartier in Enniskillen, Co. Fermanagh) schloss, der Bau stand 2022 zum Verkauf. Infos zu Irlands **Blueways** oder über Schwimmer Dean Hall, der 2017 als erster den Shannon von der Quelle bis zur Mündung in 26 Tagen bezwang, gibt es nun online (www.waterwaysireland.org).
Der **Trinity Design Tower** (2 Pearse St; http://thedesigntower.com), der ab 1862 für eine Zuckerraffinerie entstand, ist nun randvoll mit Studios kreativer Künstler. Es folgen die als **»Silicon Docks«** Furore machenden **Grand Canal Docks**. Für die DART-Station Grand Canal Docks hat sich längst der Name »Barrow Street« eingebürgert. Denn

nur einen Katzensprung entfernt schuf der Suchmaschinenriese **Google** über 3000 Arbeitsplätze (Zentrale Europa, Mittlerer Osten und Afrika). Die Büros an der Barrow Street in Montevetro Tower, Gordon House und Gasworks House verbindet seit 2014 die **Hyperlink** genannte Y-förmige Fußgängerbrücke über der Straße, Dublins neuestes Wahrzeichen. »Clouds« gibt der Himmel gratis dazu. Docklands-Führungen gelangen manchmal bis in den 11. Stock des Montevetro Tower, der nun **Google Docks** heißt. Die Aussicht vom höchsten Gebäude Dublins (67 m) ist grandios.

Am Nordufer flussaufwärts zum Phoenix Park

Startpunkt im Osten

Von der East Link Toll Bridge westwärts

Am äußersten Punkt des Nordufers und an der letzten Liffey-Brücke vor dem Meer, der **East Link Toll Bridge**, öffnet seit 2014 die **3Arena** zu Popkonzerten. Nahebei ist The Point, Endhaltestelle der roten LUAS-Linie. Am Nordende der **Samuel Beckett Bridge** eröffnete 2010 am North Wall Quay, Ecke Guild Street, das **Convention Centre Dublin.** Der einer schräggestellten irischen Trommel ähnelnde Bau des US-irischen Architekten Kevin Roche harmoniert perfekt mit der »liegenden Harfe«. 200 m weiter ankert am östlichen Ende des Custom House Quay das **Famine Ship Museum Jeanie Johnston**, wo die Reisebedingungen früherer Auswanderer anhand lebensgroßer Figuren nachgestellt sind.

Tgl. stdl. Führung 10 – 16 Uhr | https://jeaniejohnston.ie
Eintritt: 13 €

Emigration und Kunst

EPIC – The Irish Emigration Museum

In **20 interaktiven Galerien** widmet sich das hypermoderne Museum der Auswanderung der Iren in alle Welt. Heute liegt die Zahl der Irischstämmigen »Ex-Pats« bei über 70 Mio. Thematisiert wird der globale irische Einfluss auf Kunst, Tanz, Literatur, Theater und Musik. Mit Bars, Café Seven Wonders und Läden (auch Backwaren). Dem EPIC folgen **Custom House Docks** und das in den 1820ern gebaute **George's Dock** mit dem internationalen Finanzcenter IFSC. Dahinter galt die **Sheriff Street** einmal als verruchteste Straße Dublins, die Joyce kannte. Ab 1908 schrieb er Nora zig Briefe, die »Anna Livia Plurabelle« als Hure wie Heilige feiern und – 1975 veröffentlicht – als »dirty (love) letters« in die Literaturgeschichte eingingen. Wunderbar im George's Dock ist das Restaurant **Harbourmaster** im Hafenmeisterhaus von 1830 (Mo.. – Fr. 12 – 23.30, Sa. 13 – 23.30 Uhr; https://harbourmaster.ie). Nahe der DART- und Straßenbahnstation Connolly ist diestädtische **LAB Gallery** erste Adresse für alle Kunstformen des 21. Jh.s

EPIC: Custom House Quay | tgl. 10 – 18.45, letzter Einlass 17 Uhr
https://epicchq.com | Eintritt: 17,50 €

Lab Gallery: 1 Foley St. | Mo. – Sa. 10 – 18 Uhr | www.dublincityartsoffice.ie/the-lab/about-the-lab-gallery | Eintritt frei

Ausgezehrte Gestalten

Famine Memorial

200 m vor dem Custom House, kurz vor der Talbot Memorial Bridge, enthüllte 1997 Mary Robinson das **Famine Memorial** – zu Ehren jener, die während der großen Hungersnot (1845 – 1850) starben oder emigrieren mussten. Sieben lebensgroße, ausgezehrte Bronzegestalten von Rowan Gillespie schleppen sich den Quay entlang zum Hafen. Das beeindruckende Denkmal stiftete Norma Smurfit, eine Unternehmergattin.

Architektur und Osteraufstand

Custom House

Das frühere Zollgebäude, Meisterwerk des englischen Stararchitekten hugenottischer Abstammung, James Gandon (1743 – 1823), brannte 1921 während des Unabhängigkeitskriegs vollständig aus. Die Langfront mit dorischem Portikus und 38 m hohem Kuppelturm wurde originalgetreu restauriert. Im Haus ist nun das Umweltministerium untergebracht. Das 2017 wiedereröffnete **Custom House Visitor Centre** zeigt die Baugeschichte, würdigt James Gandon und illustriert die Ereignisse des Osteraufstands 1916 und des Bürgerkriegs 1921/22 (tgl. 10 – 17.30 Uhr; Eintritt frei).

Wie das Famine Memorial erinnert das Museumsschiff »Jeanie Johnston« in den Docklands am Custom House Quay an die große Hungersnot.

»400 Polizisten gegen 4 Frauen«

Liberty Hall und Rosie Hackett Bridge

Gegenüber der Butt Bridge steht am Eden Quay das **Liberty Hall** genannte Hauptquartier der Gewerkschaft LIPTU. Im Vorgängerbau des dritthöchsten Gebäudes Dublins (59,4 m) sorgte 1917 erneut Rosie Hackett für Furore. Entscheidend am **Osteraufstand** 1916 beteiligt – sie schmuggelte Kassiber, kämpfte am St Stephen's Green mit Constanze Markievicz und half, die Unabhängigkeitserklärung zu drucken – verschanzte sie sich hier 1917 am Todestag des Anführers des Easter Rising, James Conolly, mit drei Gefährtinnen, vernagelte die Türen und hängte am Dach ein Transparent pro Conolly aus. Es bedurfte, so die Annalen, »400 Polizisten, um vier Frauen zu bändigen«. Tatsächlich hatte Rosies Frauengewerkschaft 1917 schon 70000 Mitglieder, noch 1945 erstritt sie für Dublins Wäscherinnen eine Woche bezahlten Extraurlaub. Ihre größte Leistung war aber der **Dublin Lockout** 1913/14, wo es vor allem um die miserablen Zustände an der Nordseite der Liffey ging. Wohnungsnot und Slumzustände, grassierende Tuberkulose (50 % höhere Todesrate als in England) und die höchste Säuglingssterblichkeit Europas (142 von 1000!) waren die eigentlichen Themen, als auch Constanze Markieviecz noch nicht zur Waffe griff und hier eine Suppenküche für Arme betrieb.

An der **Rosie Hackett Bridge** führt die Marlborough Street zum 1904 eröffneten berühmten **Abbey Theatre**, 26 Lower Abbey Street (www.abbeytheatre.ie). Das irische Nationaltheater mit den ersten Direktoren W. B. Yeats und Lady Gregory ist international angesehen. Viele Aufführungen waren umstritten, so die Premieren von J. M. Synges »The Playboy of the Western World« (1907) oder Sean O'Caseys »The Plough and the Stars« (1926). Joyce wurde von W. B. Yeats, dessen berühmtestes Poem »September 1913« den Dublin Lockout thematisiert, aber rigoros abgelehnt. Das Theater fiel 1951 den Flammen zum Opfer, der Wiederaufbau dauerte bis 1966. 2017 wurden z.B. Becketts »Warten auf Godot« und Dermot Bolgers brillante Adaption des »Ulysses« gespielt. Nach Erwerb der Grundstücke 15–17 und 22–23 Eden Quay steht Großes bevor. Das Abbey Theatre soll abgerissen und mit Millionenaufwand ein Neubau an der Liffey entstehen, die Sitzkapazitäten von aktuell 631 auf 950 (Großes Haus 700, Kleines Haus 250 Plätze) steigen.

Kobolde und Literaten

Ormond Quay

Über die O'Connell Street geht es vorbei an Restaurants und Läden am Bachelors Walk zum Ormond Quay, wo die Fußgängerbrücken Millenium Bridge und vor allem die Liffey Bridge von 1816 die Verbindung zur Tempel Bar am Südufer herstellen. Die elegante, schneeweiß gestrichene Metallkonstruktion der **Liffey Bridge** wurde mit Wegezoll (Halfpenny) finanziert – daher ihr Spitzname Halfpenny Bridge, kurz Ha'penny Bridge. Etwas nördlich vom Quay widmet sich das **National Leprechaun Museum** dem Mythos der irischen Kobolde (Leprechauns). Die trickreichen Zwerge werden 75 cm groß und haben ein Händchen für Gold – besonders nachts. Der Literatentreff **The Winding Stair Book Shop** bietet auch gute Küche.

National Leprechaun Museum: 1 Jervis Street | Do. – Mo. 10 – 18.30 (letzte Tour 17.30), Nachttour (1 Std.) Fr., Sa. 19 u. 20 Uhr https://leprechaunmuseum.ie | Eintritt: 16 €, Nachttour 18 €
The Winding Stair: 40 Ormond Quay | Buchladen Mo. – Sa. 10.30 bis 18, So. 12 – 18 Uhr, Küche tgl. 12 – 22 Uhr | www.winding-stair.com

Mit Kutten und Perücken

Four Courts

Am Inn's Quay ist **Four Courts**, Sitz des Obersten Gerichtshofs von Irland, ein weiteres Kunstwerk des Architekten **James Gandon**. Er errichtete den 139 m langen Bau mit Portikus und Kuppel 1786 – 1802 unter Einbeziehung eines älteren Gebäudes (1776 – 1784, Thomas Cooley). Im Bürgerkrieg 1921/1922 schwer beschossen, wurde der Bau bis 1931 mit geringen Veränderungen restauriert. Aus der Mittelhalle ging es einst in die vier Gerichtssäle Exchequer (Finanz), Common Pleas (Zivil), King's Bench (Strafsachen) und Chancery (Kanzleigericht). Die Juristen tragen bis heute schwarze Kutten und weiße Perücken. 2010 zog das Kriminalgericht aus, in Four Courts werden nur noch Zivilklagen verhandelt.

Schaurige Gruft

St Michan's Church

An der »Abstinenzlerbrücke« zu Ehren von Father Matthew führt die Church Street zur St Michan's Church, dem **ältesten Bau nördlich der Liffey**. Vom Ursprungsbau (1095) blieben der Turm und Fragmente. Schaurig sind die mumifizierten Körper in der Krypta. Sie verwesen dank gerbsäurehaltiger Luft nicht. Die Gruft besitzt auch die Totenmaske von Wolfe Tone, dem Führer der United Irishmen. Außergewöhnlich ist das aus einem Stück gefertigte Schnitzwerk auf der Empore (17 Musikinstrumente). Auf der alten Kirchenorgel (1724) spielte Georg Friedrich Händel, die heutige ist von 1940.

Kirche tgl., Krypta Mo. – Fr. März – Okt. 10 – 12.30, 14 – 16.30, sonst 12.30 – 15.30, Sa. ganzjährig 10 – 12.30 Uhr | Eintritt: Kirche frei, Krypta 3,50 €, Führung 7 €

Slum-Kulisse fürs TV

King's Inns

Am Ende der Sackgasse der Henrietta Street erhebt sich – mit hohem Sockel – **King's Inns** (1795) von James Gandon (www.kingsinns.ie). Hier residiert Irlands höchste Juristenvereinigung. Im 18. Jh. Edeladresse, hausten 1911 in 15 heruntergekommenen Gebäuden der Straße, sog. »Tenements«, 835 Menschen: ein übler Slum. Einzelne der heute 13 Häuser verharrten bis in die 1970er-Jahre so und dienen nun als Kulisse für TV-Krimis.

Hippe Szene

Smithfield

Am Arran Quay schlägt in Stoneybatter das Herz der **Kreativszene**. Treff schlechthin ist **L. Mulligan Grocers** (18 Stoneybatter, www.lmulligangrocer.com) mit Küche und Übernachtung über dem Pub. Das Leben in Smithfield pulsiert am völlig neu gestalteten **Smithfield Square**. Auf dem alten Marktplatz, wo Richard Burton und Elizabeth Taylor Szenen für John le Carrés Thriller »Der Spion, der aus der Kälte kam« drehten, trifft unter dem Licht von zwölf 26,4 m hohen, gasbetriebenen Lichtmasten (am St Patrick's Day strahlen sie grün) Dublin-Tradition auf die hippe Post-Covid-19-Szene. Über drei Jahrhunderte fand hier jeden ersten Sonntag im Monat ein **Pferdemarkt** (Smithfield Horse Fair) statt. Wegen der Wohnquartiere ist er auf zwei Termine reduziert (1. So. im März und Sept.). Angesagt sind **Frank Ryan's Bar** (5 Queen Street, www.frankryans.com) und bis zur Schließung 2020 die **Dice Bar**. Ab Herbst 2022 soll aber an anderem Ort in Nord-Dublin wieder ihr berühmtes Revolution Dublin Ale fließen (www.dicebar.com). Das **Lighthouse Cinema** (Market Square; https://lighthousecinema.ie) gilt als eines der besten Kinos der Welt. An der Bow Street enden Führungen (Bow Street Experience; 40 Min.) durch die 1968 geschlossene **Old Jameson Distillery**–sie produziert nun als Irish Distillers in Middleton, Co. Cork) mit einem Freidrink in JJ's Bar (Touren tgl. 9–18, So. ab 10 Uhr; Ticket: 25 €; www.jamesonwhiskey.com). Whiskey pur bietet das Secret Whiskey Tasting (40 Min.; 30€). »Meisterklasse« für Whiskey-Fans sind die Black Bottle Blending Class (90 Min.; 60 €) und die Whiskey-Cocktail-Class (60 Min.; 50 €). Der Fahrstuhl auf den 60 m hohe Destillen-Schornstein von 1895 ist außer Betrieb. Aber auf der spiralförmigen Treppe (250 Stufen!) geht es auf den **Smithfield Chimney Viewing Tower** (Mo. bis Sa. 10 – 17, So. 11 – 17.30 Uhr; Eintritt: 5 €).

Kunst und Geschichte

Wolfe Tone Quay

Am Wolfe Tone Quay konzentriert sich hinter der Skulptur der Anna Livia Plurabelle der Kasernenkomplex (18. Jh.) an der Benburb Street als Teil des **Nationalmuseums** auf dekorative Künste und Geschichte. Im **Curator's Choice Room** werden die 25 außergewöhnlichsten Objekte präsentiert. Beeindruckend die Ausstellungen zur irischen Design-Pionierin Eileen Green und zum Osteraufstand 2016.

Collins Barracks, Benburb Street | Di.–Sa. 10 – 17, So. u. Mo. 13 – 17 Uhr | Eintritt frei | www.museum.ie

Die grüne Lunge der Stadt

Phoenix Park

LUAS (bis Heuston Station) und Busse (Linien 25, 26) fahren zum größten umzäunten Park Europas. Am Haupteingang Parkgate Street verleiht Phoenix Park Bikes (www.phoenixparkbikes.com) Räder für die Parkradwege (14 km). Das **Phoenix Park Visitor Centre** bietet 5500 Jahre Kultur-, Natur- und Parkgeschichte auch mit Filmdoku-

mentation (20 Min.). Ans Centre schließt sich das restaurierte **Ashtown Castle** an, ein Tower House aus dem 17. Jh. Ab Visitor Centre starten Führungen durch **Áras an Uachtaráin**, den Sitz des irischen Staatspräsidenten. Am 17. Mai 2011 war hier Queen Elizabeth II. zu Gast und pflanzte eine irische Eiche. Vor ihr logierten schon Queen Victoria, König Georg V. und Prinz Charles in den 29 Zimmern des Anwesens, Papst Johannes Paul II., John F. Kennedy, Bill Clinton und Barack Obama machten ihre Aufwartung. Die 1751 – 1754 errichtete Residenz diente früher dem Vizekönig und als Apostolische Nuntiatur. Berühmt wurde das Außengelände durch den **Mord im Phoenix Park**: 1882 kamen der britische Irland-Minister Lord Frederick Cavendish und sein Sekretär Thomas Henry Burke um. Tatwaffen waren chirurgische Instrumente. Eine Gruppe namens »The Invincibles« (Die Unbesiegbaren) übernahm die Verantwortung. Heute logieren Staatsgäste im **Farmleigh House and Estate**, das einst den Guinness gehörte. Sehr schön ist dort das Boathouse Restaurant.
Älteste Attraktion im Park ist die 1838 ausgegrabene prähistorische Grabkammer auf dem **Hill of Knockmary**. Skelett- und Keramikfunde sind im National Museum. Markantes Parkwahrzeichen ist der 60 m hohe Obelisk des **Wellington Monument** (1817, Sir Robert Smirke). Im Park gibts Sportfelder, Kinderspielplätze und den herrlichen viktorianischen **Walled Kitchen Garden**. Die sehr populären People's Flower Gardens (Blumengärten 9 ha) wurden ab 1840 angelegt und öffneten 1864. Am Nordende liegt der **Phoenix Park Race Course**. Eisverkäufer bieten am Papal Cross Süßes an: Hier hielt Papst Johannes Paul II. 1979 eine Messe. Ein Schmuckstück sind die ursprünglich für stolze 340 £ als Eiskiosk gebauten viktorianischen **Phoenix Park Tea Rooms**. Seit 1831 begrüßt hier der **Dublin Zoo** seine Gäste. Er ist für die Anlage African Plains und die Löwenzucht (seit 1855) berühmt. 2017 erhielt Frankfurts Zoo den elfjährigen Löwen Kumar aus Dublin. Der irische Fahrer des Transportes berichtete: »Wenn der im Zoo gebrüllt hat, haben in Dublin-Zentrum die Scheiben gewackelt.«

Phoenix Park: Eingänge Parkgate Street und Castleknock Gate rund um die Uhr geöffnet, Visitor Centre tgl. 9.30 – 18 Uhr https://phoenixpark.ie | Eintritt frei | **Ashtown Castle:** Führung tgl. 10.30, 12, 13.30, 15, 16.30 Uhr | Eintritt frei

Áras an Uachtaráin: Führung (stdl.) nur Sa. Sommer 10.15 – 16, Winter 10.30 – 15.30 Uhr | Eintritt frei

Victorian Walled Kitchen Garden: tgl. 10 – 16, Tour mit Gärtnern jeden 2. Sa. im Monat 10.30 – 12.30 Uhr | Eintritt frei

Phoenix Park Tea Rooms: Chesterfield Ave | April – Okt. tgl. 9.30 – 17.30, sonst bis 16.30 Uhr

Farmleigh House and Estate: Estate tgl. 10 – 18, Haustouren (50 Min.) tgl. stdl. bis 16.30 Uhr | https://farmleigh.ie
Eintritt: Estate frei, Hausführung 8 €

Boathouse Restaurant: tgl. 10 – 17 Uhr
https://farmleigh.ie/the-boathouse-restaurant
Dublin Zoo: tgl. 9.30 – 18 Uhr; tgl. Fütterungen (u. a. Orang-Utan, Elefant, Seelöwe) und Keeper Talks (Gespräche mit Tierpflegern)
www.dublinzoo.ie | Eintritt: 21 €

Südstadt: Vom College Green zum National Museum

Old Library, Book of Kells, Long Room ...

★★ College Green und Trinity College

Der College Green war Versammlungsort der Wikinger, dann Irlands Machtzentrum bis zur Act of Union, ehe Queen Elizabeth I. 1592 hier die renommierte Universität des **Trinity College** gründete. Das Areal ist öffentlich zugänglich.
Die Universität war bis 1793 nur Protestanten vorbehalten. Erst ab 1873 verlieh sie auch Katholiken akademische Grade und Stipendien, doch boykottierten diese die Uni lange. Seit 1904 sind auch Frauen zugelassen. Berühmte Studenten waren Samuel Beckett, Edmund Burke, Robert Emmet, Oliver Goldsmith, Jonathan Swift, John Millington Synge und Oscar Wilde. Vor der 90 m langen klassizistischen Front stehen Standbilder des Dichters und Dramatikers Oliver Gold-smith und des Staatsphilosophen Edmund Burke (1863/1865). Im ersten Innenhof erhebt sich links die Chapel, rechts die Examination Hall (1779–1791, ehemals Theater), beide von Sir William Chambers. In der Dining Hall (1743, Richard Cas-

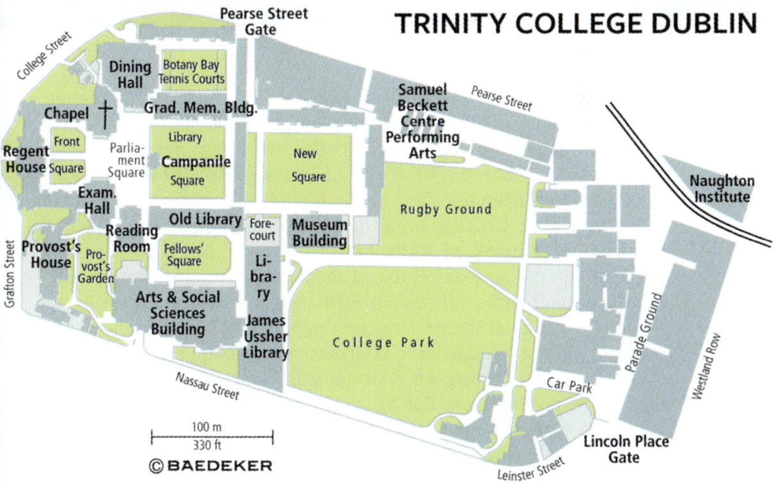

Blick in den Long Room der ehrwürdigen Old Library

sels) hängen Bilder von Größen der Universität. Am Platz ziehen der Campanile (1853) und die Plastik von Henry Moore an.
Touristenmagnet ist Irlands viertgrößte Attraktion mit über 1 Mio. Besuchern pro Jahr, die 1712 – 1732 erbaute **Old Library** mit über 5000 Handschriften und fast 3 Mio. Büchern. Schätze sind Inkunabeln und frühe Drucke. Im Erdgeschoss (Colonnades) sind das weltberühmte **Book of Kells** (8. Jh.), das Book of Durrow, das Book of Dimma und das Book of Armagh (7. – 9. Jh.) ausgestellt. Eine schöne Treppe führt zum 60 m langen, spektakulären **Long Room**, wo die zwei ältesten irischen Harfen und Marmorbüsten berühmter Gelehrter, darunter überraschend Wellington, auch fotografiert werden dürfen. Ab Oktober 2023 wird die Old Library für drei Jahre geschlossen. Für 90 Mio. Euro werden 700 000 Bände restauriert, ebenso die Library selbst.
Die zwei Galerien der **Douglas Hyde Gallery** zeigen zeitgenössische irische Kunst (Eingang: Nassau Street). Das Samuel Beckett

Theatre ist Teil der Fakultät für Drama, Film und Musik (www.tcd.ie/beckett-theatre; Vorstellungstickets: 20–25 €). Exponate der seit 1777 existierenden Sammlung zeigt das **Geological Museum** im 1853 im byzantinischen Stil erbauten Museum Building, darunter im Hallengang auch den ausgestorbenen riesigen irischen Hirsch und Skelette aus dem Pleistozän.

Old Library: April - Sept. Mo. - Sa. 8.30 - 17, So. 9.30 - 17, sonst Mo. - Sa. 9.30 - 17, So. 12 - 16.30 Uhr | www.tcd.ie/visitors/book-of-kells | Eintritt: 18 €, kostenfreie Visit Trinity-App (Audio Tour)
Campusführungen Pat Liddy Guided Walking Tours | www.walkingtours.ie | Tickets: 15 - 20 €
Übernachtungen im Trinity College: Ende Mai – Mitte Sept. www.tcd.ie/summeraccommodation
Douglas Hyde Gallery: Mi. - So. 12 - 17, Do. bis 18 Uhr https://thedouglashyde.ie | Eintritt frei
Geological Museum: Museum derzeit geschlossen; Exponate im Eingangsbereich des Geologie-Gebäudes | Mo. - Fr. 9 - 17 Uhr https://trinitygeologicalmuseum.com | Eintritt frei

Erst Parlament, dann Bank

Bank of Ireland

Auf der dem College Green gegenüberliegenden Seite diente die 1729 nach Entwurf von Sir Edward Lovett Pearce gebaute Bank of Ireland ursprünglich als Parlament, wurde aber 1802 nach dem Act of Union an die Bank verkauft. Die Fassade mit Säulen und Figurengruppen gilt als eine der schönsten Dublins. Das ehemalige House of Commons, seit 1803 Schalterhalle, und das frühere House of Lords mit Kassettendecke und Kronleuchter sind zu den Banköffnungszeiten zu besichtigen. Ein Hort auch für die **Irish Whiskey Association** (www.irishwhiskeyassociation.ie) ist am Platz das **Irish Whiskey Museum**, wo man konzentriert den besten »Lebenswassern« nachspürt. Fans besuchen mit dem Pass »**IrishWhiskey360°**« (https://irishwhiskey360.com) gar alle 44 Destillen der Insel. Fünf sind in Dublin, u. a. die gute Teeling Distillery mit Phoenix Café (►S. 226).

Bank of Ireland: Mo. - Fr. 10 - 16 Uhr | Eintritt frei
Irish Whiskey Museum: 119 Grafton St | Mai - Sept. tgl. 10 - 18, sonst 10.30 - 18, McDonnell's Bar Mo. - Fr. 10.30 - 19.30, Sa., So. bis 21.30 Uhr | www.irishwhiskeymuseum.ie | Classic Tour (alle 30 Min.) 20 €, Premium Tour 23 €, Blending Experience (tgl. 16 u. 18 Uhr) 30 €, Brunch Experience (Sa., So. 10 Uhr) 28 €

Einkaufsmeile

Grafton Street

Vom College Green sind es nur Schritte zur Haupteinkaufsmeile Grafton Street (Fußgängerzone), in der Ladenmieten und Immobilienpreise höchstes Niveau erreichen. Auch das Geschäft der Blumenverkäuferinnen boomt. Erste Adresse ist das **Bewley's Café**. Am Bau von 1927 glänzen die berühmten sechs Bleiglasfenster von Harry Clarke

(1931), im Innern illustrieren Kunstwerke und Gemälde die Hausgeschichte seit 1835. Das **Bewleys Café Theatre** lädt zum Lunch zu Performances.
Die Gasse nebenan führt zum stattlichen **Powerscourt Town House**. Im 1774 für Richard, 3. Viscount of Powerscourt, und Gattin Lady Amelia Wingfield erbauten Prachtbau logieren Geschäfte und Galerien. Er kann samt Keller, Küche und Dining Room auf einer Grand Tour besichtigt werden.
Bewley's Café: 78 Grafton Street | Mo. – Fr. 9 – 17, Sa. u. So. 9 – 18 Uhr | www.bewleys.com/ie/grafton-street-cafe
Bewleys Café Theatre: Lunch Performance (1 Std.) Einlass 12.50 Uhr, Show 13 Uhr | www.bewleyscafetheatre.com
Tickets 10 – 15 € zzgl. Buchungsgebühr
Powerscourt Town House: 59 South William Street | Centre
Mo. – Sa. 10 – 18, So. 12 – 18 Uhr | Start ab South William Street, Eingang Powerscourt Centre | www.powerscourtcentre.ie/tours

Shoppen, Zeitgeist, Nachtleben

Creative Quarter

Westlich der Grafton Street breitet sich Dublins neues Kreativviertel – auch Purple Flag Zone von Dublins schwul-lesbischer Bewegung – mit Läden, Restaurants und quirligem Nachtleben rund um die 1881 erbaute Markthalle **George's Street Arcade** (Mo. – Mi. 9 bis 18, Do. – Sa. bis 20, So. 12 – 18 Uhr; https://georgesstreetarcade.ie) aus. Unter den Läden von Irlands ältestem »Shoppingcentre« sind die Bäckerei **Pepperpot Bakery**, die **Art Gallery**, der asiatische Modeladen **Bombay Banshee**, der Kunsthandwerksladen **Doni Doni** (Mali und Westafrika) oder etwas esoterisch **Mystic Ireland Crystals** zu empfehlen. Außerdem die Tour **»Fabulous Food Trails«**: Eveleen und Pamela Coyle, renommierte Kochbuchautorinnen, kreierten diese Spaziergänge zu den Geheimnissen der Delikatessenlandschaft Dublins. Sie lieben die neue irische Küche. Mit von der Partie ist auch Chief Guide Roisin Fallon – maßgeblich an der Biokost-Fundgrube **Fallon & Byrne** gegenüber der Markthalle (9 Exchequer St) beteiligt. Dort winkt auf vier Etagen »Essen im Himmel«. Auf der Tour und sehr zu empfehlen ist auch Donnybrook Fair mit Grill- und Feinkostladen in Ballsbridge (13 Baggot Street; Mo. – Fr. 7 – 19, Sa. 8 – 16, So. 9 – 16 Uhr; www.donnybrookfair.ie), Kochschule, Filialen in Donnybrook (89 Morehampton Road; Mo. bis Sa. 7 – 22, So. 8 – 21 Uhr) und in Malahide (New Street, tgl. 8 – 20 Uhr), Fab Food Trails empfiehlt auch den Feinkostladen Liston's (Camden Street; www.listonsfoodstore.ie), das versteckt liegende Cake Café im Erdgeschoss des ersten Ökobaus in Dublin, dem **Daintree Building** (Pleasants Lane; http://thecakecafe.ie) und Probe-häppchen in Irlands bester Käseladenkette **Sheridans Cheesemongers** (z. B. 11 South Anne St; https://sheridanscheesemongers.com).

Mansion House und Akademie

Dawson Street

Östlich der Grafton Street stehen in der Dawson Street **Mansion House** (1705), seit 1715 Sitz des Oberbürgermeisters, und **Royal Irish Academy** (Nr. 19) mit Bibliothek, in der u. a. Handschriften (6.–17. Jh.) aufbewahrt werden, darunter der Cathach, ein Psalter des hl. Columban. Zudem finden Ausstellungen statt.

Mo., Mi. u. Fr. 10 – 13, 14 – 16 Uhr | www.ria.ie/library | Eintritt frei

Parlamentsgebäude

Leinster House

Etwas weiter östlich ist die **Kildare Street** mit dem **Leinster House** – Irlands Parlament, Sitz des Dáil Éireann (Abgeordnetenhaus) wie des Seanad Éireann (Senat) – erster Höhepunkt in Dublins »Georgian City«. Der 1745 von Richard Cassels errichtete Bau war einst Stadthaus der Herzöge von Leinster. Führungen (Walk-up Tours) nur nach Voranmeldung (E-Mail event.desk@oireachtas.ie), Ausweis erforderlich! Und: »Strictly no bags«, Taschenverbot!

Tel. 016 18 37 81 | Mo. – Fr. 9 – 17 Uhr | Zugang nur via Besuchereingang Kildare Street | www.oireachtas.ie | Eintritt frei

Landkarten und Literatur

National Library

Im **Lesesaal** der National Library fand Stephen Daedalus' literarische Debatte in Joyces »Ulysses« statt. Die Bibliothek imponiert mit Erstdrucken vor allem irischer Literatur des 17. Jh.s und alten Landkarten. Dazu öffnen Buchhandlung und Joly Café. Großartig sind die Ausstellungen zu William Butler Yeats und im Bank of Ireland Cultural & Heritage Centre, Westmoreland Street, zu Seamus Heaney.

Ausstellungen: Yeats Mo., Do. u. Fr. 9.30 – 17, Di. u. Mi. 9.30 – 19
Heaney Di. – Sa. 10 – 16 Uhr | www.nli.ie | intritt frei

Schatztruhe irischer Altertümer

★★ National Museum of Archaeology

In der Great Hall wird **irischer Goldschmuck** gezeigt. Die kostbarsten Exponate birgt die Treasury (Schatzkammer), darunter den silbernen **Ardagh Chalice** (Kelch von Ardagh, 8. Jh.) mit Goldverzierungen, die **Tara Brooch** (8. Jh.), das **Cross of Cong** (12. Jh.), ein Prozessionskreuz aus Eichenholz mit Silber- und vergoldeten Bronzebeschlägen mit Tierornamenten. Höhepunkte sind die **Ogham-Steine** und ein Buchschatz, der 2006 beim Torfstechen im Moor bei Faddan (Co. Tipperary) entdeckte frühmittelalterliche **Faddan More Psalter** mit Ledereinband (innen Papyrus), der dort 1200 Jahre verborgen lag. Das auf um 800 datierte Werk (60 Blätter, Psalter »Valle lacrimarum«, »Im Tal der Tränen«) gilt dem Book of Kells als gleichwertig. Im ersten Obergeschoss beeindruckt der **Sheila-na-Gig** (Mittelaltersammlung). In den Shops im Eingangsbereich ist von der Tara Brooch inspirierter Schmuck (50 – 395 €) ein schönes Souvenir.

Kildare St | Di. – Sa. 10 – 17, So. u. Mo. 13 – 17 Uhr
www.museum.ie | Eintritt frei

Luftig-elegant: Blick in einen der Ausstellungssäle des National Museum of Ireland.

Südstadt: Stephen's Green

Grünes Idyll mit Historie

St Stephen's Green

Dublins bekanntester Park (9 ha) war einst Sumpf, dann Weide, seit 1664 ummauert, im 18. Jh. Hinrichtungsstätte. Arthur Guinness ließ den Park 1880 auf eigene Kosten für die Allgemeinheit einrichten. Mittags (Juli, Aug.) locken Konzerte und Theater hierher. Denkmäler etwa für Joyce (schlicht) und Yeats (bemerkenswert) stehen zwischen gepflegten Beeten und Teichen. Herausragend ist das **Ensemble zur Großen Irischen Hungersnot** von Edward Delaney am Nordosteingang, wo außen Tom Wolfe lebensgroß geehrt ist. Blankpoliert ist die Bronzebüste für Constance Markiewicz, unter deren Führung St Stephen's Green Zweitschauplatz des Osteraufstands 1916 war. Kurios: Täglich High Noon ruhten die Schießereien, weil der im Gärtnerhaus wohnende Parkwächter mit seinen Hunden Gassi ging. Der **Brunnen »Die drei Parzen«** von Joseph Wackerle ist deutscher Dank für Hilfe nach dem 2. Weltkrieg: In der Operation Shamrock vermittelte Kinderärztin Kathleen Murphy 1000 deutsche und österreichische Waisenkinder in irische Familien. Das Stephen's Green Shopping Centre verbindet mit dem **Creative Quarter**. An der mondänen Parknordseite promenierten im 18./19. Jh. Dublins obere Zehntausend. Bis heute residiert man standesgemäß im **Shelbourne Hotel** (1867), von dessen Dächern die britische Armee den Osteraufstand niederschlug.

Stadtgeschichte

★ Little Museum

Didaktisch perfekt aufbereitet ist das **Little Museum** zur Stadtgeschichte im 20. Jh. Paddy (Patrick) führt im 2. Stock mit eloquentem Witz zu Kuriosem, etwa einem für die Finanzkrise 2008 bedeutsamen Golfball. Dublins Abrisswahn der 1980er-Jahre illustriert ein aus dem Schutt gerettetes Bleiglasfenster von Henry Clark. Die Bombardierung Dublins im 2. Weltkrieg durch die deutsche Luftwaffe ist ebenso Thema wie **Rockband U2** oder Hollywoodstar Maureen O'Hara. Der Editor's Room ist der Irish Times samt Erstausgabe vom 29.3.1859 gewidmet. Mit »Alfred the Great« wird »Alfie« Byrne, Dublins populärster, zehnmal gewählter Bürgermeister des 20. Jh.s geehrt.

Little Museum: 15 St Stephen's Green | Führung stdl. tgl. 10 – 17 Uhr | www.littlemuseum.ie | Eintritt: 8 € (time slot), Tagesticket 15 €, Spezialführung Geschichte der Frauen in Irland (Di. 13 Uhr) 8 €

Zu Ehren des Uni-Rektors und James Joyce

★ Newman House, MoLI

Die Gebäude 85-86 St Stephen's Green an der Südseite des Platzes wurden 1865 nach John Henry Newman, dem ersten Rektor der Catholic University benannt. Hier schloss James Joyce 1902 sein Studium ab. Im UCD Naughton Joyce Centre wurde 2019 das **MoLI (Museum of Literature Ireland)** mit Commons Café und schönem Readers Garden eröffnet. 2022 standen die Ausstellungen ganz im

Zeichen des Joyce-Opus magnum »Ulysses«: »Love, says Bloom«, »Ulysses 2.2« und »Ulysses-Schatzsuche«. 1856 wurde die benachbarte neobyzantinische **Newman University Church** erbaut.
MoLI: Di. – So. 10.30 – 18 Uhr | https://moli.ie | Eintritt: 10 €

Gärten und Sozialgeschichte

Harcourt Street

In 57 Harcourt Street öffnet die Bar **Odeon**, wo 1859 – 1958 die Zuglinie Dublin – Bray endete. In Nr. 16 lebte »Dracula«-Autor Bram Stoker, in Nr. 61 George Bernard Shaw. Ein Kleinod sind die **Iveagh Gardens** (Zugang über Clonmel Street). Im Komplex des im sozialen Wohnungsbau aktiven Iveagh Trust, 3b Patrick Street, zeigt **Nelly's Museum Flat** drei Räume mit Originalmobiliar der Familie Molloy von 1915 (n. V.; www.theiveaghtrust.ie; Eintritt frei). In 33 Synge Street wurde 1856 George Bernard Shaw geboren.

Südstadt: Merrion Square und Georgian Dublin

Platz mit georgianischem Flair

★ Merrion Square

Der Merrion Square mit schönem **Archbishop Ryan Park** entstand um 1762. Die Türen der **georgianischen Gebäude** ringsum leuchten in allen Farben, Türklopfer schmücken die Eingänge. Ungewöhnlich ist das **Denkmal für Oskar Wilde** in der Nordwestecke, der sich auf einem Felsen räkelt. In Haus Nr. 1 verbrachte er seine Kindheit, geboren wurde er 1854 in 21 Westland Row. Am Merrion Square lebten auch Daniel O'Connell (Nr. 58), W. B. Yeats (Nr. 82) und Österreichs Physik-Nobelpreisträger 1933, Erwin Schrödinger (Nr. 65). Im Park stellen 200 Künstler auf Dublins größtem Open-Air-Kunstmarkt, der **Merrion Square Open Air Gallery** aus.
Open Air Gallery: So. 10 – 17 Uhr | www.merrionart.com

Irische Kunst

★ National Gallery

Die 1864 eröffnete National Gallery ist in vier Hauptabteilungen gegliedert: Milltown, Dargan, North Wing und Millennium Wing (Clare Street), wo das populärste und meistbewunderte irische Gemälde **»Hellelil and Hildebrand, the meeting on the Turret Stairs«** (1864) von Frederic William Burton (1816 – 1900) ein spezielles Kabinett erhielt. Der Milltown-Flügel zeigt weitere Werke irischer Künstler, u. a. »The Conjurer« von Nathaniel Hone d. Ä. Viele Gemälde zeigen die Landbevölkerung romantisierend, auch Augustus Burkes »Connemara Girl«. Auffällig in der irischen Kunst vom Beginn des 20. Jh.s (Räume 5 und 6) sind die Landschaftsgemälde Paul Henrys und das Porträt Lady Laverys aus der Hand ihres Gatten John Lavery. Der **Yeats Room** (Dargan Wing) ist Jack B. Yeats, Bruder des Schriftstellers William Butler Yeats, gewidmet. Den Shaw Room zieren Kristalllüster aus Waterford. Im North Wing ist Raum 32 der Interessanteste mit berühmten Porträts (James Joyce von Jacques Blanche; Sean O'Casey von Augustus John). Werke britischer Künstler wie William Turner sind in den Räumen 33 – 36 ausgestellt. Im zweiten Stock des Nordflügels (Räume 23, 24) sind Altargemälde und frühe Renaissancewerke, u. a. eine Arbeit Fra Angelicos, zu sehen. Raum 24 beherbergt Meisterwerke von Tizian und Tintoretto; absolutes Highlight ist **Caravaggios »The Taking of Christ«** (»Die Gefangennahme Christi«), das 60 Jahre unentdeckt im Jesuitengebäude in der Leeson Street hing. Der deutschen, flämischen und niederländischen Kunst (Räume 26–30) folgt die spanische Sammlung (Raum 31; El Greco, Goya, Velázquez, Picasso).

Merrion Square West | So. und Mo. 11 - 17.30, Di., Mi., Fr. und Sa. 9.15 - 17.30, Do. 9.15 - 20.30 Uhr | www.nationalgallery.ie
Eintritt frei, Sonderausstellungen bis 16,20 €

Virtuell ins Museum

Number Twenty Nine

Das prächtige **georgianische Wohnhaus** Nr. 29 Lower Fitzwilliam Street ist als Museum im Stil von 1794 eingerichtet, als die verwitwete Olivia Beatty mit ihren drei Kindern einzog. Man kann sich direkt vor Ort bei einer Führung ein Bild machen oder virtuell (https://numbertwentynine.ie). Auch der Fitzwilliam Square, 1791 – 1825 angelegt, besticht mit Gebäuden im georgianischen Stil.

Muße und Kondition dringend erforderlich: In der National Gallery gibt es mehr als 15000 Kunstwerke zu sehen!

Pfefferstreuerkirche

St Stephen's Church

An 2 Mount St Crescent steht »the Gem of Dublin«, Dublins Schmuckstück, die **St Stephen's Church**. Ihren Namen verdankt sie dem einstigen Lepra-Hospiz an diesem Ort. Der Spitzname von Dublins letztem georgianischem Kirchenbau ist indes **Pepper Canister Church**, Pfefferstreuerkirche – Besichtigung am 1. So. im Monat, 11 Uhr (Messe). Die April bis Sept. jeden Do. 13.20 Uhr stattfindenden Lunchtime-Recitals (Eintritt frei) finden in der St Ann`s Church, Dawson Street statt (https://stann.dublin.anglican.org).

Südstadt: Dublin Castle und Umgebung

Georgianische Architektur

City Hall

Dublins **historisches Rathaus**, die 1769–1779 von Thoams Cooley ursprünglich als Börse erbaute City Hall (2 Dame Street), zeigt die Stadtgeschichte im Multimediaformat (»The Story of the Capital«) und präsentiert Ausstellungen zum Osteraufstand 1916 und zu Sir Robert Shaw, Dublins Bürgermeister 1815/16.

Mo.–Sa. 10–17 Uhr | Eintritt frei | www.dublincity.ie

Schloss in der Altstadt

★ Dublin Castle

Dahinter erhebt sich auf jener Anhöhe, die schon Kelten und später Dänen befestigten, Dublin Castle. König Johann Ohneland ließ 1204–1226 eine Burg errichten, von der wenig überdauerte. Die jetzgien Gebäude sind aus dem 18. bzw. 19. Jh. Seit Queen Elizabeth I. bis zur Errichtung des Freistaats 1921 war das Schloss Sitz der britischen Vizekönige.

Gut erhalten ist der **Record Tower**, einer der vier alten Ecktürme. Mit fast 5 m dicken Mauern gibt er einen Eindruck von der mittelalterlichen Burg. Das Äußere der neugotischen **Chapel Royal** (1807–1814) schmücken über 100 Kalksteinköpfe berühmter Iren. Sie ist, anders als die **State Apartments** (Staatsgemächer), nur auf Führungen (50 Min.) zu besichtigen (Tickets an der Rezeption, Eingang State Apartments, Upper Yard). Hingucker sind die farbenfrohen Donegal- und Killybegs-Teppiche und die Kronleuchter aus Waterford-Glas, dazu der Fußboden aus grünem Connemara-Marmor. Kurios unter den Exponaten ist der mit witzigen Intarsien versehene Prisoner's Table, den 1861 ein Insasse des Dubliner Schuldnergefängnisses für Queen Victoria schuf. Auf der Führung sieht man u. a. die mit einem Deckengemälde von 1778 verzierte **St Patrick's Hall**, in der die Amtseinsetzung irischer Staatspräsidenten stattfindet. Im **Throne Room** (Thronsaal), reich mit Gold dekoriert (1740), steht der 200 Jahre alte Thron. Originalmöbel statten den **State Drawing Room** aus. Mit Farbenfreude und Fülle verzaubert die prämierte Sammlung des Amerika-

ners **Chester Beatty**, die exquisite Manuskripte, frühe und moderne Drucke, Ikonen, Miniaturen aus Europa, Afrika, dem Mittleren Osten und Asien, ägyptische Papyri, verzierte Koran- und Bibelausgaben, japanische Farbholzschnitte und buddhistische Bilder umfasst.

Dublin Castle: Dame Street | tgl. 9.45 - 17.45 Uhr | www.dublincastle.ie | Eintritt: 8 € | Führung (tgl.) | **Chester Beatty Library:** Mo. - Sa. 9.45 - 17.30, Mi. bis 20, So. 12 - 17.30 Uhr, Nov. - Feb. Mo. geschl. https://chesterbeatty.ie | Eintritt frei

Gotteshaus mit wechselvoller Geschichte

St Werburgh's Church

An der Werburgh Street stand einst Dublins erstes Theater. Am Ort der kleinen St Werburgh's Church soll die erste Kirche der Stadt errichtet worden sein. 1754 wurde sie mit Ausnahme von Turm und Fassade ein Raub der Flammen, danach aber wieder aufgebaut. Seit dem 18. Jh. diente sie als **Pfarrkirche des britischen Lord Lieutenant.** Sehenswert ist die gotische Kanzel (Mai–Sept. und n. V. geöffnet; Tel. 01 4 78 37 10). Leo Burdock's (2 Werburgh St) soll die besten Fish & Chips in Dublin zubereiten (www.leoburdock.com; Filialen: Rathmines, Temple Bar, Howth, Malahide).

»Tom & Jerry« in der Krypta

Christchurch Cathedral

Die Christchurch Cathedral wurde 1871–1878 durchgreifend rekonstruiert. Die Krypta – unter dem gesamten Kirchenschiff – und einem Portal am südlichen Querschiff stammen noch vom Ursprungsbau. Die in geheimnisvolles Licht getauchte Krypta (mit Café) birgt **Kirchenschätze und epochale Standbilder** (17. Jh.) von Karl II. und Jakob II. Im Langschiff steht das Grabmal von »Strongbow«: Richard de Clare, 2. Earl of Pembroke (1130–1176), spielte eine führende Rolle bei der Normanneninvasion. 1172 ließ er die zerstörte Christchurch Cathedral neu aufbauen. Sensationell sind **»Tom & Jerry«**: Die in der Krypta unter Glas gezeigten mumifizierten Körper einer Katze und einer Ratte wurden Ende der 1850er-Jahre in einer Orgelpfeife entdeckt. Ihre Hatz geht ewig weiter, auch in James Joyces »Finnegans Wake«.
In der mit der Christchurch Cathedral durch den bischöflichen Brückengang verbundenen **Synod Hall** zeigt die Ausstellung **Dublinia** die Geschichte des Wikingerviertels und des mittelalterlichen Dublin bis zur Reformation – anhand von Wikingerkleidern, Sklavenketten, dem Runenalphabet, dem Nachbau eines verräucherten Wikingerhauses und mittelalterlichen Mitteln gegen Zahnschmerzen.

Christchurch Cathedral: April – Sept. Mo. – Sa. 10 – 18, So. 13 – 15, 16.30 – 18, sonst Mo. – Sa. 10 – 18, So. 13 – 15 Uhr | https://christchurchcathedral.ie | Eintritt: 10 €, Rabatt für Kombiticket mit Dublinia | **Dublinia:** tgl. 10 – 17.30 Uhr | www.dublinia.ie | Eintritt: 15 € Rabatt bei Kombiticket mit Christchurch am Welcome Desk

Mittelalter in der City

St Audoen's Church

Von Dublins einziger erhaltener mittelalterlicher Kirche stehen noch Langhaus (13. Jh.), Chor, südliches Seitenschiff (beide ohne Dach) und zwei Kapellen.

Corn Market/High Street: Ende April – Ende Okt. tgl. 9.30 – 17.30 Uhr Eintritt frei

Irlands Nationalkirche

★ St Patrick's Cathedral

Die Christchurch Cathedral behielt über die Jahrhunderte ihre führende Rolle in der Church of Ireland, obwohl im 13. Jh. die St Patrick's Church zur Kathedrale erhoben wurde. Heute regiert die Christchurch die Diözese Dublin, St Patrick's ist aber Irlands Nationalkirche. Bei ihrer Gründung (11. Jh.) stand sie in Sumpf, außerhalb der Stadtmauern. Heute ist sie die **größte Kirche Irlands** (93 m lang), ihre Gestalt vom Wiederaufbau (1860 – 1869) geprägt, den Sir Benjamin Guinness zahlte. Sohn und Bierbrauer Abraham Guinness setze das Werk fort und stiftete u. a. ein Bleiglasfenster mit dem Motiv »Rebekka am Brunnen«, dessen Inschrift Zeitgenossen erheiterte: »I was thirsty and ye

Der Legende nach hat der hl. Patrick schon im 5. Jh. am Ort der nach ihm benannten Kathedrale getauft – eine Plakette markiert die Stelle.

gave me drink« (»Ich war durstig und Du gabst mir zu trinken«). Enkel Edward Guinness sorgte 1901 für die Glocken und den herrlich gepflegten **St Patrick's Park** mit der einstigen St Patrick's Well gleich links vom Hauptzugang, deren Wasser als wundertätig galt.
In der Kathedrale, auch Konzertkirche, steht vieles, doch nicht alles im Zeichen von »Gullivers Reisen«-Autor **Jonathan Swift** (1667–1745), der hier ab 1713 32 Jahre lang Dean war und den Gläubigen fulminant ins Gewissen redete. Am zweiten Pfeiler halbrechts vom Eingang findet sich seine Grabplatte. Direkt neben ihm ruht seine ewig »beste Freundin« Stella, die eigentlich Esther Johnson (1681 – 1728) hieß. Die Grabinschrift über der Holztür verfasste Swift selbst: »Er ruht, wo ihm wilde Empörung nicht länger das Herz zerreißen kann.« Stella hätte es gefallen. Zudem ist Swift im Marmormedaillon abgebildet, eine Vitrine zeigt Swifts Totenmaske und die Kopie seiner Predigt »über den Kirchenschlaf«. Zwei **irische Präsidenten** sind in St Patrick's beerdigt: Douglas Hyde (gest. 1949) und Erskile Hamilton Childers (gest. 1974). Unter den Grabdenkmälern ragt rechts der Taufkapelle das **Boyle Monument** des Earl of Cork (1632) heraus,

das er für seine zweite Gattin Katherine erbaute. Ihre Kinder umgeben sie, darunter wohl auch der später berühmte Physiker Richard Boyle. An der Nordwand steht ein Denkmal für Turlough O'Carolan, Irlands letzten Barden (1670 – 1738). Im Chor, der 1783 – 1869 Rittern des **St-Patrick-Ordens** als Kapelle diente, sind über dem Gestühl deren Banner, Schwerter und Helme angebracht. 1492 trafen sich hier die verfeindeten Butlers aus Ormond sowie die Fitzgeralds aus Kildare und stritten sich getrennt durch die Tür des Kapitelsaals. Gerald Fitzgerald bot schließlich ein Ende der Feindseligkeiten an und streckte mutig einen Arm durch die Türöffnung. Man gab sich die Hand. So entstand die Redewendung »to chance your arm« (»einen Arm riskieren«). Im südlichen Querschiff kann man sich interaktiv mit der Kathedale beschäftigen. Dazu dienen »brass rubbing« (Messingreiben), der Bau von Kirchenmodellen oder Puzzlelegen. Gegenüber mahnt seit 2014 der **Baum der Erinnerung** an den Beginn des 1. Weltkriegs. Alle sind eingeladen, ihn mit Friedenswünschen oder Nachrichten an geliebte Menschen zu schmücken – ein moderner Wunschbaum mit uralter iro-keltischer Tradition.

März – Okt. Mo. – Fr. 9.30 – 17, Sa. 9 – 18, So. 9 – 10.30, 12.30 – 14.30, 16.30 – 18, sonst Mo. – Sa. 9.30 – 17, So. 9 – 10.30, 12.30 – 14.30 Uhr www.stpatrickscathedral.ie | Eintritt: 8 €, mit Marsh Library 11 €

Bibliophile Schätze

Marsh's Library

Die älteste öffentliche Stadtbibliothek – direkt neben St Patrick's Cathedral – gründeten 1701 Erzbischof Marsh und Sir William Robinson. Zum Bestand gehören 25 000 Bände (16. – 18. Jh.), Karten, Manuskripte und Inkunabeln. Ältestes Sammlungsstück ist Ciceros »Brief an Freunde« aus Mailand (1472). Der schöne Lesesaal blieb praktisch unverändert, auch jene drei »Käfige«, in denen man seltene Werke unter den Argusaugen der Wächter las.

St Patrick's Close | Di. – Fr. 9.30 – 17, Sa. 10 – 17 Uhr | www.marshlibrary.ie | intritt: 5 €, Kombiticket mit St Patrick's Cathedral 11 €

Whiskeyverkostung

★ Teeling Distillery

Dublins alte Whiskeytradition erlebt an 13 – 17 Newmarket eine neue Blüte. Nach 125 Jahren »Abstinenz« wagte Teeling in Dublin den Neuanfang und bittet nun zu Touren in die **Whiskeydestillerie**. Die reguläre Teeling Tasting Tour beinhaltet zwei Whiskeys (Small Batch & Whiskey Cocktail, 17 €), Die Trinity Tasting Tour drei Whiskeys (Small Batch, Single Grain, Single Malt; 22 €). Schließlich lockt die Select Tasting Tour mit Small Batch, Single Malt, Distillery Exclusive & Single Pot Still (30 €). Mit Phoenix Café (Mo. – Fr. 8 – 16, Sa., So. 10 bis 18 Uhr). Bioprodukte, Veganes, Frischgemüse, Fisch und Fleisch bietet der **Green Door Market** (Newmarket 18; Mi. – Fr. 12 – 19, Sa. 9.30 – 16, So. 11 – 17 Uhr; www.thegreendoor.ie).

Teeling Distillery: tgl. 10 – 18 Uhr https://teelingdistillery.com

Südstadt: The Liberties, Guinness Brewery & Kilmainham

Irlands größter Besuchermagnet

★ St James's Gate Brewery

Die James Street führt ins Viertel **The Liberties**, wo sich–außerhalb städtischer Gerichtsbarkeit–Ende des 17. Jh.s französische Hugenotten ansiedelten. In der St James's Gate Brewery, der **Guinness-Brauerei**, werden ca. 60 % des in Irland getrunkenen Biers gebraut! Die Brauerei wurde 1759 von Arthur Guinness gegründet und entwickelte sich trotz Konkurrenz und Widrigkeiten im 19. Jh. zur bedeutendsten Brauerei Irlands, war um 1870 gar weltweit die größte. Im Jahr 1936 wurde als erste Auslandsniederlassung eine Brauerei in London gegründet; heute betreibt das Unternehmen weltweit Braustätten.
Das **Guinness Storehouse** ist mit über 1,7 Mio. Besuchern jährlich Irlands größter Besuchermagnet und uneinholbar größtes Bier- und »Durstmuseum« der Welt. Hier erfährt man auf fünf Etagen alles über die Braukunst und Guinnessgeschichte. Den Panoramablick aus der verglasten **Gravity Bar** (oberster Stock) schätzte 2011 auch die Queen–allerdings ohne Frischgezapftes. Anfahrt: Bus 123 ab O'Connell Street.

So. – Do. 10 – 17, Fr. u. Sa. 10 – 19 Uhr | www.guinness-storehouse.com
Eintritt: 22 €, mit Extra Stout 28 €, mit Academy 32 €, komplett 70 €

Herz der irischen Kunstszene

★ Irish Museum of Modern Art

Das Royal Hospital beherbergt das jährlich von 0,5 Mio. Begeisterten besuchte **Irish Museum of Modern Art** (IMMA). Der Bau für Invalide und Kriegsveteranen entstand 1680–1687 nach Plänen von Sir William Robinson. Bei der Restaurierung in den 1980er-Jahren scheute man keine Kosten. Die Große Halle wird für Konzerte, Bankette und Konferenzen genutzt. In der Kapelle beeindrucken Holzschnitzereien und barocke Stuckdecke. Die meist 3 bis 4 Monate währenden Ausstellungen sind international anerkannt, das Museum an der Military Road ist das Herz der Kunstszene auf der Insel.

Di. – Sa. 10 – 17.30, So. 12 – 17.30 Uhr | https://imma.ie
Eintritt frei, Führung (Mi. 13.15, Sa., So. 14.30 Uhr) frei

Nationale Gedenkstätte

Kilmainham Gaol

An der Inchicore Road steht seit 1796 das Gefängnis Kilmainham Gaol, in dem bis 1924 unzählige **irische Patrioten** eingekerkert waren und viele hingerichtet wurden. Das Museum im zum 100. Jubiläum des Osteraufstands (Easter Rising) 1916 restaurierten Komplexes hält die Erinnerung an sie wach. Zellen, Hinrichtungsstätte und Exponate liefern eher düstere Aspekte der irischen Geschichte. Busse 13 und 40 ab O'Connell Street.

Okt. – März tgl. 9.30 – 17.15, April, Mai u. Sept. bis 17.45, Juni – Aug. bis 18.15 Uhr | https://kilmainhamgaolmuseum.ie | Eintritt: 8 €

MY GOODNESS – MY GUINNESS!

... heißt es nicht nur in Irland, sondern in 150 Ländern auf dem Globus. Das schokoladenfarbige Bräu, seit 250 Jahren in Dublin zu Hause, ist ein irischer Exportschlager dank konsequenter Markenpolitik und einer genialen Werbekampagne.

▶ **Guinness erobert die Welt**
Seit 2007 ist das Guinness-Bier in 150 Ländern erhältlich und wird in 50 Ländern gebraut. Eine Auswahl:

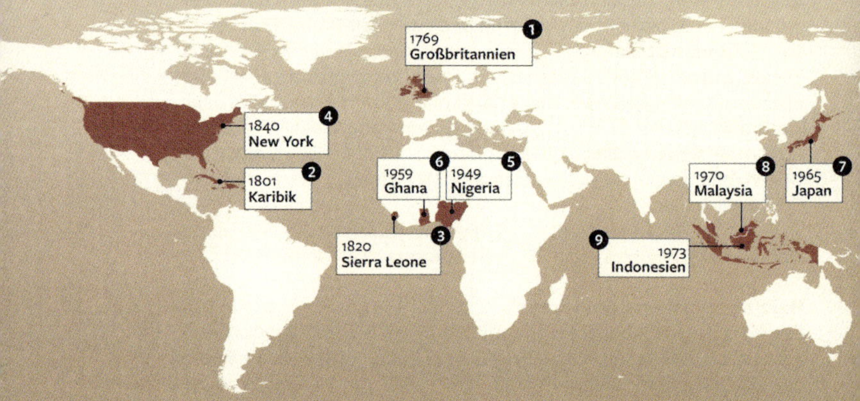

▶ **Die Guinness-Dynastie**
Eine Erfolgsgeschichte seit mehr als 250 Jahren

1750	1800	1850
1755 Arthur Guinness arbeitet als Brauer im County Kildare. **1759** Arthur Guinness unterzeichnet einen Pachtvertrag über 9000 Jahre für die Dubliner St. James's Gate Brauerei. **1769** Der erste Export: Sechseinhalb Fass Guinness verlassen Dublin mit einem Schiff in Richtung England. **1799** Guinness braut nur noch Porter.	**1801** Erster Export von West India Porter in die Karibik. **1803** Arthur Guinness stirbt. Sein Sohn Arthur Guinness II. führt die Brauerei weiter. **1833** Trotz wirtschaftlicher Flaute in der nachnapoleonischen Ära wächst Guinness weiter und wird zum größtem Arbeitgeber für Fassbinder. **1834** Die Glassteuer wird abgeschafft. Fortan wird das Bier in Glasflaschen und nicht in Steingut abgefüllt.	**1850** Sir Benjamin Lee Guinness, Sohn von Arthur Guinness II, übernimmt das Familienunternehmen. Er wird Oberbürgermeister von Dublin. **1868** Die irische Harfe und die Unterschrift von A. Guinness werden als Markenzeichen eingeführt. **1893** T.B. Case wird der erste Mitarbeiter mit Universitätsabschluss. Bierbrauen wird nun zu einer Wissenschaft.

Guinness weltweit
Es gibt nicht nur ein Guinness. Je nach Konsumentengeschmack und klimatischen Verhältnissen werden unterschiedlich starke Sorten gebraut.

Bierkonsum
Nicht nur die Iren trinken gerne Bier: weltweiter Bierkonsum pro Kopf in Litern (2015)

1900

1906 sind rund 3240 Mitarbeiter bei Guinness beschäftigt. Mit deren Familien macht das rund 10 000 Menschen. Damit ist einer von 30 Dubliner Bürgern vom Erfolg des Bieres abhängig.

1929 »Guinness Is good for you«! Der auch heute bekannte Slogan taucht zum ersten Mal in einer britischen Tageszeitung auf.

1936 Der Export bleibt trotz des Krieges bis 1944 nahezu aufrechterhalten. Erst gegen Kriegsende bis Juli 1947 muss er eingestellt werden.

1950

1959 200. Jahrestag der Gründung. Die erste Guinness-Zapfsäule wird in den britischen Pubs aufgestellt.

1960 Nigeria erlangt die Unabhängigkeit vom britischen Königreich. Ab 1963 wird Guinness direkt in Nigeria gebraut und ist somit die erste Guinness-Brauerei außerhalb Irlands und Großbritanniens.

2000

2001 Weltweit werden 2 Milliarden Guinness-Pints getrunken – jeder erwachsene Ire trank 2016 508 Pints, 2013 waren es nur 411.

2007 Guinness wird in 150 Ländern getrunken und in 50 Ländern vor Ort gebraut.

2009 Guinness feiert 250 Jahre Brautradition.

Südstadt: Ballsbridge und Portobello

Für Pferdefans und Strollologen

Ballsbridge

Im vom River Dodder durchflossenen Diplomatenviertel Ballsbridge befindet sich der **Royal Dublin Society Showground** (Merrion Road). Gepflegte Rasenflächen und weiße Zäune bilden den Rahmen für die jährliche Horse Show (Aug.) der Royal Dublin Society. Der Pferdemarkt ist der größte für irische Vollblüter. Zum Spektakel finden Rennen, Turniere, Prüfungen, Preisverleihungen, Auktionen und zum Ladies Day Modeschauen statt, dazu Bälle in diversen Hotels. Die Spring Show (Frühjahrsausstellung; Anfang Mai) widmet sich Viehzucht, Landwirtschaft und Landmaschinen (www.dublinhorse show.com). Die Nordgrenze von Ballsbridge bildet der **Grand Canal** (▶ Grand Canal, S. 300), dessen Uferwege ideal für Radler und Liebhaber der Promenadologie (engl. Strollology) sind. Die »Spaziergangwissenschaft« entwickelte das Schweizer Soziologenehepaar Lucius und Annemarie Burckhardt. Stromern und strollen Sie also mit akademischem Segen nach Herzenslust herum! Ecke Baggot Street locken Restaurants mit Uferterrassen zur Rast.

Flanieren, stöbern – und jüdische Geschichte

Portobello

Im alten jüdischen Viertel Portobello, das mit hübschen Cafés (Wall & Keogh, Nelly's, Cake Café) aufwartet, ist – vorbei an pittoresken Kanalbrücken – die **Portobello Road** ein schönes Ziel. Der berühmteste Bewohner George Bernard Shaw wird mit der besten Adresse vor Ort geehrt, dem **The Bernard Shaw** mit großem Biergarten, italienischem Café, Soul Music live, guter Küche, Cocktails und Bieren (11 – 12 South Richmond St; tgl. 12 – 23, Küche bis 22 Uhr; https://thebernardshaw.com). Auf dem Eatyard Street Food Market kauft man ein (Do. – So. 12 – 22 Uhr) oder stöbert auf dem Shaw-Flohmarkt (1. und 3. Sa. im Monat 12–17 Uhr). Die Geschichte der Juden in Irland präsentiert das **Irish Jewish Museum**. Interessant ist z.B. die Geschichte der Balla Erlich, die 1952 eine von einst 23 koscheren Metzgereien in Portobello eröffnete und berühmt für ihre Wohltätigkeit wurde. Arme Menschen erhielten bei ihr z. B. tgl. warme Mahlzeiten. Balla starb 1997, der Laden schloss 2001.

Irish Jewish Museum: 3 Walworth Rd | Mai – Sept. So. – Do. 11 – 15, sonst So. 10.30 – 14.30 Uhr | https://jewishmuseum.ie Eintritt: 10 €

Dublins Norden: Um die O'Connell Street

Flaniermeile mit »Stiletto«

O'Connell Street

Die vornehme O'Connell Street war Schauplatz des Osteraufstands 1916 und der Bürgerkriegskämpfe 1922. Die Hauptverkehrsader der Stadt hat sich zuletzt stark gewandelt und ist nun eine **turbulente**

Flaniermeile mit Läden, Kinos, Restaurants und Pubs. Auf dem Mittelstreifen stehen Standbilder irischer Patrioten, u.a. Daniel O'Connell (an der O'Connell Bridge), Charles Stewart Parnell oder des Temperenzapostels Father Matthew. Auffällig ist die 1871 eröffnete **Hauptpost** (General Post Office) zur Linken, die am Ostermontag 1916 Hauptschauplatz des Osteraufstands war, der von Patrick Pearse und James Connolly angeführt wurde. In der großen Halle erinnert die Statue **»Death of Cu Chulainn«** auch daran. Zur Erinnerung an die irischen Freiheitskämpfer investierte Irlands Regierung 7 Mio. € ins **GPO Witness History Interpretive Exhibition Centre**, das 300 000 Besucher jährlich anzieht. Während des Easter Rising plünderten Jugendliche an der O'Connell-Street, klimperten auf Klavieren oder spielten gar eine Partie Golf mit Schlägern aus Dublins ältestem Sportfachgeschäft. Der Aufstand endete um die Ecke in der Moore Street, wo Marktstände öffnen und Hinterhöfe aus der Zeit von 1916 zu entdecken sind. Mitten auf der O'Connell Street erhebt sich glänzend die 121,2 m hohe **Millennium Spire**. 126 t schwer und 4 Mio € teuer, misst die Stahlnadel an der Basis 3 m, an der Spitze 15 cm Durchmesser. »The Spike« oder »The Stiletto in the Ghetto«, wie die Dubliner scherzen, steht am Ort der 1966 von der IRA gesprengten Nelson-Säule und wird nachts beleuchtet. Ein Selfie an der nun ebenfalls zur »Talking Statue« gewandelten Bronzestatue von James Joyce (O'Connell St/East St North) ist Pflicht (http://talkingstatuesdublin.ie/statues/james-joyce).

GPO Witness History: Di. - Sa. 10 - 17 Uhr, nur Sa. Führungen
www.anpost.com/Witness-history | Eintritt: 15 €

Kathedrale im Antike-Stil

St Mary's Pro-Cathedral

An 83 Marlborough Street wurde Dublins bedeutendste katholische Kirche, die St Mary's Pro-Cathedral, nach dem Vorbild des Athener Theseus-Tempels konzipiert und 1825 geweiht. Ihr berühmter **Palestrina Choir** ist So. 11 Uhr in der lateinischen Messe zu erleben, der Mädchenchor tritt in der Messe So. 9.30 Uhr, das Ensemble Pro Nova in der Messe So. 18.30 Uhr auf.

Mo. - Fr. 9.30 - 16.45, Sa. u. So. 9.30 - 19 Uhr
www.procatherdral.ie, www.palestrinachoirdublin.com
Eintritt: Spende

Dublins Norden: Vom Parnell Square zum Mountjoy Square

Geburtsklinik und Keltenkinder

Rotunda Maternity Hospital

Das von Joyce im »Ulysses« erwähnte Hospital in der Parnell Street wurde 1757 als erste Entbindungsstation Irlands gegründet, um der immensen Kindersterblichkeit zu begegnen. Spenden für den Bau

AUF LITERATEN-SPUREN DURCH DUBLINS PUBS

Sollte eine Dichterstelle in der UNESCO-»Welthauptstadt der Wörter« ausgeschrieben werden, so ein Bonmot, erhöbe sich an den Tresen der Dubliner Pubs eine »Armee der Zehntausend«, um diesen Job sofort anzunehmen. Denn Literaten gibt es hier in ähnlich großer Zahl wie Pubs – 800 mit uneingeschränkter Lizenz sind es noch. Nicht mehr 2000 Schankstuben wie um 1750, doch James Joyce hätte trotzdem seine helle Freude daran …

Denn: »Das wäre ein schönes Kunststück (Puzzle), einen Weg durch Dublin zu finden, ohne auf einen Pub zu stoßen«, hinterließ Joyce der Nachwelt. Keine Frage: Mönche und Dublins Mütter – Brauen war mal Frauensache – haben über Jahrhunderte sorgsam und liebevoll diesen Dubliner Gerstensaft-Irrgarten aufgebaut, dem Dichter und Denker wie Shaw, Joyce, Yeats, James Larkin oder Flann O'Brien mit ihrer Literatur Lebens- und Daseinskoordinaten verliehen. Doch wer den **Spuren der Literaten** heute auf diversen touristischen Trails folgen will, muss mitunter Dutzende Kilometer laufen, etwa wenn man zu den Stationen des Leopold Bloom aus »Ulysses« aufbricht oder sich auf die Spuren des mit dem Nobelpreis geehrten Großmoguls W. B. Yeats begibt.

Amüsant geführt

Angenehmer wie amüsanter ist es, sich Colm Quilligan und seinem **Literary Pub Crawl** anzuvertrauen: Mit Partner Frank führt er über die nur 800 m lange Wegstrecke. Seit 1988 schauspielerte das Duo mit Bowler-Hut, Strickpullover und Jackett wohl schon mehr als 1000-mal auf den Spuren trinkfester wie freudiger Schreibstrategen vom Schlage eines Samuel Beckett oder Oscar Wilde: stets mit Witz und Ironie, niemals aber ohne Pubs. Denn Poeten und Pints gehören in Dublin zusammen, wie etwa im Fall des hochgeehrten **Brendan Behan**, der kühn erklärte, er sei »a drinker with a writing problem«. Allabendlich um 19.15 Uhr trifft man sich »upstairs«, im ersten Stock des **»Duke«**, im winzigen »snug«: einem Pub-Zimmerchen, das einst Damen diente, die ihr Pint nicht in Männergesellschaft genießen durften. Auf Colm Quilligans Programm stehen fast zweieinhalb Stunden mit vier von acht ausgewählten Pubs. Zur Einstimmung ertönt der Folk Song »Waxies' Dargle«, im 19. Jh. ein Hit unter Schustern, die es zu ihren Picknicks aufgrund zu vieler Pubs nie bis in die Sommerfrische Dargle, aber doch bis Irishtown schafften. Es folgt ein amüsanter Stegreif aus Becketts »Warten auf Godot«, ein Stück, so ein Rezensent, »in dem nichts passiert, zweimal«.

Pub-Geschichte(n)

Zum ersten Pint dürfen Anekdoten über **Joyce** nicht fehlen, auch nicht Patrick Kavanaghs Klage über »unbedeutende Dichter«. Aber dies seien eigentlich »seit Homer alle«. In Station Zwei, dem **Trinity College**, einem Stopp »mit Kultur«, aber »ohne Getränk«, erlernten die Studenten **Oscar**

Wilde (1872) und **Samuel Beckett** (1920) auch standfestes Trinken.
Der nächste Halt, so Colm, sei mit Bier, indes ohne Kultur. Nicht ganz, denn im 300 Jahre alten **»O'Neill's«** werden Episoden einer Amerika-Vortragsreise von Wilde fällig, als er ein Wetttrinken mit Whiskey-erprobten Bergleuten schadlos überstand. Alternativ könnten auch »Palace Bar« oder »The Old Stand« auf dem Programm stehen, wo vielleicht Brendan Behans berühmte Maxime »Trink Kanada trocken« ertönt. Stets hob Behan das Glas in einem violetten Handschuh, hatte er der Mutter doch auf dem Totenbett geschworen, kein Glas Whiskey mehr anzurühren. Stets im Programm ist **St Andrews Church**, auf deren Gelände das Wikinger-Parlament tagte.
Das **»Davy Byrnes«**, 21 Duke Street, in dem **Leopold Bloom** im Wandering-Rocks-Kapitel des »Ulysses« zum Gorgonzola-Sandwich ein Glas Burgunder ordert, bildet den Abschluss. Heute wäre hier ein Cocktail mit Gin probater. Dublinern ist das Lokal auch wichtig, weil im Obergeschoss 1922 die erste provisorische irische Regierung tagte. Auch Beckett wohnte über dem Pub, Behan trank hier. Dublins schärfstes Lästermaul brüskierte noch auf dem Totenbett seine Pflegerin, eine Nonne: »Gott segne Sie, Schwester. Mögen Sie Mutter eines Bischofs werden.«
Den Abend lässt man im Pub-Klassiker **»Kavanagh's«** ausklingen. Einst als »Gravediggers« bekannt, tauschten hier ab 1823 Totengräber ihr Sarggeld gegen Guinness.
Der Literary Pub Crawl startet von April bis Oktober tgl., sonst Do. bis So. 19.30 Uhr im »The Duke«, 9 Duke Street. Tickets (15 €) gibt es vor Ort oder hier: Tel. 087 2 63 02 70, www.dublinpubcrawl.com. Mit Colm Quilligans Buch »The Dublin Literary Pub Crawl« (15 €) lässt sich die Tour auch individuell gestalten. Schöner ist es aber zum späteren Nachstöbern.

Los geht's im »The Duke« mit Becketts »Warten auf Godot«.

sammelte Dr. Bartholomew Mosse auf Bällen, Liederabenden und Konzerten. Den Hauptbau krönt ein Kuppelturm. In der Rotunda ist das Ambassador Cinema, in den Assembly Rooms seit 1929 das Gate Theatre untergebracht. Am Parnell Square ist der **Garden of Remembrance** angelegt. Dort präsentiert die Skulptur »Children of Lir« von Oisin Kelly (1970) die Kinder des keltischen Meeresgottes Lir.

★ Dublin City Gallery

Impressionisten, Irische Moderne, Francis Bacon
Das von Sir William Chambers errichtete **Charlemont House** (1762) ist seit 1933 Heimstatt der 1908 gegründeten **Hugh Lane Municipal Gallery of Modern Art**, der City Gallery. Vor dem Eingang erweckt das elektronische Kunstwerk von Julian Opie (geb. 1958) großes Interesse: Es zeigt wechselnd »Suzanne walking in leather skirt« (2006) und »Walking on O'Connell Street« (2008). Kunstsammler Hugh Lane, Anfang des 20. Jh.s Mitglied der irischen Künstler- und Literatenszene, interessierte sich für Impressionisten und folgende Kunstströmungen. Seine herausragende Sammlung (u. a. Camille Corot, Edgar Degas, Juan Gris, Edouard Manet, Claude Monet, Pablo Picasso, Camille Pissaro und Auguste Renoir) übertrug Lane zum Zeitpunkt seines Todes leihweise Londons Tate Gallery, im Testament vermachte er aber alles der Stadt Dublin. Nach langem Rechtsstreit werden seit 1959 die 39 Gemälde der Sammlung wechselnd in beiden Museen gezeigt. Noch großartiger ist aber die Sammlung **irischer Gemäde der Moderne**, etwa das 1928 entstandene Ölgemälde »An Irish Pilot (Lady Heath)« von Sir John Lavery (1856–1941). Lady Heath, zuvor noch Sophie Peirce Evans aus Knockaderry (Co. Limerick), flog als erste die Strecke Kapstadt–London in einem Flugzeug mit offenem Cockpit. Jack B. Yeats (1871–1957), Sohn des Malers John Butler Yeats, ist mit »The Ball Alley« vertreten, Michael Farrel (1940–2000) schuf **»Madonna Irlanda – The very first real irish political picture 1977«**.
Topattraktion ist das 1998 gestiftete, aus 2000 Einzelobjekten bestehende **Francis Bacon Studio**. Aus London kommend wurde es im Erdgeschoss mit archäologischer Präzision samt Hunderter Farbtuben akribisch wieder aufgebaut. Bacon (1909–1992), in Dublins Lower Baggett Street geboren, ist zudem mit drei Werken, u. a. einem Frauenkopf (1960), vertreten. Mit Buchladen und Café, das von Jennie Moran mit ihrem Kunstprojekt »Luncheonette« betrieben wird (https://luncheonettedublin.com)..

Di. – Do. 9.45 – 18, Fr. bis 17, Sa. 10 – 17, So. 11 – 17 Uhr | www.hughlane.ie | Eintritt frei, öffentliche Führung (So. 14.14 Uhr) frei

Dublin Writers Museum

Literaten-Treff
Während das Dublin Writers Museum, bisher 18 Parnell Square North, dem neuen MoLI im Newman House Tribut zollen musste, ist

nebenan das Irish Writers Centre weiterhin der Ort schlechthin, um Dubliner und irische Schriftsteller zu treffen. Regelmäßig finden Lesungen, Events und Schreibkurse sowie jährlich im September die **Novel Fair** statt.

19 Parnell Square | https://irishwriterscentre.ie

Wegweisender Autor

James Joyce Centre

Im völlig neu gestalteten Zentrum mit Sonderausstellungen, historischen Dubliner Theaterplakaten und Porträt von »Anna Livia Plurabelle« (Nora Barnacle) starten drei **Rundgänge zu Joyce** (»Joyce's Dublin«, »In den Fußstapfen Leopold Blooms« und zu Joyces »Dubliners«; (Frühling/Sommer dreimal pro Woche, sonst nur Sa.; Ticket: je 12 €), die gerade zum Bloomsday Festival ein Muss sind (11.6. – 16.6.; www.bloomsdayfestival.ie).

35 North Great George's | Mo. – Sa. 10 – 17, So. 12 – 17 Uhr, Okt. – März Mo. geschl. | https://jamesjoyce.ie | Eintritt: 5 €

Stadion und Museum

Croke Park GAA Museum

Irlands bedeutendstes Stadion (82 300 Plätze) diente früher nur irischen Sportarten (Hurling, Gaelic Football). Nun finden auch Rockkonzerte und Rugbyspiele statt. Stadionkatakomben und -dach (Skyline Tour; 2 Std.; mit Karabinerhaken gesichert) können besichtigt werden. Das GAA Museum widmet sich auch politischen Aspekten des Sports.

GAA Museum: Mo. – Sa. 9.30 – 17, So. 10 – 17 Uhr
https://crokepark.ie/gaamuseum | Eintritt: 8 €
Stadiontour: Ticket: : 10 € | https://crokepark.ie/stadiumtour
Skyline Tour: Ticket: 21 € | https://crokepark.ie/skyline

Irlands Nationalnekropole

★ Glasnevin Cemetery

Der 1832 eröffnete, 2010 sanierte Friedhof (Finglas Road) gilt mit 1,5 Mio. Bestatteten, darunter viele Hunger- und Choleraopfer, als Irlands Nationalnekropole. Hier fanden Freiheitskämpfer wie Charles Stewart Parnell und Sir Roger Casement ihre letzte Ruhestätte. Wahrzeichen ist der **O'Connell Tower** (51 m) mit Krypta für Daniel O'Connell und Café (tgl. 10 – 17 Uhr). Das **Visitor Centre** mit Museum präsentiert im Erdgeschoss die Ausstellung »**City of the Dead**« (historische Beerdigungsriten) und neu im 1. Stock die Ausstellung »Extra-ordinary Lives« mit überraschenden Geschichten zu 20 auf dem Friedhof Beerdigten..

Friedhof: tgl. 9 – 17 Uhr geöffnet
Tower Tour: Mi. – So. 10 und 13 Uhr | Ticket: 9 €
Museum /Visitor Centre: tgl. 10 – 17, Touren tgl. 11.30 u. 14.30 Uhr
www.dctrust.ie/experience-glasnevin.html | Eintritt: 8 € (mit Audio Guide), Interesting Glasnevin Tour 13 €, Irish History Tour mit Ausstellung 13 €, plus Tower 18 €

Weitläufiger Park

National Botanic Gardens

In Glasnevins Botanischen Gärten (20 ha) sind das **Herbarium** und das 1842 – 1850 von Richard Turner erbaute gusseiserne **Palmenhaus** sehenswert. Im Visitor Centre hängt das Geweih eines vor und nach der Eiszeit in Irland heimischen Riesenhirschs (Giant Deer). Die Art starb vor 8000 – 10 000 Jahren aus.

15. März - Okt. Mo. - Fr. 9 - 17, Sa., So. 10 - 18, sonst Mo. - Fr. 9 - 16.30, Sa., So. 10 - 16.30 Uhr | https://botanicgardens.ie
Eintritt frei, Führungen (tgl.) ab 5 €

Kirche, Castle und ein Observatorium

Finglas

Etwas nördlich vom Botanischen Garten liegt Finglas mit Ruinen einer mittelalterlichen Kirche und Friedhof mit Hochkreuz (12. Jh.). Westlich von Finglas erhebt sich in Castleknock das **Dunsink Observatory**, 1782–1921 Sternwarte des Trinity College. Sept. bis März finden hier an jedem 1. und 3. Mi. im Monat 19.30 Uhr Public Open Nights mit Vorführung des historischen Grabb-Teleskops statt (Buchung: www.dunsink.dias.ie; Eintritt frei).
Nördlich von Finglas steht ein kantiger Trumm mit Ecktürmen und Eichendachstuhl: Das vieretagige, von Sir Thomas Plunkett erbaute **Dunsoghly Castle** (15. Jh.; Privatbesitz) diente als Filmkulisse für den Welterfog »Braveheart«.

Am Hafen von Howth lässt es sich gut speisen. Von hier erreicht man den Cliffwalk, der bis Howth Summit mit spektakulärem Ausblick führt.

Castle mit Kochschule und Transport-Museum

Howth

Howth Castle ist seit 800 Jahren im Besitz der aus der Normandie stammenden Familie Gaisford-St Lawrence. Führungen sind möglich, wenn die Kosten für Guide und ggf. Erfrischungen übernommen werden (n. V., Buchung via www.howthcastle.ie). Ein Tipp auch für Kochmuffel ist die von Christina und Edwina St Lawrence betriebene Kochschule **»The Kitchen in the Castle«** in der wunderbaren georgianischen Küche. Der öffentlich zugängliche Park besitzt einen französischen Garten (18. Jh.) mit 9 m hohen Hainbuchenhecken. Das **National Transport Museum** zeigt 170 historische Fahrzeuge, auch Traktoren, Doppeldeckerbusse und Straßenbahnen.

National Transport Museum: Sa., So. 14 – 17 Uhr
www.nationaltransportmuseum.org | Eintritt: 3 €

Wohin nördlich und nordöstlich von Dublin?

Irisches Landleben

Newbridge House and Farm

In **Donabate**, Co. Dublin, beleuchtet das Museum im Newbridge House das Landleben Irlands im 18. Jh. auch in den Werkstätten, Arbeiterwohnungen und der Farm mit Tieren und Werkzeugen.

Hearse Rd | April – Sept. tgl. 9.30 – 17 (Hausführung stdl. 10 – 16), Okt. – März Di. – So. 9.30 – 15.30 (Hausführung stdl. 10 – 15) Uhr
https://newbridgehouseandfarm.com | Eintritt: 12 €, nur Farm 8,50 €, nur Farm & Parkland 10 €, Komplettticket 18 €

Entspannung im Schloss

Ardgillan Demesne

Nördlich Skerries bietet das Schloss von 1738 (Führung Mo. – Fr. 11, 13, 15, Sa./So. auch 16 Uhr) mit herrlichem Park auch das Holistic Centre (Gartenhaus), in dem Yoga, Massagen und Shiatsu angeboten werden. Im Park locken Rosengarten, Walled Garden, Ornamental Gardens, das **Garden Museum** und im Sommer Theateraufführungen. **Balbriggan** hat schöne Sandstrände und einen Golfplatz.

Tea Rooms Nov. – März tgl. 10 – 17, April – Okt. bis 18 Uhr; Park Nov. – Jan. tgl. 9 – 17, Feb. u. März bis 18, April u. Sept. bis 20, Mai – Aug. bis 21, Okt. bis 19 Uhr | Eintritt: 5 €; Park frei
www.ardgillancastle.ie

Von Eremiten gegründet

Portmarnock und Balgriffin

Über Portmarnock mit **Velvet Strand** und Golfplatz gelangt man 8 km nordöstlich von Dublin nach Balgriffin, wo die Ursprünge der **St Doulagh's Church** (12. Jh.) bis ins 5. Jh. zurückreichen. Sie besitzt Irlands ältestes Kirchendach aus Stein und einen zinnenbewehrten Turm. Kammern in der Krypta lassen frühe Eremiten vermuten. Die neogotische Kirche wurde 1865 geweiht.

»ULYSSES« – EIN LITERARISCHER BAEDEKER

Der 16. Juni ist in Dublin eine Art Feiertag – es ist Bloomsday! Alljährlich ziehen Hunderte durch die Innenstadt und bleiben vor vielen Gebäuden stehen. Sie schlagen bedächtig in einem Buch nach, einem 800-Seiten-Werk, Stadtführer und Roman zugleich: Es ist das literarische Meisterwerk des Iren James Joyce (1882 – 1941), dem auch am 2.2.2022, dem 100. Jahrestag seines Erscheinens, überschwänglich gehuldigt wurde..

»Ulysses« erzählt den Verlauf des 16. Juni 1904 von 8 Uhr morgens bis zum nächsten Morgen um etwa 3 Uhr im Leben dreier Einwohner Dublins: des Anzeigenagenten **Leopold Bloom**, seiner Frau **Molly** und des Lehrers und Schriftstellers **Stephen Dedalus**. Blooms und Dedalus' Schritte durch die irische Hauptstadt beschrieb Joyce so präzise, dass man bis heute mit dem Roman als Wegweiser durch die Innenstadt pilgern kann. »Ulysses« ist ein »literarischer Baedeker« (Frank Delaney). Über sein Hauptwerk sagte Joyce: »Ich möchte ein so vollständiges Bild von Dublin malen, dass, wenn die Stadt eines Tages vom Erdboden verschwände, sie nach diesem Buch wiederaufgebaut werden könnte.« Seit dem 16. Juni 1954 ist der **»Bloomsday«** ein Touristenhit: An diesem Tag feierten vier Dubliner erstmals jenen Tag, an dem Leopold Bloom durch Dublin gezogen war. Bei ihrem literarischen Rundgang orientieren sich die Joyceaner vornehmlich an der achten Episode des Romans: Sie beginnt in der Middle Abbey Street und endet in der Kildare Street. In das Straßenpflaster sind Bronzetafeln eingelassen, die den Weg angeben und auf die entsprechenden Seitenzahlen der englischen Standardausgabe hinweisen (Downloads der **»Ulysses Map of Dublin«** im Internet, z.B. auf www.michaelgroden.com/notes/map.html).

Der Roman

»Ulysses« besteht aus 18 Episoden. Im Mittelpunkt der ersten drei steht Stephen Dedalus. Leopold Bloom, ein moderner Jedermann, tritt in der vierten Episode auf. Nach dem Frühstück mit seiner Frau Molly beginnt seine tägliche **Odyssee durch Dublin**: Postamt, Gottesdienst, öffentliches Bad, Friedhof (zu einer Beerdigung), Zeitungsverlag, Pub, Restaurant, Bibliothek. Später kreuzt sich sein Weg mit dem von Dedalus. Zuerst machen sie einen Abstecher in eine Kutscherkneipe, dann ziehen sie zu Blooms Wohnung, 7 Eccles St. Als Dedalus nach Hause geht, legt sich Bloom neben Molly schlafen. Die 18 Episoden haben ihre Entsprechung in den 24 Gesängen von **Homers** »Odyssee«. Wie einst Odysseus durch die Inselwelt des Mittelmeers reiste, zieht Bloom durch Dublin. Joyce stellt genial herkömmliche Erzählstrukturen infrage, die Handlung tritt in den Hintergrund. »Ulysses« ist einer der ersten Romane, in den die tiefenpsychologischen Erkenntnisse Freuds eingingen. Die etwa 20 Stunden aus dem Alltagsleben dreier Dubliner, ihre Handlungen, Gedanken, Wünsche und Träume, werden reflektiert. Gestaltungsmittel sind innerer Monolog, Assoziationsketten, wechselnder Erzählerstandpunkt, ge-

Selbstredend werfen sich die Bloomsday-Teilnehmer angemessen in Schale.

brochene Chronologie und agrammatische Syntax. Keine leichte Kost!

Dublin im Wandel

In den letzten Jahrzehnten erlebte Dublin radikale Veränderungen. Vieles wurde umgestaltet, Häuser abgerissen. Nur die großen Straßen haben überdauert, aber nicht immer so, wie Joyce sie kannte. Auch Blooms Haus existiert nicht mehr… Verschwunden sind wie viele andere Schauplätze des Romans auch die Pubs »Barney Kieran's«, »Burke's« und die Kutscherkneipe. Dennoch ist an vielen Ecken ein Hauch vom alten Dublin spürbar. Erhalten ist der Ort, wo der Roman beginnt: der **Martello Tower** (Vorort Dún Laoghaire) – heute Joyce-Museum. Auch der Besuch des Friedhofs Glasnevin lohnt. Und wie Bloom kann man in der Duke Street im **»Bailey's«** einkehren, heute ein nobler Pub. Gegenüber öffnet der Pub **»Davy Byrnes«,** der hungrige Bloom verzehrte dort ein Gorgonzola-Sandwich. In der Ex-Drogerie »**Sweny's**« kann man wie schon Leopold Bloom am 16. Juni 1904 Zitronenseife erwerben. Online und Do. abends finden Lesungen aus Joyce-Werken statt (1 Lincoln Place; tgl. 9 – 18 Uhr; www.swenys.ie). Clou für lesefaule Joyce-Fans ist indes das vom Iren Niall Laverty und der Deutsch-Spanierin Maite Lopez edierte witzige illustrierte Büchlein »**Romping through Ulysses**« (engl.; https://atitagain.ie; 9 €).

Schloss, Porträts und Modelleisenbahn

Malahide Am Südwestende des beliebten Badeortes Malahide (www.enjoy malahide.com) steht das vom Park mit Eichen und 400 Jahre alter Libanon-Zeder umgebene, für 12 Mio. € restaurierte **Malahide Castle** (ab 1185) im auch georgianischen und neuzeitlichen Stil. Die Große Halle mit Eichenholzwerk behielt ihr mittelalterliches Aussehen. Die **National Portrait Gallery**, Teil von Dublins National Gallery, zeigt sehenswerte Bildnisse u. a. von William Hogarth und Sir Joshua Reynolds, die Persönlichkeiten wie Anne Boleyn, Robert Dudley, James Gandon oder Jonathan Swift porträtierten.

»Volldampf voraus!«, heißt es für die vom Iren Cyril Fry gebaute **Fry Model Railway** (1:43). Der Farmer Michael Gaffney berappte 1,5 Mio. € für Kauf und Restaurierung der Modelleisenbahn im reetgedeckten **Casino House Malahide**, das als Jagdhaus (17. Jh.) erbaut wurde. Mit Visitor Centre, Fahrradverleih, Avoca Café mit Wollladen, Laden für Outdoorkleidung und Museumsshop.

Malahide Castle: tgl. 9.30 – 17.30 Uhr Schlossführung bis 16.30 Uhr www.malahidecastleandgardens.ie | Eintritt: Schloss mit Gärten 14 €, nur Gärten mit Fairy Trail 8 €, Model Railway Museum mit Fairy Trail 14 €

Westlich von Dublin

Frühe Klostergründung

Clondalkin Etwa 13 km westlich von Dublins Zentrum bezeugen in Clondalkin der 25,5 m hohe Rundturm sowie zwei Granitkreuze und ein Taufbecken im Kirchhof die Klostergründung des hl. Mochuas (7. Jh.). Im 11. Jh. wurde das Kloster wohl bereits wieder aufgegeben.

Heilbad

Lucan Am River Liffey war Lucan (16 km westlich Dublin City) ab Entdeckung der schwefelhaltigen Heilquelle (1850) ein vielbesuchtes **Heilbad.** In dem im Palladio-Stil erbauten Lucan House (1772) residiert der italienische Botschafter. Das Lucan Spa Hotel (www.lucanspahotel.ie; 70 DZ, 2 Restaurants) entstand 1891, das Finnstown Castle Hotel (www.finnstowncastlehotel.com; 80 DZ) schon 1800.

Castletown House und »Wonderful Barn«

Leixlip Der Name Leixlip stammt aus dem Dänischen und bedeutet »Lachssprung«. Überragt wird die Schlafstadt Dublins (20 km westlich) von **Leixlip Castle.** In Celbridge, beinahe schon in Maynooth, ist **Castletown House & Parklands** am River Liffey Irlands bedeutendster Bau im Palladio-Stil (1722–1729). Alessandro Galilei baute das Haus mit Freitreppe und Nebengebäuden für den irischen Parlamentarier William Conolly. Lady Louisa Conolly (gest. 1821) ließ ab 1759 vieles vom damaligen Stararchitekten Sir William Chambers umbauen und

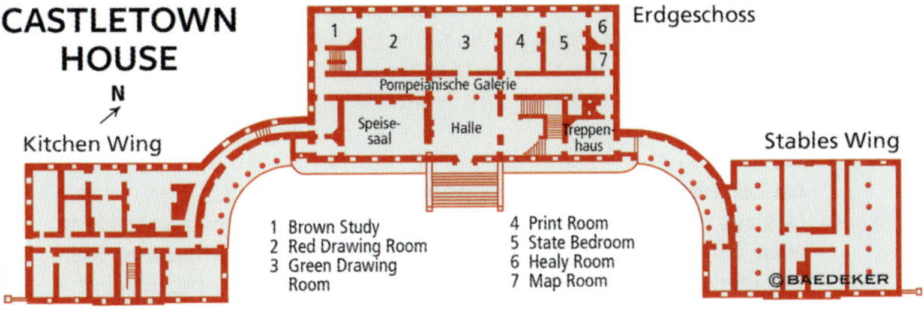

1769 den Print Room einrichten. Im Innern sind vortreffliche Stuckarbeiten, das Treppenhaus und die Pompejanische Galerie bemerkenswert. Heute residiert hier die Irish Georgian Society. Die philantropische Witwe Katherine Conolly ließ während der ersten großen Hungersnot 1740/41 die zwei berühmten Follys errichten und rettete so Hunderte Arme. **Conolly's Folly**, auch Obelisk genannt, entstand nach dem harten Winter 1740 als rückwärtiger Eingang, doch außerhalb des Besitzes. Architekt des 42 m hohen Bauwerks war der aus Kassel stammende Richard Castle (auch: Cassels). Die **»Wonderful Barn«** (wundervolle Scheune) entstand bis 1743 und schraubt sich wie ein Korkenzieher spiralförmig gen Himmel. 1 Mio. Besucher pro Jahr machen den Park zur beliebtesten kostenfreien Attraktion in Irland.

Haus 7.4. - 23.10. tgl. 10 - 17, Garten 7.4. - Sept. tgl. 10 - 17, Park tgl. April & Sept. 7 - 21.30, Mai - Aug. bis 22.30, Okt. - März bis 20 Uhr | https://castletown.ie | Eintritt: Park frei, Haus kostenpflichtig

Kirche und Wissenschaft

Maynooth

Maynooth (26 km westlich von Dublin; 14 590 Einw.) am Royal Canal ist Sitz der kath. Irischen Bischofskonferenz und hat mit dem berühmten **St Patrick's College** eine päpstliche Universität. Das 1795 gegründete Institut bildet irische Geistliche aus und ist größtes Priesterseminar der Britischen Inseln. Sehenswert sind der **St Joseph's Square** mit dem neogotischen St Patrick's House. Der President's Arch führt zur restaurierten College-Kapelle St Mary's Oratory mit schöner Rosette, Skulpturen und Mosaiken im Inneren. Im für seine Magnolien berühmten Kloster wurde der Bicentenary Garden 1995 nach Motiven aus der Genesis angelegt. Das assoziierte Maynooth College, auch St Patrick's Pontifical University genannt, unterhält das **National Science and Ecclesiology Museum** auf dem Campus mit kirchlichen und historischen wissenschaftlichen Objekten, auch alten Harfen, telegrafischen Instrumenten von Giuseppe Marconi oder Magnetspulen des Naturwissenschaftlers Nicholas Callan. Die Eibe (*Taxus Baccata*) am College-Eingang gilt als ältester heimischer irischer Baum (12. Jh.). Nebenan stehen Wohnturm und Torhaus von **Maynooth Castle** (13. – 17. Jh.).

National Science and Ecclesiology Museum: Juni – Aug. Mi. 14 – 16, So. 14 – 18 Uhr, sonst n. V. | https://museum.maynoothcollege.ie
Eintritt frei (Spende)

Im Zeichen des Pferderennsports

Naas

Das aus irisch Nás na Riogh, »Treffpunkt der Könige«, entstandene Naas ist bis heute **Zentrum des irischen Pferderennsports**. Kein Wunder, dass Naas, englisch ausgesprochen, sich auf »race« reimt.
Naas (42 km westlich von Dublin) grenzt an die Ebene von Curragh, Irlands historisches Zentrum der Pferdezucht. Bekannt wurde Naas durch den Punchestown Racecourse, die Rennbahn südlich des Zentrums. Alljährlich Ende April gibt sich hier Irlands Haute Volée zum einwöchigen **Punchestown Race Festival** ein Stelldichein. Zum Höhepunkt, dem Freitagsrenntag, dürfen es schon ausgefallenste Hüte sein! Sonst ist, wie auch am Family Day (Sa.), kein Dresscode angesagt (www.punchestown.com). Natürlich hat Naas auch noch eine zweite Rennbahn, den Naas Racecourse, 1 km vom Zentrum.
Cambro-Normannen aus Wales befestigten das mittelalterliche Marktstädtchen, das aber immer wieder von den Clans O'Byrne und O'Toole geplündert wurde. Sehenswert sind das Rathaus (1796) und das Court House (Gericht) von 1807. Dessen Verhand-lungssaal nutzen oft Fil-

Was den Engländern Ascot ist, ist den Iren Naas Racecourse

memacher, da er Old Bailey in London ähnelt. Das Moat Theatre (https://moattheatre.ticketsolve.com/shows) ist kulturelles Zentrum.
Information: https://de.intokildare.ie

Museum der Stilikonen

★ Newbridge Silverware, MOSI

12 km weiter westlich macht Newbridge als Sitz von **Newbridge Silverware** Naas mächtig Konkurrenz. Über 350 000 Besucher jährlich kaufen hier Silberpreziosen, informieren sich über das berühmte Silverware Knife (Silbermesser) und hieven die 1934 gegründete Firma in die Top-Ten der irischen Touristenattraktionen. Im Visitor Centre zeigt das **Museum of Style Icons MOSI** Design, Schmuck und Kleider von Persönlichkeiten wie Prinzessin Diana, Audrey Hepburn, Marylin Monroe, Michael Jackson oder den Beatles. Das Silver Restaurant (nur bis 17 Uhr) bietet günstige Menüs.
MOSI: Cutlery Road | Mo.–Sa. 9–18, So. 10 – 18 Uhr | https://visitnewbridgesilverware.com | Eintritt frei, Factory Tour (tgl. 14 Uhr) 12 €

Herrenhaus und Heckenlabyrinth

Coolcarrigan House, Kildare Maze

Etwa 25 km nordwestlich von Naas locken die **Gärten** des georgianischen Herrenhauses von Coolcarrigan. Dort wartet die Gutskirche mit Rundturm von 1880, Bleiglasfenstern und gälischen Inschriften im Inneren auf. In Ballinafagh bei Prosperous erwartet Sie das 1,5 ha große Heckenlabyrinth Kildare Maze. Es gibt auch ein Holzlabyrinth und die Chance auf eine Partie »Crazy Golf«.
Coolcarrigan: Feb. – Sept. an ausgewählten Tagen 9 – 13 Uhr und n. V. | www.coolcarrigan.ie | Eintritt: 8 € | **Kildare Maze:** Mai, Sept. Sa., So. 10 – 13, 14 – 18, Juni Do., Fr. 14 – 18, Sa., So. 10 –13, 14 – 18, Juli/Aug. tgl. 10 – 13, 14 – 18 Uhr | https://thekildaremaze.com | Eintritt: 8 €

Die Welt der Moore

Lullymore

Der 2017 mit Irlands Tourismuspreis ausgezeichnete **Lullymore Heritage Discovery Park** (60 ha) 25 km nordwestlich von Naas ist eine Top-Attraktion in »Ireland's Ancient East«. Als einziges Zentrum in Irland zeigt es gut gebündelt die **Geschichte der Moore und des Torfs** in den »Peatlands«, seiner Bewohner und der dörflichen Strukturen. Dazu gibt es zahlreiche Familienunterhaltungsangebote, aber auch einen Biodiversitätspfad. Dem Schutz der Moore verpflichtet ist der Irish Peatland Conservation Council (IPCC). Er betreibt das **Bog of Allen Nature Centre**, dessen Interieur dem eines Cottage des 19. Jh.s entspricht. Dazu sind Funde aus dem Bog of Allen wie Bog Butter (Moorbutter) oder das Geweih eines großen irischen Elchs ausgestellt. Der Naturgarten birgt seltene, das Gewächshaus fleischfressende Pflanzen.
Lullymore Park: tgl. 10 – 18 Uhr | www.lullymoreheritagepark.com
Eintritt (Online-Vorbest.): 10,75 € inkl. Peatland Heritage Railway
Bog of Allen Nature Centre: Lullymore | Mo.–Fr., Mai–Sept. zu Events auch Sa./So. 9–17 Uhr | Eintritt: 5 € (Spende) | www.ipcc.ie

Östlich von Dublin

James-Joyce-Wallfahrtsort

Dún Laoghaire

Lange war Dún Laoghaire(sprich »Dun Lieri«; 26 530 Einwohner) ein winziges Fischerdorf, heute ein wunderschöner Vorort Dublins mit Hafen und gutsituierten Wohnvierteln. Die größte Attraktion steht oberhalb des Badestrands **Sandycove**: der **Joyce Tower**. Vom Hafen führt eine Strandstraße zur Felsnase mit diesem Turm über der Dublin Bay, der als einer der »Martello Towers« die Invasion napoleonischer Truppen verhindern sollte. James Joyce wohnte hier 1904 auf Einladung von Oliver St John Gogarty (▶ Dublin, Temple Bar, S. 201) und beschreibt ihn im 1. Kap. des »Ulysses«. Das im Turm eingerichtete James Joyce Museum präsentiert Originalmanuskripte, frühe Werkausgaben und persönliche Gegenstände des Autors. Nicht nur zum Bloomsday treten hier Schauspieler auf, die Auszüge des 1. Kapitels nachspielen. 2017 wurde im Fitzgerald's Pub, Sandycove, jeden Mi. ab 11 Uhr aus Finnegans Wake vorgelesen. Am Joyce Tower steigen viele in den berühmten **Forty Foot Pool**. Der Brauch geht auf das erste Kapitel im »Ulysses« zurück, in dem Buck Mulligan hierher zum Morgenbad aufbricht. Nacktbaden ist ab 9 Uhr untersagt.
Auch nicht Literaturaffinen bietet Dún Laoghaire Spektakuläres, allen voran das **National Maritime Museum** in Irlands einziger Seefahrerkirche (1837). Es widmet sich der Seefahrertradition und zeigt

DÚN LAOGHAIRE ERLEBEN

TOURIST INFORMATION
Marine Road (Centre Kiosks, The Metals), Tel. 012806964
http://dlrtourism.ie

HARTLEY'S €€€€
Wunderbare Gerichte von Kirsty und Julie, Ross und Alan, serviert auf der herrlichen Sommerterrasse an der : Gebackener Kabeljau in Parmaschinken 25 €!
1 Harbour Road
Tel. 012 80 67 67
http://hartleys.ie
Mo. u. Di. Ruhetage

ROYAL MARINE HOTEL €€€€
Luxus seit 1828! Prächtiger Ausblick auf die Dublin Bay, preisgekrönter Health Club und Spa, dazu Laurel's und Hardy's Bar und Bistro.
Marine Road, Tel. 01 2 30 00 30
www.royalmarine.ie
228 DZ und Suiten

HADDINGTON HOUSE €€€
Urbane Oase am Meer! Vier Townhouses verschmolzen zu einem Hotel. Mit preisgekrönter Osteria Oliveto, schön gestalteter Library Bar, Gin Bar und Gartenanlage.
9–12 Haddington Terrace, Tel. 012801810, https://haddingtonhouse.ie, 50 DZ und Suiten

u. a. die Baily Optic aus dem Leuchtturm Baily in Howth, ein Modell der »Great Eastern«, 1857 das größte Schiff der Welt, und Dokumente des irischen Kapitäns Halpin. Das neutrale irische Handelsschiff Kerlogue rettete zudem am 29.12.1943 in der Biskaya 168 deutsche Matrosen von zwei sinkenden Kriegsschiffen.
Nebenan ist seit 2015 die Stadtbibliothek **dlr Lexicon Library** als Kulturzentrum mit Kunstgalerie und Café neue »gute Stube« der Stadt. Das Pavilon Theatre, Queens Road Ecke Marine Road, kooperiert mit dem Dublin Theatre Festival und präsentiert auch Oper und Tanz (www.paviliontheatre.ie). Dún Laoghaire ist stolz auf seine jährlichen Festivals und Events, die neben dem Bloomsday auch Kurioses (Mad Hatters' Tea Party im April, Teddybären-Picknick im Juli) bieten. In den Parks wird das irische rote Eichhörnchen besonders geschützt. Der **Passagier- und Jachthafen** feierte 2017 seinen 200. Geburtstag, ist eine ingenieurtechnische Meisterleistung und einer der größten künstlichen Häfen der Welt. Den Ostpier lieben die Flaneure, am Westpier legen Kreuzfahrtschiffe an (https://dlharbour.ie). Populär ist der CoCo Farmers Market im People`s Park von 1890 mit 50 Ständen (So. 10 – 16 Uhr). Im Kindermuseum **Imaginosity** können sich Kinder bis 9 Jahre in interaktiven Workshops probieren. Anfahrt von Dublin: Luas bis Haltestelle Stillorgan oder Sandyford.
James Joyce Tower and Museum: Do. – So. 10 – 16 Uhr
https://joycetower.ie | Eintritt: 3 €
National Maritime Museum: Haigh Terrace | tgl. 11 – 17 Uhr
Eintritt: 6 € | www.mariner.ie
dlr Lexicon Library: Haigh Terrace, Moran Park | Mo. – Do. 9.30 – 20, Fr., Sa. bis 17, So. 12 – 16 Uhr | http://libraries.dlrcoco.ie
Imaginosity: The Plaza, Beacon South Quarter, Sandyford | aktuelle Infos: www.visitdublin.com/see-do/details/imaginosity-dublin-children-s-museum, http://dlrtourism.ie

»Dublins Beverly Hills«

Dalkey

Mittelalterlich befestigt ist das auch »Goat Castle« (Ziegenburg) genannte **Dalkey Castle** mit Zugang zum Rathaus. Seinen Spitznamen verdankt es den Besitzern im 16. Jh., der Fam. Cheevers (von franz. chèvre, Ziege). Vom Murder Hole (Mordloch) feuerten Verteidiger ihre Waffen ab. Die Maschikuli (engl. Machicolations) dienten als Ausguss für siedendes Öl. Im **Heritage Centre** der schicken Ortschaft erlebt die Tudor-Zeit mit interaktiven Mitteln des 21. Jh.s eine fulminante Auferstehung, z. B. mit Stegreiftheater von Schauspielern, die auch die benachbarte St Begnet's Church mit Friedhof besuchen. Moderne Kunst zeigt die **Writer's Gallery**.
Gerühmt wird im Herzen Dalkeys das authentische **Biddy's Cottage**: Hier lässt Malerin Brighid »Biddy« Mc Laughlin am offenen Feuer, zu Tee und ihren berühmten Oatcakes am Eisentopf von Urgroßmutter Cecily »Handsome« Kearney die Tradition des Storytelling mit Ge-

schichten aus Dalkey und von Dalkey Island (300 m vor der Küste) aufleben. Ihre Bilder (Irish Naive Art) heißen »Culchie Surfer« oder »Local Gossips« (Lokaler Klatsch) – Letzteres vielleicht in Bezug auf die vielen Prominenten, die hier leben und dem Ort die Bezeichnung »Dublins Beverly Hills« eingebracht haben.

Goat Castle: Castle St| Living History Experience (60 Min.) Mi. – Mo. 10 – 16.30 Uhr | Eintritt: 13,95 € | www.dalkeycastle.com
Biddy's Cottage: 86 Coliemore Road | Tel. 086 4 11 78 44 | www.visitdublin.com/see-do/details/biddy-s-cottage

Südlich von Dublin

Natur, Musik und Markt

Dundrum und Umgebung

Etwas weiter westlich bei Dundrum sind die **Airfield Farm and Gardens** eine Oase für einen stillen Tag in der Natur. In **Rathfarnham** sind Irish Music und Tanz in der einzigen irischen Kneipe im Besitz von Musikern, dem Merry Ploughboy Pub, Pflicht. Rathfarnhams Topattraktion ist der **Marlay Park Market** (Sa. 10–16, So. 11–16 Uhr; www.dlrcoco.ie/en/markets/marlay-park-coco-market) im Hof des Marlay House (18. Jh.). Im **St Enda's Park**, Grange Road, präsentiert das Pearse Museum in einer alten Schule Leben und Werke des Sozialreformers Patrick Pearse. Etwas weiter südlich offeriert Jonny Fox's Pub (seit 1798!) in **Glencullen** günstiges Lunch und die irlandweit berühmte Hooley Show mit Stepptanz und Folkballaden (tgl. 19 Uhr; www.johnniefoxs.com Show mit Dinner 60 €).

Airfield Farm and Gardens: Mi. – So. 9.30 – 16.30 Uhr, Hausführung 12, 14 Uhr, Farmers Market Fr., Sa. 9 – 14.30 Uhr | www.airfield.ie | Eintritt: 12 € | **Merry Ploughboy Pub:** Edmondstown Rd | www.mpbpub.com Dinnershow (20 – 22 Uhr) 55 €, Hotel-Shuttle 12 €
St Enda's Park & Pearse Museum: Park Nov. – Jan. tgl. 9 – 16.30, Feb. bis 17.30, März, Okt. bis 18, April, Sept. bis 20, Mai – Aug. bis 21 Uhr Museum Nov. – Jan. Mo. – Sa. 9.30 – 16, Feb. bis 17, März – Okt. Mo. – Sa. 9.30 – 17.30, So. 10 – 17.30 Uhr | https://pearsemuseum.ie | Eintritt frei

Hübsches Dorf, wunderschönes Anwesen

★ Enniskerry

Zu Füßen von Irlands »Zuckerhut«, dem 503 m hohen Sugar Loaf Mountain, gilt das im 18. Jh. von der Powerscourt-Familie gegründete, gut 30 km südlich von Dublin gelegene Dorf als eines der hübschesten Irlands. Hier wohnen der 1948 in Argentinien geborene irische Sänger Chris de Burgh und Tochter Rosanna Davison, die 2003 Miss World wurde. Doch ihre Berühmtheit wird noch vom **Powerscourt Estate** südlich des Ortes überstrahlt, dessen Gärten (und Park) zu den schönsten des Landes zählen und kürzlich zu den drittschönsten weltweit gekürt wurden. Eine 1,5 km lange Allee führt zum Zentrum des Anwesens, dem Herrenhaus. Der beeindruckende Gra-

Die Gärten von Powerscourt zählen zu den schönsten in Irland.

nitbau (1731) nach Entwurf von Richard Cassels war bis 2019 Domizil des **Tara's Palace** Childhood Museum, das in Dublin eine neue Heimstatt erhalten soll (www.childhoodmuseum.org, im Aufbau). Irische Kunsthandwerker bauten mit Tara's Palace eines der schönsten Puppenhäuser der Welt (24 Zimmer) in 15 Jahren im georgianischen Stil. Hinter der Freitreppe breiten sich die teils terrassierten Gärten aus. Sie sind reich mit Statuen, Mosaiken und schmiedeeisernen Gittern geschmückt. Es gibt den Tritonsee, italienische und japanische Gärten, den Rotwildpark, den Pepper Pot Tower von 1911 und das Bamberg Gate, ein Tor aus Bambergs Dom. Nicht versäumen darf man den Afternoon Tea im Avoca Terrassencafé (tgl. 9.30–17 Uhr) und Einkäufe im Gartencenter und den Boutiquen. Im Park wurden berühmte Filme gedreht, z. B. John Boormans »Excalibur« (1980), Stanley Kubricks »Barry Lyndon« (1975) und Lawrence Oliviers »Henry V.« (1943). Nach Regen stürzt das Wasser des Dargle von Irlands höchstem Wasserfall (121 m), dem **Powerscourt Waterfall**, in herrlichen Kaskaden zu Tal. Ihn erreicht man zu Fuß (eine Std.) oder per Pkw.

www.enniskerry.ie

Powerscourt Gardens: Gärten tgl. 9.30 – 17.30, Ballsaal/Garden Rooms So. und Mai – Sept. auch Mo. 9.30 – 13.30 Uhr | https://powerscourt.com/de | Eintritt: März – Okt. 10,50 €, sonst 7,50 €

Wasserfall: tgl. März/April, Sept./Okt. 10.30 – 17.30, Mai – Aug. 9.30 – 19, Nov. – Feb. 10.30 – 16 Uhr | Eintritt: 6 €

Schöner Küstenort

Bray Das irische Bré (Hügel) rund 30 km südöstlich von Dublin entwickelte sich im 19. Jh. zum großen **Seebad**. Heute ist Bray (32600 Einw.) Zentrum des irischen Films, lockt mit Sportaktivitäten, dem mit der Purple Flag (Purpurfahne) ausgezeichneten Nachtleben und dem **National SEA LIFE Centre**. Stars dieses Aquariums sind die Präsentation »Toxic Terrors« (Giftfische) und die Fütterungen. Brays Flaniermeile ist seit 1859 die Promenade an der Bucht, wo im Sommer die Strandkapelle aufspielt. Top an der parallel verlaufenden Strand Road sind Harbour Bar (https://theharbourbar.ie) und Porterhouse Bar (www.theporterhouse.ie). Der **Martello Tower** am Nordende ist einer von einst 16, die 1804/5 von Bray bis Sandymount erbaut wurden. Nördlich der Hafenmauer sind bei Ebbe direkt unter der Wasseroberfläche Reste eines bis zu 6000 Jahre alten **versteinerten Kiefernwalds** (Petrified Forest) zu entdecken. Kulturinteressierte zieht es aber zur 1860 erbauten Martello Terrace 1, wo James Joyce 1887–1891 Kindheitsjahre verbrachte. Das Weihnachtsessen in »Ein Portrait des Künstlers als junger Mann« spielt hier. Auch Bray feiert daher den Bloomsday und lädt im Mai zum Jazz Festival. Bei Arbeiten an der Esplanade Terrace entdeckte George Putland 1835 Knochen und römische Münzen aus der Zeit Trajans und Hadrians, die schiffbrüchigen römischen Händlern zuzuordnen sind. Auf der Bray vorgelagerten **Dalkey Island** war vermutlich ein römischer Handelsposten

Grasende Schafe auf Bray Head, im Hintergrund die Skellig Islands.

(Emporium). Großartig ist der **Great White Way** nach Bray Head, fast 240 m über dem Meer (1 Std.). Dort sind die Reste der Kirche Raheenaluig (Rath of the Little Bell; 12./13. Jh.) zu sehen. Dem Eisenbahnbau ist der suggestive **Cliff Walk** (Klippenwanderweg) zu verdanken. Brays Rathaus (1881) war im Erdgeschoss ursprünglich auch Markthaus. Vor ihm steht die Steinstatue eines »Wyvern«: Halb Drache, halb Schlange schützt die mythische Figur den Handel. Brays Bewohner aber treffen sich hier »at the devil« (am Teufel). Die **Church Terrace** ist Brays Keimzelle. Hier baute Walter de Riddlesford Ende des 12. Jh.s eine erste Burg. Am Market Square versammelt das im alten Gericht (1841) untergebrachte **Design Centre** 30 Kunsthandwerker des Co. Wicklow. In Brays 2015 erweiterten **Ardmore Studios** wurden Filme wie »Excalibur« (1981), »Braveheart« (1995) und »King Arthur« (2004) produziert (www.ardmore.ie). Film, Theater und Musik bietet das **Mermaid Arts Centre**, Main Street (www.mermaidartscentre.ie). Viktorianische Walled Gardens, Gartencenter und Reiterhof bietet der **Festina Lente Garden**, Old Connaught Ave, dessen Name den Medici-Wahlspruch »Eile mit Weile« zitiert.

Tourism Information Centre: Main St | Tel. 01 2 86 71 28 | www.bray.ie
National SEA LIFE Centre: Strand Rd | April - Sept. tgl. 10 - 18, März, Okt. Mo. - Fr. 10.30 - 17, Sa., So. 10 - 18, Nov. - Feb. Mo. - Fr. 10.30 bis 16.30, Sa., So. 10 - 18 Uhr | www.visitsealife.com | Eintritt: 14,50 €
Festina Lente Garden: Old Connaught Avenue | tgl. 10 - 16 Uhr www.festinalente.ie Walled Garden | Eintritt frei, Führung 4 €

Elisabethanisches Landhaus

Kilruddery

Der Ex-Herrensitz Kilruddery (1820) etwas südlich von Bray wartet mit herrlichen **Ziergärten und Kanälen** auf, die sich durch den Ende des 17. Jh.s angelegten Park schlängeln. Tea Room, Picknicks und Farmers' Market (Sa. 10–15 Uhr) ziehen an. An Kilruddery House startet die **Celtic Coast Route** in vier Abschnitten bis Blarney Castle (Co. Cork).

Southern Cross, Bray | Garten, Farm Shop, Tea Rooms und Grain Store Restaurant April, Okt. Di. - So. 9 - 17, Mai - Sept. bis 18 Uhr; Hausführung Di. - So. 12, 13.30, 15 Uhr, Farm Market jeden Sa. 10 - 16 Uhr https://killruddery.com | Eintritt: Garten 7,50 €, mit Hausführung 14 €

Badeort mit tollem Hinterland

Umgebung von Bray

Im südlich von Bray gelegenen Badeort **Greystones** sind Tennis, Golf, Segeln und Wassersport angesagt. Die **Great Sugar Loaf Mountains** mit Little (342 m ü. d. M.) und Great Sugar Loaf (501 m ü. d. M.) sind ein Wanderparadies. Am Weg dorthin zeigt die **Avoca Gallery** mit Garten in **Kilmacanogue**, kurz »Kilmac«, ihre Waren, besitzt Irlands besten Kunsthandwerksladen und mit Foodhall und Farmers' Market ein Gourmetparadies. Fern House und Sugar Tree Café besitzen Terrassen (tgl. Laden 9 – 18, Gartencenter Mo. – Fr. 9.30 – 17.30, Sa., So. 9 - 18, Cafés 9 – 17 Uhr; www.avoca.com).

★★ DUNDALK · DÚN DEALGAN

Republik Irland | **Provinz:** Leinster | **Grafschaft:** Louth
Einwohner: 39 000, mit Umland: 55 810
Auskunft: http://dundalktown.ie, www.visitlouth.ie

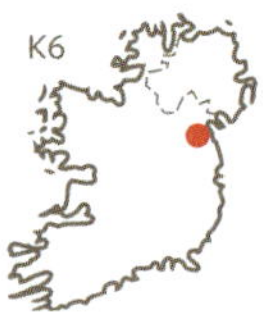

»I gave birth to brave Cú Chulainn!« Schon im Wappenspruch ehrt die multikulturell geprägte Hauptstadt des Co. Louth, dem »Land der Legenden«, ihren tatendurstigen Star Cú Chulainn. Viele Geschichten aus dem sagenhaften Ulster-Zyklus, einer Sammlung von alt- und mittelirischen Sagen und Erzählungen, ranken sich um diesen heldenhaften Krieger.

Stadt der Aussöhnung

In den 1970er-Jahren führte Dundalk, das an der Grenze zu Nordirland, auf halbem Weg zwischen Dublin und Belfast liegt, den Spitznamen »El Paso«. Dies war eine Anspielung auf die Stadt an der texanisch-mexikanischen Grenze. Dundalk galt als IRA-Hochburg, erlebte blutige Zwischenfälle und war mit Arbeitslosigkeit konfrontiert. John Teeling sorgte bis 2015 für Aufschwung mit der Cooley Distillery und Great Northern Distillery. Seit 2019 setzt das neue Kunstfestival »**Seek Dundalk**« (Juli; https://seekdundalk.ie) mit tollen **Wandbildern** zu Cú Chulainn (Church St Ecke Patrick St) oder König Edward Bruce (Francis St; ca. 1280 – ca. 1318) Impulse.
Irlands Nationalsymbol der Aussöhnung ist seit 1995 das in Dundalks Universität beheimatete **Cross Border Orchestra of Ireland** (CBOI; https://peaceproms.com). Es besteht grenzübergreifend aus über 100 jungen Musikern, trat vor Barack Obama und Queen Elizabeth II auf und veranstaltet jährlich 15 große Konzerte, 2022 in Dublin, Limerick und Belfast. Weitaus früher war die Grenzstadt heiß umkämpft: 851 stritten hier norwegische (Fingalls) und dänische (Dubhgalls) Wikinger um die Vorherrschaft, ab 1189 regierten die Normannenfamilien de Verdun und de Courcy das Nordende des »English Pale« genannten Kolonialbesitzes mit englischer Gerichtsbarkeit. 1689 starben vor der Stadt 6000 Soldaten von Schombergs Oranierarmee an Seuchen, 1690 eroberte König Wilhelm III. von Oranien Dundalk. 1724 wurde die Befestigung geschleift.

Wohin in Dundalk?

Museum mit Kuriositäten

County Museum

Das ausgezeichnete **County Museum** im Getreidelager von 1780 präsentiert in drei Galerien und im Filmtheater 5500 Jahre County-

DUNDALK, MONASTERBOICE, DROGHEDA ERLEBEN

TOURIST OFFICE
Market Square, Dundalk, Tel. 042 9 35 21 11 (Mo. - Fr. 9 - 17 Uhr)

FITZPATRICKS BAR & RESTAURANT €€€
Der Treff auf der Cooley Peninsula! Mit zwei Bars, Biergarten, Bistro und Restaurant (Menü 34,95 €), das auch Austern (halbes Dutzend 9,95 €) und Fish & Chips (18,95 €) bietet.
Dundalk, Rockmarshall, Jenkinstown, Tel. 04 29 37 61 93, kein Ruhetag, www.fitzpatricks-restaurant.com

MONASTERBOICE INN €€€-€€
Beliebter Stopp an Ireland`s Ancient Lamm-Koteletts (21 €) oder Power Salad (10,95 €) ordern! Auch kleinere Mittagsgerichte und Snacks!
Drogheda, Drogheda Road, Silloge, Tel. 04 19 83 73 83, kein Ruhetag, https://monasterboice-inn.ie

BALLYMASCANLON HOUSE HOTEL €€€€-€€€
Viktorianisches Haus der Familie Quinn auf einem Estate auf der Cooley-Halbinsel, der schon seit 833 n. Chr. existiert! Große, luxuriöse Zimmer, Pool sowie Golfplatz gleich nebenan.
Dundalk, Carlingford Road, Tel. 04 29 35 82 00, 97 DZ, davon 6 viktorianische im Haupthaus, www.ballymascanlon.com

THE D HOTEL €€€€-€€€
Preisgekröntes modernes Haus am River Boyne. Bar food und Livemusik im The Hops, italienische Küche im Il Ponte. Shopping Centre nebenan!
Drogheda, Scotch Hall, Tel. 04 19 87 77 00, 110 DZ, 2 Penthouse-Suiten, www.thedhotel.com

Geschichte und Kurioses wie Cromwells Rasierspiegel. Als Replik ist Irlands ältestes archäologisches Artefakt, der Mell flake, zu bestaunen: Den 1968 entdeckten Flintstein brachte die Eiszeit hierher.
Nur wenige Meter entfernt liegt der **Market Square**, das architektonische Juwel mit Court House, Brunnen, Cafés und der Touristeninformation.

County Museum: Jocelyn St | Di.-Sa. 10-17 Uhr
www.louthcoco.ie/en/services/county-museum | Eintritt: 2 €

Kultur und Party

In der Stadt

Das **Táin Arts Centre in der Town Hall** (19. Jh.), Crowe Street, bietet Kino, Kunst und Musik. Am Seatown Place steht der mächtige siebenstöckige Bau einer alten **Windmühle**. Die **Kathedrale St Patrick** wurde bis 1847 nach dem Vorbild der Kapelle des King’s College in Cambridge erbaut. Gegenüber kehren Fans in Pat und Eileen Kerleys **Pub** »Century Bar« mit dem Restaurant »Quaglino’s« auch wegen des Jugendstil-Interieurs von 1902 ein (19 Roden Place; www.centurybar.com). Das kulturelle Herz der Stadt pulsiert im **Dundalk Gaol**: Im Oriel Centre im Männertrakt des Ex-Stadtgefängnisses von 1853 finden Irish Music, Performances und Ausstellungen statt. Der Frauenflügel beherbergt das Grafschaftsarchiv.

Táin Arts Centre: Di. - Sa. 10 - 16 Uhr | www.antain.ie

Oriel Centre: Carrickmacross Road | Öffnung variabel | Eintritt frei
www.orielcentre.ie

Sagenhafter Geburtsort des Helden

Castletown Motte

Auf einem 18 m hohen Erdhügel an Dundalks Mount Avenue steht der Turm »Byrne's Folly«, den der Pirat Patrick Byrne um 1780 auf den Überresten des vorchristliches Forts Dún Dealgan erbaute. Dieses Ensemble heißt auch **Castletown Motte**. Hier liegt der Sage nach die **Geburtsstätte** des sagenhaften Kriegers **Cú Chulainn** – ein Gedenkstein markiert die Stelle. An der Straße Dundalk – Knockbridge steht in Rathiddy der auch Cú Chulainns's Stone genannte **Clochafarmore Standing Stone**. An den 3 x 1,3 m großen Stein soll sich der Held, tödlich verwundet, gefesselt haben, um dem Feind Lugaid weiter aufrecht stehend zu begegnen.

Wie einst König Johann Ohneland lassen Sie Ihren Blick von King John's Castle über den Carlingford Lough zu den Mourne Mountains schweifen.

Rund um Dundalk

Ein Krieger, eine Heilige und ein König

Faughart

Auf der reizvollen Cooley Peninsula zwischen Dundalk Bay und Carlingford Lough, 3 km nördlich von Dundalk, liegt Faughart (gälisch: Foichard). Dieser Ort hat sich aus drei Gründen zu einem Pilger- und Touristenziel entwickelt: Hier hatte nach der zentralen Sage des Ulster-Zyklus, dem berühmten »Rinderraub von Cooley«, der mythische Held **Cú Chulainn** die legendäre Schlacht gegen Meave geschlagen. Hier erblickte auch Irlands Nationalheilige **St Brigid**, die »Maria der Gälen«, das Licht der Welt (Feiertag: 1. Feb.; Pilgerfahrt: 1. Juliwoche). Am Ort der Schlacht, am Faughart Hill, ziehen Tausende von Gläubigen zur mittelalterliche Kirche **St Brigid's Shrine and Well** auf den Friedhof 200 m hügelaufwärts sowie zu »St Brigid's Bed« und »St Brigid's Pillar« (Relikte eines Rundturms). Im südlichen Kilcurry besitzt die Kirche Reliquien der Heiligen.
Zudem liegt hier oberhalb des Schreins der hl. Brigid auch das Grab des Königs **Edward Bruce**. Er hatte versucht, das irische Hochkönigtum neu zu installieren, unterlag jedoch in der Schlacht von Faughart im Jahr 1318 und starb. Der Round Tower ist das letzte Relikt des von der hl. Monnine (gest. 517) gegründeten Klosters.

Werk eines schottischen Riesen?

Ballymascanlon

Bei Ballymascanlon steht auf dem Areal des Ballymascanlon Hotels der gewaltige, 3 m hohe und 35 t schwere **Proleek Dolmen** (ca. 3500 v. Chr.). Ein Riese aus Schottland, Parrah Boug McShagean, soll ihn errichtet haben. Es heißt, dass demjenigen ein Wunsch erfüllt wird, der einen Kiesel so geschickt auf den Deckstein wirft, dass er dort liegen bleibt – versuchen Sie es!

Gegen die Schwerkraft?

Magic Hill

In Jenkinstown, 7 km von Dundalk, erleben Autofahrer an der Straße nach Carlingford den Magic Hill: Hier scheinen Autos ganz ohne Antrieb bergauf zu rollen. Die optische Täuschung erklären manche mit der Anwesenheit von Leprechauns, den irischen Kobolden.

Boomender Touristenort

Carlingford

Die Wikingergründung Carlingford (1450 Einw.) ist berühmt für die lokalen Austern (https://carlingfordoystercompany.ie). Auf einem Felsen über dem Hafen thront **King John's Castle** (1186), benannt nach König Johann Ohneland, der sie 1210 besucht hatte.
Zu sehen ist hier **The Tholsel**, das letzte der Stadttore, das einst zur Zollerhebung diente. Ebenfalls in der Tholsel Street gehörte das dreistöckige Stadthaus **The Mint** einer reichen Kaufmannsfamilie und wurde frühestens 1467 errichtet, als das Münzrecht an Carlingford vergeben wurde. Beeindruckend ist auch **Taaffe's Castle**, ein befes-

tigtes Town House der Taaffe-Familie, die ab 1661 die Earls of Carlingford stellte. Das georgianische Ghan House von 1727 ist ein sehr zu empfehlendes, luxuriöses Guest House (www.ghanhouse.com). Kurios ist ein »Relief« am Südgiebel eines Hauses in der Newry Street. Es wird der »Nase« wegen »De Gaulle« genannt. Wer sich für die Ortsgeschichte interessiert, geht ins **Carlingford Heritage Centre**. Hier gibt es Führungen und diverse Exponate wie eine 2002 entdeckte Vierpfünder-Kanonenkugel von 1600.
https://carlingford.ie | http://carlingfordandcooleypeninsula.ie
Carlingford Heritage Centre: Old Trinity Church | Church Road
Öffnungszeiten variabel | https://carlingfordheritagecentre.com

Burgenreiches Städtchen

Ardee

Das kleine Ardee (4930 Einw.) besitzt gleich zwei Stadtburgen: **Hatch's Castle** und **Ardee Castle**, dem turmbewehrten größten mittelalterlichen Town House Irlands. Hier erinnert die Bronzestatue von Ann Meldon-Hugh an den epischen Kampf von Ulster-Superman **Cú Chulainn** gegen Ferdia, den besten Einzelkämpfer der Königin Maeve von Connacht. Ferdia unterlag übrigens nach vier Tagen.
Wenige Kilometer südöstlich finden sich die Reste der einst von Templern erbauten **Jumping Church of Kildemock**. Die Einheimischen behaupten, dass sich eine Kirchenwand 1715 selbstständig nach innen versetzt habe, um so das Grab eines exkommunizierten Gemeindemitglieds aus der Kirche zu entfernen.

Frühere Größe

Louth

Das einst bedeutende Dorf Louth gab der Grafschaft ihren Namen. Hier ist das **St Mochta's House** zu sehen, ein zweistöckiges Bethaus mit Gewölbe (12. Jh.), das auf die Klostergründung des hl. Mochta, eines Schülers des hl. Patricks, in Louth im Jahr 528 verweist.

Dramatische Ruinen

Castle Roche

Von der Burg Castle Roche (13. Jh.) ist eine eindrucksvolle, dreieckige Ruinenanlage mit Bastionen erhalten. Besonderes Interesse weckt das zugemauerte Murder Window (Mordfenster). Von diesem Schlafzimmerfenster aus soll die streitlustige Rohesia, die Erbauerin der Burg, ihren neuen Gemahl in die Tiefe gestürzt haben, nachdem sie ihn wegen der schönen Aussicht an den Sims gelockt hatte.

Drogheda und Umgebung

Gute Jahre, Horrorjahre

Zur Geschichte

Das lebendige Drogheda etabliert sich heute nach dem Wirtschaftsboom als neue Wohnstadt der Dubliner. Die Geschichte war wechselvoll: Drogheda, das Wikinger ab 911 zum Stützpunkt ausbauten und von Anglo-Normannen mit einer Brücke und Befestigungen auf beiden Boyne-Ufern ausgestattet wurde, erlebte im 14./15. Jh. eine Blütezeit. Als eine der vier Hauptstädte Irlands besaß Drogheda das Münzrecht, wurde 1465 Universitätsstadt und Tagungsort des Parlaments. Doch im 17. Jh. herrschten in der Stadt furchtbare Zeiten: 1641 scheiterte eine erste Belagerung durch irische Rebellen, 1649 erlebte Drogheda sein Nine-Eleven: Cromwells New Model Army, 12 000 Mann, belagerte das von 3000 Königstreuen verteidigte Drogheda, stürmte am 11.9.1649 um 17 Uhr durch zwei Breschen in die Stadt und sorgte für ein blutiges, bis heute diskutiertes Massaker. Die Opferzahlen schwanken, aber 3500 Tote (2500 Soldaten) gelten als gesichert. Hunderte Bewohner landeten als Sklaven in der Karibik.

Ein Zeichen gegen Gewalt

St Peter's Church

Die heutige katholische, neogotische **St Peter's Church** wurde zum Gedächtnis an den heiliggesprochenen Erzbischof von Armagh, Oliver Plunkett, errichtet, der 1681 in Tyburn bei London hingerichtet wurde. Sein einbalsamierter Kopf wird hier seit 1921 als Reliquie in einem Schrein aufbewahrt. 1979 besuchte Papst Johannes Paul II. Drogheda und bat vor 300 000 Gläubigen »auf Knien«, zukünftig auf Gewalt zu verzichten. Heute finden in der Kirche auch Konzerte statt (Oliver Plunkett-Schrein: http://www.saintoliverplunkett.com).

Eindrucksvolles Stadttor und moderne Kunst

St Lawrence's Gate

Von den zehn mittelalterlichen **Stadttoren** ist nur das St Lawrence's Gate an der St Lawrence's Street erhalten. Die zwei mächtigen Rundtürme umschließen eine gedrungene Durchfahrt. In der einstigen Franziskanerabtei, St Lawrence's Street, zeigt die **Highlanes Gallery**, ein Visual Arts Centre für moderne Kunst, die bemerkenswerte städtische Kunstsammlung.

Gallery: Di. – Sa. 10.30 – 17 Uhr | https://highlanes.ie | Eintritt frei

Irlands Weg in die EU

Scholars Town House Hotel

2019 öffnete im 1867 erbauten, für 1,6 Mio. € restaurierten Lehrerhaus der Kongregation Christian Brotherhood das Droghedas Top-Hotel mit preisgekröntem Restaurant. Am Eingang erinnern Bronzetafeln den Revolutionär Eamonn Ceannt (1881 – 1916) und T. K. Whitaker (1916 – 2017), der Irland in die EU führte. Das Wanddenkmal im Hof ehrt **John Philip Holland** (1841 – 1914): Er erfand das erste funktionierende U-Boot, war hier Schüler und ab 1865 Mathematiklehrer (Kings St; www.scholarshotel.com).

Festivalkultur

Droghedas Kunstfestival lockt im April. Im Mai/Juni zieht das Maritime Festival mit Windjammerparade, Sandburgenbau und Theater am Ballast Quay Tausende an. Höchst beliebt sind die Cider-Festivals,

BAEDEKER ÜBERRASCHENDES

6X GUTE LAUNE

Das hebt die Stimmung

1. COOL!

2017 wurden das Kap **Horn Head** und der Ferienort Dunfanaghy hoch im Norden des Wild Atlantic Way zum »coolsten Ort« Europas gekürt – nicht zuletzt wegen des Gourmet-Restaurants The Mill.
(► **S. 345**)

2. FOODIE-TREFF

Kinsale, der südliche Start- bzw. Endpunkt des Wild Atlantic Way, hat nicht nur fast südländischen Charme, sondern auch 54 Restaurants, Pubs, Cafés, Bars und Gourmetläden.
(► **S. 330**)

3. KOBOLDE!

In **Dublin** widmet sich das National Leprechaun Museum dem Mythos der irischen Kobolde, der Leprechauns. Die trickreichen Zwerge werden 75 cm groß und haben ein Händchen für Gold – besonders nachts.
(► **S. 210**)

4. PUBS UND KUNST

Am Liffey-Südufer, einst **Dublins** sündige Meile, lockt in den schmalen Gassen heute das Kneipen- und Künstlerviertel Temple Bar mit seiner Pubszene. Wichtigstes Fest im Viertel ist Ende Januar das Temple Bar TradFest.
(► **S. 201**)

5. FESTIVALS

Drogheda ist ein Festival-Zentrum: Im April ist Kunst das Thema, in Mai und Juni lockt Maritimes, im Sommer 2018 stieg hier das weltgrößte Irish Folkmusikfest Fleadh Cheoil na Éireann.
(► **S. 254**)

6. STRÄNDE!

Die Halbinsel **Inchydoney** hat zwei riesige Sandstrände. Nicht weit sind auch der sandige Long Strand, der kieselige Red Strand, der Blaue-Flagge-Strand The Warren und der Owenahincha Sandstrand.
(► **S. 333**)

z. B. von Dan Kelly`s Cider auf der Boyne Grove Fruit Farm bei Drogheda (Marsh Road, Stagrennan, https://dankellyscider.com).

Massive Verteidigungsanlage

Millmount Fort

Südlich des Flusses wurde das **Millmount Fort**, ursprünglich ein Ganggrab wie in Newgrange, im 12. Jh. befestigt und diente bis 1800 als Wehranlage. Am 11.9.1649 wurden hier 200 Gefangene von Cromwells Armee ohne Not exekutiert. Das Fortmuseum zeigt Exponate zur Stadtgeschichte.

Mo. - Sa. 10 - 17.30, So. 14 - 17 Uhr | www.millmount.net | Eintritt: 6 €

Außergewöhnliche Hochkreuze

★★ Monasterboice

Das im 5. Jh. vom hl. Buite gegründete **Monasterboice** ist dank seiner Hochkreuze äußerst berühmt. Am eindrucksvollsten ist das wunderschöne Muireadach's Cross, das Südkreuz, das auf dem Friedhof (Eintritt frei) zwischen den Ruinen des mittelalterlichen Klosterbezirks steht. Benannt ist es nach dem Stifter, der in der Inschrift auf der Westseite erwähnt ist: Neuere Forschungen datieren das Kreuz in die erste Hälfte des 9. Jh.s. So hat wohl der erste Abt dieses Namens den Auftrag gegeben, der 844 in Monasterboice starb.

Den 5,1 m hohen Monolithen zieren detailreiche, kunstvoll ausgeführte **Reliefs**. Die meist in viereckigen Feldern abgebildeten **Szenen** liest man von unten nach oben. Auf der Ostseite sind Adam und Eva, Kain und Abel, David und Goliath, Moses, der Wasser aus dem Felsen schlägt, die Anbetung der Könige, Christus als Weltenrichter und der die Seelen wägende Erzengel Michael zu sehen. Die schreinartige Spitze ziert die Begegnung der Eremiten Paulus und Antonius in der Wüste. Die Westseite stellt die Gefangennahme Christi, den ungläubigen Thomas, Christus mit den Heiligen Petrus und Paulus, die Kreuzigung und eine nicht deutbare Szene dar. Die Nordseite präsentiert erneut Paulus und Antonius, die Geißelung, die Hand Gottes und Flechtwerk. Die Südseite zeigt die Flucht nach Ägypten, Pilatus und Flechtwerk. Auf dem Sockel sind ein Jäger und Tiere, Flechtwerk und Mäandermotive zu sehen.

Sogar 6,45 m hoch ist das ebenfalls reich geschmückte **Tall Cross** (großes Kreuz bzw. Westkreuz). Es besitzt 22 Felder, doch ist nur noch wenig erkennbar. Auf der Ostseite sieht man Daniel, wie er den Löwen tötet, Abrahams Opfer, die drei Jünglinge im Feuerofen, die Gefangennahme Christi, die Himmelfahrt und den hl. Michael mit dem Teufel. Die Westseite zeigt die Bewachung des Grabes Christi, die Taufe durch Johannes und die Verspottung Christi, den Judaskuss und die Kreuzigung. Vom Nordkreuz am Rande des Friedhofes blieben nur das Oberteil und ein Schaftstück. 1097 brannte der 33 m hohe Rundturm aus, kostbare Handschriften wurden vernichtet.

Erhalten sind auch zwei Kirchen, weitere frühe Grabplatten und eine undatierbare Sonnenuhr.

★ Mellifont Abbey

Gegründet nach dem Vorbild in Clairveaux
Wer Irlands erstes Zisterzienserkloster besichtigen möchte, sollte festes Schuhwerk anziehen. Die Abtei entstand bei Tullyallan, 10 km von Drogheda, am Mattoch River im Jahr 1142. Bis 1272 wurde das Kloster zum Mutterhaus 24 weiterer Klöster, wobei seine Architektur oft kopiert wurde. Trotz der Plünderung von 1494 war sie bis zu ihrer Auflösung 1539 Irlands größte Abtei.
Heute sind noch viele, sehr eindrucksvolle Ruinen zu besichtigen, wie das zweistöckige, oktagonale Brunnen- bzw. Waschhaus von 1210 am Kreuzgang. Die Ausstellung im **Visitor Centre** präsentiert die Handwerkskunst der damaligen Steinmetze. Bemerkenswert sind das burgähnliche Torhaus mit seinem massivem Turm, die Kirchenkrypta und das gewölbte Kapitelhaus (14. Jh.).
Das Guest House in der 5 km entfernten, 1938 von Trappisten aus Waterford gegründeten **Mellifont Abbey** (https://mellifontabbey.ie) bietet ganzjährig Möglichkeiten der Kontemplation und Ruhe. Die Abtei ist berühmt für ihre Gewächshäuser und die Viehzucht.
Juni – Aug. tgl. 10 – 18 Uhr | Eintritt: 5 € | www.heritageireland.ie

Battle of the Boyne

Über das ehemalige Schlachtfeld wandern
Im Sommer 1690 fand um die **Old Mellifont Abbey** eine historische Entscheidungsschlacht statt: Wilhelm III. von Oranien-Nassau kämpfte gegen den Katholiken Jakob II. Wilhelm siegte und sicherte die englische Vorherrschaft in Irland. Am Boyne-Südufer erklärt das **Battle of the Boyne Visitor Centre** mit Walled Garden die einzelnen Phasen des Kampfes. **Wanderwege** (Fahrräder untersagt) erschließen das Gelände. Das Besucherzentrum mit Tee-Pavillon ist Hauptort des **Boyne Valley Garden Trails** mit 10 historischen Gärten und 4 Gartencentern (https://boynevalleygardentrail.com).
Mai – Sept. tgl. 10 – 16.30, sonst 9 – 15.30 Uhr
https://battleoftheboyne.ie | Eintritt: 5 €

Termonfeckin

Restauriertes Turmhaus
Im gleichnamigen Dörfchen (1580 Einw.) steht **Termonfeckin Castle**. Das dreistöckige Turmhaus wurde 1641 bei der irischen Rebellion verwüstet, dann aber wieder restauriert. Eine Wendeltreppe führt zum Dach (3. Stock), dessen Gewölbe nach dem Vorbild von Newgrange konstruiert ist (Zugang/Eintritt frei). Auf dem Friedhof der St Feckin's Church steht ein mit geometrischen Mustern verziertes Hochkreuz mit einer Kreuzigungsszene am Sockel (16. Jh.). In **Clogherhead** locken rund um Hafen Port Oriel schöne Sandstrände.

OBEN: Die Klosterruine Monasterboice verströmt mit ihren Hochkreuzen eine ganz eigene Stimmung. Das mächtige Muiredach-Kreuz ist das wohl eindrucksvollste.
UNTEN: Protestantisch oder katholisch? Das Battle of the Boyne Visitor Centre zeigt, wie die Entscheidung fiel.

Strände und Ökozentrum

Seebäder

Die Seebäder Bettystown und Laytown besitzen 10 km lange Strände. Bei Laytown thematisiert das Ökologiezentrum Sonairte Nachhaltigkeit und regenerative Energien und besitzt einen Bio-Walled Garden. Auch der Ökoladen und der Flusswanderweg lohnen.

Sonairte: Fr. – So. 10 – 17 Uhr | https://sonairte.ie | Eintritt frei

Uralte Grabstätte

Fourknocks

Die Schlüssel zur Grabstätte Fourknocks (3000 – 2500 v. Chr.) hat Fintan White, der ca. 1,5 km entfernt lebt (ausgeschildert). Nur das große Ganggrab ist ausgegraben und zu besichtigen. In **Duleek** begann das Klosterleben ab 450/489 n. Chr. Im Augustiner-Priorat stehen die Ruine der St Cianan's Church (1180) und Hochkreuze (10. Jh.).

Fourknocks: Margarete und Fintan White | Tel. 01 8 35 47 22
Schlüssel gegen Pfand (20 €), Rückgabe vor 18 Uhr https://mythicalireland.com/ancient-sites/fourknocks-na-fuar-cnoic

★★ ENNIS · INIS

Republik Irland | **Provinz:** Munster | **Grafschaft:** Clare
Einwohner: 25 280 | **Auskunft: www.visitennis.com**

Wer würde vermuten, dass in dieser beschaulichen Ecke der Welt Wurzeln der Boxlegende Muhammad Ali zu finden sind? Der Ire Abe Grady war um 1860 nach Kentucky ausgewandert und hatte dort eine freigelassene Sklavin geehelicht. Die Enkelin Odessa Lee Grady Clay gebar im Jahr 1942 den späteren »Sportler des Jahrhunderts«. Und so konstatierte Ex-Boxchampion Jim O'Sullivan: »The Greatest war ein Paddy wie wir«!

Gemütliches Flanieren

Irische Lebenslust pur und das perfekte Tor zum Wild Atlantic Way, das ist Ennis. In der gemütlichen Hauptstdt des Co. Clare fühlen sich sowohl Feinschmecker als auch Musikfans, die im Mai das Festival Flead Nuah besuchen, pudelwohl. Ennis ist Ausgangspunkt für Touren zu den berühmten Cliffs of Moher und dem Burren.

Wohin in Ennis?

Eine Hexengeschichte

Clare Museum

Das Clare Museum präsentiert in der Ausstellung **»The Riches of Clare«** anhand von 400 Artefakten die schier unendliche Geschichte

ENNIS ERLEBEN

ENNIS TOURIST OFFICE
Arthur's Row, Tel. 065 6 82 83 66
www.visitennis.com

KNOXS PUB & STOREHOUSE RESTAURANT €€
Populärer Treff in traditioneller Pub-Atmosphäre, regelmäßig Livemusik
18 Abbey Street, Tel. 06 56 82 28 71, www.knoxs.ie

OLD GROUND HOTEL €€€€
Efeuumranktes, restauriertes Traditionshaus (18. Jh.)! Mit Town Hall Bistro, perfektem Pub Poet's Corner, O'Brien Dining Room, Terrasse und Parkplatz.
Station Road
Tel. 065 6 82 81 27
www.oldgroundhotelennis.com
105 DZ u. Suiten

HOTEL WOODSTOCK €€€
Familiengeführtes, mehrfach preisgekröntes Hotel 4 km von Ennis auf dem Areal des Woodstock Golf & Country Club. Mit exzellentem Restaurant, Pool, Jacuzzi und Gym.
Shanaway Road, Ennis
Tel. 065 6 89 98 00
www.hotelwoodstock.ie,
67 Zimmer

der Grafschaft. Mittags finden hier Musikveranstaltungen statt. Sonderausstellungen widmen sich z. B. der Heilerin Bridget Ellen Connors alias Biddy Early: Die Heilerin (1798 – 1874), die vier Ehegatten überlebt hatte, wurde in Ennis als Hexe angeklagt und – freigesprochen. Danach nahm sie den Namen ihrer Mutter (Early) an.
Arthur`s Row | Mo. – Sa., 9.30 – 13, 14 – 17 Uhr
www.clarelibrary.ie/eolas/claremuseum | Eintritt frei

Touren durch die Stadt

Märkte & Stadtführungen

Der Marktflecken mit attraktiven Läden und Bauernmarkt erinnert am Market Square mit der Großskulptur einer Kuh an die große Vergangenheit und besticht durch gelassene Atmosphäre. Preisgekrönte **Stadtführungen** mit Episoden aus der Ortgeschichte und zum Schicksal der Frauen im 18. Jh., etwa zu Biddy Early und den Banshees (Todesfeen), unternimmt Jane O'Brien. Man kann auch selbst auf Entdeckertour gehen, den städtischen **Skulpturenpfad** erkunden oder zur »Schnitzeljagd« aufbrechen: 2021 restaurierte Wallcandies, 18 kleine Wandbilder, verschönern das ohnehin angenehme Stadtbild (https://clarearts.ie). Einen Wallcandie-Stadtplan hält auch die Tourismusinformation im Clare Museum bereit.
Bauernmarkt: Fr. 8 – 14 Uhr am Roslevan Shopping Centre, Tulla Road | http://ennisfarmersmarket.com | **Jane O'Brien**: Tour (Mai – Okt. tgl. außer Mi. u. So. 11 Uhr): 12 € | https://enniswalkingtours.com

Paradies für Flaneure

O'Connell Street

Läden und uralte Pubs säumen die **O'Connell Street** mit der **St Peter & Paul Cathedral** von 1842 und dem O'Connell Monument von 1867. Man passiert das **Queens Hotel**, Abbey Street, das James Joyce im »Ulysses« erwähnt, gelangt zur Club Bridge (1835) und zum 1850 für 12 000 £ erbauten Gericht, vor dem markant Jim Connollys **Bronzestatue** für Präsident de Valera steht. Die Cornmarket Street führt zum Kreisverkehr an der Mill Road mit der 1881 errichteten Säule mit lebensgroßer **Statue der Maid of Erin**. Das Areal der Wehre und Wassermühlen am River Fergus ist zum Park umgestaltet. Und das einzigartige **Denkmal** für den berühmten **Hurling-Club** von Ennis verspricht gar, im Himmel sei stets ein Eckchen für Hurler reserviert. In der Barrack Street lockt der Gourmet Store mit Bistro und Straßencafé zur Pause (www.ennisgourmet.com). Liebhaber **moderner Kunst und Musik**, von **Yoga** oder **irischer Küche** zieht es in die Glór Gallery mit dem Café Raviolo Verde.

Glór Gallery: Causeway Link | Mo. – Fr. 9.30 – 17.30 | https://glor.ie

Reise ins Mittelalter

★ Ennis Friary

Das 1240 erbaute **Franziskanerkloster** Ennis Friary bewahrt spätmittelalterliche Schätze. Sehenswert sind der Figurenschmuck,

Mitten im irischen Grün ragt die Ruine des Franziskanerklosters Quin Friary auf, im Volksmund Quin Abbey genannt. Bis ins 19. Jh. lebten hier Mönche.

z. B. die Darstellung der Stigmata (Wundmale) des hl. Franziskus im Mönchsgewand (Südwestseite des Turms) und das McMahon-Königsgrab (um 1475; Südwand) mit Bildfeldern der Passion Christi. Die neue Franziskanerabtei steht seit 1892 an der Francis Street.

Ennis Friary Visitor Centre: Abbey St | April – Sept. tgl. 10 – 18, Okt. bis 17 Uhr | https://heritageireland.ie/places-to-visit/ennis-friary | Eintritt: 5 €

Im Gedenken an die Boxlegende

Denkmal

Der Boxchampion **Muhammad Ali** (1942 – 2016) verursachte einen gewaltigen Trubel, als er 2009 höchstpersönlich sein Denkmal an der Turnpike Road enthüllte. Zudem besuchte er die Nachfahren jenes Abe Grady, der um 1860 nach Kentucky ausgewandert war. Die O'Gradys leben übrigens noch auf dem gleichen Grundstück.

Rund um Ennis

Nachts erstrahlt die Abtei

★ Quin Abbey

Bei Quin wurde die eindrucksvolle Quin Abbey 1402 – 1433 auf den Grundmauern einer Normanenburg erbaut, die wiederum auf einem 1286 niedergebrannten Vorläuferkloster errichtet worden war. Flutlicht macht den Bau auch nachts zum Ereignis.

Di. – Fr. 10 – 17, Sa., So. 9 – 16 Uhr | Eintritt frei

Auf dem Kusshügel (gälischer Name)

Knappogue Castle

Das originalgetreu restaurierte Knappogue (sprich »Nah' Pogue«) Castle bei Quin entstand 1467 als Turmhaus und war der Stolz unter den 42 Burgen des McNamara-Clans. Irlands bester Irish Malt Whiskey stammt aus der Knappogue Whiskey Distillery von Burgeigner Mark Edwin Andrews und Gattin, basiert auf der Ernte von 1951 und lagerte 36 Jahre (www.knappoguewhiskey.com). Zimmer in der Burg werden bei Air B&B für Übernachtungen angeboten. Die Burg öffnet April – Okt. tgl. um 18.30 Uhr für Mittelalterbankette.

Quin Road | Knappogue Bankett: 63 € | www.knappoguecastle.ie

Zurück in die Geschichte

Craggaunowen Castle

Kunstsammler John Hunt erwarb das Gelände Mitte der 1960er-Jahre und ließ Craggaunowen Castle (16. Jh.) restaurieren. Die Burg besitzt mittelalterliche Sakralkunst aus der Hunt Collection (Limerick). Das Pförtnerhaus links am Burgeingang ist zur Kapelle umgestaltet. Ringsum schuf Hunt ein **Freilichtmuseum**, das den Alltag der Menschen von der Bronzezeit bis zum frühen Christentum rekonstruiert. Sehenswert sind der Crannóg in einem See, eine bronzezeitliche Pfahlbausiedlung, und das steinerne Ringfort, beide mit Hütten und Gerätschaften aus der jeweiligen Zeit. In einem Glashaus ist das

Brendan Boat ausgestellt, ein Lederboot, in dem junge Leute die berühmte Seereise des hl. Brendan (gest. 583) nachvollzogen.
Mitte März – Mitte Sept. tgl. 10 – 17 Uhr | www.craggaunowen.ie
Eintritt: 9,90 €

Eine der attraktivsten Burgen des Landes

★ Bunratty Castle und Folk Park

Lord Gort erwarb nach einer wechselvollen Geschichte von Zerstörung und Wiederaufbau 1954 die Burg Bunratty Castle aus dem 15. Jh. Sie wird jetzt als gemeinnützige Stiftung verwaltet. Halle und Bankettsaal, Kapelle und Wohnräume beherbergen exquisite Möbel aus Spätmittelalter und Frührenaissance. Heißbegehrt sind die Mittelalterbankette. Im **Freilichtmuseum** Bunratty Folk Park repräsentieren Häuschen, Werkstätten und Läden das Leben an einer Dorfstraße im Irland des späten 19. Jh.s.
Do. – So. 9 – 17.30 Uhr | Eintritt: 15,25 € Bankett (tgl. 17.30 – 19.45 u. 20.45 – 23 Uhr) 63 € | Irischer Abend (April – Okt. Di., Fr. Sa. 19 – 21.30 Uhr) 49,95 € | www.bunrattycastle.ie

Schönes Kunsthandwerk am Flughafen

Kunsthandwerk

An der Zufahrt zum Shannon Airport bieten Kunsthandwerker im **Ballycasey Design & Retail Centre** Lederwaren, Schmuck oder Töpferwaren an. Berühmt ist Gleeson Goldsmiths Jewellery.
Mo. – Fr. 9 – 17.30, Sa. 9.30 – 17 Uhr | https://gleesongoldsmiths.ie

Luxus-Schloss

Dromoland Castle

Nördlich des Marktfleckens Newmarket on Fergus prunkt in einem ausgedehnten Park Dromoland Castle (um 1830), nun ein Luxushotel mit Golfplatz, Spa und dem Gourmetrestaurant Earl of Thomond's. Die schönen **Gärten** stehen allen offen (www.dromoland.ie).

Burg mit archäologischem Rundweg

★ Dysert O'Dea

Rund um die restaurierte Burg Dysert O'Dea von 1480 zeigt das **Clare Archeology Centre** auf einem 4 km langen Rundweg (History Trail) 25 archäologische Stätten. Die Klosterkirche wurde Ende des 17. Jh.s gemäß dem Vorgängerbau (12./13. Jh.) hergerichtet. Beachtlich ist der romanische Torbogen mit geometrischen Mustern, Blattwerk und fernöstlich anmutenden Masken. An der Nordwestecke der Kirche steht der 12 m hohe Stumpf eines Rundturms, östlich in einer Wiese ein Hochkreuz. Im preisgekrönten **Clare Heritage Centre** in Corofins St Catherine's Church (1719) werden der traumatische Hunger um 1850 und das soziale Leben im 19. Jh. illustriert.
Dysert O'Dea: 5 km südlich von Corofin | Mai – Sept.tgl. 10 – 17 Uhr https://dysertcastle.ie | Eintritt: 5 €
Clare Heritage & Genealogy Centre: Corofin, Church Street | Mo. – Fr. 9 – 17 Uhr | Eintritt: 4 € | http://clareroots.com

Kilkee und Umgebung

Familienfreundlicher Ort am Atlantik

Kilkee

Der auch bei Tauchern beliebte Ort (970 Einwohner) ist ein super Startpunkt für die Loop Head Peninsula. Das Dorf an der Hufeisenbucht mit langem **Sandstrand** ist dank der Duggerna Rocks gegen den Atlantik abgeschirmt. Auf Strandspaziergängen passiert man eindrucksvolle Felsen. Überragt werden sie vom 60 m hohen **Lookout Hill**, der bei klarem Wetter eine gute Aussicht bietet. 2006 enthüllte in Kilkee Hollywood-Star Russel Crowe die von Seamus Connolly geschaffene **Statue** für den in Limerick geborenen Schauspieler Richard Harris (1930 – 2002), die ihn als jugendlichen Squash-Spieler zeigt.

Beliebtes Urlaubsziel der Iren

★ Loop Head

Die Halbinsel Loop Head lässt sich auf der Straße von Kilkee bis zum 23 m hohen **Leuchtturm** Loop Head von 1854 besonders reizvoll erkunden. Kurz vorher lockt der Stopp an den **Bridges of Ross**, einer der 191 Discovery Points des Wild Atlantic Way. Doch nur eine der einst drei natürlichen Brücken ist erhalten. Die Aussicht vom Leuchtturm – er wird zum St Patrick's Day sogar grün angestrahlt – ist phänomenal und reicht bis zu den 12 Pins in Connemara und zu den Blaskett Islands. Als neuer Meilenstein markiert er die halbe Wegstrecke des 2450 km langen Wild Atlantic Way.
Cilian Murphy von Loop Head Tourism bietet Radtouren und **Radverleih** ab Kilkee. Martin Haugh bietet geführte **Wanderungen** und Wochenendtouren an (https://loopheadwalkingtours.ie). Lohnend ist ein Stopp inKilbaha im Gallery & Crafts Center. Eine überdimensionale Bronzekatze grüßt im Vorgarten, im Erdgeschoss sind Tourismusinformation und Café untergebracht – mit leckerem Zitronenkuchen –, in der ersten Etage eine wunderbare Ausstellung zur Lokalhistorie um den erblindeten Dorfhelden Henry Blake (1885 bis 1974). Überhaupt werden auf der Halbinsel Ökologie und Nachhaltigkeit großgeschrieben.
Loop Head Lighthouse: Visitor Centre mit Ausstellung | 6.5. – 4.11. tgl. 10 – 18 Uhr | https://loopheadlighthouse.ie | Eintritt: 5 €
Loop Head Tourism: https://loveloophead.com
Gallery & Crafts Center mit Cafe: Lighthouse Road | Mi. – Sa. 10 – 17 Uhr | www.kilbahagallery.com | Eintritt frei

Hafen am Shannon

Kilrush

Am Market Square von **Kilrush** (2700 Einw.) ist Crotty's Pub and B&B erste Adresse auch für Irish Folk-Fans (www.crottyspubkilrush.com). Ein verstecktes Juwel ist der **Vandeleur Walled Garden** mit Café und Pflanzenmarkt. Im **Hafen** Kilrush Creek Marina am Shannon findet man alles, was man braucht, dazu Liegeplätze für Jachten, die hier auch verchartert werden. **Segel- und Kanukurse** veranstaltet das Kilrush Creek Adventure Centre ab Marina. Das Shannon Dolphin Centre bietet Ausflüge zu den ca. 160 **Shannon-Delfinen** an: Die Großen Tümmler werden bis 3,9 m lang und bis 200 kg schwer.

Vandeleur Walled Garden: tgl. 10 – 17 Uhr
www.vandeleurwalledgarden.ie | Eintritt frei
Shannon Dolphin Centre: Tel. 065 9 05 13 27 | Touren April – Okt.
https://discoverdolphins.ie | Ticket: 35 €

★ Scattery Island

Trip auf die unbewohnte Insel

Endlich ist Scattery Island auch auf der touristischen Landkarte zu finden – Scattery Island Ferries und Scattery Island Tours fahren ab Marina Kilrush die 2,5 km lange Strecke. Die auch Bishop's Island (Bischofsinsel) genannte Insel ist eine Topattraktion am Wild Atlantic Way. Am Landungssteg bitten Guide Padraig O'Ruaire und Kollegen ab dem Scattery Island Visitor Centre zu **Führungen** über die seit 1978 unbewohnte Insel. Das Inseldorf präsentiert sich verwunschen wie in einer Zeitkapsel. Sechs Kirchenruinen bezeugen den historisch hohen Rang des vom hl. Senan im 6. Jh. gegründeten Inselklosters. Einmalig ist die christlich irische Ikonographie der uralten Grabsteine in der Friedhofskirche, markant der 35 m hohe Rundturm der Klosterkathedrale. 50 m entfernt ist eine heilige Quelle, am romanischen Kirchlein soll das Grab des Heiligen (gest. 544 oder 560) sein.

Inseltour inkl. Fähre: https://scatteryislandtours.com | Ticket: 26 €**Scattery Island Centre:** 26.5. – 21.9. tgl. 10 – 18 Uhr | Eintritt frei

Autofähre

Eine clevere Abkürzung

Wer weiter Richtung Süden fahren will, kann eine der zwei RoRo-Autofähren von Killimer über den Shannon nach Tarbert nehmen und so 90 km Umweg sparen.

Ticket 22 €, online 19,80 € | www.shannonferries.com

Cliffs of Moher und Umgebung

★★ Cliffs of Moher

Gigantisches Naturspektakel

Ob nebelverhangen, sturmgepeitscht oder im sagenhaft milden Licht der rot im Meer versinkenden Abendsonne: Die Cliffs of Moher sind Irlands größtes Naturschauspiel. Klippentouren und Bootsfahrten sorgen für das perfekte 360°-Ereignis. Die sich über 8 km erstreckenden Klippen sind nach dem bronzezeitlichen Küstenfort »Morthar« benannt. Über der donnernden Brandung, deren Wellen am **Surfertreff** Aill na Sarrach (Fohlensprung) Hawaii-Dimensionen erreichen, nisten auf isolierten Felstürmen Möwen, Lummen und Papageientaucher. Die am O'Brien's Tower atemberaubende 214 m hohen Klippen sind Teil des UNESCO-Welterbe-Kandidaten **Burren and Cliffs of Moher Geopark**. Das Besucherzentrum ist einer der 15

Hauptorte am Wild Atlantic Way. Die multimediale **»Cliffs of Moher Visitor Experience«** behandelt die Themen Ozean, Fels, Natur und Mensch. Der in Endlosschleife gezeigte Film »Atlantic Edge« bietet spektakuläre Klippenaufnahmen. Im Zentrum öffnet das Puffins Nest Café. Lohnend sind der **Klippenweg** zu Hags Head, der Weg zum Moher Cottage und Alpacas, Emus, Straußen, Hochlandrinder, Schafe, Ziegen und Hirsche auf der **Moher Hill Open Farm** (mit Café).

Tgl. Nov. - Feb. 9 - 17, März, April, Sept., Okt. 8 - 19, Mai - Aug. 8 - 21 Uhr | www.cliffsofmoher.ie | Eintritt: 7 € | **Moher Cottage:** 1,5 km von den Cliffs of Moher am Ortsrand von Liscannor; Kunsthandwerkladen/Café Mi. - Mo. 10 - 16 Uhr | https://mohercottage.com | **Moher Hill Open Farm:** Cliffs of Moher Road, 4 km von Liscannor | Mo. - Fr. 9 - 17, Sa., So. 10 - 18 Uhr | www.moherfarm.com | Eintritt: 9 €

Huldigung des U-Boot-Erfinders

Liscannor & Lahinch

5 km landeinwärts wartet Liscannor an der Main Street mit dem witzigen Bronzedenkmal für den hier geborenen John Philip Holland (1841–1914) auf. Der Erfinder des ersten **U-Bootes** der US Navy grüßt mit dem Bowler aus der U-Boot-Luke. Sehenswert sind **Kilmacreehy Church** (15. Jh.; Ruine) und am Ortsausgang die **St**

Majestätisch bei ruhiger See und Sonnenschein, buchstäblich atemberaubend bei Wind und Gischt – die Cliffs of Moher.

Brigid's Well an der O'Brien-Säule mit Votivgaben. Bei Surfern und Golfern populär ist das mit Promenade fast südländische Lahinch (640 Einw.). Ein Tipp ist Theresa O'Briens Barrtra Seafood Restaurant (nur Fr. – So.; Tel. 065 7 08 12 80; https://barrtra.com). Die Lahinch **Leisure Centre** wartet mit 25-m-Pool, Jacuzzi und Sauna auf.

Leisure Centre: The Promenade, Lahinch | tgl. 9 – 18.45 Uhr
www.facebook.com/lahinchleisurecentre | Eintritt: 9 €

Wildkräuter und Ziegenkäse verkosten

Ennistymon

Am Weg in den Marktflecken Ennistymon sollte man Wildkräuter in der Wild Kitchen probieren. Aus Oonaghs Salaten und Kräutern werden Pesto oder Hummus. Wunderbar sind ihre Wild Food-Kurse (2,5 Std.; 45 €) und ihre saisonalen Wild Food Walks und Workshops (je 45 €) zum Seaweed (Seealgen). Keineswegs verpassen darf man den den Rohmilch-Ziegenkäse der St Tola Goat Farm mit Hofladen.

Wild Kitchen: Ennistymon, 10 Main Street | Tel. 087 6 87 78 90
http://wildkitchen.ie | Für Lesefans: Wild Kitchen Booklet 12 €
Ziegenkäsefarm: Gortbofearna, Maurices Mill | Tel. 065 6 83 66 33
Laden/Visitor Centre April – Okt. Mo. – Fr. 10 – 16, Hoftour (Käseherstellung mit Verkostung) April – Okt. Di., Mi., Fr. 10.30, 12.30, 14.30 Uhr | www.st-tola.ie | Eintritt frei Tour: Gruppe 160 €, wer zu einer bereits gebuchten Tour stößt, zahlt 15 €

Ein Herz für den Irish Folk

Miltown Malbay

Miltown Malbay ist für seine Sommermusikschule berühmt. Hier stellt das **Music Makers Museum** mit 60000 Dokumenten, multimedial und mit Livemusik die Renaissance des Irish Folk nach 1945 in den Mittelpunkt.

Museum: Mai – Sept. tgl. 10 – 18 Uhr | www.themusicmakers.ie

Hier kreuzte die Spanische Armada

Spanish Point

12 km südlich von Lahinch wurden 1588 ertrunkene Soldaten der Spanischen Armada an Land gespült. Heute bietet nahe dem Kap mit schönen Sandstrand und Neun-Loch-Golfplatz das Spanish Armada Hotel Seealgenpackungen (15 €) und einen netten Pub mit Livemusik am Kamin (www.armadahotel.com).

Burren

Ein aufstrebendes Fischerdorf

Doolin

7 km vor Lisdoonvaarna mausert sich Doolin (200 Einw.) zur Attraktion an der Cliff Coast des Wild Atlantic Way. Perfekt ist Irlands Ökohotel 2015, das Hotel Doolin (www.hoteldoolin.ie) mit gutem Restaurant, Gourmetladen (März – Okt.) und Tourismusinformation. Im Fitz's Pub mit Terrasse wird hauseigenes Dooliner Beer zu Livemusik ausge-

schenkt. Gegenüber wird im Cullinans Seafood Restaurant mit Guesthouse noch besser gekocht (www.cullinansdoolin.com). Auch im Gus in der Fisher Street erklingt Folkmusik, wird Guinness mit Herzchen im Bierschaum gezapft und herzhafte irische Küche aufgetischt.
Doolin ist Treff der **Surfer**, die die Big Wave »Aill na Searrach« (kurz: »Aillens«) mit Irlands höchsten Wellenkämmen reiten, und der **Klippenkletterer** (18 Routen). **Höhlenfans** pilgern in die Doolin Cave zum mit 7,30 m längsten freihängenden Stalaktiten Stalaktiten Europas. Schiffe legen zu den Aran Islands und zu den Cliffs of Moher ab. Fahrräder für Touren am Wild Atlantic Way verleiht Doolin Rent-a-Bike (Fisher Street, Tel. 086 1 09 18 50, http://doolinrentabike.ie).
Höhle: Fanore Road (R 479) mit Café, Töpferei | Führung stdl. 1.3. – 14.4. tgl. 11 – 17, 15.4. – 30.9. 10 – 18, Okt. – Dez. 11 – 16, Jan./ Feb. Do. – So. 11 – 16 Uhr | https://doolincave.ie | Eintritt: 17,50 €

Irlands einziges Heilbad

★ Lisdoonvarna

Die **Quellen** im Spa Wells Health Centre (Mo. – Fr. 9 – 17 Uhr; https://the-spa-wells-lisdoonvarna.business.site; Heritage Centre Mai – Aug. tgl. 10 – 13 Uhr; https://lisdoonvarna-spa-wells.org; Eintritt frei) sprudeln seit 1847 im viktorianischen Heilbad Lisdoonvarna (830 Einw.). Den Heiratsmarkt **Matchmaking Festival** (www.matchmakerireland.com) besuchen im September 50 000 einsame Herzen. Auch der Queen mundete der geräucherte Lachs des **Burren Smoke House**. 2019 besuchten König Carl XVI. Gustaf und Königin Silvia von Schweden Britta Curtin im Feinkostladen. Wandmosaiken illustrieren die Legende vom »Salmon of Wisdom« (Lachs der Weisheit). Nebenan lädt Gatte Peter Curtin in die **Roadside Tavern** zu Lachsgerichten und Bier aus seiner Burren Brewery (www.roadsidetavern.ie).
Smokehouse: Doolin Rd | März – Dez. tgl. 10 – 17, Jan. Mo. – Sa. 10 – 17, Feb. 11 – 16 Uhr | www.burrensmokehouse.ie | Tasting Experience 10 €

Den Nationalpark erleben

★ Burren National Park

Der Boireann, »steiniger Ort«, urtümlicher Karst mit bizarren Wasserrinnen, Strudeln und seltener Flora, ist UNESCO-Geopark. Die »Bio-Arche« besitzt u. a. rund 60 wuchernde Pilzgeflechtarten. Der Nationalpark (1500 ha) ist das Herzstück dieser in Europa einzigartigen **Karstlandschaft** mit Kuppen wie dem Knockanes (207 m ü. d. M.), porösem Gestein, kahlen Terrassen und einmaliger Flora in Ritzen und Spalten. Flüsschen verschwinden im schrundigen Boden, unterirdische Ströme bilden Höhlen und Strudel. Ab **Clare Heritage Center** in Corofin fahren Bus-Shuttle kostenlos zu sieben markierten Wanderwegen im Nationalpark (April – Sept. zu den Öffnungszeiten 14 mal tgl., im Sommer auch Führungen). Die **Burren Nature Sanctuary** präsentiert Orchideen und Wildblumen, bietet Vegetarisches und Veganes im Café, Laden und den Rundweg Burren Walk zur Burren-Ökologie.

MEGALITHKULTUREN

Zwischen 4000 und 500 v. Chr. entstanden in Irland Großsteinbauten wie Dolmen, Ganggräber und Steinkreise. Auch andernorts – in und außerhalb Europas – bildeten sich während der Jungsteinzeit und der Bronzezeit Megalithkulturen aus. Man geht heute allerdings davon aus, dass sie sich unabhängig voneinander entwickelten.

Browne's Hill Dolmen, Irland
Deckstein: 100 t
Länge: 6,1 m, Breite: 4,7 m
bis zu 2 m dick

Dolmen (Steintisch)
Grabkammer aus großen, aufrecht stehenden Steinen mit einem Deckstein

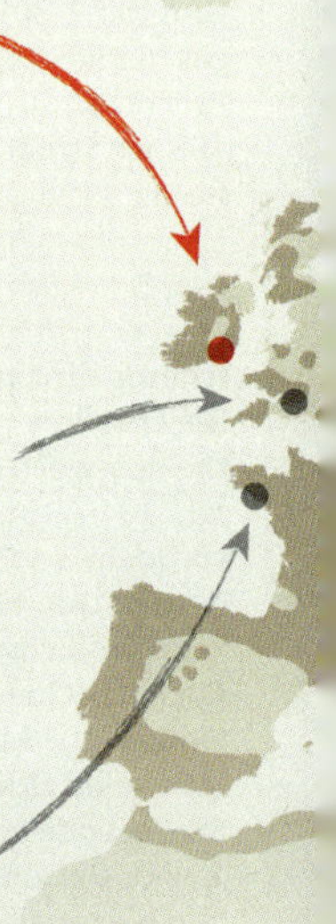

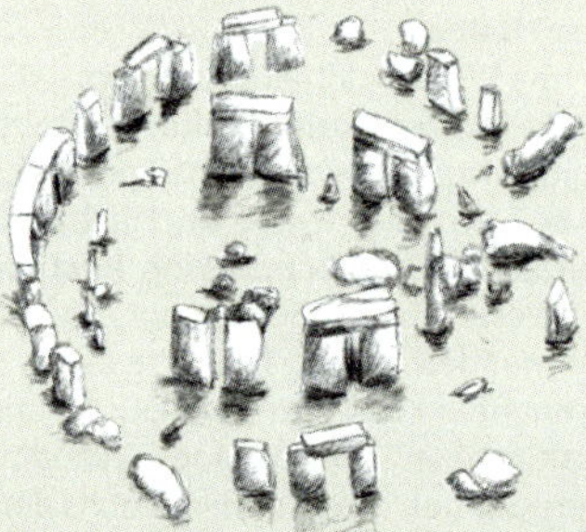

Stonehenge, England
115 m Ø

Steinkreise
Runde oder ovale Anordnung von Menhiren oder Findlingen. Oft in Verbindung mit Grabstätten.

Alignements von Carnac
In der Bretagne gibt es 56 Steinreihen (»alignements«), Die beedindruckendste steht bei Carnac: 2800 Menhire auf einer Länge von 4 km.

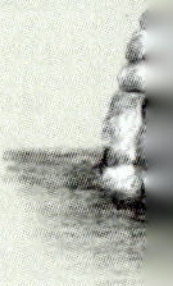

Klekkende Høj, Dänemark
Ganggrab mit Doppelkammer
Länge: ca. 7 m

Ganggrab
Der Gang führt zu einer meist länglichen Grabkammer.

Sieben Steinhäuser, Deutschland
Ist eine Gruppe von fünf Großsteingräbern, Anlage D

Tempelanlage von Ħaġar Qim »Steine des Gebets«, Malta
Auf Malta und Gozo sind rund 40 Tempelanlagen aus neolithischer Zeit erhalten. Ħaġar Qim ist eine der eindrucksvollsten.

Naveta d'es Tudons, Menorca
Grabanlage
Länge: 13 m, Breite: 6 m, Höhe: 3 m

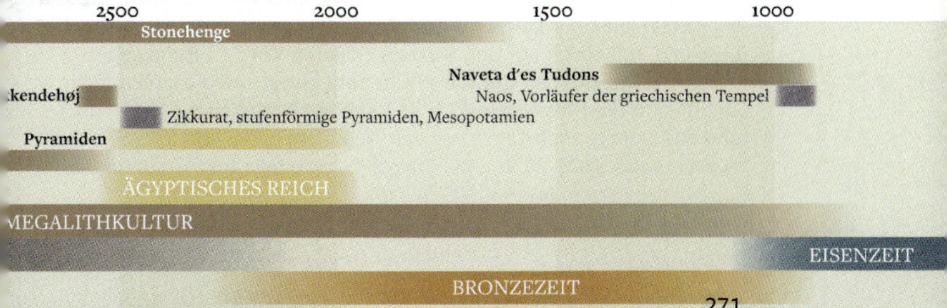

Mächtig und rätselhaft: der Poulnabrone Dolmen. Was das heißt? Sie haben die Wahl: »Loch des Mühlsteins« oder »Loch der Sorgen«.

Clare Heritage Center: Corofin April u. Mai Mi. – So. 9.30 – 17, Juni – Sept. tgl. 9.30 – 17 Uhr | www.burrennationalpark.ie | Eintritt frei | **Nature Sanctuary**: Kinvara | Mai, Juni Sa., So. 10 – 17, Juli Aug. tgl. 10 – 17 Uhr | www.burrennaturesanctuary.ie | Eintritt: 8 €

Genießen, Radeln und Wandern

Trails

Die kulinarischen Reize im erweiterten Burren & Cliffs of Moher Geopark erschließt der **Burren Food Trail**. Wanderer und Radler – auch E-Biker – schwören auf den **Burren (Cycle) Way** (4 Rundwege; 18 – 47 km). Das **Burren Centre** in Kilfenora bietet eine Ausstellung. Im Ort besitzt die Kathedrale (12. Jh.) schöne Grabsteine (13./14. Jh.) und das Doorty High Cross vor der Westfront.

Burren Food Trail: 28 Stopps | https://burren.ie/taste-the-burren/burren-food-trail | **Burren (Cycle) Way:** Radverleih in Ballyvaughan, Lahinch, Doolin | https://burren.ie/activities/cycling-routes

Burren Centre: 17.3. – 31.10. tgl. 10 – 17, Tea Rooms bis 16.30 Uhr
www.theburrencentre.ie | Eintritt: 6 € oder Burren Discovery Ticket 24 €

Tour durch den Burren

Fahrt nach Lisdoonvarna

In **Ballyvaughan** lohnen der Farmers' Market (Mai–Okt. Sa. 10–14 Uhr) und Ausstellungen im Burren College of Art. Burren Fine Wine and Food mit Café und Laden vermietet Räder und veranstaltet Radtouren. Friedlich liegen die Ruinen des Zisterzienserklosters **Corcomroe Abbey** (gegr. 1180) vor Ihnen. Die kreuzförmig angelegte Kirche mit schönem Gewölbe besitzt reiche Verzierungen. Südlich dominiert der **Slieve Elva** (340 m ü. d. M.), wo die mit 16 km längste irische Höhle liegt: Von der bis 140 m tiefen **Pollnagollum Cave** ließ sich J. R. R. Tolkien im »Herrn der Ringe« für die Figur des Gollum inspirieren. Vor Lisdoonvarna liegt das **Steinfort** Cahermacnaghten mit Ringwall. An der Straße nach Doolin rettet in Fanore Carl Wright im Caher Bridge Garden die heimische Flora (Besuch n. V.; Tel. 065 7 07 62 25).

Burren College of Art: Newtown Castle | Mo. – Fr., Mai/Juni auch Sa. 10 – 17, | www.burrencollege.ie | Eintritt frei (Spende)
Rad- und Wandertour: Corkscrewhill Road | Mai – Sept. tgl. 7.30 – 15 Uhr | http://burrenwine.ie/eco-experiences | Ticket: 35 €

Auf Höhlentour

Aillwee Cave

Pullover mitnehmen! In der dramatisch ausgeleuchteten Unterwelt der Aillwee Cave mit Stalaktiten und Stalagmiten sowie unterirdisch fließendem Wildbach herrschen konstant 10 °C. Die Bärenspuren entstanden vor der letzten Eiszeit.

Höhlentour (alle 30 Min.) tgl. 11 – 17, Juli/Aug. bis 18 Uhr
https://aillweeburrenexperience.ie
Eintritt (mit Birds of Prey): 24 €

Dorado für Vogelfans

Burren Birds of Prey Centre

Adlern, Falken und Eulen widmet sich das Burren Birds of Prey Centre. Zu Vorführungen nehmen 200 Gäste auf der Tribüne Platz. Einmalig ist der **Hawk Walk** mit Falkner und Falke (Höhlenführung plus Birds of Prey Centre mit Flugdemonstration; 95 €). Die R 480 führt am **Gleninsheen Wegde Tomb** (»Druid's Altar«) vorbei. Im Keilgrab wurde 1930 ein wertvoller Goldkragen entdeckt, der jetzt im National Museum Dublin liegt.

Öffnungszeiten s. Aillwee Cave Shows: 12, 14, 16
Winter 12 und 15 Uhr | Eintritt (inkl. Aillwee Cave): 24 €

Beeindruckende Grabstätte

★ Poulnabrone Dolmen

800 m weiter ragt an der Straße ein gewaltiges **Megalithgrab** empor – es ist eines der beliebtesten Fotomotive Irlands. Es wurde 3800 – 3200 v. Chr. angelegt und bei Ausgrabungen fand man Gebeine von 16 bis 22 Erwachsenen und sechs Kindern.

Herrliche Düfte

Parfümerie

In Carran (Carron) öffnet die Burren Perfumery ihre Tea Rooms (März – Okt. tgl. 10.30 – 17 Uhr), dazu Kräutergarten, Seifensiederei und Parfümerie. Kate zeigt Parfums und Cremes aus Wildblumen.

Ganzjährig tgl. 10 – 17 Uhr | https://burrenperfumery.com

Keilgrab multimedial

Caherconnell Fort

1 km vom Poulnabrone Dolmen zeigt das Visitor Centre (mit Café) im 400 bis 1200 bewohnten Caherconnell Fort das Keilgrab multimedial. Archäologen entdeckten 2008 eiserne Pfeilspitzen und eine prähistorische Grabkammer, die jüngere Skelette (15./16. Jh.) und Münzen (14. Jh.) enthielt. Attraktiv ist die Schäferhundvorführung.

Visitor Centre: tgl. März, April u. Okt. 10.30 – 16.30, Mai, Juni u. Sept. 10 – 17, Juli, Aug. 10 – 17.30 Uhr | https://caherconnell.com
Eintritt: 6 €, Schau 6,50 €, Kombiticket 10,50 €

Gort und Umgebung

Grandioser Park

Coole Park

Gorts größte Attraktion ist der 450 ha große Coole Park. Markierte **Wege** und ein **Visitor Centre** mit Tea Rooms erschließen das Naturparadies, das bis 1927 im Besitz der laut Shaw »größten lebenden Irin«, Lady Gregory war. Zwar wurde das Haus ihres Gatten 1941 zerstört, doch blieben die Erinnerung an die Gründerin und Direktorin des Abbey Theatres, die Erinnerung an die Besuche führender Schriftsteller wie W. B. Yeats, Synge, Shaw oder O'Casey an diesem Ort. Yeats verfasste fünf Gedichte über den Coole Park, u. a. über die Schwäne. Die weltgewandte Lady Gregory schreib seit 1882 auch selbst. Berühmt wurde sie u. a. für ihre in »Kiltartanese«, dem Dialekt der am Coole Park und im nahen Dorf Kiltartan lebenden Menschen verfassten Werke, etwa zur irischen Mythologie. Zum freundlichen Flair von Marktstädtchen und Park tragen übrigens auch die bestens integrierten Brasilianer bei, die rund 16 % der 2990 Einwohner ausmachen.

Park: tgl. 8 – 19.30, Winter bis 18 Uhr | Visitor Centre: Mi. – So. 10 – 17 Uhr | www.coolepark.ie | Eintritt frei

Literarischer Ort

Kiltartan Cross

Am Kiltartan Cross verfiel der blinde Dichter Rafferty in Liebe zur »Beauty of Ballylee«, Máire ní hEidhie. W. B. Yeats jubilierte hier: »My country is Kiltartan Cross, my countrymen Kiltartan's poor«. Das **Kiltartan Gregory Museum** mit Millennium Park präsentiert im Schulhaus von 1892 auch Lady Gregorys Werke. Vom Museum aus starten Touren auf den Spuren von Lady Gregory und W. B. Yeats. Auf eigene Faust unterwegs folgt man dem Lady-Gregory-Yeats-Trail.

Museum: Juni – Aug. tgl. 11 – 17, Mai u. Sept. nur So. 13 – 17 Uhr

und n. V. | Eintritt: Spende | www.kiltartangregorymuseum.org
Trail: 8 Stationen, Download: http://ladygregoryyeatstrail.com

Der Dichter-Turm

Thoor Ballylee

Der Thoor Ballylee ist ein viergeschossiger Keep, ein Wohn- und Wehrturm aus dem 14. Jh. Der Literaturnobelpreisträger William Butler Yeats kaufte und restaurierte ihn, um hier 1919 bis 1929 zu leben. Im Turm präsentiert die 2016 eingerichtete Yeats Thoor Ballylee Exhibition auch Yeats-Memorabilia und Erstausgaben der Dichterwerke.

April, Mai, Sept. Mo. – Fr. 10 – 16, Sa., So. 11 – 17, Juni – Aug. tgl. 10 – 18 Uhr | https://yeatsthoorballylee.org | Eintritt: 7 €

Klosterruine im Grünen

Kilmacduagh

Eingebettet in grünes Hügelland steht die Klosterruine Kilmacduagh an einem See vor dem Panorama des Burren. Der Rundturm (34 m) steht 60 cm aus dem Lot. Zum Eingang, der sich in 7,8 m Höhe befindet, führt eine Steintreppe. Die Kathedrale (12./15. Jh.) besitzt im nördlichen Querschiff volkstümliche Kreuzigungsdarstellungen. Unter den kleineren Kirchen ist die O'Heyne's Church mit Tier- und Pflanzenmotiven an den Säulen des Chorbogens am schönsten.

Die Klosterruine unter dem schiefen Turm von Kilmacdouagh – mit Pferdemotiv.

★ FERMANAGH LAKELANDS

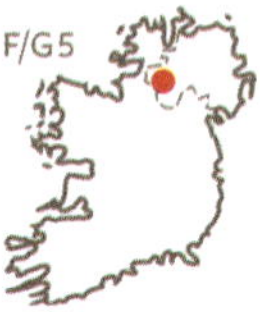

Motorboote mit sonnenbadenden Ausflüglern tuckern leise auf den ausgedehnten Gewässern, an deren Ufern Angler mit beeindruckender Ausrüstung freundlich lächelnd und beinahe stoisch auf ihren Fang warten. Auch die ganz große Politik genoss schon das Idyll: 2013 fand im luxuriösen Lough Erne Resort nahe Enniskillen der letzte G8-Gipfel mit Russlands Präsident Putin statt. Britanniens Premier Cameron liebte das Morgenbad im stillen See, auch US-Präsident Obama nutzte die Sportangebote. Angela Merkel brauste eskortiert von bewaffneten Schnellbooten der britischen Sicherheitskräfte nach einem Arbeitsessen per Boot zu einer Pressekonferenz.

Binnengewässer, Natur und Kultur

Seen bedecken ein Drittel der Fläche der nordirischen Grafschaft Fermanagh, deren Zentrum der zwischen Lower und Upper Lough Erne erbaute alte Militär- und heutige Ferienort Enniskillen (rund 70 km östlich von Sligo) ist. Flüsse, Inseln, Kanäle, Buchten und Ufer gibt's hier also im Überfluss – ein Paradies für Paddel- und Motorbootsfreunde!

Wohin in den Fermanagh Lakelands?

Zwischen Lower Lough und Upper Lough

Enniskillen

Die nette, lebhafte Kleinstadt Enniskillen (13 820 Einw.) entstand in Insellage am River Erne, der beide Teile des Sees verbindet. Ihren Namen verdankt die Stadt (gälisch Inis Ceithlann) der mythischen Göttin **Cethleen**, die legendär in einem Kampf von einem Pfeil verwundet wurde und hier durch den River Erne schwamm, ohne je das rettende Ufer zu erreichen. Berühmt ist Ennsikillen durch zweierlei: Zum einen fand nahebei der erwähnte G8-Gipfel statt, zudem gründete Jakob I. 1618 die 2016 zur Enniskillen Grammar School gewandelte **Portora Royal School**, 1 Lough Shore. Die Eliteschule besuchten schon Oscar Wilde und Samuel Beckett, der in Enniskillen mit dem jährlichen Theaterfestival geehrt wird. **Enniskillen Castle** mit historischen Kanonen im Hof, Denkmal zum Burenkrieg vor dem Tor und schönem Visitor Centre mit Touristeninformation, beherrschten ab 1428 die Häuptlinge des Clans Maguire, ehe Jakob I. im Zuge der Ulster Plantation 1607 alles an William Cole gab, der aus der englischen Grafschaft Devon stammte. Später diente es als Garnison berühmter Regimenter. Heute beherbergt es das **Fermanagh County Museum** und das **Museum der Royal Inniskilling Fusilliers**. Anhand von 100 Objekten wird auch die Frühgeschichte der Grafschaft

FERMANAGH LAKELANDS ERLEBEN

THE ENNISKILLEN HOTEL €€
Aufs Wesentliche konzentriert! Modern designte Zimmer, dazu die Whiskey-Probierbar »Wildes« und das stylische Grill-Restaurant »Beckett«. Angebote zu Angelausflügen.
72 Forthill Street, Enniskillen Tel. 028 66321177,
www.enniskil lenhotel.com
29 DZ, 6 Suiten

dargestellt, deren Name sich vom Keltenstamm »Firmonoch« (»Männer aus Monach«) ableitet, der in frühchristlicher Zeit am See siedelte. Großartig sind die **Goldfunde von Belle Isle**, der **Bronzehort von Dreenan** oder das an der Crevenish Bay bei Kresh entdeckte **eisenzeitliche Langboot**.
Die im viktorianischen **Forthill Park** errichtete dorische Säule des Cole's Monument (108 Stufen) ehrt Gailbraith Lowry Cole (1772 – 1842), einen General unter Wellington. **Castle Coole**, Sitz der Earls of Balmore mit großem Park, ist ein neoklassizistisches Herrenhaus (1798) mit Regency-Möbeln. Zum Staunen ist der Servants Tunnel (Tunnel der Diener).
Kurios ist das **Railway Museum** im Friseursalon **Headhunters Barber Shop** mit Artefakten zum 1957 stillgelegten lokalen Eisenbahnnetz (5 Darling Street, Di. – Sa. 9 – 17.30 Uhr, www.headhuntersmuseum.com; Eintritt frei). Toptreff ist das Caffè Nero (11 High St; https://caffenero.com). Am Diamond schmücken geschnitze Eichentüren und Soldatenfiguren das **Rathaus (Town Hall)** von 1857. Der **Butter Market** von 1835, 23 Market Street, bietet 16 Läden auch mit Kunsthandwerk und ein Café. Enniskillens Bürger mögen das durchaus ansprechende Clinton Centre nicht. Bill Clinton eröffnete es 2002 am Kriegerdenkmal, wo eine IRA-Bombe 1987 elf Menschenleben kostete.

www.fermanaghlakelands.com
Enniskillen Castle Museums: Mo. – Fr. 9.30 – 17, Sa. 11 – 17, Juni – Sept. auch So. 11 – 17 Uhr | www.enniskillencastle.co.uk
Eintritt: 5 £, Visitor Centre frei
Cole's Monument: Park tgl. 8 – 20, Monument April – Juni, Sept. Sa., So. 13 – 15, Juli/Aug. Sa. – Mo. 13 – 15 Uhr | Eintritt frei
Castle Coole: Mai, Sept. Mi. – Mo. 11 – 16, Juni – Aug. tgl. 11 – 17, Garten März – Okt. tgl. 10 – 18, sonst bis 16 Uhr
Eintritt: 10,50 £, nur Garten 4 £

Irlands schönster See

Der 32 km lange, bis 9,5 km breite Lough Erne ist als schönster See Irlands ein Paradies für Wassersportler und Angler. Der südliche, mit Lough Erne

Inseln übersäte Upper Lough Erne ist stärker zerklüftet als der nördliche Lower Lough Erne. Wie eine liegende Acht erschließt der 480 km lange Kingfisher Cycle Trail in acht Tagesabschnitten und Rundkursen die Seenlandschaft. Am Weg bieten auf Radler eingestellte B&Bs Übernachtungen an (https://kingfishercycletrail.com). Lange Binnengewässerfahrten ermöglicht der Shannon-Erne-Waterway (61 km).

Fahrt um den Lower Lough Erne

★ Devenish Island

Ruinen auf der Insel
Attraktivstes Ziel am Südende des Lower Lough Erne ist Devenish Island. Auf der Insel steht die **Ruine** eines im 6. Jh. vom hl. Molaise gegründeten **Klosters** mit erhaltenem Rundturm. Auch von der **St Mary's Abbey** und der Great Church (12. Jh.) ist Originales erhalten, z. B. ein eindrucksvolles, 2 m hohes Kreuz (Visitor Centre: Ostern bis Sept. tgl. 10 – 18 Uhr). **Erne Tours** (http://ernetours.com) bietet Inselbesuche mit der MS »Kesterl« (Mai, Sept. Di., Sa., So.

Im Gegensatz zum Upper Lough Erne mit seinen vielen Inseln bietet der Lower Lough Erne (Foto) weite Wasserflächen – ein Paradies für schnelle Bootsfahrer.

14.15, Juni tgl. 14.15, Juli/Aug. tgl. 10.30, 12.15, 14.15, 16.15 Uhr; Ticket: 12 £) und Evening Sunset Cruises auf Upper and Lower Lough Erne (Sa. 18.30 – 20.30 Uhr; 25 £). **Erne Water Taxi** (www.ernewatertaxi.com) offeriert seit 2021 ab Jetty Enniskillen Castle Museum die **Lakelander Food Experience** (3 Std.; 65 £) an. Skipper Barry befährt mit der »Island Discovery« den Lough Erne Waterway, Mark führt zur Food Experience aus.

Heiden und Christen

Killadeas Churchyard

Im **Killadeas Churchyard** bezeugen bearbeitete Steine (7./8. Jh.) den Übergang von der heidnischen zur Welt des Christentums: Der Bishop's Stone zeigt auf einer Seite einen Kirchenmann mit Kreuz und Glocke, auf der anderen ein groteskes Mondgesicht.

Uralte Steinfiguren

White Island

Ab Castle Archdale Marina setzt die Fähre nach **White Island** über (Tel. 028 68 62 18 92; Juli/Aug. tgl. stdl., Ostern – Juni, Sept. Sa., So. 11 – 16 Uhr; Ticket: 4 £). Vom Bootsteg geht es zur **Kirchenruine** (12. Jh.), durch deren spätromanisches Portal man **Steinfiguren** erblickt, die bis ins 6. Jh. zurückdatieren. Von links nach rechts sind eine Sheela-na-Gig mit gekreuzten Beinen in aufreizender Pose, Abt und Äbtissin mit Priesterglocke und Krummstab, ein sich am Kinn kratzender Geistlicher, ein Mann mit Greifenpaar im Nacken, ein Krieger mit Schwert und Schild und eine unvollendete Gestalt zu erkennen. Unklar ist, ob die achte Figur – ein Gesicht wie eine Totenmaske – ursprünglich zu dieser Reihe gehört.

U-Boot-Jagd im Zweiten Weltkrieg

Castle Archdale Country Park

Teil des Castle Archdale Country Park in Lisnarick ist die **Ex-Royal-Airforce-Basis Castle Archdale**. Von hier starteten im Zweiten Weltkrieg infolge eines Geheimabkommens mit der Republik Irland britische Wasserflugzeuge zur U-Boot-Jagd im Nordatlantik. Torpedos einer auf dieser Basis stationierten »Catalina« verursachten den Untergang des Schlachtschiffs »Bismarck«. Zum Park gehören Camping, Glamping und Bootsverleih (www.castlearchdale.com).

Park ganzjährig, Läden, Café, Bar, Restaurant nur April – Juni und Sept. Sa. und So. sowie Juli/Aug. tgl. geöffnet | Eintritt frei

Heidnische Aura

Boa Island

Am Nordende des Lower Lough Erne erreicht man **Boa Island** über eine Brücke. Die fast 2000 Jahre alten **Steinfiguren** verleihen dem christlichen Friedhof von Caldragh eine heidnische Aura. Das 73 cm hohe **Caldragh Idol** trägt einen Doppelkopf mit großen Mündern. Seine langen Haare wirken geflochten, gekreuzte Arme und Gürtel sind nur angedeutet. Der **Lusty Man** auf der Nachbarinsel Lustymore könnte eine eisenzeitliche Göttin sein.

Porzellanmanufaktur mit Goldmedaille

★ Belleek

Im Grenzdorf Belleek (840 Einw.) dominieren Anti-Brexit-Plakate auch an der Flussbrücke vor der 1857 gegründeten berühmten **Porzellanmanufaktur,** wo Filme präsentiert werden (20 Min.) und sich Schauwerkstätten, Museum und diverse Verkaufsofferten befinden. Auch die Manager dieser Top-Inselattraktion fürchten Besucherrückgänge nach dem Brexit. Im Foyer des Visitor Centre (Eintritt frei) steht das berühmteste und teuerste Porzellanobjekt: Frederick Slaters **International Centre Piece** von 1893 erhielt auf der Weltausstellung 1900 in Paris eine Goldmedaille. Berühmteste Besucher waren 1870 Earl und Countess Spencer, Vorfahren von Lady Diana. Wunderbar ist der Blick auf den River Erne im **Belleek Restaurant und Tea Room**, wo auf Belleek-Porzellan serviert wird. Der Village Trail (21 Stationen) erschließt dann die angeblich 10000 Jahre alte Dorfgeschichte von Belleek.

Porzellanmanufaktur: Okt. – April Mo. – Fr. 10 – 15, Mai – Sept. Mo. – Sa. 10 – 16 Uhr Führungen Mo. – Mi. 10.30 – 14.15 Uhr
https://belleekpottery.ie | Tickets: Belleek Experience (30 Min.) 6 £, Bloomfield Trail Experience 7 £, Good Morning Belleek Tour 9 £, Afternoon at Belleek Tour 25 £, Hands on Experience 45 £

Burgruine mit gepflegten Gärten

Tully Castle

Tully Castle wurde als befestigtes **Plantation House mit Schutzwall** für Sir John Hume gebaut. Am Weihnachtsabend 1641 schaute Rory Maguire vorbei, legte Feuer und massakrierte alle. Danach wohnte hier niemand mehr. Beschaulich sind die im Stil des 17. Jh.s angelegten **Gärten**, besonders der Kräutergarten.

Lough Shore Rd. | Derrygonnelly Ruine frei zugänglich
Visitor Centre nur So. 12 – 16 Uhr | Eintritt frei

Schottischer Einfluss

Monea Castle

Monea Castle, ein bestens erhaltenes **Plantation Castle**, steht etwas abseits vom See auf einem Felsen. Es wurde 1618 von protestantischen Einwanderern erbaut und erinnert heute eher an schottische Schlösser.

Fahrt um den Upper Lough Erne

Spitzenklöppeln

Bellanaleck

Im Urlaubsort Bellanaleck hat – wie in ganz Fermanagh – Klöppeln eine lange Tradition. Der **Sheelin Lace Shop & Museum** war eine Schatztruhe exquisiter Exponate aus der Zeit von 1850 bis 1920, musste nun aber schließen. Herrliche Spitzen, Leinen, Porzellanpuppen, Handtaschen, Hüte oder Schuhe sind aber weiterhin online zu erwerben (http://sheelinlace.com).

Herrenhaus mit Ur-Eiche

Florence Court

Am Fuß der Benaughlin- und Cuilcagh-Berge ist Florence Court ein besonders schönes **georgianisches Herrenhaus**. Es besticht auch mit feinem Rokoko-Stuck vor allem über der Treppe, der Sammlung Meissener Porzellans und mit Kupferstichen. Im Park steht die Original-Florence-Court-Eiche, von der die irische Eiche abstammen soll.

Park/Gärten: März - Okt. tgl. 10 - 18, sonst bis 16 Uhr Haus: April, Mai u. Sept./Okt. Sa. - Do. 11 - 17, Juni - Aug. tgl. 11 - 17, sonst nur Visitor Centre Sa., So. 11 - 17 Uhr | www.nationaltrust.org.uk/florence-court | Eintritt: 11,50 £, nur Gärten/Park 7 £

Höhlen und Megalithen

Marble Arch Caves

An der Nordflanke der Cuilcagh Mountains sind **Tropfsteinhöhlen** mit Seen und Wasserfällen auf 700 m zugänglich. Die Führung durch das Wunderwerk der Natur im **Global Geopark** startet mit einer unterirdischen Bootsfahrt vorbei an Stalaktiten und Stalagmiten. Am Ende warten 150 Stufen aufwärts. Den Geopark erschließen Rad- und Wanderwege, auch Kanufahren und Fischen ist möglich. Unumstrittener Höhepunkt ist die Landschaft des **Cavan Burren** mit über 100 archäologischen und historischen Fundstellen. Den Rundweg im Cavan Forest schafft man in 2 Stunden (8 km). Der Rundweg um den Lower Lough Erne ist 82,5 km lang und verlangt schon im Pkw 5 Stunden.

Visitor Centre/Café tgl. 10 - 17, Höhlenführung (60 Min.) tgl. 10 - 16.30, Virtual Reality Experience tgl. 10 - 14.30 Uhr https://marblearchcaves.co.uk | Eintritt: Centre frei, Führung 12 £, Virtual Reality Experience 5 £

Naturerlebnis mit Unterkunftsvielfalt

Crom Estate

Nach Überquerung des Upper Lough Erne bei Derrylin erstreckt sich südlich der **Crom Estate** (760 ha), ein Naturschutzgebiet mit Wald und Sumpf, in dem Irlands größte Reiherkolonie brütet. Im Crom Castle (privat, aber Luxusübernachtung im Westflügel) leben Lady und Lord Erne. Es locken **Wander-, Boots- und Radausflüge**; »Normal«-Unterkünfte gibt's in Cottages, auf dem Campingplatz und in vier einfachen, als »Unique Tourist Accomodation« ausgezeichneten »Pods« (55 £) – früher ein Zuhause für Schweine.

Gelände März - Okt. 10 - 18, sonst bis 16 Uhr, Visitor Centre April/Mai, Sept./Okt. tgl. 11 - 16, Juni - Aug. bis 17 Uhr | www.nationaltrust.org.uk/crom | Eintritt: 6,50 £

Inselschloss vom Feinsten

Auf der privaten Belle Isle locken im Belle Isle Castle von 1760 im Abercorn Wing und Hamilton Wing 13 großartige Hotelzimmer. Zudem wird die Übernachtung im Kutschenhaus, in Hofgebäuden und Cottages angeboten (Self Catering, http://belle-isle.com).

★★ GALWAY · GAILLIMH

Republik Irland | **Provinz:** Connacht | **Grafschaft:** Galway
Einwohner: 79 940

D7

Die gälische Begrüßung »Dia daoibh« heißt so etwas wie »Hallo«. Und das passt zu Galway, denn hier befindet sich das UNESCO-Weltarchiv der gälischen Sprache. Das hört sich alt an, aber die Stadt ist jung: Über die Hälfte der Bevölkerung ist unter 40 Jahre alt. Dazu gilt Galway als heimliche Metropole für Folk Musik. Mit dem Motto »Making Waves« und 39 Mio. € Budget sorgte Galway 2020/2021 als Kulturhauptstadt Europas für Furore. Das County Galway ist zudem seit 2018 Europäische Region der Gastronomie!

Tor zum Wild Atlantic Way

Als wichtigstes »Gateway« (Tor) zum Wild Atlantic Way und größte Stadt im irischen Westen ist die alte Universitätsstadt ein sehr beliebtes Ziel für Jung und Alt. Seit vielen Hundert Jahren hatten die »Tribes of Galway«, 14 reiche Kaufmannsfamilien mit anglonormannischen Wurzeln, die Hafenstadt regiert, in den 1230er-Jahren spülte die Normanneninvasion den neuen Herrscher Richard Mor de Burgh

an Land. Iren, deren Namen ein »O« oder »Mac« vorausging, durften fortan die Stadt nur mit Erlaubnis betreten – und blieben lieber in Claddagh. Ein berühmter Besucher, Kolumbus auf großer Fahrt nach Island, besuchte laut eigener Aufzeichnung im Jahr 1477 Galway, damals ein reicher Ex- und Importhafen, der mit Spanien und Frankreich handelte. Christopher soll 1485 im Werk »Imago Mundi« Folgendes notiert haben: »Männer aus Cathay (also China) kamen aus dem Westen hierher...« Höchst unwahrscheinlich: Kolumbus mag hier 1477 auf zwei Inuit aus Grönland getroffen sein. 500 Jahre nach der Amerika-»Entdeckung«, 1992, stiftete seine Geburtsstadt Genua das **Kolumbus-Denkmal** an Galways Spanish Arch Parade. Dieser ehemalige Fischmarkt wurde für die Festivitäten 2020 ebenso restauriert wie das Stadttor Spanish Arch (Spanischer Bogen).

Wohin in Galway?

Stolz auf die beiden Wildes

Bestes Beispiel für Galways integrative Kraft ist das **Wilde & Wilde-Bronzedenkmal** vor O'Flaherty's Pharmacy in der 43 William Street. Seit 2004 steht es im Zentrum der zwischen Quay Street und Eyre Square zur Fußgängerzone gewandelten Innenstadt. Die »Galwegians« sind stolz auf die auf einer Bank sitzenden Schriftsteller

★ Wilde & Wilde-Denkmal

Da möchte man nicht mehr weg: die Skeff Bar in Galways Skeffington Arms Hotel.

Oscar Wilde (1854 – 1900) und den Esten Eduard Wilde (eigentlich Vilde; 1865 – 1933). Denn diese beiden in innigem Gespräch vertieften Denker symbolisieren die Einheit EU-Europas. Dabei existiert das vom Esten Tiiu Kirsipuu geschaffene Werk zweimal: Als Original seit 1999 am äußersten Rand Osteuropas, im estnischen Tartu. Als Zweitguss seit 2004 hier, im äußersten Westen der EU. Vielleicht möchten auch Sie ein Selfie zwischen den beiden Geistesgrößen machen? Oscar wird häufiger abgelichtet. Doch auch Eduard, Begründer des estnischen Realismus und 1919/20 erster Botschafter der jungen Republik Estland in Berlin, war eine Koryphäe seiner Zeit – und beide waren das passende Emblem für »Galway Twenty-Twenty« und 2022 auch Symbol des Zusammenhalts in Europa!

Buntes Straßenleben!

Latin Quarter

William, Shop und High Street sind natürlich mit dem sich anschließenden Latin Quarter (Quay Street, Druid Lane; www.thelatinquarter.ie) die beliebtesten Treffs der an jeder Straßenecke musizierenden Irish Folk und Pop Bands und Irish Dance-Performer. Toptreff ist Naughton's Pub (irisch Tigh Neachtain; Cross St/Quay St). Das Haus besaß einst »Humanity Dick« Martin, der 1822 das erste Tierschutzgesetz durchsetzte. Daher auch der an der Hausecke hoch über den Gästen durch einen Feldstecher lugende Bronze-Hase (www.tighneachtain.com).

Shopping- und Whiskey-Paradies

Shoppen & Genießen

Natürlich lässt es sich in der Fußgängermeile vorzüglich einkaufen, etwa in dem großen Buchladen Dubray Books, in den angesagten Eisdielen Gino's und vor allem Murphy's oder dem Süßmäulertreff Butlers Chocolate Café. Alternativen sind das Café »Food for Thought« (5 Lower Abbeygate Street) und die unzähligen Pubs. Empfehlenswert sind »The Crane Bar« (2 Sea Road) berühmt für Nachtsessions, die Theken von Taaffes Bar und Kings Head (beide High St) oder Livemusik in Monroe`s Tavern (Dominick St). Kondition verlangt der **Whiskey Trail**: In elf Pubs stehen mindestens je 75 Whiskeys zur Auswahl! Zeit sollte auch für Galways ältestes Gebäude, die Hall of the Red Earl (Halla an Iarla Rua), an der Flood Street sein. Der »Tribe« der De-Burgo-Familie baute es 1271.

Legendärer Ring

Legend of the Claddagh Ring Museum

Das Museum zu Galways zweiter Topattraktion ist eine Bereicherung an der Fußgängerzone. Hier erlebt man hautnah jenes Drama um den Claddagh-Ring, das auf Richard Joycezurückgeht: 1675 verließ Joyce Galway Richtung Karibik, wurde von algerischen Piraten gefangen und in Tanger versklavt. Dort erlernte er die Goldschmiedekunst, wurde 1689 freigekauft, kehrte nach Galway zurück und schenkte seiner Braut Sarah Curran, die treu auf ihn gewartet hatte, jenen Ring. Seither sollen Duplikate dieses Schmuckstücks ewige Liebe

1 The g Hotel & Spa
2 Residence Hotel
3 Adare Guesthouse

1 Aniar Restaurant
2 The Seafood Bar@Kirwan's Lane
3 Mc Donagh's Seafood Bar

verheißen, und sogar Queen Victoria, John F. Kennedy, Grace Kelly oder Jim Morrison erstanden einen solchen Ring. Auch Goldschmied Thomas Dillon stellt seit 1970 authentische Goldringe her und zeigt im Hinterzimmer historische Fotos und älteste Claddagh-Ringe aus

GALWAY ERLEBEN

GALWAY TOURIST INFORMATION CENTRE

Spanish Parade (im City Museum), Tel. 01850 23 03 30
www.visitgalway.ie
www.galwaytourism.ie

GALWAY TFI BIKES

Der Radverleih (23 Stationen, 195 Räder) kostet für 4 Std. 6,50 € Anmeldegebühr: 3 € (Drei-Tage-Pass) plus 150 € Deposit
www.bikeshare.ie/galway.html

1 ANIAR RESTAURANT €€€€

»Aniar« bedeutet »aus dem Westen«! Und JP Mahon gilt als bester Koch der Westküste, führt hier eine Kochschule und empfiehlt das fantastische Tasting Menu (18 Gänge für 120 €, dazu passender Wein 75 €).
53 Lower Dominick Street
Tel. 091 53 59 47, nur abends
So. u. Mo. Ruhetage
www.aniarrestaurant.ie

2 THE SEAFOOD BAR@ KIRWAN'S LANE €€€

Eigner Mike O'Grady und Chefkoch Mark Hopkins empfehlen Austern aus der Galway Bay (ein Dutzend 30 €) oder die Dinner Set Menus (45 € bzw. 49,95 €). Natürlich gibt es auch Steaks.
Kirwan's Lane, Tel. 091 56 82 66, www.kirwanslane.ie, So. Ruhetag

3 MC DONAGH'S SEAFOOD BAR €€€

Top-Seafood, urig und preisgekrönt! Weltberühmt sind die Fish & Chips, beim Seafood sind Kabeljau, Lachs und Austern (6 für 12 €) die Renner.
22 Quay Street
Tel. 091 56 50 01, kein Ruhetag
www.mcdonaghs.net

1 THE G HOTEL & SPA €€€€

G wie Galways Number One! Design ist angesagt! Im stylishen Rest. Gigi's sorgen Head Chef Jason O'Neill und Andy Lewis für die beste Hotelküche der Stadt. Veganes Steak mit Austernpilzen, Broccoli und Sellerie (20,95 €) oder Chicken Supreme mit Spinat, Wildpilzen und Estragon-Crème (27,95 €) probieren. Der SPA (Mo. – Sa. 8 – 20 Uhr) fasziniert als abgedunkelte Thermal Suite (Rabatt für Hotelgäste). Anfahrt ab Eyre Square per Taxi.
1 Old Dublin Road
Tel. 087 0 63 21 89
www.theghotel.ie
101 DZ und Suiten

2 RESIDENCE HOTEL €€€

Im Herzen des Latin Quarter! Mit tgl. Livemusik, trendiger 1520 Bar und Restaurant (ab 20 Uhr). Tipp für Nachtschwärmer!
14 Quay Street,
Tel. 091 56 96 00, 20 DZ
www.theresidencehotel.ie

3 ADARE GUESTHOUSE €€€

Mit Patio und Biogarten! In zweiter Generation sorgt Familie Conroy für das Wohl der Gäste, dazu gehört auch ein großartiges Frühstück.
9 Father Griffin Place
Tel. 087 3 89 42 27, 11 DZ
https://adareguesthouse.ie

der Meisterschmiede von Nicholas Burge, Richard Joyce und George Robinson (17./18. Jh.).

Visitor Centre: 26 Shop Ecke Market und Mainguard Street Mo. – Sa. 9 – 18, So. 11 – 18 Uhr | http://claddaghlegend.com | Eintritt frei

Thomas Dillon's Claddagh Gold: 1 Quay Street | Mo. – Sa. 10 – 17, So. 12 – 17 Uhr | https://claddaghring.ie | Eintritt frei

Geschichte & Künste

Galway City Museum

Das Stadtmuseum zeigt auf drei Etagen in neun Ausstellungen die Lokalgeschichte, so auch die 1935 geschaffene, später zerstörte Statue des in Galway geborenen Autors Pádraic O`Conaire (1882 bis 1928). Moderne Kunst präsentiert das **Galway Arts Centre** auf 3000 m² Fläche. Das Kino **Pálás** (15 Lower Merchant's Road; www.palas.ie) steht für Galway als UNESCO-Hauptstadt des Films. Musik und Kunst vereint das **Galway Arts Festival** (Juli; www.giaf.ie).

City Museum: Spanish Parade | Di. – Sa. 10 – 17 Uhr www.galwaycitymuseum.ie | Eintritt frei

Arts Centre: 47 Dominick Street | Mo. – Sa. 10 – 13, 14 – 17 Uhr www.galwayartscentre.ie | Eintritt frei

Das grüne Zentrum

John F. Kennedy-Memorial Park

Seit 1710 ist der **Eyre Square** das Zentrum Galways, sein grüner Campus heißt seit 1965 – zwei Jahre nach der Visite des US-Präsidenten – John F. Kennedy-Memorial Park. Kennedy-Büste, das Denkmal für den Galway Hooker, Galways traditionsreiches Segelboot, und ein berühmtes »Fenster« schmücken ihn: Browne's Doorway war im 16. Jh. Zierde des Wohnpalasts der Browns, einer der Top-14-Familien, an der Abbeygate Street, verschwand 1916 im Depot und steht hier seit 2012 als Nachweis der Renaissance in Galway. Die Statue von Pádraic O'Conaire ist eine Kopie von 2005. Auf dem Platz findet Irlands größter Weihnachtsmarkt statt, hier öffnen Restaurants und Galways ältestes **Hotel The Hardiman** (www.thehardiman.ie).

Dunkle Geschichten um die Familie Lynch

★ Lynch's Castle

Das graue, mit Wappenschilden verzierte **Lynch's Castle** (16. Jh.) ist Sitz der 2010 vom Staat übernommenen Allied Irish Bank. Einst wohnten hier die Lynchs, eine der wichtigsten 14 Familien, die mehrere Stadtoberhäupter stellten. James Lynch, unbestechlich, rechtstreu und stur, trat 1493 im Mordprozess gegen seinen eigenen Sohn als Kläger und Richter auf. Der sollte – wohl aus Eifersucht – einen spanischen Kaufmann und Rivalen ins Jenseits befördert haben. Niemand wollte das Urteil vollstrecken. So wurde der Vater zum Henker seines Sohns. Seither gilt Galway als Geburtsort des Wortes »Lynchjustiz«, doch stammt dieses Wort ursprünglich aus den USA. Hinrichtungsort war wohl **Lynch's Window** in der Market Street.

James Joyces Ehefrau

Geburtshaus von Nora Barnacle

Schräg gegenüber wuchs im schmucklosen Häuschen in 8 Bowling Green Nora Barnacle, die Gattin von James Joyce, mit sechs Geschwistern bei der Mutter auf. Joyce war hier 1912. »Irlands kleinstes Museum« ist heute fast immer geschlossen. Zu mehr Toleranz mahnt Ecke Bowling Green/Market Street das berühmteste Poem des englischen Dichters und Joyce-Verehrers **Philip Larkin**: »The Mower«.

Nora Barnacle-Haus: Führung im Sommer n. V., Tel. 091 56 47 43

Kirche des heiligen Nikolaus

Collegiate Church of St Nicholas of Myra

Hinter Lynch's Window ist die ab 1320 erbaute Collegiate Church of St Nicholas of Myra im Innern prächtig restauriert. Zum prächtigen Außenschmuck gehören zwei steinere Meerjungfrauen, Drache, Affe und Löwe. Auffällig ist die Kirchturmuhr mit nur drei Zifferblättern. Die Turmnordseite blieb leer. In 14 Church Yard finden Sie Sheridans Cheesemongers, Irlands beste Käseladenkette (mit Weinbar).

Do. - Sa. 10 - 13, 14 - 17 Uhr | https://stnicholas.ie | Eintritt: Spende
https://sheridanscheesemongers.com

Flusspromenade und neues Szeneviertel

★ River Corrib und Westend

Von der Kathedrale führt seit 1818 die Salmon Weir Bridge über den River zur herrlichen **Uferpromenade** (Corrib River Walk) und weiter bis zur Wolf Tone Bridge, wo am anderen Ufer das **Fisheries Watchtower Museum** Fischereiutensilien zeigt. Es schließt sich das neue Szeneviertel **Westend** an, in dem das **Kai Restaurant** von Jess und Dave Murphy die Topadresse ist (22 Sea Road; www.kairestaurant.ie). Im Biergarten des **Carroll`s Pub**, 39 Lower Dominick Street, steht ein stillgelegter Doppeldeckerbus, in dem Pizza serviert wird (www.facebook.com/CarrollsonDominickStreet).

Museum: Wolf Tone Bridge | Mo., Sa. 11 - 15, Di. - Fr. 10 - 16 Uhr
Eintritt frei

Prächtige Kathedrale

St Nicolas' Cathedral

Die Kathedrale mit dem ausführlichen Namen »Cathedral of Our Lady Assumed into Heaven and St Nicholas« entstand auf der Flussinsel am Ort eines früheren Gefängnises. Der kostenpflichtige Tagesparkplatz ist ideal für Galway-Besucher. 1965 eingeweiht, beeindrucken im Innern vor allem Connemara-Marmor, Altarraum, Fensterrosette und Mosaiken der Seitenkapellen. Die Orgel baute 2007 der Ire Trevor Crow. Der Kathedralenchor tritt jeden So. um 11 Uhr zur Messe auf. Konzerte finden im Juli und August donnerstags um 20 Uhr statt.

Tgl. 8.30 - 18.30 Uhr | Eintritt: Spende | www.galwaycathedral.ie

Die alte Universität

Universität

Die 1845 eröffnete Universität erschließt der Cultural Campus Trail. Im historischen Quadrangle Building (tgl. 8 – 22 Uhr) sind das Geologiemuseum und die An Dánlann Kunstgalerie, im Ryan Building das Museum für Zoologie und Meeresbiologie.

Campus Trail: www.nuigalway.ie/universitytrail
Museen: Mo. - Fr. 10 - 16 Uhr | Eintritt frei

Auf zum Strand!

Strandhill

Der Bus 401 pendelt zwischen Eyre Square und Galways Strandcorso, der 2 km langen Promenade von Strandhill, an deren Ende man dem Ritual der Einheimischen folgen sollte: »Kick the wall!« An der Promenade zeigt das nationale **Aquarium** Atlantaquaria den Meeresreichtum. Im Splash Tank zum Unterwasserleben an Irlands Westküste schlägt alle 40 Sekunden eine künstliche Welle an.

Atlantaquaria: Mo. - Fr. 10 - 17, Sa., So. bis 18 Uhr | Fütterungen: 13, 15, 16 Uhr | Eintritt: 14 € | www.nationalaquarium.ie

Rund um Galway

Leben in einem echten Juwel

Oranmore Castle

In Oranmore kauften und restaurierten Churchills Cousine Lady Leslie und ihr Gatte, der Schriftsteller Sir Shane Leslie, das örtliche Castle. Die Tochter Anita Leslie und ihr Gatte, der Weltumsegler Bill King, bauten es wunderschön aus. Nun leben hier Enkelin Leonie King (Künstlerin) und ihr Mann, Alec Finn, Musiker der berühmten Irish Folk-Band De Dannan. Im »Monkey House« kann man übernachten. Das nahe **Clarinbridge** ist für vorzügliche Austern und Muscheln bekannt.

Oranmore Castle: nur Führungen 14.4. - 30.9. tgl. 10, 11, 12, 13 Uhr www.oranmorecastle.com | Eintritt: 6 €

Königliche Bankette

Dunguaire Castle

Dunguaire Castle, ein Turmhaus aus dem 17. Jh., in Kinvara ist nach Guair, König von Connaught, benannt. Zu Mittelalterbanketten mit vier Gängen, auch vegetarisch, gibt es Storytelling mit Musik.

April - Sept. tgl. 10 - 17, sonst bis 16 Uhr Bankette April - Okt. tgl. 17.30 - 19.45 Uhr Reservierung Pflicht | www.dunguairecastle.com Eintritt: 7,50 €, Bankett 63 €

Dorado für Gartenfreunde

Gärten

Vor Oughterard bietet **Brigit's Garden** vier wunderschöne Themengärten zur keltischen Kultur. Mit Gartencafé. Das prächtig restaurierte **Claregalway Castle** (15. Jh.) ist Heimstatt des Galway Garden Festivals und bietet Musik- und Kulturevents.

Brigit's Garden: Roscahill | April - Okt. tgl. 10 - 17.30, sonst bis 17 Uhr (Café nur Mi. - So.) | https://brigitsgarden.ie | Eintritt: April - Okt. 9,50 €, sonst 7,50 € | **Claregalway Castle**: Clargalway | Führungen Juni bis Sept. Do. - So. 12 - 16 Uhr www.claregalwaycastle.com Eintritt: 6 €

Lough Corrib, Lough Mask und Umgebung

Großer See mit archäologischen Schätzen

★ Lough Corrib

Der mit 176 km² größte See der Republik Irland ist durch den River Corrib mit dem Meer verbunden. Wegen seiner vielen abgeschiedenen Inseln und Buchten ist er ein echtes Anglerparadies – hier schwimmen Forellen, Hechte, Flussbarsche und Lachse. Auch an seinen Ufern sind Flora und Fauna – u. a. Falken, Otter, Fledermäuse – der größte Schatz. Jüngste Zählungen ergaben, dass sagenhafte 1327 Inseln in dem See liegen. Gerudert und gesegelt wurde hier übrigens schon vor 2500 Jahren: Seit 2007 wird der See unterwasserarchäologisch erforscht. 2014 sorgten eine Reihe bisher nicht geborgene **Bootsfunde** für Furore, darunter eine viktorianische »Pleasure Yacht« (Vergnügungsjacht). Alle Wrackfundstellen sind tabu! 4500 Jahre alt ist der 12 m lange, im Schlamm liegende **Annaghkeen-Einbaum**, in dem sogar die Sitze erhalten blieben. Zu Booten aus der Bronze- und Eisenzeit kam überraschend auch das **Carrowmoreknock-Boot** (11. Jh.) hinzu, in dem drei Wikingerkriegsäxte entdeckt wurden.

Trip auf die Insel Inchagoill

Inchagoill

Auf dem malerischen Eiland Inchagoill sind noch die St Paricks Church (5. Jh.) und die Allerheiligenkirche erhalten, die Mönche aus Cong 1180 bauten. Ein 75 cm hoher Obelisk mit der Inschrift »Lie

Rod Stewart, John Lennon, Brad Pitt – sie alle erlagen bereits dem Charme des Lough Corrib.

Luguaedon macci Menueh« (Stein des Luguaedon, Sohn der Menueh) gilt als Grabstein des Neffen und Steuermanns des Apostels. Ein Grab ist dem Erzbischof von Tuam, Muirgeas O'Nioc, gewidmet (gest. 1128). Auf die Insel gelangen Sie mit Booten von Corrib Cruises von Oughterard oder Cong aus.

Trips ab Cong: Bootsausflüge (Historic Cruises; 1 Std.) tgl. 11 Uhr ab Ashford Castle (25 €), 11.15 Uhr ab Lisloughrey Pier (20 €); Inseltouren (Island Cruises; 2 Std.; Inselaufenthalt: 40 Min.) Juni - Sept. tgl. 14.45 Uhr ab Ashford Castle (30 €), 15 Uhr ab Lisloughrey Pier (25 €) www.corribcruises.com | **Rundfahrt Oughterard - Inchagoill - Cong - Oughterard** (6 Std.): »Corrib Queen« Juli, Aug. Mi. - Mo. 12 - 18, Sept. Mi. und Sa. 12 - 18 Uhr Ticket: 28 €

Skurrilste Insel

Castelkirk

Die Insel Castelkirk (Caislean-na-Crice) zwischen Maam und Doon wird auch Hen's Island genannt. Der Legende nach heuerte der O'Flaherty-Clan eine Hexe an, um Hen's Castle (1118) zu bauen. Das soll ihr über Nacht mithilfe eines Hahns und einer Henne auch gelungen sein. Tatsächlich wohnte auf dieser Insel einst auch Irlands Piratenkönigin Gráinne Ní Mháille (Grace O'Malley), die im Jahr 1546 mit 16 Jahren Donal O'Flaherty geehelicht hatte. William Wilde, der Vater Oscar Wildes, schrieb 1867 alles in einem Buch über den See auf. Vom Anglerort Cornamona aus, den Wanderer wegen der Berge in Joyce's Country schätzen, ist Hen's Castle zu besuchen.

Das »Tor von Connemara«

Oughterard

Oughterard liegt am grünen Ufer des fischreichen **Owenriff River**, wo auch Bootsverleihe, Unterkünfte und Restaurants zu finden sind. 3 km westlich liegen die Blei- und Silberminen (19. Jh.) der **Glengowla Mines**, Irlands einzigem Schaubergwerk. Führungen starten alle 20 Min. Sehenswert sind auch die Quarzkristalle. 3,5 km von Oughterard steht **Aughnanure Castle** (1500). Das sechsstöckige Turmhaus mit einem Bankettsaal der O'Flahertys weist zwei typische Eckerker auf. Die beiden Höfe flankieren Rundtürme.

Glengowla Mines: Minenführung stdl. Mi. - So. 10 - 17 www.glen gownamines.ie | Eintritt: Mine 12,75 €
Aughnanure Castle: 23.3. - 13.11. tgl. 9.30 - 18 Uhr | Eintritt: 5 €

Am See entlang

Clonbur

Westlich Clonbur, auf der Landenge zwischen Lough Mask und Lough Corrib, haben Sie vom **Mount Gable** eine großartige Aussicht. Den großen Bogen um den Lough Mask fährt man am besten auf der Nebenstraße ab Clonbur zum Dorf Tuar Mhic Éadaigh (Toormakeady), vorbei am stimmungsvollen Bergsee Lough Nafooey, der je nach Wetter düster oder strahlend hell erscheint. Dann folgt man dem **Lough Mask Drive**.

Abtei mit Pilgerweg

★ Ballintubber Abbey

Die Abtei wurde 1216 vom König von Connacht nahe jener Stelle gegründet, an der der hl. Patrick schon 441 eine Kirche errichtet hatte. Am Chor der kreuzförmigen Kirche steht in einer Sakristei ein fein gearbeitetes Grabmal (Tumba). Hier beginnt der Pilgerweg (35 km) zu Irlands heiligem Berg Croagh Patrick. Pilger zieht es auch auf die vor 3000 Jahren erstmals besiedelte Church Island, die das Kloster 1992 übernahm.

Tgl. 9.30 – 21, Führungen Mo. – Fr. 9.30 – 17 Uhr, Sa., So. n. V.
www.ballintubberabbey.ie | Eintritt: Spende

Aufruf zum Boykott!

Lough Mask Estate

Ballinrobe am Robe River heißt auch »Anglerhauptstadt des Westens«. 10 km südlich gelangt man am Ostufer des Lough Mask zum Park des Lough Mask Estate. Nur durch einen schmalen Wasserarm vom Park getrennt liegt die Insel Inishmaine mit der Ruine eines kleinen Augustinerklosters (13. Jh). Auf Lough Mask Estate soll Captain Charles Cunningham **Boycott** (1832 – 1897) residiert haben. Er behandelte irische Pächter so schlecht, dass die Bevölkerung von einem Tag auf den anderen jeden Dienst versagte. Und so bekam diese Protestform ihren Namen.

Prächtige Arkaden

★ Ross Abbey

Das **Franziskanerkloster** heißt korrekt Ross Errilly Friary und war nie eine Abtei, da den Mönchen kein Abt vorstand (Eintritt frei). 1351 gegründet, blieb es bis 1753 im Besitz der Mönche. Was heute noch erhalten ist, z. B. der Turm und das zweischiffige südliche Querhaus, stammt aus dem 16. Jh. Nördlich vom Kreuzgang mit seinen herrlichen Arkaden liegt ein zweiter Innenhof, an dem sich eine Küche mit Behältnis für Fische, ein Mahlraum mit Backofen sowie das Refektorium mit Vorlesernischen befinden.

Ein Städtchen in den Schlagzeilen

Tuam

Das alte, bei Anglern beliebte Markt- und Bischofsstädtchen Tuam ist bis heute Sitz eines katholischen Erzbischofs und eines irisch-anglikanischen Bischofs. Die protestantische **St Mary's Cathedral** (19. Jh.) in der Galway Road, hat einen tonnengewölbten Chor mit schönen Skulpturen an Chorbogen und Ostfenster. Sehenswert ist im südlichen Seitenschiff der mit Ornamenten verzierte Schaft eines Hochkreuzes (12. Jh.).

Allerdings produzierte der Ort 2017 katastrophale Schlagzeilen, als auf dem Gelände des 1961 geschlossenen katholischen Bon Secours Mother and Baby Home viele Hundert Skelette von Babys und Kleinkindern entdeckt wurden. In dieser Einrichtung, wo die Kinder von ihren ledigen Müttern getrennt wurden, war eine Kindersterblichkeitsrate von über 50 % zu beklagen. Einige Überlebende hatte das

Heim wohl illegal in die USA zur Adoption vermittelt. Areal und Gedenkstätte **Tuam Children`s Burial Ground Memorial** liegen an 76 Dublin Road Estate, Farannabox, Tuam. Etwas nordöstlich liegt **Dunmore**, ein alter Ort mit den Ruinen einer Burg und einer Abtei. Von Tuam erreicht man die an einem See gelegenen Ruinen des einstigen **Zisterzienserklosters Knockmoy** (gegr. 1190). An der Nordwand des Chors befinden sich mittelalterliche Wandmalereien (um 1400), von denen schwarze Umrisse erhalten blieben. Dargestellt sind ein segnender Christus, das Martyrium des hl. Sebastian sowie die Drei Lebenden und die Drei Toten. Unter den Drei Toten steht: »Wir waren, wie du bist, du wirst sein, wie wir sind.«

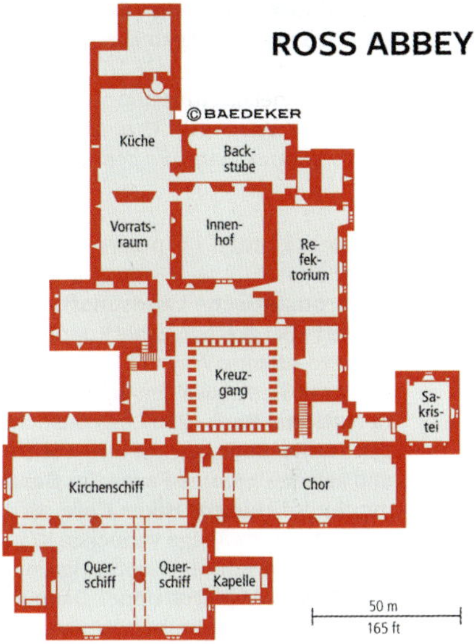

Irisches Hollywood

★ Cong

John Wayne und Irlands bedeutendste Schauspielerin Maureen O'Hara waren 1951 in Cong zu Dreharbeiten für den Hollywood-Film »Der Sieger« (»The Quiet Man«), der 1952 den Oscar erhielt.

Das **Quiet Man Heritage Cottage** in der Abbey Street stellt John Fords Filmset nach und zeigt den Film. Ab dem Cottage starten Touren auf den Spuren der großen Schauspielerin, u.a. zur **Statue** für die beiden Stars. Ein Großteil der Dreharbeiten fand im und am **Ashford Castle** statt. Das Haus mit dem spektakulären neogotischen Hauptbau (19. Jh.) ist heute ein Hotel mit wunderbarem Spa und Gärten und war 2016 das beste Hotel der Welt (www.ashfordcastle.com)! Spektakulär sind die Halk Walks, Vorführungen mit Falknern der hiesigen Falknerschule.

Im **Augustinerkloster Cong Abbey** (12. Jh.) lebte Rody O'Conor, letzter irischer Hochkönig, bis zum Tode 15 Jahre in Abgeschiedenheit. Das kunstvoll skulptierte Portal und Kapitelle des Kreuzganges (Anfang 13. Jh.) sind typische irische Romanik. In der restaurierten Fischerhütte (Monk's Fishing House) am Fluss konnten Mönche bequem durch eine Bodenöffnung angeln. Von hier stammt das wert-

volle **Kreuz von Cong** (Cong Cross), das König Turlough O'Conor um 1123 in Auftrag gab (heute ▶ National Museum Dublin, S. 217).
Heritage Cottage: 14.4. – 30.9. tgl. 10 – 16 Uhr, Film Location Walking Tours ab Museum 14.4. – 31.5. und 1.9. - 23.10. tgl. 12, 1.6. – 31.8. tgl. 11, 12, 13 u. 14 Uhr
www.quietmanmuseum.com | Eintritt frei, Walking Tour 15 €

Connemara · Conamara

★ Connemara National Park

Herbromantische Landschaft
Schroffe Bergketten, kahle Kuppen, dunkle Talseen und die Bay Coast am Wild Atlantic Way mit Fels- und Sandstränden: Connemara überzeugt mit seiner »wilden Schönheit« (Oscar Wilde). Der **Connemara National Park** (2957 ha) besticht mit den faszinierenden Hügeln der Twelve Bens bzw. »Pins« (Stifte), scharf akzentuierten Gipfeln und seiner Flora und Fauna. Im **Besucherzentrum** nahe Letterfrack mit gutem **Hungry Hiker Café** wird alles anhand 3-D-Modellen erklärt. Markierte Wege verlocken Wanderer zu kleineren Touren, aber auch zu Tagestouren. Großartig sind die Rundwege am Diamond Hill (400 m ü. d. M.): Der Upper Diamond Hill Walk (3,7 km) führt zum Gipfel mit atemberaubender Aussicht. Go Wild! Michelle Casey und Henry Wilkinson bieten Zweitages-Camping-Wandertouren – unvergesslich ist der Sternenhimmel in der Nacht.
Vom Maritime Centre am Letterfrack Pier starten Hochseeangler auf den Atlantik. Hier legt auch Irlands einziges **Glasbodenboot** zu Ausflügen in die Letterfrack Bay ab.
Park frei zugänglich | **Besucherzentrum** März – Okt. tgl. 9 – 17.30, sonst 8.30 – 17, Café tgl. 10 – 17 Uhr | www.connemaranationalpark.com | Eintritt frei | Tagestouren: Sa., So. www.wildfullstop.com Ticket: 65 € | **Glasbooden-Boot**: : Letterfrack Pier am Avoca Shop Tel. 087 6 46 11 89 | 24.5. – 15.9. tgl. 14.30 und 16.30 Uhr, Juli/Aug. www.connemara.net/glass-bottomed-boat-tours

★★ Kylemore Abbey

Schlösschen der Benediktinerinnen
Über die N 59 geht es zu den herrlichen Seen bei **Kylemore**. Überwältigend schön ist die Rhododendron- und Fuchsienblüte rund um die schlossartige Kylemore Abbey. Der Industrielle Mitchell Henry (1826–1910) und seine Braut Margaret entdeckten Kylemore, damals eine Jagdhütte am See, auf ihrer Hochzeitsreise durch Connemara. Henry erwarb das Land (6075 ha), baute seiner Margaret 1867 ein Schloss und ließ den viktorianischen **Walled Garden** anlegen. Wie zu Queen Victorias Zeiten wachsen hier nur Pflanzen, die schon vor 1901 existierten. Die Henrys bewirtschafteten das Anwesen mit 125 Pächtern. Doch auf der gemeinsamen Ägyptenreise 1874 verstarb Margaret – zum Gedenken wurde ihr 1877 die neogotische Kir-

Türmchen, Zinnen, Giebel und Natur: Kylemore Abbey ist Romantik pur.

che erbaut, in der seit 2003 über dem Altar die bronzene **Christusfigur** von Rowan Fergus Aufmerksamkeit auf sich zieht. Hinter der Kirche ist Margerets schlichtes Mausoleum, 50 m weiter steht an der alten Gutszufahrt ein Wunschstein, vor dem eine Skulptur (fünf Finger) wie aus der Unterwelt zugreift.
Edward VII. wollte Kylemore 1903 erwerben, doch bei dem Preis (40000 £) und hohen laufenden Kosten seufzte er: »Too expensive for a king« (»Zu teuer für einen König«)! Schließlich kam 1920 Kylemore unter den Hammer: Der Orden der Benediktinerinnen kaufte es, baute alles zur Abtei um und errichtete das bis 2010 funktionierende Schulinternat. Herrlich sind die 2017 restaurierten **Schlosssäle** mit wunderbaren Leitern an den Bücherwänden. Auch die der Lourdes-Madonna abgeschaute **Grotte** ist ein Blickfang. Im **Besu-**

CONNEMARA ERLEBEN

MITCHELL'S RESTAURANT €€€
In diesem Sterneküche-Seafood-Restaurant bieten Kay und JJ Mitchell auf zwei Etagen (75 Plätze) »cosy« Atmosphäre. Special Value Menu (34,95 €), Seafood Chowder, Ziegenkäse-Spinattorte oder Fish Pie ordern! Achtung: große Portionen! Top ist die Buttermilch-Pannacotta mit Rhabarber. Guinness passt zu Fisch. Doch die Weinkarte ist besser!
Clifden, Market Street, Tel. 09 5218 67, nur März – Okt. kein Ruhetag, www.mitchellsrestaurantclifden.com

DELPHI RESORT €€€€
Im Viersterne-Delphi Resort mit günstigem B & B Wild Atlantic Hostel zaubert Koch Stefan Metz fünfgängige Gourmetfeste.
Leenane, Tel. 09 54 22 08, www.delphiadventureresort.com

ROSLEAGUE MANOR €€€€
In diesem edlen Landhaus aus dem 19. Jh. machten schon Alt-Bundespräsident Richard von Weizsäcker und seine Gattin Marianne begeistert und ungestört Urlaub. Heute begrüßt hier Mark Foyle seine Gäste.
Letterfrack, Tel. 095 4 11 01
www.rosleague.com

THE QUAY HOUSE B & B €€€€–€€€
Austern vom Chef! Im Hafenmeisterhaus (1820) am Kai serviert Paddy Foyle die gegrillten Austern »Rockefeller« persönlich. Sein mit Gattin Julia geführtes B & B wurde mehrfach zum besten in Irland gekürt! Draußen wachen die Möpse Banjo und Blossom, drinnen beeindrucken Antiquitäten und Themenzimmer wie der »Safari Room«.
Clifden, Beach Road
Tel. 09 52 13 69, 13 DZ
https://thequayhouse.com

ROUNDSTONE HOUSE HOTEL €€
Familiäres Boutique-Hotel! Maureen, Siobhan und Diarmuid Vaughan bieten Atmosphäre in Vaughan's Bar (Bar Food bis 19 Uhr) und Restaurant (ab 19.30 Uhr; Meeresfrüchte!)
Roundstone, Tel. 09 53 58 64
12 DZ, www.roundstonehousehotel.com

cherzentrum mit Restaurant werden Kylemore Cream (Likör), hausgemachte Kylemore-Schokolade, Backwaren und mehr verkauft. Ein Shuttle-Bus fährt hinauf zu den Gärten.

Tgl. 9 – 18 Uhr Führungen | www.kylemoreabbey.com | Eintritt: 15 €

Vom Hummerdorf auf die Insel

Cleggan & Inishbofin

Westlich schließt sich das vom Hummerfang lebende Fischerdorf Cleggan mit dem Panoramapunkt Clegan Hill und den Ruinen eines Wachtturms an. Fährschiffe fahren von hier auf die Insel **Inishbofin** (180 Einw.), über deren Hafen ein sternförmiges Fort (17. Jh.) liegt. Die Geschichte der im 7. Jh. von Mönchen besiedelten Insel präsentiert das **Heritage Museum** auch anhand 200 historischer Fotografien. Lohnend sind die **Rundwanderwege** (looped walks) zu Klippen, Sand- und Korallenstränden wie Dumhach Beach, Küstenbefestigungen und Resten einer Kaserne aus der Zeit Cromwells. Dort saßen mal Priester und Mönche ein. Perfekt ist dann ein maritimes Festessen, z. B. im Beach Day's Bar & Restaurant mit B & B (http://thebeach.ie).

Heritage Museum: Im Community Centre, Old Pier | Mo. – Do. 9 – 23, Fr. 9 – 17, Sa., So. 12 – 16 Uhr | www.inishbofin.com | Eintritt frei
Fähre: Tel. 095 3 72 28 | tgl. ab Cleggan 11.30, 14, 18.45, ab Inishbofin 8.15, 13, 17 Uhr | https://inishbofinferry.ie | Retourticket 25 €

Am großen Fjord

Killary Harbour

Nördlich des Nationalparks macht Killary dem Namen Connemara (»Einbuchtungen der See«) alle Ehre! Hier erstreckt sich Irlands einziger, 16 km langer Fjord. Killary Harbour war Stützpunkt der britischen Flotte. Die **Killary Sheep Farm** bietet Schäferhundvorführungen, Schafsschur, Torfstechen und Lammfütterung mit Fläschchen.

Sheep Farm: April – Sept. Di. – So. 11, 13, 15 Uhr
https://killarysheepfarm.com | Eintritt: 12 €

Wildes Felsental

Delphi

Das beeindruckende Felsental von Delphi verdankt seinen Namen dem Grafen von Sligo, der sein Feriendomizil Delphi Lodge taufte. Als gediegenes Hotel (auch Cottages!) in deutschem Besitz ist es allererste Adresse für Lachsangler und Genießer: Pascal Marinot verwöhnt mit irisch-französischer Küche (https://delphilodge.ie).

Auf den Spuren von Wolle und Schaf

Leenane

Das Dörfchen Leenane (50 Einw.) ist besonders bei Outdoorfreunden beliebt. Wer vom Co. Mayo anreist, wird am Ortseingang mit dem Schild »First Pub in Connemara« und einem Original-Planwagen am Straßenrand begrüßt, den einst Irlands fahrende Tinker (Kesselflicker) nutzten. Da stoppt man gern an der An Carraig Bar mit warmer Küche und original irischen Trommeln mit Emblemen zum Osteraufstand 1916. Sonntagabends kommen Fischer und Schäfer zu Livemusik hierher. Kathleen O'Tooles **Sheep and Wool Centre** mit Laden und Café (Marmelade, Chutneys) bringt Ihnen die historische Wollverarbeitung näher.

Sheep and Wool Centre: Webkunstvorführung (45 Min.) März – Okt. Mo.– Fr. stdl. 10 – 16 Uhr | www.sheepandwoolcentre.com | Eintritt: 9 €

Süd-Connemara per Rad

Connemara Greenway

Radwanderern erschließt der **Connemara Greenway** (76 km) zwischen Clifden und Galway den Süden von Connemara (https://connemaragreenway.wordpress.com). Stopps sind in Clifden, Recess, Oughterard, Rosscahill, Moycullen und Galway.

Treffpunkt der Aussteiger

Clifden

Beliebter Treff im pulsierenden Clifden (1600 Einw.) ist der **Millenniumsplatz** mit Obelisk. Vor Bars, Restaurants und Pubs wie dem E. J. Kings genießt man Frischgezapftes in der Abendsonne, erhält am Tresen frisch gepresste Folkmusik-CDs und bucht Pilates-Kurse. Clifden ist ein Aussteigerzentrum. Dafür sorgte ab 1812 John D'Arcy, der Clifden gründete und mit Familie an die Clifden Bay zog – viele folgten ihm nach. 1818 baute er Clifden Castle. Im August zieht die **Connemara Pony Show** viele Besucher an (https://cpbs.ie). Trekkingtouren mit dem Pony werden dagegen das ganze Jahr über angeboten. Weitere Vierbeiner, deren Vorfahren wohl nach dem Scheitern der spanischen Armada 1588 hier landeten, grasen an der **Sky Road**, Clifdens größter Attraktion. Noch 150 Tiere sollen frei in Connemara leben. Vielleicht wird die Sky Road etwas überschätzt, doch die Aussicht vom **View Point** am Wild Atlantic Way, 2 km von Clifden, ist grandios! 6 km von Clifden lädt die Walsh-Familie zur Zeitreise ins **Connemara Heritage Centre** (mit Restaurant und Kunsthandwerksladen). Dan O'Hara's Homestead ist ein strohgedecktes Cottage, in dem die Geschichte des Besitzers erzählt wird, der in den 1840er-Jahren auswanderte. Innen lodert ein Torffeuer, ringsum grasen Schafe, Esel und Ponys.

Pony-Reiten: Errislannan Manor Riding Centre | Tel. 095 211 34 Mo. – Fr. stdl. Touren; **Strandreiten**: The Point Pony Trekking, Ballyconneely www.thepointponytrekkingcentre.com | 1 Std. 50 €, 2 Std. 90 €
Heritage Centre: Lettershea März – Nov. tgl. 10 – 18 Uhr
www.connemaraheritage.com | Eintritt: 8,50 €

Frühe Funksignale und erster Flug über den Atlantik

Derrygimlagh

Am Weg Richtung Süden nach Roundstone ist ein weiterer WAW-Signature Point. Ein Rundweg führt zum **Marconi Memorial** und der im Bürgerkrieg 1922 zerstörten **transatlantischen Sendestation** des italienischen Funk-Pioniers. Noch ein historisches Highlight: Am 15.6.1919 endete hier die erste Flug-Nonstop-Atlantiküberquerung von John Alcock und Arthur Whitten Brown mit einer Bruchlandung im Moor. Ihr Doppeldecker wurde zerstört, doch die beiden blieben unversehrt und ließen sich standesgemäß im Rolls Royce abholen.

Leckeren Räucherfisch kosten

Ballyconneely Bay

An der Ballyconneely Bay lohnen Bunnowen Castle (Ruine) und der weiße Strand Trá Mhóir. Unbedingt für **Räucherfisch** am Connemara Smoke House stoppen.

Räucherfisch: Bunnowen Pier | Mo. – Fr. 9 – 13, 14 – 17 Uhr | auch Online-Verkauf | www.smokehouse.ie

Strände & traditionelle Instrumente

Roundstone

Vor der Haustür des malerischen, Anfang des 19. Jh.s von schottischen Fischern gegründeten Roundstone (210 Einw.) liegen zwei fantastische Strände: **Gurteen Beach**, wo 1992 der Film »Into the West« gedreht wurde, und **Horseshoe Beach**, ein Sandstrand mit hohen Dünen. In diesem Künstlerdörfchen ist Malachy Kearns einer der letzten traditionellen **Trommel- und Instrumentenbauer** Irlands. An der Klosterruine bieten Kearns Musical & Craft Shop mit Café sowie Töpferei mit Schmuckladen nebenan auch Flöten und Geigen an.

Instrumente: Sommer tgl. 9.15 – 19.30, sonst 10.15 – 18 Uhr
http://bodhran.com | Töpfern, Kunst: http://roundstonevillage.ie

Streitbar für Mensch und Tier

Ballynahinch Lough

Am Südufer des herrlichen Ballynahinch Lough steht das gleichnamige Schlosshotel (www.ballynahinch-castle.com). Die Familie Martin baute es im 18. Jh., gab aber während der Hungersnot 1845 – 1850 einen Großteil des Besitzes ab, um den Armen zu helfen. Legendär wurde Richard »Humanity Dick« Martin. Der Parlamentarier trat für die katholische Emanzipation ein, duellierte sich gern, war 1800 größter irischer Landbesitzer und plädierte 1822 für die Rechte von Tieren. Hübsche Wollwaren, Souvenirs und eine Tankstelle finden Sie im nahen Ort Recess in Joyce's Craft Shop & Art Gallery. Am Parkplatz bringt das Berühren der Statue des mythischen »Connemara Giant« Glück. Dahinter meldet eine Stele: »An diesem Ort geschah 1897 nichts!«

Weißer Sand, der flach zum Meer hin abfällt – Ballyconneely Bay hat etwas von Südseeparadies!

Tour zu Schäferhunden, Künstlern …

Fahrt über Maam Cross

Über Maam Cross mit seinem großem Hotel geht es in Shanafaraghaun zu einer Farm mit Namen **Joyce's Country**, wo Joe und Mary-Ann Joyce Schäferhundvorführungen anbieten. An der Galway Bay lohnt der Besuch der zehn Künstler im **Spiddal Craft Village**. Leckere Fishcakes, Chowders und Brownies hat dort das Builí Blasta Café (www.spiddalcrafts.com). **Carraroe** ist berühmt für die hier gefertigten traditionellen Galway Hookers. Im August findet den Booten zu Ehren das maritime Fest Féile an Dóilín statt. Nahe Rosmuc liegt das **Pearse's Cottage**, ehemals Sommersitz von Patrick Pearse, Anführer des Osteraufstands im Jahr 1916. Das neue **Visitor Centre** informiert zu Kultur und Sprache in Connemara.

Joyce's Country: März – Sept. Mo. – Sa. 11, 13, 15.30 Uhr
Eintritt: 10 € | www.joycecountrysheepdogs.ie
Pearse's Cottage: Mitte März – Okt. tgl. 9.45 – 18, sonst bis 16 Uhr
www.icpconamara.ie | Eintritt: 5 €

GRAND CANAL & ROYAL CANAL

Auskunft: www.iwai.ie/grand-canal
www.waterwaysireland.org/places-to-go/grand-canal

Mit Shannon und Shannon Erne Waterway bilden die zwei Schwesterkanäle heute das größte Hausbootrevier Europas mit über 800 km Wasserwegen. Freizeitskipper, Angler, Wanderer und Radler schätzen das von Waterways Ireland (IWAI) gemanagte Erholungsgebiet. Die IWAI hält Tourenkarten und -bücher bereit.

Gemütlich Boot fahren

Der 132 km lange **Grand Canal** mit 44 Schleusen und Treidelpfad für Wanderer verbindet Dublins Grand Canal Dock am River Liffey mit Shannon Harbour und dem Shannon (► S. 117). Schon 1715 angedacht, wurde der Kanal 1757 bis 1804 realisiert. Kommerzielle Schleppkähne fuhren darauf bis 1960, heute ist es ein beliebtes Revier der Hobby-Kapitäne. Das schwerste Unglück ereignete sich übrigens 1792, als ein überladenes Passagierschiff von Dublin nach Athy an Schleuse 8 kenterte und 11 der 150 Passagiere, viele betrunken, ertranken. Der 145 km lange **Royal Canal** mit seinen 46 Schleusen verläuft nördlich des Grand Canal von Dublins Spencer Dock bis Cloondara und verbindet die Dublin Bay mit dem River Shannon. Geplant wurde es schon ab 1755 und dann von 1790 bis 1817 fertiggestellt.

Zudem wurden eine Reihe Stichkanäle zu nahen Städten angelegt. Lange kostete die Passagierfahrt auf dem Kanal weniger als in der Kutsche. 1961 allerdings wurde die kommerzielle Nutzung eingestellt.

Wohin an den Kanälen?

Schiff Ahoi!

Auf dem Grand Canal

Seitdem der Kanal nicht mehr für die kommerzielle Schifffahrt genutzt wird, tummeln sich begeisterte Freizeitkapitäne auf dieser Wasserstraße. Achtung, einige Regeln sind einzuhalten! Für den Tourismus gelten folgende Bootsdimensionen: 18,5 m Länge, 3,9 m Breite, 1,2 m Tiefgang. Der Tiefgang in Dublin beträgt 1 m. Die Höhe über Wasser (Headroom) darf 2,60 m und unter Bogenbrücken 2,40 m nicht überschreiten. Die zulässige Höchstgeschwindigkeit beträgt 5 km/h. Es wird rechts gefahren, links überholt, die Schleusenöffnungszeiten müssen beachtet werden. Boote und auch Kajaks werden an etlichen Orten verliehen.

Dorado für Radfahrer, Angler und Wanderer

Aktiv in der Natur

Großes Potenzial besitzt der Royal Canal dank des Fernradwanderwegs **Royal Canal Way** (3 – 5 Tage; www.waterwaysireland.org/greenways/royal-canal). **Europas Radroute des Jahres 2022** verläuft von Dublins Sheriff Street Upper über Ashtown (Co. Dublin) bis Cloondara (Co. Longford). Bei Mullingar ist der Radweg mit dem Westmeath Way verknüpft und wird Teil der EuroVelo 2-Route von Galway nach Dublin sein, die über London und Berlin bis nach Moskau führt. Ein weiterer, 8,5 km langer **Radweg** verbindet Schleuse 3 bei Inchicore mit Schleuse 12 in Lucan. Petri-Jünger hoffen im Royal Canal auf Brassen, Rotaugen, Rotfedern, Schleien und Forellen. Radler und Wanderer folgen den alten Treidelpfaden des **Grand Canal Way** (117 km, 5 Tage; www.waterwaysireland.org/places-to-go/grand-canal/cycling) von der Lucan Bridge bei Adamstown bis Shannon Harbour.

Auf dem königlichen Kanal

Royal Canal

Seit 2010 wird auch der Royal Canal touristisch erschlossen. Zugänge sind nahe Leixlip, in Maynooth, Enfield, Thoamstown, Mullingar, Ballina Bridge und Ballynacargy. Boote dürfen 22,9 m lang und 4 m breit sein und einen Tiefgang von 1,2 m haben. Die max. Überwasserhöhe ist 3,05 m. Schleusen- und Zugbrückenwärter sowie Kanalpatrouillen (Water patrollers) kontrollieren. An Schleuse 13 (Deey Bridge zwischen Leixlip und Maynooth) soll es spuken! Berühmt ist Dominic Behans Ballade »The Auld Triangle«, die er für das Theaterstück »The Quare Fellow« seines Bruders Brendan Behan verfasste. Die Dubliners machten den auch als »The Banks of the Royal Canal« bekannten Song berühmt. Am Kanalufer an der Binn's Bridge in **Drumcondra** erinnert ein Denkmal an **Brendan Behan** und die Zeilen »And the auld triangle went jingle jangle, all along the banks of the Royal Canal«. Tatsächlich ertönte das »Jingle-Jangle der alten Triangel« als Häftlingsweckruf in Dublins Mountjoy Prison. In Irlands größter Strafanstalt, Spitzname »The Joy«, saß auch Brendan Behan kurz ein.

★★ KILDARE · CILL DARA

Republik Irland | **Provinz:** Leinster | **Grafschaft:** Kildare
Einwohner: 8630 | **Auskunft: https://de.intokildare.ie**
www.kildare.ie/tourism

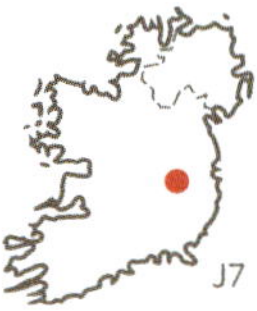
J7

Irlands Nationalheilige St Brigida, die von 453 bis 521 lebte, gründete in Kildare ihr berühmtes Doppelkloster für Mönche und Nonnen: Es war eine große Besonderheit, dass ein Abt und eine Äbtissin gemeinsam ein Kloster führten.

Star-Pferde

Die größte Attraktion in der Hauptstadt des »Thoroughbred County« (»Vollblutgrafschaft«) ist sicherlich Irlands Gral des Reitsports, der Irish National Stud. Aber auch das Designer Outlet Shooping Centre Kildare Village genießt heute einige Berühmtheit. In Athy können Sie sich u. a. ein genaueres Bild vom Südpolarforscher Sir Ernest Shackleton und seinem Schiff »Endurance« machen und von Carlow aus beispielsweise über den Garden Trail die grünen Oasen der Umgebung erkunden.

Wohin in Kildare und Umgebung?

Im Gedenken an die Heilige

St Brigid's Cathedral

Ruhmreiches Wahrzeichen der Stadt ist die mehrfach restaurierte St Brigid's Cathedral (1223), wo im April 2012 sogar der **Dalai Lama** meditierte. Im Inneren ist das Grab von Fitzgerald of Lackagh (gest. 1575) beachtenswert. An der Nordseite der Kathedrale sind die Fundamente eines uralten Feuertempels erhalten. Allerdings erlosch im 16. Jh. das ewige Feuer, das die Nonnen zum Gedenken an die Klostergründerin unterhielten. Am 1. Februar 2006, dem St Brigid's Day, enthüllte Präsidentin Mary McAleese auf dem Marktplatz das **St Brigid's Flame Monument**. St Brigid's Flame flackert auch im Solas Bhride Spiritual Centre in der Tully Road, das übrigens drei runde

Ein Abstecher nach Japan gefällig? In den Japanese Gardens folgt man dem »Weg des Lebens«.

»Einsiedler«-Apartments (Hermitages) für Übernachtungen bietet. Ab dem **Kildare Heritage Centre** mit Tourismusinformation im Market House (18. Jh.) startet der Heritage Trail.
Am südlichen Stadtrand Kildares passiert man in Tully linkerhand die Ruine der **Black Abbey**, rechterhand führt der Weg zur **St Brigid's Well** (Quelle) mit der lebensgroßen, von Anette MacCormack gefertigten **Bronzeskulptur** der Heiligen.
Kathedrale: www.stbrigidscathedral.com | **Solas Bhride Centre:** Mo. – Fr. 10 – 17 Uhr | Eintritt frei | www.solasbhride.ie
Heritage Centre: Mo. – Sa. 9.30 – 13, 14 – 17 Uhr
https://kildareheritage.com | Eintritt frei

Schnelle Pferde und einzigartige Gärten

★★ Irish National Stud & Japanese Gardens

2011 besuchte die Queen das **Irish National Stud** in Tully, aus dem fünf ihrer Siegerpferde stammen. Seit 2021 kann man im irischen Nationalgestüt »Lebende Legenden« des Reitrennsports wie Hurricane Fly oder Kicking King in der **AV-Show Irish Race Horse Experience** im Neubau an einer Koppel erleben. Ab Visitor Centre mit **Japanese Garden Restaurant** (tgl. 10 – 15.30 Uhr) sind auch die Pferde selbst zu besuchen. Das Gestüt erwarb der exzentrische Schotte William Hall-Walker 1900. Er züchtete und paarte die Tiere nach ihren Sternzeichen, jedes Fohlen erhielt ein Horoskop. 1915 vermachte er alles der britischen Krone, 1943 ging das Gestüt an Irland. 1906 – 1910 ließ Hall-Walker die **Japanese Gardens** von Tassa Eida und seinem Sohn Minoru in Form eines »Wegs des Lebens« anlegen. Er führt in 20 Stationen von der Wiege bis zum »Tor der Ewigkeit«. Am Weg zum 1999 angelegten St Fiachra's Garden steht das Bronzedenkmal für Visionär Hall-Walker. Im Garten des irischen Heiligen für den Gartenbau, St Fiachra, stehen Mönchszellen in Form von Bienenkorbhütten und die Bronzestatue des Heiligen auf einer Teichinsel. Nahebei liegt die berühmte **Pferderennbahn** The Curragh. Irlands zweiter Japanischer Garten öffnet in Tramore (s. S. 394).

tgl. 10 – 18, Nov./Dez. bis 16 Uhr; Führung (45 Min.) Hochsaison tgl. 10.30, 12, 13, 14, 15 u. 16, sonst 10.30, 12, 14, 16, Stud nur 11, 14 Uhr
https://irishnationalstud.ie | Eintritt: 14 €, Horse Experience 5 €

Athy und Umgebung

Wichtige Furt

Historische Bauten

Dort, wo im schönen Athy der träge fließende Barrow und der Grand Canal aufeinandertreffen, signalisiert ein wuchtiger Turm (15. Jh.) durstigen Hausboot-Kapitänen das Etappenende. An dieser Furt des River Barrow beginnt auch die Geschichte der Stadt: Hier fand im 2. Jh. ein keltischer Häuptling namens »Ae« den Tod, was zum Stadtnamen führte. Das markante **Whites Castle**, ein massiges Rechteck mit Ecktürmen, wurde 1417 erbaut, ebenso wie die erste Stadtbrücke, die dann aber Kanonenkugeln zum Opfer fiel. Die heutige Brücke von 1796 trägt den ungewöhnlichen Namen **Crom-a-Boo**: Das war der Kriegsruf der Desmond-Leute, ein Earl of Desmond war um 1420 englischer Statthalter.

Polarheld für die Ewigkeit ...

Shackleton Museum Athy

Im alten Rathaus zeigt ein Museum (mit Tourismusinformation) alles zum Südpolarforscher **Sir Ernest Shackleton** (1874–1922), der im Kilkea House bei Athy das Licht der Welt erblickte und durch das Scheitern und die Rettung der Mannschaft der Expedition 1914–1916 weltberühmt wurde. Ein Modell des Schiffs **»Endurance«** ist ebenso zu sehen wie Originalschlitten und -gurte sowie Fotos der anglo-irischen Familie mit Hang zum Quäkertum. Jährlich Ende Oktober ist die Shackleton Autumn School ein Forum für Polarenthusiasten. Ein anderer Museumsbereich widmet sich dem Motorsportfan und Besitzer des »New York Herald«, Gordon Bennett, der 1903 das erste Autorennen auf den britischen Inseln veranstaltete. Heute kann jeder die beiden Schleifen der Rennstrecke (insg. 148 km) auf der Gordon

KILDARE, ATHY, CARLOW ERLEBEN

KILDARE TOURIST INFORMATION OFFICE
Market House, Market Square
Tel. 045 53 06 72
https://kildareheritage.com

TEACH DOLMAIN PUB & RESTAURANT €€€–€€
Typisch irisch. Jakobsmuscheln mit Black Pudding ordern! Jeden Do. abends Irish Music mit Tanz, Fr. – So. auch DJs und Bands.
Carlow, 76 Tullow Street, kein Ruhetag, Tel. 059 913 09 11

O'BRIEN'S GROCERY & BAR €€–€
Auch »Frankie's« genannt, öffnet hier einer der besten irischen Pubs. Auf zum Pint!
Athy, Emily Square, Tel. 05 98 63 14 80, www.obriensbar.com

SEVEN OAKS HOTEL €€€€–€€€
Älteres Hotel mit schönen, großen Zimmern. Annehmbares Preis-Leistungsverhältnis mit irischer Gastfreundschaft. Mit Oaks Bar und intimer Atmosphäre im T. D. Molloys Restaurant. Aerobidc und Pool (20 m) im Leisure Club.
Carlow, Athy Road, Tel. 05 99 13 13 08, 89 DZ, 5 Suiten
www.sevenoakshotel.com

CLANARD COURT HOTEL €€€
Mindestens 30 m² große Zimmer, dazu Top-Küche von Head Chef Mark Phelan und Team in Bailey's Bar & Bistro (Early Bird Menu: 3 Gänge 29 €). Auch Mind & Body Treatments und Beauty Packages.
Athy, Dublin Road
Tel. 05 98 64 06 66, 37 DZ und Suiten, www.clanardcourt.ie

Bennett Route (www.gordonbennettroute.com) abfahren. Damals startete das Rennen nur dank des Light Locomotive (!) Bill: Autos mussten in Städten im Schritttempo einem Fahrrad folgen. Auch der Great War (Erster Weltkrieg) ist Thema: Athy, als Garnisonsstadt loyal zur Krone, stellte prozentual die meisten Freiwilligen aller irischen Städte.

Shackleton Museum: Emily Square Mo. – Fr. 10 – 17 Uhr, Sa., So. n. V. | https://shackletonmuseum.com | Eintritt: 5 €

Pubkultur

O'Brien's Grocery & Bar, kurz »Frankie's« (s. oben), ist einer der besten irischen Pubs. Frank O'Brien verstarb 2017, die Famile setzt die Tradition fort. Im **Live-Musik-Pub Clancy's** läuft die weltweit längste Trad Session seit 1966. Musikfans treffen sich auch im Biergarten (12 Leinster Street; www.facebook.com/clancysathy; kein Ruhetag). Pubs

Die Quäker-Kultur erleben

Ballitore In Ballitore (790 Einw.) gründeten John Barcroft und Abel Strettel 1685 die erste Quäkersiedlung der britischen Inseln, nun die letzte Europas. Die international berühmte Schule schuf 1726 Abraham Shackelton, ein Vorfahr Ernests. Bedeutendster Schüler war der spätere Philosoph Edmund Burke. Das **Library & Quaker Museum** erinnert mit Quäkerkleidung an alles. Lisa Creagh führt die E. Butterfield – The Harp Bar, die 1780 als Harfenpub öffnete.

In der Nähe, in **Mullaghmast Rath**, damals Teil des Quäkerbesitzes und Ort eines eisenzeitlichen Ringforts, fand 1843 das letzte legendäre Massentreffen unter Freiheitskämpfer Daniel O'Connell statt. Nahebei ist das **Burtown House** mit Kunstgarten und dem 2016 eröffneten Greenbarn Shop mit sehr gutem Restaurant eine wahre Oase. Die **Wendy Walsh Gallery** ist nach jener Künstlerin benannt, die das Haus bis 2014 bewohnte, 12 Bücher über Irlands Flora und Fauna schrieb und als Designerin für Tiffany's in New York arbeitete: Sie starb hier mit 99 Jahren. Tochter Lesley Fennel setzt ihr Werk fort. Im Garten und auf den Wiesen stehen Skulpturen u.a. von Eileen McDonagh, Catherine Greene, Shane Jackson and Sasha Sykes. Der von Isabel Shackleton, verheiratet mit einem Cousin Ernest Shackeltons, angelegte Garten öffnet Freizeitmalern. James & Joanna Fennell bieten auch Übernachtung an.

Quaker Museum: Mi., Fr., Sa. 10 – 13, 14 – 17, Do. 12.30 – 16, 16.45 – 20 Uhr, Juni – Sept. auch So. 14 – 18 Uhr | www.kildare.ie/library | Eintritt frei
Burtown House: Garten Mi. – So. 9 – 17, Haus Mai – Aug. So. – Mi. 10 – 14 Uhr https://burtownhouse.ie | Eintritt: Garten 8 €, Haus 10 €

Das zweithöchste Hochkreuz

High Cross of Moone An der alten Kirche in Moone steht das mit fast 6 m zweithöchste Hochkreuz Irlands. Die restaurierten Flachreliefs zeigen Bibelszenen wie Daniel in der Löwengrube (Ostseite), die Versuchung des hl. Antonius mit sechsköpfigem Monster (Nordseite), Brotwunder und Flucht nach Ägypten (Südseite) und die zwölf Apostel (Westseite).

Carlow und Umgebung

Zeitgenössische Kunst und kulturelles Erbe

Carlow Stolz der Stadt (24 270 Einw.) ist das Visual Arts Centre mit dem George Bernard Shaw Theatre (320 Plätze). Irlands größtes Zentrum für zeitgenössische Kunst lockt mit Ausstellungen, dem angesagten Restaurant Lennons@Visual und Livemusik. Auch das Kulturerbe kommt in der Stadt nicht zu kurz: Zum 1207 – 1213 erbauten **Carlow Castle** am River Barrow geht es über die Castle Street, wo der neue Little Irish Shop (www.dolmencounty.com) Souvenirs bietet. An der Kreuzung Athy Road und Dublin Road steht das prachtvolle, 1830 im klassizistischen Stil erbaute **Court House** (Gericht).

Das preisgekrönte **Carlow County Museum** in der College Street zeigt u. a. die berühmte Kanzel (19. Jh.) aus der Carlow Cathedral, aber auch Kurioses wie die für Exekutionen benutzte Falltür aus dem Carlow Gaol (Gefängnis) oder die Pfeife von Captain Myles Keogh, der 1876 in General Custers verlorener Schlacht am Little Big Horn fiel. Spannend ist die Ausstellung zu Prof. John Tyndall (1820–1893), der 1859 den **Treibhauseffekt** entdeckte.

Visual Arts Centre: Old Dublin Road | Di.–Sa. 11–17.30, So. 14–17 Uhr | Eintritt frei | https://visualcarlow.ie
Carlow County Museum: Zugang in der Tourismusinformation | Mo. bis Fr. 10 – 13, 14 – 16.30 Uhr | https://carlowmuseum.com | Eintritt frei

Der größte Dolmen Irlands

Browne's Hill Dolmen

3 km von Carlow entfernt liegt auf dem Areal des Herrenhauses Brownshill der 4500 Jahre alte gewaltige Dolmen, dessen Deckstein sage und schreibe 100 t wiegt.

Für Freunde feiner Getränke

Whiskey & Bier

Whiskey-Fans pilgern zur **Royal Oak Distillery** in Royal Oak. **Bierfreunde** zieht es zu Fam. O'Haras Carlow Brewing Company an der Straße nach Kilkenny am Abzweig nach Royal Oak. Der **Farmers' Market** ist einer der besten Region.

Distillery: März – Okt. tgl. 10, 12, 14, 16, sonst Di. – Sa. 10, 12, 14, 15, So. 12 u. 14 Uhr | https://royaloakdistillery.com | **Brewery:** Fr. 14 Uhr www.carlowbrewing.com | Eintritt: 10,50 € | **Farmer's Markt:** Old Potatoe Market | Sa. 9 – 14 Uhr | https://carlowfarmersmarket.com

Trail zu den grünen Paradiesen

Carlow Garden Trail

Ausgehend von Carlow erschließt der Carlow Garden Trail die grünen Oasen und Gartenattraktionen im County (www.carlowgardentrail.com). Die passenden Karten und Broschüren bekommen Sie im Tourismusbüro (College St, Tel. 059 9 13 04 11, https://carlowtourism.com). Vielbesucht sind die preisgekrönten **Delta Sensory Gardens** in Strawhall. Sie kümmern sich erfolgreich um Menschen mit Handicap und bieten 20 designte Attraktionen, u. a. Wasserfall, Skulpturen, Garten der fünf Sinne, Rosen-, Gesundheits- und Wellnessgarten.

Mit Café | Mo. – Fr. 9 – 17, Sa., So. 11 – 17 Uhr
https://deltasensorygardens.ie | Eintritt: 6 €

Antarktisheld & Rebell

Tullow

Das Tullow Museum in einer alten Methodistenkirche an der River Slane Bridge präsentiert die Ortsgeschichte und Gegenstände des Antarktishelden Sir Ernest Shackelton sowie des Rebellen von 1798, F. M. Murphy, der in Tullow hingerichtet wurde.

Mai–Okt. Di.–Fr. 14–16, So. 14–17, sonst So. 14–17 Uhr | Eintritt frei | www.tullowmuseum.com

★ KILKENNY · CILL CHAINNIGH

Republik Irland | **Provinz:** Leinster | **Grafschaft:** Kilkenny
Einwohner: 26 510 | **Auskunft: https://visitkilkenny.ie**

H8

Größtes Plus der Stadt sind seine freundlichen wie sportlichen Bewohner, die gern »Cats« genannt werden: Der Spitzname ist den Erfolgen der Kilkenny Cats (Hurling, Camogie, Rugby) zu verdanken, nicht etwa Kilkennys ebenso berühmtem Nachtleben. »Marble City«, wie die Stadt wegen des verwendeten Kilkenny-Sandsteins heißt, der poliert wie schwarzer Marmor aussieht, besticht vor allem durch die »Medieval Mile«. Die schönste Stadt in Ireland's Ancient East zählt zu den Top Ten der Irlandziele.

Hauptattraktion der Stadt ist die Mittelaltermeile in The Parade und High Street sowie parallel über Ross Inn Street und St Kieran'Street

Kilkenny ist für seinen gut erhaltenen Stadtkern mit gepflegten Gässchen und sein mittelalterliches Flair berühmt.

Mittelalter live

zu Parliament Street und Dean Street. Sie verbindet Kilkennys Architektur- und Kunstschätze, die sich seit der Gründung eines Kirchleins durch den hl. Canisius (St Canice) hier versammelt haben. Ein Blick in die Stadtgeschichte beweist, dass sich Kilkenny zurecht als »Mittelalterkapitale Irlands« rühmt. Schon vor den Anglonormamen regierten hier die Könige von Ossory. Der legendäre Strongbow baute im 12. Jh. ein erstes Fort. Der Schwiegersohn William Marshall (4. Earl of Pembroke) schuf die Stadtmauern sowie die Burg und gab Kilkenny 1207 erste Stadtrechte. Nach der Pest 1348 retteten die dezimierten Herren ihr Regiment durch Rigorosität: 1367 untersagten die Statuten von Kilkenny die Heirat von Anglonormannen (d. h. ansässig gewordener Engländer) mit Irinnen; sie verboten die irische Sprache und Kleidung. Iren mussten sogar außerhalb der Mauern wohnen. Doch dies alles verhinderte das Verschmelzen von Anglonormannen und Iren nicht. 1391 übernahmen die Butlers, das englandfreundliche Kilkenny blühte auf und erhielt 1609 königliche Stadtrechte. Nach der irischen Rebellion 1641 wurde Kilkenny 1642 bis 1648 als Parlamentssitz der Irisch Katholischen Konföderation, die auch als Confederation of Kilkenny firmierte, die heimliche Hauptstadt Irlands. Doch 1649 rückte Cromwell an und brachte alles ins (englische) Lot. Diesmal friedlich: Irlands Rebellen durften abziehen.

Der **Medieval Mile Pass** (1 Tag gültig; 39 €), mit dem alle wichtigen Attraktionen entlang der Meile kostenfrei besucht und Rabatte in Cafés und Restaurants erhalten werden, wird derzeit neu konzipiert (www.kilkennychamber.ie, https://visitkilkenny.ie/category/explore/irelands-medieval-mile/). Informationen erhält man am besten Startpunkt der Meile, dem **Medieval Mile Museum** (►S. 311).

Wohin in Kilkenny?

★ Medieval Mile

Mittelalterliches Flair erleben

Die **Burg Kilkenny Castle** zwischen blühenden Parkanlagen und hoch über dem moorbraunen River Nore schätzte sogar ein König: Englands James II. wählte die »Castle of Butlers« von Nov. 1689 bis Jan. 1690 als Residenz. Reizvoll sind die restaurierten Repräsentationsräume, vor allem die **Long Gallery** mit schöner Tapisserie und prachtvoll ausgemaltem Gewölbe, mit keltischen und präraffaelitischen Motiven. Die Ausstellungen der **Butler Gallery** besitzen internationales Renommee (Di. – Sa. 10 – 17, Do. bis 20, So. 11 – 17 Uhr www.butlergallery.com, Eintritt frei). Der **Farmers's Market** findet Do. 9.30 – 14.30 und Sa. 10 – 15.30 Uhr an The Parade statt. Feinschmecker pilgern zum Country Market (Fr. u. Sa. 9.30 – 12.30 Uhr) am **Market Yard** und folgen auch dem **Taste of Kilkenny Food Trail** (www.trailkilkenny.ie).

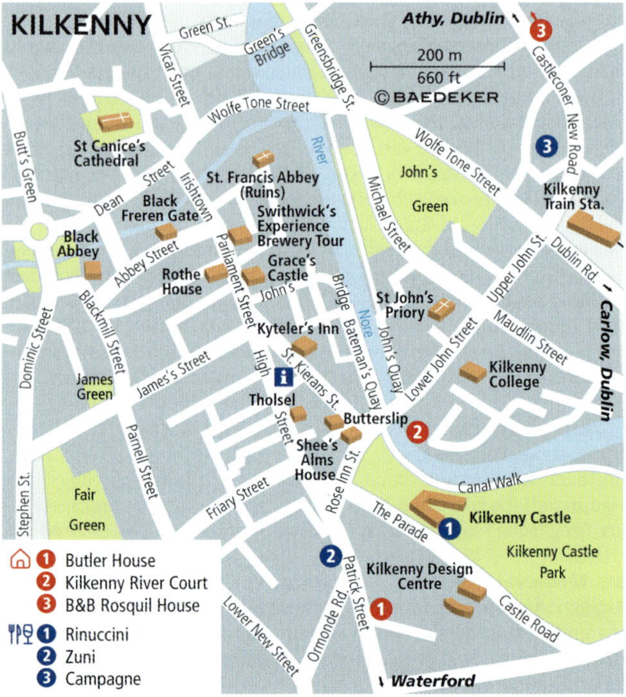

Castle: Tgl. April - Sept. 9.15 - 17.30, sonst 9.30 - 17, Park ab 8.30, Nov. - Feb. 9 - 18, Winter bis 16.30, Mai - Aug. bis 20.30 Uhr
https://kilkennycastle.ie | Eintritt: 8 € Führung 12 €

Design-Zentrum

National Design & Craft Gallery

Gegenüber sind in Kutschenhaus und Stallungen von 1790 seit 1963 die **Kilkenny Design Workshops** untergebracht, Kunsthandwerksläden, die Teil des Made in Kilkenny Craft Trail (www.trailkilkenny.ie) sind. Hier kann man Künstlern über die Schulter schauen und Hochwertiges erwerben. Mit der **National Design & Craft Gallery** avancierte Kilkenny zur irischen Design-Hauptstadt. Die Galerie entwarf Orna Hanly, der den Irland-Pavillon zur Expo 2000 in Hannover gestaltete. Visuelle Kunst, Tanz, Theater und Musik bieten das **Kilkenny Arts Festival** und ihr neuer Konkurrent, das Festival AKA Fringe Alternative Kilkenny Arts.

National Design & Craft Gallery: Castle Yard | Di. - Sa. 10 - 17.30 Uhr
Eintritt frei | www.ndcg.ie | **Festivals**: Aug.
www.kilkennyarts.ie; http://akafringe.com

Landes- und Stadtgeschichte wird lebendig

Medieval Mile Museum

Von der Parade führt rechterhand die Rose Inn Street zum **Shee Alms House**, dem Sitz der Tourismusinformation. Sir Richard Shee gründete es 1582 als Armenhospital, das bis 1895 betrieben wurde. Ganz nahe, auf dem Areal der kreuzförmigen, einst bedeutenden St Mary's Church (13. Jh.) und ihrem herrlichen Friedhof präsentiert das neue, hochmoderne Medieval Mile Museum 800 Jahre **Stadt- und Landesgeschichte** auch anhand Repliken von Ossory-Hochkreuzen oder des Liber Primus, Kilkennys mittelalterlichem Stadtbuch. Höhepunkt ist die restaurierte **Rothe Chapel** (1560) mit Grabmälern der Kaufmannsfamilie Rothe. Ab Museum (Eingang) werden auch Touren auf der Medieval Mile angeboten (tgl. 11 Uhr; Ticket: 15 €).

Medieval Mile Museum: : 2 St Mary`s Lane| tgl. 9.30 – 16.30 Uhr
www.medievalmilemuseum.ie | Eintritt: 8 €
Führung (tgl. 10, 12, 15 Uhr) 12 €

Pulsierendes Leben in und um alten Gemäuern

Tholsel & Hole in the Wall

Im rege von Musikanten und Straßenkünstlern umlagerten Tholsel (1761), High Street, dem alten **Zollhaus** und heutigen Sitz der Stadtregierung, werden die städtischen Insignien und Annalen (ab 1230) aufbewahrt. Großartig ist die nach zehn Jahren Restaurierung eröffnete elisabethanische Taverne »The Hole in the Wall« in Kilkennys ältestem Stadthaus, dem **Archer Inner House** von 1582. Für den Zugang an 17 High Street musste ein Loch in die Mauer geschlagen werden, daher sein Name. Auch Livemusik lockt. Im **Butter Slip**, Kilkennys schönstem mittelalterlichem Gang zwischen High St und St Kieran's St, verkauften Händler Butter, vor allem, weil es hier so schön kühl war.

The Hole in the Wall: Do. u. So. 18 – 23, Fr. u. Sa. bis 24 Uhr,
Mo. – Mi. geschl. | www.holeinthewall.ie

Kneipe der ersten »Hexe« Irlands

Kyteler's Inn

An St Kieran's Street blickt das heute sehr gastliche Kyteler's Inn in eine düstere Vergangenheit: Hier betrieb Dame **Alice de Kyteler**, Tochter eines normannischen Geldverleihers, eine Kneipe. Verdächtigt, ihre vier Ehemänner nicht nur überlebt, sondern vergiftet und sich so immens bereichert zu haben, rief Bischof Richard de Ledrede 1324 gegen sie zu Irlands erstem Hexenprozess. Alice floh nach England, doch ihre Magd Petronilla de Meath endete auf dem Scheiterhaufen.

Tel. 05 67 72 10 64 | www.kytelersinn.com | Fr. – So. Livemusik

Attraktionen der Parliament Street

Parliament Street

Ende des 18. Jh.s wurde das **Court House** auf den Fundamenten von Grace's Castle (1210) errichtet, das ab 1566 als Gefängnis gedient hatte. Mönche der **St Francis' Friary**, die ein schönes siebenteiliges Ostfenster besitzt, brauten Bier schon seit der Klostergründung 1232. Im

KILKENNY ERLEBEN

KILKENNY TOURIST INFORMATION OFFICE
79 a High Street, Gardens
Tel. 1850 23 03 30

❶ RINUCCINI €€€€
Bester Service, beste Weinauswahl, dazu preisgekrönte italienische Küche! Das nach dem Bonvivant und päpstlichen Nuntius in Irland (17. Jh.) benannte familiäre Restaurant bietet zu Lunch und Early Bird 2- (27,50 €) und 3-Gänge-Menüs (35,50 €).
1 The Parade, Tel. 05 67 76 15 75
kein Ruhetag, www.rinuccini.com

❷ ZUNI €€€€
Schickes Design in Leder und Holz im Ex-Theater! Manager Paul Byrne war 2019 bester in Kilkenny, die Küche besticht. Mit Cocktailbar und Boutique-Hotel €€€ (13 DZ).
26 Patrick Street, Tel. 05 67 72 39 99, kein Ruhetag, www.zuni.ie

❸ CAMPAGNE €€€€
Kilkennys sternengekröntes bestes Restaurant! Garrett Byrne & Brid Hannon bieten moderne französische Küche im stylischen Ambiente der alten Eisenbahnbögen. Günstig ist das 3-Gänge-Menü (45 €; So. 12.30 bis 14.30 Uhr; als Early Bird Menu Mi., Do. 17.30 – 21, Fr., Sa. Bestellung 17 bis 17.30, Tisch bis 18.45 Uhr). Auch vegetarische Gerichte!
5 The Arches, Gas House Lane, Tel. 05 67 77 28 58, So. abends und Mo., Di. Ruhetage, www.campagne.ie

❶ BUTLER HOUSE €€€€
Kilkenny Design der 1970er! Die georgianische Residenz mit Marmor-Kaminen, einst Domizil der Earls of Ormond, bietet gute Küche. Die Gärten sind auch für Nicht-Hotelgäste zugänglich.
16 Patrick Street, Tel.
05 67 72 28 28, 13 DZ und Suiten
www.butler.ie

❷ KILKENNY RIVER COURT €€€
Luxus am River Nore! Afternoon Tea und Dinner werden auf der romantischen Flussterrasse serviert.
The Bridge, John Street
Tel. 05 67 72 33 88, 90 DZ
www.rivercourthotel.com

❸ B & B ROSQUIL HOUSE €€
Herzliche irische Gastlichkeit! Phil & Rhoda Nolan bieten Service auf Hotelniveau! Phils Frühstück, u. a. mit Räucherlachs-Omelette oder Spinat-Quiche, ist »best in town«.
Castlecorner Road, Tel.
05 67 72 14 19, 7 DZ mit Bad
www.rosquilhouse.com

17. Jh. startete **Smithwick's Brewery**, die zur Smithwick's Experience lädt. Die Familie des reichen Kaufmanns Rothe war groß. So baute er **Rothe House** (1594 – 1610), 16 Parliament St., aus drei Häusern mit Höfen. Das Museum zeigt 2500 Objekte, u. a. Eichenmöbel, Gemälde und Kleidung. Im Phelan Room dominiert das Geweih eines irischen Riesenhirschs. Der Stadtgarten ist dem 17. Jh. nachempfunden.

Smithwick's: 44 Parliament St | Touren März - Okt. tgl. 10 - 18, sonst 11 - 17 Uhr www.smithwicksexperience.com | **Rothe House**: Di. - So. 10 - 17.30, Führung nur im Winter 14.30 Uhr https://rothehouse.com | Eintritt: 7,50 €

Eine der schönsten Kathedralen Irlands

St Canice's Cathedral

Die St Canice's Cathedral entstand 1251 – 1280 auf den Mauern einer älteren Anlage. Seitenschiffe, Querschiff und Lichtgaden sind mit Zinnen bekrönt. Der nahebei stehende **Rundturm** aus dem 9. Jh. ist einer von zwei Mittelaltertürmen in Irland, die bestiegen werden dürfen. Vorsicht: Der Aufgang ist eng und steil – nichts für Klaustrophobe! Dafür ist die Aussicht grandios. Das Innere birgt ein Modell von Kilkenny in den 1640er-Jahren. Schöne **Grabmäler** im nördlichen Seitenschiff sind die von Henry de Ponto (1285) und Edmund Purcell (1549), Letzeres wegen der Darstellung eines lebenden Hahns im Kochtopf. Sehenswert sind St Ciaráns Chair aus schwarzem Marmor im nördlichen Querschiff und ein Taufstein (12. Jh.) im Langschiff. Der **Bischofspalast** entstand nach der Pest ab 1350 dank »Hexeninquisitor« Bischof Ledrede, dessen Grab (1360) im Chor der Kathedrale ist. Hier residiert Irlands Heritage Council. Auch der restaurierte Close mit Friedhof und Bibliothek ist zugänglich.

April, Mai u. Sept. Mo. - Sa. 10 - 17, So. 14 - 17, Juni - Aug. Mo. - Sa. 9 - 18, So. 13 - 18, Okt. - März Mo. - Sa. 10 - 16, So. 14 - 16 Uhr | www.stcanicescathedral.com | Eintritt: 4,50 €, Rundturm 4 €, Kombiticket 7 €

Bei den schwarzen Mönchen

Black Abbey

Die Black Abbey war einst Teil des 1225 gegründeten Dominikanerklosters. Die Mönche trugen schwarze Kutten und gaben so dem Kloster seinen Namen. Im Inneren sind die mittelalterliche Alabasterskulptur (Dreifaltigkeit) und eine Eichenholzschnitzfigur des hl. Dominikus bemerkenswert. An der Abbey Street steht ein Tor der alten Stadtbefestigung, das **Black Freren Gate**. Ab Black Abbey führt die Black Mill Street zur St Mary's Abbey (1857) mit neogotischer Fassade und einem Hochaltar aus italienischem Marmor.

Black Abbey: tgl. 8 – 19 Uhr | Eintritt frei

Auf den Spuren der großen Hungerkatastrophe

★ Kilkenny Famine Experience

2005 wurden beim Bau des Einkaufszentrums MacDonagh Junction Shopping Centre völlig unerwartet die Gebeine von 970 Personen freigelegt. Diese stammen aus dem Union Workhouse von 1841, das an dieser Stelle stand und von dem einige Teile restauriert wurden. Hier wohnten 1842 rund 1300 Arme aus Kilkenny, die wohl der großen Hungersnot erlagen. Die anonymen Opfer dieser Katastrophe wurden 2010 im **Kilkenny Famine Memorial Garden**, Goods Shed Square, MacDonagh Junction, bestattet. Eine **Bronzeskulptur** zeigt John und Patrick Saul, zwei Dubliner Jungen, die es 1841 hierher verschlagen hatte. Das Shopping Centre sponsert die 2017 eröffnete **Ausstellung** Kilkenny Famine Experience. In Führungen und mit Audioguide dürfen auch Kinder in Begleitung der Eltern diesem selbst im irischen Vergleich monströsen Drama nachspüren. Auch der Kilkenny Cycling Trail führt hierher.

Hebron Rd (Start ab Customer Service Desk im MacDonagh Shopping Centre) | Tour (50 Min.) Mo. – Fr. 9 – 13, 14 – 17, Sa., So. 12 – 16 Uhr
https://kilkennyfamineexperience.com | Eintritt frei

Rund um Kilkenny

Höhle mit dunkler Vergangenheit

Dunmore Cave

Das Besucherzentrum über der Dunmore Cave zeigt Höhlenfunde. Viele Münzen und Werkzeuge sind aus der Zeit um 928, als hier ca. 40 versteckte Menschen von Wikingern grausam ermordet wurden. Über 6 m hoch ist das »Market Cross«, ein Stalagmit.

tgl. 9.30 – 17, 16.6. – 6.9. 1.11. – 15.3. Mi. – So. 9.30 – 17 Uhr
https://heritageireland.ie/places-to-visit/dunmore-cave | Eintritt: 5 €

Tour durch die Umgebung

★ Über Kilfane nach Benettsbridge

Nach dem Park Kilfane Glen and Waterfall lohnt an der Dorfkirche **Kilfane** das überlebensgroße Grabsteinbild des Ritters Thomas de Cantwell (Mitte 13. Jh.). Wanderer und Radler schätzen Graiguenamanagh wegen des **Treidelpfads** am Barrow River. Räder verleiht Graiguenamanagh Bike Hire (https://graigbikehire.ie), gut ist das Restaurant im Waterside Guesthouse (www.watersideguesthouse.com). Geführte Touren bietet Paddy Lawlor von Hidden Trails (http://hiddentrails.ie) auch auf dem im Ort startenden **Brandon Hill Loop** mit Cairn und Steinkreis am Rundweg (12 km; 5 Std.), der nur etwas für Geübte ist. Vor allem für Weingläser und Geschenke wird der **Duiske Glass Gift Shop** in der High Street gern besucht (https://duiskeglasskilkenny.ie). Auf dem Friedhof der einstigen **Duiske Cistercian Abbey** sind zwei ornamentierte Granit-Hochkreuze mit biblischen Themen zu sehen. In **Thomastown** stammt der Hochaltar der kath. Pfarrkirche aus der Abteikirche von Jerpoint. Im super Blackberry Café in der Market Street backt Jackie Hoyne auch das Brot selbst (www.blackberrycafe.ie).
Unbedingtes Muss ist 1 km entfernt das prachtvolle, 6 km² große Anwesen **Mount Juliet Country Estate** mit georgianischem Herrenhaus (www.mountjuliet.ie) am River Nore mit Spa, Walled Garden, alter Schmiede, Jack-Nicholas-Golfplatz, Jagdhundzucht und preisgekröntem Lady Helen Restaurant mit Ken Harker, einem der besten Irlands, am Herd. Hier urlaubten schon Ex-US-Präsident Jimmy Carter oder Ex-UN-Generalsekretär Kofi Annan.

Pottery: Mo. – Sa. 10 – 18, So. 13.30 – 17 Uhr | http://nicholasmosse.com

Eine attraktive Filmkulisse

Inistioge

Das hübsche Inistioge (290 Einw.) war schon Kulisse in Hollywood-Filmen, z. B. »Widow's Peak« (1993). Von der Augustinerabtei (gegr. 1210) blieb wenig. Gartenfreunde schätzen die ab 1745 entstandenen **Woodstock Gardens** mit Arboretum und Tea Room. Das Woodstock House ist Ruine: 1922 brannte es ab, 2001 drückte ein Sturm die Fassade ein. Im Arboretum erhielt der chilenische Monkey Puzzle Tree seinen englischen Spitznamen um 1800, da man selbst Affen nicht zutraute, diese Araukarie wegen ihrer dolchartigen Blätter zu erklimmen.

Woodstock: Garten und Arboretum tgl. April – Sept. 9 – 19, sonst bis 16 Uhr | www.woodstock.ie | Eintritt: 5 € pro Auto inkl. Insassen (nur kontaktlose Zahlung)

Ruhestätte des Heiligen Nikolaus?

★ Lost Town Newtown Jerpoint

Jerpoint Abbey, 1158 gegründet, unterstand bis 1540 den Zisterziensern. Das Langschiff ist in Bereiche für Mönche und Laienbrüder unterteilt, schön ist das Grabmal von Bischof O'Dulany von Ossory (gest. 1202). Die Relieffiguren im Kreuzgang schuf Meister Rory O'Tunney bis 1552. Nahebei steht die Lost Town Newton Jerpoint (Jerpoint Park). Die **Geisterstadt** (12. Jh.) besaß einst bei nur 27 Häusern sage und schreibe 14 Tavernen, die als Pilgerquartiere dienten. Alle wollten das angebliche Grab des hl. Nikolaus von Myra besuchen, dessen Gebeine Kreuzritter hierher gebracht haben sollten. Die **Grabplatte des Heiligen**, dessen Haupt von zwei Ritterköpfen eingerahmt wird, ist auf dem Friedhof der Church of St Nicholas (Ruine) zu bestaunen. Die Ausgrabungen auf dem Privatgelände des netten Farmerpaares Maeve und John O'Connell dauern an. Sie haben die Gelegenheit beim Schopf ergriffen und bieten den Gästen ein zeitgenössisches gutes Beiprogramm zum Historischen (►S. 316).

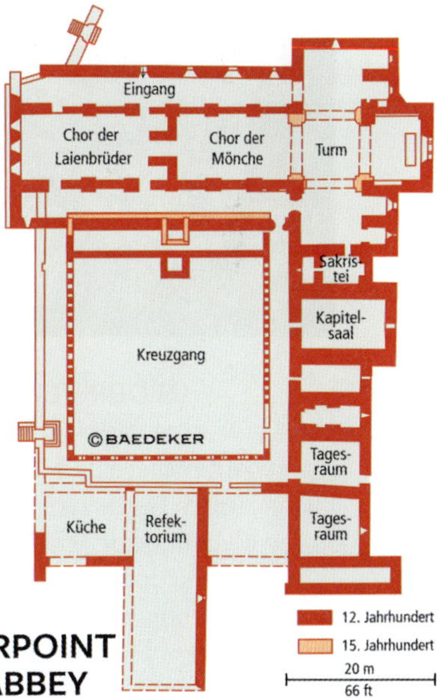

JERPOINT ABBEY

Jerpoint Abbey: 3.3. – 30.11. tgl. 9 – 16 Uhr | https://heritageireland.ie/places-to-visit/jerpoint-abbey/ | Eintritt: 5 €| **Newtown Jerpoint**: 20.4.–1.10. tgl. 10–17 Uhr | Führung (90 Min.) 10, 12, 15 Uhr Eintritt 8 € | http://jerpointpark.com

Attraktive Örtchen

Kleine Attraktionen

Im Dorf **Kells**, nicht zu verwechseln mit Kells im Co. Meath, stammen die Ruinen eines befestigten **Augustinerklosters** (gegr. 1193) mit zahlreichen Wehrtürmen aus dem 14. und 15. Jh. In **Kilree** gehörte der 29 m hohe **Rundturm** mal zu einem Kloster. Ein stark verwittertes **Hochkreuz** (9. Jh.?) verweist auf das Grab des irischen Hochkönigs Niall Caille, der nahebei ertrunken sein soll. Im Marktstädtchen **Callan** trifft man sich im Café Fennelly's, 13 Upper Bridge Street, staunt über Sonja Günthers kuriose Tonarbeiten, besucht die Reste des **Augustinerklosters** (15. Jh.) und der **St Mary's Church**

BAEDEKER MAGISCHE MOMENTE

IN DER VERGESSENEN STADT

Im verwaisten Pilgerdorf – eine Lost City des 12. Jh.s – sorgen heute Maeve und John O´Connell für Leben: Die Farmer führen Gäste zum angeblichen Grab des hl. Nikolaus von Myra und zur Abteikirche, bieten auch Schäferhundvorführungen mit Schafen und im Belmore House Übernachtungen (3 DZ) und im Tea Room Tee, selbst gebackene Scones und Clotted Cream an..

(16. Jh.) sowie das typisch bäuerliche Rice House (Ende 18. Jh.). In **Killamery** zeigt ein Hochkreuz (9. Jh.) einen Kampfwagenzug, eine Jagdszene, David mit der Harfe und weitere biblische Szenen.
Tonarbeiten: Jars of Clay | Camphill Kyle | Coolagh
http://jarsofclayceramics.com

Szenen aus »Excalibur«

Westlich von Kilkenny

Ein Stopp lohnt an **Freshfords Kirche** (1730) mit dem romanischem Portal, ehe, schon im Co. Tipperary, die Ruine des Tochterklosters von Jerpoint, **Kilcooly Abbey** (1182) auftaucht. Hier wurden Filmszenen des Welthits »Excalibur« gedreht. In der Kirche von 1470 schmücken Relieffiguren die Chorschranken, u. a. ist das Motiv einer Meerjungfrau mit Spiegel zu entdecken. Sehenswert im Chor ist ein Sarkophag: Die Ritterfigur von Piers Fitz Oge Butler zeigt Reliefs von Heiligen als Weepers.

★ KILLARNEY · CILL AIRNE

Republik Irland | **Provinz:** Munster | **Grafschaft:** Kerry
Einwohner: 14 500 | **Auskunt: https://killarney.ie/de**
www.killarneynationalpark.ie

Das Tor zum südwestlichen Abschnitt des Wild Atlantik Way gehört zu Irlands »Tidiest Towns« (saubersten Städten) und populärsten Touristenzielen. Besucher schwärmen vom »Irish Charme« in Pubs, Restaurants, am Whiskey Trail und vor allem dem Killarney National Park mit seinen drei großen Seen.

Paradies mit Charme

Killarney ist seit über 250 Jahren ein attraktives Reiseziel. Seit 1932 existiert der **Nationalpark** (102,89 km²), der 10 000 Jahre irische Geschichte und Irlands Flora und Fauna bewahrt. 1910 hatte der US-Amerikaner William Bowers Bourn den Muckross Estate, das Herz des Parks, als Hochzeitsgeschenk für seine Tochter Maud erworben, die Arthur Vincent heiratete und 110 000 £ vor allem in die Gärten von Muckross House investierte. Doch Maud starb 1929 an einer Lungenentzündung. Vincent und die Schwiegereltern schenkten den Besitz an den irischen Staat. Dem heutigen Naturparadies hätte auch anderes passieren können. 1793 lud Henry Arthur Herbert, Besitzer des Landguts Muckross, den in England lebenden Professor Rudolf Erich Raspe ein, für ihn die Kupferminen

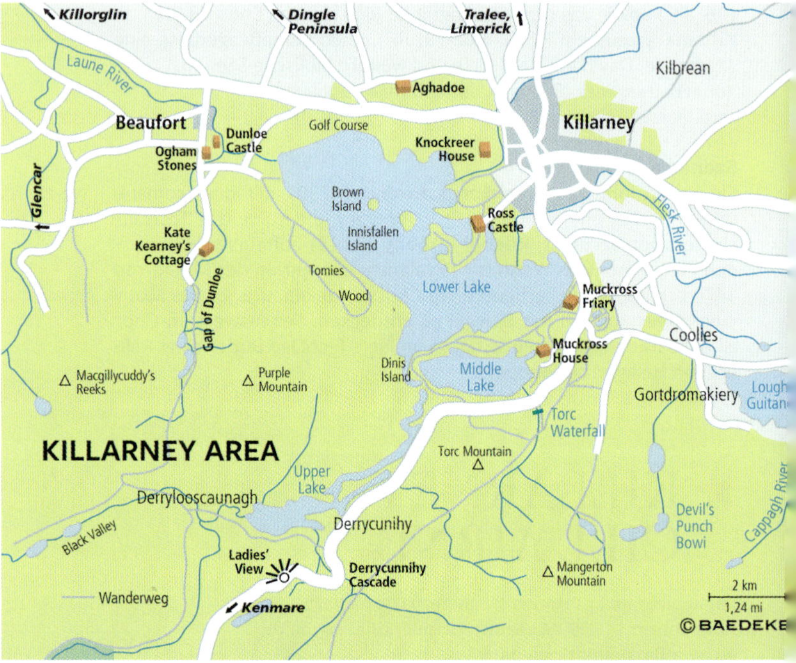

ringsum zu erschließen. Raspes Metallexpertise hätte im Park zur Katastrophe geführt: 25 t Eiche waren für die Gewinnung einer Tonne Erz nötig. Doch der Preis für Eichenholz stieg rasant, alles wurde gestoppt und das Gebiet ab 1806 neu aufgeforstet.

Wohin in Killarney und Umgebung?

Kathedrale und Education Centre

St Mary's Cahtedral und Knockreer House

Augustus Pugin baute die 1855 geweihte katholische **St Mary's Cathedral** (Mo. – Sa. 10 – 18, So. 13 – 18 Uhr) im neogotischen Early English Style. Im Haus des Bricín Souvenirshop (26 High St) mit tollem Restaurant (►S. 319) spukt der verstorbene Vorbesitzer Jeremiah Moynihan, dessen Büste zur Abwehr des Übels im Ladenschaufenster steht. Vorbei an der Statue für Akkordeonspieler Johnny O'Leary geht es zum »**Golden Gates**« genannten Eingangstor des **Killarney House & Gardens** (tgl. 8 – 18, Winter 9 – 17.30 Uhr). Hier beginnt der Killarney-Nationalpark. Ein ausgeschilderter Spazierweg (5 km) führt zu **Knockreer House & Gardens** mit Education Centre des Parks.

KILLARNEY ERLEBEN

KILLARNEY TOURIST OFFICE
Beech Road
Tel. 1850 23 03 30
www.killarney.ie

BRICIN RESTAURANT €€
Über dem Bricín Souvenirs Shop begeistern Johnny und Paddy McGuire mit »ará bocht tí« (»Armes-Haus-Brot«), Kartoffelpfannkuchen, vegetarisch oder mit Lamm oder Huhn gefüllt. Ein Klassiker der irischen Küche!
26 High Street, Tel. 064 6 63 49 02
https://bricin.ie, kein Ruhetag

SALVADORS & ROBERTINOS €€
Pizza, Pasta, Burger, Tapas, Steaks und vor allem klassische irische Küche! Lammschulter mit Grillgemüse und Kartoffelpüree probieren (19,50 €).
9 High Street
Tel. 064 6 63 28 16
www.salvadorsandrobertinos.com, kein Ruhetag

EARLS COURT HOUSE HOTEL €€€€
Gediegen! Emer & Ray Moynihan sorgen mit Team liebevoll für die Gäste.
Woodlawn Ecke Muckross Road
Tel. 06 46 63 40 09, 30 DZ u. Suiten
www.killarney-earlscourt.ie

THE VICTORIA €€€
Eleganz im Country House! Großartige Küche im Courtyard Restaurant, abends wird auch in der Ivy Lounge serviert. Der Afternoon Tea wird mit Blick auf den Nationalpark serviert.
Muckross Road
Tel. 06 46 63 54 30, 33 Z.
www.thevictoriakillarney.com

GLEANN FIA COUNTRY HOUSE €€
Luxus-B&B mit Garten! Brigid und Conor O'Connell verwöhnen auch mit Kaminfeuer und kostenlosem Tee und Kaffee in der Honor Bar und Musik im Sun Room.
Lower Coolcorcoran, Kilcummin Road, Tel. 06 46 63 50 35, 20 Z.
https://gleannfia.com

Paradies aus Seen und alten Eichenwäldern

★ Killarney-Nationalpark

Zu diesem gigantischen Naturreservat gehört das Seengebiet Lower Lake, Muckross Lake und Upper Lake mit den Uferzonen. Dazwischen erstrecken sich ausgedehnte, uralte Eichenwälder mit Panoramaaussicht auf die höchsten Berge. Das Klima fördert den üppig grünen Wald mit Erdbeerbäumen, Bambus oder Riesenfarnen. Fingerhutstauden säumen die Wege, Rhododendren überziehen die Hänge der Hügel. Auf einer Landzunge im Lough Leane liegt das einst stark befestigte **Ross Castle**, ein Kastell (spätes 15. Jh.) mit Rundtürmen. Im Innern befinden sich exquisite Eichenholzmöbel (16./17. Jh.).

Bei Ross Castle setzt man zur stillen **Innisfallen Island** über, dessen erstes Kloster im 7. Jh. entstand. In der Augustinerabtei (11. Jh.) studierte schon Brian Ború. Anfang des 13. Jh.s enstanden hier die »Annalen von Innisfallen«, eine wichtige historische Quelle, die nun in der Bodleian-Bibliothek in Oxford liegen.

Nationalpark: rund um die Uhr zugänglich, das automatische Zufahrtsgatter zum Muckross House ist von 8 – 18 Uhr, im Sommer länger geöffnet | www.killarneynationalpark.ie
Ross Castle: März – Anfang Okt. tgl. 9.30 – 17.45 Uhr | Eintritt: 5 €

Elegante Villa

Muckross House & Traditional Farms

Beliebtestes Ziel ist **Muckross House** (1843), eine grandiose viktorianische Villa mit elegant möblierten Räumen. Im Untergeschoss sind traditionelle Werkstätten untergebracht – Buchbinderei, Weberei, Töpferei. Die prächtigen, von der unglücklichen Maud angelegten **Gärten** sind für ihre Azaleen und Rhododendren berühmt. Hier grast sogar Rotwild! Im Visitor Centre mit großem Laden bietet die Self-Service-Cafeteria warme Küche (Riesenportionen). Auf den drei **Traditionsgehöften** östlich der Villa werden die Gäste in die Zeit vor der Elektrifizierung zurückversetzt. Historische Anbaumethoden leben auf, Schwätzchen mit Bauern und Bäuerinnen locken.

Muckross House & Gardens: Juli/Aug. tgl. 9 – 19, April – Juni, Sept./Okt. bis 18, sonst bis 17.30 Uhr | www.muckross-house.ie
Eintritt: Gärten frei, Haus 7 €, mit Traditional Farms 12 €
Traditional Farms: März, April, Okt. Sa., So. 13 – 18, Mai/Sept. tgl. 13 – 18, Juni – Aug. tgl. 10 – 18 Uhr | Eintritt: 7 €

Trips durch den Nationalpark

Touren durch den Nationalpark

Besucher haben die Qual der Wahl: Radler kurven mit Leihrädern auf dem **Killarney Cycling Trail**. **Tangneys Jaunting Cars** bietet Exkursionen z. B. zu Kate Kearney's Cottage oder Ross Castle per Pferdekutsche an, die MV »Lily of Killarney« **Bootsausflüge**. Aufs **Klettern** ist Kerry Climbing spezialisiert. **Bustouren** veranstaltet Deros Tours. Jeden Tag um 11 Uhr lädt der erfahrene Richard Clancy zu **Wanderungen** ein – Treffpunkt ist an der Kathedrale. So sind die drei in Hügel und Berge eingebetteten Seen und die auf ihnen tanzenden Licht- und Schattenspiele am besten zu erleben.

Mieträder: https://killarneyrentabike.com | Pferdekutsche: https://killarneyjauntingcars.com | **Klettern:** www.kerryclimbing.ie
Bustouren: Deros Tours, mit Hop-on-hop-off | http://derostours.com
Geführte Wanderung: www.killarneyguidedwalks.com

Kirche im Grünen

★ Muckross Abbey

Wie im Dornröschenschlaf inmitten prächtiger Baumbestände liegt die restaurierte Ruine von Muckross Abbey (Eintritt frei). Das ab 1448 entstandene Franziskanerkloster fiel 1652 Cromwells Truppen zum Opfer. Eine alte Eibe steht im Kreuzgang. Auf dem zur Seeseite angelegten Friedhof ist das Grab des Kerry-Poeten und Clan-Häuptlings Piaras Feiritéar (Pierce Ferriter; ca. 1600 – 1653).

Spektakuläre Felstäler

Gap of Dunloe, Moll`s Gap

Eine atemberaubende Landschaft erwartet den Wanderer im vor 2 Mio. Jahren geformten Gap of Dunloe. Das Felstal trennt die Macgillycuddy's Reeks (Ring of Kerry) vom östlichen Purple Mountain (832 m). Parkplätze sind am Kate Kearney's Cottage. Wenig entfernt bietet Moll's Gap an der N 71 grandiose Aussichten. Benannt ist der Pass nach Moll Kissane, die hier um 1820 eine illegale Kneipe (Shebeen) betrieb. Nun öffnet hier ein gutsortierter Avoca-Laden mit Café.

Inseln, Wasserfälle, Zusammenflüsse und Gipfel

Weitere Attraktionen

Auf Dinis Island bauten die Herberts um 1700 das **Dinis Cottage** als Jagdlodge. Betuchte Besucher ritzten hier früher ihre Namen mit Diamanten auf die Fensterscheiben. Nahebei sind Old Weir Bridge und **The Meeting of the Waters**, wo sich Upper Lake, Muckross Lake und Lough Leane vereinen. An der Ostflanke des Torc Mountain

BAEDEKER MAGISCHE MOMENTE

LADIES VIEW ZUM SEE

Irisches Idyll: Am »Damenblick« an der N 71 zwischen Kenmare und Killarney genossen 1861 Queen Victorias Hofdamen (Ladies-in-waiting) die malerische Aussicht über üppig wachsende Moose, Flechten und Farne auf den Upper Lake im Killarney National Park.

(535 m) entsteht aus dem Torc River der über 18 m hohe Sandsteinfelsen in die Tiefe stürzende, reizvolle **Torc-Wasserfall**. Der Quellsee dieses Flusses heißt bei den Einheimischen »The Devil's Punch Bowl« (des Teufels Punschterrine). Am höllischen Tafelgeschirr vorbei führt auch der Gipfelpfad zum **Mangerton Mountain** (839 m).
Dinis Cottage: Tea Rooms tgl. 10 – 17 Uhr

Spektakuläre Ausblicke

★ Ladies' View

Unbedingt anhalten sollte man am Ladies' View. Hier legten Königin Viktorias Hofdamen (»Ladies-in-waiting«) 1861 ein Päuschen ein, um das grandiose Panorama zu genießen. Hinter der nächsten Kurve lockt das Café »Ladies View« mit Panoramablicken (mit Laden; https://ladiesview.com) .Außergewöhnliche Aussichten bieten auch die **Aghadoe Heights** im Norden des Lower Lake. In Aghadoe ist in der Sdüwand der Klosterkirche (Ruine) ein Ogham-Stein eingemauert. Reizvoll ist zudem der Rundwanderweg durch **Tommies Wood** (ca. 7 km).

★ Ring of Kerry

Traumhafte Route

Auf dem Ring of Kerry

Die märchenhafte Panoramastraße (179 km) um die Halbinsel **Iveragh** ist ein absoluter Renner, zudem von Berlin direkt via Flughafen Kerry erreichbar. Wunderbare Küste, wilde Moore, bezau-

Berge, Hügel, Buchten, Sand und Meer – der Ring of Kerry bietet in rascher Folge, was das Herz begehrt.

bernde Berge und zig Aktivitäten wie der Fernwanderweg Kerry Way (214 km) locken. Das charmante **Kenmare** ist ein Hort der irischen Folkmusik und hat seinen Musikern wie auch den Wikingern an der alten Eisenbahnbrücke am Hafen Denkmäler gesetzt. Am Ufer des River Finnihy, steht **Druid's Circle**, ein Kreis mit 15 Standsteinen und Dolmen in der Mitte. Ab Kenmare Pier legt Seafari Cruises zu **Bootsausflügen** (3 Std.) zu den Robbenkolonien in der Kenmare Bay ab Auf der Fahrt sieht man auch Seeadler. PJ O'Sullivan fährt mit Gästen auch im Kajak, segelt, bietet Wasserski und Wasser-Trampolin. Ein Tipp ist Räucherlachs in Con's Marina Bar & Restaurant am Pier (tgl. 8 – 20 Uhr).

Bootstrips: Ticket: 25 € | www.seafariireland.com
Kajak & u. Bootstrips: https://staroutdoors.ie | Kajak (1 Std.) 22 €
Bootsausflug mit »Star of Kenmare« (1 Std.) 12 €

Geheimtipp für Wanderer

Gleninchaquin Park

20 km von Kenmare liegt auf der Beara-Halbinsel der **Gleninchaquin Park** mit 140 m hohen Wasserfall, grünen Wiesen, Blick auf Kenmare Bay und den MacGillicuddy Reeksa m Horizont..

Park: Gleninchaquin | März – Nov. tgl. 10 – 17 Uhr
www.gleninchaquin.com | Eintritt: 7 € (keine Kreditkarten)

Mediterranes Flair

★ Sneem

In Sneem verlockt das luxuriöse Parknasilla Resort & Spa Hotel zum Bleiben. Es liegt inmitten einer reizvollen Landschaft an einem herrlichen **Park** voller mediterraner Vegetation, mit Palmen, Pinien, Bambus und Jasmin. Im **Anglerparadies** Sneem trägt die protestantische Kirche (16. Jh.) eine originelle Wetterfahne in Lachsform. Ein Muss ist der **Sneem Sculpture Park** mit Steinpyramiden aus Schiefer, die nach dem Vorbild der Bienenkorbhütten errichtet und teils von der VR China und Ägypten gestiftet wurden. Der sich anschließende Garten der Sinne (Garden of Senses) besitzt einen Rosengarten mit einer echten irischen Vogelscheuche. In Sneem stellte Sean Dempsey 2021 mit dem Kerry Blue Cheese den besten ganz Irlands her.

Hotel: https://parknasillaresort.com

Wassersport und Märchenpfad

Caherdaniel

Bei **Castlecove** wo der herrliche White Beach lockt, zweigt die Straße am **Staigue Fort House** Bar & B&B mit Heritage Centre (Eintritt: 3 €) zur uralten Ringburg Staigue Fort ab (Eintritt: 1 €) ab. Direkt hinter Staigue Fort House offeriert Maurice Murphy großartige mit Kupfer versetzte blaugrün schimmernde Töpferware in der **Derrynane Pottery** (Tel. 087 1 34 61 87). In Caherdaniel bieten Kerryann und John Fitzgeralds Algensammeltouren und im Obergeschoss des großartigen **Blind Piper Pub** (https://blindpiperpub.ie) Seealgen-Workshops an.

Algen: Tel. 086 1 06 21 10, www.atlanticirishseaweed.com

Strandwanderungen und Herrschaftshaus

Derrynane

Ein beschilderter Naturlehrpfad mit 14 Stopps führt über Dünen und langen Sandstrand durch den Derrynane **National Historic Park** (120 ha). Herz des Nationalparks ist das **Derrynane House**, wo »The Great Liberator« Daniel O'Connell (1775 – 1847) lebte. Das ihm gewidmete Museum besitzt die Prunkkutsche, mit der er nach seiner Freilassung aus dem Gefängnis im Triumph durch Dublin fuhr.

Derrynane House: 17.3. – 30.9. tgl. 10 – 16.30, 1.10. – 6.11. tgl. 10 – 16, 7.11. – 11.12. Sa., So. 10 – 15 Uhr | www.derrynanehouse.ie | intritt: 5 €

Souvenir an Charly Chaplin

★ Waterville

Über den **Coomakista-Pass** (215 m ü. d. M.) mit herrlichen Ausblicken geht es hinab zur Ballinskelligs Bay. Church Island bewahrt eine Kirchenruine (12. Jh.) mit romanischem Portal, Reste von Mönchsbehausungen und Grabsteine mit christlichen Symbolen. In Waterville machte in den 1960ern **Charly Chaplin** regelmäßig Urlaub. Seine **Bronzestatue** und das Charly Chaplin Comedy Film Festival im August erinnern an ihn (Visitor Centre, https://chaplinfilmfes tival.com, www.visitwaterville.ie). Ringsum schlagen Anglerherzen wegen des Fischreichtums höher. Im **Kerry Dark-Sky Reserve** (70 000 ha) lassen sich Sirius und Milchstraße bestens beobachten (www.kerrydarksky.com). Ab Waterville führen zwei einsame Nebenstraßen quer über die bergige Halbinsel hinab nach Killorglin. Die Strecke lohnt sich!

Süße Versuchung

Ballinskelligs

Westlich trumpft die **Ballinskelligs Bay** mit guten Stränden auf. Das schöne **Cill Rialaig Art Centre** in Dun Geagan bei Ballinskelligs lädt zu Ausstellungen. Süßmäuler zieht es ins Puffin Café der **Skelligs Chocolate Factory** an der St Finian's Bay mit tollem Blick auf die Skellig Islands, wo sogar High Heels aus Schokolade gefertigt werden.

Art Centre: tgl. 11 – 17 Uhr | https://cillrialaigartscentre.com
Chocolate Factory: Mo. – Fr. 10 – 17, Sa., So. 12 – 17 Uhr
https://skelligschocolate.com

Piraten und Bienenkörbe

Portmagee

Das einstige Schmugglernest nördlich von Waterville geht auf den 1722 verstorbenen Piraten Captain Theobald Magee zurück. Heute ist »Möge die Macht« (May the Force) in aller Munde, vor allem im **Hotel The Moorings** (16 Z.) mit der **Bridge Bar** am Hafenpier, wo auch die Filmcrew von Star Wars nächtigte und Mark Hamill alias Luke Skywalker höchstpersönlich ein Guinness zapfte (regelmäßig Livemusik). An den bis 305 m hohen **Kerry Cliffs** wurden **steinerne Bienenkorbhütten** nachgebaut. Der Blick auf die Skellig Islands und Puffin Island ist fantastisch. Ab Parkplatz sind es 800 m Weg.

The Moorings: www.moorings.ie | **Kerry Cliffs**: tgl. 10 – 17, Sommer 9 – 19.30 Uhr, mit Café | https://kerrycliffs.ie | Eintritt mit Parkplatz 4 €

Nur gut 240 Bewohner, aber ein Café und Bistro: Knightstown auf Valentia Island

Attraktiver Inseltrip

★ Valentia Island und Skellig Islands

Die Rundtour (40 km) auf Valentia Island startet über die Brücke in Portmagee oder weiter nördlich mit der Fähre vom **Fährhafen Renard Point** nach Knightstown auf Valentia Island (5 Min.). Renard Point war bis 1960 Endstation der Bahnlinie von Killorglin. Im 19. Jh. wurde hier das erste Telegrafenkabel bis ins kanadische Neufundland zu Wasser gelassen. Irlands lustigstes Verkehrsschild »Fish Crossing« (Vorsicht: Kreuzende Fische!) steht an der Firma Quinlan's Kerry Fish (www.kerryfish.com), die hier Frischfisch und vor allem Hummer und Krebse für vier Läden am Ring of Kerry und Quinlan's Seafood Bar in Cork (14 Princes Street) verarbeitet. Zigfach von Michelin ausgezeichnet ist **O'Neill's The Point Bar**, wo formidable Krustentiere »from tide to table« serviert werden (Renard Point, Tel. 066 9 47 21 65; Do. bis Mo. ab 17.30 Uhr, www.oneillsthepoint.ie).

An der Brücke liegt **Skellig Experience** mit Tourismusinformation, Laden und Restaurant. Die Ausstellung präsentiert die Geschichte der Skellig Islands, das Mönchsleben (6. – 13. Jh.) sowie die Seevogel- und Unterwasserwelt. Ab hier und ab Portmagee Harbour starten Bootsfahrten zu den **Skellig Islands** – UNESCO-Welterbe, Vogelschutzgebiet und Schauplatz der Star Wars-Sage. Eine begrenzte Anzahl Besucher darf tgl. anlanden, bevorzugt wird die Inselumrundung im Boot.

Autofähre Valentia Island Car Ferry: Renard Point – Knightstown April – Juni Mo. – Sa. 7.45 – 21.30, So. 9 – 21.30, Juli/Aug. tgl. bis 22, Sept./Okt. bis 20.30 Uhr | Ticket: 5 €, Retourticket 8 €

Skellig Experience: März, Nov. Mo. – Fr. 10 – 17, Okt. tgl. 10 – 17, April – Juni, Sept. tgl. bis 18, Juli/Aug. tgl. bis 19 Uhr | https://skelligexperience.com | Eintritt: 5 €, mit Skellig Michael Sea Cruise (Inselumrundung; 2,5 Std.) 47,50 €, mit Skellig Michael Landing Tour (5 Std.) 115 €, mit Skelligs

Boat Tour (Trip zu beiden Inseln; 3 Std.) Landungsfahrt tgl. 9.30/10 Uhr, Umrundung tgl. 10, 12/12.30, 15 Uhr

Paradiesinsel »kurz vor Amerika«

Knightstown

Im **Valentia Island Cable Station Experience** in der alten Kabelstation von Knightstown erzählt von den ersten Atlantik-Kabelverlegungen bis 1866. Die Häuser der 40 Angestellten der Cable Station sind erhalten. Hingucker ist die **Town Clock** vom Ende des 19. Jh.s. Ein schöner Ausflug führt zu dem in einem Fort (16. Jh.) erbauten **Leuchtturm** Cromwell Point von 1841. Im **Mountain Park** lohnen die Fogher Cliffs und der höchste Inselberg Geokaun Mountain. 36 Infotafeln erklären das 360°-Panorama. In Kilbeg verwöhnt das **Valentia Island Farm House** mit fantastischer Eiscreme, z. B. Haselnuss, Pistazie, Mango, Erdbeere, Minze – aus Milch von glücklichen friesischen Kühen.

Valentia Transatlantic Cable Station: The Promenade April – Sept. tgl. 10.30 – 17 Uhr https://valentiaisland.ie, https://vhc.cablehistory.org Eintritt: 3,50 € | **Leuchtturm:** Mai – Okt. tgl. 10 – 17 Uhr Eintritt: 7,50 € **Mountain Park:** tagsüber zu Fuß/Rad 3 €, Motorrad 4 €, PKW 6 € www.geokaun.com | **Farm House:** Mai – Okt. tgl. 11 – 18, Juli/Aug. bis 19 Uhr | https://valentiaicecream.ie | Eintritt frei

Mutiger Priester

Cahersiveen

In der O'Connell Memorial Church von Cahersiveen wurde **Monsignore Hugh O' Flaherty** (1898 – 1963) bestattet, der vom Vatikan aus im Zweiten Weltkrieg die Flucht von 6500 Juden organisierte und den Spitznamen »Scarlet Pimpernel« (Scharlachroter Weinbergstern) trug. Sein Leben wurde mit Gregory Peck in der Hauptrolle 1983 in »The Scarlet and the Black« (»Im Wendekreis des Kreuzes«) verfilmt. Wanderer schätzen den **Beentee Loop Walk** ab Old Barracks (www.cahersiveen.ie) auf den Beentee Mountain (376 m .

Vom Golfstrom verwöhnt

Tal von Kells

Im Tal von Kells erschließen die **Kells Bay Gardens** mit Conservatory Café und Übernachtung im Kells Bay House schöne Pflanzensammlung aus der südlichen Hemisphäre auf 3 km Wanderwegen.

tgl. 9.30 – Sonnenuntergang | www.kellsgardens.ie | Eintritt: 8,50 €

Am Strand entlang galoppieren

★ Rossbeigh Beach

Bei herrlicher Aussicht auf das Meer und die Dingle Peninsula geht es nach Glenbeigh, wo Reiter am 11 km langen Blaue-Flagge-Strand Rossbeigh Beach durch die Atlantikgischt galoppieren dürfen. Gerard Burke bietet das unvergessliche Erlebnis (http://beachtrek.ie).

Kunst und feinster Black und White Pudding

Killorglin

Die **Seven Ages Art Collection** im Library Building widmet sich **Pauline Bewicks** sieben Dekaden eines Künstlerinnenlebens. Übernach-

SPUREN IM SAND

Wer liebte ihn nicht, den Moment, wenn die nackten Füße den Sand berühren und alle Sinne angeregt werden! Der grandiose Rossbeigh Beach lädt ein zu kilometerlangen, erholsamen und meditativen Spaziergängen – ob barfuß oder nicht. Man schmeckt die Luft, riecht das salzige Meer – und lässt alles hinter sich zurück.

tung bietet das viktorianische B&B **Carrig Country House** mit Lakeside Restaurant und herrlichem Garten (https://carrighouse.com). Leckeren, goudaähnlichen **Killorglin Cheese** bietet Wilma's Killorglin Farmhouse Cheese auf dem Farmers' Market in der Old Church im nahen Milltown (Tel. 087 9 78 79 44, Sa. 10.30 – 14, So. 13.30 – 16 Uhr) und auf dem Killorglin Country Market (Fr. 10 – 13 Uhr) an. Kathleen und John Paul O'Connor (Sásta Sausages, Cromane, Killorglin, Tel. 087 2 02 56 16) wurden mit ihren **Black Pudding** schon Blutwurst-Europameister, mit ihrem **White Pudding** 2015 sogar Weltmeister. Neben der traditionellen **Puck Fair** (Aug.; www.puckfair.ie) bietet Killorglin Süßes in Jack's Bakery (Lower Bridge Street; https://jacks-bakery.com) und **Räucherwildlachs** in den KRD Fisheries (am River Laune, https://krdfisheries.com). Nach der malerischen Ruine von **Ballymalis Castle** (16. Jh.) erlaubt der Pass Moll`s Gap nochmals schöne Blicke.

Art Collection: Mo.–Fr. 9 – 17 Uhr | https://paulinebewick.ie | Eintritt frei

Abstecher zu den hohen Bergen

Macgillycuddy Reeks

Die bewaldeten, teils kargen Macgillycuddy's – sprich »Macklikaddis« – Reeks sind aus rotem Sandstein und gehören zu den **höchsten Bergen** Irlands: der Carrantuohill (1038 m ü. d. M.), der Beenkeragh (1010 m ü. d. M.) und der Caher (1001 m ü. d. M.). Gute Startpunkte für die Bergtour auf den Carrantuohill sind die Jugendherberge am Nordhang der Macgillycuddy's Reeks oder der Parkplatz 1,5 km vom Youth Hostel. Reizvoll für weniger Geübte ist der erste Teil des Aufstiegs bis zur **Hexenschlucht** (Hag's Glen) und dem Lough Callee (1,5 Std.). Der zweite Abschnitt (2 Std.) führt über »The Devil's Ladder« (Teufelsleiter) und ist nur für Erfahrene geeignet.

Skellig Islands

Original Hollywood-Location

Skellig Rocks

Weltweit pilgern die Fans des Hollywood-Endlos-Blockbusters Star Wars (Krieg der Sterne) zu den Felseninseln der Skellig Rocks westlich der Iveragh Peninsula. Der Inselbesuch, ein Höhepunkt am Wild Atlantik Way, verlangt aber auch Vorsicht und sehr gute Kondition! Wie attraktiv die Inselgruppe ist, zeigen im Juli und Sept. 2015 erfolgte Aufnahmen für die Schlussszene des Ende 2015 in die Kinos gelangten Films Star Wars Episode VII »Das Erwachen der Macht« auf der auch Great Skellig genannten Hauptinsel Skellig Michael. Luke Skywalker und die Bienenkorbhütten der frühchristlichen Mönchseremiten, seit 1996 UNESCO-Welterbe, will jeder sehen. Und die Star Wars Episode VIII »Die letzten Jedi«, die im Dez. 2017 in die Kinos kam, beginnt hier. Übrigens schwamm 2007 der Ire Robert Bohane als erster von den Skellig Islands bis Portmagee in 6,5 Stunden.

Trip auf die berühmte Insel

★ Skellig Michael

Tagesbesucher können Skellig Michael aber nur in begrenzter Zahl und nur vom 14. 5. – 2. 10. besichtigen. Nach zwei tödlichen Unfällen 2009 gelten strenge Regeln für den Inselaufenthalt, der rund 2,5 Std. dauert: Der markierte Weg darf nicht verlassen werden, Anweisungen der Guides ist Folge zu leisten! Kinder sind in jedem Augenblick zu beaufsichtigen. Vorsicht: Hinauf zur Klostersiedlung (180 m) sind 618 Stufen zu bewältigen. Kondition und gutes Schuhwerk sind Pflicht! Auf den South Peak geht es nur mit Sondergenehmigung. Nur ausgewählte Anbieter sind für die Überfahrt nach Skellig Michael lizensiert. Boote legen in Portmagee, Cahirsiveen, Ballinskelligs oder Derrynane ab. Die Mönchssiedlung auf der zuvor unbewohnten Skellig Michael soll der hl. Finan im 6. Jh. gegründet haben. 618 (!) in den Stein gehauene Stufen, die Himmelsleiter, führen zum Sattel zwischen den beiden Felsgipfeln (bis 217 m). In der **Klostersiedlung** erwartet Besucher ein kurzer geschichtlicher Abriss. Die sechs **Bienenkorbhütten** stehen auf künstlich angelegten Terrassen unterhalb der Felspyramide. Zudem gibt es zwei steinerne, bootsförmige Betzellen (6. – 9. Jh.) und unterhalb Reste einer Kirche (12. Jh.?). Zum Komplex gehören Gärtchen, ein Brunnen, Grabsteine und die Reste einer Sonnenuhr. Bis ins 13. Jh. bewohnten jeweils 13 Mönche die Insel. Da Skellig Michael keine Quelle hat, sammelten sie Regenwasser in zwei Reservoirs.

Buchung Boot: 2 Tage im Voraus unter www.skelligmichaelcruises.com oder Skellig Michael Tours (https://skelligislands.com); Landing Tour 14.5. – 30.9. ab Marina Portmagee tgl. 8.30, 10 Uhr Ticket 115 – 120 €

Für Vogelfans

Little Skellig

Die zerklüftete Little Skellig ist ein **Vogelschutzgebiet** mit großen Papageientaucherpopulationen und darf nicht betreten werden. Boote umrunden die Insel und bringen Passagieren die Vögel und manchmal auch Seehunde näher. Fernglas nicht vergessen! Die Brutkolonie der Basstölpel, über 20 000 Paare, ist die zweitgrößte weltweit.

WELTENFLUCHT

Hoch oben auf der Felseninsel Skellig Michael und zwischen uralten Klostermauern drängt sich das Gefühl auf, der Welt und allem Bösen entfliehen zu können – wie der gealterte Luke Skywalker im Star-Wars-Film »Das Erwachen der Macht«. Hier gibt es nichts außer Steinen, grünem Gras, schreienden Vögeln und dem wilden Atlantik!

★★ KINSALE · CEANN SAILE

Republik Irland | **Provinz:** Munster | **Grafschaft:** Cork
Einwohner: 5280 | **Auskunft: www.kinsale.ie**

Aus Kinsale stammt die berühmte Piratin Anne Bonny. Sie wurde 1699 als uneheliche Tochter des Anwalts William Cormac und seiner Magd geboren – damals eine schwere Sünde. Nach einem gescheiterten Vertuschungsversuch zog die Familie in die USA. Dort heiratete Anne mit 13 Jahren den Teilzeitpiraten James Bonny. Vom Vater enterbt, zog sie in die Piratenrepublik Nassau (Bahamas) und wurde Geliebte und kämpfende Partnerin des berüchtigten Calico Jack Reckham, der die berühmte Totenkopf-Piratenflagge erfand. 1720 wurde die betrunkene Crew überwältigt, Calico gehenkt. Da sie schwanger war, entging Anne der Exekution und ihre Spuren verlieren sich.

Foodie-Treff

Kinsale, der südliche Start- bzw. Endpunkt des Wild Atlantic Way, wartet mit fast südländischem Charme, historischen Bauten, engen Gassen, buntbemalten Häusern, malerischem Hafen, sensationeller Gourmetküche und zahlreichen Aktivitäten von Angeln bis Yoga auf. Bis heute wühlt den Ort der Untergang des Passagierdampfers »Lusitania« von 1915 auf. Über 50 Restaurants, Pubs, Cafés, Bars, Gourmetläden und mit der Kinsale Mead Company (www.kinsalemeadco.ie) Irlands erster Met-Hersteller seit 200 Jahren machen Kinsale zur Foodie-Kapitale der Insel. Zudem ist Kinsale Transition Town und setzt auf Nachhaltigkeit!

Wohin in Kinsale?

Die »Lusitania«-Katastrophe

Lusitania Museum & Signal Tower

Am 7. 5. 1915 traf vor dem Leuchtturm Old Head of Kinsale ein Torpedo des deutschen U-Bootes U-20 die Lusitania. Es folgten »18 Minuten Chaos«, denn eine zweite Explosion erschütterte das Riesenschiff mit knapp 2000 Passagieren. 1198 davon starben – auch prozentual mehr als beim »Titanic«-Unglück. Im 1805 erbauten **Signalturm** Old Head ist im Parterre die Geschichte des Wachtturms zu sehen. Darüber dokumentieren im Lusitania **Museum** auch Artefakte den Untergang, u. a. ein 2011 geborgenes Bullauge. In den 1960er-Jahren fanden Taucher im Wrack 4,2 Mio. Schuss Munition, Schießbaumwolle und Schrappnellen, die die zweite Detonation

BAEDEKER ÜBERRASCHENDES

6X

EINFACH UNBEZAHLBAR

Erlebnisse, die für Geld nicht zu bekommen sind

1. ÜPPIG

Im Südwesten verwöhnen gelber Stechginster und **sattes Grün** das Auge bis zum Hochsommer. Die üppige irische Landschaft sorgt für heitere Stimmung.
(**z. B. ► S. 337, ► S. 428**)

2. STRESSFREI

Stress ist für die 100 Bewohner der paradiesischen Vogelinsel **Rathlin Island** ein Fremdwort. Vier Wanderwege führen unter wundervollen Licht- und Wolkenspielen zu 70 m hohen Klippen mit Tausenden Brutvögeln.
(**► S. 152**)

3. BLÜTENPRACHT

Mitten in der Bantry Bay und doch nur ein Viertelstündchen per Boot vom Strand von Glengarriff entfernt, präsentiert sich die vom Golfstrom verwöhnte Garteninsel **Garinish Island** als üppige, fast tropische Naturoase mit garantierter Ruhe- und Erholung. Mit Glück tauchen Seehunde auf.
(**► S. 80**)

4. HISTORISCH

Über 100 000 Objekte zur irischen Geschichte umfasst die Jackie Clarke Collection in **Ballina**. Seit 2012 öffnet in »Irlands Gedächtnis« auch der viktorianische Walled Garden.
(**► S. 73**)

5. WILD WAY

Wasser, Wellen, Klippen, Strände und wilde, unberührte Natur prägen die 2500 km lange Fernroute an der irischen Westküste, den **»Wild Atlantic Way«.**
(**z. B. ► S. 330, ► S. 347**)

6. BÖLLS INSEL

Auf **Achill Island**, der größten Insel vor Irlands Küste, besaß Heinrich Böll ein Cottage – im „Irischen Tagebuch" setzte er ihr ein Denkmal. 2017 wurde hier ein Strand „angespült".
(**► S. 398**)

KINSALE ERLEBEN

KINSALE TOURISM OFFICE
Emmet Place, Tel. 02 14 77 22 34
www.kinsale.ie

FISHY FISHY €€€
Martin Shanahan ist der Meister der Fischküche. Im Sommer sitzt man sehr schön im Garten. Am Tresen gibt es Kochbücher des TV-Küchenchefs.
On the Pier, Tel. 02 14 70 04 15
www.fishyfishy.ie

MAX'S €€€
Französisch-irische Küche der Spitzenklasse, dazu familiäre, angenehme Atmosphäre. Koch Olivier Queva ist berühmt für seine Saucen und Seafood-Gerichte. Vegetarische Menüs nach Vorbestellung, 2-Gänge-Menü 42 €, Desserts 5,50 – 8,50 €.
48 Main Street, Tel. 02 14 77 24 43
www.maxs.ie

ACTONS €€€
Nummer Eins in Kinsale! Mit großer Spa, Sidney's Bar & Brasserie sowie dem sehr guten hauseigenen Fisher Street Restaurant.
Pier Road, Tel. 02 14 77 99 00, 72 DZ, www.actonshotelkinsale.com

auslösten. Die Entrüstung über den Lusitania-Beschuss trug maßgeblich zum Eintritt der USA in den 1. Weltkrieg bei. 1917 zogen Freiwillige mit dem Ruf »Avenge the Lusitania« (»Rächt die Lusitania«) an die Front. Memorial Garden und Signalturm mit grandioser Aussicht bilden das Südende des Wild Atlantic Way. Ein neuer Museumsbau ist seit 2019 in Planung..
Lusitania Museum: Old Head of Kinsale | April – Okt. 10 – 17 Uhr
www.oldheadofkinsale.com | Eintritt: Memorial Garden frei, Tower 5 €

Geschichte wird lebendig

Regional Museum

In **Kinsales Courthouse** (1590, erweitert 1703) fanden am 10.5.1915 erste Gerichtsuntersuchungen zum Untergang statt. Auch dass hier eingerichtete Regional Museum befasst sich mit der Tragödie. Dazu veranschaulicht es die für Irland katastrophale **Schlacht von Kinsale** (3.1.1602): Englische Truppen unter Lord Monjoy besiegten die rebellierenden Iren unter den Häuptlingen Red Hugh O'Donnell und Hugh O'Neill. Ken Thompsons »Stone of Destiny« (Schicksalsstein), ein leerer steinerner Häuptlingsthron, erinnert am Schlachtort Millwater bei Kinsale an die 1200 Toten.
Kurios im Museum sind die Stiefel des **Kinsale Giant**: Der 18-jährige Patrick Cotter O'Brien (1760 – 1806), er maß wohl acht Fuß und drei Inches (ca. 2,47 m), wurde als »nature freak« in London ausgestellt.
Market Square | Di. – Do. , Sa. 10 – 14, Fr. 10 – 13.30 Uhr | Eintritt frei

Für Iren verboten!

Im englischen Kinsale durften Iren bis Ende des 18. Jh.s nicht wohnen. Der Kriegshafen an der Mündung des Brandon River wurde befestigt: Dem zerstörten Fort James gegenüber besitzt am Ostufer das sternförmige Charles Fort (1677) bei Summer Cove 12 m hohe Mauern! Bis 1922/23 waren hier englische Kasernen.

Charles Fort

Tgl. 10 – 18, 1.11. – 15.3. bis 16.30 Uhr
Eintritt: 5 €

Lebhafter Hafen

Am Fischerei- und Jachthafen (Pier R) erinnern Bronzebüsten an die in Kinsale geborenen Antarktis-Helden und Brüder Tim (1888 – 1917) und Mortimer McCarthy (1882 – 1967). Nahebei steht die Installation »**The Great Wall of Kinsale**« der Irin Eilis O'Connell und ein Denkmal für ertrunkene Seeleute. Legendär stach Alexander Selkirk hier in See, aus dem Daniel Defoe »**Robinson Crusoe**« machte. Auch das Restaurant »Man Friday« erinnert daran (www.manfridaykinsale.ie). Das **B&B Old Bank Townhouse** im Zentrum war 2021 Irlands Guest House des Jahres (10/11 Pearse St, www.oldbankhousekinsale.com).

Hafen

Irischer Met vom Feinsten

Kate & Denis Dempsey öffnen ihre »Meadery« für Besichtigung und Degustation von vier edlen, preisgekrönten Honigweinen. Hazy Summer Mead aus sechs Beerenarten und Honig probieren!

Kinsale Mead Company

Unit 5, Barrack Lane
Tel. 021 4 77 35 38 | Tour: März – Okt. Di – So 12, 14, 16 Uhr
www.kinsalemeadco.ie | Ticket: 15 €

Nine Eleven

2 km hinter dem Trident Hotel erinnert der Garden of Remembrance an Michael Judge, einen irischstämmigen Kaplan der New Yorker Feuerwehr, und 343 Feuerwehrmänner, die beim Terroranschlag 2001 ihr Leben ließen (Zugang frei).

Ringfinnan Garden of Remembrance

Clonakilty und Umgebung

Strandurlaub pur

Beliebtestes Ziel in **Clonakilty** an der reizvollen Haven Coast sind die zwei **Sandstrände** auf der vorgelagerten Halbinsel Inchydoney mit der Inchydoney Island Lodge & Spa samt Gulfstream Restaurant und Dunes Pub & Bistro. Die **Surfschule** (https://inchydoneysurfschool.com) führt Colum McCauley. Da Clonakilty als erstes irisches Dorf einen kommunalen Radverleih (www.clonbike.com) einführte, ist etwa auch der 7 km entfernte Owenahincha Sandstrand mit Dünen gut erreichbar.

Halbinsel Inchydoney

Black & White Pudding-Kapitale

Clonakilty

Die **Clonakilty Food Company** ist für viele bester Hersteller von Black & White Pudding. Das 2021 eröffnete Visitor Centre erzählt die lange Manufakturgeschichte der zum »Superfood« geadelten Würste. Vodka & Gin produziert die **Clonakilty Distillery** und lädt zur Degustation. Kate Ryan führt auf der Clonakilty Walking Food Tour zu weiteren lokalen Spezialitäten und über den **Farmers's Market** (Fr. 11 – 15 Uhr ab Aris Café, Asna Square; www.flavour.ie; Ticket: 50 €). Eine Bronzestatue und ein Museum erinnern am Emmet Square an **Michael Collins** (1890 – 1922). Der irische Unabhängigkeitskämpfer soll 1903 – 1905 in dem Eckhaus gewohnt haben.

Michael Collins House: Mai – Sept. Di. – Sa. 10 – 17, sonst Mi. – Sa. 10 – 17 Uhr | www.michaelcollinshouse.ie | Eintritt (Führung, 1 Std.; alle 20 Min.): 5 € | **Clonakilty Food Company:** Western Rd Mo. – Sa. 9.30 – 16.30, So. 11 – 16.30 Uhr | https://clonakiltyblackpudding.ie Eintritt (Führung, 1 Std.): 10 € | **Clonakilty Distillery**: Clarke Street April – Sept. tgl. 11.30 – 18, sonst Mi. – So. 11.30 – 18 Uhr | https://clonakiltydistillery.ie | Führungen 18 – 35 € | Gin-Schule 59 €

Ein Heiliger und ein Freiheitskämpfer

★ Timoleague

Die 1240 gegründete Franziskanerabtei im Dorf Timoleague wurde von gälischen und normannischen Adligen gestiftet und stand Mönchen beider Volksgruppen offen. Beim **Dorffest** im August wird der hl. Molaga gefeiert, der die Bienenzucht nach Irland gebracht haben soll. Sehenswert sind die 1920 vom indischen Maharadscha von Gwalior gestifteten **Mosaiken** der Church of Ireland. Tim Crowley bietet zwei Touren (1,5 – 4 Std.) zu Originalschauplätzen im Leben des »Big Fella« Michael Collins. Das private **Michael Collins Centre** widmet sich der Vita des Unabhängigkeitskämpfers. Ein 100 m langes Straßenstück stellt des Hinterhalt nach, dem Collins 1922 zum Opfer fiel.

Michael Collins Centre & Memorial Park: Castleview, Ballinoroher https://michaelcollinscentre.com | Führungen Juni bis Sep. (90 Min., 7 €) | Mo. – Fr. 12 u. 14, Sa. 12, Juli/Aug. Mo. – Fr 11, 13, 15, Sa. 12 Uhr

CLONAKILTY ERLEBEN

CLONAKILTY TOURIST OFFICE

25 Ashe Street
Di–Sa 9 – 17 Uhr
Tel. 02 38 83 32 26
www.clonakilty.ie

INCHYDONEY ISLAND LODGE & SPA €€€€

Irlands Top-Spa- und Wellness-Resort wurde schon sieben Mal zur Nummer Eins gekürt.
Tel. 02 38 83 31 43, 67 Zi. u. Suiten, www.inchydoneyisland.com

Paradies für Golfer, Reiter und Angler

Lisselan Estate

Das Anwesen Lisselan Estate ist ein Dorado für Golfer (Par-72-Kurs) und Reiter, Angler fischen Lachs und Forelle im Argideen River. Neben dem Herrensitz im französischen Landhausstil liegen die sieben um 1850 angelegten, wegen ihrer prächtigen Fuchsien bekannten **Estate Garden**s, die seit 2021 im Besitz der »Black Pudding-Königin« Colette Twomey, Eignerin der Clonakilty Food Company, sind, die hier viel Geld investieren will. Seit 1934 gehört zum Areal auch das kleine Familienanwesen des Automagnaten **Henry For**d, dessen Vater William von hier stammte.

Hübsche Ruine

Coppinger's Court

Die Herrenhausruine Coppinger's Court (17. Jh.) beeindruckt mit malerischen Türmchen und Giebeln. Ganz in der Nähe, in Woodfield, Sam's Cross, wurde 1890 der irische Unabhängigkeitskämpfer **Michael Collins** geboren (ausgeschildert).

Stimmungsvoll und mystisch

Steinkreis von Dromberg

2,5 km vom Urlaubsort **Glandore** entfernt stehen die **17 Steine** des Steinkreises von Drombeg (Dromberg Stone Circle). In seiner Mitte wurden verkohlte menschliche Skelettreste entdeckt, nur wenige Meter entfernt die Reste zweier Rundhütten aus späterer Zeit (2.–4. Jh.).

Skibbereen und Umgebung

Ein sympatischer Fischereihafen

Skibbereen

Anmutig am Ufer des River Ilen liegt das Marktstädtchen Skibbereen. Den Fischereihafen, kurz »Skibb«, okkupierten englische Siedler ab 1631. In den **Old Gasworks** präsentiert das Skibbereen Heritage Centre die Hungersnot der 1840er-Jahre, die hier besonders heftig wütete, sowie den nahen Lough Hyne mit Naturpfad (Nature Trail).

Im Sommer und Herbst steigen das Skibbereen Arts Festival und das Food Festival. Durch den Ort führt der 4,7 km lange **Skibbereen Trail**, vorbei an den Attraktionen, etwa der St Patricks Cathedral von 1826. Kunstausstellungen präsentiert im 2015 eröffneten Neubau das West Cork Arts Centre mit Kalbo's Café.

Heritage Centre: Upper Bridge Street | 15.3. – 31.10. Di. – Sa. 10 – 18 Uhr | https://skibbheritage.com | Eintritt: 6 €
Tourist Office: North Street | Tel. 086 2 38 83 00 | Mi. – So. 10 – 14 Uhr | www.skibbereen.ie | **Skibbereen Arts Festival**: Okt. www.skibbereenartsfestival.com
Food Festival: Sept. | www.atasteofwestcork.com **Kunst**: Mo. – Sa. 10 – 16.30, Café Di. – Sa. Uhr | www.westcorkartscentre.com

Die Spitze im Südwesten

★★ Mizen Head

Exponiert und hoch über dem Atlantik war die attraktive Südwestspitze Irlands, Mizen Head (230 m ü. d. M.), seit je wichtig für den Schiffsverkehr. Unzählige Schiffswracks liegen weit vor der Küste rund um den Fastnet Rock, dem Wendepunkt der jährlichen weltberühmten Segelregatta des Fastnet Race. Das **Visitor Centre** befindet sich seit 2007 im neuen Gebäude nahe der 1906 gebauten Fog Signal Station (Nebensignalstation) auf Cloghane Island. Diese erreicht man zu Fuß über die 2011 neu gebaute, preisgekrönte **Mizen Head Bridge**, auch Arched Bridge genannt. Prämiert ist auch das **Museum**, das ein Modell des Leuchtturms Fastnet Rock (1:10), die Geschichte der Nebelsignalstation und sogar die Hobbys der Leuchtturmwärter vorstellt. Diese jagten bei Schlechtwetter alle drei Minuten Explosives gen Himmel, um die Schiffe zu warnen. In der **Mizen Hall** beeindruckt eine Gezeitenuhr, im **Mizen Café**

BAEDEKER MAGISCHE MOMENTE

GISCHT UND EINSAMKEIT

Über eine Brücke geht es an Irlands äußerster Südwestspitze Mizen Head hoch über dem rauen Atlantik zum Leuchtturm. Bei mächtiger Brandung und hoher Gischt wird die Kraft des Ozeans sicht- und spürbar. Die Halbinsel nördlich davon, das menschenleere Sheep's Head, ist ein Wanderparadies.

locken Pattis Scones und Margarets Kuchen. Vier neue Pfade erschließen das Gebiet. Zu sehen ist auch die vom italie-nischen Radiopionier Marconi errichtete Hütte für Radioübertragungen.

Mizen Head Signal Station: Goleen | April, Mai u. Sept./Okt. tgl. 10.30 – 17, Juni – Aug. tgl. 10 – 18, Nov. – März Sa., So. 11 – 16 Uhr https://mizenhead.ie | Eintritt: 7,50 €

Halbinsel mit zwei Fingern

Mizen Peninsula

Ringstaßen erschließen die Mizen Peninsula mit den Orten Crookhaven, Schull, Goleen und Toormore. Marconi weilte regelmäßig in Crookhaven, um den Telegrafenaufbau nach Amerika von hier aus voranzutreiben. Obschon von nur 59 Menschen bewohnt, öffnen hier drei Pubs (O'Sullivans, Nottages, Crookhaven Inn). Szenen für Star Wars Episode VIII »Die letzten Jedi« wurden an Brow Head gedreht, wo Marconi vom Signalturm von 1804 erste Signale mit dem Fastnet Rock herstellte. Schull punket bei Seglern und mit dem Pladem sehr guten **Gubbeen Farm House Cheese**, wo Räucherdelikatessen (Salamis) aus dem Smokehouse und Qualitätsküchenmesser angeboten werden.

Planetarium: Colla Road | Shows Juli/Aug. Mo. und Fr. 17, Mi. 20 Uhr www.schull.ie/what-to-do/schull-planetarium/ | Eintritt: 6 € **Gubbeen Farmhouse** Schull Käse | Tel. 028 2 82 31 | www.gubbeen.com

Tour im Umland von Skibb

★ Liss Ard Gardens

Die nähere Umgebung von Skibb lässt sich ideal mit **Mieträdern** oder Touren von West Cork Cycles erkunden. Der Deutsche Veith Turske legte nur 1 km von Skibb an der Castletownshend Road mit den **Liss Ard Gardens** einen magischen Naturgarten an. Den berühmten grünen »Crater« (Krater), auch Irish Sky Garden genannt, schuf US-Künstler James Turrell, mit dem Thema »Licht« befasste sich der Schweizer Architekt Gert Burla. In der luxuriösen **Liss Ard Lake Lodge** mit neu gestaltetem Restaurant und interessanter Geschichte, sie war sogar einmal als Sitz einer möglichen Schweizer Exilregierung auserkoren, übernachteten schon Rock-Ikonen wie Oasis, Patti Smith, Lou Reed, Van Morrison oder Nick Cave.

Am Ortsrand von Castletownshend steht **Drishane House**. Im 19. Jh. lebten hier die Schriftstellerinnen Edith Somerville und Violet Martin, denen ein kleines Museum gewidmet ist. Drishane House ist am West Cork Garden Trail. Nordwestlich ragt das mächtige **Fort von Knockdrum** auf, ein 3 m dicker Ringwall.

Radtouren: http://cyclewestcork.com | **Liss Ard Gardens**: Sky Garden nur für Hotel- oder Restaurantgäste nach Online-Voranmeldung oder an der Rezeption | https://lissardestate.ie | Eintritt: 5 €
Drishane House: Mai, 13.8. – 21.8. und 2.10. – 21.10. tgl. 11 – 15 Uhr https://drishane.com, https://westcorkgardentrail.com
Eintritt: 10 €, nur Garten und Museum 6 €

Walen und Delfinen zusehen

Baltimore

Das freundliche Baltimore zieht Angler und Segler an, von April bis Dezember lassen sich mit etwas Glück Minkwale und Delfine beobachten. Im ab 1215 erbauten Dún na Séad Castle am Hafen thematisiert die Freibeuterausstellung auch den algerischen **Piratenüberfall** 1631. 107 Bewohner Baltimores wurden in die Sklaverei nach Nordafrika verschifft. Aber auch schon zuvor betrieb der die Burg beherrschende O'Driscoll-Clan Piraterie.

Dún na Séad Castle: März – Okt. tgl. 11 – 18 Uhr
www.baltimorecastle.ie | Eintritt: 5 €

Viele Inseln verstreut im Meer

Carbery's Hundred Isles

Nahe Baltimore liegen im Meer zig Felsen, bekannt als **Carbery's Hundred Isles**, einige der größeren sind bewohnt. **Sherkin Island** hat drei schöne Strände – der schönste ist der Silver Beach – sowie Ruinen einer Burg und eines Franziskanerklosters (1460), das 1537 aus Rache von Seefahrern und Kaufleuten aus Waterford zerstört wurde, weil die O'Driscolls ihnen 100 Fässer Wein stibitzt hatten. Die Sherkin Island Ferry (www.sherkinferry.ie; Ticket: 6 €, retour 12 €) fährt nach Sherkin (https://sherkinisland.ie), wo man übernachten und in Murphy`s Pub einkehren kann. 40 Fährminuten sind es zu den »Capers« genannten 170 Insulanern auf **Clear Island**. Hier wird Traditionelles bewahrt, man spricht Irisch. St Kieran's Church (12. Jh.) am Nordhafen und eine alte Steinsäule mit Kreuz zeugen von früher christlicher Besiedlung. Die Insel hat einen Laden, ein Pub und Restaurant und lockt Vogelfreunde an. Im **Cape Clear Heritage Centre** mit Museum wird der Fastnet Rock multimedial gezeigt. Relativ nahe an Baltimore, doch abseits vom Weltgeschehen ist die mit Heir Island Ferry erreichbare, friedlich stille **Heir Island**. Ihr Hauptort heißt dennoch Paris! Es gibt einen Laden, ein Restaurant und Übernachtungsmöglichkeit, eine Segelschule und einen sehr guten Sandstrand. Ab Baltimore kostet das Retourticket nach Clear Island 18 €, die Tour zum Leuchtturm Fastnet Rock 44 € www.capeclearferries.com).

Cape Clear Heritage Centre: : Juni – Sept. tgl. geöffnet | http://capeclearmuseum.ie, www.capeclearisland.ie | Eintritt: Spende

Heute ein Künstlerdorf

Ballydehop

Ballydehop (270 Einw.) lebte einst vom Kupferabbau, heute vom Tourismus. Bewohner stifteten kurioserweise einem Weltmeister im Wrestling (1935), Danno O'Mahony, ein Bronzedenkmal. Sein Spitzname war »Irish Whip«, die irische Peitsche. Unbedingt sollte man einen Stopp in den Cafés an der Main Street einlegen. Das Schauspielerpaar Jeremy Irons und Sarah Cusack kaufte nahebei Kilcoe Castle (13. Jh.) und sorgte für Aufregung, als sie es pink anstreichen ließen. Carol James, die auch im Ort unterrichtet, schuf die Statuen im Dorf (www.ballydehob.ie).

★ LETTERKENNY · LEITIR CEANAINN

Republik Irland | **Provinz:** Ulster | **Grafschaft:** Donegal
Einwohner: 19 270 | **Auskunft: www.govisitdonegal.com**
www.letterkennytidytowns.com

Das County Donegal besticht durch spektakuläre Klippen, einsame Sandstrände und natürlich dem nördlichsten Punkt Irlands, Malin Head, auf der grandiosen Halbinsel Inishowen.

Grandiose Klippen im Norden

Die »Kathedralenstadt« Letterkenny am River Swilly ist der pulsierende, größte Ort im Co. Donegal und ideal für Exkursionen zu den mächtigen Glens im Hinterland des Wild Atlantic Way. Attraktiv ist der Glenveagh Nationalpark bei Churchill. Letterkenny ist auch so etwas wie das Tor zu den wilden Inseln und Halbinseln im Norden.

Wohin in Letterkenny?

Moderne Seiten

Grasshouse

Modernisten schwören auf die Letterkenny als historisches Zentrum des Warenverkehrs rühmende **Skulptur »Polestar«** aus 104 Holzstäben. Das imposante, 12 m hohe Werk im Kreisverkehr Port Bridge schuf 2006 Locky Morris aus Derry. Ökologen schätzen das neue **Public Services Centre**, Neil T Blaney Road, der Architektengruppe MacGrabhann, dem internationaler Rang zugeschrieben wird. Wegen des Grasdachs heißt es auch »Grasshouse«. Berühmt ist Irlands schönste Stadt 2015 für gleich drei Shopping Centre und vor allem für das Nachtleben an der Upper Main Street.

Das Wahrzeichen der Stadt

St Eunan's Cathedral

Die neogotische St Eunan's Cathedral (1901) liegt »an den Hügeln der O'Cannons«. Architekt William Hague dachte auch an keltische Ornamente und Glasmalereien. Oberhalb des Market Square ist die Mount Southwell Terrace von 1837 ein Hingucker.

Geschichte und Kultur

County Museum

Das County Museum im Arbeitshaus von 1843 im Neo-Tudor-Stil zeigt **Donegals Geschichte** bis ins 20. Jh. Kulturelle Impulse setzen Donegals größtes Theater, das An Grianán (Sonnentempel) Theatre, dahinter seit 2007 das Regional Cultural Centre und das Letterkenny Crafts & Design Studio, Joe Bonnar Road, mit bestem Kunsthandwerk aus Donegal.

County Museum: High Rd Mo. – Fr. 10 – 12.30, 13.30 – 16.30, Sa. 13 bis 16.30 Uhr www.donegalcoco.ie/culture/countymuseum | Eintritt frei
Regional Cultural Centre: 46 Port Road
https://regionalculturalcentre.com

Rund um Letterkenny

Naturparadies mit illustrem Schloss

★ Glenveagh National Park & Castle

Besonders schön ist die raue Natur im **Glenveagh National Park** zu erleben. Per Rad (Verleih am Parkplatz) sind die Trails in dieser unberührten, lange als Jagdrevier mit viel Rotwild genutzten Gegend am besten zu erkunden. Ab dem Visitor Centre mit Ausstellung spaziert man oder fährt im Shuttle-Bus (ein Weg 1,50 €) 3,7 km bis zum **Glenveagh Castle**, das der exzentrische George Adair errichtete. Der Kaufmann und Immobilienhai hatte das Areal um 1860 erworben. Seine US-amerikanische Witwe legte den herrlich blühenden **Park** mit Bali-Statuen, Palmen, Alpengarten, Toskana-Arboretum und Swimming Pool am Lough Gartan an.
Nach ihr fanden im Schloss weitere US-Vermögende ihr Urlaubsglück, u. a. ein Harvard-Professor für Kunstgeschichte. Seinen Einladungen folgte Hollywood-Prominenz: Greta Garbo nächtigte hier im Erkerzimmer, freute sich über die wärmende Kupfer-Bettpfanne und genoss das Frühstück im Bett. Die Herren verlustierten sich gern am gläsernen Whiskey-Spender im Dining Room, wo zu jedem Dinner ein neues Service aufgedeckt wurde. Berühmt wurde der Park 2001, als die Macher einer britischen TV-Dokumentation über die Neandertaler eine der französischen Dordogne vor 30 000 Jahren ähnelnde Landschaft suchten und hier fündig wurden! Doch dann entrüsteten sie das TV-Publikum, als sie Ur-Neandertalerinnen andichteten, diese hätten Nahrung gegen Sex getauscht, seien so erste Prostituierte gewesen. Heute lächeln die Gäste im schönen Innenhofcafé des Schlosses darüber.
Glenveagh National Park, Visitor Centre: Church Hill, Letterkenny März – Okt. tgl. 9.30 – 17.30, sonst 9 – 16.45 Uhr | Shuttle-Bus April bis Okt. 9.30 – 17.15, letzter Bus zum Schloss 16.30, sonst 9.15 – 15.45 Uhr www.glenveaghnationalpark.ie | Eintritt: Park frei, Schloss 7 €

Das Haus am See

Glebe House

Der englische Maler und Kunstsammler Derek Hill erwarb 1953 das prächtige Glebe House am Ufer des Lough Gartan. Die **Glebe Gallery** zeigt 300 Gemälde und Zeichnungen, u. a. Degas, Renoir, Picasso, Jack B. Yeats, Kokoschka. Im Haupthaus (1828) sind Textilien von William Morris und Kunst zum Islam und zu Japan zu sehen.
Glebe House: 29.5. – 30.9. tgl. 11 – 18.30, Okt. bis 17.30 Uhr
https://glebegallery.ie | Eintritt: Galerie frei, Haus 5 €

Unberührt und still, ein Paradies: der Lough Veagh im Glenveagh National Park

Das Leben des Heiligen

Dem Leben und Werk des hl. Kolumban d. Ä. (St Colmcille) widmet sich das **Colmcille Heritage Centre** in Gartan. Wer einst aus der ausgestellten Glocke (Replik) des Heiligen trank, wurde von allen Krankheiten geheilt. Auf dem flachen Stein in Lacknacoo gebar Mutter Eithne den Heiligen.

Colmcille Heritage Centre

Colmcille Heritage Centre: Ostern, Mai – Sept. Mo. – Sa. 10.30 bis 17, So. ab 13.30 Uhr | www.colmcilleheritagecentre.ie | Eintritt: 3 €

Tropisches Flair

In **Loughnagin** ist das Tropical World mit Garden Centre die Attraktion. Im Mini-Zoo flattern unzählige Schmetterlinge und 200 Vögel (Eulen, Papageien) in Volieren. Größte Highlights sind eine Riesenschildkröte, Meerkatzen und Lemuren.

Tropical World

März – Sept. Mo. – Sa. 10 – 17.30, So. 13 – 17.30 Uhr
https://tropicalworld.ie | Eintritt: 9 €

Hübsche Hafenszenerie

Im historischen **Hafenort** Rathmelton bzw. Ramelton (1270 Einw.) lohnen hübsche georgianische Häuser und die romanischen Ornamente an der Ostmauer der Ruinen der Tullyaughnish Church.

Rathmelton

Getreide- und Flachsmühlen

Newmills

Im Dorf Newmills informieren die bis zu 400 Jahre alten Häuser der Newmills **Corn & Flax Mills** über die Verarbeitung von Getreide und Flachs. Der Spazierweg am Fluss führt zur alten Hütte eines Flachsschwingers und zu einer Dorfschmiede.

Mai – Sept. tgl. 10 – 18 Uhr | Eintritt frei

Ausbrecher- und Krimitouren

Lifford

In Donegals administrativer Hauptstadt (1630 Einw.) hat sich das House (Mitte 16. Jh.) zum preisgekrönten **Seat of Power Heritage Centre** mit Bistro gewandelt. Da hier das Gefängnis war, sind die »Jail Break«-Touren (60 Min.; 12 €), auf denen man aus einer echten Gefängniszelle ausbrechen kann, der Renner. Das Bistro serviert auch Afternoon Tea, wenn man tags zuvor vorbestellt (Tel. 074 9 14 17 33; 15 €). Moderne Kunst zeigt die Cavanacor Gallery.

Court House: Mo. – Fr. 10 – 16.30, Bistro 10 – 13.45 Uhr https://liffordoldcourthouse.com | Eintritt (Führung): 7,50 € | **Cavanacor Gallery**: Ballintrait: Di. – Sa. 12 – 18 Uhr | www.cavanacorgallery.ie

Von Trockenmauern geprägtes Küstenland

The Rosses

Donegals **buchtenreiches Gebiet** zwischen Gweebarra Bay und Inishfree Bay gilt als Geheimtipp in den Northern Headlands des Wild Atlantic Way. Die Rosses präsentieren sich als fast unberührtes flaches Küstenland mit grauen Felsen, Seen und mit Trockenmauern eingefassten Feldern; die R 259 führt am Atlantik um sie herum. Hier wird noch überwiegend Irisch gesprochen. Einziger größerer Ort ist **Dungloe** (1160 Einw.). Sein offizieller irischer Name An Clochán Liath, »grauer Trittstein«, bezieht sich auf einen Granitstein im Fluss, der vor dem Bau der ersten Brücke 1762 beim Queren hilfreich war. Das Bridge Inn mit Steppers' Bar & Grill, Lower Main Street, erinnert daran. Im Juli/Aug. strömen Besucher zur Livemusik beim Mary From Dungloe Festival (www.maryfromdungloe.ie). Am Crohy Head stößt man auf schöne Klippen und Höhlen. Iain Miller bietet ultimativen Nervenkitzel mit maßgeschneiderten Outdoor-Touren.

Outdoor-Touren: Unique Ascent Falcarragh | https://uniqueascent.ie Bergwandern, Felsklettern und Seekajak-Touren mit dem Sea Stack (Klippenpfeiler)-Kletterer Iain Miller

Spektakulärer Inseltripp

Arronmore Island

Eine weitere Attraktion ist Arronmore Island, bisweilen Aran Island genannt. Sie ist vom Fischerort **Burtonport** per Autofähre erreichbar. In Burtonport werden angeblich die meisten Lachse und Hummer in Irland angelandet. So führen mehrere Restaurants fangfrischen Lobster (Hummer) und Meeresfrüchte auf ihrer Speisekarte. Mit ein bisschen Glück sehen Sie ab Mai bei Überfahrt zur Insel Delfine. Die 522 Insulaner leben von Fischfang und Tourismus.

Der **Wanderweg Arranmore Way** erschließt die wilde, heidebedeckte Inselhochfläche; die vorgelagerte Green Island ist Vogelschutzgebiet. Im Westen und Norden ragen die Klippen bis 120 m auf. Der **Leuchtturm** von 1898 war bis 1982 bemannt. Auf dem Hill of the Egal nisten Seeadler. Das **Beaver Island Memorial** erinnert an die seit 1851 erfolgte Emigration vieler Arranmore-Bewohner nach Beaver Island (Biberinsel) im Great Lake (Michigan, USA). In Uilinn im Inselsüden soll ein Captain Conyngham aus Cromwells Armee in der Cave of Slaughter (Massakerhöhle) 90 Frauen und Kinder getötet haben.

Autofähre ab Burtonport: Mo. - Sa. 5- bis 7- mal, So. 4- bis 7-mal tgl. 15 Min. | Retourticket: 15 €, Auto mit Fahrer 30 €, mit weiteren Passagieren 45 € | https://arranmoreferry.com
Inselinformation: www.arainnmhor.com

Bloody Foreland und Umgebung

Blutrot im Sonnenuntergang

Bunbeg

Der gälische Name der Landzunge am Nordwestende der Northern Headlands des Wild Atlantic Way lautet Cnoc Fola, »blutiger Berg«. Denn bei Sonnenuntergang ist die Felsenküste blutrot gefärbt. Bunbeg an der Gweedore Bay ist berühmt für **Gälischkurse** und **Irish Folk**. Ein Pub-Abend sollte in jedem Fall drin sein. Die Gruppe Clannad wurde in Gweedore groß. Größte Attraktion in Bunbeg ist das **Wrack der Cara Na Mara** (»Freund des Meeres«) am sandigen Magheraclogher Beach. Es strandete in den 1970er-Jahren. Beliebt ist die Sandbucht Illannamarve, 2 km vom Donegal Airport, wo Seekajaktouren starten.

Wanderweg und Livemusik

Coastal Walk

Wanderfans begeben sich auf den moderaten **Bloody Foreland Coastal Walk** (max. 13 km) bis Foreland Point. Ein Stopp bietet sich in Derrybeg im Teac Jack, wo täglich Livemusik spielt, Do. ab 22 Uhr sogar zum traditionellen Céili (www.teacjack.com).

Attraktionen am See

Lough Dunlewy

Im Lakeside Centre am lachsreichen Lough Dunlewy studiert man die traditionelle **Woll- und Tweedherstellung** (mit Laden und Restaurant; So. 13.30–15 Uhr Livemusik). Für den Mount Errigal (751 m ü. d. M.) nördlich des Sees muss man kein routinierter Bergsteiger sein (Aufstieg: 2 Std.). Der Weg beginnt am Parkplatz an der R 251.

April - Okt. tgl. 10.30 - 17 Uhr | http://dunleweycentre.com

Auf die Trauminsel

Tory Island

Von Bunbeg und Magheroarty, zwei Küstendörfern, legen **Fähren** nach Tory Island ab, die schon ziemlich weit draußen im Atlantik liegt.

Im hellen Tageslicht ist Bloody Foreland einfach nur »wild«, bei Sonnenuntergang wird es »bloody«.

Bis zu seinem Tode empfing »Inselkönig« Patsy Dan Rogers die Gäste. Der Maler war 1993 – alter Inseltradition folgend – von den 144 Insulanern per Konsensentscheid zum »Rí Thorai« (King of Tory) ernannt worden. Seit 2018 ist die Königsposition vakant. Das Inselvölkchen hat sich so entschieden. Auf Tory Island kann man zu archäologischen Stätten oder zu Vogelkolonien aufbrechen oder auf Führungen mehr zu den mythischen Helden der 4000 Jahre alten Inselgeschichte erfahren (Information/Buchung: Tel. 074 9 13 55 02; www.oileanthorai.com). In Dixon's Gallery stellen Inselkünstler aus, deren Werke auch die Galerie im Glebe House (►S. 340) zeigt. Regelmäßig finden Ceili, Tanzvergnügen mit Livemusik, im Club na Maighdine Mara statt.

Die Insel, an drei Seiten vom 90 m hohen Klippen begrenzt, besitzt einige **mystische Orte**. Doch **Dún Bhaloir**, **Balor's Fort**, ist nur über eine schmale Meerenge erreichbar. Wie Polyphem war Balor ein einäugiger Berserker mit Bärenkräften. Auf den Wishing Stone an den Klippen nördlich des Forts gehen nur Verrückte. Es reicht, drei Steine auf ihn zu wefen, damit der Wunsch erfüllt wird. Interessant ist das T-förmige Tau Cross (12. Jh.), eines von zweien in Irland.

Fähren vom Magheroartry Pier nach Tory Island: ganzjährig Mo. – Sa. 3-mal, So. 2-mal tgl. | www.toryferry.com
Retourticket: 25 €

Noch mehr Inseln

Inseln der Gweedmore Bay

Weitere Inseln in der Gweedore Bay sind **Innishinny** und **Gola**. Auf den dortigen Rundkursen lockt wildromantische Einsamkeit. Historische Führungen und Sportangebote bietet Gola Island Adventures (www.gaothdobhair.ie/en/gola-island-adventures). Fähren setzen ab Magheragallon Pier in Bunbeg über..

Gola Ferry Service: Bunbeg, Tel. 087 2 24 58 81 | Juni – Sept. tgl. 11 – 18 Uhr | www.donegalislands.com

Horn Head

Coolster Ort Europas

Dunfanaghy

Das Kap Horn Head und der Ferienort Dunfanaghy hoch im Norden des Wild Atlantic Way wurden 2017 wie das County Doengal zum »coolsten Ort« Europas gekürt. Auch Gourmets fühlen sich hier heimisch, besonders im Restaurant »The Mill«, wo Susan Alcorn bis 2020 eines der besten irischen Restaurants führte. Nun konzentriert sie sich auf ihr **Guest House** (►S. 346) und erhielt prompt Auszeichnungen für das herausragende Frühstücksangebot. Da dürfen frischer Obstsalat, Naturjoghurt, Rhabarber, Pflaumen, selbstgebackenes Brot, Säfte, das Full Irish Breakfast, Räucherlachs oder Eggs Benedict nach Art des Hauses nicht fehlen. Wie großartig Dunfanaghy in Sachen Kochkunst aufgestellt ist, zeigen die örtlichen Produzenten. Ziegen, Lämmer und Rinder grasen am Horn Head, Fischer aus Dunfanaghy sorgen für Frischfisch, Biogemüse, Obst und Kräuter stammen aus den Gewächshäusern im nahen Falcarragh und frische Muscheln liefert Mulroy Bay Mussels (https://mulroybaymussels.ie).

Grandiose Ausblicke

★ Horn Head Drive

Rauheit und magisches Licht erwarten Radler und Pkw-Fahrer auf dem an Dunfanaghy market Place startenden **Rundkurs** des Horn Head Drive (15 km). Hoch über dem Dorf locken zwei Aussichtspunkte zu grandiosen Rundumblicken im Westen bis Tory Island, im Osten vorbei an zahllosen Landnasen bis zum Leuchtturm Fanad Head und sogar bis Malin Head, Irlands nördlichstem Punkt auf der Halbinsel Inishowen. Das Kap Horn Head fällt 180 m steil zur See ab, landeinwärts dominieren Mount Muckish und Mount Errigal.

Einblicke in das Leben während der Hungersnot

Dunfanaghy Workhouse

An der N 56 öffnet das **Tourist Visitor Centre** im ehemaligen **Arbeitshaus**, dem an die große Hungersnot 1845 bis 1850 erinnern-

HORN HEAD ERLEBEN

THE MILL DUNFANAGHY €€€

Nicht verpassen! Susan Alcorn und Team bieten im Guest House in schicker Atmosphäre sieben herrliche Zimmer, darunter The Studio, jenes geräumige Atelierzimmer, in dem Susans Großvater Frank Egginton einst malte. Neben dem großartigen Frühstück, das auch Bio-Porridge oder Pfannkuchen mit Banane, Haselnusspraline und Ahornsirup umfasst, wird natürlich abends auch Wein und Sekt als Honesty Bar im lauschigen Garten oder bei Kühle am lodernden Torffeuer in der Lounge gereicht.

An der N 56 (ca. 1 km außerhalb von Dunfanaghy, 7 DZ, nur April bis Nov., Tel. 074 9 13 69 85
www.themilldunfanaghy.com

ARNOLDS HOTEL €€€

Platzhirsch mit Tradition und Reitausflügen (Pferde, Ponys) am Endlosstrand! Mit Cocktail Bar, Arnou Café (tgl. ab 10 Uhr), das sich abends zur Gourmet Burger Bar wandelt, und exquisitem Arnold`s Restaurant & Bar (Frühstück, Lunch und Dinner). Regelmäßig Irish Folk live! Dazu Surfen, Wassersport, Golf (Rabatt im Dunfanaghy Golf Club), Spaziergänge am Strand von Killyhoey, Radfahren und Angeln.

Main Street, Dunfanaghy
Tel. 074 9 13 62 08, 30 DZ
www.arnoldshotel.com

---

den Dunfanaghy Workhouse (mit Café). Die Ausstellung zu Wee Hannah zeigt deren Kampf gegen den Hunger und das unwürdige Leben im Arbeitshaus. Nebenan übernahm Künstler Frank Egginton 1968 das zweistöckige Steinhaus aus den 1840ern, in dem das Fieberhospital des Arbeitshauses war. Mit Tourismusinformation, Café und Kunsthandwerksladen. Seit 2021 beginnt der durch den Ort führende neue **Dunfanaghy Heritage Trail** (10 Stationen) am Workhouse.

17.3. – 2.11. Mo. – Fr. 10 – 17, Sa., So. 10 – 16 Uhr
https://dunfanaghyworkhouse.com | Eintritt: 5 €

Für Vogelfans

Halbinsel Ards

Auf der Halbinsel Ards gilt der **Ards Forest Park** an der Sheephaven Bay als Reservat für Wildvögel.

Romeo und Julia auf Irisch

Doe Castle

Nicht verpassen sollte man Irlands **»Romeo und Julia«-Burg** Doe Castle (16. Jh.) in der Nähe von Creeslough an der Sweeny Bay. Hier, im Heim der Sweeneys, bat die junge Aileen Sweeney ihren Geliebten Turlough vergeblich, sie zu heiraten. Die Sweeneys waren auch sonst stur, opponierten gegen die Briten, verloren und lebten ab 1690 ohne zu zagen auf der Straße.

Areal tgl. 9 – 18 Uhr frei zugänglich | https://heritageireland.ie/places-to-visit/doe-castle | Eintritt frei

Inishowen Peninsula

»Insel des Eoghan«

Donegals größte Halbinsel markiert den nördlichen Beginn des Wild Atlantic Way. Strände, Dünen und wilde Natur, Burgruinen, Kirchen und Prähistorisches locken an der 160 km langen, ausgeschilderten **Route Inis Eoghain/Inishowen 100**. Die Halbinsel erhielt ihren Namen vom einstigen O'Neill-Herrscher Eoghan (bzw. Owen). Der vom hl. Patrick Getaufte soll laut einer Inschrift in der Mauer der alten Pfarrkirche von Muff 465, ein Jahr nach dem Tod des geliebten Bruders Conall, an gebrochenem Herzen verstorben und in Muff begraben sein. Das **IOSAS Centre** mit Café in Muff auf Inishowen offeriert im Celtic Prayer Garden Stille und Kontemplation. Am Weg nach Muff schützt **Wild Ireland** Braunbär, Wolf, Luchs und Wildschwein.

IOSAS Centre

IOSAS Centre: Derryvane, Lenamore Road, Muff | Tel. 074 9 38 48 66
Mo. - Fr. 9 - 17, Sa., So. 14 - 17 Uhr | www.sanctuarydonegal.com
Eintritt: Spende (5 €) | **Wild Ireland**: Dundrain, Burnfoot
tgl. 10 - 16 Uhr | www.wildireland.org | Eintritt: 12 €

Der Sonnenpalast

Die größte Attraktion ragt an der Zufahrt zur Halbinsel auf: Grianán of Aileach, der »Sonnenpalast«! Hoch über dem Dorf Burt ragt auf einem Panoramahügel (ausgeschildert) dies alte, auch »Solarium« genannte Ringfort gen Himmel. Vom 5. bis 12. Jh. regierten hier die O'Neills als Könige von Ulster. Andere Quellen datieren die bis 5 m hohen und dicken Rundmauern, die sich im Innern dreistufig auftürmen, in die mystischen Epochen (1700 v. Chr.). Der sagenhafte Blick vom Sonnenpalast auf Lough Swilly, das Vogelparadies Inch Island, Lough Foyle und Inishowen hätte auch Bronzezeitlern gefallen.

★ Grianán of Aileach

2 km von Burt auf dem Greenan Mountain | Gitteröffnung an der Auffahrt 15.6. - 15.8. tgl. 9 - 20.30, 1.5. - 14.6, 16.8. - 39.9. bis 19, März/April u. Okt. tgl. 10 - 17.30, Nov. - Feb. 10 - 15.30 Uhr
Eintritt frei

Bedeutendstes Bauwerk des 20. Jh.s

Besuchen Sie unbedingt die auch New Church und Burt Chapel genannte kath. **St Aengus Church**. Architekt Liam McCormick baute die Rundkirche 1967, inspiriert vom Sonnenpalast. Auch dank der beeindruckenden Kirchenfenster heimste der Bau europäische Architekturpreise ein und wurde von den Iren zum bedeutendsten Bauwerk des 20. Jh.s gewählt. 300 m weiter lebt im **Grianán of Aileach Visitor Centre** in der Alten Dorfkirche (Old Church) die Legende um das Fort, um König Nuada und die legendären Tuatha De Danann weiter, doch ist das Zentrum oft unbesetzt. Immerhin ist König Nuada als martialischer, in der Sonne glänzender Bronzehüne mit Schwert am Parkplatz stets zu bestaunen. Nebenan öffnet das sehr gute An Grianán

★ St Aengus Church

OBEN: Ein Spaziergang an der Küste führt zu den malerischen Ruinen von Carrickbrahey Castle.
UNTEN: Ein Zeugnis des alten Irlands: die Castle Bridge bei Buncrana Castle

Hotel (www.angriananhotel.com) mit Café. Cappuccino und Schokotorte werden auch draußen serviert. Beliebt sind die Keltenabende.
Grianán of Aileach Visitor Centre: Burt, Mo. – Fr. 10.30 – 17.30, Sa., So. 11 – 17.30 Uhr | Eintritt: 3 € | www.oldchurchvisitorcentre.com/de

Amazing Graze

Buncrana

Sehr hilfsbereit sind die Mitarbeiter im Tourismusbüro, Railway Road, des Hafenortes **Buncrana**. Über den Lough Swilly pendeln im Sommer Fähren nach Rathmallan (Fanad-Halbinsel). Der 5 km lange Lisfannon-Sandstrand ist einer der 13 Blaue-Flagge-Strände auf Inishowen. Die Kleinstadt erschließt der Heritage Trail.
Gut erhalten ist O'Doherty's Keep (14./17. Jh.) im beliebten Swan Park am Crana River. Jenseits der Castle Bridge steht seit 1718 das private Buncrana Castle. Beliebt sind Strandspaziergänge zu Father Hegarty's Rock, der hier 1711 sein Martyrium erlitt.
Buncrana **Amazing Grace Viewing Point** erinnert an John Newton: 1748 spülte ein gewaltiger Sturm den Gott um Gnade anflehenden Sklavenaufseher John Newton an einen Strand am Lough Swilly, wo seine Persönlichkeitswandlung begann. Doch bis 1754 verschiffte er weiterhin Sklaven. Charakterlich eher labil, wurde er dann Hafenmeister und 1764 sogar Pfarrer. 1773 verfasste Newton rückblickend auf seinen Schiffbruch die **heimliche US-Nationalhymne** »Amazing Grace« (»erstaunliche Gnade«) und setzte sich über 20 Jahre lang erfolgreich für die Abschaffung der Sklaverei ein, die das britische Empire kurz vor seinem Tode 1807 schließlich verkündete.

Die Attraktionen der Insel erkunden

Tour nach Norden

Auf dem Dunree Hill entstand 1798 Fort Dunree mit dem heutigen **Guns of Dunree Military Museum**. Vorsicht auf der atemberaubenden Passstraße des **Gap of Mamore** mit bis zu 30 % Steigung!
Zwei **Rundwanderwege** – Urris Lakes Loop, Butlers Glen Loop – erschließen die eigenartige Schönheit der Landschaft. Auch **Dunaff Head** belohnt mit toller Aussicht, die Klippen gelten als Kletterrevier. Großartige Stopps in **Clonmany** sind der beste traditionelle Food Pub der Halbinsel, The Rusty Nail mit Livemusik am Wochenende, sowie am Eingang zum Glenevin Waterfall Park das Glen House. Ab Clonmany starten auch Fototouren, um das Nordlicht einzufangen (www.photosfromireland.com), Odel Ward bietet Yoga-Kurse (https://inishowenyoga.com). In **Ballyliffin** ist der Pollan Strand (3 km) die Attraktion. An der Nordspitze der Halbinsel Doagh ragen die Ruinen von **Carrickabrahey Castle** auf. Das Doagh Famine Village zeigt die Hungerkatastrophe der 1840er-Jahre und das Sozialleben im 19. Jh., auch die Tradition des »Irish Wake« (historisches Totenritual). Thema im Safe House sind die Troubles. Als »Santa's Island« wird das Village zum großen Weihnachtsmarkt.

In **Carndonagh** zeigt das St Patrick's Cross (7. Jh.) gegenüber der Kirche unter einem Menschen mit ausgebreiteten Armen, die Reliefs auf den Sandsteinen rechts und links David mit der Harfe, einen Vogel und einen Mann mit zwei Glocken. Cycler Inishowen verleiht Fahrräder (http://cycleinishowen.com). Irlands Tour de France-Sieger Sean Kelly hat den Inishowen-Rundkurs abgefahren und auch am jährlichen Radrennem um die Halbinsel teilgenommen.

Guns of Dunree Military Museum: Mo. – Fr. 10.30 – 16.30, Sa., So. 10.30 – 18 Uhr | http://dunree.pro.ie | Eintritt: 7 €

Doagh Famine Village: 17.3. – 12.10. tgl. 10 – 17 Uhr www.doaghfaminevillage.com | Eintritt: 12 €

Der nördlichste Punkt Irlands

★ Malin Head

In Malin locken die Malin Stables auch mit Strandausritten auf Ponys und Pferden (Tel. 086 3 83 96 44). Vorbei am hübschen Landhaus Malin Hall (1758) geht es nach **Malin Head** mit dem großartigen Ausblick auf die benachbarten Klippen! Rian Johnson drehte hier Star Wars Episode VIII – »Die letzten Jedi«. Ein Muss ist nach der Funkstation von 1910 Irlands nördlichster Punkt: **Banba's Crown** mit der Signalstation »The Tower« von 1908. Kliffpfade führen zu **Devil's Bridge** (Teufelsbrücke) und **Hell's Hole** (Höllenschlund; 1 km). Wanderungen mit Alpacas nach Malin Head veranstaltet **Wild Alpaca Way** (Sommer tgl. 11, 13, 15 Uhr; https://wildalpacaway.com; Ticket. 20 €).

Inseltour, Teil 2

Zurück Richtung Südosten

Im Anglerzentrums Culdaff hat der Laden Go Station Fishing Tackle die nötige Ausrüstung. Am CuldaffRiver steht »St Boden's Boat«: Nur Schelme zweifeln an den Fingermarkierungen auf diesem Stein (!), auf dem der Heilige von Schottland hierher gelangte. Der **Bocan Stone Circle** (1500 – 300 v. Chr.), das Grab Temple of Deen (Bronzezeit) und die zwei **Hochkreuze von Carrowmore** sind beliebte Wanderziele. Höhepunkt in **Clonca** ist an der Kirchenruine das verwitterte 4 m hohe Hochkreuz mit Darstellungen der wundersamen Brotvermehrung und des Fischfangs Petri. Am Louhg Foyle war der Urlaubsort **Moville** ein wichtiger Hafen der Transatlantikroute. Lowry Wasson und Brian McLaughlin bitten in die **Moville Pottery** (https://movillepottery.com).

Die besten Rezepte der Welt

Greencastle

Dem Fährhafen nach Nordirland gaben die grün überwachsenen Ruinen des 1305 erbauten Nothburg Castle seinen Name. Koch **Brian McDermott** machte den Ort 2019 berühmt, als sein Kochbuch »Donegal Table« bei den Gourmand World Book Awards zum besten Kochbuch gekürt wurde (20 €; https://chefbrianmcdermott.com). In Greencastle bietet McDermott Kochkurse an. Im **New**

INISHOWEN PENINSULA ERLEBEN

THE RUSTY NAIL €€
Bester traditioneller Food Pub auf der Halbinsel Inishowen mit Livemusik, Fr. – So. bis 23.30 Uhr geöffnet
Crossconnell, Clonmany
Tel. 07 49 37 61 16

SEAVIEW TAVERN €€
Irlands nördlichstes Restaurant serviert auch den »Catch of the day« (Tagesfang).
Ballygorman, Malin Head
Tel. 07 49 37 01 17,
www.seaviewtavern.ie

BUTTERBEAN RESTAURANT & B&B €€
Stilvoll eingerichtete Zimmer in der »Butterblume«, dazu kulinarisch überzeugend in Restaurant und Bar.
Bank Place, Carndonagh
Tel. 07 49 37 36 93
www.thebutterbean.ie

NANCY'S BARN €
Spitze ist in diesem authentisch eingerichteten Cottage aus dem 19. Jh. die Seafood Chowder.
Main Rd, Ballyliffin, Tel. 074 9 37 65 56, www.nancysbarn.ie

ROSATOS €€
Eddie Harkin führt den besten Gastro-Pub 2der Region.
Malin Road, Moville
Tel. 074 9 38 58 47
https://rosatos.ie

BALLYLIFFIN LODGE & SPA €€€€
Gediegenes Ambiente mit Top-Rock Crystal Spa, Wellness, 17-m-Pool und Golf! Dreigänge-Testmenü in Jack's Restaurant 35 €, Hauptgerichte an der Bar 13 – 27,95 €, traditioneller Afternoon Tea 13,95 €.
Shore Road, Ballyliffin
Tel. 07 9 37 82 00, 40 DZ
www.ballyliffinlodge.com

AN GRIANAN HOTEL €€€–€€
Preisgekröntes Haus mit sehr freundlichem Service und gutem Restaurant, das lokale Zutaten bevorzugt und Inishowens Ruf als »größter Biohof Irlands« alle Ehre macht. Super Joghurt zum Frühstück!
An der N 13, Speenoge, Burt
Tel. 074 49 36 89 00, 43 DZ,
www.angriananhotel.com

GLEN HOUSE €€
Das Haus am Eingang zum Glenevin Waterfall Park lockt mit Souvenirladen, B&B und Rose Tea Room, wo Sonia McGonigle Selbstgebackenes und Snacks serviert.
Straid, Clonmany, Tel. 07 49 37 67 45, https://glenhouse.ie

TULLYARVAN MILL €
Irlands Hostel des Jahres 2019 in einer restaurierten Mühle von 1810.
51 Betten, DZ 53 €
https://tullyarvanmill.com

Park House lebten Vorfahren von Weltkrieg-II-Feldmarschall Bernhard »Monty« Montgomery. Am Fähranleger präsentiert das Maritime Museum mit Café die örtliche Fischerei und den Exodus der irischen Auswanderer und im Planetarium Lasershows. Ab Inishowen Head sind die Klippenkette mit Aussicht auf Nordirland und das reizvolle Tal Glenagiveny Besuchermagneten.

Maritime Museum & Planetarium: Old Coastguard Station, Greencastle | Mai – Aug. Di. – Sa. 10 – 17, So. 12 – 17, sonst Mo. – Fr. 10.30 – 16 Uhr | https://inishowenmaritime.com | Eintritt: 6 €, mit Planetarium 12 €

Fanad Peninsula

★ Fanad Head

Ein Top-Leuchtturm an der Nordspitze

Beeindruckende Klippentunnel wie Seven Arches (»Sieben Bögen«) und Doagh Beg sind die Aushängeschilder der Halbinsel am Nordabschnitt des Wild Atlantic Way. Besonders unberührt ist die Landschaft hoch über dem Atlantik am Fanad Head. An der Nordspitze der Halbinsel feierte 2017 der **Leuchtturm Fanad Head**, einer der schönsten weltweit, seinen 200. Geburtstag. Seit 2015 kann man hier übernachten: Drei Häuschen der Ex-Leuchtturmwärter sind für Self Catering Gäste (2 – 4 Pers.; Haus für 2 Nächte ab 318 €) hergerichtet, ein Erlebnis!

Vor Ort führt Eamon Scott durch die Anlage 39 m über dem Lough Swilly, wo es zigmal »schepperte«: Wracks bezeugen 62 Schiffbrüche. Der Turm (22 m; 79 Stufen) will erst einmal erstiegen sein. Auslöser des Baus war der Untergang der Fregatte »Saldanha«: 1811 ertranken über 200 Matrosen. Erstmals leuchtete die Turmlaterne am St Patrick's Day 1817. 100 Jahre später lief das Handelsschiff »Laurentic« auf eine deutsche Seemine: 71 der 354 Toten wurden auf Fahans **Kirchfriedhof** (Church of Ireland) beerdigt. Aus der Ladung von 3211 Goldbarren (heute 410 Mio. € wert) fehlen noch 22 Barren. Trotz der Automatisierung 1983 lebte der Leuchtturmwärter hier weiter als Teilzeitkraft. Das **Visitor Centre** verkauft auch handgedrechselte Donegal Pens (»Drachenzähne«) der Teenager Ronan und Conor McGarvey aus Loughanure/Letterkenny.

Leuchtturm: Tel. 083 8 09 11 99 | Touren (30 Min.) tgl. März – Mai Di. bis So. 10 – 17, Juni – Sept. tgl. 10 – 18, Okt. – Feb. Mi. – So. 10.30 – 16 Uhr | https://fanadlighthouse.com | Eintritt: Tour mit Turm 10 €

★ Rathmullan

Die Flucht der Edelleute

Ihren Namen verdankt die durch die Mulroy Bridge westlich mit der Rosguil Peninsula verbundene Halbinsel Irlands übrigens dem Hochkönig Congal Mac Fergus Fanad, der 700 – 710 regierte. Die berühmten Clans Clinton und O'Donnel stammen von hier.

Am langen **Sandstrand** des hübschen Rathmullan locken Spaziergänge und unvergessliche Ausritte, die das Golden Sands Equestrian Centre veranstaltet (Tel. 074 9 15 81 24). Ab Pier starten **Bootsausflüge** auf den Lough Swilly mit grandioser Aussicht auf Inch Island und Inishowen Peninsula. Das Das 2022 restaurierte **Heritage Centre** im Kanonenturm von 1810 (Gun Battery) widmet sich dem be-

deutendsten Dorfereignis, dem »Flight of the Earls«: Nach dem Aufstand gegen die Engländer 1607 flohen die einheimischen Grafen O'Donnell und O'Neill samt Familien und Anhängern von Rathmullan nach Frankreich. Zum 400. Jahrestag der Flucht schuf John Behan am Hafen die elegante, Empathie weckende **Figurengruppe:** Dargestellt sind hilflos zurückbleibende Einheimische und die Grafen beim Einschiffen.
Die Biere der Mikrobrauerei Kinnegar Brewing, z. B. Devil's Backbone, hat auch Batt's Bar im Rathmullan House, einem schönen historischen Hotel mit Restaurant Cook & Gardener und viktorianischen Walled Garden (www.rathmullanhouse.com).
The Battery: Mo. – Sa. 10 – 13, 14 – 17, So. 12 – 16 Uhr | Eintritt: 3 €
www.historyireland.com/museum-eye-flight-of-the-earlsrathmullan-heritage-centre

Wandertouren und Luxuscamping

Portsalon

Im beliebten Urlaubsort Portsalon bietet Mary Doherty maßgeschneiderte **Wandertouren** an (Tel. 087 6 22 84 25). Am Pier von Portsalon serviert Sarah's Restaurant ab 12 Uhr Snacks direkt aus der Küchentür und Meeresfrüchte, Rind- und Lammgerichte auf der Terrasse. Der »Glampingplatz« Portsalon bietet **Luxuscamping**, nahebei öffnen die **Greenfort Gardens**.
Greenfort Gardens: Mai – Sept. tgl. 10 – 18 Uhr | Eintritt: 5 €
www.donegalgardentrail.com/gardens/project-one-m7z86-ys86d

Die Kräfte des Wassers haben Naturgewölbe wie dieses bei Doagh Beg geschaffen. Neben der fantastischen Szenerie zählt hier auch die Geräuschkulisse zum Erlebnis.

★★ LIMERICK · LUIMNEACH

Republik Irland | **Provinz:** Munster | **Grafschaft:** Limerick
Einwohner: 94 190, mit Umland 162 410

»There was an Old Man with a beard / Who said / 'It is just as I feared! / Two owls and a hen / Four larks and a wren / Have all built their nests in my beard!'« So lautet ein berühmtes Limerick von Edward Lear, dem Begründer dieser Nonsense-Gedichte in fünf Zeilen.

Erste Kulturhauptstadt Irlands

Seit 812 existert die Wikingersiedlung am Zusammenfluss von Shannon und Abbey River (irisch »öder Fleck«), die Brian Ború zurückeroberte. Dann kamen die Anglo-Normannen und 1210 King John (König Ohneland), Limerick wurde englisch. Lange war Irlands drittgrößte Stadt die graue Maus unter den Metropolen. Doch sie nutzte 2014 die Chance als erste Kulturhauptstadt der Republik Irland: Das Tor zum Wild Atlantic Way ist hervorragend auf Touristen und Kultur eingesellt. Der Pont Neuilly in Paris war übrigens Vorbild für die Sarsfield Bridge (1835) über den Shannon. In Sachen Wirtschaft gilt Limerick als Innovationsstandort, die Industriezweige Optik, Elektronik, Medizintechnik wachsen rasant. In der Umgegung locken Killahoe, Heimat des sagenhaften Hochkönigs Brian Ború und das wunderhübsche Dorf Adare.

Wohin in Limerick?

★★ Hunt Museum

Jedes Objekt erzählt eine Geschichte
Das Hunt Museum präsentiert im ehemaligen Custom House die zweitbedeutendste mittelalterliche Kunstsammlung der Insel, u. a. eine rare **Gildenfigur**, kostbarstes Porzellan und eine **Sheela-na-Gig**, eine jener noch ca. 100 in Irland existierenden obszönen Bildhauerdarstellungen des weiblichen Körpers (12./13. Jh.). Die herausragende Sammlung (fast 2000 Exponate) führte der Kunsthistoriker John Hunt, Initiator des Craggaunowen-Projekts (Craggaunowen Castle, Ennis). Ob Picasso, Renoir oder Yeats, mittelalterliche Sakralgegenstände vom europäischen Festland, Maria Stuarts **Mary Queen of Scots Cross**, antike Silbermünzen, irische Funde der Bronzezeit, der Zeit des frühen Christentums oder aus dem Mittelalter. Es lohnen sich der Gift Shop und das Hunt Café; gegenüber ist Caroline O'Briens Celtic Book Shop eine wunderbare Fundgrube.
Di. – Sa. 10 – 17, So. 11 – 17 Uhr
www.huntmuseum.com | Eintritt: 10 €

Etwas flussabwärts von King John's Castle liegt am Harvey's Quay Limericks Shannon-Schleuse.

Durch die Stadt bummeln

Denkmäler und Co.

Die wichtigste Stadtattraktion ist das Denkmal des **Treaty Stone** (Clancy's Strand Höhe Thomond Bridge). Es erinnert an den gebrochenen Vertrag von Limerick: Dieser beendete 1691 die Belagerung der Stadt, sicherte den Abzug der irischen Truppen zu und garantierte künftige Religionsfreiheit. Doch das Parlament in London ratifzierte das Abkommem nicht. Hochmodern ist auch das **Bronzedenkmal** mit der Aufschrift »PEACE NOT WAR« (»Frieden, nicht Krieg«) für den in Limerick geborenen Schauspieler Richard Harris (1930 – 2002) in der Fußgängerzone Bedford Row. Künstler Séamus Connolly stellte ihn 2007 in der Paraderolle des King Arthur im Film »Camelot« von 1967 dar. Das **Limerick City Museum** in der alten Franziskanerabtei, Henry Street, präsentiert die Stadtgeschichte auch anhand kurioser Exponate wie einem Zeremonialschwert Königin Elisabeths I., dem größten, 1813 gefundenen Meteoriten Irlands, der Ireton's Cat, einer mumifizierten, 1890 entdeckten Katze, Objekten zum Osteraufstand 1916 usw. Gehen Sie unbedingt zum **Milk Market** (Cornmarket Row), wo samstags auch der **Farmers' Market** stattfindet. Foodies finden hier seit 1852 alles, was das Herz begehrt, Musiker wie die junge Geigerin Saojrse (irisch »Freiheit«) spielen auf.

Limerick City Museum: Mo. – Fr. 10 – 17 Uhr | www.limerick.ie/limerick-museum | Eintritt frei | **Milk Market**: Fr. 10 – 15, Sa. 8 – 15, So. 11 – 15 Uhr | www.milkmarketlimerick.ie

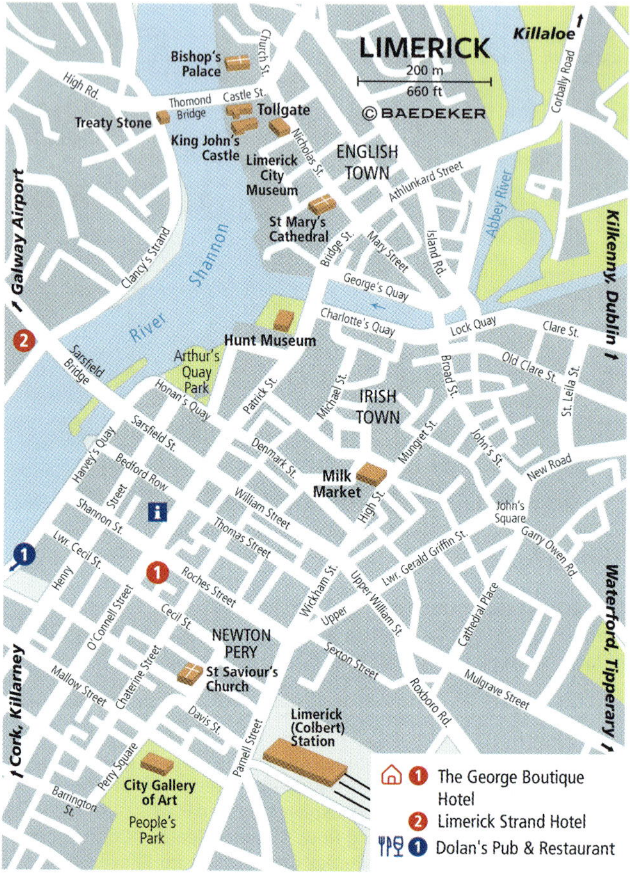

»Die Asche meiner Mutter«

Walking Tours

Frank McCourts Weltbestseller ist in Limerick stark präsent, trotz Schließung des Frank McCourt Museums 2019. Zu den Lokalitäten von »Angela's Ashes«, etwa Windmill Street und Barrack Hill, führt Noel Curtin n. V. (Tel. 083 3 00 01 11; Ticket: 10 €) auf der **Angela's Ashes Walking Tour** ab Tourist Office. Dort starten weitere City Walking Tours zu den Highlights der Stadt. Auch Joe Coleman führt auf dem **Limerick Literary Trail** zu Orten von »Angelas Ashes«.

Limerick Literary Trail: 9.6. – 25.8. jeden Do. 15 – 17 Uhr ab The Parade (King John`s Castle) | Buchung: Tel. 087 29 96 40 89
www.limerick.ie/tags/tours/browse | Ticket: 12 €| **City Walking Tours**

LIMERICK ERLEBEN

LIMERICK TOURIST INFORMATION OFFICE
20 O'Connell St., Tel. 061 31 75 22
www.limerick.ie

1 DOLAN'S PUB & RESTAURANT €€
Pub mit gutem Restaurant und preisgekrönter Livemusik. Sa. und So. auch Frühstück. Mo., Di. Ruhetage
3 Dock Road, Tel. 061 31 44 83
www.dolans.ie

1 THE GEORGE €€€
Boutique Hotel in zentraler Lage! Lassen Sie sich in der holzgetäfelten Bar mit coolen Cocktails und im Vincenzo Grill House mit kulinarischen Klassikern und junger Fusion-Küche verwöhnen. Pure Entspannung verspricht eine Hot Stone Massage.
Shannon Street, Tel. 061 46 04 00
124 Zi., www.thesavoycollection.com/the-george

2 LIMERICK STRAND HOTEL €€€
Am Ufer des Shannon im Herzen von Limerick bietet das preisgekrönte Hotel geräumige Zimmer, Pool, Dampfbad und Whirlpools. Im Restaurant The River und der Terrace Bar wird hausgemachte irische Küche aus regionalen Zutaten serviert. 10 Gehminuten bis zum King Johns Castle.
Ennis Road
Tel. 061 42 18 00
www.strandhotellimerick.ie

(90 Min.): Mo. – Fr. 9, 11, 14 Uhr, Sa., So. n. V. (Tel. 061 31 33 99) ab Bishop`s Palace, Church St, www.limerickcivictrust.ie Ticket: 10 €

Sportliche Aktivitäten
Blicke vom Shannon auf Limerick ermöglichen die **Kajaktouren** von Nevsail Watersports. Alles zu **Rugby** in der Region Munster bietet das Thomond Park Stadium & Museum. Limerick hat ein gutes **Fahrradverleihsystem** (www.bikeshare.ie/limerick.html; 3-Tage-Pass 3 €). Outdoor
Nevsail Watersports: www.nevsailwatersports.ie | Kajaktour ab 25 €
Thomond Park Stadium & Museum: Führung Mo. – Fr. ab 9.30 Uhr https://thomondpark.ie | Eintritt: Museum 5 €, Stadion 8 €, Kombiticket 10 €

Lebendige Kathedrale
Im Zentrum der English Town wurde die protestantische St Mary's Cathedral (Ende 12. Jh.) nahe der Matthew Bridge unter dem letzten König von Munster, Dónal Mór O'Brien, erbaut. Das Westportal ist original. 1489 entstand das prächtige, einzigartige Chorgestühl aus Eiche: Die 23 Miserikordien sind mit fantasievollen Wesen geschmückt. Beachtenswert sind außerdem die Grabmäler sowie die St Mary's Cathedral

wunderbare Aussicht vom 36 m hohen Turm. Jeden Montagabend üben die Glöckner (Bell Ringers) der Kathedrale ihr Handwerk. Regelmäßig finden Konzerte des Kathedralenchors statt.

St Mary's Cathedral: Mo. – Sa. 9 – 16 Uhr
www.saintmaryscathedral.ie | Eintritt: 5 €

Geschichtsstunde in der Burg

★ King John's Castle

Das King John's Castle am Shannon-Ufer ließ King John, der Bruder von Richard Löwenherz, 1200 – 1212 erbauen. Die fünfeckige Wehranlage mit Haupthaus wurde aufwendig restauriert und wartet mit Visitor Centre und beeindruckender Mulitmedia-Show zur **Geschichte Limericks** und besonders den Stadtbelagerungen 1642 und 1690/91 auf. Die Ausgrabungen rund um die drei Rundtürme, Bastion und zweitürmigem Torbau dauern an. Sogar Fundamente der ersten Wikingersiedlung wurden freigelegt, die später entstandenen Wohnhäuser an der Burgmauer restauriert. Die Ausstellung setzt sich oberhalb der Cafeteria (gute Speisekarte) fort und thematisiert auch die Auseinandersetzungen in Limerick während des irischen Bürgerkriegs 1922/23. Aus 800 Jahren Burggeschichte beeindrucken mittelalterliche Keramik und ein Schuh (15. Jh.). Zum Angebot gehören auch Mittelalterspiele im Burghof und Abseiling von der Burgmauer. Vor der Burg erinnert eine lebensgroße Statue an den Poeten Michael Hogan (1828 – 1899).

King John's Castle: tgl. 10 – 17 Uhr (time slots: 10 – 12, 12 – 14, 14 – 16 Uhr) | https://kingjohnscastle.ie Eintritt: 13 €

Das Herz der Stadt

O'Connell Street

Zentral liegt die fast 1,5 km lange O'Connell Street. Das **Belltable Arts Centre**, 69 O'Connell Stereet, ging 2013 insolvent. Seit 2016 betreibt Limericks **Lime Tree Theatre**, South Circular Road, hier nun auch das **Belltable Theatre**. Am Ende der Straße erhebt sich das **Denkmal** für Daniel O'Connell, der 1829 die Freiheit des katholischen Glaubens erstritt. Prächtige **georgianische Häuser** mit buntlackierten Türen säumen die Mallow Street mit dem People's Park am Ostende. Erstaunlich modern muten die Glasfenster der St Saviour's Dominican Church an. Die **City Art Gallery** zeigt moderne und zeitgenössische internationale und irische Kunst.

Theater: Tickets Mo. - Sa. 12 - 17.30 Uhr | https://limetreetheatre.ie
City Art Gallery: Pery Square | Mo. - Sa. 10 - 17, So. 12 - 17 Uhr
https://gallery.limerick.ie | Eintritt frei

Rund um Limerick

Ein See mit historischen Funden

Lough Gur

Bei Holycross am Lough Gur locken vorgeschichtliche **Ausgrabungen**. Nach Entwässerung wurden am Seeufer Siedlungsfunde der Jungsteinzeit freigelegt, die im **Lough Gur Stone Age Centre** ausgestellt sind. Auf dem Gelände stößt man u. a. auf ein keilförmiges Ganggrab (Nr. 4; ca. 2000 v. Chr.), ein Steinfort (Nr. 7; 8. Jh.), einen Be-

Im warmen Licht der Abendsonne: King John's Castle am Shannon.

gräbnisplatz aus der Steinzeit (Nr. 12), einen Begräbnishügel mit Kreis aus Standsteinen (Nr. 16; ca. 1500 v. Chr.), ein Crannog, ursprünglich ein künstliches Inselchen (Nr. 23) sowie Bourchier's Castle (16. Jh.), Black Castle (14. Jh.) und die Kirchenruine New Church (17. Jh.).

Visitor Centre ganzjährig Mo. – Fr. 10 – 17, Sa./So. 12 – 17, letzte Führung 15.30 Uhr | https://loughgur.com
Eintritt: 5 €, Führungen ab 10 €

Bedeutung im Mittelalter

Kilmallock

In Kilmallock besitzt die **Kollegiatskirche** St. Peter und Paul (15. Jh.) einen Rundturm (13. Jh.) und schöne Grabmäler. **King's Castle** (14. Jh.) und **Blossom's Gate**, Emmet Street, bezeugen die Bedeutung der Stadt im Mittelalter. Ins Friar's Gate Theatre (130 Plätze), Sarsfield Street, locken auch Kunstausstellungen (www.friarsgate.ie). Mary Fox zeigt im kleinen Kilmallock Museum nahe John's Castle auch ein Stadtmodell um 1600 (tgl. 13.30 – 17.30 Uhr; Eintritt frei).

Outdoor-Mekka

Kilfinane

In **Kilfinane** am Fuß der **Ballyhoura Mountains** lockt die Aussicht von der großen Motte (Erdhügelfestung). Das **Ballyhoura Tourist Information Office** informiert über Attraktionen und Tourenangebote in und um dieses irische Paradies für Aktivfans: Geboten sind u. a. 97 km Rundkurse für Mountainbiker im Coillte Forest Park (Curraghchase Forest Park) rund um Kilcornan, Nordic-Walking-Wege und den Ballyhoura Way (90 km) für Wanderer.

Ballyhoura Tourist Office: Kilifinane | Mo. – Fr. 9 – 17 Uhr
https://visitballyhoura.com

Im Gedenken an die Kennedys

Bruff

Im historischen Dörfchen Bruff ehrt das **Thomas Fitzgerald Centre** im Courthouse von 1926 den 1852 aus Bruff emigrierten Urgroßvater John Fitzgerald Kennedys und erinnert auch an den Besuch seiner Tochter Caroline Bouvier Kennedy (geb. 1957) im Jahr 2013. Übernachtung bietet Bruffs Old Bank B&B (www.theoldbank.ie). Alltagsgegenstände ab dem 18. Jh. zeigt das **Museum Old Irish Ways**, das 2013 mit einer Handvoll Exponate startete. Nun zeigt es u. a. alte Telefonhäuschen, Tanksäulen und Traktoren, Klassenzimmer und Küchen.

Fitzgerald Centre/Old Irish Ways: Caherguillamore, Bruff | Mo., Mi., Do. 10 – 14, Di. u. Fr. 11.30 – 14 Uhr | https://bruffheritage.com
Eintritt: Spende | **Old Irish Ways**: Caherguillamore, Bruff
tgl. 10 – 18 Uhr | www.visitbruff.com | Eintritt: 5 €

Der erste Irish Coffee

Foynes und Glin

Der Hafen Foynes an der Shannon-Mündung war im 2. Weltkrieg Anlaufpunkt des gesamten nordatlantischen Passagierflugverkehrs. Das **Foynes Flying Boat & Maritime Museum** umfasst das erste Termi-

nalgebäude, die Funk- und Wetterstation sowie die Replik des legendären Flugbootes B 314, das wie ein Luxus-Ozeandampfer ausgerüstet war. Es besaß sogar eine Honeymoon Suite und einen Dining Room (14 Plätze). In solchen Flugbooten wurden die ersten Irish Coffees der Geschichte serviert. Sie sollten den Piloten auf dem 17-Stunden-Flug über den Atlantik etwas aufwärmen.
Das **Maritime Museum** zeigt z. B. die Geschichte des Geisterschiffs »Windsor Castle«, in Limerick genähte Uniformen der Konföderierten im US-Bürgerkrieg, die Herstellung historischer Currach-Boote oder die Kabine eines Raddampfers. Ende Juli findet jährlich die **Foynes Air Show** statt. Über dem Hafen von **Glin** ragt der Hamilton's Tower (19. Jh.) auf. Außerhalb ist **Glin Castle** im Besitz der hier seit 700 Jahren ansässigen Knights (Ritter) of Glin. Führungen durch Schloss (Schlosshotel nur für Gruppen) und Garten sind telefonisch arrangierbar (Tel. 068 3 41 73).

Foynes Flying Boat & Maritime Museum: April – Okt. Di. – So. 10 – 17 Uhr | www.flyingboatmuseum.com | Eintritt: 12 €

Killaloe und Umgebung

Irlands sagenhafter Held

Brian Ború Heritage Centre

Im Wassersportzentrum Killaloe treffen sich zahlreiche Skipper von Kabinenkreuzern in Pubs, Restaurants und auf dem Farmers' Market, der »Between-the-Waters«, zwischen Kanal und Fluss stattfindet. Größte Attraktion ist Irlands **Held Brian Ború**, der nahebei in Béal Bórú geboren wurde, hier lebte und Irland als Hochkönig regierte. Bis zur Schließung widmete sich das Brian Ború Heritage Centre im alten Schleusenwärterhaus dem Heroen (940 – 1014) und zeigte Kilalloes enge Verknüpfung mit dem Lough Derg, dem größten See des Shannon. Zum 1000. Todesjahr des Recken wurde der **Brian Ború Trail** eröffnet, der Killaloe mit Armagh in Nordirland verbindet. Wikingerbezwinger Brian Ború starb Karfreitag 1014 mit Sohn Murrogh in der für die Iren dennoch siegreichen Schacht von Clontarf. Barden spielten drei Tage das gleiche Klagelied, den Brian Boru's March. Ború hatte mit vier Ehefrauen und 30 Konkubinen zig Nachkommen, die seither O'Brian heißen. Anfang Juli wird hier das Brian Ború Festival gefeiert (www.feilebrianboru.com).

Touristische Information: https://discoverloughderg.ie

Kirche mit Wikinger-Runen und Ogham-Zeichen

St Flannan's Cathedral

Das romanische Portal der ab 1185 erbauten St Flannan's Cathedral stammt aus einem Vorgängerbau. Daneben zeigt ein kleiner Stein eine zweisprachige Inschrift (um 1000) mit Wikinger-Runen und Ogham-Zeichen: »Bitte um ein Gebet für Thorgrim, der den Stein machte.« Der Turm der Kathedrale kann nach Voranmeldung bestiegen werden.

Auf dem Areal besitzt auch **St Flannan's Oratory** (12. Jh.) ein schönes Portal. **St Molua's Oratory** (9./10. Jh.) nahe der kath. Kirche wurde 1929 von einer Shannon-Insel hierher versetzt.

Turm: tgl. 9 – 18 Uhr geöffnet | Besteigung n. V.; 2 € | Tel. 061 37 66 87
https://discoverloughderg.ie/st-flannans-cathedral-2

Am Südende des Lough Derg überspannt in Killaloe diese Brücke aus dem 18. Jh. den Shannon, der geruhsame Ferien verspricht.

Der größte Shannon-See

Lough Derg

67 kleine Inseln verteilen sich auf dem Lough Derg (118 km²), durch den die Grenze zwischen den Counties Clare und Tipperary verläuft. Am Westufer mit dem Aussichtspunkt Ogonnelloe stehen spärliche Reste des einst großen Forts Beal Ború sowie die Kirche von Tuamgraney. Der kleine Kopf an ihrem Ostgiebel stellt den hl. Cronán dar, Gründer des ersten hiesigen Klosters (um 550). In ihr ist das **East Clare Heritage Centre** untergebracht.

Mo. – Fr. 9 – 17 Uhr | www.clare.ie | Eintritt frei

Tour auf die heilige Insel

Holy Island

Trips nach Holy Island (irisch Inishcealtra, »Kircheninsel«), aktuell Kandidat für das UNESCO-Welterbe, starten ab dem Anglerzentrum Mountshannon. Der hl. Caimin gründete hier im 7. Jh. ein Kloster. Die erste, von Wikingern zerstörte Kirche ließ Brian Ború wieder aufbauen, sein Bruder Marcus war bis 1009 Klosterprior. Noch 1680 reisten Tausende Wallfahrer an, um die Insel siebenmal zu umrunden. Nun lockt die Einsamkeit des Eilandes mit noch vier Hochkreuzen, sechs Kirchen, Rundturm, Eremitenzelle und Friedhof. Ortshistoriker Gerald Maddon bietet Inselführungen an.

Holy Island Boat Trips: Mountshannon Harbour | Tel. 086 8 74 97 10
April – Sept. tgl. 9 – 17.30 Uhr | Ticket: 12 €
www.clare.ie/do/holy-island-tours

Adare und Umgebung

»Irlands schönstes Dorf«

Adare

Adare am Ostufer des River Maigue lockt mit Architektur, Kunsthandwerk und Küche zu einem Ausflug in die gute alte Zeit. Der 3. Earl of Dunraven sorgte 1820 für die hübschen reetgedeckten Häuschen an der Main Street. Dorfbrücke, Waschteich und Park bieten stimmungsvolle Atmosphäre; Tradition und Sport (Hurling!) sind angesagt. Treff ist das **Adare Heritage Centre** mit Tourismusbüro, Restaurant »Dovecote« mit Sonnenterrasse, Ausstellung zur Dorfgeschichte mit Dorfmodell von 1500, schicker Wollware (Adare Woolens), Waterford-Kristall und Irish Linen (Black Abbey Crafts). Touren starten zum **Desmond Castle** (12. Jh.), das Cromwell 1657 schleifen ließ.

Adare Heritage Centre: tgl. 9 – 17 Uhr | www.adareheritagecentre.ie
Eintritt frei, Burgführung (Juni – Sept. tgl. 10, 12, 14, 16 Uhr): 10 €

Fünf Steine und fünf Sterne

★ Adare Manor

Im luxuriösen Adare Manor 5-Sterne-Hotel mit Spa nächtigte schon Bill Clinton. Am Anwesen im Tudor-Stil stehen fünf **Ogham-Steine**. Loch 18 des Golfplatzes mit Ruine des Franziskanerklosters (1466)

ADARE ERLEBEN

1826 ADARE €€€
Chef Wade Murphy und Gattin Elaine bieten moderne irische Küche aus lokalen Zutaten. Mo. – Mi. Ruhetage
Main Street
Tel. 061 39 60 04
https://1826adare.ie

BLUE DOOR €€€
Brian Hayes kocht irisch im Thatched House! Kabeljau-Filet in Chardonnay-Sauce oder Entenbrustsalat mit Orangen-Sesam-Dressing ordern! Early Bird Menu (3 Gänge) 35,95 €.
Main Street
Tel. 061 39 64 81
http://bluedooradare.com

DUNRAVEN ARMS HOTEL €€€€
Stilvoll mit antikem Mobiliar! Im preisgekrönten Maguire Restaurant wurde schon Irlands bestes Frühstück serviert. Mit Reitstall und Spa (Massage, Beauty & Body Treatments).
Tel. 061 60 59 00
www.dunravenhotel.com
88 Zi. und Suiten

ADARE COUNTRY HOUSE €€€
Gediegener Country-House-Stil!
DZ ab 90 €!
Blackabbey Road, Tel. 061 39 59 86, www.adarecountryhouse.com

gilt als schwerster Par-5-Kurs der Welt. Zum Lunch ist jeder willkommen, die historische Haustour gibts aber nur für Hotelgäste.
www.adaremanor.com

Schwarze und weiße Abtei

Kirchen in Adare

Die Church of the Most Holy Trinity (www.adareparish.ie) gehörte einst zur »Weißen Abtei«, Irlands **einzigem Trinitarierkloster** (13. Jh.). Am Ortsausgang Richtung Limerick steht die 1647 abgebrannte »schwarze Abtei« der Augustiner (ab 1316), die seit 1807 die St Nicholas Church mit konfessionsfreier Schule von 1714 nutzt.

Pfälzer Flüchtlinge

Irish Palatine Museum and Heritage Centre

Um **Rathkeale** wurden ab 1709 Flüchtlinge aus der Pfalz angesiedelt: die »Palatines«. Das Museum im alten Bahnhof von Rathkeale bewahrt historische Kleider, Pfeifen und Brandeisen.
Juli/Aug. Di., Do. u. So. 14 – 17 Uhr und n. V. | Eintritt: 5 €
www.irishpalatines.org

Zwei Parkanlagen

Kilcornan

Im Celtic Park & Gardens, einemThemenpark am Ort einer einstigen **Keltensiedlung**, erwecken zwölf Repliken (u. a. Dolmen, Ringfort, heilige Quelle) die Vergangenheit (mit Rosengarten und Café. Im Herrenhaus (Ruine) im **Curraghchase Forest Park** wohnte Aubrey de Vere (1814 – 1902), der Iren rund um den Erdball mit dem Gedicht »Little Black Rose« rührte. Deren Farbe schufen trockener

Ostwind und die Tränen einer Witwe. Der Park (250 ha) kann zu Pferd, zu Fuß und per Rad durchstreift werden.
Celtic Park & Gardens: April – Okt. tgl. 10 – 18 Uhr | https://celticpark.ie | Eintritt: 10 € | **Curraghchase Forest Park:** www.coillte.ie/site/curragh-chase-forest-park

MONAGHAN · MUINEACHÁN

Republik Irland | **Provinz:** Ulster | **Grafschaft:** Monaghan | **Einwohner:** 7680 | **Auskunft: www.monaghantourism.com**

Durch Monaghan (irisch »Muineachán«, kleine Hügel) verläuft der Ulster Canal, der das Städtchen mit Belfast verbindet. Schon im 9. Jh. gab es hier eine Siedlung.

Nur 8 km von der Grenze zu Nordirland entfernt ist Monaghan Verwaltungszentrum des nicht nur landwirtschaftlich geprägten gleichnamigen County. Sehenswert ist die Spitzenherstellung in den umliegenden Dörfern, hochattraktiv das Monaghan County Museum. In der Nähe liegt das »Lake County« mit seinen unzähligen Seen, Burren, Megalithgräbern, Burgen und der Stadt Cavan.

Land der kleinen Hügel

Wohin in Monaghan?

Reise durch die Geschichte der Menschheit

County Museum

Nahe der neogotischen Pfarrkirche St Patrick's steht das hübsche **Courthouse** (1829) mit dem County Museum, wiederholt Irlands Museum des Jahres. Seit 1974 präsentiert die ständig erweiterte und aktualisierte Ausstellung 10 000 Jahre menschliches Leben im County auch anhand archäologischer Exkursionen und Sommercamps. Highlight im Museum ist das 85 cm hohe, bronzene **Prozessionskreuz von Clogher** (14. Jh.). Vor dem Court House findet der sehenswerte Farmers' Market statt (Fr. 10 – 14 Uhr).
1 – 2 Hill Street | Mo. – Fr. 11 – 17, Sa. 12 – 17 Uhr | Eintritt frei

Kunst, Kathedrale, Theater

Market House

Am Market Place fällt das elegante Market House im klassizistischen Stil auf (1792), das ein talentierter Amateurarchitekt, Samuel Hayes, baute. Renoviert ist es nun eine **Kunstgalerie** mit Wechselausstellungen, u. a. zur irischen Kunst der 1950er- und 1960er-Jahre.

Am Old Cross Square stehen das Old Infirmary Building (altes Krankenhaus) von 1768 und das Market Cross (1714). Die neugotische **St Macartan's Cathedral** bildet mit ihrem schlanken Turm ein Wahrzeichen der Stadt. Künstlerisch hochwertiges Programm produziert das **Garage Theatre**, Old Armagh Road.

Market House: Market Street | Infos unter Tel. 047 8 11 22 (Juni - Sept.), sonst via County Council, The Glen, Tel. 047 3 05 00

Rund um Monaghan

Attraktive Handarbeiten

Glaslough Am Ortsrand des malerischen Dorfs Glaslough erstreckt sich der Park des in der zweiten Hälfte des 19. Jh.s gebauten Castle Leslie. Bei **Castleblayney** webt Liz Christy von Claude Monets impressionistischem Werk inspirierte Schals und Stolen, Louise Loughman bemalt

MONAGHAN UND CAVAN ERLEBEN

MONAGHAN TOURIST OFFICE
Market House, Tel. 04 78 11 22
Juni–Sept, Okt.–Mai: Informationen im County Council
Tel. 04 73 05 33

THE BATCH LOAF RESTAURANT €€€
Stylishe, wunderbare Küche und freundlichster Service von Matthew und Kollegen! Lamm oder vom Grill ordern! Fr. und Sa. unten Livemusik.
1 North Street, Monaghan
Tel. 047 7 22 53, Mo. u. Di. Ruhetage, www.thebatchloaf.com

OAK ROOM RESTAURANT €€
Gemütliches Restaurant mit Küche der Extraklasse zu guten Preisen. Super Desserts! Auch vegetarische und glutenfreie Gerichte. Early Bird Menu (Mi. – Fr. 17.30 – 21.30, Sa., So. bis 20 Uhr! 2 Gänge 30 €, 3 Gänge 38 €)
24 Bridge Street, Cavan, Tel. 04 94 37 14 14, Mo. u. Di. Ruhetage, www.theoakroom.ie

HOTEL FOUR SEASONS €€€€
Entspannung pur, Kaminfeuer, gute Küche im Range Restaurant, Pool, Sauna, Betreuung im Kids Centre und daher viel Ruhe bietet das Hotel der MacKenna-Familie. Schick speist man im Range Restaurant, auf der Terrasse oder in der Still Bar & Carvery.
An der N 2 (1 km vom Zentrum) Monaghan, Tel. 04 78 18 88, 59 DZ u. Suiten, www.4seasonshotel.ie

CAVAN CRYSTAL HOTEL €€€
Chefkoch Alan Shakespeare lädt ins neue Glassworks Restaurant zu bester moderner irischer Küche, sonst Lunch und Dinner in der Atrium Bar. Dazu Health, Fitness & Leisure Centre!
Dublin Road, Pollamore (direkt bei Cavan), Tel. 04 94 36 06 00
85 DZ und Suiten
www.cavancrystalhotel.com

Seide, Brenda Mc Ginn töpfert Unikate. Der **Lough Muckno**, der schönste und größte der Monaghan-Seen, ist ein super Anglerrevier.
Castle Leslie: Luxushotel | www.castleleslie.com | **Swallow Studios Art & Craft Gallery:** Annayalla Mo. – Fr. 10 – 18 Uhr, Sa. n. V. https://lizchristy.com | Eintritt frei

In den Zeiten der Hungersnot

Carrickmacross

Im hübschen Carrickmacross (5030 Einw.) werden in der historischen **Lace Gallery** Spitzen auch verkauft. Das Carrickmacross **Famine Workhouse** von 1841 war eines von 130 erbauten Arbeitshäusern in Irland. Für 500 Menschen gedacht, lebten hier 1851 rund 2000 Männer, Frauen und Kinder. Nahe Carrickmacross lädt die **Brehon Brewery and Farm** in Dunelty, Inniskeen, zur »Schwarz-und-Weiß«-Verkostung! Erst geht es zu den Kühen, die Milch für den berühmten Bailey`s Likör liefern. Danach zum Stout in die Brauerei, wo der landesweit als begnadeter Storyteller bekannte Seamus McMahon zum Probieren auch von Killanny Red (4,5 % Alk.) lädt.
Lace Gallery: Market Square | Mo. – Sa. 10 – 16 Uhr | www.carrickmacrosslace.ie | Eintritt frei | **Workhouse:** Shercock Rd nur Führung Mo. – Fr. 11.30, 14.30 Uhr | www.carrickmacrossworkhouse.com Eintritt: 6 € | **Brehon Brewhouse:** Mo. – Sa. 9 – 17.30 Uhr, Touren n. V. Sa. 12 Uhr (Tel. 086 8 23 09 14) | https://brehonbrewhouse.ie

Dorf der Häkelspitzen

Clones

Schöne Häkelspitzen zeigt in Clones das Lace Museum im **Ulster Canal Stores Visitor Centre** mit Tea Room, Tourismusinformation und Laden (Clara St; Di. – Sa. 10 – 16 Uhr; https://ulstercanalstoresvisitorcentre.ie; Eintritt frei). Clones besitzt zudem einen 23 m hohen Rundturm, ein keltisches Kreuz (10. Jh.) mit Blättern, Fischen und der Darstellung der Hochzeit zu Kanaan und den »St. Tigenachs Schrein«.

Cavan und Umgebung

Die Stadt erleben

Cavan

Das Kulturleben Cavans bilden die Aktivitäten im **Townhall Cavan Arts Space**, Townhall Street (https://townhallcavan.com). Theater, visuelle Künste, Musik, Tanz, Film, auch Punk-Opern sind angesagt. Das **Cavan Adventure Centre** (https://cavanadventure.ie) verleiht Fahrräder, auch E-Bikes, und bietet Radtouren an(4 Std.; 50 €). Im Farnham Centre mit Tourismusbüro bewahrt die **Johnston Central Library** Kulturebe der Grafschaft (www.cavanlibrary.ie). Bedeutend ist die 1938 begonnene katholische **Kathedrale** Saints Patrick & Felim, die neogotische **Kilmore Cathedral**, steht 5 km außerhalb. Ihre Ursprünge gehen aufs 9. Jh. zurück, ein Torgang ist aus dem frühen 13. Jh. Attraktive Ziele sind die Wander- und Radwege im Wald- und Seengebiet

des **Killykeen Forest Park** sowie Bootsausflüge zur Ruine der Rundturmburg **Clough Oughter** (frühes 13. Jh.) im Lough Oughter.
Lough Oughter: Cavan Adventure Centre | Tel. 049 4 89 36 30
https://cavanadventure.ie | Bootstour 30 €, Kajak/Kanuverleih ab 35 €

Kleine Ausflüge

Trips von Cavan aus

Eiszeitliche Drumlins umgeben **Killeshandra**. Vor Milltown stehen zwischen zwei Seen die Ruinen des Klosters **Drumlane.** Der 14 m hohe Rundturm besitzt verwitterte Vogelreliefs (14. Jh.). Das von 26 Seen umgebene **Cootehill** erschließt der Stadtpfad (1,5 Std.). Er führt zur hübschen St Michael's Church, dem Geburtshaus der Schriftstellerin Mary Anne Sadlier (1820 – 1903). Hoch über dem Markstädtchen **Kingscourt** schmückte Evi Hone die katholische Pfarrkirche St Mary's (1940er-Jahre) mit Bleiglasfenstern. Im **Dón an Rí Forest Park** führen vier markierte Wege und der Skulpturenpfad zu Picknickplätzen, Wunschbrunnen und Ruinen von Flemings Castle.

Angler, Teddibären & Co.

Tour Richtung Norden

Im **Anglerzentrum Belturbet** führt der **Heritage Town Trail** (1,5 Std.) zu den Sehenswürdigkeiten: Turbet Island Motte, Rathaus, Bahnhof und Haus von William Percy French. Kurz vor Ballyconnell am Shannon-Erne-Waterway bewahrt das **Bullyhugh Arts and Cultural Centre** die reiche Kultur des County. Kurios ist Anke Morgenroths Teddybär-Museum mit Verkauf im alten Gewächshaus, Teddy-Hospital und Kursen im **Bear Essentials & Silver Bear Centre** in Tirnawannagh, 2 km von Bawnboy. Ihr Centre (Eintritt frei) liegt im unter UNESCO-Schutz stehenden **Marble Arch Cave Global Geo Park** im Quellgebiet des Shannon. Im Herzen des Geoparks liegt rund um Blacklion die mythische Landschaft des **Cavan Burren Park** mit Besucherzentrum und vier Rundwegen.
Bullyhugh Arts and Cultural Centre: Mi. ab 20.30 Uhr traditioneller Tanz | Tel. 049 9 52 60 44 | **Bear Essentials & Silver Bear Centre:** Mi. – Sa. 10 – 17 Uhr | www.bearessentials.ie | **Marble Arch Caves Visitor Centre:** April – Okt. tgl. 10 – 17, Touren bis 16.30 Uhr
https://marblearchcaves.co.uk | Eintritt: Virtual Reality Experience 6 £, Höhlenführung 12 £ | **Cavan Burren Park Visitor Centre:** tgl. Frühling 8 – 19, Sommer 7 – 22, Herbst 8 – 18, Winter 8 – 17 Uhr
www.cavanburrenpark.ie | Eintritt frei

Schützengräben und Musikklassiker

Ballyjamesduff

Das **Cavan County Museum** in Ballyjamesduff hat sich den Nachbau des größten Schützengrabens aus dem 1. Weltkrieg auf den britischen Inseln gegönnt. Doch die Sammlung beeindruckt u. a. mit Sheela-na-Gigs, 6000 Jahren Regionalgeschichte, der Austellung zum Great Famine 1850 und zum Hurling. Dank Schenkungen ist Tiefbauingenieur William Percy French (1854 – 1920) vertreten, der als Musiker und Komponist mit dem Klassiker »Come back Paddy Reilly to Ballyjamesduff« weltberühmt wurde.

Di. – Sa. 10 – 17 Uhr | www.cavanmuseum.ie | Eintritt frei

Virginia

Cavan Arts organisiert **Kulturevents** in Cavan und im County, auch im netten Virginia (2650 Einw.) am rege besuchten **Lough Ramor**. Virginias Ramor Theatre (116 Plätze) ist in der 1845 erbauten katholischen St Mary's Church, in der die letzte Messe 1989 gelesen wurde. Hier spielt die Livin' Dred Theatre Company auf.

Ramor Theatre: Main Street | Galerie Di. – Fr. 10 – 16, Shows 18.30 – 20 Uhr | https://ramortheatre.com, www.cavanarts.ie

★ SLIGO · SLIGEACH

Republik Irland | **Provinz:** Connacht | **Grafschaft:** Sligo
Einwohner: 19 200, mit Umland 38 580

Jedes Jahr am 13. Juni steigt in Sligo der Yeats Day, der an den berühmten Bewohner der Stadt erinnert: William Butler Yeats. Der irische Lyriker und Dramatiker, der Nobelpreisträger von 1923, lies sich hier von den altirischen Mythen und Überlieferungen inspirieren, die in seine Werke eingingen.

An den Ufern des Garavogue River rund um die Stephen Street schlägt Sligos Herz.

Tor zum Nordwesten

Die zweitgrößte Stadt an der Westküste, irisch Sligeach, »Muschelplatz«, ist das Tor zum Nordwesten. Hier ist für die von Dublin kommenden Züge Endstation, weiter nördlich geht es mit diesem Verkehrsmittel nicht mehr. Die Stadt lockt mit bunten Ladenfronten, Steinbrücken über den Garavogue River, gemütlichen Pubs und im Kontrast dazu mit moderner Kunst und modernen Gebäuden aus Glas und Edelstahl. Die sagenhaften Wellen ziehen eine internationale Surfergemeinde an den Strand. Dazu locken Strandurlaub und Trips auf diverse Inseln. Begeben Sie sich in Sligo und Umgebung auf die Spuren vieler berühmter Frauen und Männer.

Wohin in Sligo?

Kultur und Moderne Kunst

★ The Model

Herausragend ist Irlands führendes Zentrum für zeitgenössische Kunst: **The Model, Home of The Niland Collection**, kurz The Model, bietet einen schönen Überblick auf Sligo von oben. Der Bau von 1862 war ursprünglich eine Modellschule für Schüler bis zwölf Jahre, daher der Name. Das Kunsthaus ist Heimstatt der von der Bibliothekarin Nora Niland in den 1950er-Jahren zusammengetragenen Niland Collection: 300 Werke, darunter 50 Bilder des in Sligo aufgewachsenen Malers, Illustrators und Comiczeichners **John »Jack« Butler Yeats** (1871 – 1957). Dieser heimste 1924 bei den Olympischen Spielen in Paris Irlands erste Olympiamedaille ein, und zwar Olympia-Silber im Wettbewerb »Malerei« mit dem sportiven Bild »The Liffey Swim«.

Präsent sind zudem Vater John Butler Yeats mit 19 Bildern, Jacks Frau Mary Cottenham Yeats und seine Schester Elizabeth Yeats. Das **Visitor Centre** mit Cafeteria und Buchladen veranstaltet auch Vortragsreihen und lädt zu (kostenpflichtigem) Kino, Comedy-Theater und Konzerten im Rahmen des Sligo New Music Festivals und Sligos Barockmusikfestival ein. Großartig sind das Artists in Residence-Programm und Ausstellungen renommierter internationaler Künstler.

Di. – Sa. 11 – 17 Uhr | www.themodell.ie | Eintritt frei

Omnipräsenter Dichter

★ Sligo County Museum

Willim Butler Yeats ist überall in Sligo präsent, z. B. als prächtige Bronzestatue vor der Ulster Bank, Stephen Street Ecke Markievicz Road am Garavogue River, die Ronan Gillespie 1989 schuf.

An der Stephen Street zeigt das **Sligo County Museum** Objekte aus vorchristlicher Zeit bis zum Beginn des 2. Weltkriegs, auch zu Constance Markievicz, der Revolutionärin (▶ siehe Lissadell House, S. 375). Doch eigentlicher Besuchermagnet ist der **Yeats Room**, der Sligos Literaturnobelpreisträger mit Erstausgaben seiner Werke, Manuskripten, Briefen und Familienfotos ehrt. Die Kunstgalerie im Obergeschoss zeigt auch Gemälde von Bruder Jack Butler Yeats.

County Museum: Di. - Sa. 9.30 - 12.30, 14 - 16.50 Uhr, Okt. - April nur vormittags | Eintritt frei | www.sligolibrary.ie

Yeats und seine Schwestern

Yeats Memorial Building

Im Yeats Memorial Building an der Hyde Bridge finden jedes Jahr Kurse der Yeats International Summer School statt. **Ausstellung und Film** informieren über den Schriftheroen. Die angeschlossene Hyde Bridge Gallery zeigt moderne Kunst. Das Lily's & Lolly's Café mit schöner Außenterrasse ehrt die lange unzertrennlichen Schwestern des Nobelpreisträgers: Elizabeth (»Lolly«) und Susan (»Lily«) waren mit ihren Drucken, Häkel- und Klöppelarbeiten künstlerisch höchst erfolgreich.

Di. - Sa. 10 - 17 Uhr | Eintritt frei | www.yeatssociety.com

Ein sehenswertes Kloster

Sligo Abbey

Die ältesten Bauwerke der Stadt sind Kirche, Kreuzgang und Konvent der Sligo Abbey. Das von Maurice Fitzgerald gegründete Dominikanerkloster wurde 1416 nach einem Brand neu aufgebaut. Der Chor der Kirche stammt aus der Gründungszeit. Im Querschiff (16. Jh.) sind die Grabnische von Cormack O'Crean (1506) und das O'Conor-Sligo-Monument (1624) bemerkenswert. Einmalig in Irland ist der Hochaltar (15. Jh.). An der John Street steht die protestantische **St John's Church** (1812, neogotisch), an der Temple Street die katholische **St John's Cathedral**, 1869 - 1874 neoromanisch erbaut.

Sligo Abbey: 24.3. - 16.10. tgl. 10 - 18 Uhr
https://heritageireland.ie/places-to-visit/sligo-abbey | Eintritt: 5 €

SLIGO ERLEBEN

SLIGO TOURIST INFORMATION
Das Tourismusbüro bietet kostenlose Stadtrundgänge an (Juni – Sept. Mo. – Sa. 11 Uhr).
O'Connell Street, im Old Bank Building, Tel. 071 9 14 01 20
https://sligotourism.ie

1 MONTMARTRE €€€
Gediegene irisch-französische Küche, z. B. Entenbrust mit Cassis und Linsenragout und hervorragende Desserts. Tgl. zwei vegetarische Gerichte (17,95 €), Hauptgerichte bis 27,95 €
1 Market Yard, Tel. 071 9 16 99 01
So. u. Mo. Ruhetag,
www.montmartrerestaurant.ie

2 THE STRAND BAR & RESTAURANTS €€€
Im 1. Stock über der Strand Bar lockt das Early Bird Menu (bis 19 Uhr; 3 Gänge 22 €). Besitzer Anthony Gray rief den Sligo Food Trail ins Leben. Der polnische Chefkoch Mikel und Koch Mark komponieren Wunderbares wie Lachs auf Zitronen & Dill-Risotto oder Jakobsmuscheln auf White Pudding mit knusprigen Seealgen. Dazu gibt es sehr guten Wein.
Strandhill, Tel. 07 916 81 40, kein Ruhetag, www.thestrandbar.ie

3 ÓSTA CAFE & WINE BAR €€
Frische Scones & glutenfreie Muffins, deftige Kartoffelkuchen mit Black und White Pudding, Gemüsesuppe, Wraps oder Bio-Hühnerbrustfilets mit Blattsalat! Lokales Saisongemüse, auch für Veganer. Auch Smoked Drumlin Cheese und Corleggy Goat Cheese sind öko.
Garavouge Weir, Sligo
Tel. 07 19 14 46 39
abends geschl., www.osta.ie

1 STRANDHILL LODGE & SUITES €€€
Abseits von Trubel und Lärm! Knapp 1 km von der Strandpromenade, mit viel Komfort, Parkplatz und Zimmern mit Terrasse oder Balkon. Dazu in der Nachbarschaft ein Pub.
Top Road, Larass, Strandhill
Tel. 07 19 12 21 22,
http://strandhilllodgeandsuites.ie
22 DZ

Am Puls der Zeit

Rund um das Glasshouse Hotel

Das Leben pulsiert **rund um Sligos neues Wahrzeichen**, das Glasshouse Hotel am Garavogue River. Restaurants und Bars säumen die Ufer. Mit »Made in Sligo« sind 10 Kunsthandwerker in den Läden vertreten (https://madeinsligo.com). Experimentelles **Theater** veranstaltet das Blue Raincoat Theatre, traditionelles das Hawk's Well Theatre. Die **Pubs** veranstalten Livemusik (www.sligomusicians.com). Vampire verspricht **Sligo Walking Tours** auf der Dark Tales Tour. Die Weilands bitten zu **Sligo Food Tours** (3 Std.; 60 €), die per E-Book auch allein zu schaffen sind (12,95 €; www.neantog.com/shop/sligo-food-tours-ebook). Delikatessen hat Cosgrove & Son, 32 Market Street.

Blue Raincoat Theatre: Lower Quay St | www.blueraincoat.com **Hawk's Well Theatre:** Temple St | www.hawkswell.com | **Sligo Walking Tours:** Tel. 085 1 73 51 03 | https://sligowalkingtours.com/sligo-dark-tales | Ticket: 12 € | **Sligo Food Tours:** https://sligowalks.ie/new-sligo-food-tours-to-combine-walking-and-eating

Rund um Sligo

Ein reizvoller See

Lough Gill

Im Lough Gill tummeln sich Lachse, Forellen und Hechte. Eine **Seeumrundung** (37 km) lohnt ebenso wie die **Bootsfahrt** ab Parke's Castle mit der »Rose of Innisfree«, die im Juli und August auch ab Doorly Park in Sligo ablegt. Höhepunkte im »**Yeats County**« sind zudem der Glencar Waterfall und Drumcliff mit Kirche und Yeats' Grab. Ein schönes Panorama bietet Dooney Rock, den Yeats mit »The Fiddler of Dooney« literarisch verewigte. Er besang auch Innisfree Island.

Bus & Boat Tour: 2,5 Std. Mai – Sept. Mo., Mi., Fr. ab Sligo Ticket 30 €

Restaurierter Adelssitz

Parke's Castle

Parke's Castle (17. Jh.) am Ostufer des Lough Gill wurde aufwendig restauriert. Auf einer Halbinsel zwischen seinem nordwestlichen Ende und dem Garavogue River steht das **Hazelwood House**. 2019 eröffnete hier die **Lough Gill Distillery**, die auch Touren und Verkostungen anbietet (Tel. 019 01 12 18, www.athru.com).

24.3. – 26.10. tgl. 10 – 18 Uhr https://heritageireland.ie/places-to-visit/parkes-castle | Eintritt: 5 €

Ferienfreuden am Meer

★ Rosses Point

Der Ferienort Rosses Point am Eingang zum Sligo Harbour bietet **Golf, Sandstrände und Bootsausflüge** zu Seehunden und Delfinen. Wahrzeichen ist die eine glückliche Heimkehr herbeisehnende **bronzene Frauenstatue** »Waiting on Shore« von Niall Bruton mit der Inschrift »Lost at Sea, Lost at Sea, Or in the Evening Tide, We Loved You, We Miss You, May God With You Abide«. Berühmt ist der 1821 errichtete, zur Navigation dienende **Metal Man** auf dem meerumspülten Black Rock. William Butler und Jack Butler Yeats, die regelmäßig hier im Elsinore House Urlaub machten, beschrieben bzw. malten sie. Ausflüge zur Insel Inishmurray und Angelausflüge bietet Daryl Ewing mit der »Sea Star« an. Der Fang wird direkt nach Rückkehr in Harry's oder Austie's Restaurant in Rosses Point gekocht.

Bootsausflüge: https://sligoboatcharters.com

Auf den Königsberg

Knocknarea

Westlich von Sligo dominiert der monolithische Knocknarea (**»Mondberg«, »Königsberg«**; 327 m ü.d.M.) die Landschaft. Der Aufstieg

(40 Min.) wird mit einer grandiosen Aussicht und dem Blick auf einen gewaltigen Steinhügel (10 m hoch, 55 m Durchmesser) belohnt. Unter den wohl 40 000 t Gewicht soll im Megalithgrab (um 3000 v. Chr.) die legendäre Königin Maeve von Connacht beerdigt sein, was die frühe Bauzeit aber eher ausschließt.

Surf-Dorado am Atlantik

Strandhill

Vor der Kulisse des Knocknarea hat sich Strandhill am Wild Atlantic Way zum **Top-Ferienort** gemausert. Sand- und Kiesstrände und die Promenade locken zu Spaziergängen, doch das Baden ist aufgrund starker Strömungen leider untersagt. Auch die Dünen dürfen nicht betreten werden, doch kümmert das viele nicht. Die Surferschule und SUP – Stand Up Paddling – mit David O'Hara locken auch Anfänger an. Preisgekrönt sind die **Algenbäder** in den Voya Seaweed Baths. Die Yoya-Cremes und Essenzen werden hier und online verkauft. Auch Strandhills kulinarisches Angebot ist top. Viele Pubs bieten Plätze in der Sonne. Im Restaurant des herrlichen Golfclubs am Knocknarea sind Golfer und Nichtgolfer willkommen.

Surf- und SUP-Schule: www.strandhillsurfschool.com
Algenbäder: tgl. 10 – 20 Uhr | ab 30 € |www.voyaseaweedbaths.com

Uralte Gräber

Carrowmore

Von Strandhill führt die wunderbare Küstenstraße bis zum Abzweig zum größten **Megalithgräberfriedhof** Irlands, dem Gräberfeld von Carrowmore. Archäologen entdeckten 60 Gräber, viele beschädigt, 30 sind zu besichtigen. Die **Austellung** im Cottage (Infos auch in

Eine echte Landschaftsmarke: 527 m hoch erhebt sich nördlich von Sligo der legendenumrankte Tafelberg Ben Bulben.

Deutsch) erklärt die bis 6000 Jahre alten Dolmen, Hügel- und Ganggräber, die die ägyptischen Pyramiden in Sachen Alter geradezu ausstechen. Festes Schuhwerk ist angeraten!
24.3. – 2.11. tgl. 10 – 18 Uhr | https://heritageireland.ie/places-to-visit/carrowmore-megalithic-cemetery | Eintritt: 5 €

Zum Grab von William Butler Yeats pilgern

Drumcliff

Der Großvater von William Butler Yeats war Pfarrer der Kirche von Drumcliff, 10 km nördlich von Sligo. Der 1939 in Frankreich verstorbene Yeats hatte sich ein Grab in Drumcliff gewünscht und wurde auf dem Kirchfriedhof beigesetzt. Der Grabstein trägt die von ihm formulierte Inschrift »Cast a cold Eye / On Life, on Death / Horseman, pass by!« (Wirf einen kalten Blick, o Reiter, auf Leben, auf Tod – und dann zieh weiter!). An der Kirche steht ein Hochkreuz (11. Jh.), dessen Ostseite Adam und Eva, Kain und Abel, Daniel in der Löwengrube und Christus in der Glorie abbildet. Die Westseite zeigt die Vertreibung aus dem Tempel, zwei Figuren und die Kreuzigung. Hinzukommen Fabeltiere und ornamentales Flechtwerk. Zu sehen sind auch Reste eines Rundturms (11. Jh.). Empfehlenswert sind die Art Gallery und das Tea House (https://drumcliffechurch.ie; Eintritt frei).

Markanter Berg

Ben Bulben

Über Drumcliff erhebt sich der **Tafelberg** Ben Bulben (527 m ü. d. M.). Hier sollen Königin Maeve und Ulster-Held CúChulainn um gewaltige Stiere gekämpft haben. Ein mörderischer Kampf zwischen Sagenheld Diarmaid, dem Pflegesohn von Keltengott Oengus (▶ Newgrange, S. 122) und dem Eber vom Ben Gulban (daher Ben Bulben) endete für beide tödlich. Historisch war die »Schlacht um die Bücher« von Cuildrevne (561) an den Berghängen mit wohl Tausenden Toten. Kolumban d. Ä. siegte, doch war er der Verursacher der Schlacht: Als Gast des hl. Finian hatte er dessen Buch kopiert und sich nicht dem legendären Copyright-Urteil des Hochkönigs (»Jeder Kuh ihr Kalb, jedem Buch seine Kopie«) gebeugt.

Leben und Wirken der schillernden Gore-Booth-Familie

★ Lissadell House & Gardens

Von Drumcliff geht es über Carney zum **Haus der Gore-Booth-Familie** westlich des Ben Bulben. Naturfans schätzen hier die schönen **Spaziergänge** in den Woodlands oberhalb der Sligo Bay, dazu Alpengarten und viktorianischen Garten.

Im Haus lohnen **Sonderausstellungen** und **russische Kunst**, die ein irischer Geschäftsmann aus der Sowjetunion mitbrachte, z. B. das Gemälde »Lenin auf dem Marsch mit Genossen« von Andrei Serbutovsky (1923 – 2006). Hier wuchs **Constanze Markievicz**, Irlands berühmte Revolutionärin des Osteraufstands 1916, in großem Reichtum als Constance Georgine Gore-Booth (1868 – 1927) auf. Reiten, Segeln, Strandpicknicks bestimmten ihr Leben, ehe sie in Pa-

ris studierte und Casimir Dunin-Markievicz heiratete. 1903 zogen sie nach Dublin, wo Constanzes Politkarriere startete.
Ihr Leben ist ebenso Ausstellungsthema im Haus wie die 2010 von Songwriter Leonard Cohen eingeweihte **Yeats Gallery** zu Ehren des Malers Jack Yeats und Literaturnobelpreisträger William Butler Yeats. Zur 200-Jahrfeier der Schlacht von Waterloo wurde die **Waterloo-Ausstellung** eröffnet. Wellington weilte im Oktober 1816 auf Lissadell. Die **Booth-Ausstellung** widmet sich den Söhnen von Sir Josslyn Gore-Booth. Zwei fielen im 2. Weltkrieg, der dritte kam traumatisiert zurück, um fortan pausenlos russische Zigaretten in der Küche zu rauchen. Restauratoren brauchten drei Wochen, um deren Wände zu reinigen.
Ballinfull | Mi. – So. 10.30 – 18, Haustouren 11, 12, 13.30, 14.30, 15.30, 16.30 Uhr | http://lissadellhouse.com Eintritt: mit Haus 14 €, nur Garten mit Ausstellung im Coach House 10 €

Zum Gedenken an die Spanische Armada

Spanish Armada Memorial

Am Strand von Streedagh erinnert das Spanish Armada Memorial an den 6. September 1588, als hier drei Schiffe der spanischen Flotte strandeten. Das Unglück kostete 1200 Menschen das Leben, 300 wurden gerettet. Eine große Attraktion am Wild Atlantic Way sind **Führungen der Meeresarchäologin** Auriel Robinson zu Armada-Geschichte, Megalithkultur oder Yeats. Auf der **Halbinsel Mullaghmore** sind Strand, Hochseeangeln und Freediving mit Fergus Callagy angesagt. **Essbare Seealgen** stellen die Kochbuchautorin Dr. Prannie Rhatigan und Ethna O'Sullivan auf Exkursionen und in der Küche vor. Das Beach Hotel mit Restaurant arrangiert **Inishmurray-Fahrten**.
Führungen: Seatrails | Sligo | Tel. 087 2 40 50 71 | www.seatrails.ie
Freediving: https://freedivingireland.com | **Seealgen:** https://irishseaweedkitchen.ie Inishmurray-Trips: www.beachhotelmullaghmore.com
Inishmurray-Trips: www.beachhotelmullaghmore.com

Spannender Inseltrip

Inishmurray

Keith Clark legt mit der »Fiona Tee« in Mulloghmore zur **Insel** Inishmurray ab. Auf die bis ins 20. Jh. bewohnte Insel hatte sich der irische Mönch **Kolumban d. Ä.** zurückgezogen und seine Sünden beim heiligen Molaise gebeichtet. Zur Strafe wurde der Mönch 563 auf die schottische Insel Iona verbannt mit der Auflage, mehr Christen zu bekehren, als in der Schlacht der Bücher am Ben Bulben (►S. 375) gefallen waren. Die Missionierung des europäischen Kontinents begann.
Das gut erhaltene frühchristliche **Inselkloster**, vom heiligen Molaise gegründet, wurde 300 Jahre später nach Plünderungen verlassen. Die Überreste sind plastisch: Eine 3 – 4 m hohe Ringmauer mit fünf Eingängen umschließt die birnenförmige, in vier Areale geteilte Fläche. Darin sind Kirchen und Hütten: The Men's Church, das Bethaus Teach Molaise, die Church of the Fire, in der das Feuer nie erlosch, eine Bienenkorbhütte und Altarblöcke. Auf dem größten liegen die **Fluchstei-**

ne (Cursing Stones, Speckled Stones): Mithilfe dieser gefleckten Steine wurden ab dem 18. Jh. der Legende nach Feinde wirksam verflucht. Noch im 2. Weltkrieg soll hier eine Irin dunkle Mächte gegen Hitler beschworen haben. Pilger besuchen die Bet-Stationen der Insel. Am St Patrick's Memorial ist die Sicht aufs Festland besonders schön.
Bootstouren: www.inishmurrayislandtrips.com

Runde Gräber
Südlich von Sligo, 5 km nördlich von Ballinafad befindet sich auf einsamer Höhe in den Bricklieve Mountains das Gräberfeld von Carrowkeel. Die 14 **Grabhügel** (3400 – 3100 v. Chr.) sind mit einer Ausnahme kreisrund, besitzen aber im Inneren verschiedene Kammertypen. Unterhalb sind Reste von 50 runden Steinhütten, vielleicht Behausungen der Graberbauer erhalten (www.carrowkeel.com).

Gräberfeld von Carrowkeel

Hort der irischen Musik
Im hübschen Dorf Gurteen bewahrt das Coleman Irish Music Centre Irlands **Musiktradition** mit Ausstellung und audiovisueller Präsentation. Im Theater (150 Plätze) finden Sessions statt.
Mo. – Sa. 10 – 17.30 Uhr | www.colemanirishmusic.com
Eintritt: 5 €, Konzerte ab 20 €

Gurteen

Geschichtszeugen und Paradies für Vogelliebhaber
An der Grenze der Counties Sligo und Roscommon ragt an der Straße die imposante Statue **The Gaelic Chieftain** auf, die an die Schlacht bei den Curlew Mountains 1599 erinnert. In Ballymote steht eine mit Efeu überwachsene **Burgruine** (um 300) mit sechs runden Türmen. Bis zur Schleifung (um 1700) war Ballymote Castle stets hart umkämpft. Ganz in der Nähe kommen Vogelfans auf ihre Kosten: Insgesamt 100 Vogelarten sind in Irlands größtem **Raubvogelzentrum** Eagles Flying zu bewundern.
Eagles Flying: 1.4.–7.11. tgl. 10.30 – 12.30, 14.30 – 16.30 | Shows 11 u. 15 Uhr | Eintritt: 15,90 € | www.eaglesflying.com

Ballymote

Lebhafter Badeort am »Irischen Flaschenhals«
Stars wie der zehnmalige Surf-Weltmeister Kelly Slater schätzen den Badeort Bundoran an der Donegal Bay. Hier, am nur 6 km breiten »Irish Bottleneck« zwischen Meer und Nordirland, macht der zweite Abschnitt des Wild Atlantic Way, die Surf Coast, ihrem Namen alle Ehre. Bundoran lockt mit feinsandigen **Stränden**, allen voran dem Tullan Strand mit den Naturschönheiten der Fairy Bridges (Elfenbrücken) und dem sagenhaften Wishing Chair. Erfüllung gewährt der »Wunschthron« dem, der sich vorsichtig (!) auf ihn setzt, beide Arme auflegt und 15 Sekunden auf ihm verharrt. **Seekajak- und Kanutouren**, Golf und Reiten sind angesagt, The Peak ist Treff der **Surfer**. Die meisten kommen aber für Strandspaziergänge oder Rad-

Bundoran

Am Tullan Strand werden Strand-Träume, am Wishing-Chair vielleicht Wünsche wahr.

touren. Am Tourismusbüro, The Bridge, startet der **Klippenwanderweg** (7 km, 2 Std.). Am Aughrus Head pilgert man zum wasserspeienden Trichter Puffing Hole. Neun Künstler schufen die **Skulpturen** am Sculpture Trail. Der **Bundoran Adventure Park** lockt Jüngere. Alle schätzen Irlands ersten **Indoor-Wasserpark**, die Waterworld. Groß in Mode sind Seealgenbäder.

Bundoran Adventure Park: Seafront | tgl. 13 – 22, Winter nur Sa., So. ab 13 Uhr | Eintritt frei, 19,95 € (2 Std. gültig) für Attraktionen inkl. Riesenrad | https://discoverbundoran.com/locations/bundoran-adventure-park-2 | **Waterworld/Seaweed Baths:** April/Mai, Sept. Sa., So., Juni tgl. 12 – 18, Juli/Aug. bis 19, Uhr | Eintritt. 13,50 €, Seealgenbad 25 € www.waterworldbundoran.com | https://discoverbundoran.com

Geburtsort von Gitarrenlegende Rory Gallagher

Ballyshannon

Das geschäftige Ballyshannon am Mündungstrichter des Lough Erne gilt als älteste Stadt Irlands (seit 1613). Hier lebte der Dichter **William Allingham** (1824 – 1889). Berühmtester Sohn der Stadt ist Rockgitarrist **Rory Gallagher** (1948 – 1995). Seit 2010 erinnert seine Bronzestatue mit Liedzeilen seines größten Hits »Follow me« an ihn: »I want to plant a star in the sky / One You can find at the end of the night«. Um die Ecke sucht das kleine **Museum** in der 2. Etage von Slevins Dept. Store mit Café noch Memorabilia zu Gallagher. Anfang

Juni treffen sich Fans zum viertägigen **Gallagher Tribute Festival** (www.rorygallagherfestival.com). Ballyshannons **Traditional Folk Festival** (August) zählt zu den wichtigsten Irlands.

Museum: Main Street | Mo. – Sa. 10 – 18 Uhr | Eintritt frei
http://discoverballyshannon.ie | http://ballyshannonfolkfestival.com

★ TULLAMORE · TULACH MÓR

Republik Irland | **Provinz:** Leinster | **Grafschaft:** Offaly |
Einwohner: 14 610 | **Auskunft: www.visitoffaly.ie**

»Whiskey ist flüssiges Sonnenlicht« sagte einst der berühmte irische Schriftsteller George Bernard Shaw (1856–1950), der selbst regelmäßig diesem Getränk zusprach. Irlands berühmteste Whiskeymarke Tullamore D. E. W. ist seit 1829 Zierde des Hauptorts im Co. Offaly im Zentrum der Insel.

Es liegt bestimmt nicht nur am Whiskey, dass den Bürgern von Tullamore besondere Wärme und herzliche Gastfreundschaft zugeschrieben werden. Tullamore, irisch Tulach Mór (großer Versammlungshügel), bestand 1620 lediglich aus Schloss, Windmühle und Hütten. Bis 1804 war es Endstation des Grand Canal von Dublin und erlebte als Zentrum von Brennereien einen Aufschwung. Am 10. Mai 1785 stürzte ein Heißluftballon ab und zerstörte im Dorf 130 Häuser. Dieses Desaster gilt als erster Flugunfall der Weltgeschichte. In der Umgebung gibt es viele hübsche kleine Städtchen und Dörfer mit attraktiven Burgen, in denen es teilweise ganz schön spukt ...

Starkes Getränk

Wohin in Tullamore?

Dem Whiskey auf der Spur

★ Tullamore D. E. W. Heritage Centre

Wer dieses Getränk liebt, pilgert ins D. E. W. Heritage Centre im alten Lagerhaus am Bury Quay. Zwar wurde hier schon 1954 die Produktion des weltberühmten Tullamore D. E. W. und des Malt Whiskey Liqueur eingestellt. Doch 2014 kehrte Tullamore D. E. W. aus Midleton (Co. Cork) in neue Produktionsstätten in die Gegend zurück. Neben der **Kunst der Whiskeyherstellung** wird nun die Karriere von Daniel E. Williams – vom Stallburschen zum Manager der Distillery – lebendig. Am Ende der Basistour lockt dreimal Hochprozentiges. Anschließend

TULLAMORE, BIRR, ROSCREA, PORT LAOISE ERLEBEN

OFFALY TOURIST OFFICE
Bridge Lane, Tullamore,
Co. Offaly, Tel. 057 9 35 72 95
www.visitoffaly.ie

CAPTAIN HOUSE RESTAURANT €€€
Irisch, französisch, vegetarisch! Das gemütlich eingerichtete Restaurant überzeugt preislich wie durch seinen herzlichen Service. Günstig ist das Sunday Lunch Special Menu (12.30 bis 16 Uhr; 3 Gänge für 28,50 €)!
Main Street, Tullamore
Co. Offaly, Tel. 057 9 32 08 88
https://captainhouserestaurant.ie

PARKER`S AT THE MAIN €€
Leckere, einfache Gerichte vom Steak Sandwich (17 €) bis zum Chefs Special Wrap (12 €), Brunch Box mit Pfannkuchen ab 12 €.
1 Main St, Roscrea, Tel. 085 7 47 17 82, www.parkers-roscrea.com

BRIDGEHOUSE HOTEL & SPA €€€€
Mit großem Spa (Di. – Sa.) and Leisure Club (Gym, Pool, Sauna, Aerobic). Gutes Char Bistro, Barfood vom Grill, im Mezzanine das Ristorante Balcone Italiano mit Topküche nur am Wochenende. Halbe Ente mit Madeira-Jus 26,95 €, Penne Pollo 16,95 €
Bridge Street, Tullamore
Co. Offaly
Tel. 05 79 32 56 00
www.bridgehousehoteltullamore.ie, 72 DZ, 1 Presidential Suite

COUNTRY ARMS HOTEL €€€€
Herrliche georgianische Architektur mit Garten und Spa. Im ausgezeichneten Cookes Restaurant bezieht Koch Jason Daly Biomilch, -joghurt und -käse von der Mossfield Organic Farm aus dem nahen Clareen (www.mossfield.ie).
Station Road, Birr, Co. Offaly
Tel. 05 79 12 07 91
www.countyarmshotel.com
70 DZ, 2 Suiten

geht es zum Whiskeykauf oder ins sehr gute Bond Restaurant. Auch Whiskey Cocktails, z. B. Whiseky Sour »Irish Legend« mit Rosmarin, Apfel, Zitrone und Brombeere, sind im Angebot.
Bury Quay | Di. – Sa. 10 – 18, So. 11 – 17 Uhr | www.tullamoredew.com | Distillery Tour (105 Min.; mit drei Whiskeyproben, einem Irish Coffee) 35 €, bei Online-Buchung 31,50 €

Spuk-Hotspot der Insel

Charleville Castle

In diesem alten Gemäuer soll es wahrhaftig spuken! Charleville Castle wirkt wie ein gotisches Fantasiegebilde und erzählt eine gruslige Geschichte: Die achtjährige Harriet, Tochter des 3. Earl of Charleville, stürzte im April 1861 auf der Haupttreppe in den Tod. Seither geht ihr Geist um, was mittlerweile mehrere TV-Sender weltweit bestätigt haben! Das Schloss wurde im ausgehenden 18. Jh. für William Bury errichtet, aber sein Aussehen wurde nie verändert. Der Entwurf stammte vom berühmten Architekten Francis Johnston. Ein Höhepunkt ist das von Sir William Morris eingerichtete Esszimmer. Im Park lebte einst wohl ein Druide. Hier stehen uralte irische Eichen.

Führung: Juni - Aug. tgl. 13 - 17.30 Uhr, sonst n. V.
Eintritt: 8 € | http://charlevillecastle.ie

Kunst im Park

Lough Boora Discovery Park

An Tullamores Umgehungsstraße, der N 2, errichtete der Bildhauer Maurice Harron vier Figuren als Symbole für Lernen und Heiligkeit. Im sumpfig feuchten Lough Boora Discovery Park (80 000 ha) sind bisher **20 Großskulpturen** aufgestellt, die Naturreichtum und Industriegeschichte dieser Moorlandschaft thematisieren. Großartig sind die Installation »Turf, Wind and Fire« von Ross Hathaway, Paul Coyne and Rosemary Langtry und der »Sky Train« von Michael Bulfin. Die Landschaft ist ideal für **Radler und Wanderer** (50 km Wege, drei Radrouten, 6 – 15,8 km). Mieträder (7 €/Std., 20 €/Tag) gibt es vor Ort. Mehrfach wurde hier Archäologisches gefunden, u. a. historische **Bog Butter** (Moorbutter). Regelmäßig finden »BioBlitz«-Begehungen mit Experten statt. Im Visitor Centre ist auch ein Café.

Park: ganzjährig | **Visitor Centre:** April - Okt. Mo. - Fr. 10 - 18, sonst 10 - 16 Uhr | Café und Radverleih: April - Okt. tgl. 10 - 18 Uhr
www.loughboora.com | Eintritt frei

Rund um Tullamore

Kloster mit berühmtem Fund

Durrow

Nördlich von Tullamore stand in Durrow ein im 6. Jh. von St Columcille gegründetes **Kloster**. Berühmt wurde der Ort durch das **Book of Durrow** (7. Jh.), das nun in Dublins Trinity College liegt. Erhalten ist auch ein **Hochkreuz** (10. Jh.) mit bedeutendem Figurenschmuck. Seine Ostseite zeigt Abrahams Opfer, Christus in der Glorie, zu seiner Linken den Harfe spielenden David und zur Rechten David, der den Löwen tötet. Auf der Westseite sind die Bewachung des Grabes Christi, Geißelung, Gefangennahme und Kreuzigung dargestellt.

Grab einer Moorleiche

Edenderry

Auf dem Weg ins malerische Städtchen Edenderry sehen Sie beim Dorf Croghan einen **Beerdigungsplatz** der Bronzezeit: den Uraltvulkan Croghan Hill (234 m ü. d. M.). 2003 wurde in Croghan eine berühmte **Moorleiche**, der Old Croghan Man (gestorben ca. 362 – 175 v. Chr.) entdeckt, der sich nun im National Museum in Dublin befindet. 7 km nördlich von Edenderry (6980 Einw.) liegt **Carrickoris Castle** der Familie O'Connor, das heute eine Ruine ist, 1305 Schauplatz eines Massakers war. Als Buße für die Freveltat des Vaters ließ John de Bermingham 1325 nahebei die Enklave Monasteroris bauen.

Irlands bekanntestes Moor

Clara Bog Nature Reserve

Clara Bog (10 km²) nordwestlich Tullamores ist eines der wenigen noch intakten **Moore** Westeuropas. Mit der richtigen Kleidung und gutem Schuhwerk geht es ab dem Visitor Centre ins zwei Minuten entfernte Naturreservat auf den 1 km langen Rundweg (Bohlenpfad). Die Atmosphäre hier ist einzigartig.

Visitor Centre: Ballycumber Road, Clara | Mai–Nov. Mo.–Fr. 10–17 Uhr | Eintritt frei | www.clarabognaturereserve.ie

Ort des ersten tödlichen Autounfalls

Birr

Baumalleen und elegante georgianische Häuser mit Oberlichtern, getäfelten Türen und schmiedeisernen Gittern schmücken das hübsche Marktstädtchen, das südwestlich von Tullamore liegt. Birr ist ein Pilgerziel für Astronomiefans, denn hier forschte **William Parsons**, der 3. Earls of Rosse (1800–1867), der hier auf **Birr Castle** das damals größte **Teleskop** der Welt hatte. Die Parsons hatten das ab 1170 erbaute Birr Castle 1620 übernommen. Zu besichtigen ist nur der prächtige Park mit Riesenteleskop und schönem Schlosshofcafé. Im Historic Science Centre wird seine Funktionsweise demonstriert. Herrlich ist der Kreuzgang aus Weißbuchen. Im Guinnessbuch der Rekorde vermerkt sind die 12 m hohen, über 300 Jahre alten **Buchsbaumhecken**. Der Sweeney Trail führt zum versteckten »Sweeney«, der Figur eines Keltenkönigs. Im Giants Grove Projekt sollen 1000 Riesenmammutbäume wieder in Irland heimisch werden (https://giantsgrove.ie). Am Schloss ist Birrs Farmers Market (So. 9–17 Uhr). Parsons Cousine und Mitarbeiterin **Mary Ward** (1827–1869) beeindruckte mit akribischer wissenschaftlicher Arbeit in einer Zeit, die Frauen den Universitätszugang verwehrte. Sie schaffte es schließlich, neben Queen Victoria und Mary Somerville aus Oxford die einzige Frau in der Royal Astronomical Society zu werden. Doch starb Mary am 31.8.1869 beim ersten tödlichen Autounfall weltweit. Birr ehrt William Parsons mit einem Denkmal, Infos finden Sie beim Tourismusbüro am Emmet Square (nur Mai–Sept.). Mehr Infos über Mary Ward gibts in Castle Ward (▶ Downpatrick, S. 62), wo ihre Werke und Mikroskope ausgestellt sind.

Birr Castle: 16.3. – 31.10. tgl. 9 – 18, sonst 10 – 16 Uhr https://birrcastle.com | Eintritt: 10 €

Burgen mit Spuk-Geschichten

Banagher

Banagher (1760 Einw.) am Ostufer des Shannon beeindruckt mit dem mittelalterlichen **Claghan Castle**. In den Ruinen von **Clonony Castle** bei Shannon Harbour spukt es: Ein alter Mann soll auf dem Burgturm im Nebel erscheinen. Die Burg gehörte mal den Boleyns; Heinrich VIII. ernannte zur Hochzeit mit Anne Boleyn sogar Thomas Boleyn zum

Earl of Ormonde. Mary und Elizabeth, Cousinen von Queen Elizabeth I. und der 1536 hingerichteten Anne Boleyn, sind hier begraben.

Portlaoise und Umgebung

Bekannt durch seine Gefängnisse

Portlaoise

Vom alten, im 17. Jh. zerstörten Portlaoise (sprich: »Purtliesche«) südöstlich von Tullamore blieb nicht viel. Heute beeindruckt das Wirtschaftszentrum des County mit Cafés und Restaurants am Market Square. Größter Arbeitgeber sind aber zwei Gefängnisse: Das festungsartige Portlaoise Jail für paramilitärische Häftlinge und das Midlands Jail. Bei Portlaoise ragt der **Rock of Dunamase** 46 m hoch über der Ebene auf. Von hier oben haben Sie einen wundervollen Blick. Die großartige, etwas düster wirkende Burgruine auf dem Felsen entstand im 12. Jh. (Eintritt frei).

Sehr lohnend sind im Ort Emo die **Emo Court & Gardens**. Stararchitekt James Gandon hat das herausragende neoklassizistische Herrenhaus schon 1790 für die Earls of Portarlington errichtet. Der herrliche Park lädt mit Eibenalleen, weitläufigen Rasenflächen, seltenen Bäumen und Sträuchern zu eindrucksvollen Spaziergängen ein.

Park mit Cupcake Café: tgl. 8.30 bis Mai – Aug. 20.30, April u. Sept. bis 19, März, Okt. bis 17, Nov. – Feb. bis 16.30 Uhr, Gärten: 3.4. – 22.9. tgl. geöffnet | **Herrenhaus**: tgl. Haustouren n. V. (Tel. 057 8 62 65 73) https://emocourt.ie | Eintritt: 8 €, Park frei | www.heritageireland.ie

Es hat etwas Bedrohliches, das Teleskop von Birr Castle.
Leviathan ist sein Beiname, nach dem biblischen Seeungeheuer.

Dorf mit schönem Rundturm

Timahoe

Im Dörfchen Timahoe (570 Einwohner) steht der elegante, 30 m hohe Rundturm (12. Jh.). Sein Zugang ist mit verwitterten Köpfen mit Bärten geschmückt. Der Turm ist Überbleibsel des vom heiligen Mochua (gest. 657) gegründeten **Klosters**, dessen Kirche nun Heritage Centre ist. Eine frühe Kirche brannte 919 nieder, am Eingang einer weiteren, 1142 zerstörten, geschah 1019 sogar ein Mord.

Timahoe Heritage Centre: April – Sept. Di. – Fr. 11.30 – 17, Sa., So. 11 – 16 Uhr | Eintritt frei

Teppiche für die Titanic

Abbeyleix

Das hübsche Städtchen Abbeyleix erbaute ab 1699 der Viscount de Vesci auf einem Klosterareal. Sein Sitz war das von prächtigen Parkanlagen umgebene **Abbeyleix House** (1773). In der Knabenschule von 1884 zeigt das Museum des Abbeyleix Heritage House Artefakte von der Stein- bis zur Eisenzeit, beginnend mit dem 2011 im Moor entdeckten **Cashel Man** (gest. ca. 1900 v. Chr.) bis hin zur Neuzeit. Großartig sind die Teppiche der berühmten **Abbeyleix Carpet Factory**, die auch Teppiche für die Titanic lieferte. Wenige Kilometer südöstlich liegen die reizvollen, 1912 entstandenen **Heywood Gardens** bei Ballinakill, die die begnadeten Gartenarchitekten Sir Edwin Lutyens und Gertrude Jekyll anlegten.

Abbeyleix Heritage House: Mo. – Fr. 9 – 17, Sa. 9.30 – 13 Uhr | www.abbeyleixheritage.com | Eintritt: 5 €, Führung 7 € | **Heywood Gardens:** April u. Sept. tgl. 8.30 – 19, Mai – Aug. bis 21, Okt. – März bis 17 Uhr https://heritageireland.ie/places-to-visit/heywood-gardens | Eintritt frei

Nahrungsbeschaffung und Hungersnot

Attanagh und Donaghmore

In Attanagh nahe Durrow zeigt das das **Irish Fly-Fishing & Game Shooting Museum** anhand von 4000 Exponaten 300 Jahre Jagd und Fliegenfischen in Irland (Besichtigung nur n. V. mit Museumsgründer Walter Phelan; Tel. 086 3 15 30 88). Das **Famine Workhouse Museum** in Donaghmore porträtiert das Leben im Arbeitshaus (Schlafsaal, Küche, Aufenthaltsraum) und beschreibt die soziale und wirtschaftliche Lage in der großen Hungersnot.

Famine Workhouse: Mo. – Fr. 11 – 17, Juni – Sept. auch Sa., So. 14 – 17 Uhr | http://donaghmoremuseum.ie | Eintritt: 5 €

Für Outdoor-Fans

Slieve Bloom Mountains

Durch die nahe gelegenen Slieve Bloom Mountains führt der **Slieve Bloom Heritage Way** (70 km; https://slievebloom.ie), ein Paradies für alle, die gern wandern, Rad fahren, reiten und golfen.

Häkel-und-Strick-Dorado

Mountmellick

Das verschlafene Nest Mountmellick im Norden von Portlaoise, im 17. Jh. von Quäkern gegründet, wandelte sich ab 1820 zu »Irlands

Manchester«. Im Mountmellick Museum zeigen Häkel- und Stickarbeiten den Quäkerfleiß. Verkauft wird modernes Design.
Touren Mo.-Fr. 9.15-17 Uhrn. V. (Tel. 057 8 62 45 25)
www.mountmellickdevelopment.com | Eintritt: 5 €

Roscrea und Umgebung

Ausgezeichnete Kleinstadt

Roscrea Castle

Die Klosterstadt Roscrea (5450 Einw.) am Ufer des Bunnow beeindruckt durch ihre historische Bausubstanz und war mehrfach unter Irlands »Tiniest Towns« (Kleinstädten) ausgezeichnet. Wichtigstes Bauwerk ist Roscrea Castle (um 1280). Die **Burg** verfügte über starke Umfassungsmauern, Türme und ein ausgeklügeltes System von Treppen zu Verteidigungsposten. In der Burg wird das **Damer House** (18. Jh.) mit geschnitzten Verzierungen im Treppenaufgang für Ausstellungen genutzt. Angegliedert ans Damer House zeigt das **Roscrea Heritage Centre** die Regionalgeschichte.
Damer House: Castle Street | 13.4. - 27.9. tgl. 10-18 Uhr
Gärten Mo. - Fr. 8.30 - 16 Uhr | Eintritt: 5 €

Alte Klosteranlage barg einen Schatz

★ St Cronan's Church

In dem nach einer Dame Cré benannten Ort (irisch Ros Cré, »Wald der Cré«) gründete der hl. Cronan (7. Jh.) ein **Kloster**. Auf dem alten Klosterareal stehen Westfassade mit Eingangsportal und je zwei

Roscrea Castle: normannische Festung mit gepflegten Gartenanlagen

Blendarkaden der romanischen St Cronan’s Church (12. Jh.). Nahe der Kirche steht ein Hochkreuz (12. Jh.), gegenüber ein Rundturm. Aus diesem Kloster stammt Roscreas größter Schatz, das **Buch von Dímma** (7. Jh.), das nun in Dublins Trinity College liegt. Auf dem Grund der kath. Pfarrkirche, Abbey Street, sind Reste eines Franziskanerklosters (15. Jh.) zu finden: Die Stützbögen des Glockenturms bilden den Eingang der modernen Kirche.

Städtchen mit eindrucksvollem Burgturm

Nenagh

Nenagh (8900 Einw.) punktet mit dem Donjon (101 Stufen) von **Nenagh Castle**, einem fünfstöckigem Rundturm (30 m) mit 6 m dicken Mauern. Von der um 1200 erbauten Burg blieben Fragmente. Ausgezeichent übernachtet man im 4-Sterne-B&B Williamsferry House (William St; https://williamsferry.com). Im sehr guten Restaurant The Peppermill werden unten Tapas serviert, im 1. Stock lockt Fine Irish Dining (Kenyon St; www.thepeppermill.ie). Auch der Country Market, Friar Street lohnt den Besuch (Fr. 8 – 14 Uhr). Das **Nenagh Arts Centre** im Rathaus von 1895 ist offen für Kunst und Theater (Banba Square; www.nenagharts.com). Blickfang am Platz ist das Courthouse (Gericht) von 1843. Das **Nenagh Heritage Centre** mit Museum in der Governor’s Residence und Ex-Gefängnis (19. Jh.) erinnert an das Schicksal von 17 Hingerichteten. Das Dorf **Dromineer** am Lough Derg ist mit Canal Company Store (1820er-Jahre) und Lough Derg Yacht Club von 1835 ein beliebtes Ausflugsziel.

Nenagh Castle: O’Rahilly St | April – Okt. Di. – Sa. 10 – 13, 14 – 16.30, Winter Di. – Sa. 14 – 15 Uhr | www.nenagh.ie | Eintritt frei | **Heritage Centre/Museum:** Di. – Fr. 10 – 16 Uhr | www.nenagh.ie | Eintritt frei

★★ WATERFORD · PORT LAIRGE

Republik Irland| **Provinz:** Munster | **Grafschaft:** Waterford | **Einwohner:** 53 500, mit Umland 82 960

Hier, an diesem natürlichen Seehafen, gründete der Wikingerhäuptling Jarl Ottar im Jahr 914 die erste Stadt Irlands. Auch seinen Namen verdankt Waterford den Wikingern: Er stammt von Veðrafjorðr (Hammelfjord). Nach der Einnahme der Stadt im Jahr 1170 bauten die Anglonormannen laut Erlass von King John (König Ohneland) ab 1185 Waterford als steinerne Festung wieder auf.

Dass Waterford bis ins 19. Jh. eine englische Hochburg war und dank der Glasindustrie prosperierte, beweisen die georgianischen Häuser an der Hauptstraße The Mall und das 1788 von John Roberts erbaute Rathaus. Im tagsüber zugänglichen Foyer des sich anschließenden viktorianischen Royal Theatre von 1876 (https://theatreroyal.ie) ist ein Teil der städtischen Kunstsammlung ausgestellt (Eintritt frei). Vor dem Haus steht die Bronzebüste von »Australiens Paganini«, dem in Waterford geborenen Komponisten und Geigenvirtuosen William Vincent Wallace. In New Ross, einer der ältesten Städte im County, sind Bootsfahrten auf dem River Barrow ein Vergnügen. Wer sich für US-Geschichte interessiert, wandelt auf den Spuren des Kennedy-Clans, der hier eine seiner Wurzeln hat. Die Hook Peninsula lockt u. a. mit dem ältesten Leuchtturm, der noch in Betrieb ist.

Stark dank Glas

Wohin in Waterford?

Früher Hochzeitsort

Reginald's Tower

Am **Rundturm** mit konischem Dach, der am Hafenufer liegt, an der Ecke The Mall und Parade Quay, lässt sich die Stadtentwicklung unter Wikingern und König Johann Ohneland eindrucksvoll erleben. Nach der Einnahme der Stadt 1170 bauten die Anglonormannen laut Erlass von King John (König Ohneland) ab 1185 Waterford als steinerne Festung wieder auf. Im Turm wurde wohl am 25.8.1170 die Hochzeit zwischen Strongbow (Richard de Clare, 2. Earl of Pembroke) und Aoife (Eva) MacMurrough, Tochter des Königs von Leinster, gefeiert. Die 3 m dicken Mauern des heutigen Turms, der auch Gefängnis, Münze und Pulverkammer war, entstanden jedoch erst ab 1250. Im 2. Weltkrieg diente er als Luftschutzbunker. Hier zeigt nun die Wikingersammlung des **Museums of Treasures** u. a. Exponate der 2003 in Woodstown entdeckten Wikingersiedlung Longphort. Vor dem Turm steht die Replik eines **Wikingerlangschiffs** (12 m), das in Waterford gebaut wurde und vor Aufstellung seine Seetauglichkeit bewies. Mit dem Bishop's Palace und dem Medieval Museum bildet der Turm das **Wikingerdreieck** von Waterford.

Reginald's Tower: Jan. - Mitte März Mi. - So. 9.30 - 17, sonst tgl. 9.30 - 17.30 Uhr | Eintritt: 5 € | www.waterfordtreasures.com/reginalds-tower | Eintritt frei

Am River Suir

Uferpromenade

Nur ein paar Schritte weiter steht Waterfords neues **Wahrzeichen** auf der auch nach dem Opernkomponisten William Vincent Wallace (1812 - 1865) benannten Millenium Plaza: An der Uferpromenade (Parade Quay) des River Suir ragen zwei riesige, an die Seefahrttradition erinnernde **»Spires«** (Nadeln) auf. Waterfords wichtigstes

Event, das **Waterford Music Fest**, findet hier im Sommer statt. Flusskreuzfahrten (90 Min.; tgl. 12.30 Uhr ab Waterford Marina am Uhrenturm) in Waterford sowie zwischen Waterford und New Ross (ab tgl. 14.30 Uhr; Rückkehr 18 Uhr im bereitgestellten Bus, Three Sisters Cruise Company, https://barrowprincess.ie).

★ Bishop's Palace

Schätze im Palast

Der Bischofspalast präsentiert die georgianische Stadt ab 1700. Hier zeigt das **Waterford Museum of Treasures** u. a. einige herausragende Schätze: Einzigartig sind das älteste existierende **Waterford Glas** von 1789, ein prächtiger Dekanter mit dreiringigem Hals, und eine **irische Harfe** von John Egan (1800–1841). Herausragend ist zudem Willem van der Hagens älteste Stadtansicht Irlands: Waterford im Jahr 1736. Die Einwohner waren ihm zweimal gegen Rivalen treu geblieben. Bemerkenswert ist das **Mourning Cross** (Trauerkreuz), eines von zwölfen, die Napoleons Mutter 1821 nach dem Tode Bonapartes hatte anfertigen lassen. Führungen mit Schauspielern in Kostümen jener Zeit illustrieren eindrucksvoll die Geschichte (Öffnungzeiten: ►Medieval Museum).

★★ Medieval Museum

Prunkvolle Stücke aus dem Mittelalter

Um die Ecke öffnet der Neubau des Medieval Museum in der Greyfriars Street seine Türen. Hier zeigt das **Museum of Treasures** (vier Etagen) multimedial aufbereitet mittelalterliche Funde städtischer Grabungen der 1970er- bis 1990er-Jahre. Besondere Exponate sind die **goldene Waterford-Ringbrosche** von 1210, prunkvolle Normannenkreuze und die 4 m lange **Great Charter Roll** von 1373. Sie zeigt auch Porträts der Könige Heinrich II. und Edward III. Queen Elizabeth II. war übrigens bei ihrem Besuch ganz entzückt davon. Hinzukommen ein 1462 Waterfords Bürgermeister verliehenes Zeremonialschwert Edwards IV., golddurchwirkte Seidenbehänge aus Brügge (1460) oder ein in Lucca (Toskana) gefertigter Hut mit Tudor-Rose, den Schwerenöter Heinrich VIII. 1536 dem Bürgermeister und Jugendfreund William Wyse vermachte. Im Souterrain sind die restaurierte Choristors' Hall von 1270 und der 1440 für Bürgermeister Peter Rice gebaute Weinkeller zu bewundern.

Bishop's Palace/Medieval Museum: Mo. – Fr. 9.15 – 17, Sa. 10 – 17, So. 11 – 17 Uhr | www.waterfordtreasures.com | Eintritt: je 10 € oder Kombiticket Freedom of Waterford für vier Museen (15 €)

Waterfords weitere Schatzmuseen

Uhren und Silber

Wie Irland tickt, erfährt man im Herzen von Waterfords Wikingerdreieck im nagelneuen einzigen Uhrenmuseum des Landes, dem **Irish Museum of Time**! Es beherbergt zehn zwischen 1685 und 1938 gebaute

Seit dem 19. Jahrhundert steht Waterford im Zeichen des Kristalls.

WATERFORD CRYSTAL

edle Standuhren und die größte Taschenuhrensammlung Irlands (60 Exemplare). Silber pur präsentiert das **Irish Silver Museum**. Sein Ältestes Stück ist eine 742 geprägte Silbermünze aus dem heutigen Irak, die auf verschlungenen Wegen schon um 850 nach Waterford gelangte. Beachtung verdienen auch die um 1100 entstandene Kite Brooch, eine Wikinger-Brosche in Drachenform, und ein Schwert, das King Edward IV der Stadt vermachte. Auch die **Waterford Gallery of Art** eine wahre Schatztruhe: Sie zeigt 200 Gemälde (u. a. Jack Yeats, Paul Henry, Charles Lamb, Louis Le Brocquy). An der O'Connell Street öffnet das **Garter Lane Arts Centre** in zwei Häusern (Galerie mit Tanzstudio sowie Theater im alten Quäkerhaus von 1792; https://garterlane.ie). Die Kite Design Studios, 11 Henrietta St, verkaufen hervorragendes Kunsthandwerk. Im Walton IT Building des Waterford Institute of Technology sind weitere 250 Werke der von Pauline Bewick gestifteten »Seven Ages«-Sammlung (▶ Killorglin, Co. Kerry, S. 326) zu sehen (Cork Road; Mo. – Fr. 9 – 17 Uhr; https://paulinebewick.ie/seven-ages/waterford-collection; Eintritt frei).

WATERFORD ERLEBEN

WATERFORD TOURIST OFFICE

120 Parade Quay, Tel. 051 87 57 23
https://visitwaterford.com

❶ BISHOP'S PALACE CAFÉ €€

Hervorragende Küche mit vielen vegetarischen Gerichten, dazu das beste Frühstück in der Stadt. Im Palast-Parterre erklingen auch spanische Gitarrenklänge. Sehr zu empfehlen sind sind Avocado Toast mit Halloumi Fries (12,50 €), Buttermilk Chicken Burger (16 €) oder Chicken Wrap mit Erdnuss-Dressing (12,50 €).
The Mall, Tel. 051 85 29 33
Mi. - Fr. 10 - 16, So. 11 - 16 Uhr
www.waterfordtreasures.com/bishops-palace/the-experience/bishops-palace-cafe

❶ GRANVILLE HOTEL €€€€

Preisgekröntes Haus, in dem schon die Kaufmannsfamilie Meagher lebte. Die das Haus in zweiter Generation führenden Cusacks bitten auch ins sehr gute Bianconi Restaurant (Set Dinner Menu: 3 Gänge 37,50 €, Hauptgerichte 17,95 € - 29,95 €).
Meagher Quay, Tel. 051 30 55 55
100 DZ u. Suiten
www.granvillehotel.ie

❷ TREACY'S HOTEL WATERFORD €€€

Mit Beauty und Spirit Spa, Pool (20 m) und Leisure Centre! »Relax!« heißt es in der unprätentiösen Timbertoe's Bar, elegant ist Crokers Restaurant.
1 Merchants Quay
Tel. 051 87 72 22, 160 DZ, www.treacyshotelwaterford.com

Museum of Time: Greyfriars Street tgl. 10 - 17 Uhr | www.waterfordtreasures.com/irish-museum-of-time | Eintritt: 5 € oder Kombiticket Freedom of Waterford (15 €) | **Silver Museum**: Cathedral Square | www.waterfordtreasures.com/irish-silver-museum Eintritt: 5 € oder Kombiticket Freedom of Waterford (15 €)
Waterford Gallery of Art: 31 - 32 O'Connell Street | Di. - Sa. 10 - 17 Uhr | https://waterfordarts.com | Eintritt frei

Auge in Auge mit edlem Glas

★ House of Waterford Crystal

Jährlich kommen 200 000 Besucher ins 2010 eröffnete **Kristallglas-Besucherzentrum** an der Mall. Bei der Führung (1 Std.) kann man Glasbläsern bei der Arbeit zuschauen und einmalige Unikate wie die **Glasskulptur »Ground Zero«** zur Erinnerung an den 11.9.2001 bestaunen. Wer exquisite Glasware shoppen möchte, begibt sich in den Laden. Nahebei übrigens, in 33 The Mall, hielt Thomas Francis Meagher, Führer der Rebellion 1848, Versammlungen ab und hisste hier 1848 erstmals die irische Trikolore.

Laden: The Mall April - Okt. tgl. 9 - 18, März und Nov./Dez. tgl. 9 - 17, Jan./Feb. Mo. - Sa. 9 - 17 Uhr | Führung April - Okt. tgl. 9.30 - 16.15

März tgl. 9.30 – 15.15, Nov./Dez. Mo. – Fr. 9.30 – 15.15, Jan./Feb. Mo. – Fr. 9.30 – 15 Uhr www.waterfordvisitorcentre.com | Eintritt: 16,50 €, online 14,85 €, Afternoon Tea im Café 50 €, 70 € oder 100 €

Gewaltige Grabmäler

Christ Church Cathedral

Im Inneren der Christ Church Cathedral (18 Jh.) beeindrucken zwei Grabmäler: das Rice Monument (1469) und das Fitzgerald Monument aus Carrara-Marmor. Von hier führt die Greyfriars Street zur schönen **French Church**, die auf das Kloster von 1240 zurückgeht. Das Kirchenschiff war vom 17. bis zum 19. Jh. Armenhaus und Hospital, der Chor diente aus Frankreich eingewanderten Hugenotten als Kirche.
April – Okt. Mo. – Sa. 10 – 17, sonst Mo. – Sa. 12.30 – 14.30 Uhr www.facebook.com/ChristChurchWFD | Eintritt frei (Spende)

Auf den Spuren eines Seligen

Edmund Rice Heritage Centres

Das moderne Museum im Zentrum für den 1996 seliggesprochenen katholischen Missionar Edmund Ignatius Rice (1762 – 1844), Barrack Street, widmet sich dem Sozialleben im 19. Jh. Die Kapelle ist Rices letzte Ruhestätte, sein Name steht auf dem Sarg in Ogham-Schrift.
Kapelle tgl. 7 – 18 | **Museum**: Mo. – Fr. 9 – 17 Uhr | Eintritt frei http://edmundrice.ie

Rund um Waterford

Mit der Fähre über den River Barrow

Passage East

Östlich von Waterford liegt Passage East, wo der River Suir in die Bucht von Waterford Harbour mündet. Eine Autofähre verbindet hier Waterford mit **Ballyhack** am gegenüberliegenden Ufer (www.passageferry.ie). Der Anglo-Normanne Strongbow landete hier 1170 mit 1200 Mann. In der Nähe liegt das restaurierte fünfetagige **Ballyhack Castle**, das um 1450 für die Malteserritter erbaut wurde.
Ballyhack Castle: 9.5. – 26.8. Sa. – Mi. 9.30 – 17 Uhr | https://heritageireland.ie/places-to-visit/ballyhack-castle | Eintritt frei

Paradies der Künstler

Fairbrook House Gardens & Museum

Zwei holländische Künstler, Maler und Bildhauer, Wout Muller und Malerin Clary Mastenbroek, haben ihr Areal seit 1994 in einen kleinen Garten Eden verwandelt. Seit 2003 bauten sie sukzessive ihr Museum für kontemporäre figurative Kunst aus. Zum romantischen Walled Garden kommen vier von englischen Rosen gesäumte Lavendel-Felder, ein Seerosenteich, die Nordafrika-Ecke mit ornamentierten Türen, ein »Hidden Garden« mit Terrakotta-Boden und Wasserkanal, ein Feuergarten mit Bonsai-Pflanzen und Skulpturen.
Kilmeadan | Tel. 051 38 46 57 | Mai – Sept. tgl. n. V. (mit Café) www.fairbrook-housegarden.com | Eintritt: 7 €

Preisgekrönte Gartenanlagen

★★ Mount Congreve House & Gardens

Bei Kilmeadan wurde das berühmte Haus um 1760 von John Roberts errichtet, der auch Waterfords zwei Kathedralen erbaute. Ein Juwel in den Gartenanlagen am Südufer des River Suir ist der preisgekrönte **Walled Garden**. Über 3000 verschiedene Pflanzen- und Baumarten sind versammelt, darunter 300 Rhododendron-, 600 Kamelien- und 300 Magnolienarten, exotische Orchideen, Bromelien, Clivia und Fuchsien. In den Gewächshäusern gedeihen Nektarinen und Trauben. Haus und Gärten fielen 2011 testamentarisch an den irischen Staat.

Mitte März – Sept. Di. – So. 11 – 17.30 Uhr | https://mountcongreve.com | Eintritt: 7 €; Kombiticket mit einem der vier Museen von Waterford Treasures 13 €

Für Rad- und Wanderfans

Waterford Greenway

Seit der Eröffnung 2017 strampeln jährlich 250 000 Enthusiasten auf dem Radweg Waterford Greenway (46 km) entlang der alten Eisenbahnstrecke von Waterford nach Mallow. Elf Brücken, drei Viadukte und der 400 m lange Ballyvoyle Tunnel machen die Strecke attraktiv. Im altehrwürdigen **Famine Workhouse** in Kilmacthomas verwöhnt auf halber Strecke das Restaurant/Café **Coach House Coffee** (www.dungarvantourism.com/coach-house-coffee). Nebenan öffnet die Filiale von **Waterford Greenway Bike Hire**, das auch ab Waterford und Dungarvan Räder verleiht. Das **Mayfield Birds of Prey Centre** lockt mit Falkenvorführungen (Juni – Aug. tgl. 9 – 16.30 Uhr; www.falconryinireland.com; Show 20 €, Birds of Prey Experience 40 €). Entwickler des Radwegs war Garvan Cummins, der nun **The Greenway Man** genannt wird, geführte Radtouren anbietet und auch Räder verleiht. Schon existieren Pläne, den Waterford Greenway im Osten bis Rosslare, im Westen bis Midleton auszubauen.

Dungarvan punktet mit dem West Waterford Festival of Food im April (www.waterfestivaloffood.com), dem Farmers Market (Gratton Square, Do. 9 – 14 Uhr), Dungarvan Country Market (Causeway, Abbeyside; Fr. 10.30 – 13 Uhr) und Castle Green Market (Castle Street, Sommer tgl. 13 – 20, So bis 19 Uhr) an der Normannenburg, die auf Prince John (später King John; 1166 – 1216), Spitzname John Lackland (Johann Ohneland), zurückgeht. Sie ist samt Audio-Video-Show ebenso zu besichtigen wie das der Regionalgeschichte gewidmete **Waterford Country Museum** im alten Rathaus. Perfekt übernachtet und speist man im Park Hotel (Abbeyside; www.parkhoteldungarvan.com).

Waterford Greenway Bike Hire and Visitor Centre: Dungarvan Depot, Sexton Street, Abbeyside | Tel. 051 29 59 55 | tgl. 9 – 18 Uhr www.waterfordgreenwaybikehire.com | Depot Kilmacthomas: Famine Workhouse, Tel. 051 29 59 55; Waterford Depot: Hanover Street| Tel. 051 29 59 55 Rad 25 €/Tag, E-Bike 45 €/Tag

The Greenway Man: Shanacool, Durrow (an der R 675), Stradbally

NEW ROSS UND UMGEBUNG ERLEBEN

DUNBRODY COUNTRY HOUSE €€€

Das exklusive Dunbrody Country House auf der Hook Peninsula ist wirklich einen Besuch wert: Bei Starkoch Kevin Dundon und Gattin Catherine speisten und übernachteten schon Irlands Präsidenten oder U2. Herrlich sind die Küchen- und Kräutergärten, dazu Spa und Kevins Kochschule. Ein Coup gelang den beiden mit dem Local Pub im umgebauten Gartenhaus.

Arthurstown, an der R 733
Tel. 051 38 96 00
22 DZ u. Suiten, 1 Guest-Lodge
www.dunbrodyhouse.com
https://kevindundon.com

Tel. 086 8 35 12 33, www.thegreenwayman.com | **Waterford County Museum**: 2 St Augustine St | Mo. – Fr. | 10 – 17 Uhr | www. waterfordmuseum.ie/exhibit/web | Eintritt frei | **Dungarvan Castle**: Davitt's Quay Ecke Castle St | 26.5. – 3.10. Mi. – So. 10 – 18 Uhr | https://heritageireland.ie/places-to-visit/dungarvan-castle | Eintritt frei

Strand- und Wasserspaß

Tramore

Das Seebad Tramore (10 380 Einw.) wartet mit 5 km Sandstrand, großer Surfschule und dem Wasserpark »Splashworld« (https:// splashworld.ie) auf. Größte Attraktion ist der neue **Japanische Garten** zu Ehren des irischstämmigen Schriftstellers **Lafcadio Hearn** (1850 bis 1904), japanischer Name Koizumi Yakumo, der Europa mit dem Sagenschatz aus dem Land der aufgehenden Sonne vertraut machte. Im Ortsteil Westown ist von Weite der 3 m hohe, 1823 von Lloyds errichtete **Metal Man** zu bestaunen. Ab Tramore präsentiert der **Copper Coast Geopark** bis Dunvargan die Geologie und Bergbaugeschichte im 19. Jh. Es locken acht Strände, Wandern, Angeln, Kajak fahren und Inselausflüge (https://coppercoastgeopark.com; Eintritt frei).

Lafcadio Hearns Japanese Gardens: Pond Road | tgl. 10 – 18 Uhr www.lafcadiohearngardens.com | Eintritt: 6 €

Das Muschelhaus bewundern

Portlaw

Folgt man dem River Suir ins Landesinnere, kommt man in das einstige Quäkerstädtchen Portlaw, aus dem ein Gutteil des in Irland erzeugten Leders stammt. Im Park von **Curraghmore** steht das Herrenhaus der Marquis von Waterford. Das Muschelhaus (Shell House) baute Lady Catherine Countess of Tyrone 1754 persönlich in nur 261 Tagen. Das Material brachten ihr Seeleute aus aller Welt mit. Der Tea Room lädt zum Verweilen ein.

Curraghmore House & Gardens: Garten tgl. 10 – 16 Uhr, nur Touren n. V. (Tel. 086 8 21 19 17) | http://curraghmorehouse.ie | Eintritt: 20 € oder nur Garten 7 €, mit Muschelhaus (Touren: 11, 14 Uhr) 12 €

Elisabethanisches »mansion«

Carrick-on-Suir

Die Marktstadt Carrick-on-Suir weiter im Landesinneren am River Suir war im Mittelalter dank der Bierbrauerei und Wollverarbeitung bedeutend. Herausragend ist **Ormond Castle**, ein Tudor-Schloss, das nach den Wünschen von Königin Elisabeth I. gestaltet wurde. Der ehemalige Sitz der Butlers of Ormond bestand aus einer Festung von 1450, an die ab Thomas Butler 1565 ein Herrenhaus (mansion) anbaute. Seine Cousine Elisabeth I. hatte zwar ihren Besuch versprochen, kam jedoch nie. Restauriert ist die Galerie (1. Stock) mit Stuck, Elisabeth-Porträt und Feuerstelle.

Ormond Castle: 29.6. - 31.10. tgl. 10 - 18 Uhr | Eintritt: 5 €

New Ross und Umgebung

Eine Heimat der Kennedys

Kennedy-Statue

Dieses alte Städtchen punktet mit gewundenen Straßen, nur Fußgängern zugänglichen Treppenwegen, der mittelalterlichen Bebauung und dem Hafen. Hier dreht sich touristisch fast alles um den berühmten **Kennedy-Clan**, der 6 km entfernt in Dunganstown seine Wurzeln hat. Die Attraktion ist die **Bronzestatue** von US-Präsident John F. Kennedy am Uferkai, von der »Selfies« in alle Welt gepostet werden. Schwester Jean Kennedy Smith persönlich enthüllte im Juli 2008 die fast lebensgroße JFK-Statue. Seit 2013 hat sie nur 50 m weiter mächtige Konkurrenz: Am Ort, an dem JFK am 27. Juni 1963 vor Tausenden eine unvergessliche Rede hielt, flackert nun die von einer Erdkugel umgebene Emigrant Flame. Die **»ewige« Flamme** stammt vom Grab J. F. Kennedys (Arlington-Friedhof, USA) und erinnert auch an den 50. Jahrestag seiner Ermordung. Von der **St Mary's Church** (Anfang 13. Jh.) sind noch Chor und Querschiffe erhalten. Das Langschiff wich im 19. Jh. einer neuen Kirche. Bemerkenswert sind u. a. drei fein gegliederte Spitzbogenfenster im Chor. Die St Michael's Church von 1806 beherbergt das **Theatre Centre for the Arts** mit Café Voilà (www.stmichaelsnewross.com). Der **Tholsel** (Rathaus), 1749 bis 1804 erbaut, ist ein klassizistischer Bau mit kuppelbekröntem Uhrturm.

Das Hungerschiff

Dunbrody Emigrant Ship

Etwas weiter im Hafen dümpelt das am Kai vertäute Dunbrody Emigrant Ship. Der **Dreimaster** Dunbrody ist ein Nachbau des 1845 in New Ross vom Stapel gelaufenen, gleichnamigen »Famine Ship« (Hungerschiffs), das bis 1870 viele Emigranten unter Entbehrungen in die Neue Welt beförderte. An Bord (mit Tourismusinformation und Restaurant) lässt die **interaktive Dunbrody Famine Ship Experience** die Reisestrapazen gut nachempfinden.

Dunbrody Ship: The Quay Touren | tgl. 9.15 - 17 Uhr
www.dunbrody.com | Eintritt: 14 €

Auf der »Dunbrody« wird das Schicksal der Emigration nachempfindbar.

★ Ros Tapestry

Teppiche erzählen Geschichte

Gegenüber der JFK-Statue sind in der Ros Tapestry 15 **handgeknüpfte Teppiche** (ca. 1,80 x 1,40 m) zu bestaunen, die 150 Freiwillige aus New Ross, meist Frauen, von 1998 bis 2011 knüpften. Sie erzählen Irlands dramatische Geschichte unter der Normannenherrschaft. Die Vorlagen schuf die Künstlerin Ann Griffin Bernstorff. Der Laden verkauft schöne Kunstdrucke.

Ros Tapestry: The Quay; Mo. – Sa. 10 – 17, So. 11 – 15 Uhr
Eintritt: 8 € | www.rostapestry.ie

John F. Kennedy Arboretum

Park zu Ehren Kennedys

Südlich von New Ross wurde 1968 zum Gedächtnis an den 35. US-Präsidenten das John F. Kennedy Arboretum (250 ha) eröffnet. **Kennedys Urgroßvater** stammte aus dem nahen Dorf Dunganstown. Auf dem Gelände wachsen ca. 4500 Baum- und Straucharten, u. a. 500 Rhododendron-Varianten und 150 Azaleenarten. 2017 verursachte Hurrikan Ophelia erhebliche Schäden.

Ballysop, New Ross | tgl. April, Sept. 10 – 18.30, Mai – Aug. bis 20, sonst bis 17 Uhr | Eintritt: 5 € | www.heritageireland.ie

Eine Halbinsel zum Verlieben

★ Hook Peninsula

Auf der Hook Peninsula ist **Dunbrody Abbey** mit den stattlichen Resten eines Zisterzienserklosters (12. Jh.) die erste Adresse. Die architektonische Strenge der Kirche bezeugen Chor, Querschiffe, Langschiff und Vierungsturm (15. Jh.), im Kloster beeindrucken Bücherei, Kapitelsaal, Refektorium und Küche. Es gibt ein Eiben-Heckenlabyrinth (1500 Bäume), eine Kochschule und das Visitor Centre. An der Ostseite der Halbinsel ragt **Slade Castle** (15./17. Jh.) malerisch auf. Die Top-Attraktion ist aber der Leuchtturm auf der äußersten Spitze der Halbinsel: Das **Hook Head Light House** wurde auf einem 800 Jahre alten runden Keep erbaut und gilt als ältester noch betriebener Leuchtturm der Welt. Im Inneren beeindrucken die Reste eines alten Brotofens, den die Mönche betrieben, darüber liegen die Mönchszellen. Manchmal sind Delfine und Wale zu beobachten. Die Küche im Heritage Centre ist ausgezeichnet, das Museum im Bootsschuppen lohnt weniger.

Dunbrody Abbey: Mai u. Sept. tgl. 11 – 17.30, Juli u. Aug. bis 18 Uhr
Eintritt: Abtei 4 €, Labyrinth und Museum 7 €, Kombiticket 10 €
http://dunbrodyabbey.com | **Hook Head Light House**: Führung (alle 30 Min.) Juli/Aug. tgl. 9.30 – 18, sonst bis 17 Uhr
https://hookheritage.ie | Eintritt: 10 €

★★ WESTPORT · CATHAIR NA MART

Republik Irland | **Provinz:** Connacht | **Grafschaft:** Mayo |
Einwohner: 6200

Der Pilgerflughafen bei Knock bringt die Menschen sehr bequem in diese attraktive Region am Atlantik. Angeln und Bootstrips haben hier eine große Bedeutung, ebenso wie das Radfahren und Wandern auf dem Great Western Greenway. Auch kommt man hier der berühmten Piratenkönigin Grace O'Malley sehr nahe, beispielsweise bei einer Tour auf die Insel Clare Islands.

Heimat der Piratenkönigin

Westport am Wild Atlantic Way, einer der hübschesten Orte Irlands mit hoher Lebensqualität, ist eines der beliebtesten Touristenziele der Insel, deshalb kann es im Sommer hier auch manchmal hoch hergehen. Hochseeangler schätzen die fischreiche Clew Bay. Im Süden ragt der Croagh Patrick auf, den es zu besteigen gilt. Eine besondere Attraktion ist natürlich der Wallfahrtsort Knock, ca. 40 km östlich von Westford, den jedes Jahr rund 1,5 Mio. Pilger aufsuchen. Sehr gut zu erreichen ist auch Achill Island, die größte Insel vor Irlands Küste, der der Schriftsteller Heinrich Böll in seinem »Irischen Tagebuch« ein Denkmal setzte.

Wohin in Westport?

Über Brücken schlendern

Brücken und Octagon

Westport ist ein wunderbares Beispiel für eine vom angloirischen Landadel gegründete Stadt: James Wyatt entwarf sie im Jahr 1780 für den Earl of Altamont. Links und rechts des Carrowbeg River flanieren Sie auf der von Bäumen gesäumten Mall und begeben sich immer wieder über eine der zahlreichen alten **Brücken** auf die andere Flussseite. Auf dem attraktiven **Octagon-Platz** am Südende der Mall steht die Statue des heiligen Patrick in einem Gewirr aus Schlangen.

Am Hafen von Bootstrips träumen

Hafen

Sehr touristisch ist der **Westport Harbour** mit den restaurierten alten Speicherhäusern. Clew Bay Cruises bietet Ausflüge in die Gewässer der Piratenkönigin, zu Seehundkolonien, zur Insel Dorninish, die John Lennon bis zu seinem Tod besaß und auch Beatle Island oder Hippie Island genannt wird, und zum Wrack des Achill Disaster von 1894: 30 Erntehelfer von Achill Island kenterten mit ihrem Hooker vor Westport auf dem Weg zum ankernden Dampfschiff und ertranken (www.clewbaycruises.com). Adrenalin pur bietet der Outdoor-Spezialist Adventure West (www.adventurewest.ie).

Stadtgeschichte erleben

Clew Bay Heritage Centre

Am Ende des Westport Quay zeigt das Museum im **Clew Bay Heritage Centre** Exponate zur Stadtgeschichte, zu Grace O'Malley, zum Croagh Patrick und auch einige archäologische Stücke. **Stadtführungen** des Centre starten ab The Clock, Bridge Street.

Ein Herrenhaus auf den Spuren des alten Adels

★ Westport House

Vom Westport Quay spaziert man in 30 Min. zum Sitz des Marquis von Sligo, das 1730 bis 1734 von Richard Cassels erbaute und von James Wyatt erweiterte **Westport House**, heute ein Museum. Bereits 1650 hatten Colonel Browne und Gattin Maud Burke – Ururenkelin der Piratenkönigin O'Malley – hier gebaut. Die Brownes machten ein Vermögen mit Sklavenplantagen auf Jamaika. In den 30 Räumen sind regelmäßig bis zu sechs Sonderausstellungen zu sehen. Die Long Gallery zeigt Familienporträts, der Dining-Room ist mit schönem Stuck dekoriert.

Clew Bay Heritage Centre: März – Mai u. Okt. tgl. 10 – 14, Juni bis Sept. bis 17 Uhr | Stadtführung (90 Min., 5 Stationen) Juli u. Aug. Mi. 11 Uhr und n. V. (Tel. 098 2 68 52) | www.westportheritage.com

Eintritt: Museum 5 €, Stadtführung kostenlos | **Westport House:** Gärten Jan. – April 8 – 20, Mai – Nov. bis 21, Juni – Aug. bis 23 Uhr Haustouren März Mi. – So., April – Juni, Sept./Okt. tgl. 10, 12, 14, Juli/ Aug. stdl. 10 – 16, Dez. Fr., Sa., So. 10 – 18 Uhr | www.westporthouse.ie Eintritt: Gärten frei, Haustour online 13,49 €, Outdoor Theatre 12 €

Pirat im Park

Abenteuer-Park

Der Park von Westport House im englischen Stil lockt mit Wasserspielen, die unter Ausnutzung der Gezeiten betrieben werden. Aus der Zeit gefallen wirken die Plastiktretboote in Schwanenform, eben-

BAEDEKER MAGISCHE MOMENTE

INSEL DER PIRATIN

Wind und Gischt, Stille und Abgeschiedenheit machen die Atmosphäre der verwunschenen Atlantikinsel in der Clew Bay aus. Und natürlich ihre Geschichte: Clare Island war Heimat der Piratenkönigin Grace O'Malley (ca. 1530 – ca. 1603), die zur großen Gegenspielerin von Queen Elizabeth I. avancierte. Am Hafen von Clare Island steht ihr Wohnturm, Granuaile's Castle. Gut 250 Jahre jünger ist der alte Leuchtturm, heute Teil einer stilvollen Hotelanlage. Mit etwas Glück ergattert man das einzige Leuchtturmzimmer – unvergesslich ist der Ausflug zur freiheitsliebenden Grace aber in jedem Fall.

So wie der **Pirate Adventure Park** mit Uralt-Riesenrad. Kulinarische Empfehlungen im Westport Estate sind das Island's Restaurant, die Maple Lounge im Westport Hotel mit Spa (https://hotelwestport.ie) und auf dem Farmhof des Estate die Gracy`s Pizzeria & Bistro Bar. Westport Estate bietet auch Camping, Glamping und Caravanplätze.
Pirate Adventure Park: 9.4. - 24.4. u. 30.4. - 2.5. tgl. 11 - 18, Mai Sa., So. 11 - 18 Uhr, Juni Mi. - Fr. 10 - 15, Sa., So. 11 - 18, 1.7. - 11.9. tgl. 11 - 18, zu Halloween (29.10. - 6.11.) tgl. 11 - 17 Uhr
www.westporthouse.ie | Eintritt 25 €

★ Great Western Greenway

Rad fahren und wandern an der Atlantikküste
Die mit dem EDEN-Award ausgezeichnete 42 km lange Rad- und Wanderstrecke **Great Western Greenway** (https://greenwaysireland.org/great-western-greenway) verbindet an der alten Bahnlinie Westport mit Newport (11 km; Rad: 1,5 Std.; zu Fuß: 3,5 Std.), Mulranny (plus 18 km; 2,5/5,5 Std.) und dem Achill Sound (plus 13 km; 1,5/2,5 Std.).

WESTPORT ERLEBEN

WESTPORT TOURISM
Bridge Street, Tel. 01850 23 03 30
https://westporttourism.com

JJ O'MALLEY'S BAR & RESTAURANT €€€
Ein Treff nicht nur für junge Leute: Oben bietet das Restaurant »Olde World« (tgl. 17 – 22 Uhr) 70 Gerichte an, darunter 15 vegetarische.
Bridge Street, Tel. 09 82 73 07
www.jjomalleys.ie
Di. u. Mi. Ruhetage

THE CLOCK TAVERN €€€–€€
Vielleicht der beste Pub in Westport. Fr. – So. Livemusik.
High St, Tel. 09 82 68 70, https://the-clock-tavern.business.site

MATT MOLLOY'S €€
Im atmosphärischen Pub des Flötisten der »Chieftains« wird tgl. von 20 – 23 Uhr aufgespielt.
Bridge Street, Tel. 09 82 76 63
www.mattmolloy.com

WESTPORT WOODS €€€€
Irlands »grünstes« Hotel! Vorzüglich sind auch Beach Health Club & Spa mit Pool (18 m), Lakeview Restaurant und Café. Mit Spielplatz und Tennisanlagen.
Quay Road,
Tel. 09 82 58 11, 122 DZ
www.westportwoodshotel.com

WESTPORT €€€€
Entspannung pur! Ocean Spirit Spa & Leisure Centre und dazu das preisgekrönte Restaurant sind bestechende Gründe dafür.
The Demesme
Newport Road
Tel. 09 82 51 22
123 DZ, 6 Suiten
https://hotelwestport.ie

Wer kein eigenes Fahrrad dabei hat, kann eines bei den Bike-Stationen mit kostenfreiem Service mieten, z. B. in Westport. In jedem der vier Orte gibt es Übernachtungsmöglichkeiten und Restaurants in allen Kategorien. Westport ist bereits auf die neue Klientel eingestellt: So bitten Cafés und Restaurants am Octagon regelmäßig zu sehr beliebten Mit 18 Fahrradrouten entwickelt sich Westport zum Radler-Mekka (https://westporttourism.com/cycling-routes).

Radverleih in Westport: Westport Bike Hire; James Street; https://westportbikehire.com | Rad mit Retour-Shuttle 40 €/Tag, E-Bike mit Shuttle 60 €/Tag | Westport Greenway Bike Hire (Paddy & Nelly Bike), Church Street, https://paddyandnelly.ie: Rad 15 €/Tag, E-Bike 50 €/Tag, Retour-Shuttle 18 €

Rund um Westport

Pilgerweg auf den Heiligen Berg

★★ Croagh Patrick

Von Westport zu Irlands heiligem Berg Croagh Patrick (764 m) ist es für Radler nur ein Katzensprung. Der Aufstieg auf dem **Teach na Miasa-Pilgerpfad** beginnt am Parkplatz in Murrisk, wo das **National Famine Memorial** von John Behan steht. Der Künstler gestaltete es in Form eines »coffin ship«, eines jener »Sargschiffe«, auf denen die Überlebenschancen der Auswanderer sehr gering waren. **Geführte Touren** auf den Croagh Patrick veranstalten Ireland West Tours (www.irelandwesttours.com) und Connemara Hill Walking Holidays (www.connemarahillwalking.com). Bis ganz nach oben ist man gut 2 Std. unterwegs und benötigt gute Schuhe, denn am Schluss führt der Weg über eine steile Geröllhalde. Am letzten Sonntag im Juli findet in Erinnerung an die 40 Bußtage, die sich der hl. Patrick hier 441 auferlegte, die Bergwallfahrt in der Gipfelkapelle statt. Viele pilgern barfuß.

Im Fischerort sich der Piratin nähern

Louisburgh

Im reizvollen Fischerdorf **Louisburgh**, irisch »Cluain Cearbán« (Kerwans Wiese), erfahren Sie im Granuaile Visitor Centre anhand von Dokumenten und Schiffsmodellen viel über die legendäre Piratin Grace O'Malley und können sich in die Zeit der großen Hungersnot einfühlen.

Mo. – Fr. 11 – 17 Uhr | mit Tourismusinformation
www.louisburgh.ie | Eintritt: 5 €

Tragisches Kreuz

Doolough Valley

Im **Doolough Valley**, auch Tal von Delphi genannt, steht am Anglerparadies Doolough (Schwarzer See) ein Steinkreuz: Es erinnert an die Tragödie vom 30.3. und 31.3.1849: 600 hungernde Männer, Frauen und Kinder brachen nachts in Regen und Wind von Louisburgh zur 15 km entfernten Delphi Lodge auf, um Regierungsmitarbeiter um Hilfe zu bitten. Diese wurde ihnen jedoch verweigert. Auf dem Rückweg starben den Erzählungen der Einheimischen zufolge rund 400 Menschen in der Kälte, wobei die offiziellen Angaben schwanken. Die Denkmalinschrift zitiert Ghandi: »How can men feel themselves honoured by the humiliation of their fellow beings?«

Trip zur Insel der Piratenkönigin

Clare Island

6 km von Louisburgh legen am Roonagh Quay (Parken kostenfrei) Fähren nach **Clare Island** ab. Im 16. Jh. gehörte Clare Island (16,4 km²; 160 Einw.) der legendären Piratin Grace O'Malley, die wohl auch die Turmburg am Inselhafen gebaut hat. Das Inselinnere lässt sich sehr gut per Rad erkunden. Im einzigen Lebensmittelladen sind die Schlüssel zur direkt gegenüberliegenden St Bridget's Church (1460) erhältlich. Mit ihrem Friedhof bildet sie das Überbleibsel der von den O'Malleys 1224 gestifteten **Clare Island Abbey**. Im Chor der Zisterzienserkirche wurden die fantastischen mittelalterlichen Fresken – Reiter, Harfenspieler, Drachen, Vögel und Pflanzen – sowie das Wappen der O'Malleys restauriert. Hier wurde die Piratenkönigin getauft, verheiratet und vemutlich auch begraben.

15 Gehminuten vom Hafen treffen sich Kunstfreunde in Capnagower (»Kopf der Ziege«) im Art & Curio Studio (tgl. 11 – 17 Uhr; www.clareisland.ie/cido/artncurio). Am höchsten Inselpunkt passiert man die Weberei der US-Amerikanerin **Beth Moran**, die hier Einzelanfertigungen verkauft und Mai – Sept. Webkurse anbietet (Wochenende 250 €, Woche 360 €; www.bethmoranhandweaver.ie). Weiter auf der Lighthouse Road trifft man sich zum Sonnengruß im **Yoga Retreat** Centre der **Macalla Farm** mit dem Stone Barn Café (Tel. 087 2 50 48 45; Café Juni – Aug. Mi. – So. geöffnet; https://macallafarm.ie).

Folgt man dem Straßenverlauf vorbei an bunt besprühten Blackface-Schafen taucht bald das ummauerte Areal der zwei (!) **Leuchttürme** mit glänzenden Kuppeln auf, das an ein russisches Kloster erinnert. Ein toughes Damentrio, das es sich zum Ritual gemacht hat, jeden Tag punkt 15.30 Uhr zum Baden zu gehen, betreibt hier ein luxuriöses B&B. Die Bibliothek bewahrt die faszinierenden Memoiren des letzten Leuchtturmwärters Gerald Butler (www.clareislandlighthouse.com).

Bootstrips: Überfahrt 20 Min. | www.clareislandferry.com
Beth Morgan: Ballytoughey Loom | www.clareislandmayo.com

Castlebar und Umgebung · Caisleán an Bharraigh

Der nach Galway wichtigste Marktort erschließt den Pilgerort **Knock** und die Anglerparadiese Lough Mallard, Castlebar Lough und Islanddeady Lough. Eine Sensation – die eigentlich schon im Müll gelandet war – wartet im National Musuem of Country Life. 1945 wurde nördlich Castlebar im Moor nahe Strokestown der bronzezeitliche Coggalbeg-Hort entdeckt. Das Goldhalsband und die Goldscheiben landeten im Safe einer Apotheke, aus dem sie 2009 gestohlen wurden. Dann geschah das Unglaubliche: Der gesamte Safeinhalt samt Gold wurde durch einen Zufall in einem Mülleimer wiederentdeckt. Nun ist der Hort im preisgekrönten **National Museum of Country Life** zu sehen, das auch herrliche historische Halloween-Masken zeigt.

Ablass für eine Abtei

★ Straide

Papst Eugen IV. versprach 1434 all jenen den Ablass, die der siechenden **Abtei von Straide** unterstützend unter die Arme griffen. Genützt hat es trotz vieler Skulpturen wenig. Umso verblüffender ist das um 1475 geschaffene Grabmal an der Nordwand der Kanzel im prachtvollen irischen Flamboyant-Stil: Hier sind die Heiligen herzhaft lachend dargestellt. An der Straide Abbey wurde Michael Davitt (1846–1906), Gründungsmitglied der Irish National Land League, beerdigt. In der Pre-Penal Church, wo er getauft wurde, bietet das **Michael Davitt Museum** Führungen an.

März – Sept. tgl. 9.30 – 17.30, sonst tgl. bis 16.30 Uhr
www.michaeldavittmuseum.ie | Eintritt: 8 €

Für Naschkatzen und Kulturfans

Kulinarische und kulturelle Highlights

Das geschäftige Städtchen Castlebar ist für Liebhaber **irischer Lebensmittel** und Küche ein Muss. Hier werden exzellente Agrarerzeugnisse angeboten, 30 Restaurants und Cafés öffnen. Irlands bestes Guinness soll in Jonny McHales Pub, Lower Chapel Street, gezapft werden. 2014 und 2015 heimste Sheila und Tom Butlers Cuinneog Irish Farmhouse in Shraheen's, Balla, den Great Taste Award für Milch, Landbutter und Buttermilch ein. 2011 standen ihre Produkte auf der Menüliste des Staatsbanketts für Queen Elizabeth II. (https://cuinneog.ie). Das **Linenhall Arts Centre** mit Tourismusbüro präsentiert Musik, Tanz, Literatur, Theater und visuelle Kunst (Linenhall Street; www.thelinenhall.com).

Der drittwichtigste Marienwallfahrtsort Europas

Knock

Am 2018 besuchte Papst Franziskus Knock diesen wie Fatima und Lourdes bedeutenden Wallfahrtsort: Am 21.8.1879 soll hier Maria mit dem hl. Josef und dem Evangelisten Johannes, in himmlisches Licht gehüllt, mehreren Menschen erschienen sein. 1 Mio. Pilger pro Jahr besuchen den **National Marian Shrine** und die **Basilika Our Lady of Knock** mit Platz für 12 000 Gläubige. Großartig sind dort das in Spilimbergo (Friaul, Italien) handgefertigte Erscheinungsmosaik aus 1,5 Mio. Steinchen. Angeschlossen sind eine Buchhandlung, das Café Le Chéile und das Knock Museum, in dem die Erscheinung im Kontext der Zeit nacherzählt wird. Einen Ehrenplatz hat Monsignore James Horan: Der Geistliche kämpfte bis 1985 für einen Pilgerflughafen – und gewann. Hunderttausende nutzen den **Ireland West Airport Knock**, dem sogar eine eigene Hymne

gewidmet wurde: Den »Knock Song« führte Folk-Sänger und Gitarrist Christy Moore erstmals 2010 in Castlebar auf.
National Marian Shrine: tgl. 8 – 19.30 Uhr | Eintritt frei
Knock Museum: tgl. 10 – 18 Uhr | www.knockshrine.ie | Eintritt frei

Ins historische Landleben eintauchen

National Museum of Country Life

Nordöstlich von Castlebar, nahe Turlough, ist der wiedergefundene Schatz im preisgekrönten **National Museum of Country Life** zu sehen. Das Museum erreichen Sie von Castlebar auch per Rad auf dem Great Western Greenway (8 km). In den Galerien (4 Etagen) des futuristischen Neubaus wird zudem in temporären Ausstellungen Großartiges gezeigt. Neu ist z. B. die Schau zur Geschichte des Fahrrads in Irland. Schwerpunkt ist jedoch das irische Landleben im 19. und frühen 20. Jh. Der Farmeralltag wird u. a. anhand eines originalgetreuen, strohgedeckten Cottages illustriert. Im **Turlough Park House** (1865) wird das Leben der Gutsfamilie Fitzgerald lebendig. Im Park mit viktorianischem Gewächshaus wird im Sommer ein Arts Trail mit Skulpturen aufgebaut, z. B. zu »Living shelters« (Behausungen). Erfrischungen und Süßes gibt es im Brambles Café.
3 Turlough Road | Di. – Sa. 10 – 17, So. und Mo 13 – 17, Café Di. – Sa. 10 – 17, So. u. Mo. 12 – 17 Uhr | www.museum.ie | Eintritt frei

Achill Island

Die Insel Heinrich Bölls

Heinrich Böll Cottage

2017 stand die größte Insel vor Irlands Küste (146 km²) ganz im Zeichen des 100. Geburtstags von Heinrich Böll, der Achill Island im »Irischen Tagebuch« ein Denkmal setzte. Im April des Böll-Jahres sorgte ein Naturwunder für zusätzliches Aufsehen: Über Nacht wurden hier Hunderttausende Tonnen Sand angespült – der 1984 vom Sturm weggespülte Dorfstrand von Dooagh war urplötzlich wieder da! Böll hatte die Insel von 1954 bis 1983 regelmäßig besucht, trotz der damals noch beschwerlichen Anfahrt. Heute führt die Michael Davitt Bridge zum Ort **Achill Sound** und der Wild Atlantic Way erschließt das Dörfchen **Dugort**, wo die Bölls ihr **Cottage** besaßen. Schön restauriert steht es am höchsten Dorfpunkt (682 m), drinnen logieren Stipendiaten der Böll-Stiftung. Aber zu den Böll-Tagen (Ende April/Anfang Mai) und zum Konzert im August öffnet es auch Besuchern seine Tore. Dugort war eine gute Wahl der Bölls: Der Golden Strand ist eine Augenweide, Kirche, Kunsthandwerksladen und das Strand Hotel am Silverstrand versprühen Charme, und dank der »Blueways« des WAW ist das Meer ein Paradies für Kajak- und Surffans.
Heinrich Böll Cottage: http://heinrichboellcottage.com
Ticket Böll-Tage (Böll Memorial Weekend): 100 €

Achill Island bietet im Sommer Abgeschiedenheit und Ruhe und zieht mit seiner großartigen Landschaft seit jeher Künstler an.

Ruinendorf

Slievemore

Vorbei an blühenden Rhododendronsträuchern geht es von Dugort in zehn Minuten zum **Slievemore** (672 m) mit dem um 1850 während der Hungersnot verlassenen Ruinendorf (Deserted Village), Bölls **»Skelett einer menschlichen Siedlung«** mit einem modernen Friedhof davor. Auf dem Slievemore lädt die archäologische Feldschule des Achill Folklife Centre in Dooagh zu Kursen und Touren (https://achill-fieldschool.com) ein. Radler gelangen auf dem Achill Cycle Hub hierher. Er erschließt Achill Island auf drei Loops (Rundkurse, 12–44 km; Radverleih: Achill Bikes, Dooagh; www.achillbikes.com).

Strand mit Aussicht, »Irisches Stonehenge«

Keel

Keel, mit B&B und Ferienhäuschen, trumpft mit dem prächtigen Sandstrand (3 km, mit Blick auf die Minaun Cliffs) auf und ist ein Paradies für Schnorchler. Mancher im Ort erinnert sich noch an Kindheitstage mit den Bölls. Hingucker im Besucherzentrum **Achill Experience** mit Aquarium (fünf Becken) ist das rekonstruierte Boley House, eines der 100 Häuser im Deserted Village. Auch Drucke des US-Malers Robert Henri (1865–1929) werden gezeigt.

Kurioses gibt's im Ortsteil Pollagh: Hinter der Kirche zweigt rechts ein Weg (Pappschild) zum 2011 aus 30 Betonstelen errichteten Achill-

henge ab. Dieses »Grabmal für den keltischen Tiger« schuf der »Rebell« Joe McNamara als Mahnmal gegen die Anglo-Irish Bank. In Dublin versuchte er gar, das Tor zum Parlament (Leinster House) per Betonmischer einzudrücken. Sein **»irisches Stonehenge«** steht trotz Abrissverfügung noch, mit neuer Malerei im Innenkreis. Tatsächlich liegen ringsum vier echte Megalithanlagen, die bedeutendste ist East Keel. In Keel ist der vielerorts gefeierte McNamara durchaus umstritten: 2005 kaufte er Bölls Lieblingspub The Village Inn – und riss ihn ab. Gourmets pilgern in Keel für Bio-Lamm aus den Achill Mountains in die Metzgerei Calveys of Achill. Kunsthandwerk bieten dieselben Calveys im Top Drawer and Pantryl, Pony-Trekking in Slievemore.

Achill Experience: : tgl. nur nach Online-Vorabbuchung (time slots, alle 45 Min.) 10 – 16.45 Uhr | https://achillexperience.ie | Eintritt: 8 €
Calveys: Keel, Tel. 098 4 31 58 | https://calveysachillmountainlamb.ie

Romantische Strände, hohe Klippen

Dooagh

Vom Strand im hübschen **Dooagh** ließ sich Krimiautor Graham Greene (»Der dritte Mann«) in den 1940er-Jahren inspirieren. Von der mirakulösen Rückkehr des Sandstrandes 2017 erhoffen sich die Dorfbewohner einen Aufschwung, auch wenn das Muschelsammeln inzwischen verboten ist. Noch aber gilt der im Abendlicht besonders anziehende Blaue-Flagge-Strand von **Keem Bay** als schönster Romantikplatz am Wild Atlantic Way. Im einst von Haifischern bewohnten Keem Bay sind Delfine und Wale zu beobachten. Falken steigen an den **Klippen von Croaghaun** (688 m) – den höchsten Irlands und dritthöchsten Europas – auf.

Piratennest und geheimer Garten

Retour nach Achill Sound

An der Südküste von Achill, das zu 87 % aus Moor besteht, wird Torfstechen gegen Bezahlung annonciert. Am Atlantic Drive, Teil des WAW, lohnt die Inselsüdspitze mit dem 12 m hohen **Kildavnet Tower**, dem Zuhause der berüchtigten Piratenkönigin Grace O'Malley. Vor dem Ort Achill Sound, wo man den »Passport to Paradise«, den **Wild Atlantic Way Passport** für Stempelungen an den 188 Signature Points am Weg (10 €; www.anpost.com/Shop/Products/18WAW) in der Post erwirbt, schufen der niederländische Maler Willem van Goor und Gattin Doutsje Nauta den Achill Secret Garden der Bleanáskill Lodge, die bis 1980 dem Privatsekretär Churchills, Sir Anthony Bevir gehörte. Leider schloss dieser magische Ort 2019, Lodge und Garten stehen zum Verkauf.

Torfmoor, Sümpfe, Berge

Wild Nephin National Park

Einen Abstecher lohnt südlich Bangor das Ballycroy Visitor Centre des Wild Nephin National Park. Im Erdgeschoss werden Besuchern die

Keem Bay, eine der romantischen Buchten Irlands

Vorzüge des 118 km² großen Parks, des Moors und der Sümpfe um die Nephin Mountains (bis 627 m) anhand einer interaktiven Ausstellung nähergebracht. In der 1. Etage ist die Bioküche im Ginger & Wild Café ein Besuchermagnet. Ob Belvoir Organic Lemonade, Tunesischer Orangenkuchen, San Pellegrino Lemon oder Evian Orange Grapefruit: Die Angebote sind von ausgesuchter Qualität. An der sonnigen Caféterrasse lädt der Rundweg (2 km) zum Spazieren im Park ein.
Visitor Centre: Ballycroy | 17.3. – 31.10. tgl. 10 – 17.30, Café bis 17 Uhr | www.wildnephinnationalpark.ie | Eintritt frei

WEXFORD · LOCH GARMAN

Republik Irland | **Provinz:** Leinster | **Grafschaft:** Wexford
Einwohner: 20 190 | **Auskunft: www.visitwexford.ie**

Erstaunlich, dass Wexford dem wohl berühmtesten Sohn der Stadt bisher noch keine größere Aufmerksamkeit schenkte: William Lamport (1611 – 1659) ging als »Zorro« sogar in die Weltliteratur und die Filmgeschichte ein.

Wikinger und Normannen

Wikinger und Normannen prägten die Geschicke der Hauptstadt des gleichnamigen Counties Wexford. Die Wikinger gründeten sie im Jahr 800 und nannten sie »Veisafjordr«, die »Einfahrt zum Watt«. 300 Jahre blieben die Wikinger, dann kamen die Normannen. Das lebhafte Wexford ist heute vor allem Einkaufszentrum des County mit Läden an der Hauptstraße zwischen Redmond Square und Barrack Street. Die beschauliche Stadt mit freundlichen Häusern und hübschen Pubs bewahrte sich lange ihr sprachliches Normannenerbe, auch wenn der Yola-Dialekt heute nur noch in einzelnen Wörtern auftaucht. Der kleine, nette Hafen, der im 19. Jh. recht versandet war, wurde zwar modernisiert, konnte wegen der Konkurrenz des Hafens Europort in Rosslare aber nicht an die alte Größe anknüpfen. Kulturell ist einiges geboten in der Stadt, besonders die beiden parallel stattfindenden **Festivals**: Das Wexford Festival Opera im modernen Opernhaus und das renommierte Kunstfestival Wexford Fringe (www.wexfordfringe.ie). Herausragend ist zu Festival-Zeiten das Angebot der Wexford Historical Society, die auf ihren täglichen, kostenlosen Wexford Festival Tours viel Wissenswertes über Wexford und Umgebung verrät. Aber auch das restliche Programm kann sich sehen lassen.

Wohin in Wexford?

Berühmter Sohn des Countys

Crescent Quay

Am Hafen entlang führt in einem Halbkreis der **Crescent Quay**, an dem auch die Touristeninformation liegt. Zum Gedenken an John Barry (1745 – 1803), der als Gründer der Kriegsmarine der USA gilt, steht hier ein Standbild, das von der US-Regierung gestiftet wurde. John F. Kennedy zelebrierte hier eine Kranzniederlegung.

Platz mit blutiger Geschichte

Bullring

An der Einmündung der Quay Street bildet die Main Street Wexfords wohl schönsten Platz, den **Bullring**. Entgegen seines lieblichen Erscheinungsbildes spielten sich an diesem Ort in der Vergangenheit üble Geschehnisse ab, als Cromwells Truppen im Jahr 1662 hier ein Massaker mit ca. 2000 Toten anrichteten. Seinen Namen erhielt der Platz jedoch aus einem anderen Grund: Die Metzgergilde veranstaltete hier ab 1621 zweimal im Jahr das »Bull Bating«, bei denen die »Bull dogs« Stiere jagten und zerfleischten. 1835 wurde das blutige Spektakel jedoch schließlich als proletenhaft eingestuft und verboten. Seit 2012 hat der 1877 eingerichtete Bullring Market (Fr. u. Sa. 10 – 16 Uhr) wieder geöffnet. Die Statue des Pikeman von 1905 erinnert daran, dass hier während der Rebellion von 1798 unter freiem Himmel eine Waffenschmiede für lange Piken war.

Irlands Opern-Olymp

Opera House

Stararchitekt Keith Williams und seine Crew bauten an der High Street 2005 – 2008 das Wexford Opera House, das 2014 zum **National Opera House** erhoben wurde: Der Hauptsaal aus schwarzer nordamerikanischer Walnuss hat rund 780 Plätze, ein zweiter Saal 175 Plätze. Hier steigt das stets ausverkaufte **Wexford Festival Opera**, das 2022 zum 71. Mal stattfand. Für die Wexford Historical Society organisiert Bernard Browne jährlich die **Wexford Festival Tours**, kostenlose geführte Ausflüge (tgl. 10.30 Uhr ab Parkplatz des Talbot Hotel, Rückkehr 13 Uhr) während des Opernfestivals.

Festival 21.10. – 6.11. | www.wexfordopera.com | Tickets: online oder Mo. – Sa. 9.30 – 17 Uhr (Tel. 053 9 12 21 44)

Mittelalterliche Ruinen

Westgate Tower
Selskar Abbey

Der **Westgate Tower**, nach 1169 erbaut, war eine alte Zollstation an der Spawell Road. Die im 12. Jh. gegründete Abtey **Selskar Abbey** wurde von Cromwells Truppen 1649 zerstört. Nur ein Turm und Reste der St Selskar's Church sind noch erhalten. Hier soll übrigens Englands König Heinrich II. für den Mord an seinem einstigen Freund Thomas Beckett Abitte geleistet haben.

Abteiführung: Juni – Okt. Mo. – Sa. 11 – 12 Uhr | Eintritt: 3 €

St Iberius Church

Kirche mit Live-Konzerten

Die beliebten Lunchtime-Konzerte in der St Iberius Church fielen der Covid-19-Pandemie zum Opfer, indes finden seit 2022 wieder Abendkonzerte statt. Diese Kirche wurde 1760 südlich des Bullring an der North Main Street erbaut.

Konzerte: Tickets über Tel. 086 3 63 60 80
http://musicforwexford.ie | Eintritt: variabel (17 € bzw. 27 €)

Rund um Wexford

★ Irish National Heritage Park

Zeugen der Geschichte

Inmitten der sumpfigen Landschaft bei Ferrycarrig zeigt das **Freilichtmuseum** des Irish National Heritage Park Nachbildungen von Siedlungen und Gebäuden aus 9000 Jahren irischer Geschichte. Hier kann man Dolmen, einen Steinkreis, eine Wikingersiedlung samt Langschiff, ein frühchristliches Kloster und einen Rundturm bewundern. Dazu locken ein Naturpfad und ein Restaurant.

März – Juni, Sept./Okt. tgl. 9.30 – 17.30, Mai – Aug. bis 18.30, Nov. bis Feb. bis 17 Uhr | www.irishheritage.ie | Eintritt: 11 € (time slots)

Curracloe

Filmkulisse in den Dünen

Wer etwas am Meer entspannen möchte, fährt nordöstlich von Wexford an den Ballinesker Beach und **Curracloe Beach.** Diese Strände wurden berühmt, denn sie dienten 1997 zwei Monate als Filmset für die D-Day-Sequenzen in Steven Spielbergs »Der Soldat James Ryan«.

Wexford Wildfowl Reserve

Vogelparadies erleben

Vogelfans werden begeistert sein: 10 000 Grönland- und 2000 Kanada-Gänse überwintern im Wexford **Vogelreservat** (ausgeschildert). Im Sommer tummeln sich hier Schwäne, Enten und 42 weitere Wasservogelarten. Am Raven Point sieht man Raben und Wattvögel.

Reserve So. – Mi. 9 – 17 Uhr | Visitor Centre 13 – 14 Uhr geschl.
www.wexfordildfowlreserve.ie | Eintritt frei

Johnstown Castle und Irish Agricultural Museum

Im Burg-Park lustwandeln

Beim Bau des neogotischen Johnstown Castle (1836) wurden Reste einer Normanenburg miteinbezogen, allerdings kann nur die Eingangshalle besichtigt werden. Im Park flanieren Sie zwischen künstliche Teichen und 200 Baum- und Straucharten. In den Farmgebäuden befindet sich das **nationale Landwirtschaftsmuseum**, das neben historischen Geräten auch die große Hungersnot in den Fokus rückt.

Park/Museum: : 17.3. – Okt. tgl. 9 – 17.30, sonst bis 16.30 Uhr
Schloss: nur Führung tgl. 11, 12, 14 und 15 Uhr | https://johnstowncastle.ie | Eintritt: Schlossführung inkl. Museum und Gärten 13 € (Tickets für das Schloss nur online), nur Gärten und Museum 9 €

Im Irish National Heritage Park bei Wexford erleben Besucher eine unvergessliche Zeitreise durch 9000 Jahre Geschichte. Unter anderem liegen Steinkreuze und ein Steinkreis am Weg.

WEXFORD ERLEBEN

TOURIST INFORMATION
Wexford Tourist Office, Crescent Quay, City Wexford
Tel. 053 9 12 31 11
www.visitwexford.ie

CISTIN EILE €€€€–€€€
Beliebtestes Restaurant in Wexford, weil Warren Gillen seine Küche kreativ und bodenständig führt und doch leichte Gerichte zubereitet. Auch vegetarische und glutenfreie Speisen.
80 South Main St, Wexford, Tel. 053 912 16 16, So., Mo. Ruhetage

MONART SPA HOTEL €€€€
Ins hochmondäne, Erwachsenen vorbehaltene Hotel am Still Pond locken 5-Sterne-French Spa, Gesundheits- und Beauty-Anwendungen, Ruhe und Erholung. Nicht-Hotelgäste müssen im ausgezeichneten Gourmetrestaurant reservieren.
The Still, Enniscorthy
Tel. 053 9 23 89 99, 68 DZ, 2 Suiten
https://monart.ie

RIVERSIDE PARK HOTEL €€€€
Angesagt sind Wellness und Entspannung im täglich öffnenden Leisure Club mit großem Indoor Pool, Aqua Aerobic, Sauna, Fitnessangeboten und Beautyrooms. Kulinarisch verwöhnen Alamo Steakhouse und Moorings Restaurant (auch Vegetarisches). Chill out heißt es auch an der Prom Bar.
The Promenade, Enniscorthy
Tel. 053 9 23 78 00,
100 DZ und Suiten,
www.riversideparkhotel.com

CLAYTON WHITES HOTEL €€€€–€€€
Der erste Vorläufer dieses modernen großen Hauses mit 160 Zimmern datierte auf 1715. Es gilt als eines der besten 4-Sterne-Hotels Irlands und bietet ein großes Spa & Leisure Centre und einen 20-m-Pool.
Abbey Street, Wexford
Tel. 053 9 12 23 11
www.claytonwhiteshotel.com

Strände und Fährhafen

Rosslare

Rosslare ist einer der sonnigsten Orte Irlands, dazu bietet die weite Bucht kilometerlange Sand- und Kiesstrände. Die Fähren vom **Europort** Rosslare starten hier nach Fishguard in Wales und Le Havre in Frankreich.

Lagune und historische Burg

Lady's Island Lake und Rathmacknee Castle

Weiter südlich trennt ein schmaler Landstreifen **Lady's Island Lake** vom Meer. Die Insel in diesem lagunenartigen See ist durch einen Damm mit dem Land verbunden. Auf ihr sind die Ruinen eines Klosters und einer Normannenburg (12. Jh.) zu sehen. Die Inselkirche ist Pilgerziel (www.ourladysisland.ie). Nicht weit entfernt liegt **Rathmacknee Castle** (15. Jh.), einer jener Wohntürme, die vielerorts das irische Landschaftsbild prägen.

Inseltour

Kilmore Quay und Saltee Islands

Vom **Kilmore Quay**, einem malerischen **Angelzentrum** am Forlorn Point, kann man einen Trip zu den felsigen **Saltee Islands** (Little und Great Saltee Island) unternehmen. Das Vogelschutzgebiet, eines der größten Europas, ist ein echter Geheimtipp. Über 350 Arten leben hier, u.a. Kormorane, Papageientaucher, Tordalken und Eissturmvögel. Great Saltee ist privat und darf nur von 11.30 – 16.30 Uhr besucht werden. Camping, Hunde und Drohnen sind nicht gestattet.

Bootsausflüge ab Kilmore Quay um die Inseln: Ticket: 25 € (mind. 6 Pers., dann gesamt 130 €) | https://kilmorequayangling.com/saltee-islands, www.salteeislands.info

1500 Jahre alte Stadt mit Normannenburg

Enniscorthy

James Joyce erkor die beschauliche Stadt Enniscorthy im Ithaka-Kapitel des **»Ulysses«** zum »finest place in the world«. Doch die Stadt am Hauptweg von Dublin nach Wexford erlebte auch blutige Auseinandersetzungen, von der die Normannenburg Zeugnis ablegt.

Enniscorthy Castle geht auf 1205 zurück und war bis 1951 in Privatbesitz. Ehe Cromwell die Burg 1649 eroberte, erlebte sie mehrere schwere Gefechte. Eine der blutigsten Schlachten fand während der Irischen Rebellion gegen die britischen Besatzer am 21. Juni 1798 auf dem Vinegar Hill und in Scorthys – so die Kurzform des Stadtnamens unter Einheimischen – Gassen statt. Eine höchst gelungene Aufarbeitung bietet das **National 1789 Rebellion Center**. Die Rebellen nutzten die Burg als Gefängnis. Heute präsentiert hier das **Wexford County Museum** mit Tourismusinformation die Burg- und Stadtgeschichte, darunter auch die Geschehnisse während des Osteraufstands 1916, als 600 Iren die Bahnlinie nach Dublin blockierten, dann aber ohne Verluste kapitulierten. Gleichzeitig erfahren Sie hier auch einiges über die aus der Stadt stammende Möbeldesignerin Eileen Gray (1878 – 1976), deren berühmter Stahlrohrtisch E 1027 bis heute nachgebaut – und häufig kopiert – wird.

Im Juni wird zur Strawberry Fair die Erdbeerkönigin gekrönt, im August steht die ganze Stadt beim Street Rhythms and Dance Festival im Zeichen von Tanz, Parade und Feuerwerk. Die Hillview Pottery in Carley's Bridge bei Enniscorthy setzt die Töpfertradition in der Stadt fort (Mo. – Sa. 9 – 17, So. 14 – 17 Uhr).

Tourismusinformation: Tel. 053 9 23 46 99
http://enniscorthytourism.com
Burg: Mo. – Fr. 9.30 – 17, Sa., So. 12 – 17 Uhr | http://enniscorthycastle.ie | Eintritt: 6 €, Kombiticket mit 1798 Rebellion 10 €
National 1798 Rebellion Centre: Millpark Rd | Juni – Aug.
Mo. – Fr. 9.30 – 17, Sa., So. 12 – 17 Uhr | http://1798centre.ie
Eintritt: 6 €, mit Burg 10 €
Vinegar Hill: Eintritt frei | http://vinegarhill.ie

WICKLOW · CILL MHANTÁIN

Republik Irland | **Provinz:** Leinster | **Grafschaft:** Wicklow
Einwohner: 10 580

K8

Wicklow ist eine der am schönsten gelegenen Städte Irlands. An den Ausläufern der Wicklow Mountains locken hier auch attraktive Strände zum Entspannen. Doch historisch am interessantesten ist ausgerechnet ein Gefängnis.

Wikinger-Basis

Das seit 900 v. Chr. von Kelten aus dem heutigen deutsch-belgischen Grenzgebiet besiedelte Wicklow erhielt seinen irischen Namen Cill Mhantáin (»Kirche des Zahnlosen«) von einem Gefolgsmann des hl. Patrick. Der war hier 432 am Travailahawk Beach unterhalb des Black Castle gelandet. Sie wurden indes unfreundlich empfangen, einer verlor seine Schneidezähne. Später kam der nun »Manntach« (Zahnloser) Genannte erneut vorbei und gründete die erste Kirche. Im 9. Jh. entstand »Wykinglo« (Wiese der Wikinger«) als Basis der Nordmänner. Südlich der Hafenstadt erstrecken sich Sandstrände bis nach Arklow. In den Wicklow Mountains locken Rad- und Wandertouren und die Klosteranlage Glendalough, die 2019 über 700 000 Besucher zählte!

Wohin in Wicklow?

Sich gruseln in alten Gefängnismauern

Wicklow's Historic Gaol

Im berüchtigten **Gefängnis** am »Hügel des Zahnlosen« erlitten von 1702 bis 1924 viele Häftlinge dramatische Schicksale – bis heute sollen Geister den Ort heimsuchen. Viele der Insassen wurden hingerichtet, darunter auch Billy Byrne, ein Anführer des Rebellion von 1798, dem heute eine Statue auf dem Market Square am Rathaus gewidmet ist. Erster Gefangener war Father Eoin McPhee: Er hatte eine illegale Messe gelesen. 1848 lebten hier 780 Gefangene in 77 Zellen! Die Virtual Reality Experience »**Gates of Hell**« führt durch die Gefängnisgeschichte, ist aber nicht für Kinder geeignet. Nebenan bietet das Jailer`s Restaurant und Café kulinarische Genüsse.

Kilmantin Hill | tgl. 10.30 – 16.30 Uhr | www.wicklowshistoricgaol.com | Eintritt: 10,50 € Virtual Reality Experience 16 €

Ruinen hoch über dem Ozean

Black Castle

Den schönsten Blick auf Wicklow hat man von den auf hohem Fels thronenden Ruinen des Black Castle. Die einst stolze Burg gründete der Normanne Maurice Fit Gerald im 12. Jh., doch schon 1301 über-

WICKLOW ERLEBEN

TOURIST INFORMATION OFFICE
Rialto House
Fitzwilliam Square
Tel. 040 46 91 17
https://visitwicklow.ie

BRIDGE TAVERN €€€
Hier wuchs Captain Robert Halpin (1836 – 1894) auf, der als Kabelverleger zwischen den Kontinenten Geschichte schrieb. Sehr gute Küche bietet die Riverside Lounge.
Bridge St, Tel. 040 46 47 60
www.bridgetavern.ie, 12 DZ

nahmen örtliche Familienclans die Kontrolle. 1641 wurde sie aufgegeben. Älter sind die Ruinen der Franziskanerabtei an der Abbey St, Hingucker ist die katholische St Patrick`s Church (St Patrick's Rd).

Leuchttürme bewundern

Wicklow Head

Ein wunderbarer Ausflug bietet sich zum Wicklow Head an, der rund 80 m über dem Meer liegt. Hier grüßen zwei Leuchttürme: Der Turm von 1781 wurde am 10.10.1836 vom Blitz getroffen, blieb aber stehen. Der zweite Leuchtturm von 1818 wurde 1994 automatisiert.

Rund um Wicklow

Flanieren im romantischen Park am Fluss

Mount Usher Gardens

In Ashford, hübsch gelegen am **River Vartry**, wandeln Sie am Flussufer durch die Mount Usher Gardens mit außergewöhnlicher Schönheit, seltenen Bäumen, Sträuchern und subtropischen Gewächsen. Edmond Walpole legte sie 1868 bescheiden auf einem halben Hektar an, nun sind es 8 ha geworden. Im romantischen Park gedeihen 5000 Pflanzenarten. Überwältigend ist die Farbenpracht im Mai und Anfang Juni zur Azaleen- und Rhododendrenblüte. Übrigens bietet das Tal des Vartry weiter oberhalb noch eine landschaftliche Sehenswürdigkeit, das Devil's Glen (Teufelstal). In der tiefen Schlucht stürzt zwischen schroffen, dicht bewachsenen Wänden das Wasser 30 m tief in ein Felsbecken: The Devil's Punchbowl.

Mount Usher Gardens: März – Sept. tgl. 10 – 17.30, sonst bis 17 Uhr
www.mountushergardens.ie | Eintritt: 9 €

Maritim geprägtes Städtchen

Arklow

Seinen englischen Namen verdankt das südlich von Wicklow gelegene **Arklow** dem furchterregenden Wikinger Arnkell. In seinen Sandbuchten soll der heilige Patrick an Land gegangen sein. Heute glänzt das Städtchen musikalisch beim Seabreeze Festival im Juni mit dem ausgezeichneten Damenchor Cruinníu und lokalen Musikern wie John Breeen (Celtic Soul). Das historische Stadterbe erschließt die Bluewalk Tour in 17 Stationen. Karten gibt es beim Tourist Office (Parade Ground). Das Bridgewater Shopping Centre zeigt rare Exponate der 1999 geschlossenen Arklow Pottery und beherbergt im **Arklow Maritime & Heritage Museum** u. a. Schiffsmodelle, acht Gemälde des Segelschiffmalers Ruben Chappell, kuriose Bojen aus Schweinsleder, Schätze von der Insel Pitcairn, die von Meuterern der Bounty besiedelt wurde, und »Ganseys«, historische Pullover der örtlichen Fischer, die um 1900 riesige Austernbänke abernteten. Arklow liegt an der Mündung des Avoca in die Irische See, draußen auf dem Meer drehen sich Räder des ersten irischen Offshore Windparks.

Maritime Museum: tgl. 10 – 17 Uhr | Eintritt: 5 € |
www.arklowmaritimeheritage.ie

Tal mit großer Kulisse

Vale of Avoca

Das besonders zur Kirschblüte prachtvolle Tal am River Avoca, das **Vale of Avoca**, mit Irlands ältester Handweberei ist ein weiteres lockendes Ziel. Der allerschönste Ort hier ist **Meeting of the Waters**: Hier vereinen sich die zwei Quellflüsse aus den Wicklow Mountains, Avonmore (»großer Fluss«) und Avonbeg (»kleiner Fluss«) zum Avoca-Fluss. Von der Lion's Bridge ist das Naturschauspiel gut zu beobachten. Ringsum wurden viele Filme gedreht, u. a. 1967 die Komödie »Tolldreiste Kerle in rasselnden Raketen« nach Jules Vernes »Von der Erde zum Mond«. Im Dorf Avoca, über dem neuerdings wieder der Rote Milan schwebt, rattern seit 1723 die Webstühle in der ältesten Webmanufaktur (The Mill) Irlands. **Avoca Handweavers**, kurz Avoca genannt, ist eine der ältesten Firmen Irlands mit Filialen im ganzen Land. Ihren internationalen Ruf begründeten die drei Schwestern Wynnes ab den 1920er-Jahren. Ihren Tweed verarbeitete Italiens Stardesignerin Elsa Schiaparelli. Queen Elizabeth II. bestellte Avoca-Babydeckchen für den Nachwuchs. Der Betrieb ist samt Laden, Café und Restaurant Hay Loft zu besichtigen.

Kilmagig Lower, Avoca tgl. 10 – 17, Café bis 16.30 Uhr
www.avoca.com/en/stores-and-cafes/village | Eintritt frei

Natur und irische Geschichte

Avondale Forest Park

Südlich des Ortes Rathdrum steht in dem mehr als 500 ha großen Avondale Forest Park das von James Wyatt 1777 erbaute elegante **Geburtshaus von Charles Stewart Parnell** mit sehenswertem Interieur, Video zum Freiheitskämpfer und Café.

Park April – Sept. tgl. 7 – 21, sonst 8 – 17 Uhr | Haus März – Mai tgl. 9.30 – 17, Juni – Sept. bis 19, Okt. bis 18, sonst bis 15.30 Uhr
www.beyondthetreesavondale.com | Eintritt: Haus 12 €

In den Wicklow Mountains · Sléibhte Chill Mhantáin

Das Biodorf

Die reizvolle Berglandschaft mit braun und purpurn gefleckten Hügeln und dunklen Seen beeindruckt mit den oft in Nebel gehüllten, wie Zuckerhüte geformten Gipfeln. Heute gelten die Wicklow Mountains als Irlands Garten, ein Gutteil der in Dublin verkauften Bioware stammt von hier. Das am Rande der Zivilisation gelegene **Dörfchen** Macreddin Village ist ein echtes Highlight. Macreddins Biomarkt findet April bis Okt. jeden 1. So. im Monat 12 – 17 Uhr statt. Dazu gibt es hier die Taverna Armento (sizilianisch), das Orchard Café und Actons Country Pub, eine Biobäckerei und eine Räucherei. Macreddin Village

Gebirge der Verfolgten

Das Granitgebirge südlich von Dublin erstreckt sich über 60 km durch die Grafschaft. Zwei Pässe, Sally Gap und Wicklow Gap, ermöglichen es, von Ost nach West zu queren. Bis ins 18. Jh. boten die schwer zugänglichen Hochtäler sicheren Unterschlupf für Verfolgte, Rechtlose und Straftäter. Nach den Aufständen der 1890er-Jahre bauten die Engländer eine strategische Straße, die Military Road, um das Gebiet besser kontrollieren zu können. Wanderer starten am besten beim **Visitor Centre des Wicklow Mountains National Park** (20 000 ha) mit Garten am Upper Lake von Glendalough. Tipp: Sollten Sie beim Wandern in Not geraten, wählen Sie die Tel. 112 oder Tel. 999. Visitor Centre

Sommer tgl., sonst nur Sa./So. 10 – 17.30 | Wildlife & Sensory Garden bis 17 Uhr | www.wicklowmountainsnationalpark.ie | Eintritt frei

WICKLOW MOUNTAINS ERLEBEN

BROOKLODGE & WELLS SPA & STRAWBERRY TREE €€€€

Topadresse in den Wicklow Mountains mit 86 DZ u. Suiten, Mountain Bike-Touren, Golf, Reiten, Fotosafaris und großem Spa. Im Strawberry Tree gibt es frische Bio- und Wildkost. Hier fand das erste »Zero km Dinner« des Landes« statt. Alle Zutaten für die 100 Gäste (!) kamen aus einem Umkreis von weniger als einem Kilometer.

Macreddin Village, Co. Wicklow
www.brooklodge.com
Tel. 040 23 64 44

TINAKILLY COUNTRY HOUSE €€€€

Im von »Mr. Cable« Captain Robert Halpin 1876 in Rathnews erbauten luxuriösen Haus öffnet auch das sterngekrönte Brunel Restaurant.

15 DZ, 36 Suiten
Tel. 040 46 92 74
https://tinakilly.ie

Autotour durch die Wicklow Mountains

Kippure und Sally Gap

Ab Rathfarnham fährt man bergauf und sieht den **Kippure** (757 m ü. d. M.) mit Sendestation und schönem Blick auf Dublin. Am Abzweig nach Enniskerry ist der deutsche Soldatenfriedhof von Glencree. Vom **Sally Gap** (503 m ü. d. M.) geht es südwärts durch kahles Moor. Bis Laragh überquert man mehrere Gewässer, die an der Ostflanke der Berge zur Rechten (Gravate, Duff Hill, Mullaghcleevaun) entspringen. Ab Blessington führt der neue Blessington Greenway auch Radler weiter bis zum Russborough House (siehe unten).

Autotour zu Kloster, Pass und Filmkulisse

Glendalough, Wicklow Gap, Hollywood

Ab dem Klosterbezirk **Glendalough** geht es hinauf zum **Wicklow Gap** (486 m ü. d. M.). Etwa 4 km hinter dem Pass geht es rechts zur Jugendherberge Glenbringe, die einsam im Talkessel steht. Nach dem Stausee Poulaphuca Lake (auch Lacken Reservoir) steht südlich des auch für Filmaufnahmen berühmten Hollywood bei Athgreany ein großer Steinkreis unbestimmbaren Alters: die Piper's Stones.

Mit 1 PS die Wicklow Mountains erkunden? In den Planwagen von Clissmann Horse Caravans in Rathdrum finden bis zu 5 Personen Schlaf- und Kochgelegenheit.

Fahrt ins finstere Tal und traumhafte Wandertouren

Tal-Fahrten

Fährt man auf der einstigen Military Road von Laragh südwärts, steigt 2 km hinter Laragh die Straße wieder auf 386 m Höhe und führt dann ins Tal von Glenmalure, das lange als finster und unheimlich galt.
Von Laragh führt die R 755 durch das reizvolle Vale of Clara am Avenmore River entlang nach **Rathdrum**. Im Avondale Forest Park locken drei leichtere Wanderwege (1 – 1,5 Std.), der Millenium Jubilee Loop (Rundweg) verlangt mindestens 2 Std. Auch der hübsche Ort Roundwood bietet zwei Wanderwege (2 bzw. 5 Std.). Im weiteren Verlauf der Straße erhebt sich der Great Sugar Loaf (501 m ü. d. M.) über die Hochebene. Man kann ihn vom großen Parkplatz am Südfuß des Berges besteigen (45 Min.; Höhendifferenz: 210 m). Eine weitere Tour führt vom Upper Lake aus: Auf einem 4 km langen, mit Silberpfeilen markierten Wanderweg, der Silver Route, gelangen Sie nach Laragh, wo Lynhams of Laragh mit Jakes Bar und Bridge Restaurant fürs leibliche Wohl sorgen (https://lynhamsoflaragh.ie).

Attraktiver Fernwanderweg

Wicklow Way

Der markierte Wanderweg **Wicklow Way** führt seit 1983 von Marlay Park (Co. Dublin: Parkplatz, Busse von Dublin) über 131 km bis nach Clonegal, Co. Carlow. Am Weg sind in regelmäßigen Abstände auch Parkplätze zu finden, sodass auch Teilabschnitte gut erwandert werden können. Der erste Wegabschnitt endet bei Luggala, zwischen Sally Gap und Roundwood am Lough Tay. Von Luggala geht es Richtung Laragh, anschließend nach Moyne. Der letzte Streckenabschnitt führt von Moyne an den Ballycumber Hills vorbei nach Clonegal. Von Clonegal kann man auf dem **South Leinster Way** nach Graiguenamanagh, Co. Kilkenny, weiterwandern (40 km).

Information, Karten: www.wicklowway.com

Zauberhaftes Kloster

★ Glendalough

Der hl. Kevin, ein Eremit, zog mit seiner frommen Gelehrsamkeit so viele Schüler an, dass er ein Kloster gründete. Zwar starb der Heilige hochtbetagt im Jahr 618, doch die Blüte des Klosters hielt an: Zeitweilig lebten hier über 1000 Mönche und Novizen. Den Niedergang aber konnte auch Abt Laurence O'Toole nicht aufhalten, der 1163 Erzbischof von Dublin wurde. Über dem zum **Glendalough** Forest Park gehörenden romantischen Tal mit zwei Seen und der vom hl. Kevin gegründeten berühmten Klostersiedlung liegt ein besonderer Zauber. Im **Visitor Centre** führt ein Film in die Klostergeschichte ein, interessant sind das Modell der Klosteranlage, Grabplatten, Kapitelle, eine Labyrinth-Darstellung auf einem Stein und ein Hochkreuz, das Market Cross (12. Jh.). Es zeigt eine Kreuzigungsszene, einen Abt und Ornamente. Die Keimzelle Glendaloughs lag am Upper Lake, wo die Green Road, ein hübscher Spazierweg (3 km, ca. 50 Min.), auch zu weiteren Teilen der Klostersiedlung führt.

Die **Hauptklosteranlagen** aus der Blütezeit stehen weiter flussabwärts. Markantes Wahrzeichen ist der mit Ausnahme der Dachspitze originale Rundturm. Nebenan wurde in der aus Granit erbauten St Mary's Church (10. Jh.) bis ins 18. Jh. das Grab des hl. Kevin verehrt. Das irisch-romanische Priest's House (12. Jh.) besitzt ein älteres Sturzrelief über der Eingangstür.
Größter Bau ist die **Cathedral** mit Chor, Langschiff und Sakristei (11./12. Jh.). An der Straße nach Laragh steht die Trinity Church (11./12. Jh.) mit original Granit-Chorbogen. Jenseits des Flusses steht die jüngste Gebäudegruppe, St Saviour's Priory (12. Jh.), die romanische Steinmetzarbeiten an Chorbogen und Fenstern besitzt.
Mitte März – Mitte Okt. tgl. 9.30 – 18, sonst bis 17 Uhr | Eintritt: 5 €
www.heritageireland.ie

Lust auf eine Bootstour?

Teampull na Skellig

Nur mit dem Boot zu erreichen ist die kleine, auf einem Felsen gelegene Kirche **Teampull na Skellig**. Die teilrestaurierte Kirche entstand ab dem späten 7. Jh. Über steile Felsstufen geht es zu St Kevin's Bed (Kevins Schlafstatt), einer Felshöhle, die wohl schon in der Bronzezeit ein Begräbnisort war. In St Kevin's Cell – einer Bienenkorbhütte – soll der Heilige gelebt haben.

YOUGHAL · EOCHAILL

Republik Irland | **Provinz:** Munster | **Grafschaft:** Cork |
Einwohner: 7960 | **Auskunft: https://youghal.ie**

Die Stadt hat viele berühmte Menschen kommen sehen, einer aber ging: George Thomas, Sohn eines armen Bauern und Analphabet, arbeitete in den Docks von Youghal, kam über die British Navy ins indische Madras, rief 1797 sein eigenes Königreich Hansi aus und richtete sich als Raja von Hansi auf dem 50 x 70 km großen Hoheitsgebiet ein – das allerdings nicht lange währte.

An der irischen Riviera

Youghal (sprich »Joal«) an der irischen Riviera wandelt sich vom Markt- und Fischerstädtchen zum begehrten Touristenziel mit vielen Stränden. Erstes Ziel ist das Heritage Center mit Tourismusinformation im Market House. Bekannt war die Stadt zudem für ihre traditionelle Spitzenherstellung, »Youghal Point Lac« (Nadelspitzen). Aber auch die Umgebung mit den Städtchen Ardmore, Dungarvan und Lismore ist einen Trip wert, z. B. über den Dungarvan & West Waterford Art Trail oder per Bike bzw. zu Fuß über den Waterford Greenway.

Youghal ist als Seebad beliebt – der einst bedeutende Hafen wird heute fast ausschließlich von Fischerbooten genutzt.

Wohin in Youghal

Lebendige Stadtgeschichte

Heritage Center

Im alten Markthaus am Market Square mit Blick auf Hafen und Schiffsanleger präsentiert das **Heritage Centre** anhand von Artefakten, Modellen und Bildern die Stadtgeschichte. Vom 13. Jh. bis 1579 blühte Youghal, irisch »Eochail« (Eibenwald), auf. Dann zerstörte sie der rebellische Earl of Desmond. Ende des 16. Jh.s herrschte Sir Walter Raleigh über Youghal, später Richard Boyle. 1649 ergab sich die Stadt Cromwell, der hier sein Hauptquartier einrichtete. Die gut erhaltene **Stadtbefestigung** zieht sich mit Mauern und Türmen 600 m an der Altstadt entlang. Im Zentrum dominieren Häuser des 18. und 19. Jh.s.

Visitor & Heritage Centre: tgl. 9 – 17 Uhr | Eintritt frei| Stadtführungen mit »Town Crier« (Ausrufer) n. V. (Tel. 024 9 24 47)

Badevergnügen pur

Sandstrände

Dank seiner 8 km langen, vorzüglichen **Sandstrände**, alle mit Blauer Flagge gekennzeichnet, ist Youghal heute als Badeort beliebt. Ein wenig zehrt man auch noch von der Erinnerung an die Dreharbeiten zu John Hustons »Moby Dick« mit Gregory Peck als Captain Ahab.

Tour durch die Stadt

Clockgate Tower

Wahrzeichen von Youghal ist gleich neben dem Heritage Centre der mächtige vierstöckige **Clockgate Tower** am Ende der Main Street.

YOUGHAL ERLEBEN

YOUGHAL HERITAGE & HERITAGE CENTRE
Market Square
Tel. 024 2 01 70
https://youghal.ie

THE WALTER RAGLEIGH HOTEL €€€
1776 erbaut, 2013 renoviert. Im Restaurant Blick über die Youghal Bay.
O'Brien Place, Tel. 02 49 20 11
https://walterraleighhotel.com

Er diente 1777–1837 als Stadtgefängnis. Heute führen hier Storyteller in Kostümen durch 600 Jahre Geschichte. Die William St bringt Sie zur Kollegiatskirche **St Mary's Church** (13. Jh.) mit freistehendem Turm. Im Inneren sind v. a. die Eichenholzarbeiten im Langschiff, der Taufstein und das Grab von Richard Boyle im südlichen chen Querschiff (1619) sehenswert (Mo. – Sa. 19.30 – 17, So. 12 – 17 Uhr). Nahe der Pfarrkirche steht Myrtle Grove, ein stattlichesHerrenhaus im elisabethanischen Stil, ehemals im Besitz von Sir Walter Raleigh.
Clock Gate Tower: Juni – Aug. tgl., sonst Do. – Sa. 11 – 17 Uhr (stdl. Touren 11 – 16 Uhr) | https://youghalclockgate.ie | Eintritt: 9,50 €

Rund um Youghal

Strände, Klippenwege und mehr in Ardmore

Ardmore

In diesem Badeort östlich von Youghal erschließen Klippenwege und der **Dungarvan & West Waterford Art Trail** Strand und Steilküste, alte Baukunst und moderne Villen. Kein Wunder, dass dieser spannende Mix auch diversen Autoren aufgefallen ist. So lässt die US-amerikanische Romance-Autorin Nora Roberts ihre buchstäblich stürmische Trilogie »The Gallaghers of Ardmore« (dt. u. a. »Nächte des Sturms«) vor der ebenso mystischen wie dramatischen Kulisse der Gegend spielen. Nahe Ardmores 30 m hohem, fotogenem **Rundturm** (12. Jh.) steht die **Ruine der Kathedrale** mit den romanischen Reliefs auf dem Westgiebel. Das Innere bewahrt zwei Ogham-Steine; auf dem einen ist die längste irische Ogham-Inschrift zu sehen.
Am **Cliff House Hotel** startet der ausgeschilderte **Klippenpfad** zur alten Küstenwachtstation, zum Wrack des Kranschiffs »Samson« und weiteren Aussichtspunkten und endet an Ardmores Main Street. Dazwischen liegen St Declan's Cell (Einsiedelei) und Holy Well, der Brunnen St Declans, wo Badende Heilung suchten und bis heute am 24. Juli Wasser trinken. Wer am **Strand** unter St Declans Stone kriecht, soll von Rheuma genesen! Weitere lohnenswerte Wege in die Natur führen zu

Ardmore Head und Ram Head, Whiting Bay und der malerischen Bucht von Monatray, auf dem St Declan's Way bis zum Rock of Cashel!
Drei der zehn Stationen des **Dungarvan & West Waterford Art Trail** liegen in Ardmore: Brigid Shelly zeigt in ihrer Galerie (Main St; www.brigidshelly.ie) Gemälde (altirische Landschaften) und Kühe, wie sie nie betrachtet wurden. Die Ardmore Pottery präsentiert 150 irische Künstler und Kunsthandwerk (https://ardmorepottery.com). Breda O'Brian hat dank des Tea Rooms mit Garten die **Ardmore Gallery** zum Ortstreff gemacht (Main St; https://ardmoregalleryandtearoom.ie).

Dungarvan: Eldorado für Markt-, Rad- und Wanderfans

Dungarvan

Dieser lebhafte Urlaubsort nordöstlich von Youghal liegt im zentralen Abschnitt der irischen Südküste. Bio und Nachhaltigkeit machen den Erfolg des **Farmers' Market** (Grattan Square; Do. 9.30 – 14 Uhr, www.facebook.com/DungarvanMarket) aus, ob beim Verkauf von Brot aus Esther Barrons Bakery, Pasta, Marmelade, frischen Landeiern von Trevor Power und Sandra Mulcahy, Oliven, Gemüse, Obst, Säften und Kartoffelchips oder Räucherwurst, Fisch, Bio-Burgern, Käse oder für Süßmäuler Honig, Schokolade, Gourmet-Crèpes oder leckeren Makronen. Fairtrade-Kaffee und heiße Schokolade sind Renner an Jürgens Stand »Market Café«. Der Markt lässt sich bestens mit dem **Dungarvan & West Waterford Art Trail** kombinieren, wo Werke lokaler und internationaler Künstler gezeigt werden.

Wandern und Radeln

Waterford Greenway

2017 öffnete am alten Schienenweg Waterford – Dunvargan mit dem Waterford Greenway Irlands schönster neuer **Wander- und Radweg** (▶ S. Waterford, S. 393). Direkt am Weg liegen 18 Attraktionen, u. a. in Dunvargan im Ortsteil Abbeyside der Walton Park zu Ehren des hier geborenen Physik-Nobelpreisträgers von 1951, Ernest Walton. Auf der Abbeyside steht auch die **Augustinerabtei** von 1290 mit Turm (15. Jh.). Eine Institution am Radweg ist die Tannery Cooking School mit B&B im Townhouse, großartigem Restaurant von Chefkoch Paul Flynn und Weinbar (https://tannery.ie). An der Mündung des River Colligan stehen die Ruinen des **King John's Castle** von 1185. Im alten Rathaus (Town Hall) zeigt das **Waterford County Museum** die Kulturgeschichte der Grafschaft. Seltsames ist im **Kirchhof der St Mary's Church** zu finden: Durch die fünf Öffnungen der Old Gable Wall wurden dahinter lebende Leprakranke versorgt.

Waterford Greenway: Information: https://visitwaterford.com/category/explore/waterford-greenway

King John's Castle: Davitt`s Quay Ecke Castle Street | 26.5. – 3.10. Mi. – So. 10 – 18 Uhr | https://heritageireland.ie/places-to-visit/dungarvan-castle | Eintritt frei

Waterford County Museum: 2 St Augustine Street | Mo. – Fr. 10 – 17 Uhr | www.waterfordmuseum.ie/exhibit/web | Eintritt frei

Fürstliche Unterkunft, wunderschöne Gärten, Kunstgalerie: Lismore Castle, eines der spektakulärsten Schlösser Irlands.

Erst Kloster, dann Schloss

Lismore

Die Geschichte von Lismore nordwestlich im Landesinneren begann 635 mit der Klostergründung des Heiligen Mochutu. Bis heute dominiert **Lismore Castle** das Städtchen am River Blackwater: Das Kloster, ein Hort der Gelehrsamkeit, wandelte sich ab 1170 unter König Johann Ohneland (King John) nur kurz zur Festung, diente dann als Bischofspalast, ehe 1589 Sir Walter Raleigh alles übernahm. Ihm folgte 1602 Richard Boyle, der mit lediglich 27 Pfund nach Irland gekommen war, ein Vermögen machte und nicht nur **Lismore Castle** ausbaute. Auch Lismores **St Carthage's Cathedral** (17. Jh.) geht auf sein Konto.

Berühmtester Schlossbesucher war US-Tanzlegende Fred Astaire, dessen Schwester Adele den 9. Herzog geehelicht hatte und hier bis 1981 lebte. Ein Glücksfund brachte 1814 hinter einem zugesperrten Durchgang das **Book of Lismore** (15. Jh.) und das **Lismore-Kreuz** zutage. Letzteres ist im National Museum in Dublin zu bewundern. Das Schloss wird ganzjährig an Gruppen vermietet. Butler Denis Nevin, seit 35 Jahren im Haus, und Team sorgen dann für atmosphärische Noblesse wie für das kulinarische Wohl. Der Allgemeinheit sind nur die superben, mit Skulpturen von Anthony Gormley, Marzia Colonna und Ellis O'Connell zusätzlich aufgewerteten Gärten (Walled Garden, 17. Jh.; Lower Garden, 19. Jh.) und die im lichtdurchfluteten Westflügel liegende Lismore Castle Arts Gallery zugänglich. 2022 präsentierte sie die Ausstellung »girls, girls, girls« der gefeierten irischen Modedesignerin Simone Rocha (geb. 1986).

Treff in Lismore ist das **Heritage Centre** mit Boyle Tea Rooms. Die Multimediashow »Lismore Experience« (30 Min.) führt in die Geschichte ein. Der Lismore Farmers' Market (Castle Avenue; Mitte März–Nov. So. 10–16.30 Uhr) bietet Kunsthandwerk und beste Lebensmittel aus dem Co. Waterford. Der Rundkurs der Sean Kelly Heritage & Cycle Route (99 km) verbindet Dungarvan über Lismore mit Ardmore und ist die perfekte Fortsetzung des neuen Waterford Greenway.

Castle Gardens, Castle Arts: 17.3. – 31.10. tgl. 10 – 17.30, letzte Tour 16.30 Uhr | Eintritt: 9 € | www.lismorecastlegardens.com https://lismorecastlearts.ie | **St Carthage Hall**: Chapel Street | Fr.–So. 10–17 Uhr | Eintritt frei | **Heritage Centre**: Mo. – Fr. 9 – 17.15, März bis Okt. auch Sa. 10 – 17 u. So. 12 – 17 Uhr | www.discoverlismore.com Eintritt. Lismore Castle Experience 10 €, versch. Stadtführungen je 8 €

Anglerparadies am Fluss

Cappoquin am Blackwater River ist ein Paradies für Angler. Leckeres Krustenbrot aus dem Ofen backt seit 1887 Barron's Bakery (mit Café; www.barronsbakery.ie). In den Hügeln zeigt das großartige Trappistenkloster **Mount Melleray Abbey** im Heritage Centre die Klostergeschichte und Ogham-Steine, die 1910 hierher gelangten.

Cappoquin Mount Melleray Abbey

Heritage Centre/Buchladen tgl. 14.30 – 17 Uhr | Eintritt: Spende | Klosterrestaurant Di. – So. 12 – 16.30 Uhr | Kontemplation und Übernachtung im Gästehaus (Tel. 058 5 44 04) | https://mountmellerayabbey.org

H

HINTERGRUND

Direkt, erstaunlich, fundiert

Unsere Hintergrundinformationen beantworten (fast) alle Ihre Fragen zu Irland.

Morrgennebel im Killarney National Park ►

DAS LAND UND SEINE MENSCHEN

»
Es gibt nur zwei Völker auf der Welt:
Die Iren und solche, die wünschen es zu sein.
«

Das irische Sprichwort beweist den Stolz der heimatverbundenen Iren auf ihre »Grüne Insel«. »Grün«, gar »smaragdgrün« ist ihr Erkennungszeichen, sichtbar am St. Patrick`s Day am 17. März jeden Jahres, der auf allen Kontinenten gefeiert wird. Auch das irische Emblem, das Kleeblatt, leuchtet tiefgrün. Und zur »Emerald Isle«, der grünen Smaragdinsel, erkor Irland schon vor zwei Jahrhunderten der Arzt William Drennan (1754 – 1820) im Gedicht »When Erin first rose«. Erin, der poetische Name Irlands, steht für die alle nährende, üppig grüne Insel. Gleich »40 Shades of Green« entdeckte 1959 US-Country-Sänger Jonny Cash auf seiner Irland-Reise. Der 1961 auf Vinyl gepresste Song avancierte zur Sehnsuchtshymne nach Irland.

Landschaftsformen

Das ebene Inselzentrum und ein Ring von Küstengebirgszügen bilden Irlands zwei Gesichter. Wiesen, Weiden und Büsche dominieren die Landschaft, Fuchsien und Rhododendren setzen farbenprächtige Akzente. Sonne, Wolken und Wind geben das Ihre dazu. Im variierenden Licht und Schatten präsentiert sich Irland von der schönsten Seite. Nicht selten sind diese Naturschauspiele von Regenbogen gekrönt, die sich zwischen grünen Hügeln weit über die Täler wölben.
Im **Inselinneren** bestimmen ausgedehnte Kalksteinebenen, Moore, Seen und sanfte Hügel das Bild. Das Flussgebiet des Shannon überzieht ein Fünftel des Landes. Nur im Raum Dublin reicht das Tiefland bis an die Küste. Der Carrantuohill in den Macgillycuddy's Reeks erreicht 1038 m. Oft ragen einzelne kahle Kegel übergangslos aus der Ebene auf. Basalt bedeckt den Nordosten, im Westen (Wicklow Mountains) herrscht Granit vor. Wissenschaftlich spannend ist der Karst im Burren (Co. Clare). Eiszeitrelikte wie die Drumlins, niedrige Rundhöcker zwischen Sligo und Belfast, gibt es zuhauf.
Charakteristisch für die **Küste** sind Gebirge aus rotem Sandstein im Süden und Granit und Quarz im Nordwesten; Steilklippen mit Sandbuchten und Dünen wechseln einander ab.
Die Natur ist weithin intakt. Ökologische Landwirtschaft legt stark zu. Probleme bereiten die Fischzucht, die Nutzung der fragilen Moore und die Bekämpfung invasiver Flora und Fauna.

Wenn irgendwo in Irland (hier: in Dublin) Flaggen geschwenkt werden, ist die Wahrscheinlichkeit groß, dass Grün zur Farbkombination gehört.

Von Pflanzen und Tieren

Flora

Flora und Fauna Irlands sind artenarm, weil es seit der letzten Eiszeit (um 12 000 v. Chr.) durch den steigenden Meeresspiegel vom Kontinent getrennt ist. Moore bedecken fast **ein Fünftel Irlands**. Hochmoore erreichen eine Tiefe bis 7 m, Deckenmoore bis 3,5 m. Hinzu kommen Niedermoore. Auf allen gedeihen Torfmoose, auf Hoch- und Deckenmooren Heidekraut, Wollgras, Besenheide, Glockenheide und Beinbrech. Um Schutz, Ökovielfalt und touristische Erschließung kümmert sich das **Irish Peatland Conservation Council** (www.ipcc.ie).
Bis ins Mittelalter war Irland stark bewaldet: Reste stehen vor allem im **Killarney National Park**. Eiche, Stechpalme, Birke, Esche und Haselnuss dominierten. Aktuell sind nur 12,6 % der Fläche als Wald ausgewiesen. Abhilfe schafft Aufforstung u. a. mit der Gemeinen Fichte (Picea abies). Weiden und Wiesen sind ideales Habitat für zig Wildblumenarten. Das Landschaftsbild dominiert auch der von April bis Juli leuchtend gelb blühende **Stechginster** (Ulex europeus). **Rhododendron** und Fuchsien bringen ebenfalls Farbe ins Grün. Prächtig gedeihen auch Fingerhut und eine langstielige tiefblaue **Glockenblume** (»bluebell«). Im Küstengewässer leben **574 Seealgenarten**: Rotalgen, Braunalgen/Kelp, Grünalgen und blaugrüne Algen. Sie bereichern die neue irische Küche und werden in Kosmetika und für Heilbäder genutzt.

Irlands grandiose wuchernde Flora ist vor allem dem das Klima begünstigenden **Golfstrom** und zig tropischen und subtropischen, aber auch arktischen Gewächsen zu danken, die insbesondere in Gärten und Parks der Herrensitze gepflanzt wurden. Selbst Bambus gedeiht prächtig. Und »liquid sunshine« (Regen) sorgt im Westen und Südwesten fürs stete Nachwachsen der wuchernden Pracht. Dies sorgt manche, die im botanisch geheimnisvollen Burren, in Connemara oder Donegal die endemische Flora schützen und pflegen. Rein irische Baum- und Pflanzensamen verkauft die **Irish Seed Savers Association** auch online (Scarriff, Co. Clare; Di. – Sa. 10 – 16 Uhr; https://irishseedsavers.ie; Eintritt: 5 €, Unterstützer frei).

Fauna

55 Säugetierarten leben auf der Insel, 26 gelten als heimisch. Es gibt keine Schlangen, die Berg- und Moorechse ist einziges heimisches Reptil. Ausgestorben sind irischer Elch, Riesenalk, Wildkatze, europäischer Biber und seit 1786 der Wolf. Mit über 485 Arten ist die Vogelwelt prächtig vertreten, unter den 135 heimischen Arten wurde der **Steinadler** wieder angesiedelt. Singvögel nisten in Hecken, im Moor leben Lerche, Brachvogel und Bekassine. Austernfischer und Papageientaucher nisten wie Möwen, Lummen, Kormorane und Basstölpel am Atlantik.
In Irlands Seen, Flüssen und Bächen leben **40 Süßwasserfischarten**. Wegen Wildlachs und Forelle kommen Angler aus aller Welt. Im **Meer** werden ca. 375 Fischarten gezählt. Bedeutung für die Fischerei haben Hering, Sprotte, Dorsch, Makrele, Scholle, Schellfisch, Seezunge und Seeteufel. Lachs wird in Lachsfarmen kultiviert. Robben, Wale und Delphine sind häufig zu sichten.

Zusammenleben in Irland

Gesellschaftlicher Wandel

Die Zeiten, als die grüne Insel noch als katholisch, gar erzkonservativ galt, sind vorbei. Irland hat sich **in einer Generation komplett gewandelt**, schillert heute auch gesellschaftlich in allen Farben des Regenbogens und gilt seit dem Volksentscheid im Mai 2015 als im liberalen Europa angekommen. Da votierten die Iren für die Gleichstellung Homosexueller und die »Ehe für alle«. Welch Wandel: Bis 1993 wurden Schwule bestraft, noch in den 1980ern fragten Heterosexuelle einen Priester oder Bischof um Erlaubnis, wollten sie Protestanten heiraten. 2017 bis 2020 und ab Dez. 2022 regiert der offen schwule Premier Leo Varadkar (geb. 1979), Sohn indisch-irischer Eltern. 2018 votierten die Iren für das Recht auf Abtreibung schafften die Blasphemie-Gesetze ab.
Dass das Katholische Grenzen hat, zeigt auch der oft hintersinnige irische Witz: »Möge der Liebe Gott Gefallen an Dir finden. Aber nicht zu bald!« Oder: »Mögen Sie schon eine halbe Stunde im Himmel

Die Insel Little Skellig ist ein Vogelparadies – z.B. für Papageientaucher.

sein, bevor der Teufel erfährt, dass Sie tot sind.« Keine Frage: Iren sind lebenslustig, schätzen ihr Land, die Küche, noch mehr die Getränke. Sie schätzen ihre 5000 Jahre alte Kultur samt Klöstern, Hochkreuzen und Rundtürmen. Und sie lieben ihre Natur, ob am Wild Atlantic Way oder an Nordirlands Causeway Coastal Route, beim Golfen und Angeln, auf Reit-, Wander- und Radtouren, bei Hausboot- oder Kajakfahrten. Sie lieben eben ihre schillernd grüne Smaragdinsel, über der nun der Regenbogen für alle leuchtet. »Fáilte« – »Willkommen«!

Gastfreundschaft

Während seines Besuchs 2011 eroberte US-Präsident Obama, der familiäre Wurzeln in Irland hat, die Herzen der Iren mit »Broken Irish is better than clever English.« Lieber Gälisch radebrechen als clever Englisch parlieren! Und tatsächlich könnte kommunikative Offenheit eines der Geheimnisse für den gelungenen Inselurlaub sein. Denn Offenheit erwarten die Iren auch von ihren Gästen, denen sie stets mit herzlicher Aufmerksamkeit begegnen. Literaturnobelpreisträger William B. Yeats setzte Irlands Gastlichkeit das geflügelte Wort: »Hier gibt es keinen Fremden, nur Freunde, die sich noch nicht trafen.«

Besiedelung 6,93 Mio. Menschen leben auf der Insel, ca. zwei Drittel in der Republik Irland, deren Staatsgebiet 83 % der Landfläche ausmacht. Die Insel zählt zu den schwächer besiedelten Gebieten Europas. Grund für fast menschenleere Landstriche im Hinterland sind die Ballungsgebiete des **Dublin–Belfast-Korridors** (3,3 Mio. Bewohner) und **Cork–Limerick–Galway-Korridors** (1 Mio. Bewohner), in denen sich auch die Wirtschaftsaktivitäten bündeln.

Wirtschaft

Keltischer Tiger und Krise Erst mit verbesserten wirtschaftlichen Bedingungen endete in den 1970er-Jahren die über ein Jahrhundert andauernde Emigration der Iren von ihrer Insel. Bevölkerungswachstum, der EU-Beitritt und eine äußerst **niedrige Unternehmenssteuer** (12,5 %) lösten ab

1995 einen Boom aus, der zu den fetten Jahren des **»Keltischen Tigers«** führte. 2005 kürte der Economist Irland zum Land mit der höchsten Lebensqualität, erneut gelang Irland dies 2014. Das jähe Ende folgte prompt: Ungehemmter Bauboom und hohe Bankkredite führten zum Platzen der **Immobilienblase**, zur Banken- und Finanzkrise 2008. 2012 war der Wert von Neubauten um ca. 48 % gesunken. Ein Phänomen waren 2012 auch 2881 **Geistersiedlungen** (»ghost estates«) mit 300 000 leerstehenden Wohnungen. Mit Verstaatlichungen und Garantien für die vier irischen Großbanken, allen voran die Anglo Irish Bank, übernahm der irische Staat die Verpflichtungen. Das Gesamtrisiko (87 Mrd. €) schulterte man mit EU, Europäischem Rettungsschirm (EFSF) und Internationalem Währungsfond IWF. Irlands Pro-Kopf-Verschuldung schoss auf 47 000 €! Doch niemand zweifelte, dass Irland anders als andere EU-Länder wie Griechenland die Krise meistern würde. Unmut löste 2013 Irlands größte Tageszeitung Irish Independent mit veröffentlichten Telefonaten zweier Banker der Anglo Irish Bank vom Sept. 2008 aus, in denen diese Strategien zur Täuschung der Regierung und die Abwälzung der Bankverluste von bis zu 34,5 Mrd. € auf den Steuerzahler berieten und sich lachend darüber amüsierten!

Neues Wachstum

Doch 2014 war es soweit. Nach rigoroser Sparpolitik mit starken sozialen Spannungen gelang das Wunder! Die Immobilienpreise zogen an, Irland war wieder kreditwürdig, die Wirtschaft boomte, die Arbeitslosenquote sank. Bundesfinanzminister Schäuble zeigte sich gar »neidisch« über Irlands Erfolg, Satiriker Paul Howard rief spöttelnd den **Celtic Phoenix** aus. Tatsächlich boomt Irland, die Wachstumsraten bis 2019 waren die höchsten Europas. Der Export aus der Landwirtschaft brummt. Kerrygold ist in aller Munde. Der Tourismus nach Irland meldet jährlich zweistellige Wachstumsraten. Ihr Scherflein tragen auch Europas größte Zinkmine (Tara Mine, Navan, Co. Meath), neu entdeckte Goldvorkommen und Erdgas (Corrib Gas Field vor Mayos Küste, Kinsale Gas Field vor der Küste des County Cork) bei. Große Windparks im Nordwesten sorgen für Energieautarkie. Den größten Beitrag leistet aber die **New Economy**. Cork mit dem US-Giganten Apple und vor allem Dublin (Google, Facebook und Co.) sind Europas Kapitalen im IT-Sektor. Die Zukunftsfragen heißen seit 2020 Coronakrise und Brexit! Im März 2021 richteten die acht Counties zwischen Belfast und Dublin den Belfast **Dublin Economic Corridor** ein, um Brexit-Nachteile aufzufangen. Die Republik Irland fürchtet bis 2030 den Rückgang der Exporte und des Bruttoinlandprodukts um 3 – 8 %. Meistbetroffen sind Landwirtschaft, Pharma- und Chemieindustrie, Elektromaschinenbau, Großhandel und Luftverkehr. Nordirland fürchtet politische Spannungen wie im Frühjahr 2021. Aber: Beim Weltindex der menschlichen Entwicklung rangierte Irland 2019 auf Rang 2, beim Pro-Kopf-Einkommen 2020 unter den Top-Fünf!

Lage:
Nordwesteuropa

Fläche:
84 421 km², davon
13 843 km² NIR

Küstenlänge:
3700 km

Einwohner (2019):
5,02 Mio. IRL
1,91 Mio. NIR

Bevölkerungsdichte:
70,8 Einwohner/km², IRL
136 Einwohner/km², NIR

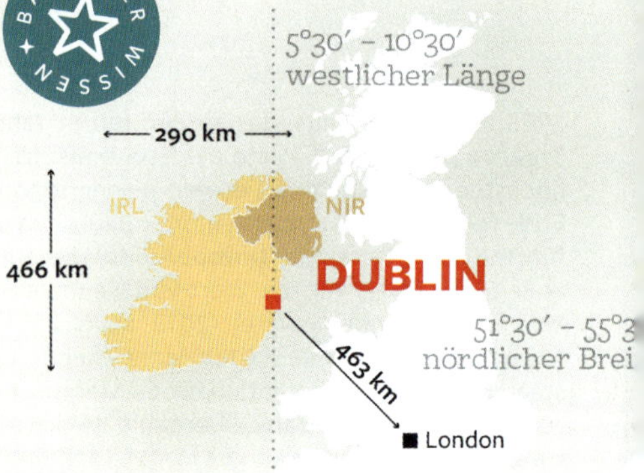

Bevölkerung

Größte Städte:
Dublin 554 000 Einw.
(Großraum: 1,37 Mio. Einw.)
Belfast: 341 900 Einw.
(Großraum: 671 000 Einw.)

Religion

	IRL %	NIR %
Römisch-katholisch	78,3	40,8
Church of Ireland	2,6	13,7
Andere	4,2	6,5
Nicht-religiös/k. A.	14,9	16,9
Presbyterianer		19,1
Methodisten		3,0

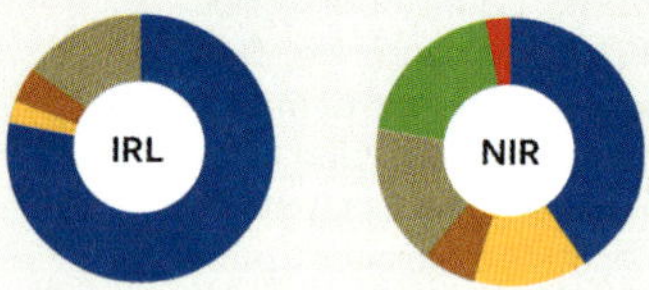

Wappen und Symbol

Die goldene Harfe steht für die große Tradition der Sänger und Barden. Das dreiblättrige Kleeblatt als Symbol der Dreifaltigkeit erinnert an den hl. Patrick.

Flagge

Republik Irland: Grün steht für die Katholiken, Orange vertritt die Protestanten (hergeleitet von der Farbe von König Wilhelm III. von Oranien), Weiß ist das Symbol für den Frieden zwischen beiden Bevölkerungsgruppen.

Nordirland

Die zum Vereinigten Königreich gehörenden Gebiete hissen den **Union Jack**. Angestammtes Wappen ist die **Rote Hand Ulsters auf weißem Grund** (sie geht auf die Zeit der Wikingereinfälle zurück und belegt den Territorialanspruch).

Sprache

Irisch (Amtssprache), **Englisch** (Verkehrssprache), **Scots** (regional)

Staat

Republik (Poblacht na h'Éireann, Republic of Ireland), **parlamentarische Demokratie.**
Staatsoberhaupt: direkt vom Volk gewählte(r) Präsident(in) mit repräsentativen Aufgaben.
Amtszeit: max. zweimal 7 Jahre.
Exekutive: Premierminister (Taoiseach) und Minister. **Parlament:** Zweikammersystem: **Abgeordnetenhaus** (Dáil Éireann) und **Senat** (Seanad Éireann)

Verwaltung

Vier historische Provinzen: Leinster, Munster, Ulster, Connacht.

32 historische Counties (Grafschaften), **26** in IRL, **6** in NIR.

Seit 2001 in der Republik Irland administrativ
34 Councils (**29** Land Councils, **5** City Councils).

Wirtschaft

Bruttoinlandsprodukt (2021):
IRL 406,9 Mrd. €
NIR 50,8 Mrd. €

Arbeitslosenquote (2021):
IRL **5,2 %**, NIR **2,7 %**

Beschäftigte nach Sektoren (2021):

Landwirtschaft/Fischerei **4,5 %**,
Industrie und Bau **18,5 %**,
Dienstleistung **77,0 %**

▶ Klimastation Dublin

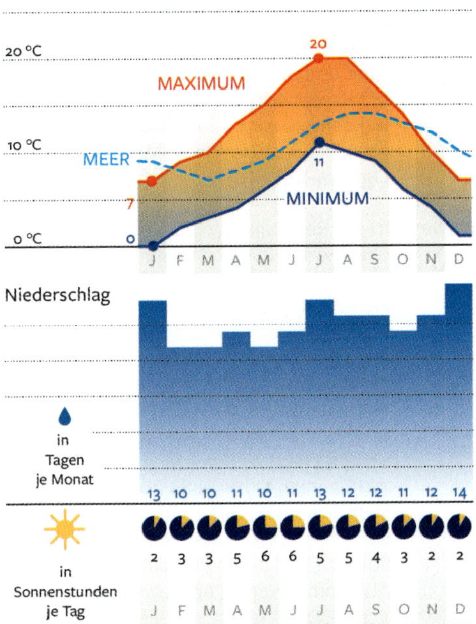

Auswanderung

Während der großen Hungersnot **1845 – 1855** (ausgelöst durch die Kartoffelfäule und künstliche Lebensmittelverknappung) wanderten **ca. 2 Mio.** Iren in die **USA,** nach **British North America (Kanada), England** und **Australien** aus.

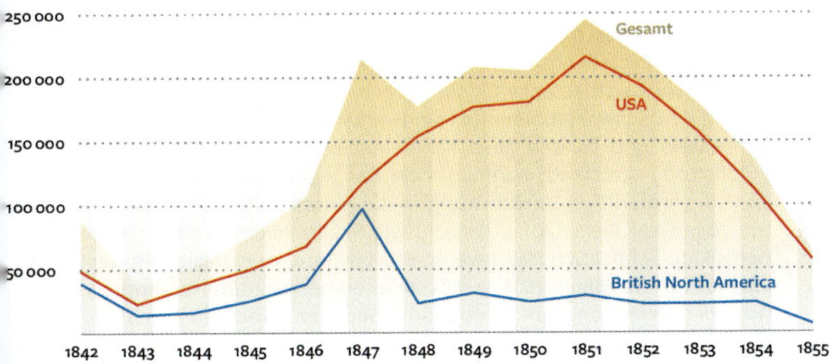

Städte, in denen heute noch große St. Patrick's Day-Feiern stattfinden:
New York, Boston, New Orleans, Chicago

Sprache

Historisches

Die **keltische Sprache** ist Teil der inselkeltischen Idiome. Das Gälische umfasst auch Schottisch-Gälisch. Zur Zeit der englischen Herrschaft war Irisch mehr als nur Mittel zur Verständigung. Es galt als Bekenntnis zur nationalen Identität. Als schriftliche Fixierung diente im 4. bis 6. Jh. in Irland, West-Schottland und Teilen Britanniens die **Ogham-Schrift**.

Offizielles

In der Republik Irland ist Irisch (Gälisch) offizielle erste Landessprache und seit 2007 offizielle Sprache in der EU, in Nordirland seit 2003 offizielle Minoritätensprache. Im Alltag dominiert aber Englisch. Offizielle Dokumente und Schilder sind zweisprachig. In Irland geborene Schüler müssen Mindestkenntnisse im Irischen nachweisen. Mit Duolingo (www.duolingo.com), 14 Irish Language-Apps und Social Media-Anwendungen erlebt Irisch aktuell ein Revival. In Gaeltacht-Regionen meist im äußersten Westen der Insel ist Irisch noch Muttersprache. Institutionen wie das Gaeltacht-Ministerium fördern die Sprache jährlich mit 1 Mrd. €, zudem auch mit Steuervorteilen.
2019 sprachen bis zu 83 000 Iren täglich Gälisch. Laut Official Languages Scheme 2019 – 2022 und Strategieplan sollen es 2030 über 250 000 sein. 1,76 Mio. Menschen (ca. 40 % der Iren) verstehen die Sprache und nutzen sie auch. Großbritannien fördert Irisch seit dem Abkommen von St Andrews 2006 aktiv in Nordirland.

Religion

Keltisches Christentum

Im 5. Jh. nahmen keltische Iren den christlichen Glauben unblutig an. Die frühen Missionare **St. Brendan** und **St. Patrick** waren keine Märtyrer. St. Patrick erklärte die Dreifaltigkeit mit dem heutigen Nationalsymbol der Iren, dem Kleeblatt (shamrock). Ganze Sippen wechselten ins Mönchsleben, ihre Clanchefs wurden Äbte, das Gefolge unterwarf sich strengen Klosterregeln und führte ein hartes Leben. In den Schreibstuben und Handwerksbetrieen der Klöster wurden Latein und Gälisch gesprochen. Da kein »rotes Martyrium« (Opfertod) stattfand, nahmen viele das »grüne Martyrium« auf sich: die **freiwillige Verbannung** in die Einsamkeit. Irlands Eremiten zogen auf kleine Atlantikinseln wie Skellig Michael. Zum »grünen« kam schließlich das »weiße Martyrium« – das Verlassen der Heimat für die **Mission**. In mit Tierhäuten bespannten Holzbooten wagten sich Mönche auf die »pfadlose See« und brachten den Glauben, humanistische Bildung und wertvolle Codices in den Norden Europas. Ab dem 9. Jh. wirkten irische Mönche auch als **Gelehrte und Berater** an Königshöfen auf dem Kontinent.

An der St Patrick's Well nahe Ballyshannon zeugen zu Ehren des Heiligen aufgehängte Stoffstreifen von der bis heute andauernden Verehrung für ihn.

Kirchenheilige

Der bedeutendste frühe **Kirchenheilige St. Patrick** kam 432 als Missionar nach Irland. Der **hl. Enda** wählte um 484 – 490 als einer der ersten das Leben als Einsiedler auf der Aran-Insel Inishmór, wohin ihm viele Schüler folgten. Sein Kloster wurde in ganz Europa berühmt. Endas Schar gründete weitere Klöster: Der **hl. Ciarán** ließ sich ca. 545 am Shannon nieder. **Clonmacnoise** wurde zur »Universität des Westens«. Nach Glendalough in den Wicklow Mountains zog es den **hl. Kevin** (gest. 3.6.618). Berühmteste unter den Frauen ist die **hl. Brigid,** die um 468 in Kildare (»Kirche der Eiche«) das Doppelkloster für Nonnen und Mönche gründete. Aus Stroh geflochtene **Brigittenkreuze** schützen viele irische Häuser. Der **hl. Brendan,** um 557 Klostergründer in Clonfert, avancierte zum Missionarsvorbild.

Columban der Ältere (521/522 – 597), genannt Columcille (»Kirchentaube«), war wie der hl. Kevin aus königlichem Haus. Sein Exil verschuldete er selbst, weil er heimlich einen Psalter des hl. Finian kopiert hatte, der seine Schriften eifersüchtig hütete. Irlands Hochkönig beendete den Streit und gab Finian recht, weil eine Kopie zum Buch gehöre wie ein Kalb zur Kuh. Columban widersetze sich, es kam

IRISCH-GÄLISCHE KULTUR

Die ab 400 v. Chr. auf der Insel eintreffenden keltischen Gälen brachten ihre eigene Kultur mit, die sich mit der irischen vermischte. Dieses kulturelle Erbe wird in Irland noch gepflegt.

▶ **Irische-Gälische Sprache**
Das Irische gehört mit dem Schottischen, Bretonischen und Walisischen zu den inselkeltischen Sprachen. Während der britischen Herrschaft wurde es nur noch in den unzugänglichen westlichen Gebieten der Insel gesprochen. Heute wird die irische Sprache in Kindergärten und Schulen gefördert.

Irisch stabil
Mit der gestiegenen Gesamtbevölkerung ist der leichte Rückgang der Irisch-Sprechenden von 41,4 % (2011) auf 2021 noch 39,8 % oder 1,76 Mio. Menschen zu erklären.

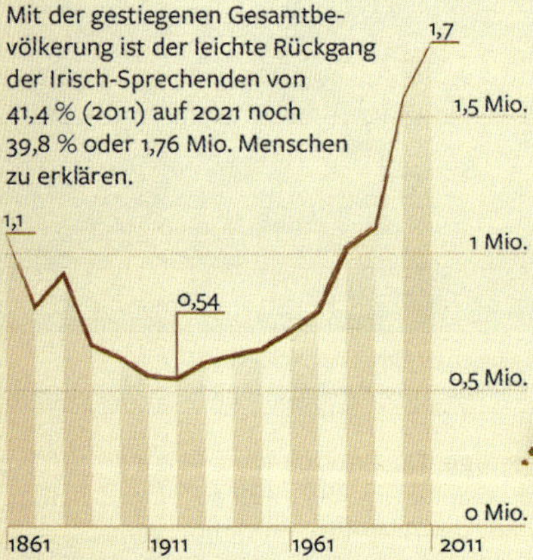

Heutiges Verbreitungsgebiet des Irischen als Erstsprache (Gaeltacht)

Gälisches Alphabet
Die Buchstaben »j k q v w x y« kommen im gälischen Alphabet nicht vor:

A	B	C	D	E	F	G	H	I	L	M	N	O	P	R	S	T
aw	*bay*	*kay*	*dhay*	*ey*	*eff*	*gay*	*hh*	*ee*	*ell*	*emm*	*nn*	*oh*	*pay*	*arr*	*es*	*thay*

Manche Konsonanten werden behaucht. Stehen sie am Wortanfang, sind sie mit einem Punkt markiert.

Schreibung	*bh*	*ch*	*dh*	*fh*	*gh*	*mh*	*ph*	*sh*	*th*
Aussprache	[w], [v]	[x]	[ɣ]	[Ø]	[ɣ]	[w], [v]	[f]	[h]	[h]

Gälisch	Aussprache	Deutsch
aimsir	*ämaßier*	Zeit
ceann-bhaile	*kjanna-wahlje*	Hauptsta
airgiod	*ärragött*	Geld
àrmhach	*ahrawach*	Schlachtf
dorch	*doroch*	dunkel
seanmhathair	*schjanawahär*	Großmut
inghean	*inichjan*	Tochter

Gälische Sportarten
Sportarten mit keltischem Ursprung werden von der Gaelic Athletic Association gefördert und betreut (www.gaa.ie).

Hurling ist ein Mannschaftssport mit 15 Spielern. Mit einem Stock, dem »Hurling«, wird der Ball geschlagen.

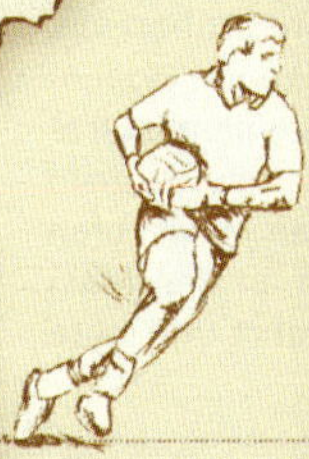

Gaelic Football
ist eine Mischung aus Fußball und Rugby. Eine Mannschaft besteht aus 15 Spielern.

Irish Handball
ähnelt Squash, allerdings verzichtet man auf Schläger. Es wird im Einzel oder im Doppel gespielt.

Camogie ist die Bezeichnung für Frauenhurling. Die Mannschaft besteht aus zwölf Spielerinnen. Die Schläger sind etwas kleiner, Körperkontakt ist nicht erlaubt.

Rounders
ähnelt Baseball.

▶ **Die Ogham-Schrift**
Mit dieser vom 4. – 7. Jh. in Irland, Schottland, Wales und Cornwall verbreiteten Schrift wurden kurze Texte oder Namen in Menhire eingemeißelt. Die Laute basieren auf dem lateinischen Alphabet, die Buchstaben unterscheiden sich jedoch grundlegend. In Irland sind etwas mehr als 480 Oghamsteine bekannt.

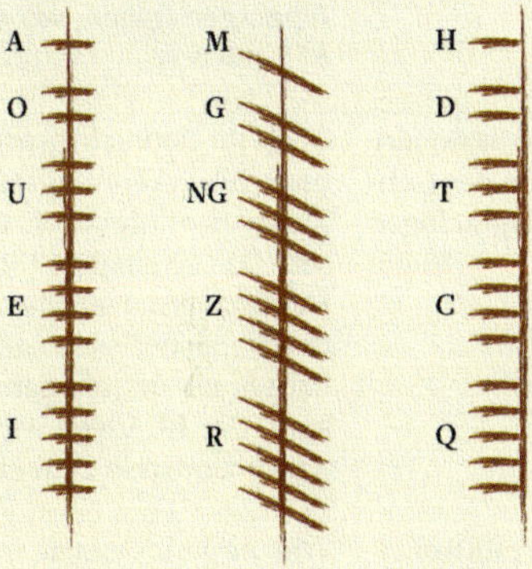

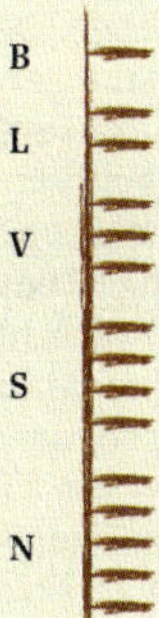

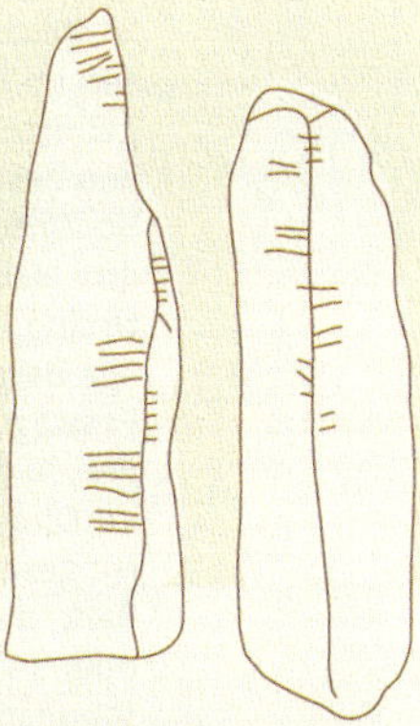

Mitternachtsgericht
Cúirt an Mheon-Oíche

»Da standen die Berge,
der Kopf des einen war an die Schulter
des anderen geschmiegt.
Es verflog jegliche Traurigkeit.
Ich vergaß die Erschöpfung, mein Leid.«
(Brian Merriman, 1780)

am Benbulben nördlich Sligo zum Kampf mit dem König. Columban siegte, 3000 Menschen fanden den Tod. Als Buße siedelte Columban 563 mit zwölf Gefährten auf die Hebrideninsel Iona und gründete das berühmte Missionskloster.

Columban der Jüngere, auch Columbanus genannt (geb. 540), brach fünfzigjährig mit zwölf Gefährten zur Mission in den Burgund auf und gründete die Klöster Annegrey und Luxeuil. Der charismatische wie jähzornige Columban zog weiter über den Bodensee und die Alpen gen Italien, wo er in Bobbio sein letztes Kloster gründete und 615 starb.

Missionare im deutschsprachigen Raum

Auch im deutschsprachigen Raum wirkten berühmte irische Missionare. Ihr Erkennungszeichen war die Tonsur im oberen Stirnbereich, nicht am Hinterkopf. **Gallus**, Gefährte Columbans, blieb am Bodensee. Das ehemalige Kloster St. Gallen besitzt großartige illuminierte Handschriften aus der Blütezeit irischer Buchkunst. »Sehet, wie grün und lieblich dieses Land ist«, soll Frankenapostel **Kilian** ausgerufen haben, als er mit den Gefährten Kolonat und Totnan an den Main kam. Der **hl. Virgil** wird als Salzburgs Stadtpatron verehrt und legte den Grundstein zum ersten Dom.

Traditioneller Glaube

Wie nirgends sonst in Europa halten viele Iren den traditionellen Glauben am Leben. Der Grund: Jahrhundertelang waren Katholiken kirchliche Handlungen untersagt, Gläubige feierten heimliche Messen im Freien, oft versteckt hinter Felsen, den Mass Rocks. Priester gehörten und gehören zum irischen Alltag. Christliches soziales Denken bestimmt die Lebensrealität, aber auch mit negativen Aspekten. So führte strenge **Zensur** dazu, dass James Joyce oder Sean O'Casey ihre Heimat enttäuscht verließen. Viel besuchte irische Wallfahrtsorte sind – seit einer Marienerscheinung im 19. Jh. – Knock und der heilige Berg der Iren, der Croagh Patrick (beide im Co. Mayo). Örtliche Festtage gelten vor allem dem Jahrestag (Pattern Day) eines Heiligen. Auf der winzigen Aran-Insel Inisheer wird jährlich am 14. Juni die im Dünensand versinkende Kirche des hl. Cavan für eine Messfeier freigeschaufelt. Mariengrotten wie in Lourdes finden sich z. B. im Park der Kylemore Abbey (Connemara), an Straßenkreuzungen oder in natürlichen Felsen. Brunnen und mehr noch Quellen, die schon in vorchristlich keltischen Zeiten verehrten Holy Wells, sind oft als Dank für Heilung mit Votivgaben geschmückt. Und auch der von Mönchen tradierte uralte **Volksglaube** lebt – heute gern mit New Age-Fantasien gemischt. Die »belebte« Natur gehört in Irland dazu und wird kirchlich toleriert. Im Zwischenreich der Geister wohnen Sidhe (Feen) in baumbestandenen Hügeln, die kleinen Leprechauns unter Weißdornbüschen.

Moderne Kirche

Dass die Anzahl der Katholiken in der Republik in nur einer Dekade (2011 – 2021) von 86,6 % der Gesamtbevölkerung auf 78,3 % zurückging, ist auch mit einer Reihe von Skandalen zu erklären, die die Insel erschütterten. Doch der Einfluss der kath. Kirche schwindet auch wegen ihrer Unbeweglichkeit. So wurden **Ehescheidungen in der Republik Irland erst 1995 erlaubt**. Abtreibungen, in Irland ab 1861 mit lebenslänglicher Haft bedroht, sind – nach zahllosen Kampagnen und Gerichtsprozessen – **seit 2014** in der Republik nur dann erlaubt, wenn das Leben der Mutter in Gefahr ist. Per **Referendum** votierten die Iren im Mai 2018 mit großer Mehrheit für ein Recht auf Abtreibung.

Skandale

Die seit 1992 anhaltenden Skandale bezogen sich anfangs auf den sexuellen Missbrauch Minderjähriger durch Geistliche. Schon 2009 veröffentlichte die staatliche Untersuchungskommission nach Anhörung von 2000 Zeugen einen 2600 Seiten starken Bericht mit schwerwiegendsten Vorwürfen. Nach Veröffentlichung eines weiteren, des **Cloyne Reports,** attackierte der Premier Kenny 2011 den Vatikan, Vergewaltigung und Folter an irischen Kindern herunterzuspielen. Es kam zur Schließung der Botschaften. Ein neues irisches Gesetz gegen Kindesmissbrauch verpflichtet nun auch Geistliche zur Meldung von Straftaten. Es ist mit Strafen bis zehn Jahren Gefängnis bewehrt.
Doch damit nicht genug: Es kam ein dunkles Kapitel der jüngeren irischen Geschichte hinzu: Die Behandlung schutzbefohlener Waisen und unverheirateter Mütter in Erziehungsheimen seit 1922. Das letzte dieser **Magdalene Laundries** genannten Einrichtungen, in die 30 000 »fallen women« (»gefallene«, weil schwangere Mädchen und Frauen) eingewiesen und zu Zwangsarbeiten – häufig Wäsche waschen – verdonnert wurden, schloss 1996 in Waterford. Schon 1993 war ein Massengrab auf dem Dubliner Gelände der Sisters of Our Lady of Charity entdeckt worden. 2012 wies die Historikerin Catherine Corless nach, dass im St. Mary's Mother and Baby Home für unverheiratete Mütter und neugeborene Kinder in Tuam (Co. Galway) von 1925 bis zur Schließung 1961 insgesamt 796 Kinder verstarben. 2014 wurde das Massengrab entdeckt, die eingesetzte Kommission bestätigte Corless. 2018 wurde Papst Franziskus beim Irland-Besuch mit den Vorgängen konfrontiert, Irlands Regierung veranlasste in Tuam die vollständige Ausgrabung samt DNA-Tests der Gebeine. Der Schlussbericht der Kommission zu 14 Mother-and-Baby-Homes und 4 staatlichen County Homes ergab 2021: Von 1922 bis zur Schließung des letzten Heims 1998 starb jedes siebte Heimkind, ca. 9000 Kinder! Der Schock sitzt tief auf der Grünen Insel. Catherine Corless aber erhielt zig Auszeichnungen, 2018 auch die Ehrendoktorwürde der Uni Galway.

ST. PATRICK – NATIONALHEILIGER DER IREN

Irland wurde als einziges Land ohne Blutvergießen zum Christentum bekehrt. Die friedliche Christianisierung bewirkte St. Patrick (um 385? – 461?), Irlands Apostel und Schutzheiliger.

Das Leben des Nationalheiligen begann nach eigener brieflicher Überlieferung im Ort Banna Venta Berniae im römischen Britannien. Weniger verlässliche Quellen verlegen die Geburt nach Schottland (Old Kilpatrick) oder Wales. Sein eigentlicher Name lautete wohl Patricius, Vater Caponius war ein römischer Offizier und Diakon. Als 16-Jähriger soll Patrick von Sklavenjägern in die heutige nordirische Region Ulster verschleppt worden sein, konnte aber flüchten. In Gallien, vermutlich in Auxerre, wurde er zum Priester ausgebildet. Papst Coelestin I. schickte ihn 432 auf Irland-Mission.

Er war nicht der erste, aber der erfolgreichste Priester jener Generation, die in ganz Irland Schulen, Kirchen und Klöster gründete. Armagh wurde sein Bischofssitz. Geschickt gelang es ihm, keltische Clanhäuptlinge mit ihren Untertanen für das Christentum zu gewinnen. Als Patrick starb, war die Insel christianisiert.

Alles grün: St Patrick's Day und Festival

Der von Legenden umrankte Kult um St. Patrick kulminiert seit dem 17. Jh. konfessionsübergreifend auch in Nordirland am **St Patrick's Day (17. März),** dem legendären Todestag des in Downpatrick beerdigten Heiligen. Paraden zu diesem in den meisten Ländern weltweit stattfindenden Nationalfeiertag, dem somit größten überhaupt, fanden schon im 18. Jh. in den USA statt. Die erste irische erlebte Waterford 1903. An den auch in München und weiteren deutschen Städten stattfindenden Paraden nahmen 2017 weltweit über 7 Mio. Menschen teil. In 240 Städten leucheteten markante Gebäude in grün, das seit 1642 und dem Hissen der **Green Harp Flag** offizielle Festfarbe ist: Kleider, Frisur, Fingernägel sattgrün, dazu das Kleeblatt am Revers! Zentral sind die Paraden auf New Yorks 5th Avenue und in **Dublin,** wo seit 1996 Massen zum **St Patrick's Day Festival** (6 Tage; www.stpatricksday.ie) strömen. 2022 flogen über 100 000 Ausländer mit über 3000 Musikern und Artisten zu diesem Event ein, der Hunderttausende anzog. Dass jährlich **Karnevalsatmosphäre** herrscht, ist klar: Erstens heben die Kirchen die Abstinenzregeln der Fastenzeit auf. Sláinte und hoch die Gläser! Zweitens markiert St. Patrick's Day den Start der Tourismussaison. Und drittens ist Irlands Regierung nicht daheim! Der Premier besucht den US-Präsidenten, die Minister weltweit Länder, um mit St. Patrick für Irland zu werben. 2022 wurden 62 Städte in 28 Ländern besucht. Wer an den Iden des März keine Zeit für den Heiligen hat, darf sich ganzjährig auf Nordirlands **St. Patrick's Trail** freuen: Rund um Armagh verbindet die 149 km lange Route 15 Orte, u. a. Bangor, Newtownards, Downpatrick und Newry (ttps://visitarmagh.com/trails/drive-st-patricks-trail).

Wallfahrten

Jährlich quälen sich Zehntausende – oft barfuß! – am letzten Julisonntag den steinigen Gipfel des **Croagh Patrick** (Co. Mayo) hinauf. Hier soll sich der Heilige 441 eine 40-tägige Buße auferlegt haben. Zur Wallfahrt lädt auch Station Island im Lough Derg (Co. Donegal). In heidnischer Zeit galt eine Inselhöhle als Zugang zur Unterwelt, die im Mittelalter zu »St Patrick's Purgatory« wurde, weil den Heiligen hier nach 40 Tagen Fasten eine Fegefeuervision überkam. Erasmus, Rabelais, Dante und Calderón ließen sich von seiner Eingebung inspirieren. Diese **»härteste Wallfahrt der Christenheit«** (Mitte Juni bis Mitte Aug.) unternehmen fast nur Iren. Das Uralt-Ritual schreibt beim Dreitage-Aufenthalt Messen, Gebete, Wachen und Fasten vor.

Weiß und erhaben leuchtet die Statue des hl. Patrick am Fuß des Croagh Patrick. Den Todestag des Heiligen begeht man heute bunt und (feucht-) fröhlich.

GESCHICHTE

Seit 9000 Jahren siedeln Menschen auf der Insel und hinterließen phänomenale Irland-Zeugnisse der Frühzeit. Wiederholt wurde die Insel erobert. Erst seit Kurzem bestimmen die Insulaner wieder eigenständig über ihr Geschick.

Von der Eiszeit zum Metall

Erste Siedler Erste Siedler kamen schon gegen Ende der letzten Eiszeit über die damals noch existierende Landbrücke aus Schottland und lebten um 6600 v. Chr. im heutigen Co. Derry von Jagd und Fischfang. 2000 Jahre später brachten neue Einwanderer den Ackerbau ins Land. Zeugnisse sind Steinäxte, Hausfundamente und Irlands Hügel- und Ganggräber.

Um sich und ihren Besitz gegen die Wikinger zu verteidigen, errichteten Mönche die für Irland typischen Rundtürme – wie diesen 30 m hohen im Kloster Ardmore.

Kelten

Gold-, Silber- und Kupferfunde führten von ca. 1750 bis 500 v. Chr. zur ersten Blüte der Metallverarbeitung. Eindringende Kelten siegten dank Eisenwaffen über die Bronzeschwerter der Insulaner. Ab 400 v. Chr. herrschten keltische Gälen für etwa 800 Jahre über Irland. Hochkönige regierten die Provinzen, Ringfestungen wurden gebaut, **Tara** stieg zum Herrschafts- und Kulturzentrum auf. Keltische Priester, Heiler und Rechtsgelehrte, die Druiden (»Eichenkundige«), waren hochgeehrt.

Römer

Aus Britannien kommende **Römer** betraten Irland nur kurzzeitig und siedelten an der Küste. Nach dem Ende der römischen Herrschaft in Britannien weiteten irische Hochkönige ab 300 ihren Einfluss auf Wales und Schottland aus.

Christentum

Piraten, Kelten, Missionare

Piraten sorgten letztlich für Irlands Bekehrung zum Katholizismus (▶ S. 438). Keltische Mythen und Sitten wurden in den christlichen Alltag integriert.
Nach dem Tod des hl. Patrick 461 entwickelte sich in Irland ein eigenständiges Christentum. Durch keltische Stammesstrukturen entstanden Klöster, Irland erlebte friedliche Zeiten. Gewaltsam brachten irische Missionare – fälschlich oft als Schotten bezeichnet – den Glauben nach Nordengland und Schottland, dann auf den Kontinent. Ihre Gründungen werden bis heute **Schottenkirchen oder -kloster** (Regensburg, Wien) genannt.

»Nordmänner« und Normannen

Wikinger

Nach Überfällen norwegischer Wikinger auf Irlands Küsten gründeten diese kriegerischen »Nordmänner« ab 840 an Flussmündungen erste Siedlungen wie Waterford, Wexford und Dublin. Flussaufwärts verbreiteten sie Schrecken im Landesinneren und plünderten Klöster, bekehrten sich dann aber zum Christentum. 1014 führte **Brian Ború** die Iren in der legendären Schlacht von Clontarf zum Sieg über die Wikinger. Er bezahlte mit seinem Leben, doch die Ära der Wikinger war vorbei.

Unter Englands Herrschaft

Irlands Unterwerfung durch die Anglo-Normannen war wohl auch ein Schachzug des Vatikans gegen die Unabhängigkeit irischer Klöster. Um Irland nachhaltig an Rom zu binden, erhielt der englische König Heinrich II. 1155 das Recht zur Reformation der irischen Kirche. 1172 übernahm er die Herrschaft. Bis 1250 eroberten die Normannen 75 % der Insel. Mächtige Festungen sicherten ihre Herrschaft, Siedlungen und Kirchen und Klöster im iro-normannischen Stil entstanden. Mit An-

CHRONOLOGIE

VON DER EISZEIT ZUM METALL

6600 v. Chr.	Erste Siedlungen im Co. Derry (Londonderry).
4500 v. Chr.	Einwanderer bringen den Ackerbau, Hügel- und Ganggräber entstehen.
ab 1750 v. Chr.	Erste Blüte der Metallverarbeitung.
400 v. Chr.	Eroberung durch keltische Gälen, Tara wird Herrschafts- und Kulturzentrum.
ab 300 n. Chr.	Irland weitet seine Interessen nach Wales und Schottland aus.

CHRISTENTUM

ab 432 – 461	Christianisierung durch den hl. Patrick.
ab 500	Missionierung Kontinentaleuropas durch irische Mönche.

»NORDMÄNNER« UND NORMANNEN

ab 795	Überfälle norwegischer Wikinger.
ab 840	Erste Wikingersiedlungen.
1014	Ende der Wikingerherrschaft (Schlacht von Clontarf).
ab 1172	Heinrich II. von England wird Herrscher, Normannen erobern Irland.
1366	Statuten von Kilkenny: Verbot der irischen Sprache und der Ehe zwischen Iren und Anglo-Iren.

ENGLISCHE KRONE UND KOLONIALISIERUNG

1541	Heinrich VIII. regiert Irland; Reformation und Säkularisierung der Klöster.
1601/1602	Belagerung/Schlacht von Kinsale: Die Katholiken unterliegen, ihre Anführer verlassen Irland bis 1607.
bis 1641	»Plantations«: Land geht in englischen Besitz; Widerstand der Konföderation von Kilkenny.
ab 1649	Cromwell beendet diesen Widerstand blutig.
1690	Schlacht am Boyne. Kampfende zwischen Jakob II. und Wilhelm III. von Oranien.
ab 1695	»Penal laws«: Katholische Iren verlieren die Bürgerrechte.
1699	Wirtschaftspolitische Kolonisierung: Exportverbot, Einsetzung eines Vizekönigs.
1740/1741	Irish Famine (Irischer Hunger): Nach zwei Hungerwintern (400 000 Tote) wandern 150 000 Iren aus.
1801	Act of Union: Irland wird Teil des Vereinigten Königreichs.

ÜBERLEBENSKAMPF

1829	Aufhebung der antikatholischen Gesetze nach Massenprotesten unter O'Connell.
1845–1852	Kartoffelpest und Hunger! Eine Mio. Iren sterben, eine Mio. wandern aus.

1880	Erster Boykott: Isolierung des englischen Verwalters Boycott.
ab 1870	»Home Rule«-Bewegung unter Charles Stewart Parnell

DER WEG ZUR REPUBLIK

1914	Die »Home Rule«-Gesetze werden ausgesetzt.
1916	Der Osteraufstand wird niedergeschlagen.
1918	Wahlsieg der illegalen Sinn-Féin-Partei.
1920	Einrichtung zweier irischer Parlamente in Dublin und Belfast.
1921	Irland wird ohne Nordirland Freistaat.

IRLAND BIS INS 21. JAHRHUNDERT

1937	Neue Verfassung für Irland.
1939 – 1945	Irland ist im Zweiten Weltkrieg neutral; Luftangriffe auf Belfast.
1949	Ausrufung der Republik Irland.
1973	Beitritt zur Europäischen Gemeinschaft (EU).
1998	Halbautonomer Status für Nordirland, Karfreitagsabkommen
ab 2007	Protestanten regieren mit Katholiken Nordirland.
2008 – 2010	Weltfinanzkrise: Irlands Immobilienblase platzt. Der EU-Fiskalpakt (Zugriff auf 85 Mrd. €) rettet Irland. Premier Cameron entschuldigt sich 2010 für die Ereignisse am Bloody Sunday..
2014 – 2019	Irland verzeichnet hohe Wirtschaftswachstumsraten; ab 2017 ist Leo Varadkar Irlands Premierminister.
2020 – 2021	Lockdowns während der Covid-19-Pandemie legen die Grüne Insel in Dornröschenschlaf. Dem EU-Austritt des Vereinigten Königreichs (31.1.2020) folgt am 1.1.2021 der Brexit. Im Feb. 2020 wird Micheál Martin neuer Premier, Leo Varadkar löst ihn im Dez. 2022 ab.
2022	Erstmals seit Gründung Nordirlands 1921 gewinnt die katholisch geprägte Sinn Fein die Wahl zum Stormont.

kunft der Bettel- und Predigerorden begründete die Kirche ihre bis heute anhaltende Volksnähe. In nur 150 Jahren waren die Normanen assimiliert. England sicherte 1366 seinen Einfluss mit den **Statuten von Kilkenny**: Mischehen und die irische Sprache waren fortan tabu.

Englische Krone und Kolonialisierung

Abstieg zum »Armenhaus Europas«

Englands Heinrich VIII. gewährte ab 1536 Fürsten, die sich englischer Oberhoheit unterwarfen, Privilegien und Ländereien. 1541 ließ er sich zu Irlands König ausrufen, führte die Reformation ein und säkularisierte 400 Klöster. In der Folge versuchten Iren mit Unterstützung vom Kontinent vergeblich die Befreiung. England siegte in der **Entscheidungsschlacht bei Kinsale**. Die **»Flucht der Grafen«,** Anfüh-

Schwere Zeiten: die Große Hungersnot (Great Famine) in Connemara

rer des Aufstandes, markierte 1607 das Ende der Revolte. Die Kolonialisierung setzte 1608 mit den **»plantations«** ein: Englische und schottische Siedler erhielten große Ländereien. Die neuen Großgrundbesitzer setzten oft Verwalter ein und verpachteten das Land zu hohen Zinsen an irische Bauern. Dies System machte Irland zum Armenhaus Europas.

Cromwell und neue »Plantations«

1641 formierten sich in Ulster verbliebene katholische irische Landbesitzer. Im Oktober kam es zum Massaker an 4000 protestantischen Kolonisten. 8000 Neusiedler flüchteten, die »Plantations« waren gescheitert. 1642 schickten die Schotten eine 10 000 Mann starke Armee. Bis 1650 folgten zahllose blutige Scharmützel.
Nach dem britischen Bürgerkrieg (1642 – 1649) griff Oliver Cromwell mit 12 000 Soldaten sowohl irische Rebellen als auch die schottischen Truppen an. Cromwells Massakern in Drogheda und Wexford standen gewaltige Verluste (Clonmel 1650) gegenüber. 1653 gelang die **völlige Unterwerfung,** die »Plantations« begannen erneut. Schon 1652 wurden 300 000 Iren, u. a. 100 000 Kinder, versklavt und in die Karibik, nach Virginia und New England verschifft.

Kolonialisierung unter Wilhelm von Oranien

Der Thronstreit zwischen Jakob II. und Wilhelm III. von Oranien führte zur endgültigen **Kolonialisierung Irlands.** Den katholischen Schotten Jakob hatte sein protestantischer Schwiegersohn vom englischen Thron verjagt. Jakob landete daraufhin 1689 mit Truppen aus dem französischen Exil in Irland, was 1690 Wilhelm III. auf den Plan rief. Die katholischen Iren leisteten auf Seiten Jakobs II. den protestantischen

Oraniern Widerstand. Nachdem die Protestanten in der Schlacht am Boyne siegten, versprach der **Vertrag von Limerick** religiöse Toleranz, doch wurde er nie von Englands Parlament ratifiziert.

Auf dem Weg ins Vereinigte Königreich

Ab 1695 verwehrten die konsequent umgesetzten **»Penal Laws«** Katholiken den Zugang zu Schulen und Universitäten, das Wahlrecht, höhere Ämter und das Waffentragen. Irische Kultur und Tradition überlebten nur noch im Untergrund. Katastrophal war der **Irish Famine:** In den Hungerwintern 1740 und 1741 starben 400 000 Iren, 150 000 wanderten aus. Irlands Niedergang im 18. Jh. wollten weder Katholiken noch Protestanten. Die anglo-irische Patriotische Partei propagierte eine irisch-englische Doppelmonarchie und die Lockerung der antikatholischen Gesetze. Beflügelt von der Amerikanischen und Französischen Revolution formierten sich unter Wolfe Tone die United Irishmen. Doch die Landung französicher und spanischer Truppen scheiterte 1769 an der rauen Irischen See. Mit dem **Act of Union** wurde Irland 1801 Teil des Vereinigten Königreichs.

Überlebenskampf

Catholic Association und Great Famine

Widerstand organisierten die charismatischen Iren Robert Emmet und Daniel O'Connell, der 1823 die **Catholic Association** gründete und zu Massenkundgebungen und gewaltfreiem Protest aufrief. England gab nach und hob 1829 die antikatholischen Gesetze auf. O'Connell zog als erster Katholik ins englische Parlament ein.
Irlands größten Schicksalsschlag verursachten Kartoffelpest und **Great Famine** (»An Gorta Mór«; großer Hunger): Aufgrund Pilzbefalls verfaulte die Kartoffelernte über mehrere Jahre und führte ab 1845 zur Hungerkatastrophe. Verantwortlich waren auch Politik und Grundbesitzer: Denn der Export von Getreide und Vieh ging munter weiter. Etwa 1 Mio. Iren verhungerten, eine Mio. wanderten aus.

Gewaltloser Protest

1880 versuchte der englische Verwalter **Charles Cunningham Boycott** im Auftrag seines abwesenden Grundherrn Lord Erne in Ballinrobe, Co. Mayo, trotz magerer Ernte hohen Pachtzins einzutreiben. Die Pächter verweigerten daraufhin die Arbeit und isolierten den Verwalter sozial: Niemand redete mit ihm, niemand teilte mit ihm die Kirchenbank. Diese Form gewaltlosen Protests erhielt später den Namen des Verwalters.

Home Rule

Der Ruf nach irischer Selbstverwaltung mündete 1870 in die »Home Rule«-Bewegung unter **Charles Stewart Parnell**. Der Führer der Iren im Londoner Parlament setzte Boden- und Sozialreformen in Irland durch. Ulster lehnte die Reformen ab und wollte Teil des Vereinigten Königreichs bleiben.

Der Weg zur Republik

Erster Weltkrieg und Radikalisietung

Irlands Unabhängigkeit schien dank der drei »Home Rule«-Gesetze 1910 – 1914 greifbar nahe. Doch der Erste Weltkrieg führte zu ihrer Aussetzung. Viele Freiwillige gingen in die britische Armee. Gegen die royalistischen Ulster Volunteers etablierten sich die Irish Volunteers – die Loslösung Nordirlands nahm Gestalt an.
Die Zäsur durch den Kriegsausbruch radikalisierte verschiedene politische Gruppierungen ohne einheitliche Führung. Vor dem **Osteraufstand 1916** schlossen irische Republikaner einen Pakt mit den Deutschen: Irische Kriegsgefangene sollten auf deutscher Seite kämpfen, Deutschland dafür moderne Waffen nach Irland liefern. Zwar landete das in Warnemünde ausgelaufene Schiff »Libau«, getarnt als norwegisches Dampfschiff »Aud«, am 20.4.1916 in der Tralee Bay (Co. Kerry), wurde aber entdeckt und versenkte sich auf dem Weg nach Cork vor Queenstown am 22.4.1916 selbst. Der Aufstand der nun schlecht Bewaffneten wurde niedergeschlagen, viele Anführer hingerichtet. Irlands späterer Premier Eamon de Valera überlebte dank seiner US-Herkunft.

Abtrennung Nordirlands

Als die illegale Sinn-Féin-Partei die Wahlen 1918 gewann, beriefen ihre Mandatsträger gegen London eine erste irische Nationalversammlung in Dublin ein. Die Situation eskalierte zum Bürgerkrieg. Um Blutvergießen zu vermeiden gab England nach und richtete 1920 zwei irische Parlamente ein: eines in Dublin, eines in Belfast. 1921 wurde Irland **Freistaat** – auf Kosten der Abtrennung Nordirlands.

Die Republik im 20. und 21. Jahrhundert

de Valera

Eamon de Valera dominierte bis 1973 u.a. als Premierminister und Staatspräsident die junge Republik. Er gründete 1926 die Partei Fianna Fáil, mit der seit 1933 die Fine-Gael-Partei konkurriert. Beide bestimmten das Irland des 20. Jh.s. Die **Verfassung von 1937** machte Irland faktisch zur Republik. Im 2. Weltkrieg blieb das Land neutral. Belfasts halber Häuserbestand wurde beim Belfast Blitz 1941 von der deutschen Luftwaffe zerstört (900 Tote), die auch Bomben auf Irland fallen ließ: 1940 in Campile (Co. Wexford; 3 Tote) und Sandycove bei Dublin, 1941 dreimal auf Dublin (28 Tote) sowie auf Arklow und Dundalk. Mit der Ausrufung der Republik und dem **Austritt aus dem Commonwealth** vollzog Irland 1949 die Unabhängigkeit. Nordirland wurde als Teil des Vereinigten Königreichs festgeschrieben.

Waffenruhe

Frischer Wind kam 1990 mit **Mary Robinson** und ab 1997 mit Nachfolgerin **Mary McAleese** als Irlands Präsidentinnen in die Politik. Verhandlungen brachten eine Waffenruhe der IRA 1994 – 1996. Per

Verfassungsänderung wurde 1999 der Anspruch auf Nordirland aufgegeben und das **Karfreitagsabkommen** von 1998 umgesetzt.

Irland und Nordirland heute

Ab Mai 2007 regierte in Nordirland eine **Koalition aus Protestanten und Katholiken,** 2008 beendete die britische Armee offiziell ihren Einsatz dort. Nordirlands **Peace lines**, Stadtviertel und Konfessionen trennende Mauern, sollen bis 2023 abgebaut sein. Irland stimmte den **EU-Verträgen** von Nizza (2002) und Lissabon (2009) erst im zweiten Anlauf zu. Den Wirtschaftsboom 1995–2007 (»Keltischer Tiger«) beendeten 2008 das Platzen der **Immobilienblase** und die **Weltfinanzkrise**. Der im Juni 2010 veröffentlichte Saville-Report zum Bloody Sunday von 1972 führte zur Entschuldigung des damaligen britischen Premiers Cameron und legte die »Troubles« bei. Am 21. November 2010 schlüpfte das vom Staatsbankrott bedrohte Irland unter den **EU-Rettungsschirm** und erhielt Zugriff auf 85 Mrd. €. 2011 sorgten die Besuche von US-Präsident Obama und Queen Elizabeth II. für Aufmerksamkeit. 2014 schaffte es Irland zurück an den Kapitalmarkt, die Wirtschaft weist die höchsten Wachstumsraten Europas aus. 2015 führten Proteste gegen neue Wassergebühren zum Umdenken bei den Sozialkürzungen. Im gleichen Jahr wurde Irland liberalstes Land Europas nach positivem Volksentscheid zur **»Ehe für alle«**, im Mai 2018 entschieden sich die Iren ebenfalls per Referendum für die Abschaffung des **Abtreibungsverbots**.
2016 erschütterte Nordirland der Skandal um die Renewable Heat Incentive (RNH; »Anreiz zur Nutzung erneuerbarer Energien«). Spöttisch »**Cash for Ash**« genannt, kostete er Millionen Pfund und führte 2017 zur Regierungslosigkeit. Diese endete am 11.1.2020, als Arlene Foster First Minister und Michelle O'Neill Deputy First Minister wurden. Dem Intermezzo von Paul Givan (DUP) im Amt (17.6.2021 bis 3.2.2022) folgte 2022 der historische Paukenschlag: Bei den Regionalwahlen am 5.5.2022 zu Nordirlands Parlament, dem Stormont mit 90 Sitzen, wird erstmals in der hundertjährigen Geschichte Nordirlands die proirisch-republikanische Partei Sinn Féin stärkste Partei (27 Sitze), gefolgt von der unionistischen DUP (25 Sitze) und der auf pragmatische Lösungen setzenden Alliance Party (17 Sitze). Laut dem Karfreitagsabkommen von 1998 stellt die stärkste Partei den First Minister, dies wäre Michelle O'Neill (Sinn Féin). Den Stellvertreterposten (Deputy Prime Minister) stellt die DUP. Diese weigerte sich indes, einen Kandidaten zu benennen, solange das Nordirlandprotokoll zum Brexit in Kraft ist. Es droht eine Hängepartie, die nach sechs Monaten ohne Regierungsbildung automatisch zu Neuwahlen führt. Ende Juni 2022 kündigt die britische Regierung vier Gesetzesänderungen zum Nordirlandprotokoll an, was wiederum die EU in Brüssel auf den Plan ruft, die mit Vertragsverletzungsverfahren aufgrund des Brexit-Abkommens droht. Eine Lösung der Pattsituation in Nordirland ist nicht in Sicht. Neuwahlen in Nordirland im Spätherbst 2022 sind wahrscheinlich.

NORDIRLAND-KONFLIKT: AM ENDE VERSÖHNUNG!

BAEDEKER WISSEN

Der Nordirland-Konflikt, »The Troubles«, forderte von 1968 bis 2001 3531 Opfer. Der 15. Juni 2010 markierte mit der Vorlage des Saville-Reports im englischen Parlament den ersehnten Meilenstein zur Überwindung der Auseinandersetzung. Symbolisch sichtbar wurde die Versöhnung durch den Irland-Besuch von Queen Elizabeth II. 2011, den ersten eines britischen Monarchen seit den 1920er-Jahren.

2010 entschuldigte sich David Cameron für die Schüsse britischer Soldaten am »Bloody Sunday« in Derry 1972. Sie hätten, so Großbritanniens Premier, »ungerechtfertigt und unvertretbar« gehandelt. Die tief bewegten Iren nahmen die Entschuldigung an. Historisch war dann die folgende Visite der Queen in Dublins Croke Park am 18. Mai 2011. Denn das Stadion war Schauplatz des ersten Blutsonntags (»Bloody Sunday«) von 1920 – ein Moment, auf den Generationen von Iren gewartet hatten.

Historische Tage

Politisch bedeutsamer als der Auftritt der Queen war der von Lord Saville 2010 nach zwölf Jahren Arbeit vorgelegte Abschlussbericht der in Derry/Londonderry tagenden **Wahrheitsfindungskommission**. Nach 434 Verhandlungstagen bestand, so Lord Saville, endlich Hoffnung auf »eine Heilung der Geschichte in Derry und in Irland«. In zehn Aktenbänden mit einem Gesamtumfang von über 5000 Seiten dokumentiert der **Saville-Report** einen Höhepunkt der Auseinandersetzungen, den zweiten Blutsonntag am 30. Januar 1972, und legt eine Teilentlastung der damals 14 Opfer nahe. Lord Saville: »Das britische Militär, die britische Justiz, die britische Regierung und die Regierung von Stormont – sie alle müssen die Verantwortung für den Blutsonntag und die Folgen übernehmen.«

Dieser Tag im Jahr 1972 markierte den Wendepunkt in den bereits seit den 1960er-Jahren andauernden Auseinandersetzungen. Seit im März 1967 erstmals von der internationalen Bürgerrechtsbewegung inspirierte Katholiken für ihre demokratischen Rechte (»one man, one vote«) in Dungannon auf die Straße gegangen waren, eskalierte der Konflikt. Schon die zweite Demonstration am 5. Oktober 1967 in Derry endete mit Gewaltanwendung durch die Polizei. Weitere Protestaktionen endeten blutig. Ab dem 14. August 1969 sollten britische Truppen für Ruhe und Ordnung in Nordirland sorgen. Anfangs wurden sie als neutrale Schutzmacht sogar von den Katholiken begrüßt.

Doch der **Blutsonntag von 1972** änderte alles: Fallschirmjäger eröffneten in Derry das Feuer auf die Demonstranten, 14 unbewaffnete Menschen starben. Fortan galt die britische Armee vielen katholischen Iren als Feind. Gleichzeitig radikalisierten sich auf katholischer wie protestantischer Seite die Kräfte, paramilitärische Verbindungen entstanden. Das Jahr 1972 wurde zum Fanal und Höhepunkt der Troubles. Über 500 Menschen starben in diesem Jahr gewaltsam. Ein ebenso schwarzer Tag war der 21. Juli 1972: Damals holte die katholische

Brennpunkt des Osteraufstands 1916 war das Hauptpostamt in Dublin.

IRA (Irisch-Republikanische Armee) in Belfast zur »Vergeltung« aus: 22 Bombenexplosionen erschütterten die Stadt, neun Tote waren zu beklagen. Weitere Bombenanschläge und Überfälle folgten. Zivilisten wie Militärangehörige wurden zu Opfern. Auch London erlebte Anschläge. 1984 scheiterte ein Attentat auf Margaret Thatcher.

»No surrender«

Der Konflikt hat **Vorläufer**, etwa den Osteraufstand 1916, vor allem aber den 21. November 1920. Am Vorabend hatte Michael Collins, Führer der irischen Unabhängigkeitsbewegung, die Ermordung der »Cairo Gang« aus zwölf britischen Geheimagenten befohlen. Tags darauf folgte die Rache mit dem Massaker in Dublins Croke-Park-Stadion. Britische Soldaten eröffneten das Feuer auf 10 000 Zuschauer eines Football-Spiels. 14 Menschen starben, 65 wurden verletzt. Es folgten Verhaftungen hochrangiger IRA-Offiziere, die wenig später mysteriös »auf der Flucht« erschossen wurden.
Erste gewaltsame Konflikte gab es schon viel früher, etwa die blutige Niederwerfung der Aufstände 1649–1653 durch Cromwell. Weiteren Zündstoff lieferte Ende des 17. Jh.s der Streit um die britische Krone zwischen dem katholischen Jakob II. und dem Protestanten **Wilhelm von Oranien**. Damals belagerten Katholiken Derry 105 Tage, doch Wilhelm und seine Verbündeten gaben nicht auf. »No surrender« hieß ihre Parole, die bis heute an den Gedenktagen in Derry und jährlich am 12. Juli ertönt, dem Tag der Oraniermärsche zur Erinnerung an die siegreiche Schlacht am Boyne 1690.

Parallelgesellschaften

Der schwelende Konflikt verschärfte sich besonders in der nordirischen Provinz Ulster nach Irlands Teilung 1921. Ein tiefer Graben trennte die Konfessionen, Gewalt gewann die Oberhand. Die von der irischen **Home-Rule-Bewegung** angestrebte Eigenständigkeit lehnten die Protestanten ab, da sie eine Hegemonie der katholischen Iren, aber auch Einbußen ihrer starken ökonomischen Stellung befürchteten. Sie suchten Unterstützung im britischen Mutterland und forcierten die Beschränkungen für Katholiken in Ulster, so z. B. Restriktionen bei Arbeits- und Woh-

nungssuche und ein an Grundbesitz und Steueraufkommen gebundenes Kommunalwahlrecht. Resultat war ein striktes **gesellschaftliches Nebeneinander** von Protestanten und Katholiken. Die Dialogbereitschaft fand ein Ende, es wurde nicht mehr diskutiert. Literaturnobelpreisträger **Seamus Heaney** fasste dies in folgende Worte: »Whatever You say, say nothing!«
Das Politikum Ulster, später Nordirland, weitete sich rasch aus, denn Briten wie irische Republikaner unterstützten ihre Glaubensgenossen. Vermittlungsversuche in den 1950er- und 1960er-Jahren scheiterten an erstarrten Positionen. Zur politischen gesellte sich die finanzielle, dann militärische Unterstützung. Die **Troubles** hatten begonnen.

Auge um Auge

Terroristischen Attacken der IRA begegnete die britische Regierung seit 1971 mit Inhaftierungen Verdächtiger, auch ohne Gerichtsverfahren. Es folgten Hungerstreiks gegen die Haftbedingungen. 1981 starb **Bobby Sands** nach 66 Tagen ohne Nahrungsaufnahme im Gefängnis Maze: Die IRA hatte ihren ersten Märtyrer. Neun weitere Gefangene folgten Sands auf diesem Weg, ehe der Streik im Oktober 1981 endete. Die IRA nahm derweil ihre Bombenattacken gegen Repräsentanten und Einrichtungen der britischen Regierung wieder auf. Auf der anderen Seite wurde der britischen Spezialeinheit SAS (Special Air Service) vorgeworfen, IRA-Gegner lieber zu töten als zu verhaften (»shoot-to-kill-policy«). Die Gewalt militanter protestantischer Gruppen, der Ulster Volunteer Force (UVF) und der Ulster Freedom Fighters (UFF), richtete sich gegen Katholiken, die der IRA-Mitgliedschaft verdächtigt wurden. Attentate und Anschläge z. B. auf von Katholiken besuchte Pubs waren die Folge.

Die Lösung

Gewalt, Patrouillen und Straßensperren waren in den 1970er- und 1980er-Jahren Alltag in Nordirland. Doch Nordiren beider Konfessionen wurden der Gewalt überdrüssig. Ihr Sprachrohr waren Betty Williams und Mairead Corrigan Maguire, Gründerinnen der **Community of Peace People**, die 1976 den Friedensnobelpreis erhielten.
Ab 1985 kam auch offiziell der Gesprächsprozess wieder in Gang. Dem Waffenstillstand von 1994 folgte das **Karfreitagsabkommen 1998**, das den Politikern Hume und Trimble den Friedensnobelpreis brachte. Rückschlägen wie Trimbles Regierungsrücktritt 2001 und anschließende Unruhen oder die Aussetzung der Regionalwahlen 2003 folgten positive Paukenschläge wie im Juli 2005 der einseitige Verzicht der IRA auf den bewaffneten Kampf. 2007 eröffnete wieder Nordirlands Parlament. Bis 2017 und ab 2021 regierten Vertreter der Democratic Unionist Party DUP und von Sinn Féin gemeinsam. 2019 wurde die nordirische Journalistin Lyra McKee (geb. 1990) von einem Mitglied der »Neuen IRA« in Derry sinnlos ermordet. Im Mai 2022 gewann erstmals seit Gründung Nordirlands 1921 Sinn Fein die Wahlen zum Stormont. Sinn Fein strebt ein Referendum über den Beitritt zur Republik Irland an, die DUP lehnt dies strikt ab. 2022 erhielt Kenneth Branaghs autobiographischer Film »Belfast« zum Leben eines Neunjährigen am Anfang der »Troubles« den Oscar (bestes Original-Drehbuch). Zumindest der weltweit gefeierte Film gibt Hoffnung für die Zukunft!

OBEN: Nach dem Tod des IRA-Aktivisten Bobby Sands kommt es in Belfast zu Ausschreitungen. Auch Kinder helfen bei der Errichtung von Barrikaden in Belfast. UNTEN: Hauswand mit der Forderung der Republikaner: »Free Ireland«

KUNST UND KULTUR

Im isolierten Irland behaupteten sich keltische Kunst und Kultur auf einzigartige Art. Hier entdeckt man keltisch geprägte Klöster und Hochkreuze, Metallarbeiten und Bücher, deren Texte und Illustrationen auch den keltischen Sagenschatz überliefern. Ab dem Mittelalter fehlten aber kunstliebende Mäzene. Erst wohlhabende Anglo-Iren setzten ab dem 18. Jh. mit klassizistischen Landschlössern und »Georgian Houses« neue Akzente.

Vorchristliche Zeit

Megalithgräber

In der Steinzeit (ca. 7000 – 2000 v. Chr.) entstanden Megalithgräber (»megalithic tombs«) aus großen, unbehauenen Steinblöcken. Die frühesten sind **Dolmen**: Ein tonnenschwerer Deckstein überdacht mehrere aufrecht stehende Steine. Den größten Deckstein der britischen Inseln hat der Browneshill-Dolmen (an der R726, 3 km östlich Carlow).

Im **Kammer-** oder **Ganggrab** (»passage tomb«) führt ein Gang aus Steinblöcken zur zentralen Grabkammer. Über die mit Spiralen und Zickzacklinien ornamentierten Steine wurde Erde geschüttet. Oft

Mystisch und rätselhaft: ein prähistorischer Dolmen in Burren

zweigen vom Hauptgang drei Seitenkammern ab. Berühmt sind die später auch von sagenhaften keltischen Göttinnen und Göttersöhnen »bewohnten« Ganggräber im Boyne Valley, mythenumwoben die 14 Ganggräber von Carrowkeel (»(»das große Viertel«) nahe Sligo und der riesige Megalithfriedhof Carrowmore nahe Sligo.
Im **Galeriegrab** (»gallery grave«) sind Gang und Kammer eins. Irland besitzt noch 569 keilförmige Galeriegräber (»wedge tombs«) mit Kammern, die an einer Seite breiter und innerhalb einer U-förmigen Steinfassung sind. Eines ist das Giants Grave (Riesengrab) in Ballyedmonduff (Co. Dublin). Der »court cairn« (»cairn« = Steinhaufen), ein **Hügelgrab** mit halbkreisförmigem oder ovalem Vorhof, diente rituellen Zwecken. Besterhalten ist Creevykeel (Co. Sligo).

Steinkreise

Die wenigen erhaltenen Steinkreise (»stone circles«), die Kulthandlungen dienten, stammen aus der **Bronzezeit** (etwa 2000 – 500 v. Chr.). Großartig ist der Steinkreis von Drombeg (Co. Cork). Zudem gibt es einzeln stehende Steine (»standing stones«).

Schmuck

Goldfunde führten zur Herstellung wertvollen Schmucks, u. a. flachgehämmerter »lunulae« (halbmondförmiger Halskragen). In der Eisenzeit kam die **Emaillekunst** nach Irland, mit der meisterhafte Verzierungen gelangen.

Festungen

Von ca. 500 v. Chr. bis 400 n. Chr. entstanden bis zu 40 000 von einem **Ringwall** eingefasste Festungen (»ring forts«). Unter den ca. 40 **Hügelforts** (»hillforts«) ist Dún Aenghus auf der Aran-Insel Inishmór das spektakulärste.
Landzungenbefestigung (»promontory fort«; gälisch: dún) nennt man auf Steilklippen (promontory = Vorgebirge) oder vorspringenden Landzungen erbaute Ringfestungen. An der Südwestküste der Dingle Peninsula ist das **Promontory Fort Dunbeg**. Der **»crannóg«,** eine mit Pfählen im Wasser errichtete künstliche Insel, oder natürliche Inseln dienten als teils bis ins Mittelalter bewohnte Wasserburgen.

Frühchristliche Zeit

Handschriften und Bauten

Irlands künstlerische Blüte fand von ca. 400 bis 1170 statt. Es entstanden u. a. **reich illuminierte Handschriften** und skulptierte Hochkreuze. Nur wenige Steingebäude sind erhalten, Lehmbau überwog. Charakteristisch ist die **Bienenkorbhütte** (»beehive hut«, gälisch: »clochan«). Die Wände dieses Rundbaus sind mörtellos aus aufgeschichteten, einkragenden Steinen. Den Abschluss dieses »falschen Gewölbes« bildet ein großer Schlussstein. Berühmt sind die Bienenkorb-Mönchszellen von Skellig Michael.

KLOSTERANLAGEN – RELIKTE IRISCHER FRÖMMIGKEIT

Einzigartig für Irland sind repräsentative Klosteranlagen aus dem 8. und 9. Jh. Mit ihren beeindruckenden Rundtürmen und kunstvollen Hochkreuzen schaffen diese Geschichtszeugnisse eine besondere Atmosphäre im Land.

HOCHKREUZE IN IRLAND

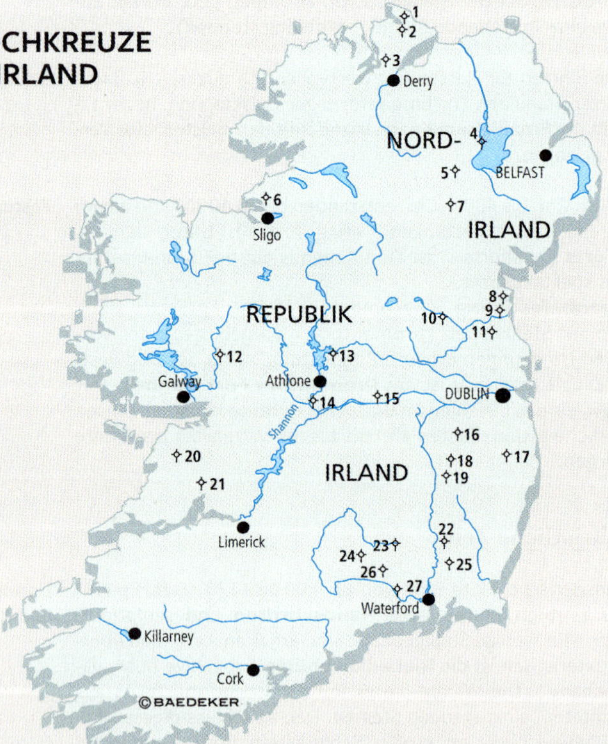

1 Clonca
2 Carndonagh
3 Fahan
4 Ardboe
5 Donaghmore
6 Drumcliffe
7 Tynan
8 Termonfeckin
9 Monasterboice
10 Kells
11 Duleek
12 Tuam
13 Bealin
14 Clonmacnoise
15 Durrow
16 Kilcullen
17 Glendalough
18 Moone
19 Castledermot
20 Kilfenora
21 Dysert O'Dea/En
22 Graiguenamanag
23 Kilree
24 Killamery
25 St Mullins
26 Ahenny
27 Kilkeeran

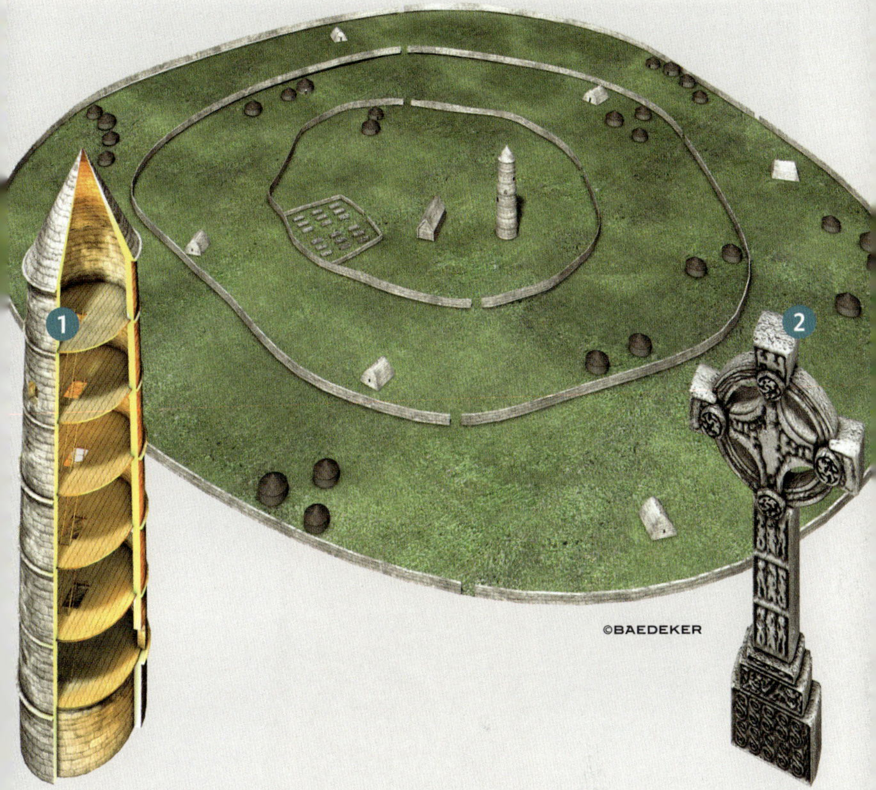

❶ Rundturm
Der schlanke Rundturm (»round tower«; gälisch »cloigtheach« = »Glockenhaus«) ist ein eleganter Bau, der sich bis zum konisch geformten Steindach in ca. 22 – 34 m Höhe verjüngt. Der Turm wurde nur durch ein kleines Fenster erhellt, aus dem man nach dem Feind Ausschau halten konnte.

❷ Hochkreuze
Die Hochkreuze wurden bis zum 8. Jh. mit Ornamenten geschmückt, danach überwiegen figürliche Darstellungen: Im Mittelpunkt stehen fast immer der Gekreuzigte oder eine Majestas Domini. Steinerne Häuschen mit Schindeldach, in Form eines Schreins, sind oft der Abschluss des Kreuzes.

Hochkreuze sind ein Symbol des keltischen Christentums.

Bethaus Als Bethaus (»oratory«) werden erste Kleinkirchen bezeichnet. Hier fügen sich die Wände nach dem Kragsteinprinzip wie ein umgestülptes Boot am First zusammen, nur durch die Türöffnung fällt Licht.

Grabplatten Grabplatten in Klöstern wie Clonmacnoise zeigen die Entwicklung hin zu kunstvollem Schmuck. Standsteine aus heidnischer Zeit wurden »christianisiert«, indem man ein Kreuz hineinschlug.

Hochkreuze Grabplatten sind die Vorläufer der einzigartigen irischen Hochkreuze. Auf der Inishowen Peninsula, in Fahan und Carndonagh entstanden im 7. Jh. Steine mit kreuzförmigem Umriss, Flechtmustern und einfachen Relieffiguren. Die Ahenny-Kreuze (8. Jh.) wachsen bereits schlank empor, ihre Flächen sind in Felder geteilt und mit geometrischen Mustern verziert. Auf den Sockeln sind figürliche Szenen aus dem Mönchsleben zu entdecken. Im 9. Jh. löst figürlicher Schmuck die Ornamente ab: Daniel in der Löwengrube, David und Goliath oder Paulus und Antonius verweisen auf Irlands Eremiten. Manche Tierwesen wirken fast orientalisch. **Bibelkreuze** stehen als Zeichen von Frömmigkeit und Heilslehre in Klöstern. Kunstvoll gemeißelte Figuren zeigen in rechteckigen Feldern Szenen des Alten und Neuen Testaments. Hochkreuze sind meist aus feinkörnigem Sandstein aus der nahen Umgebung, wie in Kells und Monasterboice (Muiredach-Kreuz, Anf. 9. Jh.). War kein Sandstein verfügbar, wurde harter Granit verwendet, der z. B. im columbanischen Kloster Moone (Co. Kildare) zu Schematisierung und Abstraktion zwang. Die Figuren bleiben aber ausdrucksstark. Im 11. Jh. verschwinden Bibelszenen mit Ausnahme der Kreuzigung. Erneut überziehen Ornamente die Kreuze.

Rundtürme

Rundtürme standen in Klöstern, dienten aber seit den ersten Wikingereinfällen auch zum Schutz. Ihr Eingang war meterhoch über dem Boden. Im Frieden rief man von ihnen die Mönche mit Handglocken zum Gebet. Ca. 65 der wohl 120 von 919 bis 1238 n. Chr. erbauten Rundtürme sind erhalten. Ältere sind aus groben Steinen und schmucklos, jüngere kunstvoll mit Steinfriesen und Torbögen verziert. Schönster ist der Round Tower von Ardmore (Co. Waterford).

Metallarbeiten, Kunsthandwerk

Dank verfeinerter Techniken in der **Metall- und Emaille-Kunst** entstanden erlesener Schmuck wie die Brosche von Tara und kunstvolles Sakralgerät: Kelche, Bischofsstäbe, Reliquiare! Erhalten sind auch fein ziselierte, mit Tierfiguren bedeckte Bronzebehälter für hölzerne Bischofsstäbe. Das Bronzeetui der Abtglocke des hl. Patrick wurde mit Edelsteinen, Gold- und Silber verziert. Kleine Reliquienschreine in Hausform und aus Bronzeblech wurden an Riemen um den Hals getragen und waren beliebte Grabbeigaben für Frauen. Das goldenblaue, mit Tier- und Fabelwesen geschmückte **Kreuz von Cong** (um 1123, Nationalmuseum Dublin) war die letzte Großtat irischer Metallkünstler.

Buchmalerei

Irische Handschriften und Buchmalereien repräsentieren die höchste Entwicklungsstufe dieser Kunstgattung und stehen auf einer Stufe mit chinesischer und arabischer Schriftkunst. Besonders beeindruckt die von den Mönchen entwickelte Schrift im Zusammenspiel mit dem Bildschmuck.

Berühmte Handschriften

Die Anfänge zeigt der **»Cathach«** (ca. 560), Katechismus des Columban: Die Initialen enthalten Schnörkel oder Schneckenformen, nur rote und schwarze Tinte wurden verwendet. Nachfolgende Handschriften leuchten in Purpur, Hellrot, Smaragdgrün, Dunkelblau

und Gelb. Die **Kapitelinitialen** der Evangelien bilden verschlungene Flechtwerke mit Menschen- und Tierköpfen, Menschenkörper bilden Buchstaben. Später füllen solche Initialen komplette Buchseiten. Unzählige fantastische Lebewesen bevölkern die Seiten der heiligen Schriften: Über und unter den Zeilen tauchen Katzen, Mäuse, Hühner, Vögel und Fische auf. Höhepunkte sind ganzseitige Teppich- oder Schmuckseiten mit kunstvoller Ornamentik oder Darstellungen der Heilsgeschichte. Bevorzugtes Thema sind die Evangelisten und ihre Symbole (Matthäus: Engel; Markus: Löwe, Lukas: Stier, Johannes: Adler). Die Künstler waren weitgehend frei in der Umsetzung: Gestalten verblüffen mit seitlich gesetzten Füßen, verdoppelten Händen, harlekinartigen Gewändern oder blauen Haaren.
Dublins Royal Irish Academy zeigt den Cathach des Columban und das Stowe Missal (um 750). Die Old Library im Trinity College besitzt das Book of Durrow (7. Jh.), das Book of Dimma (8. Jh.), das Book of Armagh (ca. 807; mit allen Evangelien) und das fantastische Meisterwerk irischer Buchmalerei, das **Book of Kells**.

Romanik

Sakralbauten und Befestigungen

Mit den Kirchenreformen entstanden ab dem 12. Jh. monumentale Sakralbauten im eigenständigen **iro-romanischen Stil**. Das Meisterwerk der **Cormac's Chapel** (Burgberg Cashel) wurde 1134 geweiht. Erstmals trägt das Schiff ein Tonnen-, der Chor ein Kreuzrippengewölbe. Zwei quadratische Türme gehören zum Bau. Typisch für den irisch-keltischen Kunstraum sind das steile Steindach, plastisch gearbeitete Fabelwesen und menschliche Köpfe: In **Dysert O'Dea** umrahmen z. B. Schnurrbärtige das Hauptportal.
Das kunstvolle Hauptportal der **Kirche von Clonfert** wird von einem außergewöhnlichen dreieckigen Giebelfeld mit Köpfen überragt. Zickzackleisten am Portal und reich skulptierte Chorbogen zieren andere romanische Inselkirchen. In Mellifont sorgte ein burgundischer Baumeister für einen neuen Klostertypus, der Vorbild für viele Neubauten wurde. Die Anglo-Normannen errichteten **Befestigungen** wie die Turmhügelburg (Motte): ein Holzturm auf einem Hügel mit von Palisaden geschütztem Vorhof. Nach englischem Vorbild entstanden später durch Ecktürme verstärkte Burgen mit zinnenbekrönten Steinmauern.

Gotik

Bildhauerkunst

Die Gotik (ab dem 13. Jh.) erlebte in Irland vor allem in der Steinmetzkunst eine Blüte: Ein begabter Bildhauer war **Rory O'Tunney**. Figuren von ihm sind im Kreuzgang der Jerpoint Abbey, Sarkophage

Drei Heilige – »Die Weinenden« – im nördlichen Querhaus von Jerpoint Abbey

in den Klöstern Jerpoint und Kilcooley (bei Urlingford) und in der Kathedrale von Kilkenny zu bewundern. Eine spektakuläre Besonderheit sind die **Sheela-na-Gigs**. Die kleinen, als obszön wahrgenommenen Steinfiguren standen vor Kirchen und Klöstern, aber auch an Brücken (Liste aller erhaltenen Sheela-na-Gigs: www.irelands-sheelanagigs.org). Als Baustil war die Gotik in Irland aufgrund von Krieg und beschränkter Mittel weniger eindrucksvoll – in gotischem Stil gebaute Kathedralen und Klöster fielen bescheiden aus.

Stilentwicklungen bis zur Gegenwart

18. Jahrhundert

Reiche Anglo-Iren bauten standesgemäße Herrenhäuser und Schlösser meist im klassischen Stil, angelehnt an **Palladio** und **Inigo Jones.** So wurde das Castletown House nahe Dublin als Schloss mit Seitenflügeln und geschwungenen Kolonnaden 1722 – 1732 von Alessandro Galilei und Sir Edward Lovett Pearce für William Conolly, Speaker des irischen Parlaments, erbaut. Das Hauptinteresse der Schlossherren galt aber der Parkgestaltung: Exotische Bäume, makellose Rasenflächen und Terrassen wie in Powerscourt waren wichtiger als der Innendekor. Ausgefallen waren die **Follies:** griechische oder ägyptische Tempel, Obelisken und künstliche Ruinen zur Parkverschönerung.

»SPRINGINSFELD« IM »VATER UNSER«...

Trotz Fotografierverbot lockte 2019 ein altes Buch, das Book of Kells, 1,1 Mio. Besucher in die Old Library des Trinity College in Dublin – und spülte über 14 Mio. € in die Museumskasse. Dieser Schatz der Menschheitsgeschichte ist noch vor der National Gallery Dublin, Glendalough und dem Nationalmuseum Dublin, alle kostenlos, größte Kulturattraktion und viertgrößte aller Attraktionen Irlands. Mit etwas Glück »erwischen« Besucher auch eine jener 340 Doppelseiten, die nur so von Kobolden, Gnomen und Zwergen wimmeln.

Noch vor der alten Bibliothek, in der einst Bibliothekare mit Perücke, später im Gehrock und mit Staubwedeln bewaffnet auf hölzernen »Jakobsleitern« zu den Letternbergen abendländischer Geistesgeschichte in den Hochregalen stiegen, wartet die abgedunkelte Schatzkammer mit Einzigartigem unter Panzerglas auf: mit Book of Armagh und Book of Durrow, beide aber nur als Vergleich zur monumentalsten Kostbarkeit der Illuminatoren und Schriftkünstler, dem Book of Kells ausgelegt. Vom seit 1953 in vier Folianten gebundenen Werk werden wechselnd zwei Doppelseiten in der Vitrine gezeigt: eine mit dekorativem Schmuck, die andere mit Text. Auf die berühmte **»Chi-Rho«-Seite** (Folio 34r) mit Christusmonogramm und vier Elementen, Mäusen und mausenden Katzen muss niemand verzichten. Sie wird überdimensional im Schaukasten projiziert. Schwieriger wird es mit der nicht minder berühmten Schmuckseite des **»Portraits der Jungfrau mit Kind«** (Folio 7v). Denn auch hier, wie vielfach im Buch, erlaubten sich die wohl drei Mönche künstlerische Freiheiten, für die sie spätere beneideten. Ob nun Humor oder Fauxpas: Die Gottesmutter besitzt zwei rechte, Jesus zwei linke Füße. **Joyce** ämusierte sich im Ulysses (Circe-Kapitel) köstlich darüber. Doch erst **Sir Edward Sullivan** löste 1924 die das Buch umwehenden Rätsel: Da verrenken sich Zwerge und Kobolde besonders gern im Buchstaben »Q«, das versale »C« ermöglichte gar den Einsatz der berühmten, als **»head under the wing«** bzw. »turn under the path« bekannten Technik: Alle dem großen »C« in der Zeile folgenden Buchstaben mussten ans Ende der folgenden Zeile (!) gehängt und so gelesen werden. Auf **Folio 297v**, ersetzte der Malermönch das hohe »C« gar durch ein rabaukendes Rumpelstilzchen. Blasphemie, ausgerechnet im **»Pater Noster«**? Da stemmt sich ein »Jumping Man«, ein Springinsfeld, mit angezogenem Bein gegen die anstürmende Letterlawine, der andere Fuß weist aufs Ende der nächsten Zeile!

Von Iona nach Dublin

Bis heute ist umstritten, wer wann wo hunderte Gänsekiele auf weiches Vellum, die Haut hunderter Kälber, zerkratze und teuerste Farbpigmente für die über 2000 sich nie wiederholenden Illustrationen dieser »Hauptreliquie der westlichen Welt« aus aller Welt importierte. Die Annalen der vier Meister aus Donegal verzeichnen für das 9. Jh., die Blütezeit, über 40 Inkunabeln-Künstler. Die Spuren führen auf die schottische

Insel Iona, wo **Abt Connachtach** 791 Wandermönche, exzellente Kalligrafen, die Evangelien im Book of Kells fertigen ließ. Der Rest des Evangeliars entstand dann im 9. Jh. in Kells, wohin die Mönche nach Wikingereinfällen 806 flüchteten. 899 wurde es vor den Wikingern versteckt, 1006 gestohlen – und kehrte auf wundersame Weise ohne den mit Gold und Edelsteinen geschmückten Einband und die bis heute fehlenden Seiten zurück. Dafür zieren seither alte Verträge des Abtes von Kells die Leerseiten. 1653 wurde es vor Cromwells Truppen nach Dublin in Sicherheit gebracht, ehe es 1661 zur letzten »Umbettung«, pardon: »Umbuchung«, ins Trinity College kam. Dort verewigte sich ein Gerard Plunket mit Anmerkungen im Werk, ehe ein unwissender Buchbinder die Seitenränder abzwackte. Letztlich waren Neue Medien aber gut für das Book of Kells: 2012 stellte das Trinity College die kostbaren 340 Doppelseiten online. So kann man sie sogar im Detail vergrößert in Ruhe zu betrachten (https://digitalcollections.tcd.ie/concern/works/hm50tr726?locale=en).
Für die Malermönche gilt das Lob eines irischen Kollegen des 9. Jh. aus dem Kloster St. Gallen: Sie verwandelten mit ihrer Kunst »Finsternis in Licht«.

Seit 2011 zählt das Book of Kells – hier Folio 200r – zum »Weltdokumentenerbe«.

Dublin

Rege Bautätigkeit wandelte Dublin ab Mitte des 17. Jh.s in nur 100 Jahren zur zweitgrößten Stadt im Empire. Vier neue Brücken überspannten den Liffey, Quais säumten die Ufer. Breitere Straßen und begrünte Plätze umgaben den Stadtkern. Schon 1680 – 1684 hatte Sir William Robinson nach französischem Vorbild das Royal Hospital für Invaliden errichtet. Höhepunkte im 18. Jh. waren die Umgestaltung von Dublin Castle und Trinity College und Edward Lovett Pearces Parlamentsgebäude (nun Bank of Ireland).

Richard Castle bzw. Cassels, Deutscher aus Kassel (1690 – 1751), baute in Dublin u. a. Leinster House, Irlands heutiges Parlamentsgebäude. **James Gandon** (1742 – 1823), ein Engländer hugenottischer Abstammung, erbaute King's Inns in Nord-Dublin, das Custom House und die Four Courts. **Francis Johnston** (1760 – 1829) errichtete Klassizistisches und Neugotisches wie die Kapelle im Dubliner Schloss und das General Post Office.

Weiße Rahmen, kräftige Türfarbe, Messingklopfer, -knauf und (neuerdings) -briefeinwurf: Dubliner Häuser aus georgianischer Zeit zieren auffällige Türportale.

Georgian Style

Stattliche Adelshäuser und Residenzen wohlhabender Kaufleute mit noblen Fronten und Vorgärten hinter schmiedeeisernen Gittern werden nach Englands damaligen Königen »Georgian Houses« genannt. Den Georgian Style – der die Herrschaftszeiten der Könige Georg I. bis Georg IV. von 1714 bis 1830 prägte – kennzeichnen hohe Fenster, die die wohlproportionierten Backsteinfassaden gliedern. Oft einziger Schmuck sind die bunt lackierten Türen mit glänzendem Messingschild – beliebte Fotomotive rund um St Stephen's Green, Merrion Square und Fitzwilliam Square, wo **georgianische Häuserzeilen** ein geschlossenes Ambiente bilden. Auch in Limerick und Cork stehen diese drei- bis vierstöckigen Ziegelhäuser.

Glasmalerei

Der Kirchenbauboom im 19. Jh. entwickelte auch die Glasmalerei zu höchster Qualität. Aus ersten Werkstätten gingen Schulen hervor, der **Jugendstil** wurde bedeutend. Richtungweisend waren Michael Healy, Harry Clarke, Sarah Purser und Evie Hone. Viele Werke gingen im Abrisswahn des späten 20. Jh.s verloren. Ein spektakuläres **Bleiglasfenster Harry Clarkes** (1889–1931) gelangte so aus dem Schutt in Dublins Little Museum.

Malerei

Nationalen Ruhm erwarben im späten 18. Jh. der Porträtmaler Robert Hunter (1748 – 1780) und James Barry (1741 – 1806) mit Historienbildern und Radierungen. Maler des 19. Jh.s widmeten sich der Landschafts-, Historien- und Genremalerei, so Nathaniel Hone (1831 bis 1917) und William Mulready (1786 – 1863). Später wurden Naturalismus und Impressionismus bestimmend: William Orpen (1878 – 1931) galt als beliebtester Maler der englischen Gesellschaft. **Jack Butler Yeats'** (1871 – 1957) Werke nahmen immer abstraktere Züge an und sind z. B. in Sligo (**The Model**) zu bewundern. Die Gemälde von Roderic O'Conor (1860 – 1940) erinnern an die Expressionisten. Der Dubliner Louis le Brocquy (1916–2012) bestach durch seine Maltechniken und gilt als bedeutendster irischer Maler des 20. Jh.s. Sean Scully (geb. 1945) gehört zu den großen abstrakten Malern der Gegenwart. Einen sehr guten Überblick verschafft Dublins städtische **Hugh Lane Gallery**. Moderne Kunst ist in Dublins Publikumsmagnet **IMMA (Irish Museum of Modern Art)** daheim, das 2019 mit über 500 000 Besuchern auf Rang 7 der kostenfreien und Rang 13 aller Irland-Attraktionen rangierte.

Zeitgenössische Kunst und Architektur

Moderne Architektur und bildende Kunst zitieren verstärkt wieder Irlands **Frühzeit**. Neue Rundkirchen ähneln uralten Steinforts, z. B. **Liam McCormicks St. Aengus Church in Burt** (Co. Donegal) von 1967. Die Kirche wurde 2000 zum bedeutendsten irischen Bauwerk des 20. Jh. gewählt. Die Glasfenster schuf Helen Moloney. Altar, Taufbecken und Kruzifix sind von der aus München stammenden Imogen Stuart (geb. 1927). **Michael Scott** schuf Dublins Abbey Theatre

(1959) und das Gebäude der Bank of Ireland (1973). Beachtung verdient auch die neue Bibliothek des Trinity College in Dublin von Ahrends, Burton & Koralek (1963 – 1967).

Dublins **Grand Canal Docks** beherbergen die Architektur des 21. Jh.s: Daniel Libeskind baute bis 2010 das **Grand Canal Theatre**, das 2012 zum **Bord Gáis Energy Theatre** umbenannt wurde. Der in Dublin geborene US-Amerikaner Kevin Roche errichtete 2010 das **Dublin Convention Centre**, Santiago Calatrava 2009 die **Samuel Beckett Bridge** (2010 eröffnet). Neues Wahrzeichen Dublins ist das 67 m hohe **Google Docks Building**, das 2014 mit einer gläsernen Fußgängerbrücke einen »Hyperlink« zu den Google-Büros (Barrow Street) erhielt. Das herausragende **Marker Hotel** baute der Portugiese Manuel Aires Mateus bis 2013. Zudem setzten die Architektengruppen Civic Arts (London) und Todd Architects (Belfast) mit dem **Belfast Titanic** (2012) und dem **Titanic Quarter** neue Akzente. Bronzeskulpturen von Edward Delaney (1930 – 2009) und Rowan Gillespie (geb. 1953) schmücken den öffentlichen Raum, etwa Gillespies »Titanica« am Titanic Belfast oder sein »Famine Monument« in Dublin.

Literatur

Frühe Epoche

Mit der **Ogham-Schrift** begann die sog. Archaische Epoche, aus der nur knapp 400 kurze Inschriften erhalten sind.

Filid genannte Dichter und Sänger der vorchristlichen Zeit genossen hohes Ansehen, da sie als Chronisten die Herrscher- und Stammesgeschichte mündlich überlieferten. Auf ihre Schutzherren verfassten sie Preis- und Klage-, auf Feinde Schmählieder.

Die **Frühe Epoche** der irischen Literatur ist die Zeit der **Heldensagen**. Handschriften aus dem 12. und 13. Jh. machten sie zu schriftlich überlieferten Prosaepen. Doch ihre Sprachform ist weit älter und reicht bis in die vorchristlich keltische Welt zurück. Gegliedert sind Irlands Heldenepen nach Zyklen. Der sog. Ulster-Zyklus mit der zentralen Erzählung »Der Rinderraub von Cooley« beinhaltet u. a. die Geschichte um Deirdres tragische Liebe (Tristan-und-Isolde-Motiv) und schildert den Kampf sagenhafter übernatürlicher Wesen, der **Túatha Dé Danann** (Volk der Göttin Danu) und ihres Königs **Dagdá** gegen Götter und Dämonen. Die Túatha Dé Danann lösten mythisch die vorherigen Bewohner Irlands, die **Fir Bolg**, ab und wurden selbst von den die Insel erreichenden **Milesiern** verdrängt. Der **Königszyklus** versammelt Sagen und Erzählungen um je einen historischen König, z. B. »Cath Almaine« (»Die Schlacht von Allen«) oder »Buile Suibhne« (»Suibhnes Wahnsinn«), der auch auf einer Shannon-Insel nahe Shannonbridge (Co. offaly) spielt.

Aus der **frühen Lyrik** sind neben den Gesängen der Filid auch religiöse Gedichte überliefert, z. B. die Märtyrer- und Heiligenkalender

von Tallaght (»Félire«, erste Viertel 9. Jh.), die Óengus mac Óengobann verfasste.
Ebenfalls in diese Zeit fallen Heiligenlegenden und Evangeliare wie das **»Book of Kells«** und medizinische wie juristische Traktate (»Großes altes Gesetzbuch«). Die »Dindshenchas« stellen irische Orte in Kurzerzählungen und Legenden vor.

Mittlere Epoche

Nach der anglo-normannischen Invasion 1171 lösten **Barden** an den neuen Fürstenhöfen die Filid als Hofdichter ab. Wie diese priesen sie ihre Herren und verspotteten die Gegner. Ein berühmter Barde war Muireadhach Albanach Ó Dálaigh (1. Hälfte 13. Jh.). Die Prosa der Mittleren Epoche repräsentiert Irlands vierter Sagenkreis, der märchenhafte Finn-Zyklus, mit der Erzählung »Acallam na Senórach« (»Gespräch der Alten«).

Späte Epoche

Die Unterdrückung des Irischen führte zum Zerfall der einheitlichen Literatursprache in Dialekte. Im 17./18. Jh. entfaltete sich in der Provinz Munster eine von Bauern und Handwerkern getragene **Volksdichtung**, die Munsterdichtung. Bedeutend ist Brian Merrimans (1747 bis 1805) »Mitternächtlicher Gerichtshof« (»Cúirt An Mheán Oíche«). Seit dem 17. Jh. schrieben irische Autoren auch in **englischer Sprache**. **Jonathan Swift** (1667 – 1745) verfasste mit »Gullivers Reisen« (1726) eine bittere Satire gegen England. Witz, Humor und Fabulierlust prägen das Werk des Landgeistlichen **Laurence Sterne** (1713 – 1768). Sein 1760 bis 1767 veröffentlichter Roman »Leben und Meinungen des Tristram Shandy« zählte Arno Schmidt zu den »zehn größten Büchern« in englischer Sprache.

Moderne Epoche

Auslöser der sog. irischen Renaissance zur Erneuerung irischer Sprache und Kultur war die Gälische Liga, die Douglas Hyde (1860 – 1949), 1938 bis 1945 erster Präsident der Republik Irland, 1893 gründete. Der populäre James Stephens (1882 – 1950) griff in seinen Romanen auf die irische Sagenwelt zurück. Größter Vertreter des Irischen im 20. Jh. war **Máirtín Ó Cadhain** (1906 – 1970), der 1949 mit dem Roman **»Cré na Cille«** (Deutsch 2017 als »Grabgeflüster«) brillierte. Der spätere Irisch-Professor am Trinity College kreierte Worte wie **»**Einohrbrut« und »Moderarsch«, er steht auf einer Höhe mit James Joyce.
Das erste irische Nationaltheater **(»Irish Literary Theatre«)** wurde 1899 von Lady Augusta Gregory und W. B. Yeats (1865 – 1939) gegründet, der Themen und Stoffe für seine Dramen ebenfalls aus der irischen Sagenwelt schöpfte. 1901 führten sie das erste Theaterstück in gälischer Sprache auf. J. M. Synge (1871 – 1909) gilt mit seinen realistisch-poetischen Tragödien und Komödien in stilisierter irischer Sprache als die größte dramatische Kraft jener Zeit. Seán O'Casey (1880 – 1964) und Brendan Behan (1923 – 1964)

Jährlich feiert Dublin beim Bram-Stoker-Festival den König des Schauerromans.

thematisieren in ihren Stücken und Erzählungen die sozialen Verhältnisse ihrer Heimat und den Freiheitskampf der Iren.

Die irische Literatur brachte mit **W.B. Yeats** (1923), **George Bernard Shaw** (1925), **Samuel Beckett** (1969) und **Seamus Heaney** (1995) vier Literaturnobelpreisträger hervor. Zudem war **Oscar Wilde** ein Dramatiker von Weltrang. Bedeutendster Prosaschriftsteller war **James Joyce** (1882 – 1941), der in »Ulysses« (1922) Dublin zu Beginn des 20. Jh.s porträtierte. Die Romane und Satiren von Frank O'Connor (1903 – 1966), Seán O'Faoláin (1900 – 1991), Liam O'Flaherty (1896 – 1984) und M. Ó Cadhain zeigen soziale Missstände und religiösen Probleme auf. Auch Lyriker Máirtin Ó Diréan (1910 – 1988) – er beschrieb u. a. die Schönheit der Aran-Inseln – übte Gesellschaftskritik.

Ein populäres Werk der Weltliteratur schuf **Abraham (Bram) Stoker** (1847 – 1912): »Dracula«. Im 1897 veröffentlichten Kolportage-Roman entlieh Stoker den Namen seines Protagonisten dem rumänischen Fürsten Vlad Tepes. Stoker verarbeitete Mythen und Legenden sowie die seit dem 15. Jh. in Europa grassierende Vampir-Hysterie. 2011 wurden im irischen Kilteasheen (Co. Roscommon) gar zwei »Vampirleichen« aus dem 8. Jh. entdeckt. Keine Frage: Vampirismus ist in, vor allem in der aktuellen Literatur.

Zeitgenössische Literatur

Flann O'Brien, eigentlich Brian O'Nolan (1911 – 1966), war ein Autor, dessen Werk nur so sprüht von humoristischen Einfällen. O'Brien studierte irische, englische und deutsche Literatur in Dublin. 1940 bis 1960 schrieb er unter dem Pseudonym Myles na Gopaleen gefürchtete satirische Kolumnen für die Irish Times. Der Titel seines Hauptwerks »At Swim-Two-Birds« (1939; dt. »Auf-Schwimmen-zwei-Vögel«) ist entschlüsselt. Es handelt sich um eine namensgleiche Insel im Shannon nahe Shannonbridge (Co. Offaly). Den heutigen »Gottvater der Postmodernisten« sehen viele noch vor James Joyce. Erfolg war ihm nicht vergönnt. Kurz vor seinem Tod bemerkte er resigniert: »Mein Schicksal als Literat ist es wohl, ein brillanter Versager zu sein und niemals berühmt zu werden.«
Einen Welterfolg feierte der in New York geborene, in Irland aufgewachsene **Frank McCourt** (1930 – 2009) 1996 mit der Autobiografie »Die Asche meiner Mutter«.
Maeve Binchy (1939 – 2012) schrieb Kurzgeschichten und Romane und war Kolumnistin der Zeitung »The Irish Times«. In den USA und Großbritannien war und ist Binchy mit über 40 Mio. verkauften Büchern Bestsellerautorin. Tiefe Einblicke ins irische Leben vermitteln die Romane von **Roddy Doyle**. Der 1958 in Dalkey bei Dublin geborene Autor landete mit seiner Barrytown-Trilogie Riesenerfolge. »The Commitments« wurde von Alan Parker verfilmt, »The Snapper« und »The Van« von Stephen Frears. Erfolgreich war auch der Roman »Paddy Clarke Ha Ha Ha« (Booker-Preis 1993). Den Booker-Preis 2005 gewann der 1945 in Wexford geborenen **John Banville.** Krimis und Thrillerliteratur sind das Metier von **Patrick Dunne**, dessen Debütroman »Die Keltennadel« (2000) großen Erfolg feierte. Doch nicht Irlands vermeintlicher neuer Literaturstar **Colm Tóibín** erhielt den Booker-Preis 2007: Den räumte **Anne Enright,** geboren 1962 in Dublin, mit »Das Familientreffen« ab. Beim hochdotierten jährlichen International **Dublin Literary Award** schafften es 2019 mit der 1991 in Castlebar geborenen Sally Rooney (»Conversations with Friends«) und Bernard MacLaverty (geb. 1942 in Belfast) mit »Midwinter Break« zwei Iren auf die Shortlist. Gleiches gelang 2021 dem Dubliner Colum McCann (geb. 1965) mit »Apeirogon«.

Lyrik

Bedeutendster zeitgenössischer Lyriker war **Seamus Heaney** (1939 – 2013). In seinen Gedichten in der Nachfolge W. B. Yeats' waren Landschaft, Natur und politische Realität Irlands Thema. Im neuen **Seamus Heaney Home Place** in Bellaghy (Nordirland) wird die »lyrische Schönheit und ethische Tiefe« des Literaturnobelpreisträgers 1995 für Besucher erschlossen (www.seamusheaneyhome.com). In Irland ragen Patrick Kavanagh (1904 – 1967) mit dem Hauptgedicht »The Great Hunger« (»Der große Hunger«), Paul Durcan (geb. 1944), Louis de Paor (geb. 1961) oder Paula Meehan (geb. 1955) hervor.

IRISCHE MUSIK: WO MAN SINGT …

Jeden Abend proppenvoll, jeden Abend beste Stimmung. Im Pub schmeckt Frischgezapftes besonders gut, zum Bier lässt sich ein Abend herrlich verquatschen. Aber Hauptgrund furs ausgelassene Feiern ist die magische Live-Musik.

Die Iren sind seit je sangesfreudig. In keltischer Zeit spielten Barden auf, tradierten mit ihren Gesängen Sprache, Kultur und Geschichte. Zum Gesang erklangen die keltische Harfe und die flache Bodhrán-Trommel als wichtigste Instrumente. Doch die irische Musiktradition erschien englischen Kolonisatoren im 17. Jh. subversiv : Cromwell ließ Harfen auf Scheiterhaufen verbrennen, gar Harfenisten hinrichten. Kein Wunder, dass die keltische Harfe nun Nationalsymbol ist und das irische Staatswappen schmückt.

In die Welt hinaus

Seit je war irische Musik auch probates Mittel gegen Wehmut und Heimweh. Emigranten spielten die alten Volksweisen auf allen Kontinenten, bis heute ist der Einfluss irischer Elemente in Folk-, Pop- und Rockmusik groß.

Traditionelle Musik begleitete Irlands Weg in die Unabhängigkeit. Seit 1950 fördert »Comhaltas Ceoltióri Éireann« irische Musik. Hauptattraktionen sind im Sommer die Open-Air-Festivals, allen voran das nationale Folkmusikfest »Fleadh Cheoil« (jährlich im August), dem regionale Feste vorausgehen. Hier zählt die lockere Atmosphäre: Man trifft sich unter Freunden, singt und tanzt mit oder greift in einem Pub selbst zum Instrument.

Kneipenfolk, Folkkneipen

Mitreißende Rhythmen und melodische Mitsing-Balladen machten Irish Folk Music weltweit populär. Ihre Wurzeln erlebt man überall und allabendlich in den **»singing pubs«**, wo Musiker wie selbstverständlich zu Fiedel, »tin whistle« (kleine Blechflöte), Gitarre, Banjo, »uillean pipes« (irischer Dudelsack), oder Akkordeon greifen. Oft werden die Texte abgewandelt, zum Amusement aller über lokale Skandälchen gefrozzelt oder politische Themen wie der Nordirlandkonflikt, der Brexit oder Irlands Pleite 2009/2010 aufgegriffen.

Galways historische Altstadt ist wie Dublins **Temple Bar-Bezirk** schon nachmittags im Folkfieber. Pubs säumen hier ganze Straßenzeilen, drinnen und an jeder Ecke wird musiziert.

Heimliche Hauptstadt des Irish Folk ist **Doolin** (Co. Clare), wo jeder Zweite singt und musiziert. Und selbst in Donegals **Bloody Foreland** wird zu Musik und Kursen im irischen Stepptanz geladen.

Irische Folkmusik füllte schon früh auch in Deutschland Säle und Festivalbühnen. Die Topband **Dubliners** existierte bis 2012, ihre Überbleibsel treten seit 2013 als **The Dublin Legends** auf.

Ihr Gründungsort war 1962 der **O'Donoghue's Pub** in Dublin. Im Kultpub feiern jeden Abend Hunderte.

Den Dubliners ebenbürtig war die 2001 bis 2014 auf Wiedervereinigungstour befindliche Folkpunk-Band **The**

In einem »singing pub« in Doolin

Pogues, deren Sänger Philip Chevron 2013 verstarb. Die **Chieftains** machten sich ums Irish Folk Music Revival verdient. Mit der in Gweedore (Co. Donegal) gegründeten New-Age-Folkband **Clannad** musizierte schon U2-Sänger Bono.

Musik im Blut

Irland kennt herausragende Musiker mit Weltreputation. **Gary Moore** (1952 – 2011) und **Rory Gallagher** (1948 – 1995) waren Große des Blues, **Chris de Burgh** (geb. 1948) erfolgreicher Liedermacher. Innovativ waren die Gruppen **Them** und **Thin Lizzy,** die mit ihrer Version des Folksongs »Whiskey In The Jar« einen Welthit landeten. Them-Mitglied **Van Morrison** (geb. 1945) startete 1967 seine Solokarriere, wurde Kultfigur und 2016 geadelt. Ähnlich erfolgreich war **Gilbert O'Sullivan** (geb. 1946). Den **Boomtown Rats** gelang der Durchbruch in London. Ihr Frontmann **Bob Geldof** avancierte zum »Heiligen der Popmusik«: Er organisierte mit »Band Aid« und »USA für Africa« Benefizkonzerte. International am erfolgreichsten war **U2.** Starproduzent **Brian Eno** (geb. 1948) hatte den richtigen Riecher für gute Texte und die charismatische Stimme von Bandleader **Bono,** der 1960 in Dublin das Licht der Welt erblickte. Beeinflusst vom irischen Pop ist **Sineád O'Connor.** Keine Frage: Wer irische Wurzeln hat, besitzt auch einen ordentlichen Schuss Musik im Blut!

INTERESSANTE MENSCHEN

Absurdes Theater: Samuel Beckett

1906 –1989
Schriftsteller

Der Literaturnobelpreisträger 1969 genoss als **Hauptvertreter des Absurden Theaters** Weltruhm. In Dublin geboren und aufgewachsen, studierte er 1923 – 1927 am Trinity College Romanistik und lehrte anschließend Englisch in Paris, wo er James Joyce und die Existenzialisten kennenlernte. Ab 1933 schuf er in London erste Gedichte, Erzählungen und Essays auf Englisch. Zurück in Paris schrieb er in Französisch. Bekannt wurde er mit dem Roman »Molloy« (1951). Sein erstes Bühnenstück »Warten auf Godot« (1952) erregte mit seiner minimalen Handlung großes Aufsehen. Der Mensch erscheint pessimistisch mit Hang zu Groteskem wie Burleskem.

Noch immer »berauschen sich« – so die »Irish Times« im Dezember 2017 – irische Künstler an Samuel Beckett. Porträt im Dubliner Vorort Rathmines.

Atlantiküberquerer(?): Hl. Brendan

um 484 bis um 577
Missionar

Um 900 erschien »Die Seereise des hl. Brendan«. Im Reisebericht entdeckt der irische Abt Brendan Land jenseits des Atlantik. Neben Clonfert (Co. Galway) gründete der hl. Brendan weitere irische Klöster und missionierte wohl auch schottische Inseln und Wales. Legendär stach er zwischen 512 und 530 mit 17 Gefährten oder 60 Pilgern in See, nachdem er gehört hatte, jenseits des Ozeans sei ein von Heiligen bewohntes »Gelobtes Land«. Sieben Jahre später kehrte er zurück. Timothy Severin bewies 1976, dass die Atlantiküberquerung mit einem Boot aus Leder wie zu Zeiten Brendans möglich war. Er segelte im Nachbau von Irland bis nach Labrador (Kanada).

Schutzheilige: Hl. Brigid von Kildare

451–525
Äbtissin

Der Name der bildhübschen Tochter eines Adeligen und einer Leibeigenen bedeutet keltisch »die Erhabene«. Mit 14 Jahren wurde sie Nonne und gründete nahe dem Elternhaus eine Zelle unter einer Eiche, aus dem das Doppelkloster Kildare für Nonnen und Mönche entstand. Legendär wurden hohe Bildung, Entschlusskraft, Frömmigkeit und Wohltätigkeit. Brigid, Patrick und Columban sind die drei **Schutzheiligen Irlands**. Brigids Gedenktag (1. Feb.) war einst Festtag (Frühlingsbeginn) der keltischen Muttergöttin Brighid. Das englische »bright« (»hell«) weist auf diesen Ursprung.

Anwalt der Schwachen: Roger Casement

1864–1916
Widerstandskämpfer

Am 3. August 1916 wurde Sir Roger Casement in London wegen Konspiration mit dem Feind und Vorbereitung eines irischen Aufstands gehängt. Der gebürtige Dubliner bereiste als 20-Jähriger Afrika. Ab 1900 untersuchte er für die britische Regierung das koloniale Belgisch-Kongo und Peru und bestätigte Gerüchte über Misshandlungen. Als »Anwalt der Schwachen« genoss Casement hohes Ansehen und wurde geadelt. Aufgrund Krankheit verließ Casement 1913 den britischen Staatsdienst und unterstützte fortan Irlands Kampf um Unabhängigkeit. Nach Ausbruch des Ersten Weltkriegs kontaktierte er das Deutsche Reich und schmuggelte zur Unterstützung des Osteraufstandes 1916 mit dem Schiff »Libau«, Deckname »Aud«, 20 000 Gewehre und Munition nach Irland. Das Schiff wurde entdeckt, die Besatzung versenkte es. Der nahebei mit dem U-Boot »U-19« gelandete Casement wurde verhaftet. Die Osterrevolte scheiterte, als Hauptschuldiger wurde Casement wegen Hochverrats, Sabotage und Spionage **zum Tode verurteilt**. Casements nach Dublin überführte sterbliche Überreste wurden am 28. Februar 1965 von

Weltliterat und Porträtist seiner Heimatstadt Dublin –
zu sehen hier im Joyce-Schaufenster eines Dubliner Buchladens

30 000 Menschen auf dem Glasnevin Cemetery beigesetzt. Mario Vargas Llosa, Literaturnobelpreisträger 2010, veröffentlichte 2010 »Der Traum des Kelten« zu Casement mit drei Kapiteln: »Kongo«, »Amazonas« und »Irland«.

Jahrhundertautor: James Joyce

1882–1941
Romancier

Am 2.2.2022 feierten Tausende den 100. Geburtstag der Erstveröffentlichung vom Hauptwerk des Autors, dem Roman »Ulysses«. Die Events zu »Ulysses 100« erreichten an Dublins offiziellem Joyce-Feiertag, dem jährlichen »Bloomsday« am 16. Juni, ihren Höhepunkt. Nach der Ausbildung an kirchlichen Schulen und Dublins University College studierte Joyce ab 1903 Medizin in Paris. Seit 1904 lebte er im selbst gewählten Exil (u. a. Triest, Rom, Zürich). 1914 erschienen die »Dubliners«, 15 Kurzgeschichten, in denen Joyce Dublins Gesellschaft in verschiedenen Lebensaltern schilderte. Der autobiografische Roman »Ein Porträt des Künstlers als junger Mann« (1916) präsentiert als innerer Monolog Spannungen eines heranwachsenden Künstlers mit seiner Umwelt. Im Spätwerk »Finnegans Wake« (1939) suchte Joyce wie im »Ulysses« das Unbewusste sprachlich zu fassen. Joyce flüchtete 1940 mit Familie von Paris nach Zürich, wo er am 13. Januar 1941 nach schwerer Krankheit starb.

Nobelpreisträgerin: Mairead Maguire

geb. 1944
Friedens-
aktivistin

Als Mitgründerin von »Women for Peace«, der späteren Friedensgruppe »Community for Peace People«, erhielt das zweite von acht Kindern einer katholischen Belfaster Familie den **Friedensnobelpreis 1976**. Auslöser ihres Engagements war der tragische Tod dreier Kinder ihrer Schwester Anne (6 und 2 Jahre sowie 6 Wochen alt). Am 10. August 1976 wurde Dany Lennon, Mitglied der Provisional Irish Republican Army (PIRA), von britischen Truppen am Steuer jenes Autos erschossen, das dann mit Anne und den Kindern kollidierte. Wenig später versammelte Maguire 200 Frauen zum ersten Friedensmarsch. Zur Beerdigung der Kinder erschienen 10 000 protestantische und katholische Frauen, die von PIRA-Anhängern physisch attackiert wurden. Ende August 1976 gingen 35 000 Frauen für den Frieden durch Belfast. Maguire war stets überzeugt, dass nur Aufklärung und Erziehung die Gewalt beenden können. 2006 war sie Mitbegründerin der **Nobel Women's Initiative**, die sich für Frieden, Gerechtigkeit und Gleichheit einsetzt. Ihr folgendes Engagement im Nahen Osten war umstritten.

»Tochter Irlands«: Constance Markiewicz

1868–1927
Widerstands-
kämpferin

Die in London geborene Tochter des angloirischen Landadligen Sir Henry Gore-Booth wuchs im Co. Sligo auf und war mit William B. Yeats befreundet. Ihren Ehemann lernte sie beim Studium der Malerei in Paris kennen und ließ sich mit ihm in Dublin nieder. Dort trat Markiewiecz der Unabhängigkeitsvereinigung »Töchter Irlands« bei. 1908 wurde sie Sinn-Féin-Mitglied und war Mitgründerin der militanten IRA-**»Liga der Frauen«**. 1916 nahm sie wie 90 weitere Frauen (60 aus Belfast) am Osteraufstand teil und kämpfte auf Dublins St Stephen's Green. Da Frauen nicht hingerichtet wurden, wurde ihr Todesurteil in lebenslänglich gewandelt, 1917 kam sie dank Generalamnestie frei. 1918 wurde sie, erneut in Haft, als einzige Frau der Sinn-Féin-Partei ins britische Parlament gewählt, trat nach ihrer Freilassung 1919 aber dem neuen irischen Parlament bei und wurde Arbeitsministerin. Auch im Bürgerkrieg kämpfte sie bewaffnet. Die streitbare Gräfin starb 1927 – wohl an Tuberkulose – in Dublin.

Mächtig: Mary McAleese

geb. 1951
Politikerin

Die in Nordirland wie Irland hochgeschätze Juristin aus Belfast übernahm 1975 Mary Robinsons Jura-Professur am Trinity College. 1997 folgte sie Robinson als 8. **Präsident(in) Irlands**. Gegenseitiger Wertschätzung ist der historische Irland-Besuch von Königin Eli-zabeth II. im

Mai 2011 zu danken. Sie hatten sich an Belfasts Queens University kennengelernt, wo McAleese ab 1994 Pro-Vice Chancellor war. Der Dichter Michael D. Higgins aus Limerick übernahm das Präsidentenamt am 11.11.2011. McAleese war als Gründerin der Kampagne für Gesetzesreformen zugunsten Homosexueller erfolgreich, unterstützt die LGBT-Bewegung, warnt vor den Brexit-Folgen, ist Mitglied des Council of Women World Leaders und eine der mächtigsten Frauen weltweit.

»Irlands ungekrönter König«: Daniel O'Connell

1775–1847
Widerstandskämpfer

Der bekannteste Führer des irischen Widerstands gegen die englische Krone galt im ersten Drittel des 19. Jh.s als »Irlands ungekrönter König«, scheiterte am Ende aber an den Realitäten. O'Connell studierte als Sohn eines relativ vermögenden katholischen Gutsbesitzers in Frankreich, wo er die Revolution erlebte. Als Anwalt setzte er sich in Dublin für die **Gleichberechtigung irischer Katholiken** und den Schutz der Landpächter gegen Großgrundbesitzer ein. Die dafür 1823 gegründete Katholische Vereinigung zählte über 1 Mio. Mitglieder. Mit ihr gewann O'Connell in der Grafschaft Clare die Wahl zum Parlamentsabgeordneten. Doch erst nach Änderung der Gesetze zog er als Nicht-Anglikaner ins Londoner Parlament ein. Als die Konservativen wieder regierten, sank O'Connells Einfluss. Es kam zum Eklat, als Englands Statthalter eine Großkundgebung bei Dublin militärisch verhindern wollte. O'Connell sagte die Veranstaltung am Vorabend ab, worauf sich junge Anhänger von ihm lösten. Gesundheitlich angeschlagen reiste er zur Erholung nach Italien, wo er in Genua starb.

Der strategisch günstig gelegene Wohnturm Rockfleet Castle diente Grace O'Malley als Unterschlupf.

Mächtige Clan-Queen: Grace O'Malley

1530–1603
Piratin

Als einziges Kind wurde die Tochter Owen Dubhdrars (»Schwarzeiche«) und seiner Gattin Margaret Oberhaupt des mächtigen O'Malley-Clans und Herrscherin an der Clew Bay.
Die See war Lebensgrundlage des Clans; Fischhandel und Piraterie ernährten ihn, auch Grace erlernte das Seehandwerk. Ihre erste Ehe mit Donal dem Schlachtenreichen, Fürst des O'Flaherty-Clans, hielt sie als Mutter dreier Kinder zunächst an Land. Als sie wieder in See stach, trug sie mit ihren Handels- und Piratenzügen mehr zum Familienvermögen bei als ihr Gatte. Nach dessen Tod kehrte sie in ihr Elternhaus zurück und wurde 1566 zum ersten weiblichen Oberhaupt des O'Malley-Clans gewählt. Ihre zweite Ehe ging sie strategisch an: Mit dem erheirateten Gebiet beherrschte sie die gesamte Clew-Bucht. Keltisches Recht ermöglichte ihr, den Gatten nach einem Ehejahr zu entlassen – seinen Besitz aber zu behalten.
Mit 20 Schiffen und 6000 Mann beherrschte Grace die irische Westküste und wurde zum Schrecken aller Handelsschiffe. Königin Elisabeth I. jedoch, die Anspruch auf Irland erhob, schien stärker. Als zwei Söhne der Piratin in englische Gefangenschaft gerieten, segelte sie 1593 nach London. Beim Treffen der beiden Queens soll Grace einen Dolch getragen und die Verbeugung vor Ihrer Majestät verweigert haben. Grace bot der Queen ihre Dienste an, die Gefangenen kamen frei, Elisabeth versprach zudem den Abzug des Gouverneurs aus Irland. Das Abkommen der Damen hielt nur kurz. Grace unterstützte wieder irische Rebellen und wurde **Freiheitsheldin** – in irischer wie in eigener Sache.

Erfinder des Boykotts: Charles Stewart Parnell

1846–1891
Politiker

Die **Symbolfigur der irischen Nationalbewegung** stammte aus einer protestantischen angloirischen Familie. Parnells politische Karriere begann in der 1870 gegründeten Home Rule League, die die Selbstständigkeit des irischen Parlaments forderte und Gewalt ablehnte. Als Parteiführer erkämpfte er mit friedlichen Mitteln Zugeständnisse der britischen Regierung. Große Popularität erreichte er mit dem ersten Boykott der Weltgeschichte: Verhasst waren skrupellose Verwalter, die im Auftrag englischer Großgrundbesitzer die mittellose Landbevölkerung ausbeuteten. Gegen einen solchen Verwalter, Captain Boycott, richtete sich Parnells Aktion des völligen Ignorierens. Als sich die irische Unabhängigkeit nicht verfassungskonform erreichen ließ, begann Parnells Abstieg. Sein Verhältnis mit der verheirateten, aber getrennt lebenden Katherine O'Shea wurde als »sittenwidriges Verhalten« ausgeschlachtet. Nur Monate nach seiner Absetzung starb er.

Für Irland und die Welt: Mary Robinson

geb. 1944
Politikerin

Die Juristin aus Ballina wurde mit 25 Jahren Professorin für Strafrecht an Dublins Trinity College. Von 1969 bis 1989 war sie Abgeordnete des irischen Oberhauses. Am 7. November 1990 gewann sie als Kandidatin der Labour Party die Präsidentschaftswahl und war bis 1997 Irlands erste Staatspräsidentin. Bis 2002 wirkte sie als UN-Hochkommissarin für Menschenrechte und erhielt 2009 die höchste zivile Ehrung der USA, die Presidential Medal of Freedom. 2010 gründete sie die Mary Robinson Foundation für Klimagerechtigkeit, wurde 2014 UN-Sondergesandte für den Klimawandel, war 1998 bis 2019 Kanzlerin der Uni Dublin und ist seit 2020 Ehrenmitglied der British Academy.

Nobelpreis und Oscar für: George Bernard Shaw

1856–1950
Autor und Kritiker

Zynismus, Spott und Humor machten Shaw auch außerhalb seines literarischen Werks berühmt. Der gebürtige Dubliner, der Vater Engländer, die Mutter Irin, zog 1876 nach London und schrieb bewunderte wie gefürchtete Musik-, Kunst- und Theaterkritiken. Ab 1891 begann Shaws dramatisches Schaffen. Zynisch bespöttelte er Konventionen und Klischees mit geschliffenen Dialogen und treffenden Pointen. Berühmt wurden die Dramen **»Pygmalion«** (1912) und **»Die heilige Johanna«** (1923). Shaw erhielt neben Al Gore als einziger den Nobelpreis (1925 für Literatur) und einen Oscar (Drehbuch zur Verfilmung des »Pygmalion« 1939). Seine Sicht auf Irland kommt in »John Bulls andere Insel« (1904) zum Tragen: »Irland ist, im Guten wie im Bösen, mit keinem anderen Himmelsstrich zu vergleichen; und kein Mensch kann seinen Rasen berühren oder seine Luft einatmen, ohne besser oder schlechter zu werden.«

Gullivers Schöpfer: Jonathan Swift

1667–1745
Satiriker und Kinderbuchautor

»Gullivers Reisen« zählt zu den meistgelesenen Kinderbüchern der Welt. Doch das 1726 von Swift verfasste Werk ist weit mehr. Die Abenteuer führen Held Gulliver zu Liliputanern und Riesen, ins Land, wo Unsterblichkeit möglich ist und ins Reich vernunftbegabter Pferde, die eine ideale Gesellschaft mit Menschen als Dienern schufen. Das Buch ist eine bitterböse Satire auf die damalige englische Gesellschaft, auf menschliche Dummheit, Niedertracht und Missstände. Ironie zeichnete Swifts literarisches Schaffen aus. In Dublin lebte Swift ab 1713, war Dekan der St Patrick's Cathedral und wurde 1729 Ehrenbürger der Stadt. Der Tod von Lebensgefährtin Stella machte Swift zynisch, womöglich geisteskrank. Er wurde neben Stella in der St. Patrick's Cathedral beigesetzt.

Bis ins hohe Alter blieb Shaw ein streitbarer Geist. Von seinem Reichtum gönnte er sich immerhin einen Rolls Royce, der Allgemeinheit ein phonetisches Alphabet.

Dramatiker: John Millington Synge

1871–1909
Schriftsteller

Der aus einer anglo-irischen Anwaltsfamilie stammende Schriftsteller studierte an Dublins Trinity College, bereiste 1892 Deutschland und Italien und hielt sich bis 1898 vorwiegend in Paris auf. Dort traf er auf William B. Yeats, der ihm zum Aufenthalt auf den Aran-Inseln riet, um Leben und Sprache der Insulaner zu studieren. Zunächst blieb Synge nur sechs Wochen, kehrte in den Folgejahren aber stets zurück und schrieb **»Die Aran-Inseln«** (1907). Synge wurde 1904 Direktor des neuen Abbey Theatre in Dublin, das er bis zu seinem Tode leitete. Er schätzte die Welt der Bauern und Fischer. In »Riders to the Sea« stellt er den Seemannstod als unausweichlich dar. Seine Komödie »The Playboy of the Western World« (1907; »Ein wahrer Held«) würdigt die harte, aber herzliche Sprache der Inselbewohner.

50 Jahre Politik: Éamon de Valera

1882–1975
Politiker

Irlands bedeutendste Persönlichkeit im 20. Jh. bestimmte sechs Jahrzehnte (1913–1973) die Politik auf der »grünen Insel«. Die **Schaffung der Republik Irland** gilt als sein Verdienst. De Valera kam als Sohn eines Spaniers und einer Irin in New York zur Welt. Nach dem frühen Tod des Vaters wuchs er in Irland bei der Großmutter auf, studierte in Dublin Mathematik und trat in den Schuldienst ein. Seine politische Karriere begann 1913 als Mitglied der neu gegründeten Irish Volunteers, die größere Selbstverwaltung für Irland forderten. Als führender Kopf des Osteraufstands 1916 wurde er zum Tode verurteilt – das Urteil jedoch nicht vollstreckt. Wieder frei, kandidierte er erfolgreich fürs britische Unterhaus. Im Mai 1918 wurde er erneut verhaftet, ihm gelang aber die Flucht in die USA. Im Exil wurde er Parteichef von Sinn-Féin, die Irlands Unabhängigkeit und die Mehrheit irischer Mandate im britischen Unterhaus anstrebte. Aber statt ins Londoner Parlament zogen die Abgeordneten 1919 ins illegale Irische Parlament (Dáil Eireann) unter Vorsitz de Valeras, der 1920 nach Irland kam. De Valeras Ziel blieb die Unabhängigkeit, im Bürgerkrieg 1922/1923 stand er auf regierungsfeindlicher Seite. 1926 gründete er Fianna-Fáil und gewann die Wahl 1932. Unter seiner Regierung wurde Irland mit der Verfassung von 1937 faktisch Republik. Im Zweiten Weltkrieg blieb de Valera strikt neutral. 1948 abgewählt, gelangen ihm 1951 – 1954 und 1957 – 1959 Comebacks als Premierminister, 1959 – 1973 war er Präsident.

Frieden und Frauenrechte: Betty Williams

1943 – 2020
Friedensaktivistin

Die Friedensaktivistin aus Belfast war Mitgründerin der Community of Peace People und erhielt mit Mairead Maguire den **Friedensnobelpreis** 1976. Die Tochter aus einfachen Belfaster Verhältnissen, der protestantische Vater Metzger, die katholische Mutter Hausfrau, sammelte nach dem Tod der drei Kinder Anne Maguires in zwei Tagen 6000 Unterschriften und organisierte den Frauenmarsch zu deren Beerdigung. Die Mutter zweier Kinder verfasste auch die jede Gewalt ablehnende Deklaration der Peace People. Die mobiliserende Peace Rallye im Bus durch Nordirland endete im Okt. 1976 spektakulär auf Londons Trafalger Square mit Friedensikone Joan Baez. 1982 emigriete Williams in die USA, hielt dort Vorträge und gründete 1997 die Kinderrechtsorganisation World Centers of Compassion for Children International, deren Vorsitzende sie ab 2005 war. Die aktive Frauenrechtlerin starb am 17. März 2020 in Belfast.

National-irische Werke: William Butler Yeats

1865–1939
Dichter

Der Dichter gilt als maßgeblicher **Initiator der keltischen Renaissance**, die eng mit den irischen Unabhängigkeitsbestrebungen verbunden war und die Wiederbelebung irisch-keltischer Traditionen in Kunst und Kultur beförderte. Seine Kindheit verbrachte Yeats in

Dublin, London und Sligo. Der westirischen Küste, ihren Legenden und Volkssagen blieb Yeats zeitlebens verbunden. Ab 1884 besuchte er die Kunstakademie, um Maler zu werden, widmete sich ab 1886 aber der Literatur. 1899 war er Mitgründer des Irischen Nationaltheaters. Nach Ausrufung des Irischen Freistaats wurde er Senator. In diesem Amt (1922 – 1928) regte er die Ausschmückung irischer Geldmünzen mit der im Book of Kells versammelten Fauna an: Hase, Hund, Fisch, Vogel. Sein Gesamtwerk ist vom irisch-keltischen Sagengut, Märchen und Mythen durchdrungen. War sein frühes Schaffen vom französischen Symbolismus beeinflusst, beschäftigte er sich später mit Magie und Okkultismus, Riten und Symbolen. Seine Dramen gleichen dramatischen Gedichten, die Handlung ist symbolisch. Die Bände »Der Turm« (1928) und »Die Wendeltreppe« (1933) vereinen seine schönsten Gedichte. Yeats erhielt den **Literaturnobelpreis** 1923.

Der Erfinder des Reiseführers: Karl Baedeker

1801 – 1859
Verleger

Als Buchhändler kam Karl Baedeker viel herum, und überall ärgerte er sich über die »Lohnbedienten«, die die Neuankömmlinge gegen Trinkgeld in den erstbesten Gasthof schleppten. Nur: Wie sollte man sonst wissen, wo man übernachten könnte und was es anzuschauen gäbe? In seiner Buchhandlung hatte er zwar Fahrpläne, Reiseberichte und gelehrte Abhandlungen über Kunstsammlungen. Aber wollte man das mit sich herumschleppen? Wie wäre es denn, wenn man all das zusammenfasste?
Gedacht, getan: Zwar hatte er sein erstes Reisebuch, die 1832 erschienene »Rheinreise«, noch nicht einmal selbst geschrieben. Aber er entwickelte es von Auflage zu Auflage weiter. Mit der Einteilung in »Allgemein Wissenswertes«, »Praktisches« und »Beschreibung der Merk-(Sehens-)würdigkeiten« fand er die klassische Gliederung des Reiseführers, die bis heute ihre Gültigkeit hat. Bald waren immer mehr Menschen unterwegs mit seinen **»Handbüchlein für Reisende, die sich selbst leicht und schnell zurechtfinden wollen«**. Die Reisenden hatten sich befreit und sie verdanken es bis heute Karl Baedeker. Irland beschreibt er erstmals im 1889 erschienenen Band »Baedeker's Grossbritannien und Irland«.

»
Schnee und Eis sind selten, und die Insel ist
auch im Winter in grünem Kleide, die Vegetation
ähnlich üppig wie im südlichen England.
Daher der Name Irlands ›die grüne Insel‹.
«

Baedeker's Grossbritannien und Irland, 1. Auflage 1889

E
ERLEBEN & GENIESSEN

Überraschend, stimulierend, bereichernd

Mit unseren Ideen erleben und genießen Sie Irland.

Wer sich in Dublin ins Nachtleben stürzen will, ist im Viertel Temple Bar richtig. Im gleichnamigen Pub gibt's Livemusik.

THE
TEMPLE
BAR
TOBACCO

BEWEGEN UND ENTSPANNEN

Nahezu jeder Ire ist sportlich engagiert, sei es aktiv oder als Zuschauer. Den hohen Stellenwert des Sports bezeugt auch die Wettleidenschaft auf der Insel. Vom Angeln bis zum Zipping durch die Baumwipfel der Abenteuerparks können Urlauber die irische Freude am Sport teilen. Sogar im Pub, bei Snooker (Billard) oder Darts. Und: Iren sind stets enthusiastisch, aber noch mehr fair und friedlich.

Am und im Wasser

Baden Badefreunde kommen an Badeseen und an der vom Golfstrom verwöhnten **Südküste,** aber auch im Norden, etwa am **Strand von Portstewart (Nordirland)** auf ihre Kosten. Zig Sandstrände sind mit der Blauen Flagge ausgezeichnet und häufig bewacht. Zu beherzigen sind die Baderegeln: Strömungen können tückisch sein.

Irland ist ein Freizeitparadies. Die wunderschönen Küsten und Strände laden zu den typischen Strandsportarten und – wie hier bei Westport – zum Ausreiten ein.

Segeln

Irische See und Atlantik sind Top-Segelreviere, auch auf den Binnenseen sieht man häufig Segelboote. Der **Royal Cork Yacht Club** von 1720 gilt als einer der ältesten der Welt. Segelschulen bieten Kurse für Anfänger und Fortgeschrittene.

Surfen, Kajakfahren, Rudern ...

Dank beständig wehender Winde sind Irlands Küsten ein Surferparadies. **Surfen** kann man z. B. in Kinsale, Killaloe, Rosslare, Caherdaniel, Schull oder Carlingford. Nur für Profis sind die **Big Waves,** Wellen bis zu 20 m Höhe, vor den Cliffs of Moher. Trendig ist **SUP (Stand Up Paddling)**, meist in Strandnähe. Ein Dorado für ambitionierte Wellenreiter ist auch Sandhill bei Sligo. Irlands Seen und Flüsse taugen bestens für **Wasserski** und **Wakeboarding**. An den Blessington Lakes, Craigavon Lakes oder am Lough Muckno wird selbstverständlich Ausrüstung verliehen.
Angesagt sind **Rudern** (Rowing), **Kajak-** (Kayaking, Sea-Kayaking) und **Kanuwandern** (Canoeing). Wildwasserfahrten sind z. B. auf dem Liffey, Barrow, Boyne, Slaney, Shannon und Suir möglich.
Großartige Kajaktouren veranstaltet Emerald Outdoors (Tel. 083 0 31 70 11, www.emeraldoutdoors.ie) im County Kerry. Jamie und Collin bieten ab Kenmare Pier Stand-up-Paddling-Touren (Start: 10 Uhr; 50 €) und am Ring of Kerry ab dem Templenoe Pier tgl. Seekajak-Touren (2,5 Std.; Start: 14 Uhr; 60 €). Clou sind die Seekajak-Nachttouren (Start: 30 Min. vor Sonnenuntergang; 65 €) mit Erlebnis der Biolumineszenz in der Kenmare Bay. Start/Ziel sind Templenoe Pier oder Dromquinna Manor (Sneem Road, Dromquinna). Regelrechte Hochseeabenteuer samt Höhlenerkundung verspricht John Edwards mit Wild Water Adventures an der Felsküste von Kerry Head (https://wildwateradventures.ie). Wunderbar stimmungsvolle Kurztouren zu Sonnenauf- und Untergang und sogar sommerliche Vollmond-Kajakausflüge bietet **Atlantic Sea Kayaking** in West-Cork (www.atlanticseakayaking.com).

Tauchen

Sporttauchen (Scuba diving) ist ideal an den Golfstrom-Küsten. Tauchzentren verleihen Ausrüstungen, geben Kurse und bieten Tauchgänge an, z. B. am Wild Atlantic Way das **Burren Adventures Dive Centre** in Ballyvaughan (Tel. 065 7 07 79 21), bei **Valentia Island Sea Sports & Adventure** (Knighstown, Valentia Island, Co. Kerry; Tel. 066 9 47 62 04, https://valentiaislandseasports.com), bei **Ocean Divers** (ab Ballinskelligs; Tel. 01 2 80 10 83, www.oceandivers.ie) oder auf der Dingle Peninsula im **Waterworld Dive Centre** (Scraggane Pier, Castlegregory, Tel. 066 7 13 92 92; www.waterworld.ie).

Hausboottouren

Eine Attraktion sind Hausboottouren auf dem Shannon, dem Shannon-Erne-Waterway, dem Lough Erne oder dem Grand Canal. Auf dem Shannon erklärt der Shannon Guide (an Bord) alles Wissenswerte. Das Wetter muss beachtet werden. Handbücher hat Waterways Ireland auch online (www.waterwaysireland.org).

Zu Lande

Golf

Golf ist **Volkssport** in Irland, die Golfer der Insel Weltklasse. Bei den US Masters 2022 belegte Rory McIlroy (Nordirland) Rang 2, Shane Lowry (Irland) Rang 3! Hobbygolfer erhalten fast überall Zutritt. Groß ist der **Donegal Golf Club** (Murvagh, Laghley, Co. Donegal, Tel. 074 9 73 40 54, www.donegalgolfclub.ie; Greenfee 50 – 150 €). Hier weiß Leslie Robinson, wie man Loch 5 durch das» Tal der Tränen« sicher erreicht und unterrichtet auch blutige Anfänger. Der Schläger sollte zwar den Boden berühren, nicht aber große Rasenstücke herausbefördern. Nur 5 cm Durchmesser sind erlaubt. Leslies Rat: **»You have to knock the Daisies«!** Die Lernmethode des schwungvollen »Köpfens der Gänseblümchen« führte ein Golfer 1942 ein.

Wandern

Wandern boomt am **Wild Atlantic Way**, z. B. im Nordwesten auf dem **Appalachian Trail** (100 km). Hiking ist auch am **Diamond Hill** (Connemara National Park) angesagt. Beliebt sind Rundwanderwege (Looped Walks) wie der **Beara Way** (206 km) und am Sheep`s Head (250 km Wegenetz; Trails 6 – 26 km lang). Gute Fernwanderwege sind der **Kerry Way** (214 km) und **Slieve Bloom Way** durch die Counties Offaly und Laois (75 km; https://slievebloom.ie). Durch Nordirland führt der Ulster Way (1006 km). Kürzere Klippenwanderungen bieten z. B. Bundoran (Co. Donegal) an. In Sligo locken der Yeats Trail und Stadtführungen, nahebei in Strandhill der Killaspugbrone-Rundweg auf den Spuren von St Patrick. Extrem abgelegene Ecken im Westen sucht **Rachel's Irish Adventures** mit Kleingruppen auf (Quay Road, Ballina, Co. Mayo, Tel. 085 1 10 89 69, https://rachelsirish). **Clare Galvin & Kevin O'Shea** führen zu keltischen Spuren auf der Dingle-Halbinsel (**Celtic Nature Walking Tours**, Dingle, Co. Kerry, Tel. 087 7 90 39 50, https://celticnature.ie). Nie allein wandern! Tore und Gatter stets schließen!

Rad fahren

Die Smaragdinsel ist nicht erst seit der Giro d'Italia ihre Vorzüge entdeckte ein Paradies für Radler. Sogar Dublin, Belfast und Galway sind auf Leihrädern mühelos zu entdecken. Unschlagbar sind aber die abwechslungsreiche Landschaft und das geringe Verkehrsaufkommen im Hinterland. So kann man den **Glenveagh National Park** (Co. Donegal) auch per Rad erkunden, Leihräder gibt es direkt am Parkplatz. Den episch schönen, über 2500 km langen **Wild Atlantic Way** radeln Sportive in 25 Tagen ab. Viel cleverer und erholsamer sind aber ausgewählte, überschaubar kurze Teilstücke. Überall werden Räder verliehen, die Strecke ist perfekt nach Nord und Süd ausgeschildert, zig Hihglights locken. Großartig ist z. B. die Radtour auf dem **Loop Head Heritage Trail** (https://loveloophead.com). Auch der **Great Western Greenway** (www.green way.ie) zwischen Westport und Achill Island ist allererste Wahl. Radtouren in besonders schöne Gebiete veranstaltet Ireland by Bike (Carrick, Co. Doengal, Tel. 087 211 86 38; www.irelandbybike.com). **Touren mit E-Bikes** sind angesagt. Danny Houlihan lädt zum Öko-Trekking in Ballybunion, Co. Kerry (Tel. 087 3 53 96 13; www.ballybunion.ie). Der Fernradweg EuroVelo 1 von Rosslare im Südosten bis Bridge End an der Grenze zu Nordirland wird ausgebaut (https://de.eurovelo.com/ev1/ireland). Auf der Halbinsel Inishowen (Co. Donegal) lockt der **100 Cycle Loop** – aber Vorsicht, es ist eine Meilenangabe, es sind gute 165 zu strampeln! Der nur für Radler angelegte **EuroVelo 2** (276 km; https://de.eurovelo.com/ev2/ireland) verbindet Dublin mit Athlone. Im Osten Irlandsführt der wunderschöne **Glendalough Cycle Loop** (75 km) durch die Wicklow Mountains. Die **Copper Coast Cycle Route** (166 km) quert die Counties Wexford und Waterford. Der beliebte **Waterford Greenway** (46 km) von Waterford nach **Dungaran** soll bis New Ross und Rosslare bzw. Midleton und Cork ausgebaut werden. 5000 Jahre irische Geschichte erschließt **Ireland's Ancient East Cycle & Touring Route** im Herzen der Insel. In Nordirland lohnen die **Causeway Coastal Cycle Route** (Co. Antrim) und vor allem die »krumme Acht« des 370 km langen **Kingfisher Trail** um die Seen am Lough Erne (Co. Fermanagh; www.king fishercycletrail.com).In irischen Zügen ist die Mitnahme von Klapprädern kostenfrei, sonstige Räder sind in InterCity-Zügen und auf der Strecke Belfast – Dublin erlaubt (Zuschlag). Auch die Mitnahme in Dublins DART ist möglich (www.irishrail.ie/travel-information/bicycle-information).

Reiten

Irlands erstklassige Reiterhöfe (www.horse-riding-ireland.com) bieten Anfängern wie Fortgeschrittenen auch Lehrgänge (Dressur, Springreiten) an. Extrem beliebt sind **Reitwandertouren** und **Pony Trekking** von Hof zu Hof. Solche **Trail Rides** führen durch Connemara, auf die Dingle-Halbinsel, rund um Sligo oder Killarney. Strandausritte sind vielerorts möglich, z.B. in Portstewart (Nordirland) und Dunfanaghy (Co. Donegal).
Ein Klassiker sind Touren im Zotteltempo mit dem **Pferdewagen**. Kräftige Pferde ziehen die ca. 4 x 2,5 m großen Gefährte mit halbtonnenförmigem Wohnaufbau. Fahrtrouten sind ab Wicklow, Portloaise oder Tralee im Angebot, die Etappen mit 10 – 15 km übersichtlich.

Zuschauersport

Irische und gälische Sportarten

Nach **Hurling** und **Gaelic Football** rangiert **Rugby** auf Platz drei der beliebtesten Sportarten der Insel. Der 1874 gegründete Verband wartet mit einer Besonderheit auf: Die Nationalmannschaft bilden Spieler der Republik und Nordirlands. Wichtige Turniere sind die **Rugby-WM 2023** in Frankreich, der Six-Nations-Cup und auf Provinz-Ebene der Heineken Cup. Das Team aus Leinster zählt zu den besten Europas.

GOLFPLÄTZE IN IRLAND

INFORMATIONEN

GOLF IRELAND
494 Golfplätzen und 386 Klubs
Carton Demesne, Maynooth
Co. Kildare, Tel. 01 5 05 40 00
www.golfireland.ie

SPECIALITY IRELAND TOURS
Exklusive Golftrips durch Irland.
Tel. 05 26 17 06 30
www.specialtygolftrips.com

DUBLIN/OSTEN

DRUIDS GLEN GOLF CLUB
Zwei berühmte Golfkurse (Druids Glen, Druids Heath), Park mit vielen Seen und ein Fünf-Sterne-Resort.
Newtownmountkennedy
Co. Wicklow, Tel. 012 87 08 00
www.druidsglenresort.com

HOWTH GOLF CLUB
Einer der schönsten Golfplätze Irlands. Seit 1916!
Carrickbrack Road, Dublin 13
Tel. 01 8 32 30 55
www.howthgolfclub.ie

MOUNT WOLSELEY HOTEL, GOLF AND SPA RESORT
18-Loch-Anlage.
Tullow, Co. Carlow
Tel. 059 91 80 100
www.mountwolseley.ie

PORTMARNOCK HOTEL & GOLF LINKS
Ganzjährig geöffneter 18-Loch-Kurs, entworfen von Bernhard Langer (6422 m, Par 71); schöne Park- und Dünenlandschaft.
Strand Road
Portmarnock, Co. Dublin
Tel. 018 46 06 11
www.portmarnock.com

POWERSCOURT GOLF CLUB
East Course von 1996 und West Course von 2003, inmitten der herrlichen Gärten.
Enniskerry, Co. Wicklow
Tel. 012 04 60 33
https://powerscourtgolfclub.com

RATHSALLAGH GOLF CLUB
Riesiger Besitz mit romantischem Country House, vier Mal Gewinner des National Breakfast Award
Dunlavin, Co. Wicklow
Tel. 045 40 31 12
http://rathsallagh.com

SEAPOINT GOLF LINKS
Par-72-Kurs, auf dem die Irische PGA Championship 2010 und 2011 ausgespielt wurde! Vorsicht an Loch 5 (Wasser) und Loch 9 (Wind)!
Termonfeckin, Drogheda, Co. Louth; Tel. 04 19 82 23 33
www.seapointgolflinks.com

MITTE/SÜDEN

DUNDRUM HOUSE HOTEL GOLF & LEISURE RESORT
Par-72-Kurs nach Entwurf des Ryder-Cup-Helden Philip Walton. Die Löcher 16 und 17 sind Herausforderungen.
Dundrum, Co. Tipperary
Tel. 06 27 11 16
www.dundrumhousehotel.com

ST HELEN'S BAY GOLF CLUB
18-Loch-Anlage mit »Tunnel« von Philip Walton. Fr. und Sa. Ladies Open.
Rosslare Harbour, Kilrane, Co. Wexford; Tel. 05 39 13 32 34
www.sthelensbay.ie

WATERFORD CASTLE HOTEL & GOLF RESORT
Berühmtes Hotel auf einer Privatinsel. Den Wettbewerbskurs (18 Lö-

Direkt am Meer auf dem »Green«: Royal Portrush Golf Club

cher; Par 72) in Dünen und Park entwarf Ryder-Cup-Spieler Des Smyth.
The Island, Waterford
Tel. 051 87 82 03
www.waterfordcastleresort.com

WEST WATERFORD GOLF & COUNTRY CLUB

Par 72-Kurs von Golflegende Eddie Hackett.
Dungarvan, Co. Waterford
Tel. 05 84 32 16
www.westwaterfordgolf.com

ADARE MANOR

18-Loch-Platz mit Sterneküche.
Adare, Co. Limerick
Tel. 061 60 52 00
www.adaremanor.com

BALLYBUNION GOLF CLUB

Zweimal 18 Loch, einer der besten 100 Golfplätze der Welt.
Sandhill Road
Ballybunion, Co. Kerry
Tel. 06 82 71 46
www.ballybuniongolfclub.com

KENMARE GOLF CLUB

Berühmter fairer Kurs von Golflegende Eddie Hackett an der Kenmare Bay.
Killowen RoadKenmare, Co. Kerry
Tel. 06 46 64 12 91
https://kenmaregolfclub.com

KILKEE GOLF CLUB

18 Löcher; 5555 m langer Par-70-Kurs für Herren, 4526 m (Par 71) für die Damen. Blick über die Chimney Bay.
East End, Kilkee, Co. Clare
Tel. 065 9 05 60 48
https://kilkeegolfclub.ie

MITTLERER WESTEN

GLASSON LAKEHOUSE HOTEL & GOLF RESORT

Preisgekröntes Resort mit Toprestaurant am Lough Ree
Killinure Bay, Glasson
Co. Westmeath
Tel. 090 6 48 51 20
https://glassonlakehouse.ie

ROSAPENNA
HOTEL & GOLF RESORT
Ältestes Golf Resort Irlands ab 1893
Seit 2021 drei Weltklasseplätze
Sheephaven Bay, Downings
Co. Donegal, Tel. 074 9 15 53 01
www.rosapenna.ie

SLIEVE RUSSELL HOTEL
Vier-Sterne-Haus inmitten Seen.
18-Lochplatz und 9-Loch-Lernkurs
Ballyconnell, Co. Cavan
Tel. 04 99 52 64 44
www.slieverussell.ie

WESTPORT GOLF CLUB
Direkt an der Clew Bay
Westport, Co. Mayo
Tel. 09 82 82 62
www.westportgolfclub.ie

NORDIRLAND

ARDGLASS GOLF CLUB
Top-Kurs mit Klubhaus von 1405
Castle Place, Ardglass, Co. Down
Tel. 028 44 84 12 19
www.ardglassgolfclub.com

CITY OF DERRY GOLF CLUB
18- und 9-Loch-Kurs
49 Victoria Road, Prehen Derry/Londonderry; Tel. 028 71 34 63 69
https://cityofderrygolfclub.com

CLANDEBOYE GOLF CLUB
Zwei 18-Loch-Kurse, Park und Heide.
Conlig, Newtownards, Co. Down
Tel. 028 91 27 17 67
www.cgc-ni.com

FOYLE GOLF CENTRE
Loch 15 (The Elms) ist schwer. Mit Nordirlands erstem FootGolf-Kurs
12 – 14 Alder Road Derry/Londonderry; Tel. 028 71 35 22 22
www.foylegolfcentre.co.uk

PORTSTEWART GOLF CLUB
Drei Superkurse, Greenfees
von 15 £ bis 215 £
117 Strand Road
Portstewart, Co. Londonderry
Tel. 028 70 83 20 15
www.portstewartgc.co.uk

ROYAL PORTRUSH
Die Legende mit zwei der besten und schwierigsten Kurse der Welt!
Dunluce Road, Portrush
Tel. 028 70 82 23 11
www.royalportrushgolfclub.com

WEITERE ADRESSEN

KANU UND RUDERN

CANOEING IRELAND
Tel. 08 60 68 13 16, www.canoe.ie

ROWING IRELAND
Tel. 02 17 43 40 44
www.rowingireland.ie

PFERDEWAGEN

IRISH HORSE DRAWN CARAVANS
Alles Wissenswerte rund um Pferdewagentouren
www.irishhorsedrawncaravans.com

RAD FAHREN

DUBLIN BIKES
Dublin hat 180 km Radwege, 115 Leihstationen und 1600 Räder, davon 50 % E-Bikes. Kosten: erste 30 Min. frei, Dreitage-Ticket 5 €, E-Bikes 60 € (Zahlung: Smartcard, Kreditkarte).
Buchung: www.dublinbikes.ie

Routen: www.visitdublin.com/cycle-dublin-in-a-day
www.cyclingireland.ie

CYCLE DUBLIN BIKE TOURS & PHOENIX PARK BIKES
Stadttour (2,5 Std.; 30 €) tgl. 10.30 u. 14 Uhr; Park-Tour (Phoenix Park Bikes) Do. – So. 11 Uhr (2 Std.; 29,95 €), Sa., So. 11 u. 14 Uhr auch mit Lunch (37,50 €).
2 Whitefriar Place, Dublin 8
Tel. 086 2 52 65 78, https://cycledublinbiketours.ie, Phoenix Park Bikes: Tel. 087 379 99 46
www.phoenixparkbikes.com

OUTMORE NI
Alle Outdoor-Aktivitäen in Nordirland, auch Radwege.
https://outmoreni.com

EXPLORE IRELAND TOURS
Tipp! Sabina Murphy präsentiert das wahre Irland.
Tel. 087 25 19 83, www.exploreirelandtours.com

SEGELN UND SURFEN

IRISH SAILING ASSOCIATION
Tel. 012 80 02 39, www.sailing.ie

IRISH WINDSURFING ASSOCIATION
www.windsurfing.ie

TAUCHEN

IRISH UNDERWATER COUNCIL
Tel. 012 84 46 01
https://diving.ie

WANDERN

WALK NORTHERN IRELAND
Infos zum Wandern in Nordirland.
https://walkni.com

WASSERSKI

IRISH WATERSKI AND WAKE-BOARD FEDERATION
Tel. 086 2 33 86 01
www.irishwwf.ie

Irlands vorzügliche **Rugby-Damen** gewannen 2015 die **Women‘s Six Nations Championship,** der Verband richtete 2017 die Rugby-WM der Frauen aus (www.irishrugby.ie.

Fußball

Die irische **Fußball-Liga** Eircom League ist international zweitklassig, Stars von der Insel spielen im Ausland. Irlands Fußballnationalmannschaft erlebt eine Renaissance, ihre Fans eroberten bei der EM 2012 die Herzen Europas. Irlands Frauen-Team macht vor allem im Jugendbereich Furore. Nordirlands und Irlands Herren-Nationalmannschaften qualifizierten sich für die Fußball-EM 2016, nicht aber für die EM 2021 (UEFA EURO 2020) und die WM 2022. Nordirlands Frauenteam konnte sich bisher noch nicht für eine EM oder WM qualifizieren.

Wetten, dass ...

Wie ihre englischen Nachbarn lieben die Iren Sportwetten. **Pferderennen** finden auf 24 irischen und zwei nordirischen Bahnen an jährlich 250 Renntagen statt. Bekanntester Kurs ist »The Curragh«, Co. Kildare. Gewettet wird auch bei **Hunderennen**. Greyhounds (Windhunde) werden in ganz Irland gezüchtet.

WEIT MEHR ALS SPORT

Irlands Kultur bewahrt bis in die Prähistorie zurückzuverfolgende Sportarten. Über 800 000 begeisterte Iren – 20 % der Bevölkerung – pflegen sie in 2800 Vereinen. Der Dachverband Gaelic Athletic Association (GAA) ist einer der weltgrößten Amateursportverbände.

Es genügen ein Paar flache Schuhe und viel Lust auf Spaß! Dann kann es dank **Georgina Caraher und Experience Gaelic Games** sofort in Dublins **Na Fianna (»Die Kämpfer«) GAA Club** losgehen! Supersportliche sollten vielleicht auch Sportkleidung und ein Handtuch für die Dusche danach einpacken. Denn es warten vier ereignisreiche Stunden, die sämtliche historischen, kulturellen und auch politschen Aspekte jener gälischen Sportarten einschließen, die seit einer Dekade wieder einen rasanten Aufgschwung in Irland nimmt: 11 % mehr Clubmitglieder, vornehmlich Frauen! Denn **Gaelic Football, Gaelic Handball** oder **Hurling** sind nicht nur Männersache. Es gibt **Ladies' Gaelic Football** als Äquivalent zum rauen Herrenkampf. **Camogie,** feminines Pendant zum schnellsten Mannschaftsport der Welt, Hurling, boomt: Über 100 000 Irinnen greifen zum Hurley. Gaelic Handball spielen mehr Frauen als Männer. Und Road Bowling ist ein Spaß fürs ganze Dorf. Natürlich kommt bei Georgina Caraher nach Multimedia-Präsentation und Vorführung der Spielgeräte die Praxis nicht zu kurz. Und die fasziniert alle Altersgruppen. Isobel Ryan und eine Gruppe Engländerinnen, Holländerinnen und Deutsche, alle über 50, suchten auf ihrer Irlandvisite etwas wirklich Spektakuläres – und fanden es bei Frau Caraher. Gastfreunschaft, perfekte Trainer, viel Enthusiasmus und Geduld! Dazu jede Menge Lachen und ausreichend Übungen. Diesen »Königinnenweg« hinein in die irische Sportkultur und -tradition bietet Frau Caraher auch in Galway, Cork und Belfast. Camogie/Hurling lernt man auch in der **Hochburg Kilkenny**. Tempel und Gral für Fans wie Aktive ist aber Dublins **Croke Park Stadium**. Das dortige **GAA-Museum** bewahrt die Sportgeschichte und dokumentiert die nationale Debatte: Bis 1972 drohte Iren, die »englischen« Sport (Rugby, Fußball) auch nur besuchten, der sofortige Ausschluss aus dem Verband. Ab 2001 durften auch Briten Mitglied werden, 2007 wurde im Croke Park Rugby und Fußball gespielt.

Hurling und Camogie

Älteste Beschreibungen dieses rasanten Sports gehen auf **Sagenheld Cóchulainn** und die Schlacht von Moytura (14. Jh. v. Chr.) zurück. Ein Ursprung des Hurlings in den »martial arts« (Kriegskünsten) liegt nahe. Je 15 Spieler (Hurlers) spielen mit einem 64 – 97 cm langen, am Ende breiteren Stock, dem Hurley oder Camán. Der lederne Spielball (Sliotar) wiegt bis 120 g, hat einen Durchmesser von 69 – 72 mm und saust bis zu 150 km/h schnell! Es gilt Helmpflicht, Body-Checks sind verboten. Wie beim Rugby begrenzen zwei 6,50 m breite, bis zur Querstange 2,50 m hohe Tore das rechteckige Spielfeld; die Außenstangen sind 7 m hoch. Fliegt ein Ball unter die Latte, wird Tor gegeben, darüber ist ein Punkt fällig. Gespielt wird 2 x 30 Minuten, bei County-Vergleichen 2 x 35 Minuten. Saisonhöhepunkt sind die All-

Ireland-Finals im September im Croke Park. Die besten Teams kommen aus Kilkenny (36 Titel), Tipperary, Limerick und Waterford. 1904 war Hurling sogar inoffiziell olympisch.
Camogie, das Frauen-Hurling ist mindestens so populär und wird in 537 Vereinen gespielt. Zwölf Spielerinnen folgen gleichen Regeln, der Schläger ist aber kleiner und Körperkontakt nicht erlaubt. Zig Teams spielen im »Rebel County« Cork, wo es heißt: »You'll love it, girl!«

Gaelic Football

Noch vor Hurling rangiert Gaelic Football (irisch »Peil«, »Peil Ghaelach«), das 34 % aller Fans schauen und das 180 000 Iren in 2200 Clubs aktiv spielen. Wie beim Hurling wird auf gleichem Feld mit gleichen Toren und zwei Teams á 15 Spielern gespielt. Ein Spiel dauert 2 x 35 Minuten. Der Ball ähnelt dem Volleyball. Die älteste bekannte Erwähnung stammt von 1308. Snobs und Spötter nannten den »wilden« gälischen Fußball früher **»Bogball« (Moorball)**.

Road Bowling im Jahr 1936

Gaelic Handball

Beim irischen Handball (»Liathróid Láimhe«) werfen/schlagen die Spieler den Ball mit Hand oder Faust so gegen eine 6,1 m hohe Wand, dass die Gegner ihn nicht erreichen **(Squash ohne Schläger)**. Gespielt wird zu zweit oder viert (Einzel, Doppel). Die Meisterschaften sind in Castlebar.
www.gaahandball.ie

Road Bowling

Sonntags müssen Autofaher besonders in den Countys Armagh und Cork aufpassen: Viele Wege sind gesperrt, weil Dorf- oder Sportteams Road Bowling (gälisch »Ból an bhóthair«) spielen: »Golfen ohne Schläger« an Landstraßen. Der Wettkampf mit 28 Unzen (794 g) schweren Eisenkugeln zieht sich über Kilometer. Es siegt der mit den **wenigsten Würfen**. »Road shower« weisen den Weg, andere brüllen »Fág a bealach«, (»Clear the way«; »Aus dem Weg«). Der gefürchtete Schlachtruf hält Zuschauer zurück. Als **Everest des Road Bowling** gilt der 28 m hohe **Chetwynd Viaduct** (Co. Cork). Der allererste Wurf über die Brücke gelang dem Ostfriesen **Hans Bohllen** am 8. 9. 1985 vor 10 000 Zuschauern. Er gewann 5000 irische Pfund.

Experience Gaelic Games |
Na Fianna GAA Club
Saint Mobhi Road, Glasnevin, Dublin 9
Tel. 01 2 54 42 92 (G. Caraher)
https://experiencegaelicgames.com
Kurse: März – Okt. Mo. – Sa.,
Nov. – Feb. Fr. u. Sa.; Tickets: 28 – 39 €
Anfahrt: Busse 4, 9, 155 ab O`Connell Street (3 €) oder Taxi (ca. 12 €).

ESSEN UND TRINKEN

Die Dekade des »keltischen Tigers« bescherte der irischen Traditionsküche einen großartigen Innovationsschub. Es etableirte sich frische, kreative, gesunde Küche, die sich durch Nachhaltigkeit, saisonale Orientierung und erlesene Qualität auszeichnet. Die Basis des irischen Küchenwunders legen engagierte Kleinproduzenten auf der grünen Insel.

Feinschmeckerküchen

2022 wurden 21 Restaurants mit Michelin-Sternen gekrönt, drei davon aus Nordirland: Eipic, Ox und The Muddlers Club, alle in Belfast. Vier Restaurants ergatterten sogar zwei Sterne: Dublins Superstar, das Restaurant Patrick Guilbaud, sowie das Chapter One (Dublin), das Liath (Blackrock, Co. Dublin) und das Aimsir im Country House Lyons Demesne (Lions Hill, Co. Kildare. Hotspots erlesener Kochkünste sind auch Galway (Aniar, Loam), Kinsale (Bastion) und Cork (Ichigo Ichie). Etabliert ist das Lady Helen Restaurant in Thomastown (Co. Kilkenny), ein sensationeller Newcomer ist der Pub Wild Honey Inn in Lisdoonvarna (Co. Clare).
Spannend für Irland-Fans ist der **grüne Michelinstern** für Nachhaltigkeit und Ökologie, den 2021 die Restaurants KAI und Loam in der Stadt Galway und das Inis Meáin Restaurant auf Inishmaan (Aran-Inseln) gewannen. Der nach dem Spitznamen des Michelin-Reifenmännchens »Bibendum« benannte **Bib Gourmand** zeichnet Restaurants mit »guter Qualität«, »good value cooking« und Top-Preis-Leistungsverhältnis (3 Gänge unter 36 €) aus. 2021 kamen hier vier, 2022 drei Restaurants hinzu: Das Goldie in Cork, das Table Forty One in Wexford, der Spitalfields Pub in Dublin, das Volpe Nera in Blackrock (Co. Dublin) sowie das Cush in Ballycotton (Co. Cork), das Éan in Galway und das Everett's in Waterford. 18 irische Restaurants haben ihren »Bib«, u. a. das 1826 Adare (Adare, Co. Limerick), die Aldridge Lodge (Duncannon, Co. Wexford), Chart House und Land to Sea (Dingle, Co. Kerry), The Courthouse (Carrickmacross, Co. Monaghan), KAI und Tartare Café & Wine Bar (Stadt Galway), Morrissey's (Doonbeg, Co. Clare), Thyme (Athlone, Co. Westmeath) sowie Uno Mas, Pichet, Pigeon House und Richmond in Dublin. Bib Gourmand-Ehren in Nordirland ergatterten schon das Balloo House (Killinchy, Co. Down), das Noble (Holywood, Co. Down; 2021 auch Stern für Top-Service), das Wine & Brine (Moira, Co. Down) und in Belfast das Deanes at Queens und das Home. Wiege der Neuen Irischen Küche war 1976 das winzige Küstendörfchen Kinsale (Co. Cork). Eine Institution ist dort das Fishy.

Selbst am Kamin nicht jedermanns Sache: Austern und ein Pint Guinness

GUINNESS
DRAUGHT

Einfache Hausmannskost, aber mächtig: das irische Frühstück

Heute begeistern sich Iren wie Irland-Urlauber für Kochschulen für gehobe **Country House Kitchen**, besuchen Gourmetfestivals, wandeln individuell oder geführt auf **Food Trails** und buchen Feinschmeckerreisen zu neuen Genusstempeln, die nun auch für Whiskey, Gin und Bier existieren. In Dublin, Cork, Limerick und Galway sind vegetarische und vegane Restaurants trendy: Natur- und Biokost (organic food) boomt. Irish Beef und Lamm aus artgerechter Haltung, Fisch und Meeresfrüchte sind stets Renner. Einen guten Überblick zu Erzeugern bieten **Good Food Ireland** (www.goodfoodireland.ie), das Online-Magazin **The Taste** (www.thetaste.ie) und das **Irish Food Board** (www.bordbia.ie).

Irische Klassiker

Der Klassiker der irischen Küche ist **Irish Stew**: Doch der sättigende Lamm- oder Hammelfleisch-Eintopf mit Kartoffeln, Karotten, Zwiebeln und Petersilie erlebte erst in leichteren Varianten sein Comeback. Unverwüstlich sind der Münsterländer Möpkenbrot ähnelnde **Black** und **White Pudding.** Als Teil des traditionellen **irischen Frühstücks** (Irish Breakfast; Nordirland: **Ulster Fry**) erlebt dies »Superfood«, serviert mit Jakobsmuscheln oder Ziegenkäse, eine Renaissance. Regelmäßig räumen irische Metzger Weltmeistertitel bei Black Pudding-Konkurrenzen ab. Die Kalorienbombe **irisches Frühstück** wird heute meist entschärft angeboten: Cornflakes, Porridge, Eier, gebratener Schinken, Würstchen, Bohnen, Grilltomate, Butter und Konfitüre können auch separat geordert werden. Dazu werden Toast oder Brown Bread (Soda Bread) und mehr und mehr selbstgebackenes irisches Brot, z. B. aus Roggen (Rye Bread) in allererster Güte gereicht.

Klassiker wie **Boxty** bzw. **Potatoe Cake**, Kartoffelpfannkuchen, sind noch im Co. Fermanagh populär. Fish & Chips sind in Irland und Nordirland überall zu haben. 1885 eröffnete Giuseppe Cervi einen ersten Fish-&-Chips-Shop in Dublin. Zuvor hatte seine Frau das Essen vom Handkarren verkauft und Kunden gefragt: »Uno di questa, uno di quella?« (Eins hier-, eins davon?). Daraus entwickelte sich das »One and One«. Heute wird die Fischspezies mit genannt, z. B. Cod Fish & Chips. Stets begehrt ist **Humble Pie**: Die noble Traditions-Ofenpastete gibt es auch in Öko-Gemüseversion. Nicht nur Anwälten schmeckt **Dublin Lawyer:** Lobster (Languste, Hummer) oder Shellfish (Krustentiere), mit Whiskey flambiert und Crème double, Zitronensaft und Senf.
Zum Mittagessen **(Lunch)** werden solche Gerichte in Restaurants günstiger angeboten. Auch an der Pub-Theke spart man beim **Bar Food**. Imposante Sandwich-Pyramiden erleben beim Afternoon Tea mit Champagner oder Sherry »Royal Tea« in Top-Hotels ein Revival. Der Cream Tea wird mit Scones und Clotted Cream serviert..
Das mehrgängige Abendessen **(Dinner)** ist ist im Restaurant etwa 20 % teurer als in Deutschland. Viel günstiger ist es, früher zu »Early Bird Menu« oder »Pre-Theatre Menu« (meist 17.00 – 19.00 Uhr) zu erscheinen. Ein Dessert-Klassiker ist **Sticky Toffee Pudding** mit Datteln, Feigen und Trockenpflaumen.

Getränke und Alkoholkonsum

Irlands Äpfel sind Hauptzutat der legendären Ciders der Marken Bulmers oder Magners. Bier, Whiskey und neuerdings Gin sind bevorzugte alkoholische Getränke. 2022 arbeiteten 40 Whiskey-Hersteller in Irland, weitere, meist Kleinbetriebe, sind im Aufbau. Die Sliabh Liag Distillers (www.sliabhliagdistillers.com) in Carrick sind die erste Neugründung im Co. Donegal seit 170 Jahren! Ein Restarurant mit **»Full License«** darf alle alkoholischen Getränke ausschenken, manche besitzen nur eine **»Wine license«**. Im **Pub** zahlt man vorab an der Theke und holt das Frischgezapfte dort ab. Streng beachtet wird der **Jugendschutz:** Jugendliche unter 18 Jahren dürfen auch in Begleitung Erziehungsberechtigter nur bis 21.00 Uhr in Pubs. In Nordirland liegt die Grenze bei 21 Jahren und 21.30 Uhr. Alkoholkonsum in der Öffentlichkeit wird dort mit Bußgeldern bis 500 £ bestraft. Beim Trinkgeld rundet man den Endbetrag auf oder gibt bis 10 % extra – auch mit Kreditkarte.

Preiskategorien

Restaurants (Preise für ein Hauptgericht):

€€€€	über £ 25 (über 30 €)
€€€	£ 20–25 (25–30 €)
€€	£ 10–20 (12–25 €)
€	unter £ 10 (unter 12 €)

GUINNESS IS GOOD FOR YOU

BAEDEKER WISSEN

An Dublins St James Gate schlägt Irlands Herz: Hier wird Guinness gebraut. Jeder Ire schätzt es als Stimmungsheber wie Medizin. James Joyce erkor den dunklen Gerstensaft im »Ulysses« gar zum »Wein des Lebens«. Aber seit einer Dekade schmecken den Iren auch zig Varianten aus neuen Mikrobrauereien.

Dublins Guinness Storehouse am St James Gate zog 2019 gut 1,8 Mio. Besucher an. Damit ist sie noch vor den Cliffs of Moher Irlands allergrößte Atraktion. Sogar die Queen gab sich bei ihrem Irland-Besuch 2011 die Ehre und bestaunte in der Gravitiy Bar des Storehouse den fantastischen Panoramablick über Dublin. Nur zum angebotenen Glas Guinness griff sie nicht: Noblesse oblige! Dabei schätzen sich die Windsors und die Guinness-Familie, die längst in Europas Hochadel einheirateten!

Nüchtern betrachtet ist Guinness ein dunkles, obergäriges Bier, dessen Herstellung im Storehouse ebenso präsentiert wird wie die Geschichte des Kultgetränks und seines Herstellers. Kenner treffen sich im Haus in der Connosseurs Bar, Experten zum Wissens-Update in der Guinness Academy. Dort wird die Tradition gepflegt, man ist aber auch stets auf der Höhe der Zeit. Neuester Brau-Clou: Bis Ende 2017 musste der Fisch raus aus dem Bier – ob vom Hahn, aus Dosen oder Flaschen! Guinness-Bier ist nun komplett vegan dank neuer Filterverfahren. Bisher wurden getrocknete Schwimmblasen von Fischen übernommen, aus denen Gelatine zum Trübpartikelbinden gewonnen wurde. Alles Tierische ist nun verbannt, PETA, Vegetarier und Veganer freut es. Dabei ist das Brauen am River Liffey eh besonders: Die Bierwürze (Maische) entsteht außer aus gemälzter Gerste auch mit kurz über Buchenscheiten gerösteter, nicht vermälzter Gerste, um die dunkle Farbe zu erreichen. Mit Hopfen vermischt, wird der Sud gekocht, gefiltert und dann mit Brauhefe versetzt. Nach Entfernung der Hefe entsteht das noch unreife »green beer«. Einige Tage Lagerung wandelt es zum »bright beer« und avanciert dann zum dunklen »Stout« (stark) mit 4,3 % Alkohol. Fertig ist das leckere »Extra Stout«. Für beinahe jedes Land hat Guinness eine andere Rezeptur. Die stärkste ergibt das »Foreign Extra Stout«, die zweitstärkste ist für den deutschen Markt.

»Austernkrieg« unter Guinness-Gourmets ...

Puristen mundet Guinness am besten vom Fass (**»Draught Guinness«**). Sie lieben den intensiv frischen Geschmack des unpasteurisierten Biers und natürlich die schneeweiße Schaumkrone. Seit den Zeiten des Keltischen Tigers greifen irische Gourmets gern auch zu **Guinness mit Austern** – natürlich separat serviert. Dies ließ Oliver Hughes, Boss der ältesten existierenden irischen Mikrobrauerei **Porterhouse**, nicht ruhen: Seit 2011 wird bei ihm **Oyster Stout** (Austernbier, 4,8 %) gebraut. Es schmeckt »smooth« (weich, süß), dem Sud sind echte Austern beigemischt! Nun schlägt Guinness zurück. Die Kleinbrauerei, die längst Filial-Pubs auch in London und New York betreibt, steht nun im Schach! Denn der clevere Öko-Fischzug

Im Pub ein dunkles, cremiges Guinness vor sich – und man ist schon nah dran am Ideal irischer Lebensphilosophie.

der Weltbrauerei ist rigoroser Kennzeichnungspflicht für Allergene geschuldet, die auch Meeresfrüchte betrifft. Irlands Speisekarten müssen heute 16 allergenverdächtige Inhaltsstoffe ausweisen – Tendenz steigend.

Familiengeschichte

Guinness ist nicht nur Bier, Nationalgetränk und legendärer globaler Markenartikel. Es ist die Erfolgsgeschichte einer Familie: Mit ererbten 100 Pfund in der Tasche kam 1759 **Arthur Guinness I.** aus Celbridge (Co. Kildare) nach Dublin. Er pachtete die Brauerei am St. James Gate auf 9000 (!) Jahre für 45 Pfund pro Jahr. Helles Bier wurde nur bis 1799 gebraut, denn ab 1788 begann der Siegeszug des dunklen, aus mehreren Würzen gemischten Entire-Bieres. Das Lieblingsgetränk der Gepäckträger (engl. porter) war geboren: »Porter«!
Als Arthur Guinness I. die Brauerei an

Sohn **Arthur Guinness II.** übergab, beherrschte er den irischen Bier- und Getreidemarkt: Fast die gesamte irische Ernte wanderte in die Guinness-Brauerei. Der Filius gewann Englands Biertrinker hinzu, bald entdeckte auch die Upper Class den nie verebbenden »Guinness-Durst«. **Benjamin Lee**, dritter der Dynastie, wurde Dublins Oberbürgermeister, tat sich als Mäzen hervor und führte Guinness in Flaschen ein. Nachfolger **Edward Cecil** wandelte die inzwischen größte Brauerei der Welt 1899 zur Aktiengesellschaft und wurde geadelt. Seither führt das Guinness-Oberhaupt den Titel »Earl of Iveagh«. **James Joyce** machte ihn auch literarisch unsterblich: Denn Noble Buniveagh im »Ulysses« ist jener Edward Cecil, der auch dem australischen Südpolforscher Douglas Mawson einige Flaschen Guinness mitgab. 18 Jahre später im ewigen Eis wiederentdeckt, waren sie noch genießbar. Auf seinem Anwesen Eleveden im Phoenix Park baute Edward Cecil einen Turm, um allmorgendlich die rauchenden Brauereischornsteine zu sehen.
Nachfolger **Rupert** blieb blass: Als Parlamentsabgeordneter trat er nur in Erscheinung, als in einer Debatte Landschaftsverschandelung durch Reklameschilder mit **»Guinness Is Good For You«** beklagt wurde, formulierte Sir Rupert lapidar: »But Guinness **Is** Good For You!«

Gut… auch für sie

Dieser von **Dorothy Sayers** ersonnene Werbespruch steht für den Guinness-Welterfolg in den 1920er bis 1940er Jahren. Das Storehouse zeigt die Histoire der Guinnes-Werbung, präsentiert namhafte Zeichner wie Rex Whistler, H. M. Bateman oder Karikaturist »Vicky«. Am beliebtesten wurde eine Serie mit Zoowärter, der ständig Überraschungen mit Tieren erlebt, um sich dann beim Porter zu erholen: **»My Goodness – My Guinness«**. Die Kampagne war so erfolgreich, dass Guinness 1953 zur Krönung Elisabeths II. Werbeplakate ohne Text und ohne Hinweis auf Bier drucken ließ: Seelöwen, Tukan, Känguru – jeder wusste sofort Bescheid. Das »Porter« verlor mit der Zeit an Beliebtheit, die Produktion auf der Insel wurde eingestellt. Das letzte Fass wurde im Mai 1973 bei einer »Trauerzeremonie« in einem Belfaster Pub geleert. Heute zählt Guinness zu den größten Brauereien Europas, ist in der Auto- und Lebensmittelbranche aktiv, besitzt Ladenketten und eine Flotte von Freizeitbooten auf Irlands Gewässern. Und das in der ständig erweiterten Zielgruppe der Guinnessliebhaber mehr und mehr Frauen sind, versteht sich von selbst!

Klein, aber oho!

Es muss nicht immer Guinness sein! Jenseits der 119-Sekunden-Bilderbuch-Schaumkronen des Goliaths haben sich tapfere »Davids« etabliert. Dazu zählt Irlands älteste unabhängige Brauerei, die **Hilden Brewery** in Lisburn (Nordirland; www.hildenbrewery.co.uk), ebenso wie **Porterhouse** in Dublin. Hier entstehen Biere wie Rambler, Renegate, Sundown, Hammer, Around the Clock, Temple Lager oder Chocolate Truffle! Quasi vor der Tür konkurriert **J. W. Sweetman:** Die Bier-oase bietet auch mehrgängige Menüs ausschließlich von Bier, Whiskey oder Gin begleitet. Nicht nur in Cork trinkt man **Murphy's** (Irish Stout) und das starke **Rebel Red** der **Franciscan Well Brewery.** Bis ins Mittelalter reicht die

Brautradition von Bunratty Castle mit dem **Bunratty Mead** (www.bunratty-mead.net), **Met** nach keltischer Art, und dem seit 1760 verbannten, in Töpfen destillierten Gerstenschnaps **Potcheen**. Im luxuriösen Macreddin Village (Co. Wicklow) werden Bio-Weißbier, Bio-Stout und Bio-Lager gebraut und frisch gezapft. Seit 2011 stellt Peter Curtin in der **Roadside Tavern** (www.roadsidetavern.ie) **Burren Gold, Red und Black** her und lässt dazu Räucherfisch mit Kartoffelsalat reichen. Perfekt! Hit an der Atlantikküste sind die Biere der **Mescan Brewery** aus Westport, malzig mild ist **O'Haras Irish Pale** im Co. Carlow (www.carlowbrewing.com). Nordirlands Kleinbrauermetropole ist Derry mit der **North Bound Brewery**, wo David und Martina Rogers nur mit »Wasser, Hopfen, Malz, Hefe und Wissen« braut, und der **Walled City Brewery** mit Pub. Dort sitzt man bei leckerem **»08 Kolsch«** fantastisch in der Abendsonne. Doch niemand kann dem Panorama und der Gravity Bar im Storehouse das Wasser reichen – und Guinness schon gar nicht!

ADRESSEN

GUINNESS STOREHOUSE
St James Gate, Dublin 8
Tel. 01 4 08 48 00
www.guinness-storehouse.com/de
So. – Do. 10 – 17, Fr., Sa. bis 19 Uhr; Eintritt 22 € (inkl. 1 Pint Guinness), mit zwei Guinness 28 €, mit zwei Guinness und Guinness Academy 32 €, mit allem 70 €

THE PORTERHOUSE TEMPLE BAR
16 – 18 Parliament Street
Dublin 2, Tel. . 01 6 79 88 47
https://porterhousebrewco.ie/temple-bar

PORTERHOUSE NASSAU STREET
45 – 47 Nassau Street, Dublin 2
Tel. 01 6 79 92 04
https://porterhousebrewco.ie/nassau-street

MESCAN BREWERY
Kilsallagh, Westport, Co. Mayo
Tel. 086 8 32 03 20 (Cillian)
Brauereitouren und Kurse

J. W. SWEETMAN BAR/CRAFT BREWERY
1-2 Burgh Quay, Dublin 2
Tel. 016 70 57 77
www.jwsweetman.ie

FRANCISCAN WELL BREWERY/BREWPUB
14b North Mall, Cork
Tel. 02 14 39 34 34
https://franwellbar.com

ROADSIDE TAVERN/BURREN BREWERY
Lisdoonvarna, Co. Clare
Tel. 06 57 07 40 84
www.burrenexperiences.ie

NORTH BOUND BREWERY
6 McLean Road
Derry-Londonderry
Tel. 075 12 19 86 86
www.northboundbrewery.com

WALLED CITY BREWERY PUB
70 Ebrington Square/Parade Ground
Derry-Londonderry
Tel. 028 71 34 33 36
www.walledcitybrewery.com

FEIERN

Irland bietet im Jahreslauf eine Fülle von Festen und Feiertagen: Musik, Kunst und Kultur begeistern Einheimische wie Gäste aus aller Welt. Und Partys – ob am Strand, im Pub oder auf der Festmeile – wissen Iren allemal zu feiern.

Feste mit Tradition

Wichtigster Feiertag in Irland wie Nordirland ist der mit Paraden auch weltweit gefeierte St Patrick's Day (17. März). St. Patrick ist auch am Reek Sunday (Juli) präsent, wenn Pilger zum Croagh Patrick, Irlands heiligem Berg, aufbrechen. Auch historischer Ereignisse wird gedacht, in Nordirland z. B. am **Orangeman's Day** (12. Juli): Protestanten erinnern an den Sieg Wilhelms III. von Oranien über den Katholiken Jakob II. in der Schlacht am Boyne.

Kultur

Typisch irisch sind **Schriftstellerehrungen** mit Festivals wie im Co. Kerry die **Writers' Week** in Listowel (Mai/Juni; https://writersweek.ie) oder in Dublin der **Bloomsday** (16. Juni) mit dem **Bloomsday Festival** ab dem 11. Juni (www.bloomsdayfestival.ie). Seit 66 Jahren ist das **Opernfestival** in Wexford (Okt./Nov.; www.wexfordopera.com) wichtigstes im Land. Das **East Cork Early Music Festival** (Mitte Okt.; www.eastcorkearlymusic.ie) widmet sich der Musik vor 1750. Die **Waterford New Music Week** (März) lässt Zeitgenössisches erklingen. Hohes Renommee genießt das **Dublin Theatre Festival** (Ende Sept. – Mitte Okt.; www.dublintheatrefestival.com). Nordirland steht im gesamten Oktober im Zeichen des **Belfast International Arts Festival** https://belfastinternationalartsfestival.com), das 2016 aus dem Festival at Queen's hervorging. Irish Folk und keltisch-irisches Musikerbe wird beim **Fleadh Cheoil na hÉireann** (Aug.; www.fleadhfest.ie) gewürdigt: Nach dem Online-Fest 2021 in Sligo war Mullingar (Co. Westmeath) 2022 Gastgeber.

Sportevents

Reitsport und ein Stelldichein der High Society sind auf der **Dublin Horse Show** (Aug.; www.dublinhorseshow.com) angesagt. Am Ladies Day wird die bestgekleidete Dame gekürt. Sportspektakel sind im September die Hurling- und Gaelic-Football-Endspiele in Dublins Croke Park Stadium. Das »Wohnzimmer« für Fußball (Länderspiele), Rugby und American Football ist Dublins **Aviva Stadium,** wo auch Popstars auftreten. Madonna und Lady Gaga waren schon in diesem wie von einer ondulierenden Welle überdachten Schmuckstück mit 51 700 Sitzplätzen. Das Stadion ist am besten mit Dublins DART erreichbar (www.avivastadium.ie). Und die Iren lieben Skurriles, Komisches wie die **Irish Bog Snorkelling Championship:** Wer daran teilnimmt, kann sich den Schnorchel-Trip auf die Malediven sparen! In **Castleblayney** (Co. Monaghan) geht es auf die

110-m-Strecke im sumpfigen Torfmoor. Aktuelle »Weltrekorde«: 1 Min. 18 Sek. (Herren) bzw. bei den Damen 1 Min 22 Sek. (www.facebook.com/Bogsnorkelling). Nordirland hat in **Peatlands Park** (Dungannon, Co. Tyrone) Ähnliches zu bieten.

Wer am St Patrick's Day in Dublin ist, kommt der irischen Mentalität ganz nah – beim gigantischen Straßenumzug macht man mit der Farbe Grün alles richtig.

GESETZLICHE FEIERTAGE

1. JANUAR
Neujahr (New Year's Day)

17. MÄRZ
St Patrick's Day

MÄRZ/APRIL
Karfreitag (Good Friday; nur in Nordirland; aber auch in Irland alles geschl.), Ostermontag (Easter Monday, gesamte Insel)

MAI
Maifeiertag (Early May Day; 1. Mo. im Mai, gesamte Insel); Frühlingsfeiertag (Spring Bank Holiday; nur Nordirland; letzer Mo. im Mai)

JUNI
Bank Holiday (1. Mo. im Juni)

JULI
Orangeman's Day (12. Juli; nur Nordirland; falls Datum am Wochenende, am Mo. darauf)

AUGUST
August Bank Holiday (1. Mo. im Aug.; nur Irland)

OKTOBER
Autumn Bank Holiday (letztet Mo. im Okt.; nur Irland)

DEZEMBER
Erster und zweiter Weihnachtstag (Christmas Day, Boxing Day/St Stephen's Day; fällt ein Weihnachtstag aufs Wochenende, wird der Feiertag am folgenden Di. nachgeholt)

FESTKALENDER

JANUAR

TEMPLE BAR TRAD FEST
Größtes Irish-Music-Festival im Winter mit über 200 Veranstaltungen und jeder Menge Bier in und um Dublins Kulturviertel Temple Bar.
https://tradfest.ie

MÄRZ/APRIL

NATIONAL POULTRY RACES
Am närrischen 1. April tritt alles, was Eier legt, in Carlingford (Co. Louth) zum Wettlauf an: Enten, Hühner und Hähne. Ostern geht's gleich weiter mit der National Leprechaun Hunt. Um Carlingford sollen noch 236 dieser Gold »riechenden« Zwerge existieren.
www.thelastleprechaunsofireland.com

FAIRYHOUSE EASTER FESTIVAL
Österlicher Aufgalopp der Pferdefreunde in die neue Saison im Dorf Fairyhouse (Co. Meath); Ostermontag steigt das Irish Grand National.
www.fairyhouse.ie

MAI

VANTASTIVAL
Am Bank Holiday-Wochenende laden 70 Musikveranstaltungen zum Familienfest nach Bellurgan.

BLUEGRASS OMAGH FESTIVAL
Im Mai treffen sich Bluegrass-Fans für ein Wochenende in Nordirlands Uls-

ter American Folk Park in Omagh zu Livemusik, 2022 zum 30. Mal.
www.bluegrassomagh.com

JUNI

TRIM HAYMAKING FESTIVAL

Das alte, ländliche Irlande beim Heumacher-Festival in Trim (Co. Meath)
www.trimhaymakingfestival.com

CORK MIDSUMMER FESTIVAL

10 Tage hochkarätige Kultur am Ufer des Lee, mit Irish Dance, Theater und Picknick im Fitzgerald's Park.
www.corkmidsummer.com

JULI

GALWAY INTERNATIONAL ARTS FESTIVAL

Zwei Wochen Visual Arts, Tanz, Theater, Straßenkunst, Comedy, Musik: 200 000 Besucher geben dem Festival die Ehre und lassen sich von Hunderten Schriftstellern, Artisten, Künstlern und Musikern unterhalten.
www.giaf.ie

AUGUST

KILLORGLIN PUCK FAIR

Irlands ältester Jahrmarkt im Co. Kerry ist auch das älteste Festival auf der Insel und wurde 2015 zum 400. Mal gefeiert. Mit Free Irish Dance Workshop, Zirkus-Straßenshow, Mary Poppins auf Stelzen, Krönungsparade und Zeremonie: King Puck, ein Ziegenbock, geht an die Puck Queen, seit 1948 ein Mädchen aus der Abschlussklasse einer örtlichen Primary School. Das Ganze schließt mit prächtigem Feuerwerk.
https://puckfair.ie

DURROW SCARECROW FESTIVAL (CO. LOUIS)

Die letzte Juliwoche gehört dem Vogelscheuchen-Fest. 2019 reisten 27 000 Begeisterte an, um Prachtexemplare zu bestaunen und die Kunsthandwerkausstellung zu besuchen.
www.durrowscarecrowfestival.com

GALWAY RACES

Farbenfroh, schrill, sexy! Nicht die 52 Pferderennen in sieben Tagen, der Ladies Day setzt die Akzente. Zur Wahl der Best Dressed Lady kommt auch die Kür des besten Hutes! Freitags gewinnt der klassische Stil beim Fair-Lady-Wettbwerb. am Family Day zählen beim Mad-Hatter-Wettbewerb nur verrückteste Hüte und »Spaß total«.
https://galwayraces.com

AULD (OUL') LAMMAS FAIR

Nordirlands Konkurrenz zur Puck Fair öffnet am letzten Mo. und Di. im August in Ballycastle, Co. Antrim. Der furiose Jahrmarkt findet seit knapp 400 Jahren statt. Der Name Lammas geht auf »Fest des Lughnasadh«, des Sonnengottes Lugh zurück, Sohn der Tailtiu, einer Prinzessin der Firbolg, der legendären frühen Bewohner Irlands. Traditionell werden hier Yellowman, eine toffee-ähnelnde Honigsüßigkeit, weiterer Konfekt und Dulse, Rotalgen angeboten.
www.ballycastle.info/info/lfair/lfair.htm

SEPTEMBER

LISDOONVARNA MATCHMAKING FESTIVAL

Auf in den Burren (Co. Clare): Das weltgrößte Singletreffen lädt von 1. Sept. bis 8. Okt. fünf Wochen zu Dating-Marathons und Schnupperflirts – spätere Heirat nicht ausgeschlossen! Eine Supergaudi – mit Riesenerfolg! »Bauer sucht Frau« eingeschlossen!
www.matchmakerireland.com

NATIONAL PLOUGHING CHAMPIONSHIPS

Das seit 1931 abgehaltene Pflugfestival ist einer der größten Outdoor-Events der Welt und zieht 300 000 Besucher an. 2022 fand es es über drei Tage in Ratheniska (Co. Laois) statt. Humor und Spaß sind bei den 1700 Ausstellern, Viehhändlern und Farmern in blitzbanken Wellies (Gummistiefeln) angesagt. Wahre Kuh-, Schaf- und Hunde-Beautys werden gewählt, Sieger im Trecker-Fußball, Gummistiefelweitwurf und Holzmastbesteigen ermittelt. Am lustigsten und deftigsten ist die Diziplin »Furchen«, ob per Pflug oder im Traktor-Oldtimer. Schon seit 1954 wird auch die Queen of the Plough gekrönt, damals noch in der erheiternden »Farmerette«-Klasse. Dazu gibt für die Ladies Fashion Shows, Interior Design und Kunsthandwerk. Martin Kehoe aus Wexford ist Irlands absoluter Champion. Er gewann dreimal die Pflugweltmeisterschaft (1994, 1995, 1999)! 2014 gewann auch der Ire Eamonn Tracey den Titel.
www.npa.ie

WATERFORD HARVEST FESTIVAL

Waterford lädt Mitte Sept. eine Woche zum Erntedank, eine Woche zum Markt auf die Mall, zu Wellness und Fit Food, zu Familienfrühstücken und zum Blaa-Fest mit Blaa-Wettessen. Für Craft Beer und jede Menge Speisen und Musik ist gesorgt.
www.waterfordharvestfestival.ie

DUBLIN FRINGE FESTIVAL

Tausende von Besuchern erleben das 16-tägige Spektakel in Temple Bar und Theatern ringsum. Mit Brass, Rave, Modern Irish Dance und Fringe For Kids.
www.fringefest.com

OKTOBER

BALLINASLOE OCTOBER FAIR

Die erste Monatswoche steht ganz im Zeichen des zweitgrößten Ortes im Co. Galway. Ein altes irisches Sprichwort meint: »Go East for a Woman, Go West for a Horse.« Auf diesem Pferdemarkt, einem der ältesten Europas, gilt es nicht: 80 000 Besucher strömen zu Feuerwerk und »Queen of the fair«, Pferderitten, Seifenkistenrennen oder dem »Tug of War«: Dieses Tauziehen ist aber reine Männersache. 2022 feierte man das 300-jährige Bestehen der Ballinasloe Fair.
http://ballinasloeoctoberfair.com

NOVEMBER

CORK INTERNATIONAL FILM FESTIVAL

Irlands ältestes und wichtigstes Filmfestival bietet 9 Tage Filme vom Feinsten, punktet mit einer Kurzfilm-Sammlung und zeigt Kurioses mit Appetit auf Kunst. Mit im Progamm sind schwul/lesbische Filme.
https://corkfilmfest.org

Kulinarisches

Auf **Mittelalterbanketten** wie in Bunratty Castle (Co. Clare) oder Dungair Castle in Kinvara (Co. Galway) lebt Irlands große Vergangenheit auf. Beim **Galway Oyster Festival** (Ende Sept.) findet die Weltmeisterschaft im Austernknacken statt. Bier-Fans zieht es auf **Brauerei-Festivals**, im August etwa zur Hilden Brewery in Lisburn (Co. Antrim). Unschlagbar ist die Guinness-Brauerei: Am **Arthur's Day** (22. Sept.), dem Geburtstag des Gründers im Jahr 1759, heben Schlag 17.59 Uhr Millionen weltweit ein Pint.

BAEDEKER ÜBERRASCHENDES

6X DURCHATMEN

Entspannen, wohlfühlen, runterkommen

1. KONTEMPLATIV

Die Delphi Lodge in **Leenane** ist eine Oase der Ruhe und verwöhnt mit gehobener Küche. Kontemplatives Fliegenfischen lernt man in 3 Tagen.
(▶ **S. 297**)

2. RELAX IN DER KUGEL

Zurück zur Natur und zu sich selbst! Nächte unterm Sternenhimmel ermöglichen am **Lough Erne** die transparenten Wände der tatsächlich blasenförmigen »Bubble Domes«. Dazu Sauna und SPA – Erholung pur (www.finnlough.com)!
(▶ **S. 277**)

3. SEEALGENBAD

Entspannung und Gesundheit pur plus Schönheitskur versprechen Seealgenbäder. Greifen Sie zu! In Sligos Badeort **Strandhill** bietet Voya Seaweed Baths Seealgenkosmetika und Anwendungen dazu.
(▶ **S. 289**)

4. AM ENDE DER WELT

Meeresrauschen und Möwengeschrei begleiten die Abende in den drei Cottages des Leuchtturmwärters am **Fanad Head**. Dazu Sonnenauf- und -untergang, vielleicht sogar Nordlichtbeobachtung – ein Paradies.
(▶ **S. 352**)

5. SONNENGRUSS

Tief einatmen heißt es bei Shirley O'Halloran, die max. acht Gäste zu Yoga-Kursen im beheizten Studio des Farmhouse am Old Head of **Kinsale** einlädt.
(▶ **S. 330**)

6. RUNDTOUR

Die Rundtour „»Loop Head Heritage Trail« über die Halbinsel bis zum Leuchtturm **Loop Head** zählt zu den zehn schönsten der Welt. Irlands beste Urlaubsdestination 2013 ist ökologisch konzipiert und liegt genau in der Mitte des Wild Atlantic Way.
(▶ **S. 265**)

KINSALE GOURMET FESTIVAL

»Foodies« - verrückt nach Essen: mit Hutmacher, Märzhase, Königin der Herzen und Alice im kulinarischen Wunderland

Irlands Gourmetkapitale ist rund ums Jahr ein Ziel für Foodies. Doch am zweiten Oktoberwochenende steht am südlichen Start- und Endpunkt des Wild Atlantic Way ganz Kinsale Kopf: Bis zu 5000 Gourmets zieht es von einem kulinarischen Höhepunkt zum nächsten – und bringen nebenbei den Straßenverkehr komplett zum Erliegen. Auch das 43. Gourmetfestival 2019 eröffnete »Alice«: hellblaues Kleid, weiße Schürze, Ringelstrümpfe, ein Pfiff aus der Trillerpfeife, und schon beginnt die samstägliche »Mad Hatters Parade« vor Kinsales schickem Acton Hotel. Das Festival startet mit dem Champagner-Empfang im Blue Haven Hotel, gefolgt vom Drei-Gänge-Menü in einem der 11 beteiligten Restau-

Vielleicht gilt es für Gourmets ganz besonders: Gut Ding will Weile haben. Schlangestehen vor »The White Lady«.

rants. Früher begann es mit dem All Ireland Chowder Festival, der Verkostung exquisiter Suppen. Nun findet es mit Street Food-Fest und Fashion Show Anfang April statt. Begeisterte Suppenkasper löffelten 2019 Killybegs Seafood Shack (Killybeg, Co. Donegal) zum 9. irischen Chowder Champion. Nun dominieren die Protagonisten aus »Alice im Wunderland«: Alice, der vom Dudelsackpfeiffer begleitete »**Märzhase**« (March Hare) mit Cut und Riesenlöffeln am Topper, die nun die »Schlafmaus« (Dormouse) ersetzende »Königin der Herzen« (Queen of Hearts) mit Kussmund und schickem Herzchen-Kleid und der verrückte Hutmacher (Mad Hatter) mit Hut, grellfarbener Perücke, rotschwarzem Wams und Posthorn. Sie bilden vier Marschsäulen à 125 Foodies, die das Küstendorf südich von Cork nun für einen Tag lahmlegen. Autokolonnen stauen sich, wenn gut situierte Damen und Herren zu Spaßvögeln warden, Best Ager sich in wippenden Kilts mit Plüsch-Truthähnen auf dem Haupt schmücken, Harry-Potter-Hüte mit Feentürmen aus Filz oder mit raffinierten, mit Fasanen- und Straußenfedern geschmückten Kartenspielgestecken konkurrieren. Die spätere Titelträgerin des »Hut des Jahres« balanciert strahlend lächelnd eine riesige viktorianische Tasse. Da halten Astronauten- wie Wikingerhelm oder Piratendreispitz natürlich nicht mit.

Gaumenschmaus

Bis in den Spätnachmittag ziehen alle reihum zu den vorbereiteten **Riesenbuffets** und lernen Kinsales beste Köche schätzen. Etwa Olivier Queva, der französisch-irisch kocht und mit Gattin Anne-Marie das **Max's** betreibt. Wachteln mit warmem Kartoffelsalat, Austern, Chutneys und Walnussbrot sorgen für lange Schlangen. Gegenüber brutzelt Martin Shanahan im exzellenten **Fishy Fishy,** den dank der TV-Show »Martin's mad about fish« und zig Bestseller-Kochbüchern ganz Irland kennt. Im **Actons** werden Gänseleber und Entenwurst an Birnen-Chutney aufgefahren. Zu Arlo Guthries Megahit »You can get anything you want at Alice's Restaurant« zieht es die hungrige Meute bis ans Ende der Welt: Im **Trident Hotel** im World's End House kümmert sichFrank O'Reilly um Seafood-Patés, die Crew des Crack Pot präsentiert Mandel-Lollipops mit Chili. Im Ballsaal des **White Lady Hotel** trumpft man mit Seezunge, Chili und Austernsauce auf. Stets mit von der Partie ist auch das **The Bulman Bar & Restaurant**. Der Kinsale Food Club überreicht den 50 Mile Award zur Förderung Produkte und Nachhaltigkeit. Im Blue Haven Hotel endet alles mit Wein, Bier, Mineralwasser und köstlichem Met aus der von Kate und Denis Dempsey 2017 gegründeten **Kinsale Mead Company** in einer fröhliche Party. Dann steht am Sonntag ab 13 Uhr das grandiose Fruits de Mer Seafood Spectacular Luncheon samt abendlichem Tanz an. Und es gilt: Nie Hut, Humor oder gar den Appetit verlieren! Und ohne Kalorienzähler anreisen!

INFORMATION

GOOD FOOD CIRCLE KINSALE
Tickets: Gourmetfestival 175 €,
nur Sa. oder So. 95 €
All Ireland Chowder Festival: 15 €
71 Main Street, Kinsale, Co Cork
Tel. 087 1 67 10 04
https://kinsalegoodfoodcircle.ie

SHOPPEN

Die Grüne Insel bietet attraktive Souvenirs, hübsche, oft auch praktische oder genussvolle Erinnerungen an die zurückliegende Reise. Und manches ist eben nicht von zu Hause oder online erhältlich – etwa der Klassiker, irischer Whiskey, wenn er aus einer der neuen Kleindestillen stammt. Kleidung, Kunsthandwerk und hochwertige irische Lebensmittel stehen ebenso hoch im Kurs wie traditionelle irische Trommeln oder Brigittenkreuze.

Echt irisch

Überall in Irland wird nach alter Tradition **Kunsthandwerk** ausgeübt. Töpfern, Weben, Korbflechten oder auch Glasbläserei: Die in Handarbeit gefertigten Produkte finden viele Liebhaber. Wer selbst kreativ werden möchte, kann an zahlreichen Workshops teilnehmen. Informationen zu jährlich 200 Kursanbietern gibt z. B. »An Grianán« (www.an-grianan.ie), weitere das **Design & Crafts Council of Ireland** (www.dcci.ie). Großartiges Kunsthandwerk, Mode und Design präsentiert die **National Design & Craft Gallery** in Kilkenny (www.ndcg.ie).

Typisch irisch und von höchster Qualität sind handgewebter Tweed, feine Spitzen und Leinen, Pullover, Pfeifen, Porzellan, Keramik, Musikinstrumente, Silber, Schmuck und handgeschliffenes Kristall. Beliebt sind z. B. handgestrickte Aran-Pullover. Antique Shops bieten ausgefallene Antiquitäten. Kulinarisch rangieren Räucherlachs, Biokäse, Roggen- und Sodabrot sowie Chutneys ganz oben. Gourmet-Delikatessen erhält man auch kurz vor Abflug in den Läden von **Wrights of Howth** (tgl. 4.30 – 22.00 Uhr) im Dublin Airport.

Kurioses bieten **Flohmärkte** wie der freitags stattfindende Markt in Limerick oder Dublins Flea Market, der 2019 in die Thomas Street (Digital Hub) umzog, wo 45 Stände locken (Apr. – Sept. letzter So. im Monat 11 – 17 Uhr; http://dublinflea.ie). Auch **Weihnachtsmärkte** sind in Irland angesagt. In Dublin ist dies z. B. der Christmas Cracker Market (http://dublinatchristmas.ie/whats-on-events/christmas-cracker-market) am Smithfield Square (Dublin 7). Einer der allerbesten ist Waterfords Weihnachtsmarkt Waterford Winterval (Cathedral Square; www.winterval.ie) samt Lichtspektakel Waterfall Illuminates. Spektakulär ist Irlands ältester, der **Galway Continental Christmas Market** (18.11. – 21.12.; Mo. – Mi. 12 – 20, Do. – So. 10 – 22 Uhr; www.galwaytourism.ie/event/galway-christmas-market). Gut 650 000 Menschen besuchten 2019 die über 50 Holz-Chalets am Eyre Square.

Bekleidung

Designer- und Markenware kauft man in Irland am günstigsten in den **Outlet Centres** von Blarney, Killarney und Banbridge (Nordirland), die bis 70 % Rabatt anbieten. In Dublin und teils in Cork, Galway und Belfast sind auch internationale, vor allem britische Mode- und

Schuhdesigner mit Läden vertreten. Geschäfte öffnen 9.00 bis 18.00, in Nordirland bis 17.30 Uhr, größere donnerstags bis 20.00 oder 21.00 Uhr. Manche Geschäfte öffnen auch sonntags (12.00 – 17.00, Nordirland 13.00 – 17.00 Uhr).

Kulinarische Köstlichkeiten auf einem Dubliner Markt – mit kontinentaleuropäischen Akzenten.

»FROM FARM TO FORK«

BAEDEKER WISSEN

Biolebensmittel aus regionaler Produktion werden in Irland stark nachgefragt – und von Irland-Besuchern auch als Souvenirs sehr geschätzt. Nachhaltigkeit garantiert die Devise »Vom Hof direkt auf die Gabel!« Denn dank Garantieabnahme in vielen irischen Toprestaurants finden auch hunderte Kleinerzeuger ihr Auskommen. Am frischesten sind ihre Waren aber direkt vor Ort: in Hofläden, auf Farmer und Country Markets.

Als neue, sogar streng »lokal« orientierte Produzenten sorgen Apfelbauern oder Forellenfischer, Räuchereien, Marmeladen- und Chutney-Hersteller für nahrhafte, gesunde und exquisit schmeckende Lebensmittel. Auch in der Viehzucht, als Getreidebauern und in der Weiterverarbeitung beweisen sich Irlands neue kulinarische Helden. Bäckereien mit exzellentem Brot, Biokäsereien, Landmetzgereien, oft Familienbetriebe, sorgen für die grandiose Basis der Neuen Irischen Küche und erhalten mühelos internationale Anerkennung. Längst notieren Irlands Top-Restaurants und Hotels auf Speisekarten akribisch Herkunft und Qualität der Zutaten. Diese nachprüfbare Herstellungs- und Komsumkette funktioniert bestens. **Good Food Ireland**, der Bioverband **Organic Trust Ireland** (https://organictrust.ie) oder **Slow Food Ireland** (http://slowfoodireland.com) kontrollieren und fördern die Qualitätssicherung. Auch die Organisation »Food NI (Northern Ireland)« ist sehr aktiv (www.nigoodfood.com). Aufwertung und Revitalisierung der ländlichen Gebiete sind die Folge – samt neuer, krisensicherer Arbeitsplätze.

Festivals und Food Trails

Schaufenster der neuen Vitalität sind die von April bis November stattfindenden Food Festivals, ob nun im Mai bei Lachs und Champagner, Gin und Käse zum **Burren Slow Food Festival** (https://burren.ie) in Lisdoonvarna (Co. Clare), im Juni auf dem berühmten **West Waterford Festival of Food** (www.westwaterfordfestivaloffood.com) in Dungarvan (Co. Waterford) oder auf **Sheridan's Irish Food Festival** Ende Mai im Co. Meath (www.sheridanscheesemongers.com), die Teil der 45 jährlichen Food Events der **Boyne Valley Series** (https://boynevalleyflavours.ie) sind. Letztere wurden mühelos **Irlands Fooddestination 2016**, die die **Restaurant Association of Ireland** (www.rai.ie) jährlich kürt. Irlands Foodie-Destinations 2019 waren Waterford, Taste Causeway und Food Coast Donegal, Foodie Town 2019 wurde die Stadt Donegal. Nun werden jährlich die »Irish Restaurant Awards« vergeben (https://irishrestaurantawards.com). Eine großartige Möglichkeit, irische Produkte und Küche kennzulernen, sind die Food Trails. **Fabulous Food Trails** (www.fabfoodtrails.ie) bietet geführte Touren in Dublin und Cork, Galway Food Tours führt durch Galway (https://galwayfoodtours.com). Perfekt für radelnde Urlauber ist der Achill Island mit Newport und Westport verbindende **Great Western Greenway** (www.greenway.ie) mit zig kulinarischen Höhepunkten des parallelen **Gourmet Greenway** (www.newporthouse.ie/Gourmet Greenway_brochure.pdf) im Co. Mayo. Nordirland lockt mit Foodie-Touren und traditionellem Brotbacken bei Northern Ireland Food Tours (https://nifoodtours.com) oder der Enniskillen Taste Experience (www.enniskillentasteexperience.com) ab Enniskillen Castle (Sa. 11 Uhr, 60 £) und der Lakelander Food Experience (3 Std.; 65 £) auf dem Lough Erne (Tel. 077 19 77 05 88, http://www.ernewatertaxi.com). **Taste and Tour** bringt Ihnen Belfast kulinarisch, aber auch auf den Spuren von Gin oder Whiskey nahe (https://tasteandtour.co.uk/).

Qualität ab Hof und Markt

Bio-Produkte direkt vom Erzeuger sind natürlich am attraktivsten. Dies geht z.B. im Biohofladen von Macreddin Village (Co. Wicklow). Auch die besten Biokäsereien **Gubbeen** und **Durrus** in Irlands Südwesten oder Ziegenkäse der **Ardsallagh Goat Farm** (Carrighwohill, Co. Cork) und Bio-Ente von der **Silver Hill Foods Farm** in Emyvale

Erst kosten dann kaufen, und dazu ein kleines Schwätzchen – unverkrampfte Begegnung auf dem Farmers' Market.

(Co. Monaghan) kauft man direkt. Viele Produkte sind auch online direkt beim Erzeuger oder aber bei Good Food Ireland
erhältlich. Lachsräuchereien wie **Burren Smoke House** oder **Connemara Smoke House** bieten Lieferservice per Post. Am schönsten ist es natürlich, Delikatessen selbst nachzuspüren, seien es nun Seealgen von der Westküste, Biorapsöl aus Newgrange oder biologisch einwandfreie **Austern aus Oysterhaven** (Co. Cork) oder Carlingford (Co. Louth), wo Mitte August das **Austernfest** ruft (https://carlingford.ie). Good Food Ireland listet Produzenten,
Läden, Restaurants und Hotels, die sich dem »Farm to Fork«-Gedanken verpflichtet fühlen. Die 15 besten Food und Farmer Markets präsentiert das Online-Magazin The Taste (www.thetaste.ie/best-food-and-farmers-markets-ireland). Wahre »Foodies« schwören auf die wöchentlichen **Farmers Markets** und die in Hallen abgehaltenen **Country Markets.** Letztere sind in der Dach-Holding **Country Markets Ltd**, die auf ihrer Webseite auch Produzenten vorstellt (www.countrymarkets.ie). Großartig sind die Märkte in **Kilkenny** (The Parade, Do. 9.30 – 14.30, 1.5. – 25.9. auch Sa. 10.30 – 15.30 Uhr), **Cork** (English Market, Mo. – Sa. 8 – 18, Marina Market, tgl. 8 – 20 Uhr) und **Ennis** (Co. Clare; Tulla Road; Fr. 8 bis 14 Uhr), Belfasts **St George's Market** (12 – 20 East Bridge St; Fr. 8 – 14, Sa. 9 – 15, So. 10 – 15 Uhr), der Galway Market an der St Nicholas Church (Sa. 8 – 18, So. und Juli/Aug. auch Mi. – Fr. 12 – 18 Uhr), Dublins Sprungbrett für Einsteiger, der **Honest-2Goodness Market** (136a Slaney Close, Glasnevin; Sa. 9 – 15 Uhr), Dublins **Greendoor Market** ((Old Naas Rd, Bus 13, 68a, 69, 51; Mi. – Fr. 12 bis 19, Sa. 9.30 – 16, So. 11 – 17 Uhr), der Markt in Midelton (Co. Cork; Hospital Road; Sa. 9 – 13.30 Uhr) oder der stimmungsvolle **Milk Market in Limerick** (Fr. u. So. 11 – 15, Sa. 8 – 15 Uhr). Unschlagbar sind die Märkte an **Dublins Temple Bar,** in **Dungarvan** und **Dún Laoghaire**.

ADRESSEN

GOOD FOOD IRELAND (GFI)
Ballykelly House, Drinagh, Wexford
Tel. 05 39 15 86 93
https://goodfoodireland.ie

DUNGARVAN FARMERS MARKET
Grattan Square, Dungarvan, Co. Waterford, Tel. 086 3 94 05 64
www.dungarvantourism.com/dungarvan-farmers-market
Do. 9 – 14 Uhr

DUN LAOGHAIRE COCO MARKET
The Peoples Park, Queen's Road
Dún Laoghaire, Co. Dublin
Tel. 01 2 05 47 00
www.dlrcoco.ie/en/markets/d%C3%BAn-laoghaire-coco-market
So. 11 – 16 Uhr

TEMPLE BAR
FOOD MARKET
Meeting House Square, Dublin 2
Tel. 01 6 77 22 55
www.templebarmarkets.com
Sa. 10.30 – 16 Uhr

ÜBERNACHTEN

Ob Schlosshotel oder Country House, B&B oder Cottage, Camping oder Hostel: Das Übernachtungsangebot erfüllt alle Wünsche. Wie auch in Restaurants und großen Museen ist striktes Reservieren angesagt!

Hotels und Pensionen

Irische Hotels sind in fünf amtliche Kategorien unterteilt: Luxushotels mit fünf Sternen folgen gehobene und Mittelklassehotels mit zwei bis vier Sternen und einfache Hotels. In Nordirland gibt es nur vier Kategorien. Kleinere, persönlicher geführte Guesthouses (Pensionen) werden in Irland in fünf Kategorien (1 – 5 Sterne) eingestuft. Nordirland past sich dem nach und nach an.

Unterkünfte auf dem Land

Elegante Landsitze und Herrenhäuser – **Country Houses** – sind häufig zu Hotels und Restaurants umgewandelt worden. Angebote haben Ireland's Blue Book und Tourism Ireland. Luxuriöse Landhäuser vermittelt Hidden Ireland. Ferienhäuser und Apartments werden in ganz Irland vermietet, reizvoll sind **Irish Cottages** mit Strohdach: komplett eingerichtet und mit Platz für fünf bis acht Gäste.

Campingplätze und Hostels

Irland bietet ca. 140 klassifizierte **Campingplätze** (ein bis vier Sterne). Auch Nordirland hat zahlreiche Anlagen. Wildcampen ist verboten. Irlands und Nordirlands **Jugendherbergen** (Youth Hostels) haben durch **private Hostels** enorme Konkurrenz.

NÜTZLICHE ADRESSEN

AUSKUNFT

TOURISM IRELAND
Tel. 069 923 18 50
www.ireland.com/de-de

BED & BREAKFAST
B & B Ireland
Tel. 071 9 82 22 22
www.bandbireland.com

COUNTRY HOUSES
Exquisite Auswahl von Landhäusern, historischen Hotels und Restaurants.
Ireland's Blue Book
Tel. 016 76 99 14
www.irelands-blue-book.ie

THE HIDDEN IRELAND
Kollektion edler Country Houses, Townhouses und Luxus-B&B.
Tel. 09 86 66 50
https://hiddenireland.com

CAMPING & CARAVANING

IRISH CARAVAN & CAMPING COUNCIL
Übersichtliche Präsentation und Bewertung irischer Campingplätze.
www.camping-ireland.ie

FERIENHÄUSER

COUNTRY COTTAGES ONLINE
www.countrycottagesonline.net

TRIDENT HOLIDAY HOMES
Tel. 012 01 84 80
www.tridentholidayhomes.ie

JUGENDHERBERGEN

AN ÓIGE IRISH YOUTH HOSTEL ASSOCIATION
24 Jugendherbergen in Irland. Mit Rad- und Tourenangeboten.
Tel. 01 8 30 45 55
https://anoige.ie

HOSTELLING INTERNATIONAL NORTHERN IRELAND
Vier Hostels in Nordirland. Mit Familienangeboten.
Tel. 028 90 32 47 33
www.hini.org.uk

PREISKATEGORIEN

HOTELS (PREIS FÜR EIN DOPPELZIMMER INKL. FRÜHSTÜCK):

€€€€	über £ 130 (über 155 €)
€€€	£ 100–130 (120–155 €)
€€	£ 80–100 (95–120 €)
€	unter £ 80 (unter 95 €)

Atmosphäre und Behaglichkeit zeichnen Unterkünfte in Irland oft aus.

P

PRAKTISCHE INFOS

Wichtig, hilfreich präzise

Unsere Praktischen Infos helfen in (fast) allen Situationen in Irland weiter.

Den Regenschirm sollte man in Irland immer dabei haben – das Wetter kann überraschende Wendungen nehmen!

How much labelling do we need?
Vhi
Vhi

KURZ & BÜNDIG

ELEKTRIZITÄT
Irland: 220 Volt, 50 Hz Wechselstrom – Adapter nicht vergessen! Nordirland: Stromnetz 240 V, 50 Hz Wechselstrom. Für gängige 220-Volt-Geräte ist dies kein Problem.

GELD

WÄHRUNG
Die Republik Irland gehört zur Eurozone. Für den Franken gelten folgende Wechselkurse:
1 CHF = 0,96 €, 1 € = 1,03 CHF.
Die Währung in Nordirland ist das Pfund Sterling (£), unterteilt in 100 Pence (p.; Einzahl: penny). Es gibt Banknoten zu 5, 10, 20 und 50 £, Münzen zu 1, 2, 5, 10, 20 und 50 Pence sowie 1 und 2 £. Die Wechselkurse betragen:
1 € = 0,85 £, 1 CHF = 0,82 £

BANKEN & GELDAUTOMATEN
Irlands Banken öffnen meist Mo. – Fr. 10 – 16 Uhr, die Ulster Bank-Filialen von 9.30 – 16.30 Uhr. In Nordirland öffnen Banken Mo. bis Fr. 9.30 – 16.30, die Ulster Bank 9 – 15 Uhr. Einige Banken öffnen auch Sa. 9 – 12 Uhr (www.bankopeningtimes.co.uk).
In Irland und Nordirland existiert ein dichtes Netz an Bankautomaten (engl.: »ATM« bzw. »Automatic Telling Machines«), die nahezu überall internationale Bank- und Kreditkarten akzeptieren.

SPERRNOTRUF
Unter folgender Nummer kann man Bank- und Kreditkarten, Handys und Krankenkassenkarten sperren lassen.
116116 (aus dem Ausland Vorwahl +49)
www.sperr-notruf.de

NOTRUFE

POLIZEI, FEUERWEHR, AMBULANZ
Irland: 112 oder 999
Nordirland: 999

PANNENHILFE
Tel. 1800 66 77 88
oder Tel. 0800 88 77 66
Nordirland (RAC):
Tel. 0333 2 00 09 99

ACE-NOTRUF
+49 711 5 30 34 35 36

ADAC-AUSLANDSNOTRUF DEUTSCHLAND
Bei Pannen: +49 89 22 22 22
Bei Erkrankung: +49 89 76 76 76

DRF FLUGWACHT
+49 711 7 00 70
www.drf-luftrettung.de

DRK-FLUGDIENST
Tel. +49 211 91 74 99 39
www.drkflugdienst.de

WAS KOSTET WIE VIEL?

Einfache Mahlzeit: ab 15 €
3-Gänge-Menü: ab 30 €
1 Tasse Kaffee: ab 2 €
1 Pint Guiness: ab 4,50 €
Einfaches Doppelzimmer: ab 50 €
Mietwagen: ab 40 €/Tag

ZEIT

WESTEUROPÄISCHE ZEIT
(WEZ = MEZ -1 Std.)

ANREISE · REISEPLANUNG

Anreisemöglichkeiten

Mit dem Flugzeug

Die **Republik Irland** ist seit Frühjahr 2022 wieder über die Flughäfen Dublin, Cork, Shannon, Ireland West/Knock und Kerry erreichbar. **Aer Lingus** fliegt teils täglich von Berlin, Düsseldorf, Frankfurt/Main, Hamburg, München, Wien sowie Genf und Zürich nach Dublin. Swiss verbindet ab Zürich mit Cork und ab Zürich und Genf mit Dublin. Die **Lufthansa** fliegt ab Frankfurt/Main nach Cork sowie ab Frankfurt und München nach Dublin. **Eurowings** fliegt ab Düsseldorf und Köln/Bonn Dublin an. **Ryanair** fliegt von Berlin, Frankfurt-Hahn, Hamburg, Köln/Bonn, Memmingen, Nürnberg sowie Basel und Wien nach Dublin. Ryanair fliegt ab Flughafen Köln/Bonn auch zum Ireland West Airport Knock und ab Frankfurt/Hahn und Berlin zum Kerry Airport in Farranfore bei Tralee. Der Shannon Airport ist onestop über London erreichbar (Aer Lingus, Ryanair).
In **Nordirland** ist der Belfast International Airport mit **easyJet** direct von Genf und Salzberg und onestop z. B. via Amsterdam oder London erreichbar. **Jet2** verbindet ebenfalls mit Salzburg. Den kleineren George Best Belfast City Airport bedienen onestop z. B. **Aer Lingus, easyJet und British Airways** mit London oder Amsterdam. Derry (www.cityofderryairport.com) fliegt **Loganair** z. B. ab London-Stansted oder Liverpool, **Ryanair** von Manchester an.
Stobart Air, Partner von Aer Lingus Regional, stellte 2021 den Betrieb ein. **Emerald Airlines** ist seit 2022 neuer Partner von Aer Lingus Regional und soll ab 2023 von Cork, Dublin und Belfast (George Best Airport) den Regio-Flugverkehr mit Flügen zum Kerry Airport und Shannon Airport fortsetzen. 2022 war Emerald in Belfast, Dublin und am Donegal Airport (Carrickfinn bei Bunbeg) aktiv (www.emeraldair lines.com).

Mit dem Auto

Motorisierte wählen zwischen einer Direktfähre von Frankreich nach Südirland (Sea-Bridge-Verbindung) oder dem Weg über Großbritannien (Land-Bridge; ein bzw. zwei Fährfahrten). Aufgrund des Brexit kam es 2021/2022 zu langen Staus etwa in Dover und zu Buchungsproblemen (Bezahlung €/£).
Der Pendelzug **»Le Shuttle«** unterquert den Ärmelkanal im Eurotunnel zwischen Calais und Folkestone in 35 Minuten. Stündlich fahren bis zu vier Züge. Ein Ticket ist für ein Auto plus maximal neun Passagiere gültig.

ADRESSEN

BAHN

LE SHUTTLE
Tel. 018 05 00 02 48
www.eurotunnel.com

BUSGESELLSCHAFTEN

EUROLINES
Tel. 069 9 71 94 48 33
www.eurolines.de

FLUGGESELLSCHAFTEN

AER LINGUS
www.aerlingus.com
Irland: Tel. 01 7 61 78 34
Deutschland: Tel. 069 945 18 99 15
Österreich: Tel. 012 06 09 26 75
Schweiz: Tel. 044 5 24 67 66

EASYJET
Tel. 018 05 66 60 00
www.easyjet.com

EUROWINGS
Tel. +49 180 6 32 03 20
www.eurowings.com

LUFTHANSA
Irland: Tel. 01 5 33 99 56
Deutschland: Tel. 069 86 79 97 99
Österreich: Tel. +43 72 03 80 05 23
Schweiz: Tel. +41 4 35 47 86 31
www.lufthansa.com

RYANAIR
Tel. +49 30 80 09 83 56
www.ryanair.com

SWISS
Irland: Tel. 01 6 99 08 06
Deutschland: Tel. 069 86 79 80 00
Österreich: Tel. +43 8 10 81 08 40
Schweiz: Tel. +41 8 48 70 07 00
www.swiss.com

BRITISH AIRWAYS
Irland: Tel. 01 5 33 99 56
Deutschland: Tel. 069 86 79 97 99
Österreich: Tel. +43 72 03 80 05 23
Schweiz: Tel. +41 4 35 47 86 31

SCHIFFFAHRTS-GESELLSCHAFTEN

BRITTANY FERRIES
Call Center Irland: Tel. 021 4 27 78 01, www.brittany-ferries.ie
www.directferries.de/brittany_ferries.htm

DFDS FERRIES / LDA
Tel. 040 3 89 03 71
www.dfds.com/de-de

IRISH FERRIES
Tel. . +353 8 18 30 04 00
www.irishferries.com

LD LINES
Tel. +33 1 70 38 60 00
www.lda.fr/en

P & O FERRIES
Deutschland: Tel. 0621 37 90 90 35
www.poferries.com

STENA LINE
Tel. 0180 6 02 01 00
www.stenaline.de

FÄHREN AB FRANKREICH

ROSSCOFF – CORK
14 Std.: Brittany Ferries

ROSSCOFF – ROSSLARE
16½ Std.: Irish Ferries

CHERBOURG – ROSSLARE
17½ Std.: Irish Ferries

FÄHREN AB ENGLAND

TROON – CAIRNRYAN – LARNE (NORDIRLAND)
ca. 2 Std.: P & O

LIVERPOOL – DUBLIN
7½ Std.: P & O Irish Sea

LIVERPOOL – BELFAST (NORDIRLAND)
8 Std.: Stena Line

HOLYHEAD – DUN LAOGHAIRE BZW. DUBLIN PORT
2 Std. bzw. 3¼ Std.: Stena Line
1 Std. 50 Min. – 3¼ Std.: Irish Ferries (nur Dublin Port)

PEMBROKE / FISHGUARD NACH ROSSLARE
4 Std.: Irish Ferries (ab Pembroke)
3½ Std.: Stena Line (ab Fishguard)

FÄHREN NACH ENGLAND

CALAIS – DOVER
1½ Std.: P & O, DFDS / LDA, LD Lines

DIEPPE – NEWHAVEN
4 Std.: LD Lines (Transmanche Ferries)

HOEK VAN HOLLAND/ ROTTERDAM – HARWICH
6½ Std.: Stena Line

DUNKERQUE – DOVER
2 Std.: Norfolk Line

Mit Bus und Bahn

Mit dem Zug nach Irland zu fahren ist **teuer** und dauert **lang**. Wer sich dafür entscheidet, muss zunächst nach London reisen. Der Eisenbahnverkehr dorthin wird von Deutschland, Österreich und der Schweiz über die Fährverbindung Hoek van Holland – Harwich und Oostende – Dover bzw. durch den Eurotunnel abgewickelt. In London steigt man um in den Zug nach Holyhead, von wo die Fähren nach Dublin bzw. Dun Laoghaire. Busverbindungen von Deutschland nach Irland führen über London, wo Irish Bus (www.buseireann.ie) in Kooperation mit Eurolines / Deutsche Touring direkte Busverbindungen via Holyhead nach Dublin anbietet (11 ½ Std.).

Ein- und Ausreisebestimmungen

Reisedokumente

Deutsche, Österreicher und Schweizer benötigen für die Einreise in die Republik Irland oder nach Nordirland einen **Reisepass oder Personalausweis** (Identitätskarte) mit noch mindestens sechs Monaten Gültigkeit. Irland und Großbritannien haben das Schengen-Abkommen nicht unterzeichnet. »Schengen-Visa« sind daher ungültig. Auch **Kinder** benötigen eigene gültige Reisedokumente. Die Einreise nach GB und Nordirland ist seit 2021 nur mit Reisepass möglich (auch im Transit). Minderjährige ohne Begleitung von Erwachsenen benötigen bei der Einreise nach Nordirland eine amtlich beglaubigte Einverständniserklärung der Sorgeberechtigten. Begleitende nichtsorgeberechtigte Erwachsene müssen ihre Berechtigung belegen. Ende März 2022 haben Irland und Großbritannien mit Nordirland nahezu alle Restriktionen bzgl. Covid-19 abgeschafft. Auch das Ausfüllen einer Passenger Locator Form ist nicht mehr nötig. Aktuelle Informationen erhalten Sie über das Deutsches Auswärtiges Amt (www.auswaertiges-amt.de).

Fahrzeugpapiere

Der gültige **EU-Führerschein** und der **KFZ-Schein** des Heimatlandes werden in der Republik Irland und in Nordirland anerkannt und sind mitzuführen. Für Irland zu empfehlen und in Nordirland unbedingt nötig ist die **grüne Versicherungskarte** (insurance green card).

Haustiere

Hunde und Katzen dürfen mit dem **EU-Heimtierausweis** (EU Pet Passport; Schweizer Heimtierausweis) oder einer amtlichen Veterinärbescheinigung (animal health certificate; AHC), in der die Mikrochipnummer eingetragen ist, ohne Quarantäne nach Irland, Nordirland und Großbritannien einreisen. Haustiere müssen einen implantierten Mikrochip tragen und gegen Tollwut geimpft sein (Karenzzeit zwischen Impfung und Einreise: 21 Tage; bei Immunität erst nach 30 Tagen sind 30 Tage abzuwarten). Die Bandwurmbehandlung für Hunde muss 24 – 120 Stunden vor Ankunft erfolgen. Die Anreise kann nur mit geprüften Fähr- und Fluggesellschaften über ausgewählte Einreiseorte erfolgen (www.gov.uk/bring-pet-to-great-britain).

Zoll für EU-Bürger

Innerhalb der EU gelten für Zollfreiheit obere Richtmengen. Für Personen über 17 Jahren liegen diese bei 800 Zigaretten, 10 l Spirituosen, 60 l Schaumwein und 110 l Bier (www.zoll.de; App »Zoll und Reise«). 2021 vollzog Großbritannien den Brexit. Bei Einfuhren in die EU gilt ein Übergangsabkommen, das Zollfreiheit für Waren garantiert, deren Ursprung in Großbritannien ist. Das Nordirland-Zusatzprotokoll legt fest, dass Nordirland zollrechtlich wie ein EU-Zollgebiet behandelt wird.

Zoll für Nicht-EU-Bürger

Für Personen über 17 Jahren aus Nicht-EU-Ländern liegen die Freimengengrenzen bei 200 Zigaretten oder 100 Zigarillos oder 50 Zigarren oder 250 g Rauchtabak, ferner bei 2 l Wein und 1 l Spirituosen. Nicht-EU-Bürger erhalten in vielen Läden Cashback-Gutscheine, für die sie bei der Ausreise die gezahlte Mehrwertsteuer zurückerhalten.
Bei der Wiedereinreise in die Schweiz gelten folgende Freimengengrenzen: für Personen ab 17 Jahren an Tabakwaren 200 Zigaretten oder 50 Zigarren oder 250 g Rauchtabak, an alkoholischen Getränken 5 l mit bis zu 18 Vol.-% Alkoholgehalt und 1 l mit mehr als 18 Vol.-% Alkoholgehalt, ferner Geschenke oder Waren im Wert von 300 SFr pro Person. Auskunft: www.ezv.admin.ch/ezv/de/home/information-private/reisen-und-einkaufen--freimengen-und-wertfreigrenze/einfuhr-in-die-schweiz.html oder App »QuickZoll«.

Reiseversicherungen

Ärztliche Leistungen in Irland und Nordirland erhaltenEU-Bürger mit der von der Krankenkasse ausgestellten **Europäische Krankenversicherungskarte EHIC**. Teils fallen trotzdem Behandlungskosten an, die bei Rechnungsvorlage daheim von der Krankenkasse erstattet werden. In Großbritannien reicht die EHIC für Schweizer seit 2021 nicht mehr. Sie benötigen eine Extrabescheinigung ihrer Krankenkasse.

Krankenversicherung

Auch aufgrund der Corona-Pandemie empfiehlt sich der Abschluss einer Zusatzversicherung, die auch die Kosten eines Rücktransports mit einschließt.

Private Reiseversicherung

AUSKUNFT

AUSKUNFT ZU HAUSE

TOURISM IRELAND DEUTSCHLAND
Gutleutstr. 32, Frankfurt a. M.
Tel. 069 9 23 18 50
www.ireland.com

TOURISM IRELAND ÖSTERREICH
Hedwiggasse 4/1 – 4, Wien
Tel. 01 5 81 89 22 70
www.ireland.com/de-at/

TOURISM IRELAND, SCHWEIZ
c/o Mazars AG (Véronique Platschka), Herostr. 12, Zürich
Tel. +41 78 224 99 86
www.ireland.com/de-ch/

AUSKUNFT IN DER REPUBLIK IRLAND

TOURISM IRELAND
4th Floor, Bishop's Square
Redmond`s Hill, Dublin 2
Tel. 01 4 76 34 00
www.ireland.com
www.tourismireland.com

AUSKUNFT IN NORDIRLAND

TOURISM IRELAND
Beresford House, 2 Beresford Rd
Coleraine BT52 1GE
Tel. 028 70 35 92 00
www.ireland.com
www.tourismireland.com

DIPLOMATISCHE VERTRETUNGEN IN DEUTSCHLAND

IRISCHE BOTSCHAFT
Jägerstr. 51, Berlin
Tel. 030 22 07 20, www.dfa.ie/irish-embassy/Germany/

BRITISCHE BOTSCHAFT
Wilhelmstr. 70 – 71, Berlin
Tel. 030 20 45 70
www.gov.uk

IN ÖSTERREICH

IRISCHE BOTSCHAFT
Rotenturmstr. 16–18, Wien
01 7 15 42 46, www.dfa.ie/irish-embassy/austria/

BRITISCHE BOTSCHAFT
Jaurèsgasse 12, Wien
Tel. 01 71 61 30, www.gov.uk

IN DER SCHWEIZ

IRISCHE BOTSCHAFT
Kirchenfeldstr. 68, Bern
Tel. 031 3 50 03 80, www.dfa.ie/irish-embassy/switzerland/

BRITISCHE BOTSCHAFT
Thunstr. 50, Bern
Tel. 031 3 59 77 00, www.gov.uk

DIPLOMATISCHE VERTRETUNGEN IN IRLAND

DEUTSCHE BOTSCHAFT
31 Trimleston Avenue
Booterstown/Blackrock,
Co. Dublin, Tel. 01 2 77 61 00
https://dublin.diplo.de/ie-de

ÖSTERREICHISCHE BOTSCHAFT
15, Ailesbury Court Apartments
6 Ailesbury Road, Dublin 4
Tel. 01 2 69 45 77
www.bmeia.gv.at/oeb-dublin/

SCHWEIZER BOTSCHAFT
6 Ailesbury Road, Ballsbridge
Dublin 4, Tel. 01 2 18 63 82
www.eda.admin.ch

IN NORDIRLAND

DEUTSCHE BOTSCHAFT
23 Belgrave Square, London SW 1X 8PZ, Tel. 020 78 24 13 00
https://uk.diplo.de/uk-de

ÖSTERREICHISCHE BOTSCHAFT
18 Belgrave Mews West London, SW1X 8HU, Tel. 044 20 73 44 32 50
www.bmeia.gv.at/oeb-london

SCHWEIZER BOTSCHAFT
16 – 18 Montagu Place, London W1H 2BQ, Tel. 020 76 16 60 00
www.eda.admin.ch/countries/united-kingdom/de/home/vertretungen/botschaft.html

WEITERE WEBSEITEN

WWW.IRELAND.COM/DE-DE
Das deutsche Portal der Fremdenverkehrszentrale hält diverse Broschüren zum Herunterladen bereit, bietet Hilfe und Tipps, etwa zu Covid-19-Regularien, Unterkünften, Kultur etc.

WWW.DISCOVERIRELAND.IE
Portal von Fáilte Ireland
Touristen-Hotline: Tel. 1850 23 03 30

HTTPS://DISCOVERNORTHERNIRELAND.COM
Erste Anlaufstelle für Nordirland

WWW.ENTERTAINMENT.IE
Veranstaltungen, Unterhaltung, Konzerte, Kinoprogramm

HTTPS://IRISHDANCING.GLOBAL
Tanzschulen für Irish Dance in Irland und weltweit mit vielen Links

WWW.VISITDUBLIN.COM
Veranstaltungen in Dublin

WWW.IRISH-NET.DE
Wissenswertes über Land, Kultur und Leute

WWW.IRELAND.DE
Linksammlung einiger kommerzieller Irland-Spezialisten

WWW.GAELCHULTUR.COM
Wenn man Irisch lernen möchte, kann diese Informationsseite ein guter Einstieg sein.

WWW.IRISH-MUSIC.NET
Umfangreiche Linkliste zu irischer Musik

BARRIEREFREI UNTERWEGS

Tourism Ireland beantwortet alle wichtigen Fragen für Menschen mit speziellen Bedürfnissen und eingeschränkter Mobilität (www.ireland.com/help-and-advice/practical-information/accessibility). Hotels & B&B mit verbindlich festgelegten Standards und Tipps präsentiert Accessible Ireland (www.accessibleireland.com). So parken Behinderte mit Ausweis in Irland kostenlos an Parkuhren.

ETIKETTE

Begrüßung

Eine Standard-Begrüßungs-Floskel lautet »how are you« (Wie geht es Dir/Ihnen), bedeutet aber nichts anderes als »hello«. Der Fragende erwartet als Antwort auf gar keinen Fall einen Tages- oder Wochenbericht, sondern auch nur ein knappes »how are you«.

Einladungen

Iren sind für ihre **Gastfreundlichkeit** berühmt. Eine Einladung aus Höflichkeit abzulehnen, ist meist zwecklos; im umgekehrten Fall verhalten sich die Iren jedoch schüchtern. Sollten Sie einen Iren zu Gast haben, müssen Sie ihm Tee und Gebäck schon mehrmals anbieten, bis er zugreift. Grundsätzlich gebietet es die Höflichkeit, bei Einladungen mindestens einen Tee anzubieten.
Bei Verabredungen gilt allerdings: Eine halbe Stunde **Verspätung** ist normal. Mit dem Zusatz »ish« hinter der Uhrzeit, z. B. »8ish in the evening«, wird diese quasi angekündigt – »ish« bedeutet so viel wie ungefähr (und lässt sich auch auf Alter, Gehalt usw. anwenden).

Humor, Klatsch und Konversation

Ein auch gegenüber Fremden ausgeübter irischer Volkssport ist das »slagging«, eine **freundliche Art des Verulkens**. Slagging ist immer humorvoll und gutmütig gemeint. »Having the Craic« (ausgesprochen Kräck) bedeutet Spaß zu haben! Iren sind sehr interessierte bis neugierige Leute. Für etwas »gossip« (Klatsch) ist immer Zeit, egal ob man die involvierten Personen kennt oder nicht. Ein Gespräch – nicht zuletzt übers **Wetter** – gilt als angenehme Kommunikation.

Unterwegs

Mit Vorsicht zu genießen sind **Richtungsangaben**. Zu der oft noch unzureichenden Straßenbeschilderung kommt hinzu, dass viele Iren mit dem Beschreiben von Richtungen ihre Schwierigkeiten haben. Da wird schon mal das Gegenüber mit komplizierten Anweisungen verwirrt oder, weil die Richtung nicht bekannt ist, irgendwo hingeschickt – mit der Empfehlung, später nochmals nachzufragen.

Schlangestehen

Das Schlangestehen ist in Irland durchaus verbreitet, z. B. an Bushaltestellen, im Supermarkt oder an Wochenenden vorm Bankautomaten. Dabei ist man sehr zivilisiert, also bitte **nicht drängeln**!

GESUNDHEIT

Medizinische Versorgung

In vielen irischen Kliniken und Praxen arbeiten deutschsprachige **Ärzte** (physicians, doctors) oder medizinisches Personal. Informationen zu **Covid-19** halten die deutsche Botschaft (https://dublin.diplo.de/ie-de/-/2313756) und Tourism Ireland bereit (www.ireland.com/help-and-advice/practical-information/health-information-in-ireland/).

Apotheken

Irische und nordirische Apotheken (»pharmacies«) sind in der Regel Mo. – Fr. 9 – 18 und Sa. 9 – 13 Uhr geöffnet, werktags oft auch länger. In Irland ist kein 24-Stunden-Apothekendienst eingerichtet, in größeren Städten Nordirlands hingegen schon.

LESETIPPS

Klassiker, Krimis und Urlaubsschmöker

Maeve Binchy: Ein Cottage am Meer. Knaur TB 2015. Postum ediertes Meisterwerk der Bestsellerautorin des romantischen irischen Landlebens, für das sie 2012 zum zweiten Mal den Irish Book Award erhielt.

Heinrich Böll: Irisches Tagebuch. Kiepenheuer & Witsch 2018. 50 Jahre nach dem Ersterscheinen dieses Klassikers präsentiert die Jubiläumsausgabe neue Dokumente und Zusatzinformationen von René Böll und Jochen Schubert.

Paul F. und Sylvia Botheroyd: Das Irland der Heiligen und Druiden. Europäischer Universitätsverlag 2012. Das friedliche Aufeinandertreffen von keltischer Kultur und Christentum im 5. Jh. machte den Erhalt keltischer Überlieferung auf Pergament möglich.

Tana French: Der Sucher. Fischer Scherz 2021. Die irische Bestsellerautorin machte schon mit ihren sechs Dublin-Krimis wie »Grabesgrün« Furore. Cal Hooper, Ex-Cop aus Chicago, verschlägt es an Irlands Westküste, wo er in einen Sog mysteriöser Ereignisse gerät.

Frank McCourt: Die Asche meiner Mutter. btb 2010. Biografischer Roman, der mit viel Dramatik, Wärme, aber auch Humor von einer entbehrungsreichen Kindheit in Limerick und dem verzweifelten Überlebenskampf seiner Mutter erzählt, nach dessen Vorbild ein erfolgreicher Film entstand.

Flann O'Brien: Flann O'Brien für Boshafte. Insel Tb 2009. Texte aus dem Gesamtwerk des überaus witzigen, ironischen wie spitzfindigen Meisterautors und Kolumnisten der Irish Times, ausgewählt von Anna Mikula und kongenial von Harry Rowohlt übersetzt.

Hannah O'Brien: Irische Totenwache. dtv 2019. Fünfter Band der fesselnden Krimireihe um die eigenwillige Kommissarin Grace O'Malley aus Galway. Das Pseudonym Hannah O'Brien nutzt ARD-Hörfunkjournalistin Hannelore Hippe, die seit 40 Jahren die grüne Insel bereist und lange in Connemara lebte.

Joseph O'Connor: Die wilde Ballade vom lauten Leben. S. Fischer 2015. Überaus komischer Roman über verpasste Liebe, tiefe Freundschaft und den Auf- und Abstieg einer Band aus der irischen Popszene der 1980er Jahre.

Sally Rooney: Normale Menschen. Luchterhand 2020. Ihrem fulminanten Erstlingswerk »Gespräche mit Freunden« (2019) ließ die in Dublin lebende irische Schriftstellerin diesen Megahit folgen. Auch ihr dritter Roman »Schöne Welt, wo bist du« (2021) ist ein Bestseller.

Ralf Sotschek: Gebrauchsanweisung Irland. Piper-TB 2020. In zehnter Auflage widmet sich dies fabelhafte Buch des intimen Kenners der Grünen Insel Wirtschaftsboom und Sprache, Sagen und Legenden, keltischer Tradition und Zukunftvisionen.

Gerhild Tieger: Wo die Uhren anders ticken: Wahre Geschichten über das Leben in Irland (Teil 1 und 2). Autorenhaus 2019. Die Autorin verwirklicht ihren Traum vom Leben im Country House in Irlands Westen und erlebt mit Humor und Empathie Erheiterndes mit den zur Exzentrik neigenden Iren.

Colm Tóibín: Nora Webster. Hanser 2016. Irlands bester Erzähler, gefeiert für den Weltbestseller „Brooklyn« (Hanser 2010; 2014 verfilmt), beschreibt die Suche einer Frau und Mutter von vier Kindern nach selbstbestimmten Leben in der irischen Provinz der 1960er-Jahre. Neuester Geniestreich des Autors: »Der Zauberer« (Hanser Verlag 2021), ein Künstlerroman über das Leben von Thomas Mann.

Peter Tremayne: Tod den finsteren Mächten. Aufbau-TB 2021. Auch den 32. Fall der historischen Krimireihe um das unerklärliche Verschwinden von Prinzessin Gelgeis im Jahr 672 löst die mutige irische Nonne und Rechtsgelehrte Fidelma mit Bravour.

Zur Einstimmung

DuMont Bildatlas Nr. 187 Irland, DuMont 2021: Bilder von Johann Scheibner und Texte von Nicole Quint lassen von den ländlichen Paradiesen und urbanen Verlockungen des Landes träumen.

MASSE · GEWICHTE

Noch gelten auf der gesamten Grünen Insel offiziell metrische Maße. Nur das »**Pint**« (0,568 Liter) blieb erhalten. Im Herbst 2021 kündigte Premier Boris Johnson an, in Kürze in Großbritannien wieder zum »Imperial System« zurück zu kehren. In Nordirland sollen Waren nur noch in Pfund (engl. »pound«; 0,45359 kg) und Unze (engl. »ounce«; 28,3495 g) ausgezeichnet werden. Auf Pint-Gläsern soll als Eichmaß wieder die »Crown Stamp«, die Königskrone, erscheinen. Weitere historische Einheiten dieser »Imperial Units« könnten folgen, etwa der Fuß (engl. »foot«, Plural »feet«; 0,3048 m) oder die auch Daumenbreite genannte Einheit Zoll (engl. »inch«, Plural »inches«; 0,0254 m). Entfernungen und Geschwindigkeitsbegrenzungen werden in Nordirland seit je in **Meilen** angegeben.

MEDIEN

Tageszeitungen

Rund 91 % aller Iren über 18 Jahre lesen Zeitung. Entsprechend vielfältig ist die Presselandschaft. Die größte Tageszeitung ist der »Irish Independent«, hohes Renommee genießt auch die »Irish Times«. Wichtige Blätter sind »The Irish Examiner«, »Irish Daily Star« und »The Herald«. In Nordirland ist »The Irish News« führend, gefolgt vom »Belfast Newsletter« und »The Belfast Telegraph«. Ableger britischer Zeitungen sind »The Irish Sun«, »Irish Daily Star«, »Irish

Daily Mail«, »Irish Daily Mirror« und die irische Ausgabe der »Sunday Times«. Wochenzeitungen in irischer Sprache sind »Seachtain« (Mi. als Teil des Irish Independent) und »Goitse« in Gweedore (Co. Donegal). Monatlich erscheint »Saol« (»Leben«) mit Sitz in Dublin und Druckerei in Galway.

Fernsehen

Der irische öffentlich-rechtliche Sender Raidió Teilifís Éireann (RTÉ) betreibt die TV-Kanäle RTÉ One, RTÉ2, RTÉ News Now und RTÉ Jr. Der öffentlich-rechtliche Kanal TG4 sendet in irischer Sprache. Virgin Media Television betreibt die TV-Kanäle Virgin Media One, Virgin Media Two, Virgin Media Three and Virgin Media Sport. Weitere Anbieter sind EIR, Sky Ireland oder Netflix. Auch die BBC ist präsent, in Nordirland zudem mit den Regio-Kanälen BBC ONE Northern Ireland und BBC TWO Northern Ireland.

PREISE · VERGÜNSTIGUNGEN

Sehenswertes

Manche Sehenswürdigkeiten sind gratis zu besichtigen, teils wird jedoch hoher Eintritt fällig. Geld erspart die **Heritage Card**, die ab Ausstellungstag ein Jahr für ca. 100 Sehenswürdigkeiten gültig ist und 40 € (Senioren: 30 €; Kind ab 12 J.: 10 €) kostet. Die Familienkarte (zwei Erw. plus fünf Kinder im Alter von 12 bis 18 Jahren) kostet 90 € (https://heritageireland.ie/visit/heritage-card/). Am besten kauft man sie beim erstenStopp an einer der Attraktionen. An jedem ersten Mittwoch im Monat gewähren zudem fast alle vom OPW (Office of Public Works) betriebenen musealen Einrichtungen von National Heritage Ireland freien Eintritt.

Dublin Pass

Der einen bis fünf aufeinander folgende Tage gültige digitale Dublin Pass (69 – 115 €) bietet freien Eintritt zu **35 Dubliner Museen und Sehenswürdigkeiten** (https://dublinpass.com/de-us) und Sonderangebote von Restaurantrabatten und Food Trails bis zu Pub Crawls und Geschenkeläden. Die Go Dublin Pass App wird online erworben und erspart das Schlangestehen vor Museen.

Belfast Visitor Pass

Dieser einen, zwei oder drei Tage gültige Pass (6 – 14,50 £) erlaubt die freie Nutzung der öffentlichen Transportmittel (inkl. der Linie 600 zum George Best City Airport, aber ohne Linie 300 zum Belfast International Airport). Zudem erhält man Rabatte von bis zu 40 % auf Stadttouren und in Restaurants und Läden. Der Pass ist online oder

z. B. im Visit Belfast Welcome Centre (9 Donegall Square North) erhältlich (https://visitbelfast.com/plan/belfast-visitor-pass/).

National Trust

Der britische National Trust unterhält derzeit in Nordirland **500 Attraktionen**, darunter 29 Gebäude und Areale von außergewöhnlicher Schönheit, u. a. Castle Ward, Mount Stewart House and Gardens, den Giant`s Causeway oder das Strangford Lough Widllife Reserve. Die Besichtigung kostet meist 10 £ und mehr. Trust-Mitglieder genießen indes freien Eintritt, sodass sich eine Jahresmitgliedschaft (76,80 £) durchaus rentiert (www.nationaltrust.org.uk).

REISEZEIT

Viel Regen und kaum Schnee

Die günstigste Reisezeit ist von Ende März bis Ende Oktober. Im Juli und August ist es dabei am wärmsten, die meisten Sonnentage gibt es im Mai und im Juni. Einen freundlichen Herbst bescheren die Monate September und Oktober mit milder und meist trockener Witterung.

Irland liegt im Einflussbereich der warmen Gewässer des **Golfstroms**. Die Insellage begünstigt ein relativ gleichbleibendes Klima mit kühlen Sommern und milden Wintern. Aufgrund der atlantischen Strömungen ist das **Wetter wechselhaft** – Regenkleidung nicht vergessen! Lang anhaltende Schauer sind aber seltener als in Mitteleuropa. Nach einem Regentag hellt sich der Himmel gegen Abend auf und häufig sind Regenbogen zu beobachten. Schnee fällt selten und wenn bleibt er lediglich für kurze Zeit liegen.

Die jahreszeitlichen Temperaturunterschiede sind gering. Während in den kältesten Monaten, Januar und Februar, zwischen 4 °C (im Nordosten) und 7 °C (im Südwesten) erreicht werden, steigt das Thermometer in den wärmsten Monaten, Juli und August, auf durchschnittlich 15 bis 20 °C. Nur selten werden Höchstwerte über 25 °C erreicht. Am meisten Sonne erhält der Südosten des Landes, während der Westen der Insel unter dem direkten Einfluss atlantischer Winde liegt und der Steigungsregen an den Küstengebirgen oft in Form heftiger Güsse auf das Land niederprasselt. Westirland erreicht im Jahresdurchschnitt bei 250 Regentagen eine Niederschlagsmenge von 3000 mm, um Dublin an der geschützteren Ostküste fallen dagegen an rund 190 Regentagen nur insgesamt 750 mm Niederschlag. Die Luftfeuchtigkeit ist im gesamten Land relativ hoch.

Aktuelle Wetterinformationen bekommt man auf folgenden Webseiten: www.met.ie und www.metoffice.gov.uk

SPRACHE

Englisch und Irisch

Mit Englisch kann sich der Reisende in Irland überall verständigen. Schwieriger wird es, wenn er auf Ausdrücke stößt, die sich aus dem Gälischen (das zu den keltischen Sprachen gehört) herleiten.
Das **gälische Alphabet** hat einige Buchstaben weniger als das lateinische; es fehlen k, v, w, x, y und z. Bei anderen Buchstaben bestehen gewisse Unterschiede in der Schreibweise. Steht ein Akzent auf einem Buchstaben, so wird dieser lang gesprochen.
Hilfreich zum Erlernen der irischen Sprache ist ein englisch-irisches Wörterbuch (engl.: »dictionary«, irisch: »foclóir«). Das **Collins easy learning Irish Dictionary** erschien 2020 bei Harper-Collins, ebenso Collins gem **Irish Dictionary** in 5. Auflage.

Sprachschulen

Sprachkurse für Englisch werden vielerorts das ganze Jahr über angeboten. Eine Übersicht staatlich anerkannter Sprachschulen führt Tourism Ireland. Im Verband MEI-REISA (https://mei.ie) sind 70 Sprachschulen, in denen 2020 über 122 000 Schüler aus 120 Ländern studierten – 90 % aller English-Sprachstudenten in Irland. Man kann auch Gälisch / Irisch oder »Ulster-Schottisch« erlernen. Anbieter sind z. B. Gael-Linn (www.gael-linn.ie), Odeas Gael (www.oideas-gael.com) oder Ulster-Scots Agency (www.ulsterscotsagen cy.com).

SPRACHFÜHRER ENGLISCH

AUF EINEN BLICK

Ja / Nein	**Yes / No**
Vielleicht.	**Perhaps. / Maybe.**
Bitte	**Please.**
Danke! / Vielen Dank!	**Thank you! / Thank you very much.**
Gern geschehen.	**You're welcome.**
Entschuldigung!	**I'm sorry!**
Wie bitte?	**Pardon?**
Ich verstehe Sie / dich nicht.	**I don't understand you.**
Ich spreche nur wenig ...	**I only speak a bit of ...**
Können Sie mir bitte helfen?	**Can you help me, please?**
Ich möchte ...	**I'd like ...**
Das gefällt mir (nicht).	**I (don't) like this.**
Haben Sie ...?	**Do you have ...?**
Wie viel kostet es?	**How much is it?**
Wie viel Uhr ist es?	**What time is it?**

KENNEN LERNEN

Guten Morgen!	**Good morning!**

Guten Tag!	**Good afternoon!**
Guten Abend!	**Good evening!**
Hallo! / Grüß dich!	**Hello! / Hi!**
Mein Name ist ...	**My name's ...**
Wie ist Ihr / Dein Name?	**What's your name?**
Wie geht es Ihnen / dir?	**How are you?**
Danke. Und Ihnen / dir?	**Fine, thanks. And you?**
Auf Wiedersehen!	**Goodbye! / Bye-bye!**
Tschüs!	**See you! / Bye!**

AUSKUNFT UNTERWEGS

links / rechts	**left / right**
geradeaus	**straight on**
nah / weit	**near / far**
Bitte, wo ist ...?	**Excuse me, where's ..., please?**
... der Bahnhof	**... the train station**
... die Bushaltestelle	**... the bus stop**
... der Hafen	**... the harbour**
... der Flughafen	**... the airport**
Wie weit ist das?	**How far is it?**
Ich möchte ... mieten.	**I'd like to hire ...**
... ein Auto/ein Fahrrad	**... a car/ a bike (bicycle)**

PANNE

Ich habe eine Panne.	**My car's broken down.**
Würden Sie mir bitte einen Abschleppwagen schicken?	**Would you send a breakdown truck, please?**
Gibt es hier in der Nähe eine Werkstatt?	**Is there a service garage nearby?**

TANKSTELLE

Wo ist die nächste Tankstelle?	**Where's the nearest petrol station?**
Ich brauche ...	**I need...**
... Liter ...	**... litres of ...**
... Normalbenzin.	**... three-star**
... Super.	**... four-star**
... Diesel.	**... diesel**
Volltanken, bitte.	**Full, please.**

UNFALL

Hilfe!	**Help!**
Achtung!	**Attention!**
Rufen Sie bitte ...	**Please call ...**
... einen Krankenwagen/die Polizei.	**... an ambulance/the police.**
Es war meine / Ihre Schuld.	**It was my / your fault.**
Geben Sie mir bitte Ihren Namen und Ihre Anschrift.	**Please give me your name and address.**

ESSEN

Auf Ihr Wohl!	**Cheers!**
Bezahlen, bitte.	**May I have the bill, please?**
Wo gibt es hier ...	**Is there ... here?**
... ein gutes Restaurant?	**... a good restaurant?**
... ein typisches Restaurant?	**... a restaurant with local specialities?**
Gibt es hier eine gemütliche Kneipe?	**Is there a nice pub here?**
Reservieren Sie uns bitte für heute Abend einen Tisch.	**Would you reserve us a table for this evening, please?**

EINKAUFEN

Wo finde ich ... eine / ein ..?	**Where can I find a ...?**
Apotheke	**chemist / pharmacy**
Bäckerei	**bakery**
Kaufhaus	**department store**
Lebensmittelgeschäft	**grocery store**
Markt	**market**

ÜBERNACHTUNG

Können Sie mir ... empfehlen?	**Could you recommend ... ?**
... ein (e) Hotel / Motel/Pension	**... a hotel / motel/guest-house**
Ich habe ein Zimmer reserviert.	**I've reserved a room.**
Haben Sie noch ...?	**Do you have ...?**
... ein Einzelzimmer/Doppelzimmer	**... a single room/double room**
... ein Zweibettzimmer	**... a twin room**
... mit Dusche / Bad	**... with a shower / bath**
... für eine Nacht/eine Woche	**... for one night/a week**
Was kostet das Zimmer	**How much is the room**
... mit Frühstück?	**... with breakfast?**
... mit Halbpension?	**... with half board?**

ARZT

Ich brauche einen Arzt / Zahnarzt.	**I need a doctor / dentist.**
Ich habe hier Schmerzen.	**I've got pain here.**

BANK / POST

Wo ist hier bitte eine Bank?	**Where's the nearest bank, please?**
Ich möchte ... Euro (Franken) wechseln.	**I'd like to change ...Euro (Swiss Francs).**
Was kostet ...	**How much is ...**
... ein Brief.../... eine Postkarte...	**... a letter .../... a postcard ...**
nach Deutschland?	**to Germany?**
nach Österreich?	**to Austria?**
in die Schweiz?	**to Switzerland?**

SPEISEKARTE

Breakfast	**Frühstück**
coffee (with cream / milk)	**Kaffee (mit Sahne / Milch)**
hot chocolate	**heiße Schokolade**
tea (with milk / lemon)	**Tee (mit Milch / Zitrone)**
scrambled eggs	**Rühreier**
poached eggs	**pochierte Eier**
bacon and eggs	**Eier mit Speck**
fried eggs	**Spiegeleier**
hard-boiled / soft-boiled eggs	**harte / weiche Eier**
(cheese / mushroom) omelette	**(Käse- / Champignon-) Omelett**
bread / rolls / toast	**Brot / Brötchen / Toast**
butter	**Butter**
honey	**Honig**
jam / marmalade	**Marmelade / Orangenmarmelade**
yoghurt	**Joghurt**
fruit	**Obst**

STARTERS AND SOUPS	VORSPEISEN UND SUPPEN
clear soup / consommé	**(Fleisch-) Brühe**
cream of chicken soup	**Hühnercremesuppe**
cream of tomato soup	**Tomatensuppe**
mixed / green salad	**gemischter / grüner Salat**
onion rings	**frittierte Zwiebelringe**
seafood salad	**Meeresfrüchtesalat**
shrimp / prawn cocktail	**Garnelen- / Krabbencocktail**
smoked salmon	**Räucherlachs**
vegetable soup	**Gemüsesuppe**

Die Speisekarte sollte man möglichst lesen können ...

FISH AND SEAFOOD	FISCH UND MEERESFRÜCHTE
cod	**Kabeljau**
crab	**Krebs**
eel	**Aal**
haddock	**Schellfisch**
herring	**Hering**
lobster	**Hummer**
mussels	**Muscheln**
oysters	**Austern**
plaice	**Scholle**
salmon	**Lachs**
scallops	**Jakobsmuscheln**
sole	**Seezunge**
squid	**Tintenfisch**
trout	**Forelle**
tuna	**Tunfisch**

MEAT AND POULTRY	FLEISCH UND GEFLÜGEL
barbequed spare ribs	**gegrillte Schweinerippchen**
beef	**Rindfleisch**
chicken	**Hähnchen**
chop/cutlet	**Kotelett**
fillet	**Filetsteak**
duck(ling)	**(junge) Ente**
gammon	**Schinkensteak**
gravy	**Fleischsoße**
ham	**gekochter Schinken**
kidneys	**Nieren**
lamb (with mint sauce)	**Lamm (mit einer sauren Minzsoße)**
liver (and onions)	**Leber (mit Zwiebeln)**
minced meat	**Hackfleisch**
mutton	**Hammelfleisch**
pork	**Schweinefleisch**
rabbit	**Kaninchen**
sausages	**Würstchen**
sirloin steak	**Lendenstück vom Rind, Steak**
turkey	**Truthahn**
veal	**Kalbfleisch**

DESSERT AND CHEESE	NACHSPEISEN UND KÄSE
apple pie	**gedeckter Apfelkuchen**
Cheddar	**kräftiger Käse**
chocolate biscuit	**Schokoladenplätzchen**
cottage cheese	**Hüttenkäse**
cream	**Sahne**
custard	**Vanillesoße**
fruit salad	**Obstsalat**
goat's cheese	**Ziegenkäse**
ice-cream	**Eis**
pastries	**Gebäck**

VEGETABLES AND SALAD	GEMÜSE UND SALAT
baked beans	**gebackene Bohnen in Tomatensoße**
baked potatoes	**gebackene Kartoffeln mit Schale**
cabbage	**Kohl**
carrots	**Karotten**
cauliflower	**Blumenkohl**
chips	**Pommes frites**
courgette / zucchini	**Zucchini**
cucumber	**Gurke**
fritters / hash browns	**Bratkartoffeln**
garlic	**Knoblauch**
leek	**Lauch**
lettuce	**Kopfsalat**
mashed potatoes	**Kartoffelpüree**
mushrooms	**Pilze**
onions	**Zwiebeln**
peas	**Erbsen**
peppers	**Paprika**
spinach	**Spinat**
sweetcorn	**Mais**
tomatoes	**Tomaten**

FRUIT	OBST
apples	**Äpfel**
apricots	**Aprikosen**
blackberries	**Brombeeren**
cherries	**Kirschen**
grapes	**Weintrauben**
lemon	**Zitrone**
oranges	**Orangen**
peaches	**Pfirsiche**
pears	**Birnen**
pineapple	**Ananas**
plums	**Pflaumen**
raspberries	**Himbeeren**
strawberries	**Erdbeeren**

BEVERAGES	GETRÄNKE
beer on tap	**Bier vom Fass**
shandy	**Bier mit Zitronenlimonade**
cider	**Apfelwein**
red / white wine	**Rot- / Weißwein**
dry / sweet	**trocken / lieblich**
sparkling wine	**Sekt**
soft drinks	**alkoholfreie Getränke**
fruit juice	**Fruchtsaft**
lemonade	**gesüßter Zitronensaft**
milk	**Milch**
mineral water	**Mineralwasser**

ZAHLEN

1	**one**
2	**two**
3	**three**
4	**four**
5	**five**
6	**six**
7	**seven**
8	**eight**
9	**nine**
10	**ten**
11	**eleven**
12	**twelve**
13	**thirteen**
14	**fourteen**
15	**fifteen**
16	**sixteen**
17	**seventeen**
18	**eighteen**
19	**nineteen**
20	**twenty**
21	**twenty-one**
30	**thirty**
40	**forty**
50	**fifty**
60	**sixty**
70	**seventy**
80	**eighty**
90	**ninety**
100	**hundred**
1000	**(a) one thousand**
1/2	**a half**
1/3	**a third**
1/4	**a quarter**

TELEKOMMUNIKATION · POST

Telefon

Telefonhäuschen haben nur noch dekorative Funktion. Das **Handy** (»mobile phone«) wählt sich automatisch ins entsprechende Partnernetz. Roaming-Gebühren fallen in Irland auch für mobiles Internet bis zu einer Obergrenze nicht an, doch aufgrund des Brexit ist dies in Nordirland je nach Mobilfunk-Anbieter möglich. Viele Pubs, B&Bs, Hotels und Restaurants bieten kostenloses WLAN an. Irlands **Telefonauskunft** erreicht man über Tel. *1 18 50 (www.118.ie).

Post In der **Republik Irland** sind Briefkästen und Postautos grün gestrichen, in **Nordirland** rot. Briefmarken gibt es auch an Automaten oder bei einigen Zeitungshändlern. Briefe bis 100 g und Postkarten nach Europa werden in Irland mit 2,20 € frankiert (www.anpost.com), in Nordirland mit 1,85 £ (www.royalmail.com). Die Postämter sind Mo. – Fr. 9 – 17.30 Uhr, Hauptpostämter auch samstags in Irland bis 17, in Nordirland bis 12.30 Uhr geöffnet.

VERKEHR

Straßenverkehr

Republik Irland Die Republik Irland besitzt ein gut ausgebautes Netz an **Autobahnen**, den »motorways« (Abk. »M«) mit einer Länge von über 1400 km. Einige Motorways sind mautpflichtig, so Abschnitte der M 1 (Dublin – Dundalk), der M 3 (Clonee – Kells), der M 4 (Kilcock – Enfield – Kinnegad) und M 7/8 (Portlaoise - Castletown/ Portlaoise – Cullahill), zudem der Limerick Tunnel und in Dublin der Port Tunnel und die East Link Toll Bridge. Zu beachten ist das **Barrier free Tolling** auf **Dublins Stadtumgehung M 50** zwischen Junction 6 und Junction 7. Hier wird das Autokennzeichen fotografiert. Die Bezahlung muss selbständig bis zum nächsten Abend 20 Uhr (8 pm) erfolgen, sonst drohen Strafen bis 5000 € und/oder gar Haft. Die Bezahlung erfolgt über die **M50 Quick Pay App**, online (www.eflow.ie), per Telefon und Kreditkarte (Tel. 1890 50 10 50) oder landesweit an einem als »Payzone« markierten Ort. Am sichersten ist die **Vorabbezahlung der M 50-Maut** auf www.eflow.ie. Am Einfachsten ist bei der Mietwagenbuchung die Vereinbarung zur direkten Abbuchung der Mautgebühr von der Kreditkart, www.tii.ie/roads-tolling/tolling-information/pay-a-toll/. Untergeordnet sind Nationalstraßen (National Roads; »N«), von denen die Stadtumgehung Waterford (N 25), die N 6 (Galway – Ballinasloe) und die N 8 (Rathcormac – Fermoy Bypass) mautpflichtig sind. Im Ausbau befindet sich der sog. »**Atlantic Corridor**« von Letterkenny über Sligo, Galway, Limerick und Cork nach Waterford (N 15, N 17, N 18, N 20, N 25). Es folgen Regionalstraßen (Regional Roads; »R«) und oft schmale örtliche Straßen (Local Roads; »L«).

Nordirland Neben den Motorways gibt es die den irischen Nationalstraßen entsprechenden A-Roads (»A«), gefolgt von den Landstraßen entsprechenden B-Roads (»B«) und sonstige Straßen. Entfernungen werden in »Meilen«, Geschwindigkeitsbegrenzungen in »Meilen pro Stunde« (»miles per hour«) angegeben.

Verkehrsregeln

Auf der Insel herrscht Linksverkehr, es gilt jedoch »Rechts vor links«. In der Republik Irland gelten folgende **Tempolimits** für Pkws: in Ortschaften 50 km/h, auf Regional Roads 80 km/h, National Roads 100 km/h und auf Motorways 120 km/h. In Nordirland gelten in Ortschaften 30 mph (48 km/h), auf zweispurigen Landstraßen (B-Roads) 60 mph (97 km/h) sowie auf vierspurigen Landstraßen (A-Roads) und Motorways 70 mph (113 km/h) als Limits. Die **Promillegrenze** liegt in der Republik bei 0,5 ‰, in Nordirland bei 0,8 ‰. Bei Überschreitung drohen hohe Bußgelder. Information: www.ireland.com/de-de/plan-your-trip/travel/driving-in-ireland/. »NO WAITING« sowie durchgezogene, doppelte gelbe Linien signalisieren Halteverbot. Bei nur einer gelben Linie darf man zu bestimmten Zeiten parken.

Mietwagen

Bei Fahrern unter 26 bzw. über 65 Jahren können beim Mietwagen Zusatzgebühren anfallen. Sie benötigen den EU-Führerschein, Personalausweis und Kreditkarte – am besten schon **vorab buchen**!

Bahn und Bus

Irish Rail verbindet Irlands Städte, das 53 km lange Netz des **Dublin Area Rapid Transport** (DART) erschließt 27 Küstenorte um Dublin und wird bis 2029 modernisiert und erweitert. Der **Irish Explorer Rail** Pass (160 €) ermöglicht es, an fünf von 15 aufeinander folgenden Tagen beliebig viele Strecken zu befahren (www.irishrail.ie/en-ie/accordion/tourist-tickets/explorer). Günstiger ist der Pass **Trekker 4 Days**. Er erlaubt beliebig viele Bahnfahrten an vier aufeinander folgenden Tagen, kostet 110 € und ist wie der Explorer Rail Pass nur an Fahrkartenschaltern erhältlich (www.irishrail.ie).
Gut für Dublin-Besucher: Die einen, drei oder sieben Tage gültige **Leap Visitor Card** erlaubt die freie Nutzung des DART, der Busse von Dublin Bus und Airlink 747, der Straßenbahn Luas und der Busse von Go Ahead (www.goaheadireland.ie). Ticketpreise: 10,00 €, 19,50 € bzw. 40 €! Die Leap Visitor Card ist online (www.leapcard.ie) oder am Dublin Airport (Tourismusinformationen in den Ankunftsbereichen der Terminals 1 und 2 und in den Spar-Läden) erhältlich sowie in Dublin im Discover Ireland Centre, 14 Upper O'Connell Street, und im Visit Dublin Centre, 25 Suffolk Street. Leap Cards existieren auch für Cork, Galway, Limerick und Waterford.
Das **Busnetz** ist auf der ganzen Insel sehr dicht und günstig. Zudem bieten **Bus Éireann** (www.buseireann.ie) in der Republik Irland und **Translink** und **Ulsterbus** in Nordirland Reisebus- und Eventtouren an. Das **Bus Rambler Ticket** (9,50 £) erlaubt sonntags ab 9.15 Uhr die unbegrenzte Busfahrt mit Ulsterbus, Goldline, Metro und Glider in ganz Nordirland. Diese Tickets gibt es an den größeren Busstationen und beim Busfahrer (www.translink.co.uk/UsingTranslink/specialoffers/busrambler).

REGISTER

A

B

BILDNACHWEIS

akg-images: 24/25 (Werner Forman), 299 (Hervé Champollion), 448, 481
Avenue Images: S. 427 (Wolfgang Fuchs)
AWL Images: 348 u. und 389 (Walter Bibikow)
Baedeker-Archiv: 491, 501
DuMont Bildarchiv/Olaf Meinhardt: S. 98, 203 u., 214, 295, 411 o., 466
DuMont Bildarchiv/Jörg Modrow: S. 81, 236, 322, 353, 431, 456, 473
DuMont Bildarchiv/Johann Scheibner: S. 3 o., 34, 42, 47, 60, 71, 92/93, 136, 175, 203 o., 204/205, 208, 247, 259 o., 267, 272, 282/283, 308, 329, 355, 362, 369, 405, 418, 424/425, 428, 505
Getty Images: S. 3 u. (mikroman6), 7 (AWL Images), 10 (NurPhoto/Artur Widak), 19 (Walter Bibikow), 26 (Art Images), 73 (National Geographic/Chris Hill), 133 (Nigel Hicks), 185 (mikroman6), 195 (Andrea Pistolesi), 327 (Nigel Hicks), 341 (Julian Elliott Photography), 374 (Santino Patanè), 378 (David Soanes Photography), 383 (Design Pics/Peter Zoeller), 385 (mikroman6), 421 (Design Pics/Peter Zoeller), 455 o. (Gamma-Rapho/Chip Hires), 495 (Fox Photos), 513 (Dave G. Kelly), U7 (Jacqui Hurst)
glowimages: S. 156, 437
huber-images: S. 2 (Maurizio Rellini), 20/21 und 23 (Francesco Carovillano), 49 (Olimpio Fantuz), 109 (Francesco Carovillano), 139 (Riccardo Spila), 146 (Sebastian Wasek), 153 (Maurizio Rellini), 163 und 190 (Sebastian Wasek), 248 (Douglas Pearson), 348 o. (Riccardo Spila), 444 (Mehlig), 497 (S. Torrione), 538 (Sebastian Wasek)
Interfoto: S. 12/13 und 16 oben (National Trust Photo Library/Andrew Butler)
laif: S. 15 unten (Florian Jaenicke), 18 (Archivolatino/Lorenzo Moscia), 29 (Karl-Heinz Raach), 83 (Krinitz), 123 (robertharding/Adam Woolfitt), 221 (Hollandse Hoogte), 290 (Krinitz), 303 (hemis.fr/Bertrand Rieger), 399 (Redux/The New York Times/Andy Haslam), 443 (Krinitz), 476 (hemis.fr/John Frumm), 478 (Krinitz), 485 (Miquel Gonzalez), 486 (Ralf Kreuels), 519 (Christian Kerber), 521 (Samuel Zuder)
Lookphotos: S. 131 (age fotostock), 181 (robertharding), 321, 411 u. und 463 (age fotostock), 509 (ClickAlps), 517 (age fotostock)
mauritius images: S. 27 (Alamy/Brickley Pix), 50 (age fotostock/Juan Carlos Muñoz), 65 (Alamy/scenicireland.com/Christopher Hill Photographic), 104 (age fotostock), 218 (Masterfile/R. Ian Lloyd), 256 (SuperStock/Steve Vidler), 275 (Alamy/Ivan Vdovin), 316 (Alamy/Mieneke Andeweg-van Rijn), 325 (Masterfile/R. Ian Lloyd), 331 (Alamy/scenicireland.com/Christopher Hill Photographic), 336 (Alamy/Joana Kruse), 406 (Alamy/Gareth McCormack), 465 (Alamy/The Picture Art Collection)
Merten: S. 178
picture-alliance: S. 8/9 (NurPhoto/Artur Widak), 11 (empics/PA Wire/Isabel Infantes), 16/17 (empics/PA Wire/Brian Lawless), 26 (Design Pics), 239 (dpa), 242 (empics/PA Wire/Niall Carson), 262 (dpa/Dirk Zimmer), 358/359 (Roy Rainford),

453 (dpa), 470 (empics/PA Wire/Niall Carson), 474 (NurPhoto/Artur Widak), 498 (chromorange)
Shutterstock: S. 259 u. (spectrumblue)
Jürgen Sorges: S. 233, 510
Tourism Ireland: S. 55 (Brian Morrison), 87 (Chris Hill), 173 (Northern Ireland Tourist Board), 225 (Tony Pleavin), 278 (Nutan), 344 (Failte Ireland), 396 (Abbie Trayler-Smith), 460 (Photographic Library), 507 (St. Patricks Festival), 515 (James Fennell)
Beate Szerelmy: 119, 188, 252, 455 u.
vario images: S. 114 (Irish Image Collection)

Titelbild: Schapowalow/Massimo Ripani

VERZEICHNIS DER KARTEN UND GRAFIKEN

ATMOSFAIR

Reisen verbindet Menschen und Kulturen. Doch wer reist, erzeugt auch CO_2. Der Flugverkehr trägt mit bis zu 10 % zur globalen Erwärmung bei. Wer das Klima schützen will, sollte sich nach Möglichkeit für die schonendere Reiseform entscheiden (wie z.B. die Bahn). Gibt es keine Alternative zum Fliegen, kann man mit atmosfair klimafördernde Projekte unterstützen.
atmosfair ist eine gemeinnützige Klimaschutzorganisation unter der Schirmherrschaft von Klaus Töpfer. Flugpassagiere spenden einen kilometerabhängigen Betrag und finanzieren damit Projekte in Entwicklungsländern, die den Ausstoß von Klimagasen verringern helfen. Dazu berechnet man mit dem Emissionsrechner auf **www.atmosfair.de** wieviel CO_2 der Flug produziert und was es kostet, eine vergleichbare Menge Klimagase einzusparen (z.B. Berlin – London – Berlin 13 €). atmosfair garantiert die sorgfältige Verwendung Ihres Beitrags. Alle Informationen dazu auf www.atmosfair.de. Auch der Karl Baedeker Verlag fliegt mit atmosfair.

IMPRESSUM

Ausstattung:
153 Abbildungen, 42 Karten und Grafiken, eine große Reisekarte

Text:
Jürgen Sorges mit Beiträgen von Birgit Borowski, Achim Bourmer, Rainer Eisenschmid, Dr. Peter Harbison, Dieter Luippold, Dr. Hedwig Nosbers, Matthias Öhler, Dr. Madeleine Reincke, Dina Stahn, Jürgen Stumpp, Beate Szerelmy und Dr. Margit Wagner

Bearbeitung:
Baedeker-Redaktion
(Dr. Madeleine Reincke, Stuttgart)

Kartografie:
Klaus-Peter Lawall, Unterensingen
MAIRDUMONT Ostfildern (Reisekarte)

3D-Illustrationen:
jangled nerves, Stuttgart

Infografiken:
Golden Section Graphics GmbH, Berlin

Gestalterisches Konzept:
RUPA GbR, München

17., aktualisierte Auflage 2023

Trotz aller Sorgfalt von Redaktion und Autoren zeigt die Erfahrung, dass Fehler und Änderungen nach Drucklegung nicht ausgeschlossen werden können. Infolge der Corona-Pandemie kann es darüber hinaus zu kurzfristigen Geschäftsschließungen und anderen Änderungen vor Ort gekommen sein. Dafür kann der Verlag leider keine Haftung übernehmen. Jede Karte wird stets nach neuesten Unterlagen und unter Berücksichtigung der aktuellen politischen De-facto-Administrationen (oder Zugehörigkeiten) überarbeitet. Dies kann dazu führen, dass die Angaben von der völkerrechtlichen Lage abweichen. Irrtümer können trotzdem nie ganz ausgeschlossen werden. Kritik, Berichtigungen und Verbesserungsvorschläge sind jederzeit willkommen. Schreiben Sie uns, mailen Sie oder rufen Sie an:

MairDumont: Baedeker Redaktion
Postfach 3162, D-73751 Ostfildern
Tel. 0711 4502-262
www.baedeker.com

Printed in Poland

FSC
www.fsc.org
MIX
Papier | Fördert gute Waldnutzung
FSC® C018236

BAEDEKER VERLAGSPROGRAMM

Viele Baedeker-Titel sind als E-Book erhältlich.

A
Ägypten
Algarve
Allgäu
Amsterdam
Andalusien
Australien

B
Bali
Baltikum
Barcelona
Belgien
Berlin · Potsdam
Bodensee
Böhmen
Bretagne
Brüssel
Budapest
Burgund

C
China

D
Dänemark
Deutsche Nordseeküste
Deutschland
Dresden
Dubai · VAE

E
Elba
Elsass · Vogesen
England

F
Finnland
Florenz
Florida
Frankreich
Fuerteventura

G
Gardasee
Golf von Neapel
Gomera
Gran Canaria
Griechenland

H
Hamburg
Harz
Hongkong · Macao

I
Indien
Irland
Island
Israel · Palästina

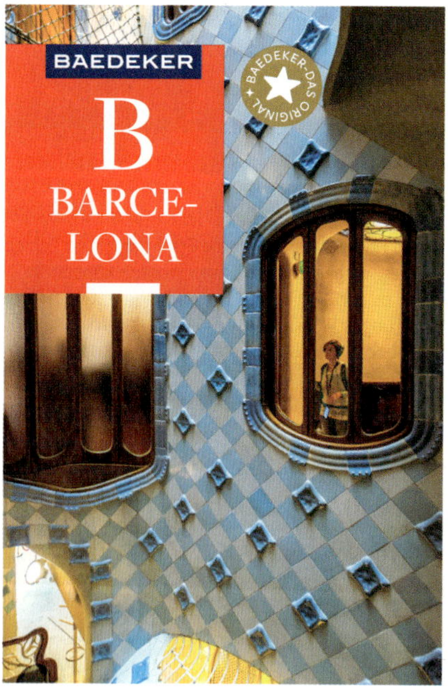

BAEDEKER
F
FLORIDA

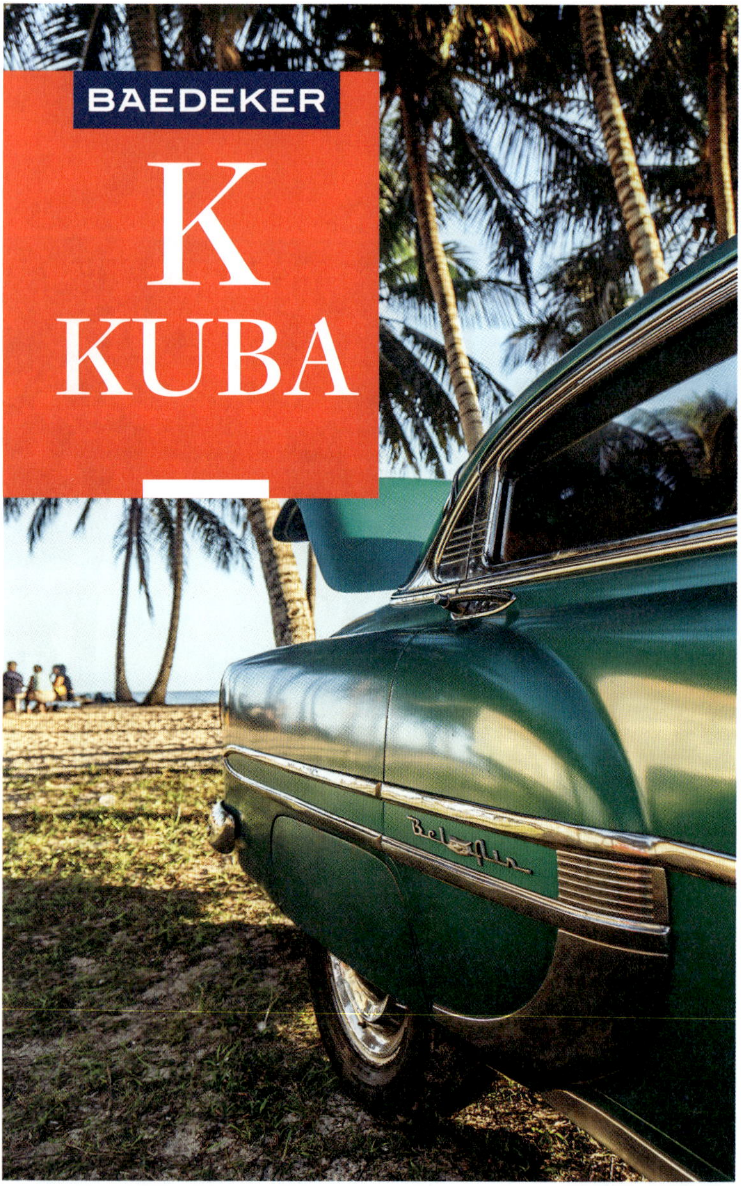
BAEDEKER
K
KUBA

Istanbul
Istrien · Kvarner Bucht
Italien

J
Japan

K
Kalifornien
Kanada · Osten
Kanada · Westen
Kanalinseln
Kapstadt · Garden Route
Kopenhagen
Korfu · Ionische Inseln
Korsika
Kreta
Kroatische Adriaküste · Dalmatien
Kuba

L
La Palma
Lanzarote
Lissabon
London

M
Madeira
Madrid
Mallorca
Malta · Gozo · Comino
Marrokko
Mecklenburg-Vorpommern
Menorca
Mexiko
München

N
Namibia
Neuseeland
New York
Niederlande
Norwegen

O
Oberbayern
Österreich

P
Paris
Polen
Polnische Ostseeküste · Danzing · Masuren
Portugal
Prag
Provence · Côte d'Azur

R
Rhodos
Rom
Rügen · Hiddensee
Rumänien

S
Sachsen
Salzburger Land
Sankt Petersburg
Sardinien
Schottland
Schwarzwald
Schweden
Schweiz
Sizilien
Skandinavien
Slowenien
Spanien
Sri Lanka
Südafrika
Südengland
Südschweden · Stockholm
Südtirol
Sylt

T
Teneriffa
Thailand
Thüringen
Toskana

U
USA · Nordosten
USA · Südwesten
Usedom

V
Venedig
Vietnam

W
Wien

Z
Zypern

Meine persönlichen Notizen

Meine persönlichen Notizen

Meine persönlichen Notizen

Meine persönlichen Notizen

50 km
© BAEDEKER
ATLANTIC
OCEAN
IRELAND · EIRE
Gor
Arranmore
An Clochán
Slieve League
601
Donegal B
Mullet Peninsula
Benwee Head
Downpatrick Head
Béal an Mhuirthead
Céide Fields
Bangor
Dromore West
Achill Island
Mulrany
Ballina
Clare Island
Clew Bay
Westport
Croagh Patrick
765
Castlebar
Charlestown
Clifden
Leenane
Claremorris
Connemara
Lough Mask
Tulsk
Cárna
Tuam
Roscommon
Casla
Lough Corrib
Galway
(Gaillimh)
Lough Ree
Dún Aonghus
Inish Mór
Aran Islands
Galway Bay
Ballinasloe
Athlon
(Baile Átha
Cliffs of Moher
Burren
Loughrea
Ennistimon
Shannon
Portumna
Lough Derg
Kilkee
Ennis
(Inis)
Kilrush
Bunratty Castle
Nenagh
Roscrea
Loop Head
Mouth of the Shannon
Tarbert
Balyduff
Foynes
Limerick
(Luimneach)
Brandon Mtn.
953
Thurles
Dún Chaoin
Dingle Peninsula
Tralee
(Trá Lí)
Newcastle West
Rock of Cashel
Dingle Bay
Charleville
Tipperary
Cashel
Killorglin
Cahirciveen
Carrantuohill
1040
Killarney
Clonmel
(Cluain Meala)
Skellig Islands
Iveragh
Muckross House
Mallow
Fermoy
Bolus Head
Lismore
Knockanaffrin
792
Kenmare River
Kenmare
Beara Peninsula
Macroom
Cork
(Corcaigh)
Castletownbere
Dungarvan
Kilcrohane
Bantry
Youghal
Ringaskiddy
Mizen Head
Crookhaven
Skibbereen
Clonakilty
Kinsale
Old Head of Kinsale
N15 N59 N17 N4 N5 N59 N17 N59 M6 N6 M18 N67 N18 N67 M7 N69 N69 N86 N21 N24 N70 N20 M8 N73 N70 N22 N71 N20 N24 N25 N25 N71